Nachhaltigkeit im Berufsfeld Ernährung und Hauswirtschaft

Sarah Loy

Nachhaltigkeit im Berufsfeld Ernährung und Hauswirtschaft

Implementierungsstrategien für vollzeitschulische Bildungsgänge

 Springer VS

Sarah Loy
Münster, Deutschland

Die Dissertation zur Erlangung des Doktorgrades (Dr. phil.) an der Universität Hamburg, Fakultät für Erziehungswissenschaften, Sektion Berufliche Bildung und Lebenslanges Lernen trägt den Originaltitel „Implementierungsstrategien einer Berufsbildung für nachhaltige Entwicklung im Berufsfeld Ernährung und Hauswirtschaft - Curriculare Verankerung am Beispiel des Bildungsplans zur Erprobung ‚Staatlich geprüfte Assistentin/ Staatlich geprüfter Assistent für Ernährung und Versorgung, Schwerpunkt Service‘“. September 2023
Erstgutachter: Prof. Dr. Werner Kuhlmeier
Zweitgutachterin: Prof. Dr. Julia Kastrup

ISBN 978-3-658-43876-0   ISBN 978-3-658-43877-7   (eBook)
https://doi.org/10.1007/978-3-658-43877-7

Die Deutsche Nationalbibliothek verzeichnet diese Publikation in der Deutschen Nationalbibliografie; detaillierte bibliografische Daten sind im Internet über http://dnb.d-nb.de abrufbar.

Planung/Lektorat: Marija Kojic
Springer VS ist ein Imprint der eingetragenen Gesellschaft Springer Fachmedien Wiesbaden GmbH und ist ein Teil von Springer Nature.
Die Anschrift der Gesellschaft ist: Abraham-Lincoln-Str. 46, 65189 Wiesbaden, Germany

Das Papier dieses Produkts ist recyclebar.

Danksagung

Es scheint immer unmöglich, bis es getan ist.

– Nelson Mandela –

Nach einigen arbeitsintensiven Jahren bin ich sowohl erleichtert über den erfolgreichen Abschluss meiner Promotion als auch stolz, mich im Rahmen meiner Arbeit intensiv mit dem bedeutsamen Thema *Nachhaltigkeit* auseinandergesetzt zu haben. Ohne den Zuspruch, die Motivation und die Stärkung durch die Menschen in meinem Umfeld hätte ich diesen herausfordernden Weg jedoch nie bestreiten können, weshalb ich ihnen an dieser Stelle meine tiefe Dankbarkeit aussprechen möchte.

Mein besonderer Dank gilt zunächst meinem Betreuer Prof. Dr. Werner Kuhlmeier und meiner Betreuerin Prof. Dr. Julia Kastrup für ihre wissenschaftliche und methodische Unterstützung sowie für die freundlichen und konstruktiven Gespräche während der gesamten Bearbeitungszeit meiner Dissertation. Durch ihre wertvolle Hilfestellung und vertrauensvolle Begleitung konnte ich mein Promotionsvorhaben realisieren. Danken möchte ich ebenfalls Anna Franziska Kähler, Simone Mattstedt und Larissa Wilczek für die konstruktiven fachlichen Diskussionen und differenzierten Anmerkungen, die es mir ermöglichten, neue Ansätze und Aspekte in meine Arbeit einzubinden. Daneben danke ich Katharina Gröne, Veronika Löhmer und den interviewten Personen herzlich für ihre tatkräftige Mitwirkung. Bei Alena Borrosch, Miriam Keune, Jeanne Lengersdorf, Marie Nölle-Krug, Fara Steinmeier und allen weiteren Kolleginnen und Kollegen am Institut für Berufliche Lehrerbildung (IBL) der FH Münster bedanke ich mich für die zahlreichen sowie wertschätzenden Gespräche und Zusprüche.

V

Tief verbunden bin ich meinen Eltern Stephania und Heinz Günther Loy, die mir die Möglichkeit zu meiner hochschulischen Ausbildung gaben und mich fortwährend stärkten. Ganz besonders möchte ich mich für ihre ermutigenden Worte und ihre immerwährende Zuwendung in beschwerlichen Situationen bedanken. Meinem Mann Sven Fatum danke ich von ganzem Herzen für sein ausdauerndes Verständnis, sein unentwegtes Interesse sowie für seinen liebevollen Beistand insbesondere während der kräftezehrenden Wochen vor der Abgabe meiner Dissertation. Seine beständige Ruhe hat mir stets die Kraft gegeben, an meinem Ziel festzuhalten. Zudem bin ich meinen Schwestern Katharina Tillmanns und Mona Loy, meiner Cousine Annika Gierse sowie meinen Freunden unendlich dankbar für ihre moralische Unterstützung und ihren menschlichen Halt während der gesamten Zeit. Da mich mein Großvater Josef Gierse unermüdlich zur Aufnahme und Fertigstellung meines Promotionsvorhabens motivierte, widme ich ihm diese Arbeit als Erkenntlichkeit.

Bei der zentralen Gleichstellungsbeauftragten der FH Münster bedanke ich mich für die finanzielle Unterstützung dieser Arbeit.

Münster   Sarah Loy
im November 2023

Zusammenfassung

Obwohl das Berufsfeld Ernährung und Hauswirtschaft für eine Berufsbildung für nachhaltige Entwicklung (BBNE) eine hohe Relevanz aufweist und sich durch zahlreiche Anknüpfungspunkte zu nachhaltigkeitsbezogenen Inhalten auszeichnet, wird es in den bisherigen Publikationen zur nachhaltigen Entwicklung weniger berücksichtig. Darüber hinaus beziehen sich die Forschungsarbeiten zur BBNE auf die betriebliche Ausbildung, der schulischen Ausbildung wird hingegen wenig Beachtung geschenkt. Daher zielt die vorliegende Arbeit darauf ab, bestehende theoretische Ansätze und Modelle einer BBNE hinsichtlich ihres Transfergehalts für eine schulische Berufsbildung im Berufsfeld Ernährung und Hauswirtschaft zu diskutieren, fehlende Aspekte zu ergänzen sowie Implementationsstrategien zur Stärkung einer BBNE im Berufsfeld Ernährung und Hauswirtschaft zu entwickeln. Am Beispiel des Bildungsplans zur Erprobung ‚Staatlich geprüfte Assistentin/Staatlich geprüfter Assistent für Ernährung und Versorgung, Schwerpunkt Service' wird die Umsetzung der curricularen Verankerung der Nachhaltigkeitsidee als Innovation in der berufsschulischen Bildung untersucht, da dieser als einer der erster Bildungspläne in Nordrhein-Westfalen die Forderung einer nachhaltigkeitsorientierten Gestaltungskompetenz als einen grundsätzlichen Wert aufführt. Zum einen werden die Intentionen zur Verankerung auf der bildungspolitischen Ebene, zum anderen die wahrgenommenen Veränderungen der Lehrerinnen und Lehrer, die mit diesem Bildungsplan arbeiten, erhoben. Aus den gewonnenen Ergebnissen werden grundlegende Herausforderungen und Gelingensbedingungen ermittelt, die bei zukünftig anstehenden, vergleichbaren Innovationen zu beachten sind. Es wurden Strategien entwickelt, welche verschiedene Möglichkeiten zur Stärkung und Umsetzung einer BBNE im Rahmen der (schulischen) Berufsbildung im Berufsfeld Ernährung und Hauswirtschaft umfassen und die hierfür notwendigen Voraussetzungen aufzeigen.

Although the vocational field of nutrition and home economics is highly relevant for vocational education and training for sustainable development (VET) and is characterized by numerous links to sustainability-related content, it has not been sufficiently taken into account in previous publications on sustainable development. In addition, the research work on BBNE refers to in-company training, whereas little attention is paid to school-based training. Therefore, the present study aims to discuss existing theoretical approaches and models of BBNE with regard to the possibility of transferring the content for school education in the vocational field of nutrition and home economics, to supplement missing aspects and to develop a model for implementation strategies to strengthen BBNE in the vocational field of nutrition and home economics. The realization of the curricular implementation of the idea of sustainability as an innovation in vocational school education is examined using the example of the education plan for the trial 'State-certified assistant for nutrition and care, focus on service', as this is one of the first education plans in NRW to list the sustainable design competence. On the one hand, the intentions for the anchoring at the educational policy level, and on the other hand, the perceived changes of the teachers who work with this education plan are surveyed. From the results obtained, fundamental challenges and conditions for success are determined, which are to be taken into account in future, comparable innovations. A model was developed which includes various possibilities for strengthening and implementing BBNE within the framework of (school-based) vocational education and training at the Department of Nutrition and Supply Management and shows the necessary prerequisites for this.

Inhaltsverzeichnis

Abkürzungsverzeichnis

ABB	Arbeitsstelle für Betriebliche Berufsausbildung
AG BFN	Arbeitsgemeinschaft Berufsbildungsforschungsnetz
APO-BK	Ausbildungs- und Prüfungsordnung Berufskolleg
BASS	Bereinigte Amtliche Sammlung der Schulvorschriften Nordrhein-Westfalen
bayme	Bayerischer Unternehmensverband Metall und Elektro e. V.
BBiG	Berufsbildungsgesetz
BDSG	Bundesdatenschutzgesetz
BIBB	Bundesinstitut für Berufsbildung
BLK	Bund-Länder-Kommission für Bildungsplanung und Bildungsförderung
BMBF	Bundesministerium für Bildung und Forschung
BMBW	Bundesministeriums für Bildung und Wissenschaft
BMU	Bundesumweltministerium
BNE	Bildung für nachhaltige Entwicklung
BOLW	Bund Ökologischer Landwirtschaft
BVE	Bundesvereinigung der Deutschen Ernährungsindustrie
COAKTIV	Cognitive Activation in the Classroom
CSCT	Curriculum, Sustainable Development, Competences, Teacher Training
DFG	Deutsche Forschungsgemeinschaft
DGB	Deutscher Gewerkschaftsbund

DGfE	Deutsche Gesellschaft für Erziehungswissenschaft
DQR	Deutscher Qualifikationsrahmen für lebenslanges Lernen
DUK	Deutsche UNESCO-Kommission e. V.
EQR	Europäischer Qualifikationsrahmen
HACCP	Hazard Analysis Critical Control Point
HwO	Gesetz zur Ordnung des Handwerks (Handwerksordnung)
IGLU	internationale Grundschul-Lese-Untersuchung
IJAB	Fachstelle für Internationale Jugendarbeit der Bundesrepublik Deutschland e. V
IPCC	Intergovernmental Panel on Climate Change
IQB	Institut zur Qualitätsentwicklung im Bildungswesen
K	Hauptkategorie
KaBueNet	Kaufleute für Büromanagement
KMK	Kultusministerkonferenz
LZV	Lehramtszugangsverordnung
MAXQDA	Software zur computergestützten qualitativen Daten- und Textanalyse
MSB	Ministerium für Schule und Bildung des Landes Nordrhein Westfalen
MUNLV	Ministeriums für Umwelt und Naturschutz, Landwirtschaft und Verbraucherschutz
NaWi	Nachhaltiges Wirtschaften
NL-G	Nachhaltige Lernorte im Gastgewerbe
OECD	Organisation for Economic Co-operation and Development, Die Organisation für wirtschaftliche Zusammenarbeit und Entwicklung
PARS	Panel Study at the Research School „Education and Capabilities" in North Rhine-Westphalia
PISA	internationale Schulleistungsstudie
QUA-LiS	Qualitäts- und UnterstützungsAgentur – Landesinstitut für Schule
RKI	Robert Koch-Institut
RSU	Rat von Sachverständigen für Umweltfragen
SDGs	Sustainable Development Goals
SK	Subkategorie
SysThema	Systems Thinking in Ecological and Multidimensional
TIMSS	Trends in International Mathematics and Science Study
TQM	Total-Quality-Management
vbm	Verband der Bayerischen Metall- und Elektroindustrie e. V.
vbw	Vereinigung der Bayerischen Wirtschaft e. V.

WBAE	Wissenschaftlicher Beirat für Agrarpolitik, Ernährung und gesundheitlichen Verbraucherschutz
WBGU	Wissenschaftlicher Beirat der Bundesregierung Globale Umweltveränderungen, Wissenschaftlicher Beirat der Bundesregierung Globale Umweltveränderung
WCED	Umweltkommission Umwelt und Entwicklung

Abbildungsverzeichnis

Tabellenverzeichnis

Einleitung

1.1 Problemstellung

Die Veränderung des Klimas, Hungerprobleme sowie der Rückgang natürlicher Ressourcen u. a. stellen die heutige Gesellschaft vor große Herausforderungen. Diesen werden seit den 1980er-Jahren auf politischer Ebene sowohl national als auch international zunehmend Beachtung geschenkt. So sind u. a. durch die Novelle des Klimaanpassungsgesetzes die bisher festgelegten Klimaschutzziele sowohl bundesweit als auch in Nordrhein-Westfalen (NRW) durch den Neuentwurf des Klimaschutzgesetztes vom 21.12.2020 deutlich verschärft worden. Auf diese Weise soll die Treibhausgasneutralität bis 2050 erreicht werden, um den gravierenden Folgen des Klimawandels für Mensch, Umwelt und Wirtschaft zu entgegnen (Wirtschaft. NRW, 2021). Mit der EU-Taxonomie möchte die Europäische Kommission beispielsweise Reglungen schaffen, um Standards für klimaschonende Finanzpapiere, Anleihen und Geldanlagen erstmalig festzulegen (EU, 2021b, S. 5). In diesem Zusammenhang wurde u. a. ein Aktionsplan zur nachhaltigen Lebensmittelproduktion vorgelegt, um insbesondere die Bio-Erzeugnisse zu fördern, denn „[d]ie Landwirtschaft ist eine der Hauptursachen für den Verlust an Biodiversität, und der Verlust der Biodiversität ist eine große Bedrohung für die Landwirtschaft" (EU, 2021a, S. 6) und somit ebenfalls für unsere Gesellschaft und künftige Generationen. Das Verhältnis zwischen dem Umgang mit Lebensmitteln und einer nachhaltigen Entwicklung wird insbesondere durch die Tatsache verdeutlicht, dass „die Art und Weise, wie wir uns

Ergänzende Information Die elektronische Version dieses Kapitels enthält Zusatzmaterial, auf das über folgenden Link zugegriffen werden kann https://doi.org/10.1007/978-3-658-43877-7_1.

ernähren, [...] wesentlich unseren individuellen Gesundheitsstatus, unsere Lebensqualität und unser Wohlbefinden [beeinflusst]. Viele Lebensmittel tragen einen großen sozialen, umwelt-, klima- und tierschutzbezogenen Fußabdruck" (WBAE, 2020, S. i). Hierzu zählen u. a. „der Fleischkonsum, der damit in Verbindung stehende hohe Verbrauch erschlossener Süßwasserreserven, die Präferenz für Lebensmittel mit hohen Verarbeitungsstufen, die mit hohen Energieeinsätzen und Produktionsverlusten einhergehen sowie das Überangebot an Lebensmitteln" (Loy, 2018, S. 69)[1]. Ein solches Produktions- und Konsumverhalten trägt dazu bei, dass einige Teile der Bevölkerung auf Kosten anderer und zukünftiger Generationen leben und dadurch ihre Existenz gefährden. Um das Bestehen der Menschheit, Flora und Fauna langfristig zu sichern, ist eine nachhaltige Entwicklung der Gesamtgesellschaft notwendig. Das Berufsfeld Ernährung und Hauswirtschaft ist daher hinsichtlich einer Berufsbildung für eine nachhaltige Entwicklung (BBNE) besonders bedeutsam. Denn sie zielt auf die Förderung der Inter- und Intragenerationalität ab, wodurch sich künftige Fachkräfte mit den Konsequenzen ihres Handelns und Konsums für die eigene Person, für die Mitmenschen und für die zukünftigen Generationen auseinandersetzen und kritisch reflektieren. Die Förderung des sozial-, wirtschafts- und ressourcenverträglichen Handelns (Diettrich et al., 2007, S. 8) und die aktive nachhaltigkeitsorientierte Mitgestaltung der Lebens- und Arbeitswelt der Jugendlichen ist Aufgabe der beruflichen Bildung. Daher stärkt eine BBNE insbesondere die Mündigkeit und Partizipation zukünftiger Fachkräfte (siehe Kapitel 4). Da sich die nachhaltige Handlungskompetenz sowohl auf den privaten als auch auf den beruflichen Alltag bezieht, sind für die Auszubildenden und die Schülerinnen und Schüler der Bildungsgänge des Berufsfelds Ernährung und Hauswirtschaft zudem spezifische Kompetenzen notwendig. Diese ermöglichen den Jugendlichen den neuen Herausforderungen in der Gesellschaft und im Berufsalltag zu begegnen. Hierzu zählen u. a. die nachhaltige Ausrichtung des eigenen Handelns, die Vermeidung von Produktionsverlusten, das Erkennen von nachhaltigkeitsrelevanten System- und Prozesszusammenhängen in Bezug zum problematischen Fleischkonsum oder die Kundenkommunikation zur Beratung einer nachhaltigkeitsorientierten Lebensmittelauswahl (ausführlich in Kettschau, 2014a). Um die Förderung dieser Kompetenzen zu gewährleisten, dient die curriculare Verankerung einer BBNE als nützliches Instrument (Holst, 2022, S. 14–16). Wie sich ein solcher Implementationsprozess auf berufsbildungspolitischer Ebene gestalten lässt, welche

---

[1] Die Arbeit enthält folgendes veröffentlichtes Teilergebnis: Loy, S. (2018). Curriculare Verankerung der Beruflichen Bildung für nachhaltige Entwicklung am Beispiel eines Bildungsplans in NRW. Haushalt in Bildung & Forschung, 7 (1), 69–84.

Intentionen hierbei verfolgt werden und welche Ergebnisse sich auf berufsbildender Ebene im Berufsfeld Ernährung und Hauswirtschaft damit erzielen lassen, stellen folglich ein relevantes Forschungsinteresse dar.

1.2 Bestimmung des Forschungsgegenstands

In der Politik gewann Nachhaltigkeit mit der Agenda 21[2] an Aufmerksamkeit, die sich ebenfalls zunehmend auf die Gesellschaft überträgt. Die gesellschaftliche Zustimmung ist Voraussetzung für eine nachhaltige Entwicklung, denn diese kann nur realisiert werden, „wenn möglichst viele Menschen an der Gestaltung einer solchen Entwicklung mitwirken" (Michelsen & Godemann, 2005, S. 19). Neben der Umsetzung einer BBNE im Rahmen von Modellversuchen und anderen Projekten (siehe Abschnitt 1.3 und 8.1), setzt sich das Bundesland NRW bildungspolitisch mit dem Thema einer nachhaltigen Entwicklung auseinander, indem es die damit verbundenen Inhalte als vorrangige Bildungsziele definiert (Buddeberg, 2014, S. 83). Daraus resultierend werden in der Verfassung des Landes NRW (SGV Artikel 7, 2001) und im Schulgesetz (Schulgesetz NRW, 2015, § 2) die Verantwortung gegenüber Tier und Umwelt sowie die Friedens- und Gemeinschaftsgesinnung als Bildungsziele aufgeführt. Unterstrichen wird dieses Bestreben durch die Forderung seitens des Ministeriums für Umwelt und Naturschutz, Landwirtschaft und Verbraucherschutz (MUNLV) des Landes Nordrhein-Westfalen nach einer Implementierung explizierter Inhalte einer Bildung für nachhaltige Entwicklung (BNE) in schulischen sowie außerschulischen Bildungseinrichtungen.

NRW war eines der ersten Länder, das 2006 mit dem Aktionsplan ‚Zukunft Lernen' auf die UN-Dekade reagierten und sich folgende vier Ziele setzte:

– Verankerung und Weiterentwicklung der BNE in allen Bildungsbereichen und Transfer
– Vernetzung der Akteure der BNE
– Verbesserung der öffentlichen Wahrnehmung von BNE
– In internationalen Zusammenhängen denken und handeln (MUNLV, 2006, S. 9).

---

[2] „Die Agenda 21 wurde 1992 bei der UN-Konferenz für Umwelt und Entwicklung in Rio de Janeiro verabschiedet und ist ein entwicklungs- und umweltpolitisches Aktionsprogramm mit konkreten Handlungsempfehlungen für das 21. Jahrhundert" (Bundesministerium für wirtschaftliche Zusammenarbeit und Entwicklung, 2021).

Die berufliche Bildung ist in einem der damit in Verbindung stehenden Themenfelder explizit aufgeführt. „Die Landesstrategie verfolgt das Ziel, BNE in
allen Bildungsbereichen dauerhaft strukturell zu verankern" (MSB NRW, 2019,
S. 10). Zur Förderung der Implementierung beteiligte sich NRW an den bun-
desweiten Programmen *21* und *Transfer 21* (siehe Tabelle 1.1), wodurch sich
zahlreiche Schulen bei der Umsetzung einer (B)BNE beteiligten, Publikationen veröffentlicht und Auszeichnungen vergeben wurden. Seit 2015 verfolgt
das Weltaktionsprogramm *BNE* mit der Maxime „Vom Projekt zur Struktur"
die langfristige Implementierung von Nachhaltigkeit im Bildungssystem (Vey &
DUK, 2015, S. 25), deren Bestrebungen durch die Agenda 2030 und das neue
Weltaktionsprogramm ‚Education for Sustainable Development (ESD) 2030'
weitergeführt werden.

Tabelle 1.1 Unterstützung von Bildung für nachhaltige Entwicklung in Bund und Ländern

---

Institutionelle Förderung von Bildung für nachhaltige Entwicklung

- **1999 bis 2004** Bundesregierung und Länder (damals Bund-Länder-Kommission für
  Bildungsplanung und Forschungsförderung): **Programm ‚21'** (Bildung für nachhaltige
  Entwicklung mit 200 teilnehmenden Modellschulen)
- **2004 bis 2008** Bundesregierung und Länder: **Programm ‚Transfer 21'** (Bildung für nachhaltige
  Entwicklung, hier: Transfer der Ergebnisse des Programms ‚21' mit 2500 erreichten Schulen)
- **2005 bis 2014** Vereinte Nationen: **UN-Dekade Bildung für nachhaltige Entwicklung**
  (Ausweitung der Aktivitäten in Schulen und auf andere Bildungsbereiche)
- **2005** Deutsche UNESCO-Kommission und Bundesministerium für Bildung und Forschung:
  Nationaler Aktionsplan BNE (2008 und 2011 fortgeschrieben)
- **2006** NRW: **Zukunft Lernen** (Aktionsplan für die UN-Dekade ‚Bildung für nachhaltige
  Entwicklung 2005 bis 2014' in Nordrhein-Westfalen)
- **2007** Kultusministerkonferenz und Deutsche UNESCO-Kommission: **Empfehlung zur Bildung
  für nachhaltige Entwicklung**
- **2016**: Landesregierung Nordrhein-Westfalen: **Landesstrategie Bildung für nachhaltige
  Entwicklung – Zukunft lernen NRW** (2016 bis 2020)
- **2015 bis 2019** UNESCO: **Weltaktionsprogramm Bildung für nachhaltige Entwicklung**
- **2017 bis 2019**: **Nationaler Aktionsplan Bildung für nachhaltige Entwicklung**

(MSB NRW, 2019, S. 10)

Laut dem Aktionsplan ‚Zukunft Lernen' soll sich bei der Konzeption moder-
ner Lehrpläne an den Bildungsstandards der Kultusministerkonferenz (KMK)
orientiert werden, deren Inhalte dem Leitbild der nachhaltigen Entwicklung
entsprechen (MUNLV, 2006, S. 12). Daher kann hinsichtlich der curricularen

Verankerung einer BBNE auf diese Standards verwiesen werden, die nach den Ergebnissen der internationalen Grundschul-Lese-Untersuchung IGLU, internationalen Schulleistungsuntersuchungen PISA und der *Trends in International Mathematics and Science Study* (TIMSS) zur Erfassung des mathematischen und naturwissenschaftlichen Grundverständnisses von Schülerinnen und Schülern am Ende der 4. Jahrgangsstufe ab 2003 zur Veränderung der Input-Orientierung zur Output-Orientierung festgelegt wurden. Zunächst wurden diese Standards für die allgemeinbildenden Fächer Deutsch, Mathematik, die erste Fremdsprache sowie für den Mittleren Schulabschluss für die Fächer Biologie, Chemie und Physik formuliert (KMK, 2005). Für die berufliche Bildung wird nun neben der beruflichen Qualifikation die Förderung von u. a. Selbstständigkeit und Verantwortungsbewusstsein der Schülerinnen und Schüler betont, um die Partizipation an der demokratischen Gesellschaft in sozialer, ökonomischer und ökologischer Verantwortung zu ermöglichen (KMK, 2017). Dennoch beziehen sich die aktuellen Vorgaben zur BNE in NRW weiterhin auf allgemeinbildende Fächer. Zwar weist das Fach Hauswirtschaft, welches nun zu den BNE-affinen Fächern zählt, einige Überschneidungen mit der beruflichen Fachrichtung Ernährung und Hauswirtschaft auf, da die Schülerinnen und Schüler den selbstständigen und verantwortungsvollen Umgang mit den aktuellen gesellschaftlichen Herausforderungen in Haushalt und Beruf lernen. Zudem können durch die vermittelte Wechselwirkung von Haushalt, Gesellschaft und Wirtschaft nachhaltigkeitsbezogene Problemstellungen vor allem im Bereich Konsum, Ernährung, Gesundheit und Umwelt thematisiert werden (MSB NRW, 2019, S. 32). Dennoch fehlt es an konkreten Bezügen zu beruflichen Handlungssituationen (siehe Abschnitt 3.4).

Eine erste curriculare Verankerung in der beruflichen Bildung wurde u. a. durch die Überarbeitung des Bildungsplans zur Erprobung der Bildungsgänge der Berufsfachschule, die zu dem Berufsabschluss nach Landesrecht ,Staatlich geprüfte Assistentin/Staatlich geprüfter Assistent für Ernährung und Versorgung, Schwerpunkt Service' und zum mittleren Schulabschluss (Fachoberschulreife) führen, erzielt. Hierbei nimmt NRW das zweite Handlungsfeld des Weltaktionsprogramms in die neuen Bildungspläne auf, wonach Nachhaltigkeitsprinzipien in Bildungs- und Ausbildungskontexten zu verankern sind (DUK, 2014, S. 18), indem die Förderung von Gestaltungskompetenz für nachhaltige Entwicklung als Wert im Bildungsplan aufgeführt wird (siehe Anhang 34 im elektronischen Zusatzmaterial).

Bildung und Erziehung in den Bildungsgängen des Berufskollegs[3] gründen sich auf die Werte, die im Grundgesetz, in der Landesverfassung und im Schulgesetz verankert sind. Im Einzelnen sind dies: [...] Förderung von Gestaltungskompetenz für nachhaltige Entwicklung unter der gleichberechtigten Berücksichtigung von wirtschaftlichen, sozialen/gesellschaftlichen und ökologischen Aspekten (Nachhaltigkeit) (MSB NRW, 2015, S. 6).

Trotz bisheriger Erfolge, Auszeichnungen und Publikationen ist anzumerken, dass die Vernetzung und Nutzung erarbeiteter Materialien nur teilweise gelungen ist (Buddeberg, 2014, S. 84). Auch Multiplikatorenschulungen für das Berufsbildungspersonal weisen ein gewisses Maß an Entwicklungspotenzial auf (Schütt-Sayed, 2020, S. 19). Neben diesen Ansätzen und Kampagnen zur Umsetzung des Bildungsauftrags einer BNE ist nun zu prüfen, inwiefern das Thema auf bildungsadministrativer Ebene – insbesondere durch Anpassungen von Curricula – aufgenommen wurde. In diesem Zusammenhang ist zu klären, auf welche Weise traditionelle Wertvorstellungen, wie Solidarität, Respekt, Gerechtigkeit in den Fokus der Bildung rücken, damit die Gesellschaftsmitglieder an einer nachhaltigen Entwicklung partizipieren. „Zu Recht werden daher in der Agenda 21 der Partizipationsgedanke und die Beteiligung der Zivilgesellschaft an der Gestaltung des Nachhaltigkeitsprozesses hervorgehoben sowie der Einfluss von Bildung betont" (Michelsen & Godemann, 2005, S. 19). Daher kann die (berufliche) Bildung entscheidend zu einer nachhaltigen Entwicklung der Gesellschaft beitragen und notwendige Werte stärken (Winkelmann, 2005, S. 809). Durch die Implementierung einer BBNE wird die nachhaltigkeitsorientiere Entwicklung des Systems Schule, der Personalentwicklung, des Unterrichts und letztlich auch der Politik möglich. Auf diese Weise wirkt sie auf eine nachhaltige Entwicklung in der Gesellschaft hin, in der sich die Schülerinnen und Schüler durch ihre (Aus-)Bildung als mündige Bürgerinnen und Bürger an (berufsbildungs-)politischen Entscheidungen beteiligen, eine nachhaltige Entwicklung an ihrem Arbeitsplatz stärken und die verschiedenen Akteure und Institutionen Einfluss aufeinander nehmen (siehe Abbildung 1.1).

---

[3] Die Bezeichnungen von berufsbildenden Schulen weisen länderspezifische Abweichungen auf. In NRW werden die berufsbildenden Schulen unter dem Begriff *Berufskolleg* zusammengefasst, weshalb diese Bezeichnung in der vorliegenden Arbeit verwendet wird, der die verschiedenen berufsbildenden Schulen beinhaltet.

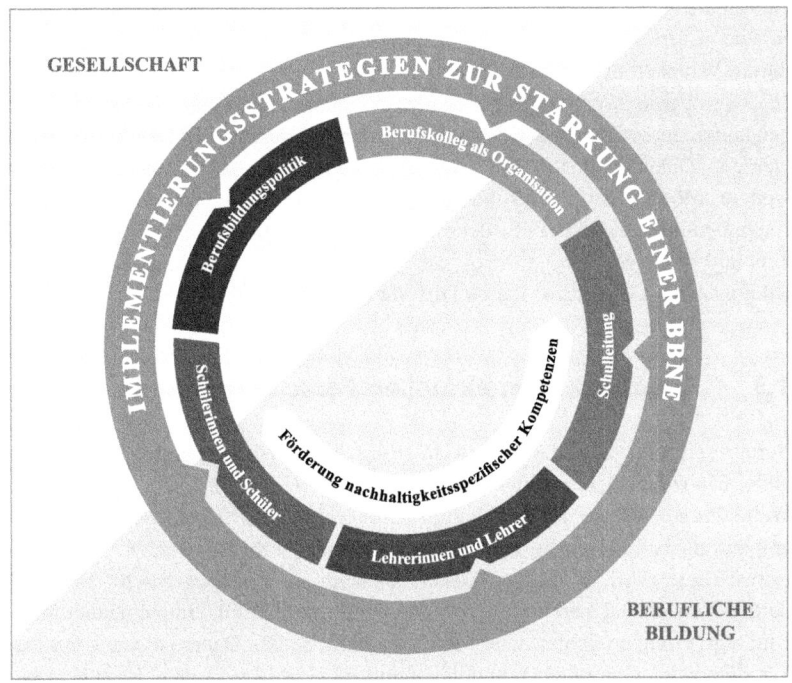

Abbildung 1.1 Implementierung einer nachhaltigen Entwicklung in der beruflichen Bildung und Gesellschaft. Mal wird zwischen dem Titel der Abbildung ein Punkt gesetzt mal nicht. Bitte einheitlich in allen Kapiteln ohne Punkt (Eigene Darstellung)

Daraus resultiert die grundlegende Frage, auf welche Weise dies realisiert werden kann und wer daran beteiligt ist. Dabei ist einerseits der Prozess der Curriculumarbeit von Interesse, der zu dieser Verankerung geführt hat. Andererseits stellt die Umsetzung dieser curricularen Vorgaben einen relevanten Aspekt dar, wenn es um die Entwicklung einer nachhaltigkeitsorientierteren Gesellschaft geht. Daher übernehmen nicht nur die beteiligten politischen Akteure, sondern ebenfalls das Bildungspersonal – die Lehrerinnen und Lehrer, die den Bildungsplan als Grundlage für die Gestaltung ihres Unterrichts nutzen – eine bedeutende Rolle.

Als zentrales Ziel der vorliegenden Arbeit steht die Stärkung einer BBNE, indem Implementationsstrategien auf den Ebenen Bildungspolitik, Berufskolleg als Institution, Lehrkräfte und Unterricht formuliert werden. Dabei soll der curriculare Verankerungsprozess abgebildet und mit den theoretischen Ansätzen der Curriculumarbeit abgeglichen werden. Ebenfalls sollen die Intentionen dieser Verankerung herausgestellt werden. Hieraus lassen sich einerseits mögliche Optimierungsvorschläge zum Prozess identifizieren, andererseits können die genannten Intentionen in der anschließenden Befragung der Lehrkräfte geprüft werden. Zudem sollen – dem Verständnis der Survey-Forschung folgend[4] – weitere Möglichkeiten und Voraussetzungen auf den genannten Ebenen der Implementation einer BBNE identifiziert werden. Daher sind die Ziele, der Prozess und die gegenwärtige Praxis der Verankerung der Nachhaltigkeit in diesem Bildungsgang Gegenstand dieses Dissertationsvorhabens.

1.3   Überblick zum aktuellen Forschungsstand

Bereits seit 1987 wird die Implementierung einer (B)BNE durch zahlreiche Projekte, Modellversuche[5] und Initiativen gefördert (Kastrup, 2015, S. 2). Seit der Weltdekade ‚Bildung für nachhaltige Entwicklung 2005 bis 2014' sollen verantwortungsvolles Denken und Handeln weltweit gefördert werden. Nachhaltige Entwicklung wird in diesem Zusammenhang als gesellschaftliche Herausforderung verstanden, deren Umgang durch ihre strukturelle Implementierung im Bildungssystem erleichtert wird (de Haan, 2015, S. 10). Daher ist eine Anpassung der allgemeinen, beruflichen und hochschulischen Bildung sowie der außerschulischen Bildungsangebote im Sinne eines Nachhaltigkeitsbewusstseins notwendig.[6] Durch die Agenda 21 gewann eine BNE sowohl in der Bildungspolitik als auch -forschung an Aufmerksamkeit. Es entstanden vier Forschungsfelder, in dessen Rahmen Forschungsvorhaben einzuordnen sind. „Neben Lehr-Lernforschung,

---

[4] Im Rahmen der Survey-Forschung wird die Grundlagen- und Anwendungsforschung in Verbindung miteinander betrachtet. Durch die Erhebung des ‚Status Quo' handelt es sich bei Survey-Studien in wissenschaftlichen Kontexten jedoch nicht um die bloße Deskription, sondern um die Weiterentwicklung bisheriger Theorien zur Verbesserung der Praxis. Insbesondere im Bildungskontext ist die Wechselbeziehung zwischen Theorie und Praxis wünschenswert (Hauenschild, 2006, S. 163–165). Aus diesem Grund reiht sie sich gut in die wissenschaftstheoretische und methodologische Verortung der vorliegenden Arbeit ein (siehe Kapitel 2).

[5] Als Modellversuch werden Projekte bezeichnet, mit denen Innovationen in der Praxis entwickelt, erprobt und für den Transfer vorbereitet werden. Das BIBB fördert Modellversuche im Bereich der betrieblichen Berufsbildung.

[6] Da im Rahmen der Weltdekade BNE ebenfalls die berufliche Bildung hinsichtlich einer nachhaltigen Entwicklung miteingeschlossen wird, wird im Rahmen dieser Arbeit die Übertragung der Aussagen zur BNE auf eine BBNE als legitim angesehen.

Innovationsforschung und Qualitätsforschung sowie der Gender-Forschung als Querschnittsaufgabe ist die Survey-Forschung ein weiteres Forschungsfeld, das sich die [DGfE-]Kommission zum Ziel gesetzt hat" (Hauenschild, 2006, S. 163). Im Fokus der Survey-Forschung stehen repräsentative Erhebungen mit großen Stichproben, um den ‚Status Quo' zur BNE zu erheben (BMBF, 2002, S. 12). Sie hat im Dienst einer BNE die Aufdeckung erfolgsversprechender Bedingungen zur Aufgabe, die mittels Lehrer- oder Schülerbefragungen sowie Dokumentenanalysen ermittelt werden. Jene können u. a. inhaltlich-curriculare und organisatorisch-institutionelle Bezugspunkte aufweisen (Hauenschild, 2006, S. 167). Dabei ist zunächst die Bestandsaufnahme von hohem Interesse, die beispielsweise an den am Programm *21* (siehe Tabelle 1.1) beteiligten Schulen durchgeführt wurde. Daran anschließend steht die Identifikation von Bedingungen und Ursachen zu erfolgreichem Lernen und Implementieren im Erkenntnisinteresse explanativer Survey-Studien (Hauenschild, 2006, S. 165). Zur Umsetzung einer BNE wurden von Seybold & Rieß (2005) Grundschullehrkräfte und von Rieß & Mischo (2008) Lehrkräfte weiterführender Schulen in Baden-Württemberg befragt. Zudem wurden in diesem Zusammenhang Lehrkräfte unterschiedlicher Schulformen von Hauenschild et al. (2010) in verschiedenen Bundesländern befragt. Sowohl NRW als auch berufsbildende Schulen wurden im Rahmen dieser Studien nicht einbezogen. Zudem liegen diese Erhebungen bereits einige Jahre zurück und ermöglichen daher nur eingeschränkt Aussagen zur aktuellen Situation. Die Ergebnisse verdeutlichen jedoch, dass BNE grundsätzlich wenig verbreitet ist und die Umsetzung u. a. durch die Vorgaben der Lehrpläne bedingt wird (Holst, 2022, S. 2). Zur Sicherung und Vergleichbarkeit der bisher überschaubaren Studien können Wiederholungs- und Folgestudien beitragen, wie z. B. die replikative Survey-Studie von Eulefeld et al. (1993) zur schulischen Umwelterziehung oder von Kuckartz und Rheingans-Heintze (2006) zum Umweltbewusstsein in Deutschland. Ebenfalls wird Letzteres alle zwei Jahre vom Umweltbundesamt im Zusammenhang mit gesellschaftlichen Entwicklungen erhoben. Bezüglich einer BBNE sind jedoch weitere Forschungen notwendig, um langfristige Fortschritte zum Umsetzungsstand einer nachhaltigen Entwicklung in der beruflichen Bildung erfassen zu können (Hecker et al., 2022, S. 147).

Für die BBNE ist das Berufsfeld Ernährung und Hauswirtschaft von zentraler Bedeutung (WBAE, 2020, S. 201), welches durch diverse fachspezifische Projekte (Kastrup, 2015, S. 5 f.) verdeutlicht wird. Zur Stärkung nachhaltigkeitsrelevanter beruflicher Kompetenzen fördert das BMBF seit 2001 zahlreiche Modellversuche im Weltaktionsprogramm BNE (siehe Abbildung 1.2).

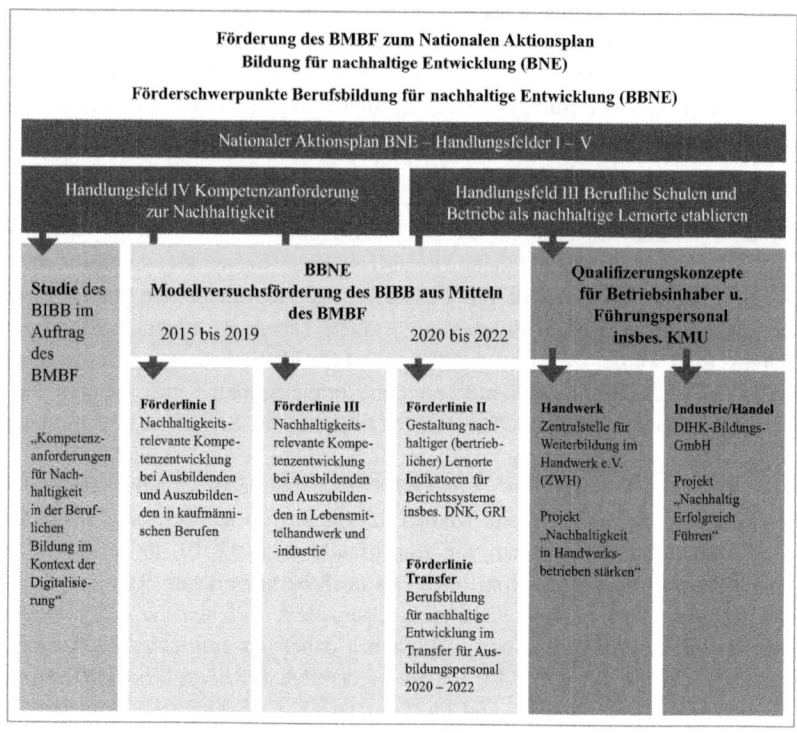

Abbildung 1.2 Förderung des BMBF zum Nationalen Aktionsplan – BNE Förderschwerpunkt BBNE (BMBF, 2020)

Dazu gehören u. a. Modellversuche zu den Themen Ressourceneffizienz und nachhaltige Managementstrategien in Industrie und Handwerk, Modellversuche in den Branchen Metall/Elektro mit dem Schwerpunkt erneuerbare Energien, Bauen/ Wohnen, Chemie und Ernährung sowie Modellversuche der Förderlinie I und II zur Entwicklung von Ausbildungs- und Qualifizierungskonzepten zur Nachhaltigkeit in kaufmännischen Berufen und zur Gestaltung eines nachhaltigen Lernortes in Berufsbildungseinrichtungen (BIBB, 2021; BMBF, 2021). Hierbei handelt es sich um „die konkrete Umsetzung des Nachhaltigkeitsgedankens in berufliches Wissen und Handeln" (Klanten, 2014, S. 6). Tabelle 1.2 zeigt die Förderphasen, die das Bundesinstitut für Berufsbildung (BIBB) mit dem Förderschwerpunkt BBNE ausgeschrieben hat.

Tabelle 1.2 Übersicht der BBNE-Förderung des BIBB

2004 bis 2010	1. Förderphase	11 Modellversuche zu den Themen Ressourceneffizienz und nachhaltige Managementstrategien in Industrie und Handwerk
2010 bis 2013	2. Förderphase	6 Modellversuche in den Branchen Metall/Elektro mit dem Schwerpunkt erneuerbare Energien, Bauen/Wohnen, Chemie und Ernährung
seit 2015		6 Modellversuche der Förderlinie I: Entwicklung von Ausbildungs- und Qualifizierungskonzepten zur Nachhaltigkeit in kaufmännischen Berufen
	3. Förderphase	6 Modellversuche der Förderlinie II: Gestaltung eines nachhaltigen Lernortes in Berufsbildungseinrichtungen
seit 2018		6 Modellversuche der Förderlinie III: Entwicklung von domänenspezifischen Nachhaltigkeitskompetenzen in Lebensmittelhandwerk und -industrie
2020 bis 2022	4. Förderphase	7 Projekte des BBNE-Transfers: Berufsbildung für nachhaltige Entwicklung im Transfer für Ausbildungspersonal

(Eigene Darstellung)

Im Berufsfeld Ernährung und Hauswirtschaft hat es bereits verschiedene Modellversuche gegeben (siehe ausführlich in Abschnitt 8.1), die die Umsetzung von Nachhaltigkeitszielen in der betrieblichen Berufsausbildung modellhaft erprobt haben. Der Modellversuch *Nachhaltigkeitsorientiertes Rahmencurriculum für die Ernährungs- und Hauswirtschaftsberufe* (2010 bis 2013) zielte auf die Erarbeitung eines Rahmencurriculums zur beruflichen Bildung für eine nachhaltige Entwicklung in der beruflichen Fachrichtung Ernährung und Hauswirtschaft ab. Auch zählt der Modellversuch *Nachhaltige Lernorte im Gastgewerbe (NL-G)* (2015 bis 2019) zum Berufsfeld Ernährung und Hauswirtschaft. In der Förderlinie III geht es in sechs Modellversuchen um die *Entwicklung von domänenspezifischen Nachhaltigkeitskompetenzen in Lebensmittelhandwerk und -industrie*. Erkenntnisse dieser Modellversuche werden – soweit bereits vorliegend – in dieser Dissertation genutzt. Dabei ist zu beachten, dass in Modellversuchen Einzelaspekte der BBNE modellhaft erprobt werden; eine strukturelle Verankerung jedoch nicht explizites Ziel ist, sondern hierzu lediglich vorbereitende Arbeiten geleistet werden können.

Ergänzend zu den Modellversuchen sind Erkenntnisse der Innovationsforschung zu nennen, die die in dieser Arbeit zugeschriebene hohe Bedeutung der

Lehrkräfte für die erfolgreiche Implementierung einer (B)BNE begründen. Diese zeigen, dass neben den Lehrerkompetenzen[7] und der Unterstützung durch Kolleginnen und Kollegen sowie der Schulleitung insbesondere die Motivation des Lehrpersonals zur Umsetzung der Innovation maßgeblich ist und von ihrer zugeschriebenen Bedeutung abhängt (Rode, 2005; Schallenbach-Zell & Gräsel, 2010). Die Relevanz der Lehrerinnen und Lehrer für den Bildungsprozess der Lernenden wird zudem durch umfangreiche Studien anderer Forschungsfelder unterstrichen (Baumert & Kunter, 2011b; Greiwe, 2020; Hattie & Zierer, 2017; Lipowsky, 2006; Schütt-Sayed, 2020). Sie zeigen, dass sich neben ihrem Einfluss auf die Unterrichtsqualität ihre Überzeugungen bzw. Haltungen auf die Schülerinnen und Schüler auswirken (Lipowsky, 2006) und sie somit entscheidend für den Erfolg einer BBNE sind.

Festzuhalten bleibt, dass der Bildungsauftrag BBNE eine überschaubare Historie aufweist, die für viele Forschungsdesiderate (siehe Abschnitt 2.5) (mit-)verantwortlich ist. Darüber hinaus gibt es wenige Erhebungen dazu, wie eine curriculare Implementierung für schulische Ausbildungen außerhalb dieser Modellversuche aussehen kann und welche Veränderungen bisherige Bemühungen bewirken konnten. In NRW wurde die Implementierung einer BNE lediglich an allgemeinbildenden Schulen erforscht und weist trotz Anbindung an die ‚Panel Study at the Research School ‚Education and Capabilities' in North Rhine-Westphalia (PARS)' eine gewisse Einschränkung in ihrer Repräsentativität aufgrund geringer Fallzahlen auf (Buddeberg, 2014). Daher beziehen sich die vorhandenen Daten 1) zum Großteil auf allgemeinbildende Schulen, 2) auf Probandinnen und Probanden mit hohem Interesse an einer BNE (Rode, 2005, S. 9) und 3) auf wenige Studien, die an beruflichen Schulen mit kaufmännischem oder baugewerblichem Schwerpunkt durchführt werden (Greiwe, 2020; Schütt-Sayed, 2020). Aus diesem Grund sind Untersuchungen zur Implementierung einer BBNE von Bedeutung, um diesem hohen Forschungsbedarf zu entsprechen und auf diese Weise den Weg hin zu einer zukunftsfähigen Gesellschaft zu unterstützen. Dabei sind vor allem Forschungsarbeiten im Bereich der Ernährung und Hauswirtschaft wegen ihrer Relevanz im Zusammenhang mit einer nachhaltigen Entwicklung notwendig, die – ergänzend zu den bisherigen Erhebungen zum betrieblichen Lernort – unabhängig von Modellversuchen den Fokus auf den Lernort Berufskolleg legen.

---

[7] Da es sich bei der *Lehrerkompetenz* um einen eigenständigen Begriff handelt, wird an dieser Stelle von einer gendergerechten Formulierung abgesehen. Dies bezieht sich ebenfalls auf weitere eigenständige Begriffe, die im weiteren Verlauf der Arbeit verwendet werden.

1.4 Fragestellung und Ziele

Um die Intentionen zur Verankerung auf der bildungspolitischen Ebene (Landesebene) und die wahrgenommenen Veränderungen der Lehrerinnen und Lehrer, die mit diesem Bildungsplan arbeiten (Schulebene), zu untersuchen, wird der Bildungsplan zur Erprobung ‚Staatlich geprüfte Assistentin/Staatlich geprüfter Assistent für Ernährung und Versorgung, Schwerpunkt Service' von 2015 zur exemplarischen Untersuchung herangezogen, da dieser als einer der ersten Bildungspläne in NRW die Förderung einer nachhaltigkeitsorientierten Gestaltungskompetenz als einen grundlegenden Wert aufführt. Eine solche Gestaltungskompetenz umfasst „die Kompetenz zur Partizipation und Mitwirkung bei der Gestaltung der Zukunft – also eine Teilhabe an politischen und gesellschaftlichen Diskursen und Entscheidungen, wie sie bereits in der Agenda 21 formuliert wird" (Gräsel, 2005, S. 680). Zum einen soll erhoben und analysiert werden, wie der Prozess der curricularen Verankerung einer BBNE in NRW[8] verlaufen ist und welche Intentionen das Ministerium für Schule und Bildung in NRW mit dieser Implementierung verfolgt. Zum anderen sollen durch Experteninterviews mit Lehrerinnen und Lehrern, die mit diesem Bildungsplan arbeiten, die wahrgenommenen Veränderungen durch die Implementierung einer BBNE erhoben werden. Denn für die konkrete Umsetzung einer BBNE sind Lehrkräfte des Bildungsganges im Besonderen von Bedeutung, um die hierfür relevanten Fähigkeiten bei den Schülerinnen und Schülern zu fördern und nachhaltigkeitsorientierte Lehr-Lernprozesse zu gestalten (Kastrup, 2015, S. 11). In diesem Zusammenhang ist zu klären, wie Lehrerinnen und Lehrer dieser Aufgabe nachgehen und welche Voraussetzungen sie hierfür benötigen.

Ziel der Arbeit ist die Überprüfung, ob die angestrebten Intentionen des MSB NRW erreicht wurden, welche weiteren Möglichkeiten zur Stärkung und Umsetzung einer BBNE im Rahmen der (schulischen) Berufsbildung am Fachbereich

---

[8] Durch die föderalistische Organisation der einzelnen Länder kommt es zu unterschiedlichen Unterstützungsmaßnahmen und bildungsadministrativen Vorgaben bezüglich der Umsetzung des Bildungsauftrags eine BBNE (Buddeberg, 2014, S. 15). Dieser Umstand und die Tatsache, dass NRW zu den ersten Bundesländern gehört, die BBNE curricular verankert haben, begründen die Beschränkung auf dieses Bundesland bezüglich der Konzeption von förderlichen Implementationsstrategien.

Ernährung- und Versorgungsmanagement[9] bestehen und welche Voraussetzungen förderlich erscheinen. Auf der Grundlage der gewonnenen Ergebnisse und deren Abgleich mit relevanter Theorie sollen Implementierungsstrategien auf den Ebenen der Bildungspolitik, dem Berufskolleg als Institution, seinen Lehrkräften und dem Unterricht entwickelt werden, um sich der Zielsetzung der langfristigen Stärkung einer BBNE zu nähern. Trotz des fachbereichsspezifischen Ansatzes soll eine Übertragung auf andere Fachbereiche und Bildungsinstitutionen nicht ausgeschlossen werden. Seine sowohl fachbereichsspezifische als auch fachbereichsübergreifende Gültigkeit bedarf jedoch einer hier nicht einbezogenen Überprüfung, die im Rahmen weiterer Forschungsarbeiten verfolgt werden kann.

1.5   Vorgehensweise

Das Forschungsvorhaben sieht ein empirisches Vorgehen in den in Tabelle 1.3 aufgeführten Untersuchungsphasen vor, die gleichzeitig den Aufbau der Arbeit widerspiegeln.

Diese vier dargestellten Schritte der Vorgehensweise spiegeln sich in insgesamt 13 Kapiteln der Arbeit wider. Nach der Einleitung wird zunächst die wissenschaftstheoretische und methodologische Verortung der Dissertation beschrieben. Hierzu werden u. a. die Ansätze der kritischen Erziehungswissenschaft sowie der pragmatischen und normativen Pädagogik ausgeführt. Ebenfalls wird die Fachdidaktik als Bindeglied zwischen der fachwissenschaftlichen Bezugsdisziplin Ökotrophologie und der Berufs- und Wirtschaftspädagogik dargestellt und das Forschungsfeld der nachhaltigkeitsorientierten Berufsbildungsforschung erläutert. Die Konzepte der Implementationsforschung und der evaluativ-konstruktiven Curriculumforschung werden im Rahmen der methodologischen Verortung der

---

[9] Mit der beruflichen Fachrichtung Ernährung und Hauswirtschaft, die im Rahmen des Lehramtsstudiums für Berufskollegs angeboten wird, können die Lehrerinnen und Lehrer in den berufsqualifizierenden Bildungsgängen unterrichten, die dem Berufsfeld Ernährung und Hauswirtschaft entsprechen (siehe Abschnitt 2.3) . Diese Bildungsgänge werden an den Berufskollegs in dem Fachbereich Agrarwirtschaft und Ernährung/Versorgung angeboten, allerdings finden sich in den Anlagen A bis E der APO BK abweichende Bezeichnungen wieder. In Anlage B wird von Ernährungs- und Versorgungsmanagement gesprochen, zu der der Abschluss ‚Staatlich geprüfte Assistentin und staatlich geprüfter Assistent für Ernährung und Versorgung, Schwerpunkt Service‘ gehört (APO BK, 2021). Aus diesem Grund wird in der vorliegenden Arbeit vom Fachbereich Ernährungs- und Versorgungsmanagement gesprochen, wenn Bezug zum Bildungsplan zur Erprobung genommen wird.

Tabelle 1.3 Vorgehensweise des Forschungsvorhabens

1) Literatur- und Dokumentenanalyse zur BBNE, zur Curriculumentwicklung sowie zur Implementationsforschung,
2) Befragung von Verantwortlichen für den Bildungsplan im MSB NRW zu Intentionen und Implementationsstrategien im Kontext der Curriculumrevision,
3) Befragung von Bildungsgangleiterinnen und -leitern und/oder Lehrerinnen und Lehrern der Berufskollegs zu Prozessen der schulinternen Curriculumentwicklung, ihren Voraussetzungen bezogen auf Akzeptanz, Verständnis, Einstellung und Umsetzung einer BBNE sowie zu deren unterrichtspraktischen Umsetzung,
4) Ableitung von Implementationsstrategien auf verschiedenen Ebenen zur Verankerung einer BBNE.

(Eigene Darstellung)

Rahmung dieser Arbeit angepasst. In den Kapiteln drei bis sieben folgen die theoretischen Ausführungen zur beruflichen Bildung und zur Wertebildung im Kontext einer nachhaltigen Entwicklung, um ein einheitliches Verständnis der Begrifflichkeiten sicherzustellen, bestehende Modelle und Konzepte auszuwerten und auf das Berufsfeld Ernährung und Hauswirtschaft anzuwenden. Darauf aufbauend wird erläutert, welche Rolle Lehrerinnen und Lehrer für eine BBNE einnahmen und wie BBNE im Berufsfeld Ernährung und Hauswirtschaft didaktisch zu gestalten ist. Im achten Kapitel wird der neue Bildungsplan zur Erprobung als Ausgangspunkt genutzt, um die curriculare Implementierung als Form der strukturellen Verankerung einer BBNE zu beschreiben. Dieser wird bezüglich seines Nachhaltigkeitsgehaltes im Vergleich zum vorherigen Lehrplan mittels einer Dokumentenanalyse untersucht (siehe Abschnitt 8.2.2).

Nach der Zusammenfassung der theoretischen Exploration folgt der empirische Teil der Arbeit. Zunächst werden das Forschungsvorhaben und -design abgebildet. Anschließend umfasst das elfte Kapitel die Erhebung auf Landesebene, bei der das MSB NRW – als Entscheidungsträger – zum Entwicklungsprozess sowie zu deren Intentionen der curricularen Verankerung von Nachhaltigkeit befragt wird. Das zwölfte Kapitel beinhaltet die Erhebung auf Schulebene, um die Einschätzungen und Erfahrungen der Bildungsgangleitungen sowie der Lehrkräfte zu erfassen und auf dieser Basis die Erreichung der vom MSB NRW formulierten Veränderungsintentionen in der Berufsbildungspraxis der berufsbildenden Schulen zu überprüfen. Durch die Interviews sollen die Wahrnehmung, die Handlungsweisen sowie die Entscheidungslogik der Beteiligten in Bezug auf die

Umsetzung des Bildungsplans erfasst werden, welches dem überwiegenden Vorgehen in der Implementierungsforschung entspricht (Petermann, 2014, S. 122). Die vorangegangene Literaturanalyse BBNE-relevanter Themenfelder ermöglicht die kritische Auswertung der gewonnenen Daten, um Implementationsstrategien für die Stärkung einer BBNE zu entwickeln. Daher werden in diesen beiden Kapiteln – neben der Planung und Durchführung der Erhebung – die Ergebnisse beschrieben und vor dem Hintergrund der vorherigen theoretischen Grundlagen hin analysiert. In Kapitel 13 werden alle Ergebnisse resümiert und in daraus abgeleiteten Implementierungsstrategien zusammengeführt.

Wissenschaftstheoretische und methodologische Verortung

2

2.1 Wissenschaftstheoretische Verortung in einem interdisziplinären Wissenschaftsfeld

Mit dieser Arbeit soll ein Beitrag zur Implementierung einer BBNE verfolgt werden, die langfristig zu einer nachhaltigkeitsorientierten beruflichen Bildung und letztendlich zu entsprechenden Veränderungen in der Gesellschaft führen soll. Es handelt sich dabei um ein normatives Leitbild, weshalb die hierbei zugrundeliegenden theoretischen Kategorien zu beschreiben und begründen sind. Dies soll der Nachvollziehbarkeit dienen und somit „den normativ-theoretischen Kontext des fokussierten Forschungsgegenstandes […] explizieren" (Krille, 2017, S. 18).

Die vorliegende Arbeit folgt einem interdisziplinären Wissenschaftsansatz, der erziehungswissenschaftliche und fachwissenschaftliche Bezüge umfasst. Es handelt sich um eine fachdidaktische Arbeit der beruflichen Fachrichtung Ernährung und Hauswirtschaft mit nachhaltigkeitsorientierter Ausrichtung. Daher ergibt sich eine disziplinäre Zuordnung zur Berufs- und Wirtschaftspädagogik als Teildisziplin der Erziehungswissenschaft. Ebenfalls nimmt sie durch fachwissenschaftliche Bezüge eine Brückenfunktion zur korrespondierenden Fachwissenschaft Ökotrophologie ein. Dadurch ergeben sich Anknüpfungen zu verschiedenen wissenschaftstheoretischen und methodologischen Ansätzen, gleiches gilt für diverse Verbindungen zu unterschiedlichen Forschungsfeldern, wie zum Beispiel der Implementationsforschung, der Unterrichtsforschung oder der Curriculumentwicklung. Aufgrund der Tatsache, dass unter den verschiedenen Disziplinen als auch innerhalb der Berufs- und Wirtschaftspädagogik heterogene wissenschaftstheoretische wie methodologische Ansätze vertreten sind, ist die jeweilige Einordnung zwecks Transparenz und Kohärenz des beschriebenen Vorhabens notwendig.

S. Loy, *Nachhaltigkeit im Berufsfeld Ernährung und Hauswirtschaft*, https://doi.org/10.1007/978-3-658-43877-7_2

Die vorliegende Arbeit unterliegt einem wissenschaftlichen Anspruch, wobei Wissenschaft als theoretischer Zugang zur Lebenswirklichkeit grundsätzlich nach einem Erkenntnisgewinn strebt.

> [Wissenschaft zielt darauf ab], methodisch gesicherte, allgemeingültige und für jeden Menschen, soweit er seinem Verstand folgt, zwingende Erkenntnisse hervorzubringen. Solche Erkenntnisse muss man nicht glauben müssen; sie müssen begründet sein (Klika & Schubert, 2013, S. 8).

Sie setzt empirische Forschung voraus, mit der Ergebnisse messbar sowie Handlungen und Methoden überprüfbar werden. Mit einer aus den Ergebnissen abgeleiteten Theorie[1] kann anschließend eine partikuläre Wirklichkeit[2] abgebildet werden, um Vorhersagen treffen zu können und empirisch verifizierte Regeln aufzustellen. Es ist die Voraussetzung für eine objektive Sicht (Asendorpf & Neyer, 2012, S. 82 f.). Doch in Zeiten von „Publikationsfluten [und der zunehmenden] Skepsis gegenüber den Wissenschaften" (Rost, 2018, S. 13) besteht jedoch kein einheitlicher Konsens zu Wissenschaftsdefinition. Denn die Forderung von Ströker (1994) nach einem Mindestmaß an Einigung hinsichtlich der Rationalität und dem grundlegenden Streben der Forschung nach Wahrheitsfindung setzt die Notwendigkeit rationaler und nachvollziehbarer Forschungsmethoden voraus. Diesem Streben steht der Einwand Westmeyers (1994) entgegen, da die zentralen Begriffe

---

[1] Nach Erich Weniger gibt es drei Grade der Theorie, die zusammenfassend wie folgt beschrieben werden können: Das Allgemeinwissen eines Menschen stellt den ersten Grad der Theorie dar; das berufspraktische Wissen, welches von Praktikerinnen und Praktikern formuliert und angewendet – basierend aus Erfahrungen – wird, zeichnet den zweiten Grad aus. Diese beiden Theorien finden stetige Anwendung, ohne dass sie den Praktikerinnen und Praktikern bewusst sind. Es besteht hier die Gefahr der Routine, die der Fallzentrierung hinderlich sein kann. Der dritte Grad der Theorie ist schließlich das wissenschaftliche Wissen. Sie bietet objektive Sicht auf die Situation und soll eine analytische Funktion der Aufklärung von Sachverhalten übernehmen (Weniger, 1952, S. 7–22).

[2] Der Wirklichkeitsbegriff kann grundsätzlich als durch Wahrnehmung gewonnene Erkenntnis (Empirismus), in Abgrenzung zum Vermuteten verstanden werden. Die *Postulate empirischen Denkens* der kantischen Modaltheorie bilden die Grundsätze:

1. „Was mit den formalen Bedingungen der Erfahrung (der Anschauung und den Begriffen nach) übereinkommt, ist *möglich*.
2. Was mit den materialen Bedingungen der Erfahrung (der Empfindung) zusammenhängt, ist *wirklich*.
3. Dessen Zusammenhang mit dem Wirklichen nach allgemeinen Bedingungen der Erfahrung bestimmt ist, ist (existiert) *notwendig*" (Melichar, 2020, S. 169 [HviO]).

wie *Wahrheit, Objektivität, Kohärenz, Konsistenz, kritisch-rationale Prüfung* (siehe Abschnitt 10.1) in den verschiedenen Wissenschaftstheorien – selbst innerhalb der Einzeldisziplinen – different definiert werden (Rost, 2018, S. 26). Die Festlegung und Erläuterung der für die vorliegende Arbeit geltenden Definition soll daher im Rahmen dieses Kapitels erfolgen.

2.2   Wissenschaftstheoretische Verortung in Bezug auf die Paradigmen der Erziehungswissenschaft

2.2.1   Paradigmatisches Grundverständnis der Arbeit

Die Erziehungswissenschaft[3] ist nicht auf ein bestimmtes Konzept an Methoden und Theorien festgelegt, gleichzeitig gilt sie durch den Einfluss ihrer Bezugs-disziplinen als eine multidisziplinäre Wissenschaft. Dieser Umstand kann sowohl als Stärke oder aber als Schwäche ausgelegt werden (Schmidt-Hertha & Tippelt, 2014, S. 172–174).

> In der Erziehungswissenschaft (oder muss man auch hier schon von Erziehungswis-senschaften sprechen?) gibt es neben einer großen Gruppe eher geisteswissenschaft-lich Arbeitender viele erfahrungswissenschaftlich orientierte Wissenschaftlerinnen und Wissenschaftler, die quantitative wie zunehmend qualitative empirische For-schung betreiben. Daneben werden phänomenologische, psychoanalytische, struktu-ralistische, systemtheoretische u. a. Theorie- und Methodenkonzeptionen angewendet (Rost, 2018, S. 15).

Die Sozialwissenschaften, zu denen die Erziehungswissenschaft gehört (DGfE, 2013), wurden in den 1960er/1970er-Jahren in zwei Lager gespalten, da durch Strömungen der empirischen Sozialforschung im internationalen Raum zuneh-mend deren Methoden an Zuspruch in der deutschen Pädagogik gewannen, deren

---

[3] „Die *Pädagogik* beschreibt die Lehre, die Theorie und die Wissenschaft von der Erzie-hung und Bildung von Kindern und Erwachsenen in Familie, Schule, Freizeit und Beruf. Der Terminus *Erziehungswissenschaft* wird häufig mit dem Begriff der Pädagogik gleichgesetzt, ist aber insbesondere im Bereich der empirisch orientierten Forschung verbreiteter." (Bam-bey et al., 2012, S. 111 [HviO]) In dieser Arbeit werden die Bezeichnung entsprechend der verwendeten Literaturquellen verwendet.

methodologisches Verständnis bis dato primär geisteswissenschaftlich herme-
neutisch war (Engelke et al., 2008, S. 398). Die grundlegende Unterscheidung
liegt darin, dass die an der Naturwissenschaft orientierten empirischen Ansätze
auf das Erklären, die geisteswissenschaftliche Pädagogik auf das Verstehen der
Erziehungswirklichkeit zielen.

Die Erziehungswissenschaft ist durch ihre historische Entwicklung und Komplexität ihres Gegenstandsbereichs in verschiedene Teildisziplinen untergliedert
(DGfE, 2013). Aus den drei Denktraditionen der geisteswissenschaftlichen, empirischen und kritischen Erziehungswissenschaft – auf Letztere wird sich u. a. aufgrund der BBNE-spezifischen Verantwortungsethik bezogen – haben sich in der
Folge zahlreiche Strömungen entwickelt. So besteht eine „[p]hänomenologische
Pädagogik und transzendental-kritische, praxeologische oder prinzipienorien-
tierte Richtungen neben einer Vielzahl weiterer Zugangsweisen (psychoana-
lytische, interaktionistische, kommunikative, strukturalistische, „humanistische"
etc.)" (Raithel et al., 2009, S. 196). Durch diese Ausdifferenzierung sind ihre
Forschungsmethoden ebenfalls vielfältig, wobei sie sich grundsätzlich an den
methodischen Standards der Geistes-, Kultur-, Sozial- und Humanwissenschaften
orientieren. In den letzten Jahrzehnten hat sich stetig ihr Selbstverständnis gewan-
delt, wodurch sich neue Fragestellungen, Methoden und Lösungsansätze ergeben
haben. Die ursprünglichen Begriffe des Bildungs-, Erziehungs- und des Unter-
richtskontextes[4] breiten sich zunehmend in diverse, weitere Felder mit neuen
Begriffen aus, obgleich Erziehung, Bildung und Unterricht weiterhin als die
zentralen Gegenstände der Disziplin gelten (Raithel et al., 2014, S. 10).

> Das Proprium der Erziehungswissenschaft kann weder durch eine Ausweitung erzie-
> hungswissenschaftlicher Zuständigkeiten für die Analyse und Betreuung kontingenter
> Lebensläufe noch in einer Reduktion auf Fragen der Erziehung und des Unterrichts
> gesehen werden (Benner & Brüggen, 2000, S. 258).

Als verbindende Position kann jedoch ein reflexives wissenschaftstheoretisches
Verständnis mit den Grundkategorien *Lernen, Sozialisation, Erziehung und Bil-
dung* und die elementaren Handlungsbereiche *Unterrichten, Beraten, Planen und
Beurteilen* identifiziert werden (Faulstich-Wieland & Faulstich, 2008, S. 14).
Einer BBNE lassen sich die Grundkategorien *Erziehung* und *Bildung* sowie die
Handlungsbereiche *Unterrichten, Planen* und *Beurteilen* zuordnen, da es sich im

---

[4] Nach Flitner (1933) gehören hierzu Erziehungsgemeinschaft, Bildsamkeit, Sachgehalt der
Bildung/erziehende Sozialordnung, Bildung als Werk der Erziehung, Verfahren des Erzie-
henden/Bildungsprozess (Heiland, 1989, S. 28).

Kontext der curricularen Verankerung um unterrichtliche Vorgaben der beruflichen Bildung handelt, nach denen die Lehrerinnen und Lehrer ihren Unterricht planen und Lehrinhalte entsprechend auswählen. Zur Annäherung an die für diese Arbeit zugrunde liegenden wissenschaftstheoretischen Ansätze sollen im Folgenden solche theoretischen Bezüge vorgestellt werden, denen eine entsprechend kontextuelle Bedeutung zugeschrieben wird, um das Grundverständnis dieser Arbeit darzustellen.

2.2.2　Kritische Erziehungswissenschaft

Der ‚Positivismusstreit‘[5] in den Sozialwissenschaften führte zur Bildung zweier Lager, die dem geisteswissenschaftlichen Paradigma ab den 1960er-Jahren seine Dominanz entzog (*realistische Wendung* (Roth, 1967, S. 113–126)). Einerseits stellten Vertreterinnen und Vertreter der *Kritischen Theorie,* unter dem Primat der *kritischen Vernunft,* das gesellschaftliche System grundsätzlich infrage. Demnach wird ein gesellschaftskritisches, emanzipatorisches Erkenntnisinteresse verfolgt, indem soziologische und sozialpsychologische Fragestellungen untersucht werden. „Kritische Theorie zielt auf die Aufdeckung und Überwindung emanzipationsfeindlicher Tendenzen der Industriegesellschaft" (Engelke et al., 2008, S. 398). (Utopisches) Ziel ist die vernünftige, emanzipierte Gesellschaft (Raithel et al., 2009, S. 189). Andererseits stand der Kritischen Theorie der *Kritische Rationalismus* entgegen, der einem technologischen Erkenntnisinteresse folgt und Aussagen so lange als gültig ansieht, bis sie widerlegt werden. Anders als bei der Kritischen Theorie sollen gesellschaftliche Veränderungen schrittweise erfolgen; auf eine gänzliche Umstrukturierung wird nicht abgezielt. Vertreterinnen und Vertreter des Kritischen Rationalismus bewerten die Kritische Theorie als ideologisch und lehnen ein solches wissenschaftstheoretisches Verständnis ab (Engelke et al., 2008, S. 398). Mit der Übertragung von naturwissenschaftlichen Methoden auf die Erziehungswissenschaft soll die Erziehungswirklichkeit abgebildet werden, damit daraus Handlungsvorgaben für die Praxis abgeleitet werden können. Dem Anspruch auf Wertneutralität der kritisch-rationalen Erziehungswissenschaft kann jedoch im Rahmen einer BBNE nicht entsprochen werden, denn die Wertebildung – als Bestandteil einer BBNE – zielt auf eine demokratische

---

[5] Durch die Tübinger Arbeitstagung der Deutschen Gesellschaft für Soziologie 1961 wurde die Diskussion über moralische und methodische Grundhaltungen, also über die Logik der Sozialwissenschaften entfacht. Der Streit fand zischen den Vertretern des Kritischen Rationalismus Popper und Albert und den Vertretern der Kritischen Theorie Adorno und Habermas statt (Dahms, 1994, S. 323–325).

und soziale Gesellschaft ab (siehe Abschnitt 4.1.3). Da die Werteorientierung für das friedliche Zusammenleben innerhalb der Gesellschaft fundamental ist (Weinberger et al., 2008, S. 24), kann keine werteneutrale Erziehung in Schulen stattfinden. Für die vorliegende Arbeit stellt die Kritische Theorie – mit ihren in Tabelle 2.1 aufgeführten Elementen – die geeignete Grundlage des wissenschaftstheoretischen Verständnisses dar, denn im Sinne einer BBNE orientiert sie sich an Idealen von Verantwortung und Gerechtigkeit in Bezug auf unprivilegierte Personenkreise. Diese Ideale finden sich bei Kants Analyse zum moralischen Bewusstsein und bei Hegels Bestreben einer kollektiv vernünftigen Gesellschaft durch die Tätigkeit der Einzelnen (Raithel et al., 2009, S. 189) wieder und lassen sich mit einem werteorientierten Nachhaltigkeitsgedanken vereinen, der in der inter- und intragenerationalen Gerechtigkeit liegt (siehe Abschnitt 4.1 und 5). In diesem Sinne ist die vorherrschende Gesellschaftsordnung als unvernünftig zu bewerten, in der u. a. die Ausbeutung und Schädigung Unterprivilegierter – für die sich im Rahmen der kritischen Theorie besonders einzusetzen ist – als profitables Geschäftsmodell für reichere Länder legitim erscheint. So gründet das Forschungsvorhaben im Sinne der Kritischen Theorie auf dem Ziel der Emanzipation von Jugendlichen, um durch die kritische Betrachtung der Gesellschaft zu deren Veränderung zu gelangen (Euler, 2010, S. 386). Die *gesellschaftliche Transformation* im Kontext der Nachhaltigkeit verhält sich daher analog zur Veränderung der gesellschaftlichen Bedingungen im Rahmen der kritischen Theorie, denn insbesondere unterprivilegierte Gruppen, wie beispielsweise Länder des Südens, leiden unter dem Klimawandel als Folge nicht nachhaltiger Entwicklungen. Für eine kritische Erziehungswissenschaft können folgende Elemente herausgestellt werden:

– Pädagogische Aussagen sind hinsichtlich ihrer gesellschaftlichen Abhängigkeit zu reflektieren.
– Wissenschaftliche Erkenntnisse sind hinsichtlich der jeweiligen Forschungsbedingungen zu prüfen und ggf. zu relativieren.
– Gründe für die gewählten Fragestellungen oder Problemfelder sind gesellschaftskritisch zu bewerten.
– Erziehungsziele sind hinsichtlich ihrer praktischen Umsetzung zu reflektieren.
– Kritische Erziehungswissenschaft zielt auf die Emanzipation der Jugendlichen (Wulf, 1977, S. 138–139).

Tabelle 2.1 Paradigma der Kritischen Theorie

Funktion	• gesellschafts- und ideologiekritisch • Erkenntnisse sollen zur Emanzipation der Praxis und zu gesellschaftlichen Veränderungen beitragen

Wirklichkeitsverständnis	• kritisches, idealistisches Wirklichkeitsverständnis
	  • kritisch, weil Emanzipationsversäumnisse in der Berufsbildungspraxis reflektiert werden
	  • idealistisch, weil pädagogische Maßnahmen zur Erhöhung der Demokratie, Mündigkeit und Partizipation hinwirken möchten
	• Erkenntnisse über Wirklichkeit erschließen sich aus dem im Diskurs entstandenen Konsens der Wissenschaftlerinnen und Wissenschaftler

Menschen- und Gesellschaftsbild	• egalitär • Grundbedürfnis nach Selbstbestimmung und freier Kommunikation sind durch bestehende Machtverhältnisse in Gefahr • Leitidee ist eine Gesellschaft ohne Status und Ungleichheit
Wissenschafts-Praxis-Bezug	• Streben nach Praxisveränderung durch die Erziehung zur Mündigkeit, Erkenntnis- und Gestaltungsinteresse • Theorie und Praxis stehen in einer untrennbaren Verbindung, nicht nur Interesse an der Wirklichkeit, sondern auch an deren Veränderung

(Eigene Darstellung in Anlehnung an Euler, 2010, S. 386–388)

2.2.3 Pragmatische Pädagogik

Da Pädagogik als handlungsanleitende Erziehungslehre definiert werden kann (Hermann, 1991, S. 188), ist sie nach Herbart[6] eine Wissenschaft im Dienste der Praxis, um deren Zweck und Möglichkeiten aufzuklären. Bereits bei Schleiermacher (1826) als Begründer der hermeneutischen Pädagogik (Bollnow, 1986, S. 719) lässt sich die Verbindung der Theorie zur vorangegangenen Praxis finden.

---

[6] Der auf Herbart zurückzuführende Herbartianismus, als große pädagogische Strömung, hat zum Ausbau der Pädagogik in der zweiten Hälfte des 19. Jahrhunderts maßgeblich beigetragen. Im Fokus stand insbesondere die Schule. Demnach wurde Pädagogik als geschlossenes System betrachtet, die sich auf die Assoziationspsychologie bezog und die schrittweise Ermöglichung von Sittlichkeit forderte. Die Schulung des individuellen Willens steht im Mittelpunkt der sittlichen/ethischen Erziehung. Ab 1929 verlor diese Pädagogik durch reformpädagogische Ansätze an Bedeutung. Diese entfernten sich von der herbartianischen Unterrichtspädagogik hin zu einer Ausrichtung auf die Entfaltung des Kindes (Raithel et al., 2009, S. 158–167). Oelkers nennt fünf elementare Gründe für das Ende des Herbartianismus: Veralterungsverdacht, fehlende Glaubwürdigkeit, alternative Formen der Lehrerbildung, Verlust der Bezugspunkte des Wissenschaftssystems und überholte Terminologie (Oelkers, 1989, S. 92–95).

Die Wissenschaft ist demnach die Vorbereitung auf die ‚Kunst' – in Bezug zur BBNE handelt es sich um die Kunst, u. a. die nachhaltigkeitsorientierte Gestaltungskompetenz zu fördern – da in der Praxis zwar auf eine intuitive Logik zurückgegriffen würde, jedoch diese nur dann eine angemessene Reifung erfahre, wenn zuvor gewisse ‚Regeln' für den Umgang mit Erfahrungen erfolge.

> Wenn wir das Wort ‚Regel' überhaupt beibehalten, müssen wir sagen, dass wissenschaftliche Resultate eine Regel für die Durchführung von Beobachtungen und Untersuchungen liefern, nicht ein Rezept für offenes Handeln. Sie funktionieren nicht direkt unter Hinsicht auf die Praxis und ihre Ergebnisse, sondern indirekt durch das Mittel einer geänderten geistigen Haltung (Dewey, 1935, S. 114 zit. nach Klika & Schubert, 2013, S. 12 [HviO]).

Wissenschaft ist demnach kein Wissen, welches unmittelbar auf die Praxis übertragen werden kann. Im Alltäglichen werden stetig Erfahrungen vollzogen, die eine Voreinstellung gegenüber pädagogischen Akten ermöglicht. Diese Voreinstellung bzw. Haltung beeinflusst unabdinglich, meist unbewusst, die Handlung und kann als Theorie zweiten Grades (siehe Fußnote 10) bezeichnet werden. Diese Theorie ist jedoch nicht wissenschaftlich, da sie keine Auskunft über ihre Richtigkeit und Gültigkeit zulässt und lediglich eine Sammlung von Eindrücken darstellt. Es besteht die Gefahr des routinierten Handelns und der wiederkehrend fehlerhaften Handlungsweisen. Wissenschaftliche Theorien können demgegenüber objektive Sichtweisen, Möglichkeiten der Situationsanalyse und Reflexion eröffnen. Sie bilden die Grundlage zum professionellen Handeln (siehe Abschnitt 6.1), welches durch drei charakteristische Eigenschaften bestimmt wird. Professionelles Handeln ist 1. die Vermittlung von Theorie und Praxis bezüglich der wissenschaftlichen Problemlösung in der Praxis und 2. ein Komplex der systematischen, nicht zufälligen Erneuerung/Innovation durch Krisenbewältigung, weshalb das professionelle Handeln durch diese Anpassung an die stetig wandelnden Kontextbedingungen eine spezifische, kontextbezogene Struktur aufweist. Dies ist für Lehrerinnen und Lehrer besonders relevant, da sie im Unterricht fortlaufend mit nichtvorhersehbaren Reaktionen der Schülerinnen und Schüler konfrontiert werden. Als dritte charakteristische Eigenschaft kann die

Stellvertretende Deutung[7] aufgeführt werden, bei der das Fachwissen die Umsetzung der Theorie ermöglicht und Problemfelder identifiziert. Gleichzeitig ist für die Deutung insbesondere das Erfahrungswissen relevant. Das professionelle Handeln kann somit zur Bearbeitung prekärer Problemlagen beitragen, welche durch das Fachwissen unter spezifischen Perspektiven erschlossen werden. Damit erziehungswissenschaftliche Theorien nicht als *schöne Ideale* (Weniger, 1952, S. 9) fehlinterpretiert werden, ist zu betonen, dass sich die wissenschaftliche Theorie auf die Praxis bezieht, um das objektive Reflektieren der Handlungsweisen zu ermöglichen. Sie soll vor veralteten, möglichen routinierten Theorien zweiten Grades geschützt und die Professionalität bewahrt werden.

> Es gilt hier der Primat der Praxis, die mit der Theorie geladen, doch an sich unabhängig ist von der Pädagogik als Wissenschaft. Um es mit Schleiermacher zu sagen: „die [sic]! Dignität der Praxis ist unabhängig von der Theorie, die Praxis wird nur mit der Theorie eine bewußtere [sic]!" (Weniger, 1952, S. 20 [HviO])

Die pädagogische Praxis kann zwar ohne vorausgehende wissenschaftliche Theorie bestehen, zur Gewährleistung des professionellen Handelns ist die Theorie jedoch ausschlaggebend. Sie ermöglicht professionelles Handeln, indem sie zu begründeten, reflektierten Entscheidungen hinführt und eine pädagogische Haltung bildet, ohne dabei konkrete Handlungsweisen vorzuschreiben. Die erziehungswissenschaftliche Forschung dient daher zur Ermittlung der Aufgaben und Funktionen von Erziehung und Bildung einer selbstreflektierenden Gesellschaft.

> Das „Selbstverständnis der Erziehungswissenschaft in der Gegenwart" (1958) kennzeichnet Wilhelm Flitner Pädagogik als „hermeneutisch pragmatische Wissenschaft", die von „empirischen" und „normativen" Wissenschaftsdisziplinen abgehoben wird, indem sie den empirischen und normativen Aspekt verbindet, sich als Praxis auslegende, aber in der Auslegung Normen aufdeckende, strukturierende Theorie begreift (Heiland, 1989, S. 28 [HviO]).

Daher wird die Pädagogik zwar als pragmatische Wissenschaft gesehen, doch handelt es sich nicht um eine technische Subjekt-Objekt-Beziehung und der damit

---

[7] „Die „Stellvertretende Deutung" beinhaltet eine spezifische Perspektive auf ein Problem, zu der Betroffene selbst nicht fähig seien, die sich für sie allerdings als „richtig" erweise. Der davon ausgehende spezifische Modus professioneller Problembearbeitung sei gekennzeichnet durch eine Kombination von universalisierter Regelanwendung auf der Grundlage wissenschaftlichen Wissens und der einfühlsamen Erkundung der Besonderheiten des Einzelfalles. Letzteres ließe sich nicht standardisieren, weshalb professionelles Handeln auch nur begrenzt routinisierbar und über administrative Vorgaben steuerbar wäre" (May, 2010, S. 70 [HviO]).

einhergehenden Bildung von Kausalzusammenhängen, wie u. a. in der Medizin. Durch ihr Technologiedefizit ist es nicht möglich verlässlich von einem Sachverhalt auf ein sinnvoll erscheinendes Verhalten zu schließen, da menschliche Verhaltensweisen oder Probleme individuell und kontextabhängig sowie ihre Gründe sehr komplex-verflochten sind. Durch die Problem- und Strukturanalyse können jedoch Hinweise zur Klärung von Verhaltensweisen gewonnen werden, wobei die bloße Übertragung von Theorien auf die Praxis unzureichend ist. Hier bedarf es zusätzlich eines Erfahrungswissens und intuitiver Reaktion, die von der inneren, hier nachhaltigkeitsorientierten, Haltung gelenkt und anschließend reflektiert wird. Insbesondere diese reflexive bzw. kritische Ausprägung der inneren, theoriebasierten Haltung ist für den weiteren Verlauf dieser Arbeit von Bedeutung. In Bezug auf Schulreformen wird zur Stärkung der selbstlernenden und reflexiven Praxis die „Wiederannäherung der Theorie-Arbeit an hermeneutisch-kritisch geprüfte Praxis-Erfahrung" (Hermann, 1991, S. 199) gefordert.

2.2.4   Normative Pädagogik

Da die nachhaltige Entwicklung ein normatives Konstrukt darstellt, wird die Pädagogik in diesem Kontext als handlungsanleitende Erziehungs- und/oder Unterrichtslehre verstanden.

> In den vergangenen Jahren hat das Thema „Normativität" in der Philosophie und den Sozialwissenschaften und damit auch in der Erziehungswissenschaft an Bedeutung gewonnen [und] praktische Fragen der Umsetzung von Inklusion, technische, rechtliche und moralische Rahmenbedingungen der Digitalisierung, Entwicklungen der Biotechnologie und Horrorszenarien der ökologischen Forschung [aufgeworfen] – all das sind und bleiben Dauerthemen nationaler und internationaler Politik, die auch in der Pädagogik Spuren hinterlassen (Meseth et al., 2019, S. 5 [HviO]).

Pädagogik gilt als reflexive Praxis (s. o.), die Werturteile und Normen, Leitbilder sowie wünschenswerte Lebensformen der Zukunft umfasst, wodurch die Bildung für nachhaltige Entwicklung als Wertebildung gedeutet werden kann (siehe Abschnitt 4.1 und 5). „Der Kern einer solchen Pädagogik ist die *Ethik*" (Hermann, 1991, S. 188). Es handelt sich um die Theorie einer realisierbaren wie ethisch legitimen Praxis (Arnold et al., 2016, S. 214). Trotz der empirischen Orientierung der Erziehungswissenschaft soll daher weiterhin eine normative Ausrichtung bestehen bleiben, um ein auf Deskription beschränktes Verständnis zu überwinden.

Soll im Bereich der Erziehungswissenschaft empirisch [...] geforscht werden, so müssen für diese methodischen Projekte Prämissen angenommen oder gesetzt werden, in denen normative Vororientierungen enthalten sind (Bokelmanns 1964, S. 62 zit. nach Fuchs, 2019, S. 62).

Wird der Bildungsbegriff, als der für die vorliegende Arbeit relevante Gegenstand der Erziehungswissenschaft, näher betrachtet, ist zu beobachten, dass bereits um 1800 die Vertreterinnen und Vertreter der modernen Pädagogik – wie Kant, Humboldt oder Schleiermacher – die Entfaltung der Persönlichkeit als zentrales Bildungsziel ausgemacht haben, welches in der zweiten Hälfte des 20. Jahrhunderts von Vertreterinnen und Vertretern einer geisteswissenschaftlichen Pädagogik – wie Nohl, Flitner und Weniger – ebenfalls übernommen wurde (Krinninger & Müller, 2012, S. 57). Auch die kritisch-emanzipatorische Erziehungswissenschaft – u. a. bei Klafki und Mollenhauer – zeigen ihre normative Orientierung in der Betonung des autonomen Handelns des Subjekts und dessen Verantwortungsübernahme (siehe Kapitel 3). „Das Konglomerat aktueller Theoriebildung und Forschung weist quer durch die verschiedenen Ansätze, Denkformen und methodologischen Programme unmissverständlich ein normatives Gepräge auf" (Fuchs, 2019, S. 49). Daher ist das aktuell häufig erwähnte „Ende der normativen Pädagogik" (Fuchs, 2019, S. 64) nicht gleichbedeutend mit einer norm- oder normativitätsfreien Pädagogik. Für die Förderung der Übernahme von Verantwortung, Mündigkeit und Partizipation seitens der Lernenden, die im Sinne einer nachhaltigen Wertebildung angestrebt werden, ist somit ein normatives Pädagogikverständnis naheliegend, welches im Dienst der Praxis steht, sich dabei jedoch keinesfalls einem technokratischen Zwang unterwirft.

2.3 Verortung im Feld der wissenschaftlichen Disziplinen

2.3.1 Berufs- und Wirtschaftspädagogik als Teildisziplin der Erziehungswissenschaft

Da es sich bei der vorliegenden Forschungsarbeit zur BBNE um die *Berufsbildung* für eine nachhaltige Entwicklung handelt, kann eine weitere Spezifizierung der wissenschaftstheoretischen Verortung innerhalb der Erziehungswissenschaft auf ihre Teildisziplin Berufs- und Wirtschaftspädagogik erfolgen.

Seit den 1960er-Jahren hat sich die Berufs- und Wirtschaftspädagogik empirisch-sozialwissenschaftlich ausgerichtet. Denn auch die Teildisziplin erlebt – wie die Erziehungswissenschaft – durch die Lösung von dem geisteswissenschaftlichen Verständnis eine ‚realistische Wende' (Arnold et al., 2016, S. 195), bei der die kritische Haltung gegenüber den damaligen Ideologien und die empirische Strömung zur Modernisierung beitrug.

> Unter diesem Aspekt betrachtet, hat sich die Berufs- und Wirtschaftspädagogik im Laufe der vergangenen Jahrzehnte tendenziell zu einer Teildisziplin der Bildungs- und Erziehungswissenschaft entwickelt, die die pädagogischen Probleme arbeits- und berufsbezogener Bildungs- und Erziehungspraxen in schulisch organisierten und außerschulischen Handlungsfeldern erforscht, reflektiert und konstruktiv zu klären versucht [...] (Kutscha, 2010a, S. 382).

Die Berufs- und Wirtschaftspädagogik ist als Teildisziplin der Erziehungswissenschaft für die Theoriebildung und Forschung im Gegenstandsfeld der Berufsbildung sowie die Ausbildung des Berufsbildungspersonals zuständig. Es handelt sich um Erkenntnisse über

– die Zusammenhänge zwischen der beruflichen Bildung und ökonomischen wie politischen Systemen der Gesellschaft (Makroebene),
– die curriculare und organisatorische Gestaltung der beruflichen Bildung und deren Verbindung zu gesellschaftlichen Anforderungen (Mesoebene),
– die Gestaltung von unterrichtlichen Lehr-Lernprozessen hinsichtlich ihrer Ziele, Methoden und Medien (Mikroebene) (Nickolaus et al., 2010, S. 11).

Sie war zunächst von der traditionellen, jedoch praxisfernen Bildungstheorie nach Kerschenstein & Spranger (1920) kulturphilosophisch und strukturkonservativ geprägt (Stratmann, 1999, S. 513 f.). Ab den 1960er-Jahren wurde die Hauptaufgabe der Berufs- und Wirtschaftspädagogik in der integrativen und interdisziplinären Forschung und Lehrerbildung gesehen. Als Ausgangpunkt wird „der Jugendliche mit seinen Entwicklungsmöglichkeiten und -bedingungen im Übergangs-/Berufsbildungs- und Beschäftigungssystem mit dem Ziel der pädagogischen Unterstützung seiner beruflichen Selbstverwirklichung, sozialen Integration und Teilhabe [gesehen]" (Büchter, 2008, S. 508). Doch hierbei lassen sich wie bei der Erziehungswissenschaft und der beruflichen Bildung (siehe Abschnitt 3.2) verschiedene Bezugssysteme erkennen, deren Ansprüchen gerecht zu werden herausfordernd erscheint. So fehlt es auch der Teildisziplin Berufs- und Wirtschaftspädagogik an einem wissenschaftstheoretischen sowie methodologischen Konsens, welches sich beispielsweise im Handbuch Berufs- und

Wirtschaftspädagogik (Nickolaus et al., 2010) durch den Vergleich der Beiträge von Beck (2010), Euler (2010), Kell (2010) und Klusmeyer (2010) abzeichnet. Ebenfalls wird dieser Umstand durch Diskurse von Beck (2003), Reinisch (2003, 2009), Sloane (2005) und Tramm (2003, 2009) verdeutlicht (Krille, 2017, S. 1).

Die Berufs- und die Wirtschaftspädagogik sind ursprünglich zwei verschiedene Bezeichnungen mit entsprechend anderen Bezügen. Durch die gemeinsamen Merkmale *Pädagogik* und *Didaktik* lassen sie sich trotz ihrer verschiedenen Institutionalisierungen und Bezugsdisziplinen zusammenführen (Rebmann et al., 2005, S. 2 f.). Als gemeinsame Teildisziplin umfasst sie wirtschaftliche wie bildungsspezifische Themenfelder, wodurch sie – historisch gesehen – eine in ihrer Ausprägung variierende Bindung zur Ökonomie aufweist. Durch ihren Fokus des Beruflichen ist das Verhältnis von Beruf und allgemeiner Bildung eines ihrer zentralen Themen.

> Die [Berufs- und Wirtschaftspädagogik] entsteht auch historisch aus einer kompensa-torischen Perspektive, die die Frage nach Erziehung, Bildung bzw. Weiterbildung im situativen Umfeld des Arbeitsalltags, außerhalb der traditionellen Pfeiler des Schulwesens [...] bearbeitet (Arnold et al., 2016, S. 73).

Zudem wird sie durch Veränderungen der Berufswelt beeinflusst, denn die Modernisierungen von Wirtschaftskonzepten und der Technologiefortschritt führen zum strukturellen Wandel der Arbeitswelt. Neue Anforderungen, wie beispielsweise eine klimafreundlichere Produktion von Lebensmitteln, die für die Berufsausübungen notwendig sind, müssen im Rahmen der beruflichen Bildung erworben werden, weshalb sich diese in einem ständigen Wandel befindet.

> [Als] Berufspädagogik zeigt [sie] bildungspolitische Entwicklungen auf und antizipiert die Dimensionen des Leitbildes der nachhaltigen Entwicklung auf die berufliche Bildung. Die Relevanz von nachhaltigem Handeln auf der Ebene von Arbeit und Beruf wird ebenso diskutiert wie die Möglichkeiten einer strukturellen Verankerung von Nachhaltigkeit in der beruflichen Bildung über Ordnungsmittel, Prüfungen, Curricula etc. (Brutzer & Kastrup, 2019, S. 11).

Diese Möglichkeit einer strukturellen Verankerung durch die curriculare Implementierung einer BBNE wird im Rahmen der vorliegenden Arbeit untersucht. Das einst als Fachbildung definierte Wissen scheint nicht weiter hinreichend, jedoch bleibt die Bestimmung neuer Inhalte durch den stetig anhaltenden Wandel der Gesellschaft unvorhersehbar und entsprechend begrenzt curricular bestimmbar. Daher ist zu beachten, dass aufgrund der Veränderungen von betrieblichen Ansprüchen an die Qualifizierung eine Anpassung unter Berücksichtigung der

‚ursprünglichen' Bildungsziele zur Persönlichkeitsentwicklung wie Selbstständigkeit, Mündigkeit und Kritikfähigkeit erfolgt (Arnold et al., 2016, S. 214), die sich mit dem Leitbild einer BBNE vereinbaren lassen. Zu prüfen gilt, inwieweit pädagogisches Handeln und Arbeits- bzw. Lernbedingungen für die Entwicklung zur Tüchtigkeit und Mündigkeit der Lernenden beitragen kann (Nickolaus et al., 2010, S. 11).

Die in den 1960er- und 1970er-Jahren zu verzeichnende Entwicklung in der Erziehungswissenschaft führte zu übergreifenden Konsequenzen in den entsprechenden Teil- und Nachbardisziplinen. Daher lassen sich die drei übergeordneten Paradigmen in den Prägungen der verschiedenen Bereiche der Berufs- und Wirtschaftspädagogik wiederfinden:

> [D]er kulturpädagogische Begründungsansatz der Berufs- und Wirtschaftspädagogik durch die Tradition der geisteswissenschaftlichen-hermeneutischen Pädagogik, die emanzipatorische Berufsbildung durch den Ansatz der Kritischen Theorie, speziell in der Version der „Frankfurter Schule" und die empirische Berufsbildungsforschung durch das Paradigma des Kritischen Rationalismus (Kutscha, 2010a, S. 379 [HviO]).

Während sich der Kritische Rationalismus auf die prüf- und messbare Forschungstätigkeit, also auf Geltungsfragen konzentriert, handelt es sich bei der kritisch-emanzipatorischen Forschungslogik, die der Kritischen Theorie folgt, um die dialektischen (wechselseitigen) Zusammenhänge von Wissenschaft und Praxis. Um der kapitalistisch initiierten Ungleichheit der Menschheit im Zuge des technologischen und wissenschaftlichen Fortschritts der Gesellschaft gemäß der Verantwortungsethik einer BBNE zu entgegnen, bedarf es eines politischen Diskurses, die das Potenzial des technischen Wissens und Könnens in Verbindung zum praktischen Wissen und Wollen setzt (Habermas, 1968, S. 118). Zwar hat sich die Kritische Theorie nicht direkt als Paradigma der Berufs- und Wirtschaftspädagogik etablieren können, doch lässt sich ihr hoher Einfluss auf zahlreiche Ansätze der Theoriebildung sowie deren Reflexion und somit ihre Bedeutung in der erziehungswissenschaftlichen Teildisziplin unterstreichen. Sie ermöglicht die Bewertung der widersprüchlichen Interessen von Politik und Wirtschaft im Spannungsfeld der Bildungs- und Beschäftigungssysteme und trifft mit ihrem Mündigkeitsprinzip den bildungspolitischen Vorstellungen des handlungs- und kompetenzorientierten Lernens. Ebenfalls hat sie zur Erweiterung der Forschungsmethoden, welche nach dem Verständnis des Kritischen Rationalismus auf deduktive Verfahren beschränkt sind, geführt und somit vielfältige Möglichkeiten der empirischen Forschung eröffnet, die zu einer erhöhten

Qualität des Theorie-Praxis-Verhältnisses beiträgt (Kutscha, 2010a, S. 381 f.). Auf die Kritische Theorie wird sich daneben in zahlreichen weiteren Theorie- und Forschungsansätzen bezogen, wie beispielsweise bei dem *gesellschaftlichen Implikationszusammenhang* der arbeitsorientierten Subjektbildungstheorie und Exemplarik (Lisop & Huisinga, 1999) oder bei dem interaktionspädagogischen Ansatz (Geißler, 1974), der die Förderung der kritischen Kompetenz umfasst (Kutscha, 2010a, S. 381).

Zusammenfassend bleibt festzuhalten, dass durch den Einfluss der Kritischen Theorie das kritisch-emanzipatorische Paradigma der Berufs- und Wirtschaftspädagogik entstanden ist, deren Vertreterinnen und Vertreter u. a. unter einer erfahrungswissenschaftlichen Ausrichtung die Überwindung der Trennung von allgemeiner und beruflicher Bildung als *demokratische Bildungsreform* von Blankertz (1973) oder die Förderung der beruflichen Autonomie basierend auf *Leistung und Emanzipation* (Lempert, 1971) anstrebten (Kutscha, 2010a, S. 380). Daher wird der Zielsetzung einer BBNE entsprochen, wenn es um die Stärkung einer demokratischen Gesellschaft sowie um die Mündigkeit und Partizipation ihrer Mitglieder geht.

2.3.2 BBNE als spezifischer Diskurs in der (Berufs- und Wirtschafts-)Pädagogik

Umweltprobleme sind seit Anfang der 1970er-Jahre durch das Umweltprogramm der Bundesregierung und wissenschaftliche Studien, wie z. B. des Clubs of Rome, zum Inhalt von Lehrplänen jeglicher schulischen Bildung und somit zum Gegenstand pädagogischer Reflexion geworden. Durch die Entstehung von diversen Initiativen und parteipolitischen Bestrebungen konnte sich Umweltschutz zum Leitbild staatlichen Handels durchsetzen (Konferenz der Vereinten Nationen für Umwelt und Entwicklung, 1992).

Durch eine BBNE-spezifische Ausrichtung der Pädagogik wird die Verbesserung der Wechselbeziehung von Individuum und Umwelt zur Lösung der Umweltprobleme erzielt, da die dauerhafte Überschreitung der natürlichen Grenzen und die daraus resultierenden Klimaprobleme die Überlebensfähigkeit der Gesellschaft gefährdet (siehe Kapitel 5). Die Abwendung dieser Entwicklung sollte daher im Zentrum allen Bemühens stehen. Eine nachhaltigkeitsorientierte (Berufs- und Wirtschafts-)Pädagogik lässt sich der u. a. von Bronfenbrenner (1981) konzipierten Entwicklungstheorie zuordnen, die auf die Berufsbildung als gesellschaftliche Praxis spezifiziert wird. Demnach ist dem wechselseitigen Verhältnis von Mensch und Natur eine besondere Beachtung zu schenken (Kell, 2010, S. 363).

> Um die ökologische Krise [...] abzuwenden, sind daher eine Kurskorrektur und Alternativen unerlässlich bis hin zu einem grundlegenden Bewusstseinswandel als Abkehr von traditionellen Werten des Wachstums und der Selbstverwirklichung, des Tempos und der Beschleunigung, quantitativer Wohlstandsmehrung und materialistischer Güterproduktion hin zu Werten wie Nachhaltigkeit und Selbstbeschränkung [...] (Raithel et al., 2009, S. 312).

Die BBNE-spezifische Pädagogik lehnt die ökonomisch-technische Ausbeutung der Natur vehement ab und kritisiert ein reduziertes Verständnis von Umweltschutz. Denn zur Abschwächung der Umweltkrise ist nicht allein der Beitrag einzelner Personen, sondern eine Alternative dieser Produktions- und somit auch Lebensweisen notwendig, die sich von einer naturbeherrschenden Weltsicht[8] löst. Durch die ‚Große Transformation' (WBGU, 2011, S. 1) soll insbesondere in der Weltwirtschaft ein klimaverträglicher und nachhaltiger Wandel bewirkt werden, weshalb u. a. die Ausbildungssysteme entsprechend anzupassen sind (WBGU, 2011, S. 4). Daher werden Nachhaltigkeit und Beruf als zusammenhängende Elemente verstanden, weshalb es wichtig ist, BBNE in die nationale und internationale Bildungs- und Entwicklungspolitik zu integrieren (Hemkes, 2014, S. 227),

> [denn] Politik darf nicht gegen, sondern muss mit der Natur stattfinden. Die Überschreitung der planetaren Belastungsgrenzen macht auch die Unzulänglichkeiten der bisherigen Nachhaltigkeitspolitik deutlich: [...] Wann immer es ernst wird, werden soziale und ökologische Ansprüche zugunsten wirtschaftlicher Interessen an den Rand gedrängt. Im Anthropozän[9] müssen die Grenzen des quantitativen Wachstums ernst genommen werden: Nachhaltigkeit ist Wirtschaften zur Befriedigung sozialer Bedürfnisse, zur Beseitigung von Hunger, Armut und Ungleichheit – und das kann nur

---

[8] In der Umwelterziehung wird dem anthropozentrischen Weltbild nicht gänzlich entsagt, bei dem „die Natur als Objekt, das nach Maßgabe menschlicher Zwecke zu gestalten ist. Es käme aber darauf an, der Natur einen Eigenwert einzuräumen" (Kahlert, 1991, S. 24).

[9] „Der Begriff „Anthropozän" bezeichnet ein neues geologisches Zeitalter, in dem die Menschheit den dominanten geophysikalischen Einfluss auf das Erdsystem hat und daraus die Verantwortung des Menschen für die Zukunft des Planeten abgeleitet wird. Das Konzept enthält zugleich eine Aufforderung, die Stellung des Menschen zur Natur und im Kosmos neu zu bestimmen und verantwortlich mit den begrenzten natürlichen Ressourcen umzugehen" (Dürbeck, 2018, S. 11 [HviO]).

innerhalb dieser Grenzen, also innerhalb der ökologischen Tragfähigkeit, stattfinden (Göpel et al., 2018, S. 9).

Die ganzheitliche Implementierung einer BBNE im (Berufs-)Bildungssystem beginnt bereits bei einer nachhaltigkeitsorientierten Qualifizierung des (Berufs-) Bildungspersonals. Dieses soll befähigt werden, die Schülerinnen und Schüler als ‚wichtigen Akteuren des Wandels' (Göpel et al., 2018, S. 228) im Rahmen der (Aus-)Bildung zu unterstützen. Im Wesentlichen wird die Ursache der Klimaprobleme in der Art der Produktion unserer modernen, profitorientierten Gesellschaft gesehen (Kahlert, 1991, S. 24), von der ein großer Anteil der Ernährungsindustrie zugeschrieben werden kann, was die Bedeutung einer BBNE im Berufsfeld Ernährung und Hauswirtschaft verdeutlicht (siehe Kapitel 5). Damit die Schülerinnen und Schüler an der Transformation mitwirken können, benötigen sie nachhaltigkeitsorientierte Kompetenzen, die domänenspezifisch und mit konkreten beruflichen Tätigkeiten verbunden sind.

> So wird das Ziel, durch verantwortliches berufliches Handeln zur nachhaltigen Entwicklung beitragen zu können, mit dem Berufsethos verknüpft [...]. Die Arbeitswelt wird als kritischer Ort identifiziert, an dem sich entscheidende Innovationen und Implementationen eines nachhaltig orientierten Transformationsprozesses vollziehen (Hemkes, 2014, S. 228).

Bei Klafki wird die Relevanz nachhaltigkeitsorientierter Bildungsinhalte durch eines seiner epochalen Schlüsselprobleme sichtbar:

> Ein zweites Schlüsselproblem ist die Umweltfrage, d. h., die in globalem Maßstab zu durchdenkende Frage nach Zerstörung oder Erhaltung der natürlichen Grundlagen menschlicher Existenz und damit nach der Verantwortbarkeit und Kontrollierbarkeit der wissenschaftlich-technologischen Entwicklung (Klafki, 2007, S. 58).

Dieses Schlüsselproblem sowie der Umstand, dass die Prinzipien der ökologischen Bildung[10] – insbesondere Betroffenheit, Urteilen, Handeln, Zukunftsgestaltung – mit einer nachhaltigkeitsorientierten Wertebildung übereinstimmen, lassen das ökologisch-pädagogische Paradigma für eine BBNE als passend erscheinen. Da es sich bei einer BBNE um die berufliche Bildung handelt, ist die *ökologisch orientierte Berufsbildungswissenschaft* nach Kell (1989, 1990, 1995, 2005) zu erwähnen, die sich auf die Zielkategorie der Berufsbildung unter einer normativen Perspektive im Spannungsfeld der beruflichen Tüchtigkeit und Mündigkeit bezieht. Lernen und Arbeiten gelten hierbei als wichtigste Bezugspunkte der gesellschaftlichen Praxis.

Da Arbeiten und Lernen zudem als grundlegende menschliche Handlungen sowohl für die Subjektentwicklung als auch für die Entwicklung der Menschheit als Gattung fundamentale Bedeutungen haben, sollen Lern- und Arbeitsprozesse analysiert und mit Bezug auf die Zielkategorie Berufsbildung daraufhin bewertet werden, ob und inwieweit sie als *Bildung*sprozess interpretiert werden können (Kell, 2010, S. 364 [HviO]).

Für eine BBNE sind die Ausführungen einer (beruflichen) Umweltbildung jedoch nicht vollständig (Kutt, 2001, S. 51), weshalb weitere Überlegungen zur wissenschaftstheoretischen und methodologischen Verortung anzustellen sind (siehe Abschnitt 2.3.5). Denn in ihrem Rahmen wird sich situations-, problem- und handlungsorientiert mit ökologischen, ökonomischen und sozialen Fragestellungen beschäftigt, um auf die Mündigkeit und Verantwortungsübernahme der

---

[10] Prinzipien ökologischer Bildung nach Mikelski (1988):

„Ökologische Bildung heißt ...

1. Lernen aus Betroffenheit.
2. Entwicklung der Sinne und Schulung der Wahrnehmungen.
3. Ausbildung von Urteilskraft.
4. Handeln lernen.
5. Ganzheitlich orientierte Zugänge zur Welt.
6. Unsere heutige Situation in ihrer Geschichtlichkeit zu begreifen.
7. Orientierung auf eine phantasievolle Gestaltung der Zukunft" (Mikelski, 1988, S. 110–113).

Schülerinnen und Schüler hinzuwirken und nachhaltigkeitsorientierte Normen zu vermitteln.

Bislang gibt es kaum empirische Studien zu den Erfolgen von nachhaltig-keitsorientierten Bemühungen in der Berufsbildung, weshalb Aussagen über die Wirkung von (außer-)schulischen BBNE-Maßnahmen nur eingeschränkt möglich sind. Die fehlende Empirie führt zur Kritik, dass mit einer BBNE die Veränderung der Gesellschaft erzielt werden soll, sie hierzu jedoch keinen Beitrag leisten würde. Sie sei nicht hinreichend theoriebasiert, schlüssig, begriffsklar und begründet (Kahlert, 1991, S. 25). Daher ist es wichtig, die empirische Forschung zur BBNE zu stärken, um zur Fundierung ihrer Effekte beizutragen und somit eine lebenswerte Zukunft zu sichern (Raithel et al., 2009, S. 314–316).

2.3.3 Ökotrophologie als fachwissenschaftliche Bezugsdisziplin

Ökotrophologie (oder auch Oecotrophologie) wird durch die griechischen Wörter *oikos* = Haus, Haushalt und *trophe* = Ernährung, Nahrung zusammengesetzt und umfasst daher sowohl die Wissenschaft vom Haushalt als auch der Ernährung (Becker et al., 2006, S. 375). Im ernährungswissenschaftlichen Rahmen wird sich mit natur-, lebensmittel- und gesellschaftswissenschaftlichen Inhalten befasst. Hierbei handelt es sich insbesondere um eine angewandte Wissenschaft, die sich mit relevanten Themen der Ernährung von Menschen auseinandersetzt. Bereits bei Hippokrates (460 bis 377 v. Chr.) konnten erste ernährungsspezifische Ansätze zur gesunden Lebensführung gefunden werden, Paracelsus (1493 bis 1541) untersuchte die Lebensmittelverwertung im menschlichen Organismus und die ernährungsspezifische Einheit der Kalorien lassen sich auf die Arbeiten von Lavoiser (1743 bis 1794) zurückführen (Elmadfa & Leitzmann, 2019, S. 23 f.). Neben der chemischen Schwerpunktsetzung der Ernährungswissenschaft wurde ihr Themenfeld nach dem 2. Weltkrieg um die Problematik ernährungsbedingter Erkrankungen erweitert. Mit der Forschung zur Prävention dieser Krankheiten orientiert sie sich an den gesellschaftlichen Interessen. Auch die Ernährungsversorgung in Entwicklungsländern gewinnt an öffentlicher Aufmerksamkeit und wird somit zum Gegenstand der modernen Ernährungswissenschaft. Durch die stetig steigende gesellschaftliche Relevanz dieser Forschung konnte sie sich als eigenständige Disziplin Anfang des 20. Jahrhunderts zunächst in der USA, dann in Europa etablieren und wurde schließlich durch die Einführung des Studiengangs der Oecotrophologie in Gießen 1962 mit der Haushaltswissenschaft verbunden (Spektrum der Wissenschaft Verlagsgesellschaft mbH, 2021). Während vorwiegend analytisch-experimentell zu Nähr- und Inhaltsstoffen sowie zur Nahrungsaufnahme und -verwertung im Rahmen der naturwissenschaftlichen Orientierung geforscht wird, behandelt die verhaltenswissenschaftliche Ernährungswissenschaft durch ihre soziologischen, ökonomischen und psychologischen Prägungen das Ernährungsverhalten von Individuen oder sozialen Gruppen mittels empirischer Methoden der Sozialforschung. Durch den Anteil der Haushaltswissenschaften werden darüber hinaus die dazugehörigen Teilbereiche der Haushaltsökonomie, -technik und -soziologie einbezogen (Kutsch et al., 1997, S. 5). Daher wird die Ökotrophologie als interdisziplinär bezeichnet, welches vor allem durch die verschiedenen Bezugswissenschaften und Teildisziplinen ihrer beiden Teilbereiche deutlich wird. Brutzer und Kastrup (2019) fassen ihre unterschiedlichen Gegenstandsbereiche durch die Übersicht in Tabelle 2.2 zusammen:

Tabelle 2.2 Ausdifferenzierung der Gegenstandsbereiche der Ökotrophologie

Ökotrophologie als korrespondierende Fachwissenschaft der Fachdidaktik der beruflichen Fachrichtung Ernährung und Hauswirtschaft	
Ernährungswissenschaften (Becker & Jahn 2006)	**Haushaltswissenschaften (Kutsch, Piorkowsky & Schätzke 1997)**
• naturwissenschaftlich: Biochemie der Ernährung, Ernährungsphysiologie, Ernährungsmedizin etc. • lebensmittelwissenschaftlich: Lebensmittelkunde, Lebensmitteltechnologie, Lebensmittelhygiene etc. • gesellschaftswissenschaftlich: Ernährungsökonomie, Ernährungssoziologie, Ernährungsökologie etc.	• Haushaltsökonomie: Haushaltsformen, Funktionen, Anforderungen, Steuerung, Leistungen und Gütertransformationen von Privat- und Großhaushalten • Haushaltssoziologie: Der Haushalt als Wirtschafts- und Wohneinheit, Wandlungsprozesse (z. B. Technisierung des Haushalts, Gender), Haushalt und Ernährung etc. • Haushaltstechnik: Lebensmittelzubereitung, Lebensmittellagerung, Reinigung und Pflege (z. B. Textilien und Räume), Ressourcen (z. B. Wasser und Energie)

(Brutzer & Kastrup, 2019, S. 8)

Ihre Fachinhalte bestehen demnach aus natur-, sozial- und wirtschaftswissenschaftlichen Elementen und weisen Bezüge zur Chemie, Physik, Biologie und

Anatomie – mit der fachspezifischen Ausrichtung wie beispielsweise der Ernäh-
rungsmedizin oder der Biochemie der Ernährung, aber auch zur Soziologie und
Ökonomie in Form von Ernährungswirtschaft oder Haushaltsökonomie u. a. –
auf, weshalb die Forschungsmethoden zu den unterschiedlichen Themenfeldern
und Ausrichtungen entsprechend vielfältig sind.

Im disziplinären Feld der Ökotrophologie verbindet die Ernährung und
Hauswirtschaft als berufliche Fachrichtung für das Lehramt an Berufskollegs
fachwissenschaftliche und fachdidaktische Ansätze. Lehrerinnen und Lehrer sollen über eine grundlegende Fachkompetenz verfügen, die aus wissenschaftlichem
Wissen und Methoden besteht und Sicherheit für das unterrichtliche Handeln
bietet (Brutzer & Kastrup, 2019, S. 5). Die hier bestehende Komplexität des Fachwissens spiegelt die Heterogenität des Berufsfelds Ernährung und Hauswirtschaft
wider. Denn neben den teils sehr unterschiedlichen 20 dualen Ausbildungsberufen
werden verschiedene vollzeitschulische berufsqualifizierende Bildungsgänge zum
Berufsfeld Ernährung und Hauswirtschaft gezählt (Kastrup & Kettschau, 2016,
S. 3), so auch der für die vorliegende Erhebung relevante Bildungsgang der ‚Staatlich geprüften Assistentinnen und Assistenten für Ernährung und Versorgung‘.
Die verschiedenen Berufe zeichnen sich durch ihre verschiedenen Anteile der
jeweiligen fachwissenschaftlichen Inhalte aus, die sich zwar teilweise thematisch
überschneiden, jedoch in ihrem bezugnehmenden Umfang variieren können. „So
nehmen zum Beispiel betriebswirtschaftliche Kenntnisse bei den Hotelkaufleuten
einen höheren Stellenwert ein als bei den Bäckerinnen und Bäckern" (Brutzer &
Kastrup, 2019, S. 6). Dabei werden neben der Zuordnung zur Fachwissenschaft
aufgrund ihrer fachdidaktischen Orientierung Bezüge zu der Bildungswissenschaft, der allgemeinen Didaktik und der Berufspädagogik deutlich (Brutzer &
Kastrup, 2019, S. 1).

Die berufliche Fachrichtung Ernährung und Hauswirtschaft ist eine von 16
Fachrichtungen, die durch die KMK festgelegt wurden (KMK, 2016, S. 4) und
wird sowohl an Universitäten als auch an Fachhochschulen gelehrt. Dabei sind
vor allem die Fragestellungen zum fachspezifischen Lehren und Lernen sowie zu
den Möglichkeiten zur Förderung von entsprechenden Kompetenzen zentral. Je
nach Ausrichtung der beruflichen Fachrichtung kann sie primär die Vermittlung
von Fachwissen oder die Bildungs- und Erziehungsprozesse in den Fokus nehmen (Rebmann et al., 2011, S. 197–200). Bei Letzterem ist sie stärker an der
Bildungswissenschaft und der allgemeinen Didaktik ausgerichtet und weist eine
weniger starke Ausprägung hinsichtlich der Fachwissenschaft auf. Dieser Logik
folgt die vorliegende Arbeit, die eine nachhaltigkeitsorientierte Bildung unter der
fachwissenschaftlichen Perspektive der Ökotrophologie fokussiert.

2.3.4 Fachdidaktik als Bindeglied zwischen Fachwissenschaft und (Berufs- und Wirtschafts-) Pädagogik

Die inhaltliche Entwicklung und Ausgestaltung des Themenfelds der Ökotrophologie wird durch gesellschaftliche wie bildungspolitische Diskurse weitergeführt. Daher lassen sich aktuellen Themenfelder der Berufsbildung, wie z. B. Digitalisierung, Inklusion und Nachhaltigkeit, auch in der Ökotrophologie wiederfinden (Brutzer & Kastrup, 2019, S. 10). Hinsichtlich einer BBNE wurde beispielsweise das vom BIBB geförderte Projekt *Nachhaltigkeitsorientiertes Rahmencurriculum für die Ernährungs- und Hauswirtschaftsberufe* als Umsetzungsoption einer nachhaltigkeitsorientierten Berufsausbildung durchgeführt sowie insbesondere durch die Förderlinie III die Entwicklung von nachhaltigkeitsorientierten Konzepten in Berufen des Lebensmittelhandwerks und der -industrie verfolgt (siehe in Kapitel 5). Durch diese Forschungs- und Entwicklungsarbeiten konnten berufspädagogische wie fachdidaktische Anstrengungen im Berufsfeld Ernährung und Hauswirtschaft verzeichnet werden, „[g]leichzeitig liegen auch auf fachwissenschaftlicher Ebene fundierte Forschungsbeiträge zum Leitbild der nachhaltigen Entwicklung vor" (Brutzer & Kastrup, 2019, S. 11).

Seit der Neuordnung der Lehrerbildung in den 1970e-Jahren ist die Fachdidaktik zum Lehrgegenstand an deutschen Hochschulen geworden. Ähnlich wie bei der allgemeinen Didaktik bestehen zahlreiche Definitionen, wobei insbesondere die Ebenen didaktischen Arbeitens für diesen Pluralismus verantwortlich gemacht werden. Auf universitärer Ebene ist primär die forschende und lehrende Auseinandersetzung mit der Didaktik bzw. Fachdidaktik von Interesse, bei der der Fokus auf die Konzeption theoretischer Modelle gelegt wird. Hingegen wird auf der schulischen Ebene eine praxisorientierte Anpassung verfolgt (Fegebank, 2004, S. 79 f.). Grundsätzlich handelt es sich um die Konkretisierung der Didaktik hinsichtlich des spezifischen Faches und somit die Konzeption eigener Ansätze.

> Verändert man den Fokus auf die Ebene des beruflichen Unterrichts (und auch der Lehre in Studiengängen der beruflichen Fachrichtung), ist es das Lehrpersonal, welches zur Planung und Umsetzung von Lernsituationen berufliche Geschäfts- und Arbeitsprozesse zu reflektieren hat, um diese exemplarisch und praxisnah in den entsprechenden Lehr-Lernarrangements abzubilden (Gemballa-Witych, 2014, S. 4).

Als Wissenschaft des Lehrerberufs steht die Fachdidaktik zwischen der Pädagogik, Fachwissenschaft sowie der Realität der Schule (siehe Abbildung 2.1).

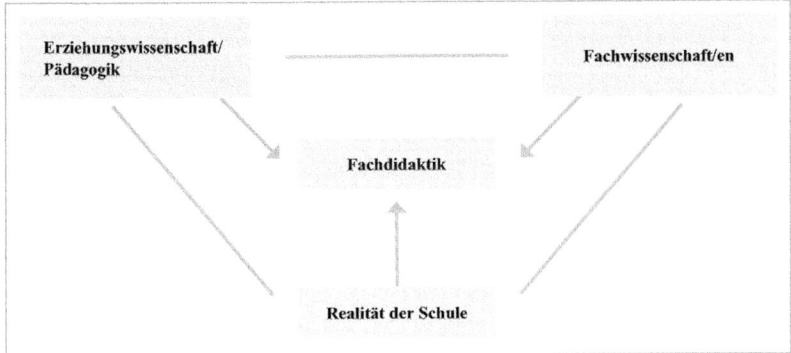

Abbildung 2.1   Verortung der Fachdidaktik. (Fegebank, 2004, S. 75)

Durch diese Verortung fungiert die Fachdidaktik als Schnittstelle fachbezogener und pädagogisch-didaktischer Ausbildung. Als wissenschaftsorientierte
Fachdidaktik ist sie wie die bildungstheoretische Fachdidaktik für die Unterrichtsvorbereitung und -durchführung z. B. bei der Auswahl geeigneter Inhalte
zur Vermittlung nachhaltigkeitsspezifischer Aspekte relevant. Dabei sollen die
Grenzen einer reinen Abbilddidaktik überwunden werden, indem Bildungsinhalte
kritisch hinterfragt werden und somit nicht auf die „vorgefundene Struktur wissenschaftlicher Disziplinen und schulischer Fächer verhaftet" (Fegebank, 2004,
S. 76) bleiben. An einigen Hochschulen wie in Hamburg oder Berlin ist die
Fachdidaktik der Erziehungswissenschaft zugewiesen. An anderen Hochschulen,
wie beispielsweise in Münster, wird sie ähnlich wie bei den allgemeinbildenden
Fächern entsprechend dem Verständnis beruflichen Lernens zur Fachwissenschaft
der beruflichen Fachrichtung zugeordnet. Diese Zuordnung wird der beruflichen
Bildung allerdings nicht gerecht, denn ihr Ordnungsschema sind nicht Fächer,
sondern Berufe und Lernfelder, für die keine spezifischen Fachdidaktiken etabliert wurden (Fegebank, 2004, S. 77). Erschwerend kommt hinzu, dass in der
berufswissenschaftlichen Forschung die fachdidaktischen Konzepte der beruflichen Didaktik zu wenig ausgebaut sind (Gemballa-Witych, 2014, S. 5). Dennoch
kann festgehalten werden, dass die grundlegenden didaktischen Prinzipien wie
Handlungsorientierung, Kompetenzentwicklung, Lernfelder und Konstruktivis-
mus ebenfalls für die beruflichen Fachdidaktiken herangezogen werden. Darüber
hinaus ist jedoch das Wissen über Arbeitsschritte, -prozesse und den Wandel der Berufe für die didaktische Arbeit wesentlich (Gemballa-Witych, 2014,
S. 3). Für eine Didaktik als Wissenschaft des Lehrens und Lernens in den

jeweiligen Berufsfeldern wird daher ein Konzept einer auf das Berufsfeld gerichteten Didaktik benötigt, die grundlegenden didaktischen Prinzipien unterliegt und konkretisiert sowie den didaktischen Aufgaben der wandelnden Ansprüche im (Berufs-)Alltag gerecht wird (Pahl & Herkner, 2013, S. 399). Dies ist u. a. bezüglich des Klimawandels relevant, da für die Abwendung der steigenden Erderwärmung entsprechende Anpassungen des (Berufs-)Alltags notwendig sind, die die Berufsanforderungen beeinflussen. Zudem soll es als universitäres Forschungs- und Lehrgebiet bzw. als wissenschaftliche Disziplin mit dem Gegenstand des Lehrens und Lernens auf die entsprechenden Berufsfelder abgestimmt werden. Berufsfelder dienen an dieser Stelle zur sinnvollen Eingrenzung, denn eine Berufsforschung für jeden einzelnen der rund 350 Ausbildungsberufe ist nicht zu leisten (Gemballa-Witych, 2014, S. 4). Fegebank (2004) schlägt daher als ganzheitliches Konzept die *Berufsfelddidaktik* vor, die im Kontext von Fach- und Bezugswissenschaft, der Berufs- und Arbeitspädagogik, den Prinzipien der allgemeinen Didaktik und der Lehr-Lernpraxis steht (siehe Abbildung 2.2). Dennoch können fachspezifische Vertiefungen, inhaltliche Schwerpunkte und unterschiedliche Praxisanforderungen eine weitere Differenzierung innerhalb eines Berufsfelds notwendig machen (Pahl & Herkner, 2013, S. 401).

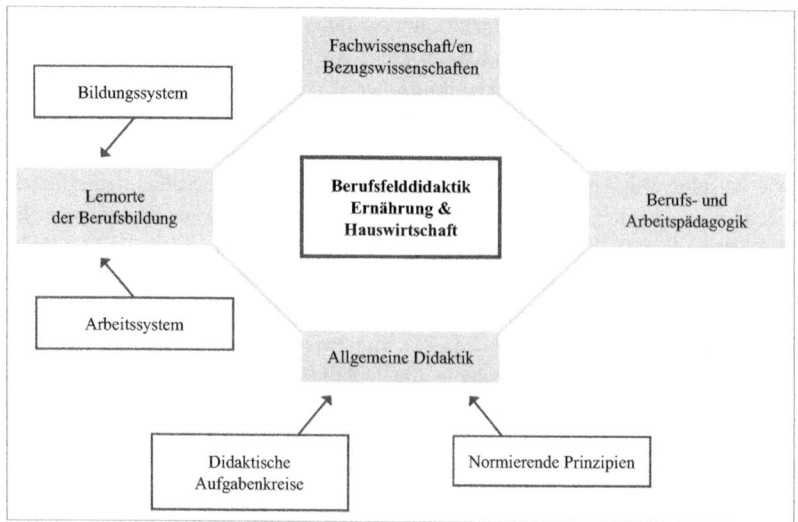

Abbildung 2.2 Konzeptioneller Rahmen der Berufsfelddidaktik Ernährung und Hauswirtschaft. (Fegebank, 2004, S. 82)

Dabei gelten folgende normierende Prinzipien berufsfelddidaktischer Arbeiten als Leitlinien für das Handeln:

- Die *psychologische Orientierung*, da sich die Ausbildung an den Lernenden zu orientieren hat. Dabei werden demografische Merkmale (Alter, Geschlecht, soziale Schicht u. a.), vorhandene Lernmotive und die Lernvoraussetzungen sowie äußere Faktoren einbezogen (Helmke, 2006, S. 44).
- Die *Orientierung an der Fachwissenschaft und der Erziehungswissenschaft*, um didaktische Entscheidungen treffen zu können. Insbesondere für das Berufsfeld Ernährung und Hauswirtschaft stellt dies eine Herausforderung dar, denn hierbei handelt es sich um eine Vernetzung von verschiedenen natur-, sozial- und wirtschaftswissenschaftlichen Bezugsdisziplinen und die Aufspaltung in zahlreiche Teilwissenschaften wie Lebensmitteltechnik oder Ernährungspsychologie (siehe Abschnitt 2.3.3). Zudem wirken sich erziehungswissenschaftliche Erkenntnisse auf die Ausführung der didaktischen Aufgaben aus. Die disziplinäre Verortung, die Bestimmung eines geeigneten Ansatzes des Wissenschaftsverständnisses sowie das Wissen über das Berufsfeld und die notwendigen Kompetenzen gelten daher als wesentlich für das didaktische Handeln (Fegebank, 2004, S. 90).
- Die *Orientierung an der geschichtlichen Entwicklung*, denn die didaktische Arbeit unterliegt selbst dem historischen Verlauf. Die Vergangenheit wirkt sich auf das Gegenwärtige aus und soll hinsichtlich ihrer Konsequenzen für die Zukunft reflektiert werden, welches im Rahmen einer BBNE von besonderer Bedeutung ist. Auf diese Weise werden Bedeutungszusammenhänge sichtbar (Fegebank, 2004, S. 93).
- Die *Handlungsorientierung* als Vorbereitung auf die Lebens- und Berufsanforderungen, die in der Ausprägung der Gestaltungsorientierung den Fokus auf die Mitgestaltung und Verantwortungsübernahme legt (siehe Abschnitt 3.4).
- Sowie die für die berufliche Bildung relevante *Lernortorientierung* und *Berufsorientierung*, da in der beruflichen Bildung neben der Schule als Bildungsorganisation ebenfalls Betriebe und weitere außerschulische Lernorte involviert sind. Die Zusammenarbeit und Abstimmung der verschiedenen Bildungsakteure gilt daher für die bestmögliche Ausbildung als grundlegend (Kaiser & Pätzold, 1999, S. 286 f.). Denn für das Berufsfeld Ernährung und Hauswirtschaft ist es beispielsweise relevant, dass die Lehrenden die Arbeitssituationen und Anforderungen im Handwerks- und Dienstleistungsbereich klein- und mittelständiger Betriebe kennen und ihr Potenzial zur nachhaltigen

Entwicklung einschätzen können, um den Unterricht und die Lernsituationen für die Schülerinnen und Schüler entsprechend zu gestalten. Durch die Breite des Berufsfelds sind die Lerninhalte sehr different. Allein die über 20 dualen Ausbildungsberufe spalten sich in technologische, naturwissenschaftliche oder sozial-ökonomische Ausrichtungen auf. Daher erscheint es plausibel, sich vom Begriff der Fachdidaktik zu lösen und im Berufsfeld Ernährung und Hauswirtschaft von der weitergefassteren Bezeichnung der Berufsfelddidaktik zu sprechen. Auf diese Weise kann die Orientierung an den Arbeitsbereichen und dem Berufshandeln gewährleistet werden (siehe Abschnitt 2.3.3).

Im Allgemeinen liegt die Aufgabe der Berufsfelddidaktik, deren Ansatz sich auf das Berufsfeld Ernährung und Hauswirtschaft anwenden lässt (Gemballa-Witych, 2014, S. 4), in der Feststellung berufsfeldspezifischer Ziele, Inhalte, Methoden und Medien, die unter Rückgriff auf die Bildungsforschung wissenschaftlich zu begründen ist.

Durch die in der beruflichen Bildung aufgezeigte hohe Relevanz der berufsspezifischen Arbeitsschritte, -prozesse und -methoden ist neben der Berufsfelddidaktik die *arbeitsprozessorientierte Didaktik* (Becker, 2013; Grantz et al., 2013) ein weiterer Ansatz für das fachdidaktische Arbeiten. Im Fokus steht der komplexe Arbeitsprozess, bei welchem alle wesentlichen Aspekte wie Produktbezogenheit, Technik, Arbeitsorganisation sowie soziale und systembezogene Bezugspunkte berücksichtigt werden (Kruse, 1986, S. 189). Dieser Prozess, den die Abbildung 2.3 darstellt, wird als vollständige Handlung einer Person (Gemballa-Witych, 2014, S. 5) verstanden und entspricht daher dem handlungsorientierten sowie berufsorientierten Prinzipien der Berufsfelddidaktik. Auf diese Weise können die jeweiligen Arbeits- bzw. beruflichen Handlungsschritte für die Auswahl der Inhalte und die Strukturierung des berufsbildenden Unterrichts herangezogen werden. Daher haben die Lehrkräfte die Aufgabe das Berufsfeld zu analysieren, ggf. Berufsspezifika herauszustellen und diese für die Unterrichtsplanung und die Konzeption konkreter Lehr-Lernarrangements zu nutzen.

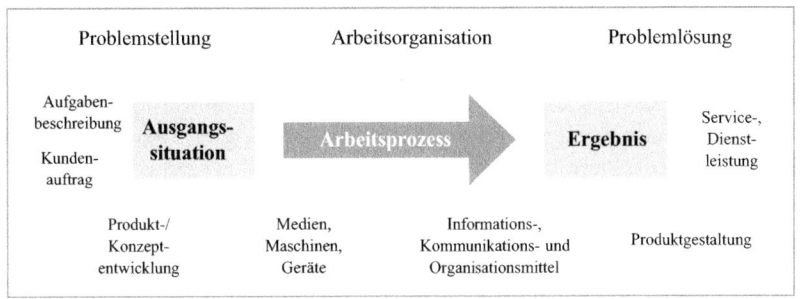

Abbildung 2.3   Arbeitsprozessbezogene Dimensionen. (Gemballa-Witych, 2014, S. 5)

2.3.5   Forschungsfelder der interdisziplinären Arbeit

Berufliche Bildung als Gegenstand der Bildungsforschung
Die vorliegende Arbeit konzentriert sich auf die Umsetzung einer BBNE auf
bildungspolitischer und bildungspraktischer Ebene, weshalb Themenfelder der
empirischen Bildungsforschung bedient werden, die sich auf jegliche Prozesse im
Rahmen der Qualifizierung an privaten und öffentlichen berufsbildenden Schulen
beziehen (Dobischat & Düsseldorf, 2009, S. 317).

> [Sie untersucht] die Bedingungen, Abläufe und Folgen des Erwerbs fachlicher Qua-
> lifikationen sowie personaler und sozialer Einstellungen und Orientierungen, die für
> den Vollzug beruflich organisierter Arbeitsprozesse bedeutsam erscheinen (Deutsche
> Forschungsgemeinschaft (DFG), 1990, S. 1).

Bekräftigt wird diese Zuordnung damit, dass die Berufsbildung einen Teil der
Bildung im Leben eines Individuums abbildet. Die empirische Bildungsforschung, die sich mit den Bildungsprozessen der gesamten Lebensspanne eines
Subjekts befasst, versteht sich aufgrund ihrer Bezugsdisziplinen u. a. Erziehungswissenschaft, Psychologie, Philosophie, Soziologie sowie Ökonomie als
interdisziplinär, weshalb sie sich nicht auf eine bestimmte Methodik beschränkt,
sondern multimethodisch forscht. Daher bildet sie ein sehr komplexes Forschungsgebiet ab, in dessen Rahmen quantitativ wie qualitativ oder durch deren
Kombination empirisch erhoben wird (Tippelt, 2005, S. 9 f.). Spätestens seit
1970 zählt die berufliche Bildung durch die Gründung des BIBB als explizierter
Gegenstand der Bildungsforschung. Insbesondere die Untersuchung institutioneller Bildungs- und Erziehungsprozesse steht im Fokus, wobei sowohl institutionell

auf der Makro- und Mesoebene als auch die internen Lehr- und Lernprozesse auf Mikroebene betrachtet werden. Da sich die Erhebung dieser Arbeit auf den Prozess der Curriculumentwicklung und den damit einhergehenden Veränderungen an Berufskollegs konzentriert, handelt es sich um eine curriculumbezogene wie institutionenorientierte Erhebung auf der Meso- und Mikroebene (siehe Abschnitt 8.2.1). Sie wird daher zum einen der politik- und rechtswissenschaftlichen Bildungsforschung zugeordnet, die u. a. (bildungs-)politische Akteure – hier das Ministerium für Schule und Bildung und Berufskollegs als Bildungseinrichtungen – in den Blick nimmt (Reuter, 2005, S. 169). Zum anderen werden Veränderungen der Bildungsplanreform in NRW untersucht, weshalb die Akzentuierung der Bildungsforschung im Zusammenhang von Bildung und Region (Weishaupt, 2005, S. 185) erfolgt.

Bildung als einer der zentralen Themenbereiche der Erziehungswissenschaft hat sich in den letzten Jahrzehnten zum zentralen Gegenstand der qualitativ-empirischen Bildungsforschung etabliert und wird mithilfe qualitativer Sozialforschungsmethoden erforscht. Dabei bleibt der Fokus der Bildung nicht allein auf das Individuum gerichtet (Mikrobereich), sondern umfasst zudem soziale Gruppen (Mesobereich) und größere soziale Systeme wie Schulen, Hochschulen oder gesellschaftliche Milieus (Makrobereich) sowie historische und vergleichende Perspektiven (Garz & Blömer, 2005, S. 444, 453 f.). Bildung wird als ein Entwicklungsprozess verstanden, der sich durch erzieherisches Handeln beeinflussen lässt. Sie ist grundsätzlich normativ ausgerichtet und verbindet bildungstheoretische Ansätze mit Empirie, um beide Positionen in eine wechselseitige Beziehung zueinander zu führen. Daher wird Bildungsforschung nicht als Kritik an der Bildungstheorie gesehen, denn

[w]eder erfüllt Theorie ohne Erfahrung noch erfüllt Erfahrung ohne Theorie das Kriterium wissenschaftlicher Forschung [...]. Wir gehen davon aus, dass die beiden Elemente in einer vernünftig konzipierten qualitativen Forschung unverzichtbar aufeinander verwiesen sind (Garz & Blömer, 2005, S. 442).

Dieses Verständnis entspricht dem für diese Arbeit u. a. bestimmten pragmatischen wie normativen Paradigma.

Bezüglich einer BBNE kann die empirische Bildungsforschung weiter konkretisiert werden zu einer Berufsbildungsforschung, für die das Berufliche von besonderem Charakter ist und die auf die Verbesserung der berufsbildungsspezifischen pädagogischen Praxis zielt.

[Berufsbildungsforschung] sollte also dazu beitragen, dass in der Berufsbildungspraxis Lern- und Arbeitssituationen politisch und pädagogisch so gestaltet werden, dass sie mit Bezug auf die Zielkategorie Berufsbildung als *Bildungs*prozess bewertet werden können, dass also die Bildung im Medium des Berufs gelingt (Kell, 2010, S. 359 [HviO]).

Es handelt sich um die Auseinandersetzung sowohl mit der Bildung als auch mit dem Beruf hinsichtlich seiner individuellen sowie gesellschaftlichen Funktion und Bedeutung. Vor diesem Hintergrund muss folglich auch die nachhaltige Entwicklung betrachtet und beurteilt werden, welches im theoretischen Teil der vorliegenden Arbeit fortlaufend berücksichtigt werden soll.

Durch Veränderungen der Arbeitswelt, die u. a. durch bildungspolitische Phänomene wie den demografischen Wandel, die Inklusion oder die Anerkennung von alternativ erworbenen Leistungen entstehen, wandeln sich die Anforderungen an die berufliche Bildung. Dies hat zur Folge, dass die Bildungsinstitutionen strukturelle Anpassungen vollziehen müssen, welches wiederum Auswirkungen auf die berufs- und wirtschaftspädagogische Praxis hat. Durch die Prüfung ihrer Entwicklungspotenziale bezüglich des gesellschaftlichen Wandels werden neue Formen ihrer Praxis deutlich, nach denen sie sich künftig ausrichten. Vor dieser Folie ist das lebenslange Lernen bedeutend, denn durch die Wandlungstendenzen der Arbeitswelt altern die einst erworbenen Qualifikationen, weshalb das Verhältnis von Aus- und Weiterbildung überdacht werden muss. Aus diesem Grund stehen das berufliche Lernen sowie fachübergreifende Kompetenzen der Aus- und Weiterbildung, die bezogen auf das vorliegende Forschungsvorhaben für eine BBNE relevant sind, im Interesse der integralen Berufsbildungsforschung. Da sie sich vornehmlich auf das Duale System[11] konzentrieren und erst seit wenigen Jahren schulische Ausbildungen einbezogen werden (Büchter, 2008; Pätzold et al.,

---

[11] „Die Fachklassen des dualen Systems der Berufsausbildung vermitteln Schülerinnen und Schülern im Rahmen des schulischen Teils der Berufsausbildung die erforderlichen Kenntnisse, Fähigkeiten und Fertigkeiten gemäß § 1 Absatz 3 BBiG verbunden mit dem Berufsschulabschluss. In einem anerkannten Ausbildungsberuf wird mit dem Berufsschulabschluss ein dem Hauptschulabschluss nach Klasse 10 gleichwertiger Abschluss erworben. Der Erwerb des mittleren Schulabschlusses (Fachoberschulreife), der Erwerb der Berechtigung zum Besuch der gymnasialen Oberstufe und der Erwerb der Fachhochschulreife werden ermöglicht. In Berufen nach § 66 BBiG und § 42m HwO wird mit dem Berufsschulabschluss ein dem Hauptschulabschluss gleichwertiger Abschluss erworben" (APO-BK Anlage A § 2 Abs. 1). Die duale Berufsausbildung findet zudem an einem zweiten Lernort, dem Ausbildungsbetrieb statt, die den Vorgaben des BBiG und der Ausbildungsordnung unterliegen.

2007), sollen durch die hier verfolgten Erkenntnisse neue Potenziale zur institutionellen Implementierung einer BBNE an berufsbildenden Schulen aufgedeckt werden.

Nachhaltigkeitsorientierte Berufsbildungsforschung

Da sich das vorliegende Forschungsvorhaben mit einer BBNE befasst, soll an dieser Stelle näher auf eine nachhaltigkeitsorientierte Berufsbildungsforschung eingegangen werden. Es handelt sich bei der anfänglich als *Umweltbildung* beschriebenen Bildung um ein bereits seit einigen Jahrzehnten und voraussichtlich stetig steigendes relevantes Aufgabenfeld der Bildung und Erziehung. Klimawandel, Ressourcenschonung oder das Artensterben gehören u. a. zu den Themen, die als bedeutsame Herausforderungen der Zukunft gesehen werden (Gräsel, 2005, S. 675) und sich in einer BBNE wiederfinden. Da der Begriff der Umweltbildung jedoch zu reduziert erscheint (siehe Abschnitt 2.3.2), wird die Bezeichnung der beruflichen Umweltbildung zur *Berufsbildung für eine nachhaltige Entwicklung* (Kutt, 2001, S. 50–53) weiter gefasst. Mit der Annahme, dass solche Herausforderungen nicht allein durch technische Fortschritte sowie politische Entscheidungen zu lösen sind, wird eine nachhaltigkeitsspezifische Bildung als Möglichkeit gesehen, die Gesellschaft für diese Problemlagen zu sensibilisieren und die Fähigkeit zum umweltbewussten Handeln zu stärken. Daher sucht eine BBNE-spezifische Forschung nach Faktoren, die ein solches Handeln bei den Individuen hervorbringen. Da sich bereits verschiedene Disziplinen mit diesem Forschungsinteresse auseinandersetzen, verbindet die BBNE-spezifische Forschung als interdisziplinärer Forschungsansatz verschiedene Methoden. Zudem erforscht sie den aktuellen Stand einer BBNE in Institutionen sowohl in der Erwachsenenbildung als auch auf schulischer Ebene (Gräsel, 2005, S. 675), welches einen Teil des vorliegenden Forschungsinteresses abbildet. Ihre historische Entwicklung als eigenständiger Forschungsbereich lässt sich anhand einzelner Ereignisse beschreiben. Zwar weisen BBNE-bezogene Themen eine lange Diskurstradition auf, dennoch ist erst in den 1970er-Jahren erstmals die Notwendigkeit eines Wandels des Denkens und Handelns durch die Veröffentlichung der ‚Grenzen des Wachstums‘[12] aufgekommen, die die Diskussionen über die Begrenztheit natürlicher Ressourcen aufwarf (de Haan & Kuckartz, 1996, S. 17). Durch den Diskurs sprach die Politik einer BBNE eine hohe Bedeutung zu, weshalb u. a. in der Kultusministerkonferenz 1980 beschlossen wurde,

---

[12] Das von dem Club of Rome initiierte Buch umfasst Ergebnisse von computergenerierten Simulationen, die die Bevölkerungsentwicklung, die Schadstoffbelastungen von Luft und Wasser sowie die Bestände der natürlichen Ressourcen prognostiziert (Meadows et al., 1972).

den Schutz der Umwelt durch die Vermittlung und Förderung der Werte, Einstellungen und Kenntnisse eines umweltbewussten Handelns im Rahmen der Umweltbildung zu unterstützen. Dies führte in den 1980er-Jahren zu einer institutionellen Implementierung der Umweltbildung, Modellversuche wurden initiiert und theoretische Ansätze – wie die Ökopädagogik – entwickelt (Gräsel, 2005, S. 678). Die hier noch auf Umweltschutz fokussierte Umweltbildung ist jedoch seit den 1990er-Jahren durch die UNCED in Rio de Janeiro 1992 mit der Agenda 21 um eine nachhaltigkeitsorientierte Perspektive erweitert worden, die inter- und intragenerationale Gerechtigkeit zum Leitbild bestimmt (siehe Kapitel 5).

Welche Einflussfaktoren nun ein nachhaltigkeitsorientiertes Verhalten bei den Individuen erzielen können, ist u. a. Gegenstand der Bewusstseinsforschung. Maloney und Ward (1973) haben hierzu relevante Erkenntnisse gewinnen können und herausgestellt, dass das Wissen und die Einstellungen nachhaltigkeitsbezogener Themenfelder nur geringfügig mit einem nachhaltigkeitsbewussten Verhalten korreliert. Folglich stellt das hier zugrundeliegende Denkmodell ‚mehr Wissen führt zu erwünschtem Handeln' keine ertragreiche Lösung dar und muss überdacht werden. Aus diesem Grund soll es vielmehr um eine „verständigungsorientierte [BBNE-]Erziehung" (Kahlert, 1990, S. 266) gehen, die es den Individuen ermöglicht, nachhaltigkeitsbezogene Debatten nachzuvollziehen, sich daran zu beteiligen und eine eigene, begründete Position zu entwickeln. Durch eine objektive Distanz zu nachhaltigkeitsspezifischen Fragestellungen und der Teilnahme an deren Diskursen trägt eine BBNE somit zu einer zukunftsfähigen Gesellschaft bei und kann sich von einer zu hohen Emotionalität hinsichtlich der empfundenen Bedrohung von entsprechenden Problemen lösen. Gleichzeitig wirkt sie einem geringen Wissen über nachhaltigkeitsrelevante Aspekte in der Bevölkerung entgegen (Gräsel, 2005, S. 682). Unterstrichen wird der Ansatz einer verständnisorientierten BBNE durch seinen systemischen Bezug zur Gesellschaft und Politik, der durch Kosten-Nutzen-Forschungen verdeutlicht wird. Zum einen ist der Nutzen eines BBNE-bewussten Handelns nicht unmittelbar sichtbar, bzw. die Folgen umweltschädlichen Verhaltens zeichnen sich erst in entfernter Zukunft ab. Zum anderen wird ein BBNE-bewusstes Handeln als hürdenreich betrachtet, weshalb diese Hürden – höhere Preise, viel Aufwand und Arbeit – abzubauen sind, indem Anreize insbesondere durch politische Entscheidungen zu leisten wären (Gräsel, 2005, S. 683). Diese werden wiederum durch öffentliche Diskurse initiiert, an denen die Individuen partizipieren sollen. Darüber hinaus ist hinsichtlich der Ergebnisse der Lebensstilforschung festzuhalten, dass kein spezielles Leitbild für einen nachhaltigkeitsorientierten Lebensstil zu formulieren ist, denn in den unterschiedlichen Lebensweisen lassen sich BBNE-bewusstes wie -unbewusstes Handeln ausmachen (de Haan & Kuckartz, 1996, S. 230).

Vielmehr können alltagsnahe Ansatzpunkte der verschiedenen Lebensstile für eine nachhaltigkeitsorientierte Entwicklung identifiziert werden, die u. a. für eine zielgruppenkonforme Nachhaltigkeitskommunikation genutzt werden können.

Trotz der hohen Relevanz der Nachhaltigkeitsthematik lassen sich laut verschiedenen Untersuchungen bisher nur marginale Implementierungen einer nachhaltigen Entwicklung an schulischen Institutionen erkennen (Gräsel, 2005, S. 685). Rund 60 % der Jugendlichen kamen bisher noch nicht im schulischen Kontext mit nachhaltigkeitsbezogenen Themen in Berührung (Grunenberg et al., 2012, S. 3), ebenfalls wird das Thema nicht fachübergreifend, sondern isoliert angesprochen, weshalb nur selten verschiedene Perspektiven einbezogen werden (Zierer, 2019, S. 2). Darüber hinaus gelingt es nur wenigen Schulen eine nachhaltige Entwicklung langfristig und sichtbar zu implementieren (Barth, 2013, S. 105).

In der Erwachsenenbildung ist eine nachhaltigkeitsorientierte Bildung bereits seit den 1980er-Jahren zu verzeichnen. Zu dieser Zeit wurde das entsprechende Bildungsangebot überwiegend durch kirchliche Träger, Volkshochschulen oder Vertreterinnen und Vertreter der Ökologiebewegung angeboten. In den 1990er-Jahren verlor das anfangs hohe Interesse an Nachfrage, weshalb mittels methodischen und organisatorischen Umstrukturierungen neue Konzepte der BBNE-bezogenen Aus- und Weiterbildung entstanden. In der beruflichen Aus- und Weiterbildung ist ein hoher Bedarf in solchen Tätigkeitsbereichen auszumachen, die einen direkten beruflichen Bezug u. a. zu Umweltschutzaufgaben innehaben.

> Hinsichtlich der Realisierung von Umweltbildung im beruflichen Bereich zeigt sich eine ähnliche Tendenz wie für das schulische Lernen: Umweltbildung wird zwar allgemein als wichtig erachtet, in der Praxis zeigt sich allerdings, dass dieser Anspruch nur zum Teil realisiert wird (Gräsel, 2005, S. 686).

Für die Weiterentwicklung einer BBNE und für die Herausstellung ihrer Chancen und Grenzen sind weitere empirische Untersuchungen in diesem Themenfeld erforderlich; diese Arbeit möchte hierzu einen Betrag leisten.

2.4 Methodologische Verortung

2.4.1 Orientierung in der methodologischen Vielfalt der Berufs- und Wirtschaftspädagogik

Für die Entwicklung des Forschungsdesigns, mit welchem die Fragestellung untersucht werden soll, sind erkenntnistheoretische Vorüberlegungen zu treffen, die als methodologische[13] Einordnung zu verstehen sind. Je nach Forschungsfrage bzw. Problemstellung können die Forschungsdesigns und -methoden vielfältig sein, weshalb es trotz gleichem Forschungsgebiet zu unterschiedlichen Forschungskonzepten kommt. So kann innerhalb einer BBNE das Beschreiben von Strukturen und Entwicklungen als Handlungsschwerpunkt durch das Messen mittels quantitativer Verfahren erfolgen, indem beispielsweise die Anzahl an existierenden Weiterbildungsangeboten für Lehrerinnen und Lehrer zur BBNE ermittelt und die Entwicklung dieser Zahl in der vergangenen Dekade untersucht wird. Handelt es sich jedoch um Handlungsschwerpunkte, die das Verstehen von Verhaltensweisen oder die Gestaltung innovativer Konzepte in noch zu präzisierenden Problemstrukturen umfassen, so eignen sich vor allem qualitative Methoden (Euler, 2018, S. 41). Demnach wäre die Entwicklung eines neuen Konzeptes zu bildungsprogrammatischen Zielen der beruflichen Bildung als Handlungsschwerpunkt mit qualitativen Forschungsmethoden zu untersuchen. Dies trifft auf diese Arbeit zu, da u. a. der Frage nachgegangen wird, wie die berufliche Bildung zu gestalten ist, um eine nachhaltige Entwicklung zu stärken.

Methodologisch können zwei Grundausrichtungen in der Berufs- und Wirtschaftspädagogik identifiziert werden, die sich vor allem mit den aktuellen didaktischen und kompetenzorientierten Fragestellungen beschäftigen. Während es im Rahmen der Wirkungsforschung um die Ermittlung von Kausalzusammenhängen geht, beschäftigt sich die Gestaltungsforschung mit der Entwicklung, Umsetzung und Prüfung von Konzepten zur Förderung von Bildungszielen, die teilweise noch weiter eingegrenzt werden müssen. Dabei wird das Gestalten als Teil des Forschungsprozesses gesehen, um neue Erkenntnisse über praktische Gestaltungsmöglichkeiten zu generieren. Ist die Gestaltungsforschung unabhängig von Politik und Wirtschaft, besteht keine Garantie auf Anwendung bzw. Umsetzung ihrer Erkenntnisse. Dennoch werden grundsätzlich die Verbesserung

---

[13] Mit Methodologie wird die Methodenlehre, Logik der Sozialforschung o. a. gemeint. Es handelt sich um die Anwendung wissenschaftstheoretischen Denkens auf spezielle Forschungsbereiche (Kreckel, 1975, S. 64).

menschlicher Lebensbedingungen und das Lösen von Problemen verfolgt. Wissenschaftliche Kenntnisse dienen folglich als Grundlage für das Entscheiden und Handeln in der Praxis, weshalb die gestaltungsorientierte Forschung als anwendungsorientierte Wissenschaft den Anspruch erhebt, sich gesellschaftlichen Problemen anzunehmen. Gleichzeitig bleibt sie in der Wahl ihrer Methoden und in der Entwicklung von Fragestellungen autonom (Euler, 2018, S. 65). Beide Zweige unterscheiden sich in ihrer grundsätzlichen Ausrichtung, weisen jedoch auch zum Teil Überschneidungen auf oder lassen sich miteinander in Verbindung bringen, weshalb ebenfalls eine Kombination denkbar ist (Zabeck, 2009, S. 135–137). Die hierfür nötige disziplinäre Klärung steht jedoch noch aus, weshalb sich die vorliegende Arbeit in ihren Grundbestrebungen gestaltungsorientiert ausrichtet.

Durch die unterschiedlichen Strömungen der wissenschaftstheoretischen Paradigmen in der Erziehungswissenschaft und somit auch in der Berufs- und Wirtschaftspädagogik existieren dementsprechend verschiedene methodologische Ansätze. Eine grobe Klassifizierung erfolgt in

- die verhaltenstheoretische Position mit der methodologischen Orientierung des Kritischen Rationalismus, bei der die Lehr-Lerninteraktion im Forschungsinteresse steht, um Verbesserungen der Ausbildungspraxis zu erzielen,
- die systemtheoretische Position, bei der die gesellschaftliche Funktionalität und die speziellen Anforderungen des Beschäftigungssystems dahingehend untersucht werden, die Erziehungswirklichkeit der beruflichen Bildung abzubilden und zu bewerten. Dabei handelt es sich um eine pragmatische Zielsetzung, die institutionelle und curriculare Strukturen auf diese Funktionalität hin passgenauer ausrichtet,
- die handlungstheoretische Position, die die subjektorientierte berufliche Sozialisation im Person-Umwelt-Verhältnis untersucht und den Handlungsbegriff zum Kernelement macht,
- die bildungstheoretische Orientierung, die auf Mündigkeit ausgerichtet ist, wobei empirisch-analytische und hermeneutisch-interpretative Verfahren in Verbindung gebracht werden (Schmid & Klenk, 2021).

Für die vorliegende Arbeit sind sowohl Bezüge zur systemtheoretischen als auch zur handlungstheoretischen Position relevant, da die Ergebnisse einerseits zur Optimierung der Implementierung auf curricularer und institutioneller Ebene dienen sollen, andererseits orientiert sich das Forschungsvorhaben an der bildungstheoretischen Leitidee der Mündigkeit von Jugendlichen und soll somit in gestaltungsorientierter Lesart zur Förderung von Bildungszielen (hier BBNE) beitragen.

Unterschieden wird weiter in qualitative und quantitative Forschungsmethoden, die nicht im Gegensatz zueinanderstehen müssen, sondern auch kombiniert werden können. Dennoch lassen sich Präferenzen bestimmter Forschungszweige für eine der beiden Methoden erkennen (Ercikan & Roth, 2006, S. 14). Ebenfalls erfolgt eine Unterscheidung in geistes- und erfahrungswissenschaftlichen Methoden oder in Grundlagen- sowie Anwendungsforschung, selbst wenn bei Letzteren keine stringente Trennung erfolgen muss. Eine Differenzierung kann dennoch aufgrund der unterschiedlichen Interessen erfolgen, da sich die Grundlagenforschung für den Gegenstand eines Problems interessiert, das Interesse der Anwendungsforschung liegt hingegen in der Lösung des Problems. Dennoch ist eine Übereinstimmung bezüglich ihrer Ergebniswirkungen auf die Praxis zu verzeichnen. „[Denn] die Neugier [jedes] Forschenden kann zu Erkenntnissen führen, die zur Lösung praktischer Probleme verwendet werden können" (Euler, 2018, S. 40). Nach Sloane (2006) können unter der Bezugnahme auf das jeweilige Theorie-Praxis-Verhältnis weitere Spezifizierungen in Form von drei Forschungstypen vorgenommen werden. Demnach gilt für die *distanzierte Forschung* die Praxis als Objekt der Erhebung, die sowohl geisteswissenschaftlich als auch empirisch-analytisch orientiert sein kann. Die Prüfung von Theorien ist hier das zentrale Element, ihre Bildung wird nachrangig bewertet, weshalb das Interesse in der Verbesserung von Theorien liegt. Bei der *intervenierenden Forschung* als Form der Aktions- und Handlungsforschung wird durch die forschende Person die Praxis zum Gegenstand der Veränderung und Verbesserung, wobei die Personen aus der Praxis weiterhin in der Objektrolle bleiben (Sloane, 2006, S. 622). Der dritte Forschungstyp, die *responsive Forschung*, verbindet die Zielsetzung der Verbesserung der Theorie und der Optimierung der Praxis der beiden vorherigen Typen. Durch die Forschung sollen Theoriebildung, -prüfung sowie deren Anwendung erfolgen, wobei die Praxis weiterhin für ihre Handlungen verantwortlich bleibt.

Responsive Forschung verbindet Erkenntnisgewinnung mit Praxisgestaltung im Rahmen der Entwicklung, Erprobung und Evaluation von Innovationsprojekten. Evaluationsergebnisse werden an die jeweiligen Ebenen der Praxis zurückgespiegelt und bilden den Gegenstand von gemeinsamer Reflexion (Euler, 2018, S. 41 f.).

Daher spielt dieser Ansatz insbesondere in der Berufsbildungsforschung eine Rolle, da die Erkenntnisgewinnung nicht nur durch Hochschulen, sondern ebenfalls durch externe Institutionen erfolgt, die sich durch die Nähe zur Praxis oder zur Bildungspolitik auszeichnen.

Bei der vorliegenden Arbeit wird keine kooperative Entwicklungsarbeit zwischen Wissenschaft und Praxis geleistet. Dennoch können die entwickelten Strategien für anschließende Entwicklungsarbeiten herangezogen werden und durch die Evaluation – als Teil der responsiven Forschung – zur Verbesserung der Praxis dienen. Es handelt sich ferner um einen anwendungsorientierten Ansatz einer qualitativen Gestaltungsforschung, da die Stärkung einer BBNE angestrebt wird, die perspektivisch zur Lösung der Umwelt- und Gerechtigkeitsprobleme führen soll. Da sie dem kritisch-emanzipatorischen Ansatz zugeordnet wird, ist ihr methodisches Vorgehen erfahrungswissenschaftlich ausgerichtet. Die Gestaltungsorientierung ist damit zu begründen, dass es sich bei einer BBNE um ein erstrebenswertes Bildungsziel handelt, deren Möglichkeiten zur Zielerreichung noch nicht ausreichend geklärt sind. In deren Aufdeckung liegt das Leitinteresse, wodurch fällübergreifende Gestaltungsprinzipien für die Praxis generiert werden. Daher weist die Gestaltungsforschung einen pragmatischen erkenntnisphilosophischen Bezug auf (Euler, 2011, S. 534 f.).

Neben der grundsätzlichen Verortung in der (Berufs-)Bildungsforschung sollen solche Forschungsansätze aufgeführt werden, die im Besonderen den vorherigen Überlegungen zur praxisnahen, kritisch-nachhaltigkeitsorientierten wissenschaftstheoretischen Verortung entsprechen. Die Verbindung aus verschiedenen Forschungsansätzen erfolgt unter der Zielsetzung, die BBNE zu stärken und somit langfristig zu einer nachhaltigkeitsorientierten Veränderung in der Gesellschaft zu gelangen. Dabei handelt es sich um ein aufgeklärt eklektisches Vorgehen (Achtenhagen, 1984, S. 11), da sich nicht an einzelne wissenschaftliche Traditionen gehalten wird, sondern verschiedene Elemente aus unterschiedlichen Traditionen verbunden werden. Die Kombination der verschiedenen Ansätze wird auf der Grundlage ihrer Gemeinsamkeiten und insbesondere vor dem Hintergrund ihres Beitrags zum Erkenntnisgewinn dieser Arbeit begründet. Es handelt sich folglich um eine theoretisch-pragmatische Begründung im Sinne des pragmatischen Eklektizismus (Achtenhagen, 1983, S. 962).

2.4.2 Bezüge zur Implementationsforschung

Im Forschungsinteresse steht die Implementierung einer BBNE, weshalb untersucht wird, wie die bisherige Verankerung auf curricularer Ebene verlaufen ist, wie deren Umsetzung erfolgt und daraus ableitend, welche Möglichkeiten und Voraussetzungen zur Stärkung der Implementierung bestehen. Da es sich bei der curricularen Implementierung um das – zumindest curricular betrachtet – neue Phänomen der BBNE handelt, kann diese als Innovation gesehen werden. Vor diesem Hintergrund ist es nötig, sich mit dem Prozess dieser Innovation, den Umsetzungsakteuren (Lehrerinnen und Lehrer des Fachbereichs Ernährungs- und Versorgungsmanagement) sowie den möglichen strukturellen Ansatzpunkten auf unterschiedlichen Ebenen, die das Berufsbildungssystem betreffen, im Rahmen einer Untersuchung zu beschäftigen. Es geht daher nicht um ein klassisches pädagogisches Thema der Didaktik oder Methodik – wie beispielsweise die Weiterbildung von Lehrerinnen und Lehrern – sondern um die Herausstellung hemmender und förderlicher Faktoren für die Umsetzung eines (neuen) pädagogischen Konzeptes.

In der Pädagogik wird seit den 1970er-Jahren der Frage nach der Implementierung pädagogischer Konzepte im Rahmen der Implementationsforschung nachgegangen. Anfänglich wurde im Bereich von Innovation in sozialen Systemen geforscht, ab den 1990er-Jahren werden zunehmend Implementationsstudien durchgeführt (Luchte, 2007, S. 147). Innovation wird hierbei als Intervention verstanden, deren Erprobung, Bedingungen, Prozesse und Wirkungen im Rahmen der Implementationsforschung untersucht werden (Schrader et al., 2020, S. 12). Dabei wird im methodologischen Verständnis zum einen die Verbindung von Erkenntnis- und Veränderungsinteresse vorgenommen, zum anderen sollen Einflussfaktoren der Implementierung diagnostiziert werden. Es handelt sich daher bei der Implementationsforschung um die Maßgaben für die erfolgreiche Umsetzung von Interventionen, womit sie sich von der häufig gemeinsam aufgeführten Innovationsforschung unterscheidet und daher auch hier isoliert behandelt wird.

> Gegenüber einer Interventionsforschung, die laborähnliche Bedingungen im Feld herstellt, um die gezielte Veränderung abhängiger Variablen durch die Variation unabhängiger (personaler oder institutioneller) Variablen kausal interpretieren zu können [...], ist die Implementationsforschung vor allem an den spezifischen (Gelingens-) Bedingungen für die erfolgreiche Einführung von Reformen und Interventionen in der Praxis interessiert [...] (Schrader et al., 2020, S. 16).

Ferner soll es nicht um die Aufdeckung von Fehlern gehen, sondern die Aufdeckung von Möglichkeiten zur Verbesserung der Umsetzungspraxis verfolgen (Petermann, 2014, S. 123). Implementationen von Innovationen können auf verschiedene Variablen einwirken und bestehen aus mehreren Komponenten, die unabhängig oder in Verbindung zueinanderstehen können. Es handelt sich nicht nur um den Faktor der Neuheit, vielmehr ist die dauerhafte Etablierung der

Innovation von Interesse. Dabei wird die Implementierung als ein komplexer und langfristiger Prozess verstanden, Innovationen in einem eingegrenzten sozialen Bereich umzusetzen (Buddeberg, 2014, S. 19). Durch die insbesondere im Berufsbildungskontext unterschiedlichen betroffenen Teilbereiche treten unterschiedliche Handlungs- und Förderbedarfe auf, weshalb isolierte und kurzfristige Maßnahmen nicht hinreichend sind. Zur erfolgreichen Implementierung sind Veränderungen traditioneller Organisations- und Arbeitskulturen notwendig, weshalb die Konzeptualisierung und theoretische Fundierung von Implementationsprozessen das Verständnis für und die Effizienz von der Implementierung fördern kann (Petermann, 2014, S. 123) und die Bedeutung der Schulentwicklung als Organisationsentwicklung hervorhebt (siehe Kapitel 3). Implementation ist demnach ein Teilbereich der Schulentwicklung (Buhren & Rolff, 2017, S. 14–16) und von verschiedenen Faktoren abhängig: sachlich intentionale Bedingungen der Innovation/des neuen Konzeptes; die personellen Bedingungen, folglich die Kompetenzen der Lehrerinnen und Lehrer; sowie die institutionellen Bedingungen wie die Schulstruktur, -leitung und -kultur (Luchte, 2007, S. 148). Da es sich bei der Implementation von Innovationen im Bildungssystem um ein Mehrebenensystem handelt, kann Bezug zur Educational Governance[14]-Forschung genommen werden, bei der die Handlungskoordination von verschiedenen Akteuren in komplexen Systemen untersucht wird (Maag Merki & Altrichter, 2016, S. 175). Insbesondere für Berufskollegs ist dies zutreffend, denn neben dem Zusammenwirken von staatlichen und zivilgesellschaftlichen Akteuren werden die Wechselwirkungen mit marktwirtschaftlichen Beteiligten bei der Steuerung von Bildungsprozessen gesehen. „Die Governance-Konzeption legt also Wert auf das Zusammenspiel von Kontextbedingungen, institutionellen Regelungen, individuellen Kompetenzen und Verantwortungen von Akteuren" (Fend, 2008, S. 293). Somit wird den Beteiligten mehr Beachtung geschenkt sowie deren Mitwirken am Innovationsprozess als bedeutend für den Erfolg erachtet. Grundsätzlich gilt für den Bildungsbereich die evolutionäre Neuerung gegenüber der radikalen Innovation[15] als zielführender (Reinmann, 2005, S. 56).

---

[14] Die Grundannahme des Educational Governance-Ansatzes liegt daran, dass Veränderungen im Bildungswesen nicht durch die Intentionen von machtvollen, einzelnen Akteuren ausgehen kann, sondern von Verflechtungen und Abhängigkeiten von allen Beteiligten auf unterschiedlichsten Ebenen bedingt wird (Bolten & Bormann, 2013, S. 11).

[15] Revolutionäre Innovationen umfassen die Idee des Umbruchs und des Neuaufbaus und werden im Sinne des modernen Innovationsverständnisses schrittweise, weniger sichtbar vollzogen. Radikale Neuerungen entspringen individuellen Ideen, die mit großen Schritten von einer Auswahl von Spezialisten durchgeführt werden (Reinmann, 2005, S. 54).

Im sozialen Kontext können komplexe Innovationen als Systeminterventionen betrachtet werden, um ihren systemischen Bezug zu verdeutlichen. Im Sinne Luhmanns (1984) können soziale Systeme als Kommunikationssysteme definiert werden, weshalb die Kommunikation bei der Umsetzung der Intervention für den Implementationserfolg bedeutsam ist. Damit einhergehend werden die Kommunikationsakteure und deren subjektive Haltungen und Handlungen für den Erfolg (mit)verantwortlich gemacht, welches durch das erweiterte systemtheoretische Konzept nach Luchte (2007) in Anlehnung an die personale Systemtheorie[16] (König & Volmer, 2005) verdeutlicht wird. Es umfasst die zentralen Elemente *Personensystem, Kommunikationssystem* und *Systemumwelt* (Luchte, 2007, S. 152), mit deren Ausführungen die handlungs- und systemtheoretische Orientierung der vorliegenden Arbeit bekräftigt wird:

– Personensystem: Es geht um die Einstellung und Einschätzung der Beteiligten zur Innovation, weshalb die Umsetzung einer BBNE nur gelingt, wenn die Personen von dem Konzept überzeugt sind und hinter den Inhalten stehen. Dies bedingt die Umsetzung, die Akzeptanz oder den Abbau von Widerstand. Ihre Umsetzung ist von den Kompetenzen der Beteiligten abhängig, gleichzeitig nimmt die Innovation Einfluss auf ihr Handeln. „Auf der Basis eines handlungstheoretischen Ansatzes lassen sich die aus subjektiver Deutung resultierenden Handlungen als relevanter Faktor des Personensystems identifizieren" (Luchte, 2007, S. 154). Die wichtigen Akteure im Rahmen der curricularen Implementation einer BBNE sind zum einen das Ministerium für Schule und Bildung, da es die Lehrpläne generiert. Zum anderen sind es die Lehrerinnen und Lehrer, die die Lehrpläne umsetzen, wobei ihre Wahrnehmung, Handlungsweisen und Entscheidungen für die Ausführung einer BBNE entscheidend sind (Petermann, 2014, S. 122). Ebenfalls ist die Schulleitung bedeutend, die jedoch nicht direkt befragt wird, sondern deren Stellung über Fragen im Leitfaden indirekt einbezogen werden soll.
– Kommunikationssystem: Hierunter wird der Kommunikationsprozess im sozialen System verstanden, der Regelkreise in der Kommunikation sowie soziale Regeln umfasst, die von der Eigendynamik des sozialen Systems bestimmt werden. Wagner (2010) betont ebenfalls die Relevanz der Kommunikation, die gemeinsam mit den Emotionen der beteiligten Akteure den Implementationsprozess bedingen. Soziale Regeln sind Anweisungen darüber,

---

[16] „Eine personale Systemtheorie in der Tradition von Gregory Bateson, in der die denkenden und handelnden Personen als Elemente des sozialen Systems verstanden werde,, das System darüber hinaus aber auch bestimmt wird durch soziale Regeln, Regelkreisläufe und die Abgrenzung zur Umwelt" (König & Volmer, 2016, S. 13 f.).

was in einem sozialen System zu tun oder zu lassen ist und beeinflussen somit das Verhalten der Personen innerhalb dieses Systems (König & Volmer, 2000, S. 180). Hierbei werden verschiedene Arten der Regeln unterschieden:

1) Regeln der Aufbauorganisation, bei denen es sich um die Aufbauorganisation der jeweiligen Organisationsstruktur (Fachbereiche, Leitungen) handelt. Organisationen, die nur eine geringe Hierarchiestruktur aufweisen, werden als innovationsfreundlicher betrachtet, da Entscheidungen zu Innovationsprozessen gemeinsam getroffen werden, welches für die Beteiligung der Lehrerinnen und Lehrer an der Curriculumarbeit spricht.

2) Regeln der Ablauforganisation geben zeitliche Regelungen und die genaue Abfolge vor (wann was wie häufig stattfindet).

3) Regelkreise sind immer wiederkehrende Muster, die für die Implementierung förderlich wie hinderlich sein können. Sie sind mehr als nur das Ergebnis einzelner subjektiver Handlungen, da diese Auswirkungen auf das System haben, wie beispielsweise das wiederholte Verschieben von Planungstreffen für die schulische Umsetzung einer BBNE, welches zu einem wahrgenommenen Desinteresse der Gegenseite führen kann (Luchte, 2007, S. 154 f.).

– Systemumwelt: Hierzu zählen die Faktoren der Umwelt, die den Prozess beeinflussen. Die soziale Umwelt stellt den gesellschaftlichen Rahmen und andere soziale Systeme dar, wie beispielsweise das Berufsbildungssystem und das Arbeitsmarktsystem im Rahmen der BBNE. Der politische Einfluss wird ebenfalls von Schrader et al. (2020, S. 32) betont. Die materielle Umwelt umfasst u. a. die Technik und das Gebäude.

Das Kommunikationssystem beeinflusst die subjektiven Deutungen der betreffenden Personen, während andererseits negative subjektive Deutungen die Kommunikation einschränken, positive subjektive Deutungen die Kommunikation eher fördern. Entsprechend beeinflusst die Systemumwelt sowohl das Kommunikationssystem als auch das Personensystem, während andererseits die Auswirkungen der Systemumwelt auf die Implementierung auch von den jeweiligen subjektiven Deutungen beeinflusst sind (Luchte, 2007, S. 156).

Die äußeren Faktoren, die auf das System einwirken, sind durch dieses Wechselspiel bei der Implementation zu berücksichtigen, da sie entscheidend zu deren Erfolg beitragen oder diesem entgegenwirken können. Das Ministerium für Schule und Bildung, welches die Lehrpläne entsprechend einer BBNE verändert hat, legt die neu entwickelten Vorgaben den Berufskollegs vor und eröffnet damit die curriculare Verankerung. Ob diese jedoch langfristig in der beruflichen Bildung implementiert wird, hängt maßgeblich vom Personen- und Kommunikationssystem ab, da sie einerseits von den handelnden Personen umgesetzt wird und andererseits ein angemessenes Kommunikationssystem verlangt. Eine Unterstützung der Akteure, folglich der Lehrerinnen und Lehrer, ist daher elementar und leitet zum Konzept der systemischen Implementierungsberatung über. Hier bilden *Diagnose* und *Intervention* die Kernelemente, um die fördernden und hemmenden Faktoren der Implementierung herauszustellen.

> Bei der Diagnose geht es darum, die für die Implementierung relevanten Faktoren des Personensystems, des Kommunikationssystems und der Systemumwelt zu identifizieren, bei der Intervention darum, zusätzliche Maßnahmen zu planen, um die Implementierung im sozialen System zu unterstützen (Luchte, 2007, S. 157).

Daher folgt die in der vorliegenden Arbeit angestrebte Entwicklung von Implementationsstrategien einer BBNE der Idee der systemischen Implementationsberatung (Luchte, 2005, S. 180). Durch die Ermittlung der Faktoren, die einerseits zu dieser curricularen Verankerung der BBNE geführt haben und die andererseits diese Innovation stärken oder schwächen, können diese für die Planung, Umsetzung und Evaluation weiterer Maßnahmen hinzugezogen werden, um die Chance ihrer erfolgreichen Verankerung zu erhöhen. Die Verbreitung der Intervention wird dabei von verschiedenen Eigenschaften der Innovation bestimmt, die Rogers (1995) in fünf Determinanten zusammenfasst:

1) Der *relative Vorteil* meint den subjektiven Nutzen, der sich durch die Innovation versprochen wird.
2) Die *Kompatibilität* gibt an, wie kompatibel die Innovation zu den Umständen und Normen des sozialen Systems ist.
3) Die *Komplexität* wird von dem Umfang und der Kompliziertheit der Innovationen bestimmt.
4) Kann eine Innovation vorab in Teilen getestet werden, wird diese schneller angenommen (*Erprobbarkeit*).
5) Förderlich für die Übernahme der Innovation ist die *Beobachtbarkeit* ihrer Resultate und Ergebnisse (Rogers 1995, S. 244 zit. n. Zoch, 2010, S. 26).

Eine weitere bzw. abweichende Terminologie verwendet Petermann (2007) in Bezug auf Michie et al. (2005, 2009) und Grimshaw et al. (2006), indem er von acht Aspekten für den Erfolg einer Implementation spricht:

1) *Akzeptanz*: Auffassung der Beteiligten, dass die Implementierung einer Intervention – hier die Einführung einer BBNE – zufriedenstellend ist.

2) *Übernahme*: Entscheidung, BBNE in die Praxis zu überführen.

3) *Angemessenheit*: Die Passung, Aktualität und Kompatibilität der Intervention (ähnlich wie Akzeptanz, doch kann Intervention auch angemessen, aber nicht akzeptiert werden, daher die Unterscheidung). Hinsichtlich einer BBNE werden beispielsweise die Lernfelder hinsichtlich ihres nachhaltigkeitsspezifischen Potenzials geprüft und entsprechende Lerninhalte ausgewählt.

4) *Machbarkeit*: Ein Ausmaß, in welchem die Intervention eingesetzt werden kann (eng mit Angemessenheit verbunden, aber eine Intervention kann für eine Institution angemessen, jedoch aufgrund fehlender Ressourcen nicht realisierbar sein).

5) *Wiedergabentreue*: Die Umsetzung erfolgt entsprechend der ursprünglichen Interventionsidee, die auch bei Gräsel und Parchmann (2004) als erfolgreiche Top-down-Strategie angesehen wird.

6) *Kosten*: Kosten, die durch die Begleitung bzw. Betreuung und der Umsetzung des Implementationsprozesses entstehen, beispielsweise bei geplanten Ausflügen zu Bio-Bauernhöfen.

7) *Durchdringen*: Institutionelle Integration der Intervention.

8) *Nachhaltigkeit*: Langfristige institutionelle Erhaltung bzw. Umsetzung der Intervention (Petermann, 2014, S. 123–125), beispielsweise durch die Verankerung einer BBNE im Leitbild der Berufskollegs.

Der Fokus auf die Verbreitung (Diffusion) der Innovation greift jedoch für die schulische Implementierung zu kurz. Die quantitative Sicht ist daher um eine qualitative Prüfung zu ergänzen, indem die *Tiefe* und *Identifikation* (Coburn, 2003, S. 4) einbezogen werden (Adaption). Bei der Tiefe wird die Veränderung im Unterricht verstanden, die nicht nur das eingesetzte Material, sondern vor allem die Überzeugungen, Normen und pädagogischen Handlungsweisen der Lehrerinnen und Lehrer umfasst. Bei der Identifikation ist die Innovation so verinnerlicht, dass deren Umsetzung zum Eigeninteresse der Akteure wird (Coburn, 2003, S. 7). Die Adaption wird ebenfalls bei Rogers (2003) als Übernahme der Innovation auf Mikroebene beschrieben, bei der fünf Phasen des *Innovations-Entscheidungs-Prozesses* (Karnowski & Kümpel, 2016, S. 99) idealtypisch durchlaufen werden: Zunächst wird das Grundlagenwissen zur Funktionsweise beschrieben (*principles-knowledge*). Dies wird jedoch als nicht notwendig für die Adaption betrachtet, deren Vorhandensein kann sich allerdings positiv auf die Übernahme auswirken. In der zweiten Phase bildet die beteiligte Person eine Einstellung gegenüber der Innovation, die die Konsequenzen der Übernahme einbezieht (*persuasion*). Auf dieser Basis wird im dritten Schritt die Entscheidung (*decision*) getroffen, sich entsprechend der Innovation oder innovationsablehnend zu verhalten. Die Entscheidung für die Umsetzung der Innovation wird durch die Phase der Implementation (*implementation*) erst zu einer tatsächlichen Verwendung der Innovation, die in der letzten Phase der Bestätigung (*confirmation*) durch dafürsprechende Aspekte bekräftigt wird (Karnowski & Kümpel, 2016, S. 101). Zudem kann die Innovation im Prozess der Übernahme durch die beteiligten Akteure verändert bzw. angepasst werden, durch eine andere Innovation ersetzt oder aufgrund mangelnder Überzeugung wieder abgebrochen werden (Rogers, 2003, S. 190 f.). Diese Phasen verdeutlichen die Kenntnisse der Umweltforschung, dass das Wissen allein zu keiner Veränderung der Verhaltensweisen führt und es zudem notwendig ist, die Beteiligten zur Entscheidung bzw. zum Urteilen zu befähigen. An dieser Stelle setzt die normativ ausgerichtete Bildung an, bei der Werte maßgeblich zur Entscheidungsfindung beitragen und daher eine nachhaltigkeitsorientierte Wertebildung stattfinden soll (siehe Abschnitt 4.1).

Neben den verschiedenen Eigenschaften der Innovation lässt sich zudem eine Strukturierung der Einflussfaktoren bei der Implementation von Interventionen auf den vier Ebenen *Merkmale der Innovation, lokaler Kontext, Organisation* und *Politik* (Altrichter & Wiesinger, 2004, S. 222–224) vornehmen. Im schulischen Kontext handelt es sich um die vier Dimensionen *Innovation, Lehrkraft, Einzelschule, Schulsystem* (Gräsel, 2010; Goldenbaum, 2013; Hasselhorn et al., 2014), die von Gräsel (2010) systematisiert worden sind. Diese unterstreichen die Rolle der Lehrkräfte als Innovatoren (Rogers, 2003, S. 263) – die ebenfalls bei dem *Stage of Concern*-Modell von Hall und Hord (2015)[17] Beachtung

---

[17] Hall und Hord (2006) nennen sieben Stufen des Implementationsprozesses der beteiligten Lehrkräfte:

0) „Kein Bewusstsein
1) Information
2) Persönliche Betroffenheit
3) Aufgabenmanagement
4) Konsequenzen
5) Kooperation
6) Neuorientierung" (Teerling et al., 2019, S. 3).

findet – sowie die schulischen und äußeren Rahmenbedingungen, die in der vorliegenden Arbeit berücksichtigt werden. Ebenfalls stimmen diese Erkenntnisse zu der hohen Bedeutung der Lehrerinnen und Lehrer, der Schulleitung sowie der Schulkultur mit den Ergebnissen von Schrader et al. (2020) überein. Aus Implementationsstudien in Bildungskontexten konnten im Bereich der *mikrodidaktischen Implementation evidenzbasierter Lehr-Lernangebote* aller Bildungseinrichtungen (Schrader et al., 2020, S. 21) 86 gebündelte Einflussfaktoren identifiziert werden, die auf der Basis von 33 Publikationen bestimmt wurden. Faktoren, die im besonderen Maße erhoben wurden und denen ein empirisch belegter positiver Einfluss zugesprochen wird, sind 1) die Unterstützung der Implementierenden durch die Organisationsleitung, 2) die Unterstützung durch finanziell-materielle Ressourcen, 3) das positive Einrichtungsklima sowie 4) die Förderungsangebote der Implementierenden hervorzuheben (Schrader et al., 2020, S. 26). Bei dem Faktor der finanziell-materiellen Ressourcen werden im Zuge einer curricularen Verankerung einer BBNE eher die personellen und zeitlichen Ressourcen gesehen als der Bedarf an finanziellen Mitteln, die beispielsweise bei Projektarbeiten mit externer Betreuung notwendig werden. Es wird deutlich, dass Lehrerinnen und Lehrer zentrale Funktionsträger bei der Implementierung von Interventionen darstellen, zudem erscheinen ebenfalls die schulischen und politischen Bedingungen relevant (Anderson, 1997, S. 359 f.). Aus diesem Grund folgt diese Arbeit der Annahme des idealistischen Verständnisses, dass Ideen und Haltungen von Beteiligten zentral für einen Wandel sind und nicht allein durch Geld oder Macht[18] durchgesetzt werden können. Daher müssen Beteiligte am Wandel involviert werden, wobei gleichzeitig ihre Überforderung durch die aufgeführten Determinanten zu verhindern sind.

Im pragmatischen Verständnis sollen die Erkenntnisse der Forschung der Verbesserung der Praxis dienen und somit in diesem Feld Verbreitung finden. Im Rahmen der Implementationsforschung werden hierfür drei Strategien unterschieden: Top-down-Strategien, symbiotische Strategien und Bottom-up-Strategien (Hasselhorn et al., 2014, S. 8 f.), die aufgrund verschiedener Fragestellungen hin analysiert werden:

– Wie werden Ziele und Inhalte der Innovation bestimmt?
– Woran wird Erfolg ausgemacht und wie wird dieser überprüft?
– Welche hemmenden und fördernden Faktoren können aus den Strategien abgeleitet werden?

---

[18] Weber sah Macht als Möglichkeit zur Durchsetzung des eigenen Interesses, selbst wenn dieses innerhalb sozialer Gruppen auf Widerstand stoße (Luchte, 2007, S. 156).

– Welche Konsequenzen lassen sich aus den Strategien für die weitere Forschung ableiten? (Petermann, 2014, S. 123)

Bei der Bottom-up-Strategie im schulischen Kontext werden Interventionen direkt von den Mitgliedern der jeweiligen Schule angeregt, bei der symbiotischen Strategie handelt es sich bei der Umsetzung um die Zusammenarbeit von Akteuren unterschiedlicher Expertise. Im Rahmen der Top-down-Strategie werden Vorgaben von höherer Stelle getroffen, die hierarchisch in ein System eingeführt werden, wie es bei den neuen Lehrplänen der Fall ist. Diese Art der Strategie hat sich auf der Basis diverser Erhebungen insbesondere im amerikanischen Raum in den 1960er-und 1970er-Jahren als begrenzt wirksam erwiesen, weshalb die Adaption von Innovationen seitens der Lehrkräfte stärker in den Mittelpunkt rückte (Gräsel & Parchmann, 2004, S. 199 f.). Tabelle 2.3 gibt eine zusammenfassende Übersicht der verschiedenen Ansätze zu den Einflussfaktoren einer Implementation von Innovationen im Kontext einer BBNE im Bildungsplan zur Erprobung.

Zwar konnte der in den letzten Jahren verzeichnete Anstieg an Implementationsstudien zur Verringerung der Diskrepanz von Forschung und Praxis beitragen bzw. eine Verbesserung des Wissenschaftstransfers in die Praxis ermöglichen, obgleich es hierbei noch an einer theoretischen Fundierung der institutionellen, organisationalen und personalen Bedingungen fehlt. Die bisherigen Studien im schulischen Kontext zeigen zudem einen Schwerpunkt auf den Erziehungs- und Unterrichtsauftrag hinsichtlich einer sozialen und gesundheitlichen Förderungsperspektive, dem gegenüber wird die Verbesserung von curricular gebundenen Lehr-Lernprozessen kaum thematisiert (Schrader et al., 2020, S. 10, 30). Hierzu sollen die theoretischen Ausführungen dieser Arbeit einen Betrag leisten.

Tabelle 2.3 Implementation einer BBNE-Innovation in Form der curricularen Verankerung zur Förderung der Gestaltungskompetenz der Schülerinnen und Schüler

Ebene	Gegenstand	Einflussfaktoren	Strategie	
Innovation	Curriculare Implementation einer Berufs- bildung für nachhaltige Entwicklung	• Machbarkeit/Komplexität • Angemessenheit/ Kompatibilität • Testbarkeit • Sichtbarkeit • vorteilhaft • Kosten	• Verzahnung und Abstimmung von Theorie und Praxis • Symbiotische Strategie	
Personal	Lehrerinnen und Lehrer als Multiplikatorinnen und Multiplikatoren einer BBNE	• Tiefe/Durchdringen • Eigenschaften und Fähigkeiten • Akzeptanz/Emotion • Identifikation/Übernahme	• Bottom-up-Strategie • Personal-entwicklung	Evaluation
Organisation	Nachhaltigkeits-orientiertes Berufskolleg	• Leitung • Kultur • Kooperation durch Kommunikation • Institutionelle Umsetzung/ Wiedergabentreue	• Organisations-entwicklung • Symbiotische Strategie	
Umwelt	Berufsbildungs-politik und Arbeits-marktsystem nachhaltigkeits-orientiert gestalten	• Einbindung in Reformen • Begleitung • Kooperation • Bereitstellung von Ressourcen (materiell, finanziell, personell)	• Top-down-Strategie • Symbiotische Strategie	

(Eigene Darstellung in Anlehnung an Coburn, 2003; Altrichter & Wiesinger, 2004; Peter-mann, 2014)

2.4.3   Bezüge zur evaluativ-konstruktiven Curriculumforschung

Da die Umwelt- und Ungerechtigkeitsprobleme der modernen Gesellschaft wei-terhin bestehen (Umweltbundesamt, 2021a), lassen sich diesbezüglich u. a. Handlungsprobleme der pädagogischen Praxis (siehe Ausgangspunkt in Abbil-dung 2.4) ableiten, die auf unterschiedlichen Ebenen – berufsbildungspolitisch, das System Schule betreffend und personell – untersucht werden sollen. Mit Bezug auf die vorliegende Arbeit stellen daher die curriculare Implementierung einer BBNE und deren erzielte Veränderungen in der Berufsbildungspraxis den

Ausgangspunkt dar. Auf der Basis von theoretisch fundiertem und handlungs-
spezifischem Hintergrundwissen können Handlungsregeln abgeleitet werden, die
als praktische Planungs- und Entscheidungshilfe dienen (Krille, 2017, S. 7 f.).
Durch die in dieser Arbeit durchgeführte Literatur- und Dokumentenanalyse
u. a. zur BBNE, der Curriculumentwicklung sowie zur Implementationsforschung sollen theoretisch fundierte Erkenntnisse gewonnen werden, die durch die
Erhebung der Erfahrungen von Akteuren aus der Berufsbildungspraxis zusammengeführt werden, um Implementierungsstrategien zur Stärkung einer BBNE
ableiten zu können. Somit können ‚technologische' (Krille, 2017, S. 7 f.) Erkennt-
nisresultate – wie die entwickelten Implementationsstrategien – als explizite
Handlungsregeln verstanden werden, um ein effizientes, rationales Handeln zu
ermöglichen, zudem sind sie als implizites Hintergrundwissen zu interpretieren
(siehe Abbildung 2.4).

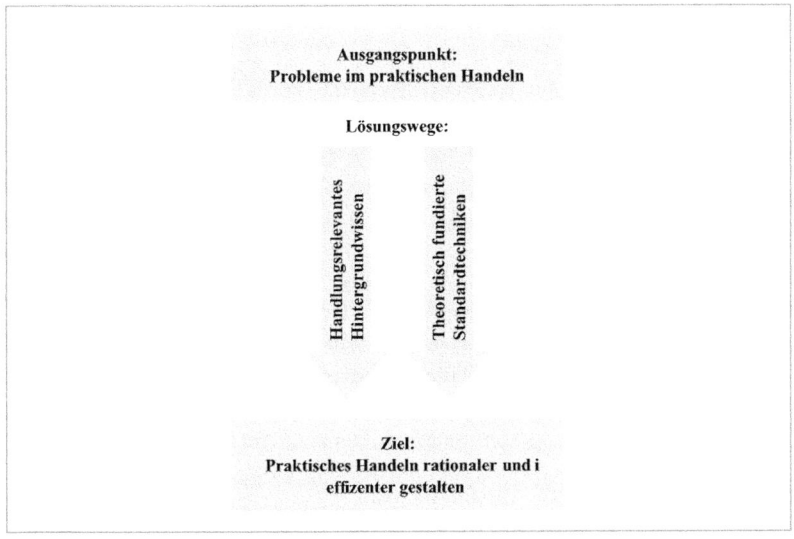

Abbildung 2.4 Lösungswege technologischer Forschung. (Krille, 2017, S. 8)

Im Rahmen dieser Arbeit soll der Begriff der Technologie nicht als Versuch
der Wirkungsmessung verstanden werden, sondern ausschließlich die Praxisnähe unterstreichen. Unter der pragmatischen Perspektive, die einer normativ-
theoretischen Begründung folgt, können auf diese Weise Lösungsoptionen in
abgegrenzten pädagogischen Bereichen erarbeitet werden, um die Rationalität

und Effizienz von praktischen Handlungsweisen zu steigern (Krille, 2017, S. 8). Zudem soll es lediglich um die Herausstellung von Hintergrundwissen bzw. Strategien gehen, die die Implementierung einer BBNE stärken.

Aufgrund der Tatsache, dass Theorie und Praxis stets in Verbindung zueinander gesehen werden, wird davon ausgegangen, dass es sich um einen beidseitigen *Rückkopplungsprozess* handelt (Tramm et al., 2009, S. 10). Daher zielen curriculare Vorgaben, die zum Ausgangspunkt dieser Erhebung gehören, im Rahmen einer evaluativ-konstruktiven Forschung auf eine schrittweise Verbesserung der curricularen Praxis unter fachdidaktischer Perspektive (siehe Abschnitt 8.2.1) ab (Tramm et al., 2009, S. 12 f.). Dabei wird Evaluation als wissenschaftlich fundierter Bewertungsprozess verstanden, welcher den Ist-Zustand mit dem Soll-Zustand unter Berücksichtigung wichtiger Akteure kriteriengeleitet abgleicht. Demnach konzentriert sich eine evaluierende Forschung auf die Bewertung von Neuerungen zur Optimierung der pädagogischen Praxis (Schrader et al., 2020, S. 15).

> [Es geht] hierbei um einen bewusst pragmatisch angelegten Curriculumansatz, der seinen zentralen Bezugspunkt in der Identifikation und Weiterentwicklung zukunftsweisender innovativer Konzepte der pädagogischen Praxis hat (Tramm, 2011, S. 4).

In einem sich wiederholenden Prozess von Evaluation und Konstruktion wird theoriegeleitet 1) neue curriculare Praxis ermittelt 2) von außen kritisch und hinsichtlich ihrer Potenziale und Schwächen betrachtet 3) mit den Beteiligten an den Schwächen gearbeitet 4) praktisch erprobt und auf ihre Effizienz hin überprüft und 5) in die nächste Runde des Entwicklungsprozesses gestartet (Tramm, 2011, S. 4). Der gesamte Prozess unterliegt dabei einem theoretischen und normativen Grundgedanken zum Lernen und verfolgt entsprechende Bildungsziele, die durch die Curriculumarbeit angestrebt werden. Daher sind die Kommunikation und Einigung auf diesen Grundgedanken Voraussetzung für den Erfolg der Innovation, weshalb das Mitwirken aller Akteure notwendig ist. Bezogen auf eine BBNE ist es folglich unerlässlich, dass sich die Lehrerinnen und Lehrer an Berufskollegs auf die Implementierung der nachhaltigen Entwicklung einlassen und diese gezielt didaktisch umsetzen. Aus diesem Grund löst sich die evaluativ-konstruktive Curriculumforschung von dem Theorie-Praxis-Dualismus und entspricht dem Paradigma der pragmatischen Pädagogik (siehe Abschnitt 2.2).

In der Verbindung der evaluativ-konstruktiven Curriculumforschung und der technologischen Wissenschaft können Lehrpläne als technologische Hypothesen gesehen werden, die einen stetigen, subjektorientierten Evaluationsprozess der Berufsbildungspraxis unterlaufen sowie theoretische und normative Bezüge aufweisen.

> Gefordert wird eine individuenzentrierte und handlungsorientierte Sicht auf didakti-
> sche Prozesse, womit das Lernhandeln zu einer zentralen Bezugsgröße der curricula-
> ren Arbeit wird. Dabei bedarf curriculare Entwicklungsarbeit einer kooperativen Auf-
> klärung über Ziele, Bedingungen und Möglichkeiten didaktischen Handelns (Krille,
> 2017, S. 10).

Abweichend zur evaluativ-konstruktiven Curriculumforschung kann diese Arbeit keine konsequente Verknüpfung zwischen Theorie und Praxis leisten. Dennoch kann dieser Ansatz für die Auswertung der erhobenen Daten zur Curriculumarbeit bezüglich des Bildungsplans zur Erprobung herangezogen werden. Zudem können die entwickelten Strategien bei künftigen curricularen Entwicklungsprozessen herangezogen werden, um zu einer ertragreicheren Zielerreichung zu gelangen, indem sich von dem Hintergrundwissen praktische Handlungsempfehlungen ableiten lassen. Eine anschließende Umsetzungs- und Evaluationsphase der erarbeiteten Strategien im Rahmen von Projekten ist wünschenswert und würde im Sinne der responsiven Forschung zur Verbesserung der Praxis beitragen.

2.4.4   Methodenwahl

Für die Untersuchung der Implementierung von Nachhaltigkeit in der beruflichen Bildung und der Ermittlung von weiteren Möglichkeiten, Nachhaltigkeit noch stärker in der beruflichen Bildung zu verankern, wird ein entsprechendes Instrument benötigt, um sich der Fragestellung zu nähern. Ebenfalls sollen die Einschätzungen zu den bisherigen Bemühungen der Implementierung auf der Basis empirischer Ergebnisse ermöglicht werden. Hierfür werden Methoden aus der Sozialforschung verwendet, da diese vor allem in der Soziologie, Erziehungswissenschaft und Psychologie zum Standardrepertoire für Forschungsarbeiten gehören (Baur & Blasius, 2014, S. 41). Zunächst muss entschieden werden, ob sich für die geplante Untersuchung die qualitative oder quantitative Vorgehensweise anbietet. „[D]as Ziel jeder wissenschaftlichen Forschung ist, zu allgemeinen Aussagen zu kommen" (Reichertz, 2014, S. 68). Daher unterscheiden sich die Paradigmen dieser methodischen Vorgehensweisen nicht grundsätzlich. Sie differenzieren sich jedoch vor allem darin, dass qualitative Daten verbal beschriebene Merkmale oder deren Ausprägungen, quantitative Daten hingegen die Menge aller Merkmalsmessungen umfassen (Häder, 2006, S. 23). Aufgrund

der zugewiesenen Bedeutung der Wahrnehmung, Handlungsweisen und Entscheidungslogik der Beteiligten – wie in der Implementierungsforschung vorwiegend
(Petermann, 2014, S. 122) – wird qualitativ vorgegangen.

Mithilfe einer *qualitativ-analytischen Literaturanalyse* (Trapp, 2012, S. 79)
erfolgt zunächst die Synopse und Beurteilung einer Auswahl von bisher publi-
zierten Erkenntnissen zu den jeweiligen Themenfeldern, die für das vorliegende
Forschungsinteresse bedeutsam sind. Auf diese Weise wird eine theoretische
Grundlage geschaffen, um die Beantwortung der in Abschnitt 10.2 formulierten Fragestellung sowie die kritische Auswertung der gewonnenen Daten zu
ermöglichen. Darüber hinaus werden zu den jeweiligen Kapiteln solche Aspekte
herausgearbeitet, die zur Konzeption des Interview-Leitfadens herangezogen
werden, um ein stringentes, transparentes sowie theoriebasiertes Vorgehen zu
gewährleisten. Zunächst wird sich dem Forschungsfeld der beruflichen Bildung
genähert sowie die Bedeutung der Wertebildung für eine BBNE erläutert. Ferner ist die Definition einer nachhaltigen Ernährung relevant, wenn es um die
nachhaltige Entwicklung im Berufsfeld Ernährung und Hauswirtschaft geht. Die
Ausführungen zur Curriculumarbeit dienen der Prozessbewertung der Ordnungs-
mittelentwicklung, welche eine Form der strukturellen Verankerung dargestellt.
Der neue Bildungsplan zur Erprobung – als Teil des Forschungsgegenstandes – wird zudem bezüglich seines Nachhaltigkeitsgehaltes im Vergleich zum
vorherigen Lehrplan im Rahmen einer Dokumentenanalyse hin untersucht. Hierzu
werden aus einer vorherigen Synthese relevanter Publikationen zur BBNE und
einer nachhaltigen Ernährung Schlüsselbegriffe abgeleitet, die als Analysekriterien der Ordnungsmittel dienen. Als weitere Themenfelder sind Handlungskompetenzen professioneller Lehrkräfte sowie (fach-)didaktische Ansätze einer BBNE
zu nennen. Basierend auf diesen theoretischen Vorüberlegungen wird das MSB
NRW zum Entwicklungsprozess sowie zu deren Intentionen der curricularen Verankerung von Nachhaltigkeit befragt. Ebenfalls sollen subjektive Sichtweisen
von Bildungsakteuren erhoben werden, um die Erreichung der vom Ministerium
formulierten Veränderungsintentionen in der Berufsbildungspraxis zu überprüfen, Handlungsbedarfe zu ermitteln und Optimierungsstrategien für eine BBNE
zu entwickeln. Aus diesem Grund werden Experteninterviews eingesetzt (siehe
Abschnitt 10.3.1), um die entsprechenden subjektiven Ansichten zu erheben und
kriteriengeleitet auswerten zu können.

2.5 Zusammenfassung und Schlussfolgerungen

Durch den interdisziplinären Charakter des Dissertationsvorhabens sowie der Interdisziplinarität seiner Bezugswissenschaften – Erziehungswissenschaft und Ökotrophologie – werden verschiedene wissenschaftstheoretische und methodologische Ansätze im Sinne eines aufgeklärten Eklektizismus (s. o.) in Verbindung gebracht, um dem komplexen und vielschichtigen Feld einer nachhaltigkeitsorientierten Fachdidaktik der beruflichen Fachrichtung Ernährung und Hauswirtschaft gerecht werden zu können (siehe Tabelle 2.4). Zusammenfassend weist die Arbeit disziplinäre Bezüge zur kritisch-nachhaltigkeitsorientierten Berufs- und Wirtschaftspädagogik auf, die den Menschen als zur Vernunft fähiges und entwicklungsoffenes Wesen ansieht und die Gesellschaft durch den Menschen gestaltet sieht. Sie folgt dem Paradigma der Kritischen Theorie, die durch die wesentlichen Elemente in Tabelle 2.1 gebündelt dargestellt werden kann.

Die Dissertation wird im Feld der beruflichen nachhaltigkeitsorientierten Berufsbildungsforschung gesehen und um Elemente der Implementationsforschung und der evaluativ-konstruktiven Curriculumforschung ergänzt, da es sich um die curriculare Verankerung der Innovation *BBNE* handelt (siehe Tabelle 2.4). Es geht um die Erforschung dieser pädagogischen Innovation durch die Einführung des neuen Bildungsplans zur Erprobung, der eine BBNE als Wert aufführt. Somit wird die Frage aufgeworfen, ob und in welchem Rahmen dies zu Veränderungen in der berufsschulischen Praxis führen kann. Neben dem Interesse am praktischen Nutzen als praxisnahe Forschung zur Lösung von BBNE-spezifischen Problemen sollen Erkenntnisse zur Optimierung dieser Implementation gewonnen werden. Insgesamt zielt die Arbeit primär auf die Entwicklung von Implementierungsstrategien zur Stärkung der Verankerung einer BBNE ab. Dabei handelt es sich um eine empirische Arbeit, die kritisch-emanzipatorisch ausgerichtet ist. Zwar lassen rein empirische Arbeiten kaum direkte Schlussfolgerungen zu, mit welchem Ziel Bildungskontexte zu gestalten sind, „empirische Arbeiten können jedoch im hohen Grade hilfreich für die Einschätzung der Erreichbarkeit normativer Festlegungen sein und gegebenenfalls im Begründungskontext von Normen bedeutsam werden" (Kell & Nickolaus, 2010, S. 390). Dies soll Anspruch dieser Arbeit sein.

Zielsetzung des Forschungsvorhabens ist die Entwicklung von Implementierungsstrategien zur Stärkung einer BBNE. Zentral sind daher die normativen, BBNE-konformen Bildungsziele *Selbstständigkeit, Mündigkeit* und *Kritikfähigkeit*, die als Basis der aktiven Mitwirkung der Lernenden zur gesellschaftlichen Veränderung beitragen können. Daher sollen unter der pragmatischen Perspektive

Tabelle 2.4 Die Verortung einer BBNE-Implementierung

Wissenschaftstheoretische Verortung	Ökotrophologie • Ernährungs- und Hauswirtschaftswissenschaft	Methodologische Verortung	systemtheoretisch
	Fachdidaktik der beruflichen Fachrichtung Ernährung und Hauswirtschaft		handlungstheoretisch
	Erziehungswissenschaft • Berufs- und Wirtschaftspädagogik • kritisch, pragmatisch, normativ		responsiv
			empirisch
Verortung im Forschungsfeld	Bildungsforschung		Implementationsforschung
	Berufsbildungsforschung		
	nachhaltigkeitsorientierte Berufsbildungsforschung		Curriculumforschung • evaluativ-konstruktiv

(Eigene Darstellung)

Strategien zur Förderung der (curricularen) Verankerung einer BBNE erarbeitet werden, da bislang kaum empirische Studien zum Erfolg pädagogischer Maßnahmen einer BBNE vorliegen. Bei Forschungsarbeiten einer nachhaltigen Entwicklung wird zudem überwiegend die Allgemeinbildung fokussiert – wie beispielsweise bei Buddenberg (2014), deren Arbeit in die Studie PARS eingebettet ist. Ebenfalls fehlen in der Berufs- und Wirtschaftspädagogik Forschungsarbeiten im Berufsfeld Ernährung und Hauswirtschaft – insbesondere im Bereich der schulischen Ausbildung. Die vorliegende Arbeit soll daher der bestehenden Kritik an der fehlenden Empirie zur nachhaltigkeitsorientierten Bildung entgegenwirken, die durch eine theoretisch klare und begründete Erarbeitung der Thematik gestützt wird. Ebenfalls soll die Erhebung zu fachspezifischen Erkenntnissen im nachhaltigkeitsrelevanten Berufsfeld Ernährung und Hauswirtschaft beitragen. Letztendlich soll durch die erarbeiteten Ergebnisse die künftige schulische Implementation einer BBNE gestärkt werden, die perspektivisch die Entwicklung hin zu einer nachhaltigkeitsorientierteren Gesellschaft fördert.

Zur Erarbeitung einer theoretisch fundierten Grundlage des empirischen Teils der Arbeit soll im Folgenden eine Literatur- und Dokumentenanalyse insbesondere zu den Bereichen BBNE, professionellen Kompetenzen von Lehrkräften und Curriculumentwicklung durchgeführt werden. In einem ersten Schritt wurde in einschlägigen Datenbanken, wie dem Fachportal Pädagogik oder der Literaturdatenbank Berufliche Bildung, nach relevanter Literatur recherchiert, um diese in einem zweiten Schritt dahingehend zu analysieren, welchen Betrag sie zu den folgenden Fragen leistet:

1) *Inwieweit kann die berufliche Bildung an einer nachhaltigen Entwicklung mitwirken?* Zunächst ist zu klären, welche Aufgaben und Ziele von der beruflichen Bildung verfolgt werden und wie das Berufsbildungssystem in NRW organisiert wird. Hierbei soll ebenfalls geklärt werden, welche Rolle die Berufsbildungspolitik einnimmt und auf welche Weise die berufliche Handlungskompetenz mit der nachhaltigkeitsorientierten Gestaltungskompetenz in Verbindung gebracht werden kann. Darüber hinaus ist zu erläutern, weshalb die Wertebildung als Bestandteil einer BBNE betrachtet werden kann.

2) *Welche spezifischen Nachhaltigkeitsaspekte lassen sich im Berufsfeld Ernährung und Hauswirtschaft identifizieren?* Als erstes soll die Bedeutung des Berufsfelds für eine nachhaltige Entwicklung herausgestellt werden. Anschließend sollen bestehende Ansätze und Konzepte, die u. a. im Rahmen von Modellversuchen entwickelt wurden, dahingehend geprüft werden, ob ihre Übertragung auf das Berufsfeld möglich ist, welche Anpassungen hierbei zu berücksichtigen sind und welche Aspekte ggf. noch (weiter) zu entwickeln sind.

3) *Welche entscheidenden Kompetenzen benötigen Lehrerinnen und Lehrer für die Umsetzung einer BBNE?* Da Lehrkräfte die schulische Umsetzung einer BBNE verantworten, ist zu klären, welche Fähigkeiten und Voraussetzungen sie für diese Aufgabe benötigen. Zudem sollen verbreitete Kompetenzmodelle wie das Modell der professionellen Handlungskompetenz nach Baumer & Kunter (2011 unter dem spezifischen Fokus einer nachhaltigen Entwicklung erweitert werden. Dies gilt ebenfalls für fachdidaktische Ansätze.

4) *Welche Rollen spielen Curricula bei der Implementierung bildungspolitischer Programmatiken?* Zu klären ist, inwieweit gesellschaftlich relevante Themen – wie eine BBNE – erfolgreich im Berufsbildungssystem verankert werden können und welche Prozesse hierbei durchlaufen werden. Da im Bildungsplan zur Erprobung bereits die nachhaltigkeitsorientierte Gestaltungskompetenz aufgenommen wurde, soll unter Bezugnahme auf Schlüsselbegriff eine Analyse stattfinden, um seinen Nachhaltigkeitsgehalt im Vergleich zum vorherigen Lehrplan zu bestimmen.

Berufliche Bildung und nachhaltige Entwicklung

3

3.1 Bildungsbegriff

Der Begriff *Bildung* gehört bereits seit langer Zeit zu den zentralen Gegenständen der Pädagogik (Raithel et al., 2009, S. 36). Er meint im Verständnis des Prozesshaften die Entwicklung individueller Persönlichkeitsmerkmale von Jugendlichen im institutionellen Kontext, in welchem die kognitive Entwicklung durch die aktive Auseinandersetzung mit der Umwelt gefördert wird (Reuter, 2005, S. 169). In Anlehnung an Adorno (1971) „lässt sich unter *Bildung* die Förderung der Eigenständigkeit und Selbstbestimmung eines Menschen verstehen, die durch die intensive sinnliche Aneignung und gedankliche Auseinandersetzung mit der ökonomischen, kulturellen und sozialen Lebenswelt entsteht" (Raithel et al., 2009, S. 36). Da sie am Sozialisationsprozess beteiligt ist (Ruhloff, 1998, S. 413), ist sie nicht gänzlich vom Erziehungsbegriff zu trennen, der ebenfalls in schulischen Einrichtungen von Bedeutung ist. Hierunter wird insbesondere die Entwicklung der ethischen, ästhetisch-kulturellen Ansichten und Verhaltensweisen von Menschen verstanden. Obwohl Bildung die „Aneignung von in Lernprogrammen festgelegten Qualifikationen" (Reuter, 2005, S. 169) verfolgt, sind die institutionellen Erziehungsziele ebenfalls zu berücksichtigen. Eine schulische Bildung muss daher hinsichtlich des Erziehungsverständnisses auf Selbstständigkeit, Fähigkeit der Übernahme von Verantwortung, Politikfähigkeit, Demokratiefähigkeit und zur moralischen Urteilsfähigkeit abzielen (siehe Abschnitt 4.1). Gleichzeitig ist sie nach den erlassenen curricularen Vorgaben auszurichten. Im bildungstheoretischen Sinne erfüllt die Bildungsarbeit somit einen gesellschaftlichen Auftrag, indem sie sich zunächst inhaltlich an den Ansprüchen der Gesellschaft orientiert und darüber hinaus zur Selbstbestimmung und zur gesellschaftlichen Mitbestimmung beiträgt. Hierbei ist entscheidend, auf welche gesellschaftliche Entwicklung die Individuen hinwirken (sollen), weshalb die Bildungspraxis nicht ohne gesellschaftstheoretische Bezüge betrachtet werden kann (Schmitt, 2016, S. 42 f.). Da es an dieser Stelle jedoch nicht um einen umfassenden Diskurs zu gesellschaftstheoretischen Ansätzen geht, wird lediglich festgehalten, dass eine Gesellschaft, die künftig bestehen soll, im Sinne nachhaltigkeitsrelevanter Aspekte zu gestalten ist. Die derzeitig verzeichnete Entwicklung (siehe Abbildung 3.1) zeigt die zwingende Notwenigkeit der Ressourcenschonung sowie einen verantwortungsvollen Umgang mit der Natur, um den Selbsterhalt der Gesellschaft zu sichern. Es wird deutlich, dass der derzeitige Ressourcenverbrauch bereits die verfügbaren Ressourcen der Erde übersteigt und bei Fortsetzung dieses Trends bereits 2030 die doppelte Menge an Ressourcen nötig wäre, um den Verbrauch der Gesellschaft zu decken. Dies hat zur Folge, dass der Bestand der künftigen Generationen für diese nicht mehr verfügbaren wäre.

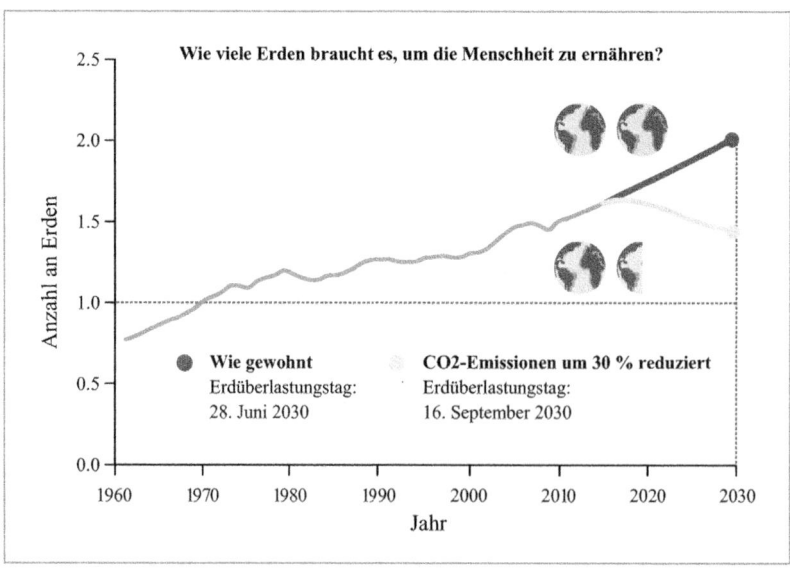

Abbildung 3.1 Globaler Ressourcenverbrauch bis 2030. (Bindel, 2015)

In der Schule der Gegenwart und Zukunft [kann es] nicht mehr darum gehen, bloßes Wissen zu vermitteln und den Beruf vorzubereiten, sondern vielmehr darum, den Kindern und den Jugendlichen Hilfen anzubieten, damit sie die Gegenwart bewältigen und sich auf ihre Aufgaben und Anforderungen in der Zukunft vorbereiten können. Dies bedeutet vor allem, das Augenmerk weit mehr als bisher auf Kompetenzen, Einstellungen, Haltungen und Verhaltensweisen zu legen (Miller, 2011, S. 11).

Die Subjektorientierung und Selbsttätigkeit sind Kernelemente konstruktivistischer, reflexionsbasierter Bildungstheorien. Sie gehen davon aus, dass die Wirklichkeit nicht eindimensional vorgegeben werden kann, sondern durch eine mehrperspektivische Auseinandersetzung im sozialen Kontext konstruiert wird. Daher ist ihre Wahrnehmung ein vorläufiger Zustand, der von den beteiligten Individuen abhängig ist (Schmitt, 2016, S. 44). Die kategoriale Bildung von Klafki (1963) stellt eine bildungstheoretische Grundlage dar, auf die sich weitere konstruktivistische Ansätze stützen. Zur ersten Einordnung unterscheidet Klafki formale und materiale Bildungstheorien. Prägnant für die formale Bildung ist die subjektbezogene Entfaltung der physischen, kognitiven und mentalen Kräfte. Dabei handelt es sich zum einen um funktionale Bildungsaspekte, durch die das Subjekt durch die Entwicklung seiner kognitiven Fähigkeiten mündig wird sowie verantwortungsvoll entscheiden kann. Zum anderen umfasst die formale Bildung einen methodischen Ansatz. Hierbei geht es vor allem um den Erwerb der Art und Weise des Vorgehens, dem *Wie* (Meyer & Meyer, 2007, S. 33). Es geht nicht um den Inhalt, sondern um den Umgang mit diesem. Diese Trennung kann jedoch nicht stringent eingehalten werden, weshalb es sich bei der kategorialen Bildung sowohl um die Vermittlung von Inhalten als auch um die Fähigkeit zum entsprechenden Umgang handelt.

Materiale Bildungstheorien sind hingegen objektbezogen. Ein bestimmtes Wissen steht im Mittelpunkt, das sich die Subjekte aneignen sollen, um sich die Welt erschließen zu können. Hierbei kann entweder der Umfang des Wissens im Sinne des bildungstheoretischen Objektivismus[1] oder im klassischen Sinne spezielle Wissensinhalte und Erlebnisse im Fokus stehen. Die individuellen Kompetenzen der Schülerinnen und Schüler werden im Rahmen materialer Bildungstheorien jedoch nicht berücksichtigt und sind daher für die Bestimmung des Bildungsbegriffes nicht hinreichend (Meyer & Meyer, 2007, S. 37). Aus diesem Grund verbindet Klafki beide bildungstheoretischen Stränge im kategorialen

---

[1] Klafki (1959) versteht untere dem bildungstheoretischen Objektivismus eine Bildung, die sich auf die Aufnahme von objektiven Inhalten der Kultur bezieht. „Anders formuliert: Bildung wird als Prozess verstanden, in dem Kulturgüter (wissenschaftliche Erkenntnisse, sittliche Werte, ästhetische Gehalte usw.), so wie sie sind, von dem Individuum aufgenommen werden" (Stübig & Stübig, 2018, S. 30).

Bildungsansatz (= *doppelte Erschließung* (Klafki, 1963)). Durch die dialektische Verschränkung von materialer und formaler Bildung sollen Inhalte auf eine Weise erschlossen werden, die die Fähigkeiten zur Selbst- und Mitbestimmung sowie die Solidarität der Jugendlichen stärken. Exemplarisch können Themen konkret bearbeitet werden, anschließend sollen die Lernenden zur Übertragung auf das Allgemeine befähigt werden. Hierdurch wird ermöglicht, sich komplexes und vielseitiges Wissen zu erschließen und eine Zu- bzw. Einordnung vorzunehmen. Besonders durch die heutige Wissensdynamik (siehe Abschnitt 4.1) ist eine Strukturierung von Inhalten in jeweilige Kategorien notwendig (Schützenmeister, 2014, S. 197–228).

Die Fähigkeiten, die im Sinne der kategorialen Bildung zu fördern sind, stellen die Voraussetzung zur Mündigkeit dar, die als hehres Ziel konstruktivistischer Bildungstheorien verstanden werden kann. So wird die Erziehung zur Mündigkeit bereits bei Kants Bildungstheorie thematisiert und stimmt mit vielen anderen bildungstheoretischen Grundbegriffen überein (Brüggen, 1998, S. 111–125), weshalb dieses Verständnis der vorliegenden Arbeit zu grundeliegt. Die Schülerinnen und Schüler erarbeiten solche Inhalte im Unterricht, die sowohl alltäglich wie beruflich für sie bedeutsam sind. Sie sollen lernen, am wirklichen Leben und in der Berufswelt zu partizipieren, weshalb sie im unterrichtlichen Umfeld allmählich zur Bildung einer Urteils- und Handlungskompetenz herangeführt werden (siehe Abschnitt 4.1). Ziel ist das selbstständige Handeln und die Übernahme von Verantwortung.

3.2 Organisation und Aufgaben der beruflichen Bildung

3.2.1 Berufliche Bildung und das Berufsbildungssystem

In der vorliegenden Arbeit liegt die Akzentuierung auf der beruflichen Bildung, die weder begrifflich noch in ihrer Bezeichnung einheitlich definiert ist; gleiches gilt für ihren kontextuellen Rahmen (Dobischat & Düsseldorf, 2009, S. 315). Daher sollen die folgenden Ausführungen das hier zugrundeliegende Verständnis widerspiegeln. Es können fünf grundsätzliche Kontexte bestimmt werden, in denen Berufsbildung mit verschiedener Ausrichtung verwendet wird (Kell, 2010, S. 355–356):

1) Berufsbildung als Zielkategorie, die im Spannungsfeld von Beruf und Bildung sowie Tüchtigkeit und Mündigkeit wie wissenschaftlich auszumachen ist.

2) Berufsbildung als personaler Entwicklungsprozess, bei dem es sich vornehmlich um Arbeits- und Lernprozesse handelt.
3) Berufsbildung als Ergebnis dieser Entwicklung.
4) Berufsbildung als Bezeichnung einer Organisation, in der institutionell organisiertes Lernen auf unterschiedlichen Niveaustufen vollzogen wird.
5) Unter Einbindung der Wechselwirkungen ihrer Berufs- und Bildungssysteme, um eine Passung der im Unterricht geförderten Handlungskompetenz an den Berufsalltag zu ermöglichen. Daher kann die Berufsbildung ebenfalls ein gesellschaftliches Ordnungssystem von Arbeit darstellen.

Unter *beruflicher Bildung* wird eine solche Bildung verstanden, die sich auf eine spezielle Berufstätigkeit bezieht (Blankertz, 1977, S. 90) und institutionell organisiert wird (Kell, 2006, S. 453). Sie kann jedoch ebenfalls die Sicherstellung der gesellschaftlichen Arbeitskraft künftiger Generationen meinen (Harney & Tenorth, 1999, S. 7 f.). Hierzu zählen sowohl die universitäre, fachhochschulische sowie betriebliche Aus- und Weiterbildung als auch die Aus- und Weiterbildung für den Staats- und Militärdienst u. a. (Dobischat & Düsseldorf, 2009, S. 315). Dennoch wird in der alltäglichen wie wissenschaftlichen Praxis meist die Verbindung zur Erwerbstätigkeit im Rahmen des *Berufsausbildungssystems* (Kutscha, 1997) oder dem *Berufsbildungswesen* (Münch, 1977) mit dem Begriff der *beruflichen Bildung* gesehen. Gleiches gilt für eine BBNE, da sie u. a. im Rahmen der vom BIBB geförderten Projektarbeit insbesondere im Berufsausbildungskontext forscht (siehe Kapitel 5). Dies entspricht der im Artikel 1 Abs. 1 des Berufsbildungsgesetzes (BBiG) aufgeführten Definition der „*Berufsausbildung, beruflichen Fortbildung* und *beruflichen Umschulung*, in deren Mittelpunkt wesentlich die anerkannten Ausbildungsberufe stehen" (Dobischat & Düsseldorf, 2009, S. 316 [HviO]). So umfasst das Berufsbildungssystem das betriebliche und schulische Ausbildungswesen im Anschluss an das allgemeinbildende Schulwesen und vor dem hochschulischen Bildungswesen (Büchter, 2008, S. 489). Daraus resultiert, dass die Steuerung nicht allein durch die Bildungspolitik, sondern ebenfalls durch die Beschäftigungspolitik übernommen wird, die ebenfalls durch wirtschafts- und arbeitsmarktpolitische Einflüsse bestimmt wird. Ein gegenseitiger Austausch der beiden Systeme ist insbesondere aufgrund ihrer divergenten Zielsetzungen und Prinzipien notwendig. Deshalb werden bei der Konzeption von Curricula sowohl repräsentatives strukturelles Wissen als auch berufsspezifische Bedarfe des Beschäftigungssystems verschieden akzentuiert (Baethge et al., 2007, S. 15).

Diese unterschiedlichen Steuerungssegmente des Berufsbildungssystems sind historisch begründet, denn die ursprünglich rein betriebliche Ausbildung verlangte mit dem Beginn der Industrialisierung ein differenzierteres Wissen. Durch die Institutionalisierung konnte eine Erweiterung der Tätigkeitsbereiche und Berufspositionen ermöglicht werden (Greinert, 2007, S. 13). Des Weiteren wirkte das Berufsbildungssystem gegen die aufkommende Jugendarbeitslosigkeit in der zweiten Hälfte des 19. Jahrhunderts, indem es die Überbrückung vom Elternhaus zur Selbstständigkeit leistete und zur nötigen Ausbildungsreife führte (BMBF, 2007, S. 1). Diese Entlastungs- und Substitutionsfunktion der beruflichen Bildung ist bis heute eine ihrer gesellschaftlichen Aufgaben. Die zunehmend komplexer werdenden Aufgaben, ihre wirtschaftlichen wie gesellschaftlichen Funktionen und den politischen Einflüssen sowie die stetigen Abstimmungsprozesse mit dem Beschäftigungssystem bewirkten eine steigende Ausdifferenzierung des Berufsbildungssystems. „Für die institutionelle Struktur im Berufsbildungssystem ist die Heterogenität von Funktionen, Formen, Zuständigkeiten, curricularen und didaktischen Anforderungen der einzelnen Teilbereiche kennzeichnend" (Büchter, 2008, S. 498). Unter der Bildungsvielfalt sollen berufliche und allgemeine Bildungselemente gleichrangig vereint werden, um auf diese Weise die Chancengleichheit und die Persönlichkeitsförderung der Jugendlichen zu ermöglichen. Für die unterschiedlichen Bildungsgänge geben entsprechend unterschiedliche Organe Vorgaben: Die KMK ist primär für die Bildungsgänge, die zu anerkannten Ausbildungs- oder Assistentenberufen und/oder zu allgemeinbildenden Abschlüssen führen, zuständig; das BBiG regelt solche Berufsausbildungen, die nicht in den berufsbildenden Schulen vollzogen werden. In der aktuellen Berufsbildungsdiskussion werden die unterschiedlichen Bildungsgänge in drei Hauptkategorien eingeteilt: Das *duale System der Berufsausbildung*, das *Segment vollzeitschulischer Ausbildung*[2] und das *Übergangssystem*[3] (Büchter, 2008, S. 500). Gemäß

---

[2] Als Alternative zum dualen System kann im Rahmen vollzeitschulischer Bildungsgänge eine berufliche Qualifikation bzw. Erstausbildung erworben werde, wodurch mitunter der Benachteiligung von Jugendlichen insbesondere aus bildungsfernen Familien entgegengewirkt wird. Die Entwicklung von einer Industrie- hin zu einer Dienstleistungsgesellschaft (Tertiarisierung) fördert die Ausdehnung dieses Segments (Büchter, 2008, S. 504).

[3] Im Übergangssystem können Jugendliche, die keinen Zugang zum dualen System erhalten, nach der allgemeinbildenden Schule Vorqualifikationen erwerben und Schulabschlüsse nachholen, um die Chancen auf einen Ausbildungsplatz zu erhöhen. Hierfür existieren parallellaufende Angebote verschiedener Träger (Betriebe, freie Träger und Schulen), die vielfältige Fördermaßnahmen der individuellen Kompetenzen ermöglichen (Kutscha, 2010b, S. 313).

der Selektions- bzw. Allokationsfunktion schulischer Einrichtungen[4] können daher sowohl Berufsabschlüsse auf unterschiedlichen Qualifikationsstufen als auch sämtliche Schulabschlüsse erworben werden, die nicht (nur) an einen Beruf gebunden sind, sondern politische, gesellschaftliche und kulturelle Inhalte umfassen. Auf unterschiedlichem Niveau wird in den jeweiligen beruflichen Bildungseinrichtungen der Erwerb solcher Fähigkeiten angestrebt, die zum qualifizierten Umgang mit beruflichen Tätigkeitsansprüchen benötigt werden, wodurch die Jugendlichen eine berufliche Qualifizierung erlangen und ihnen dadurch die Emanzipation familiärer Kontexte eröffnet wird.

Veränderungen des Beschäftigungssystems können die Weiterentwicklung neuer Berufsbilder oder Curricula bewirken. Doch die stetig komplexer werdenden Herausforderungen der modernen Gesellschaft führen trotz solcher Anpassungen zur Arbeitslosigkeit qualifizierter Personen oder der Nichtbesetzung offener Stellen (bayme, vbm & vbw, 2022, S. 1). Bildungspolitische Bestrebungen zur institutionellen und individuellen Anpassungsfähigkeit sollen diesem Umstand entgegenwirken, indem die erworbenen Qualifikationen auf weitere Tätigkeitsbereiche angewendet werden können. Zudem soll durch die Handlungsorientierung und dem selbstständigen Lernen eine aktive und engagierte Anpassung der künftigen Arbeitnehmerinnen und -nehmer bei Tätigkeitsveränderungen erwirkt werden. Denn neben der beruflichen Qualifikation sollen zudem Selbstkompetenzen wie Selbstständigkeit, Kritikfähigkeit oder Verantwortungs- und Pflichtbewusstsein (KMK, 2018, S. 15) gefördert werden, um ihnen die Partizipation an der demokratischen Gesellschaft zu ermöglichen, welches u. a. zu den Hauptaufgaben des Bildungswesens zählt (siehe Abbildung 3.2). Daher bietet die berufliche Bildung die Möglichkeit zum Erwerb sowie die Befähigung zum selbstständigen, verantwortungsvollen Handeln und übernimmt so eine tradierende Funktion der gesellschaftlichen Gesamtordnung (Benner & Brüggen, 2000, S. 98). Da diese Aspekte für eine nachhaltige Entwicklung von Bedeutung sind, wird darauf im Folgenden weiter eingegangen, um die Verbindung zwischen der beruflichen Bildung und einer nachhaltigen Entwicklung zu verdeutlichen.

---

[4] Unter der schulischen Selektion oder Allokation wird die Einteilung und Platzierung von Jugendlichen innerhalb und außerhalb der Schule verstanden. Durch die Verbindung von Bildung und Beruf unterliegen den jeweiligen Bildungsgängen soziale Statuszuweisungen, die mit verschiedenen Privilegien einhergehen (Beck et al., 1980, S. 98–99).

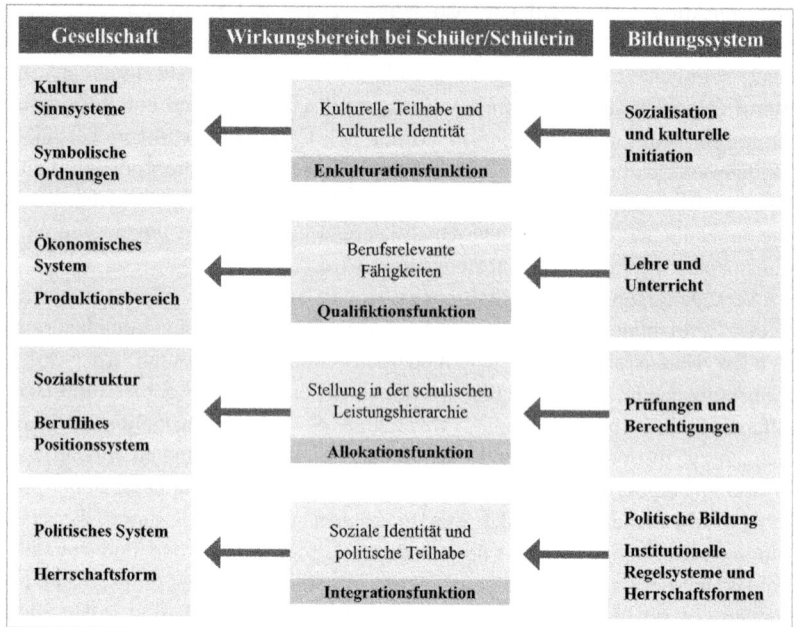

Abbildung 3.2   Funktionen des Bildungssystems. (Fend, 2006, S. 51)

3.2.2   Nachhaltige Entwicklung als Aufgabe der beruflichen Bildung

Die berufliche Bildung kann einen wichtigen Beitrag zur Entwicklung einer nachhaltigkeitsorientierteren Gesellschaft leisten. Denn neben ihrem beruflichen Schwerpunkt bleibt die berufliche Bildung eine Bildung, „deren Anspruch darin besteht, Selbstfindung, kritische Reflexion, Mündigkeit und Partizipation der Menschen im beruflichen, gesellschaftlichen und privaten Kontext zu unterstützen" (Büchter, 2008, S. 490). Ihr wird in der Agenda 21 (siehe Abschnitt 1.2) eine hohe Bedeutung zugesprochen, indem in einem eigenständigen Kapitel die *Förderung der Bildung, der Bewusstseinsbildung und der Aus- und Fortbildung* (Konferenz der Vereinten Nationen für Umwelt und Entwicklung, 1992, S. 329) beschrieben wird.

Bildung ist eine unerlässliche Voraussetzung für die Förderung der nachhaltigen Entwicklung und die bessere Befähigung der Menschen, sich mit Umwelt- und Entwicklungsfragen auseinanderzusetzen. [...] Sowohl die formale als auch die nichtformale Bildung sind unabdingbar für die Herbeiführung eines Einstellungswandels bei den Menschen [und] von entscheidender Bedeutung für die Schaffung eines ökologischen und eines ethischen Bewusstseins, von Werten und Einstellungen, Fähigkeiten und Verhaltensweisen, die mit einer nachhaltigen Entwicklung vereinbar sind, sowie für eine wirksame Beteiligung der Öffentlichkeit an der Entscheidungsfindung (Konferenz der Vereinten Nationen für Umwelt und Entwicklung, 1992, S. 329).

In Verbindung mit der Förderung der Aus- und Fortbildung wird noch einmal explizit die Relevanz des beruflichen Bildungssystems hervorgehoben und als wichtigste Voraussetzung zur Erschließung menschlicher Ressourcen beschrieben, die die Überleitung zur nachhaltigen Gesellschaft erleichtert (Konferenz der Vereinten Nationen für Umwelt und Entwicklung, 1992, S. 334). Auch die Themen des beruflichen Umweltschutzes sowie Sicherheit und Gesundheitsschutz im Beruf sind seit Ende der 1990er-Jahre durch definierte Lernziele und Standardberufsbildpositionen in der beruflichen Bildung – seit 2021 mit einer stärkeren Nachhaltigkeitsorientierung (BIBB, 2021) – verankert. Die Bedeutung einer nachhaltigkeitsbezogenen beruflichen Bildung wird ebenso durch die Tatsache bekräftigt, dass einerseits die privaten Haushalte nur ca. 20 % des Ressourcenverbrauchs ausmachen, die Industrie, Landwirtschaft und Produktion hingegen hauptverantwortlich sind. Daher ist das künftige Arbeitsfeld der Schülerinnen und Schüler ein relevanterer Ansatzpunkt für nachhaltigeres Wirtschaften als der eigene Haushalt, ungeachtet seiner geeigneten Gelegenheit für den ersten Schritt Richtung Nachhaltigkeitsbewusstsein. Andererseits zeigt diese Verteilung des Ressourcenverbrauchs die Dringlichkeit der politischen Teilhabe der jugendlichen Generation, um Veränderungen auf systemischer Ebene zu bewirken (Göpel et al., 2018, S. 9). Aus diesem Grund ist die Förderung der emanzipatorischen Fähigkeit der Schülerinnen und Schüler von zentraler Bedeutung. Auch der aktuelle Aktionsplan im Rahmen der *Agenda 30* führt Bildung als einen wichtigen Schlüssel mit dem Ziel *Hochwertige Bildung* zur nachhaltigen Entwicklung auf und wird als einer der nach wie vor geltenden Entwicklungsprioritäten beschrieben. Hierunter werden u. a. der Zugang zu einer hochwertigen beruflichen Qualifikation sowie die Fähigkeit zur Förderung einer nachhaltigen Entwicklung angestrebt (Bundesministerium für wirtschaftliche Zusammenarbeit und Entwicklung, 2021).

Die Idee einer nachhaltigen Entwicklung stimmt mit dem in Abschnitt 3.1 beschriebenen Bildungsverständnis überein, indem es sich um einen Prozess handelt, der die Eigenständigkeit und Selbstbestimmung der Jugendlichen durch die intensive Auseinandersetzung mit der ökologischen, ökonomischen und sozialen

Lebenswelt zu fördern versucht (Künzli David, 2007; Raithel et al., 2009; Reuter, 2005). Vor allem die durch Bildung angestrebte Erziehung zur Selbstständigkeit, Verantwortungsübernahme, Politik- und Demokratiefähigkeit sowie zur moralischen Urteilsfähigkeit als Voraussetzung der gesellschaftlichen Mitbestimmung (siehe Abschnitt 3.1) sind mit dem Partizipations- und Verantwortungsgedanken einer nachhaltigen Entwicklung vereinbar (DGfE, 2004, S. 4). Durch die Verknüpfung einer nachhaltigen Entwicklung mit der (beruflichen) Bildung entsteht folglich ein Bildungskonzept, mit dem „eine normative Werteorientierung vorgegeben [wird], die sich am Gerechtigkeitsprinzip orientiert" (Buddeberg, 2014, S. 60).

3.2.3   Berufsbildungspolitik

Die Berufsbildungspolitik, die der Vollständigkeit halber kurz umrissen werden soll, vereint – wie die unterschiedlichen Referenzsysteme der beruflichen Bildung vermuten lassen –heterogene Interessen und Zweckbestimmungen. „[Sie kann] verstanden werden als ein auf Ordnungs- und Gestaltungsprobleme der Berufsbildung fachlich spezialisierter Politikbereich" (Kutscha, 2010b, S. 318). Die im Vergleich zum allgemeinen Bildungswesen späte Etablierung eines eigenständigen Politikbereichs konnte vor allem durch spezifische Phänomene gestärkt werden. Zunächst verlangte die Weiterentwicklung des Arbeitsmarktes in den 1960er und 1970er-Jahren, die zu veränderten Qualifikationsanforderungen führte, eine enge Abstimmung zwischen Betrieben und Berufsbildungseinrichtungen. Insbesondere durch das aufgekommene Ungleichgewicht von Ausbildungsangebot und -nachfrage u. a. aufgrund des demographischen Wandels zeichnet sich eine mangelnde Ausbildungsversorgung ab, die in den Fokus der Politik rückt. „Dabei wird der (politisch angestrebte) Anstieg der Abiturientenquote und der Studienanfängerzahlen zusätzlich auf den Rückgang der Neuzugänge im dualen System einwirken" (Kutscha, 2010b, S. 315). Daher wird der Bestandssicherung des dualen Ausbildungssystems und des beruflich strukturierten Beschäftigungssystems im berufsbildungspolitischen Diskurs eine hohe Bedeutung beigemessen. Diese Umstände bekräftigten die Etablierung der Berufsbildungspolitik und deren Institutionen. „In dieser Phase wurde auf staatlicher Ebene die Grundlage für die Berufsbildungspolitik, für die Berufsbildungsplanung und -forschung reformiert" (Büchter, 2008, S. 496). Das BBiG und die HwO umfassen Bestimmungen für den außerschulischen Bereich der beruflichen Bildung und legen Ziele der Berufsbildungsplanung sowie die Inhalte der Berufsbildungsforschung fest. Ebenfalls hat die Gründung des Bundesministeriums für Bildung und Wissenschaft (BMBW; heute das BMBF) sowie die Schaffung zweier Institute zur Forschung und Entwicklung der beruflichen Bildung (das BIBB und die Arbeitsstelle für Betriebliche Berufsausbildung (ABB)) zur berufsbildungspolitischen Konsolidierung beigetragen.

Ihre Institutionalisierung erfolgte Ende des 19. Jahrhunderts, aus der sich bis heute eine berufsbildungspolitische Landschaft mit den zugehörigen Gesetzen, Verordnungen, Vereine und Einrichtungen ausbildete. Unter staatlicher Aufsicht werden die verschiedenen Interessenvertreterinnen und -vertreter bei den berufsbildungspolitischen Entscheidungen eingebunden, wodurch – stärker als in der allgemeinen Bildungspolitik – wirtschaftliche Interessen und somit gesellschaftliche Machtverhältnisse anstelle pädagogischer Kenntnisse zum Tragen kommen (Friedeburg, 1989, S. 476).[5] Auf der berufsschulischen Ebene gestalten hingegen unterschiedlichste Gruppen, die „föderal-kooperativ aktiv" (Büchter, 2008, S. 496) sind, die berufliche Bildung. Hierzu zählen u. a. Bund, Länder, Kommunen, Gremien, Landesverbände und Gewerkschaften. Die unterschiedlichen Bildungsreformkommissionen und -initiativen verfolgen in Kooperation mit (hochschulischen) Forschungseinrichtungen das gemeinsame Ziel, mögliche Entwicklungsperspektiven der beruflichen Bildung zu spezifizieren und einheitliche Vorgaben für das Berufsbildungssystem zu finden. So hat sich u. a. die Arbeitsgemeinschaft Berufsbildungsforschungsnetz (AG BFN) gebildet, um Beiträge zur Berufsbildungsforschung und Ansatzpunkte für die Berufsbildungspolitik zu liefern (AG BFN, 2014). Die gewonnenen Ergebnisse der vorliegenden Arbeit können daher potenziell als mögliche Vorbereitung für Entscheidungen in der Berufsbildungspolitik oder -praxis dienen, um eine nachhaltige Entwicklung langfristig und breiter in das Berufsbildungssystem zu etablieren, „weil [die

---

[5] Schulsysteme können für politische Zwecke missbraucht werden, wenn die Schülerinnen und Schüler dort die Herrschafts- bzw. Produktionsverhältnisse der kapitalistischen Gesellschaft zu akzeptieren lernen.

[D]er Haupteffekt der jahrelangen schulischen Beeinflussung [besteht] nicht nur in der arbeitsmarktgerechten Qualifikation, Selektion und Schichtung des Nachwuchses, sondern noch mehr in der Herstellung jener Haltungen und Einstellungen, die ein adäquates Verhalten unter industriellen und kapitalistischen Produktionsbedingungen garantieren.(Fend, 2006, S. 34).

Berufliche Bildungseinrichtungen können in diesem Fall als Reproduktionsstätte der Klassengesellschaft verstanden werden und verfehlen somit das Bildungsziel einer BBNE die Gesellschaft nachhaltigkeitsorientiert zu verändern.

Berufsbildungsforschung] für die rechtlichen, politischen und ökonomischen Rahmenbedingungen für erfolgreiches pädagogisches Handeln verantwortlich ist" (Kell, 2010, S. 364).

3.3   Bildungsgänge der Berufskollegs in NRW

In NRW werden die verschiedenen Bildungsgänge der beruflichen Bildung von Berufskollegs angeboten. Durch die einfach- und doppeltqualifizierenden Bildungsgänge vermittelt das Berufskolleg eine berufliche Bildung und bietet die Möglichkeit, einen allgemeinbildenden Abschluss zu erwerben. Die Bildungsgänge sind nach Anlagen untergliedert, deren Voraussetzungen und Bedingungen in der Verordnung über die Ausbildung und Prüfung in den Bildungsgängen des Berufskollegs (APO-BK) bestimmt werden (siehe Abbildung 3.3). Die Berufsschule der Anlage A ermöglicht gemeinsam mit Betrieben die berufliche Erstausbildung und vermittelt daher die dafür notwendigen allgemeinen und fachlichen Lerninhalte in Teilzeitform. In dieser Anlage ist darüber hinaus die Ausbildungsvorbereitung geregelt, in dessen Rahmen der Hauptschulabschluss nach Klasse 9 unter Einbindung beruflicher Kenntnisse und Fähigkeiten nachgeholt werden kann. In Anlage B wird die ein- oder zweijährige Berufsfachschule beschrieben, welche in Vollzeitform allgemeine und fachliche Lerninhalte eines oder mehrerer Berufsabschlüsse vermittelt, die nur in Schulen erworben werden können. Für die Teilnahme werden keine beruflichen Tätigkeiten vorausgesetzt. Nach erfolgreichem Abschluss kann der Hauptschulabschluss nach der 10. Klasse oder die Fachoberschulreife erreicht werden. In der Berufsfachschule der Anlage C werden entweder berufliche Kenntnisse und Fähigkeiten oder ein Berufsabschluss nach Landesrecht vermittelt und der Erwerb der Fachhochschulreife ermöglicht. Ebenfalls enthält Anlage C die Fachoberschule, die aufbauend auf dem mittleren Schulabschluss, allgemeine und fachtheoretische sowie -praktische Inhalte vermitteln und zur Fachhochschulreife führt. Das berufliche Gymnasium der Anlage D kann entweder besucht werden, um neben der allgemeinen Hochschulreife berufliche Kenntnisse und Fähigkeiten vermittelt zu bekommen oder einen Berufsabschluss nach Landesrecht zu erwerben. Zudem wird in dieser Anlage die Fachoberschule (Klasse 13) aufgeführt. Dort werden berufliche Kenntnisse und Fähigkeiten vermittelt bzw. vertieft sowie der Abschluss gemäß der allgemeinen oder fachgebundenen Hochschulreife erworben. In der letzten Anlage E findet sich die Fachschule, welche nach einer Berufsausbildung oder Berufstätigkeit besucht wird und eine weiterführende berufliche Fachbildung und

Förderung der Allgemeinbildung in Voll- oder Teilzeitform umfasst (APO-BK, 2021).

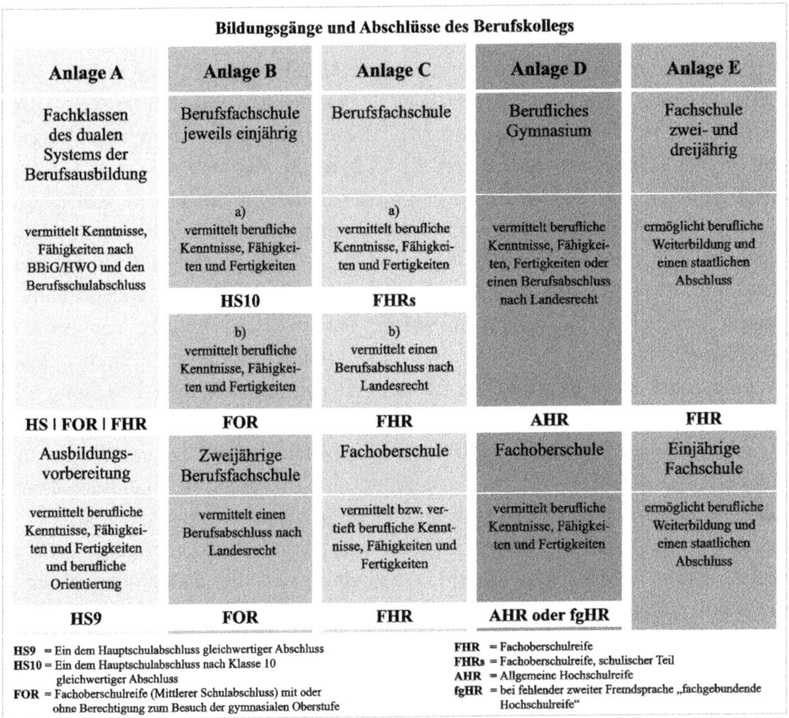

Bildungsgänge und Abschlüsse des Berufskollegs

Anlage A	Anlage B	Anlage C	Anlage D	Anlage E
Fachklassen des dualen Systems der Berufsausbildung	Berufsfachschule jeweils einjährig	Berufsfachschule	Berufliches Gymnasium	Fachschule zwei- und dreijährig
vermittelt Kenntnisse, Fähigkeiten nach BBiG/HWO und den Berufsschulabschluss	a) vermittelt berufliche Kenntnisse, Fähigkeiten und Fertigkeiten **HS10**	a) vermittelt berufliche Kenntnisse, Fähigkeiten und Fertigkeiten **FHRs**	vermittelt berufliche Kenntnisse, Fähigkeiten, Fertigkeiten oder einen Berufsabschluss nach Landesrecht	ermöglicht berufliche Weiterbildung und einen staatlichen Abschluss
	b) vermittelt berufliche Kenntnisse, Fähigkeiten und Fertigkeiten	b) vermittelt einen Berufsabschluss nach Landesrecht		
HS I FOR I FHR	**FOR**	**FHR**	**AHR**	**FHR**
Ausbildungsvorbereitung	Zweijährige Berufsfachschule	Fachoberschule	Fachoberschule	Einjährige Fachschule
vermittelt berufliche Kenntnisse, Fähigkeiten und Fertigkeiten und berufliche Orientierung	vermittelt einen Berufsabschluss nach Landesrecht	vermittelt bzw. vertieft berufliche Kenntnisse, Fähigkeiten und Fertigkeiten	vermittelt berufliche Kenntnisse, Fähigkeiten und Fertigkeiten	ermöglicht berufliche Weiterbildung und einen staatlichen Abschluss
HS9	**FOR**	**FHR**	**AHR oder fgHR**	

HS9 = Ein dem Hauptschulabschluss gleichwertiger Abschluss
HS10 = Ein dem Hauptschulabschluss nach Klasse 10 gleichwertiger Abschluss
FOR = Fachoberschulreife (Mittlerer Schulabschluss) mit oder ohne Berechtigung zum Besuch der gymnasialen Oberstufe

FHR = Fachoberschulreife
FHRs = Fachoberschulreife, schulischer Teil
AHR = Allgemeine Hochschulreife
fgHR = bei fehlender zweiter Fremdsprache „fachgebundene Hochschulreife"

Abbildung 3.3 Bildungsgänge und Abschlüsse des Berufskollegs in NRW. (QUA-LiS 2021)

Berufskollegs leisten folglich einen Beitrag zur Teilhabe an Arbeitswelt und Gesellschaft (KMK, 2021), weshalb die Bundesländer durch die ständige Anpassung der Bildungsprozesse den gesellschaftlichen Anforderungen entsprechen sollen. Der Strukturwandel innerhalb der Berufswelt führt zu kontinuierlichen Veränderungen am Arbeitsplatz, insbesondere hinsichtlich der Digitalisierung und Globalisierung (siehe Abschnitt 4.1). Wie bereits erwähnt ist

[d]ie Berufsbildung ein Schlüssel sowohl zur persönlichen Entwicklung als auch zur Teilhabe und Mitgestaltung der Arbeitswelt und Gesellschaft in sozialer, ökonomischer und ökologischer Verantwortung. Sie trägt maßgeblich zur Beschäftigungsfähigkeit der Fachkräfte und der Wettbewerbsfähigkeit Deutschlands bei (KMK, 2017, S. 2).

Neben der hier als Ziel formulierten Mitbestimmung wird die Bedeutung einer BBNE durch die Förderung der sozialen, ökonomischen und ökologischen Verantwortung (siehe Kapitel 5) unterstrichen. Diese und andere wesentliche Aufgaben der berufsbildenden Schulen gibt die KMK im Rahmen von Curricula und Verordnungen vor. So werden u. a. Qualifikationsziele sowie ihre Rolle bezüglich der Sozialisationsprozesse von Jugendlichen formuliert. Zwar unterscheiden sich diese Richtlinien in ihrer Detailliertheit (Siebertz-Reckzeh & Hofmann, 2017, S. 8), doch gilt grundsätzlich für alle Curricula die Orientierung an realen Geschäfts- und Arbeitsprozessen. Durch die Lernfeldkonzeption[6] wird der Schwerpunkt auf das handlungs- und kompetenzorientierte Lernen gelegt, welches nach dem didaktischen Leitmodell der vollständigen Handlung[7] auszurichten ist (KMK, 2021b, S. 25 f.). Zudem sollen ausreichende Freiräume gegeben werden, um auf gesellschaftliche Entwicklungen zeitnah reagieren zu können. Die KMK (2017, S. 5) definiert die zu fördernde Handlungskompetenz als Teilhabe an Wirtschaft und Gesellschaft unter Berücksichtigung der künftigen beruflichen, gesellschaftlichen und privaten Lebenssituation der Schülerinnen und Schüler. Mit diesem Verständnis wird die Weiterentwicklung der personalen Kompetenzen stärker fokussiert und die Selbstständigkeit sowie die Wahrnehmens-, Interaktions- und Partizipationsfähigkeit der Jugendlichen gefördert, um auf deren aktive Mitgestaltung der Gesellschaft hinzuwirken. Mit dieser Weiterentwicklung und Neuausrichtung der berufsbildenden Schulen nähert sich die KMK der konstruktivistischen Bildungstheorie an. Zudem soll der binnendifferenzierte Unterricht zur individuellen Förderung der Schülerinnen und Schüler beitragen, weshalb Lehrkräfte entsprechend der vielfältigen, neuen Herausforderungen ausgebildet werden müssen (siehe Abschnitt 6.1). Damit die Schulen diese Entwicklung möglichst einheitlich und systematisch umsetzen können, sind

---

[6] Seit 2000 orientiert sich die KMK bei der Gestaltung der Rahmenlehrpläne an einem berufsbezogenen Unterricht, der sich von der Gliederung in Fächern löst und sich nach Lernfeldern ausrichtet, die den Tätigkeitsfeldern des jeweiligen Berufs entsprechen (Czycholl & Ebner, 2006, S. 45).

[7] Die vollständige Handlung umfasst die sechs Schritte *Informieren, Planen, Entscheiden, Ausführen, Kontrollieren und Auswerten* und eignet sich für den handlungsorientierten Unterricht im Sinne einer „Handlungsorientierung auf der Grundlage der Handlungsregulierungstheorie" (Forum für AusbilderInnen, 2021).

Standards zur Qualitätssicherung nötig, die von der KMK länderübergreifend vereinbart wurden (KMK, 2002, S. 12).

3.4 Kompetenzorientierung der beruflichen Bildung

3.4.1 Berufliche Handlungskompetenz

1997 wurde von der KMK beschlossen (Konstanzer Beschluss), das deutsche Schulsystem international vergleichen zu lassen. Daher wurden wissenschaftliche Erhebungen eingesetzt, um fundierte Aussagen über die Leistungsniveaus der Schülerinnen und Schüler hinsichtlich zentraler Kompetenzbereiche treffen zu können (KMK, 2021a). Basierend auf den Ergebnissen aus TIMSS, PISA und IGLU (siehe Abschnitt 1.2) konnte herausgestellt werden, dass für die erhofften Leistungen die derzeitige Inputorientierung des deutschen Bildungssystem nicht hinreichend ist. Solche Länder, die eine höhere Schülerleistung verzeichnen konnten, wiesen eine systematische Evaluation der Leistungen auf. Daher veranlasste die KMK zur Optimierung künftiger Ergebnisse die Entwicklung und Sicherung der Bildungsqualität, für welche klare Maßstäbe benötigt werden. Daher wurde der Fokus der KMK auf die Konzeption und Anwendung bundesweit geltender Bildungsstandards gelegt (KMK, 2021a). Seit 2003 wurden diese abschlussbezogenen Standards für die unterschiedlichen Schulformen und Fächer (Deutsch, Mathematik und den fortgeführten Fremdsprachen) verabschiedet, die sowohl eine Überprüfungs- als auch Entwicklungsfunktion erfüllen sollen. Die Überprüfung der Bildungsstandards wird mittels eines geeigneten Testverfahrens[8] umgesetzt, für ihre unterrichtliche Einbindung wurde die Konzeption zur Nutzung der Bildungsstandards[9] ausgearbeitet. Durch die Setzung von Bildungsstandards können die damit einhergehenden Anforderungen strukturiert werden. Unter Einbindung eines vom Institut zur Qualitätsentwicklung im Bildungswesen

---

[8] Für die Primarstufe und Sekundarstufe I wird eine Ländervergleichsstudie vom Institut zur Qualitätsentwicklung im Bildungswesen (IQB) durchgeführt, die die einzelnen Länder hinsichtlich ihres Niveaus der in den Bildungsstandards formulierten Kompetenzanforderungen untersucht. Für die Allgemeine Hochschulreife wurde ein Pool von Abiturprüfungsaufgaben für die Umsetzung der Bildungsstandards angelegt (KMK, 2021a).

[9] Die Konzeption zur Nutzung der Bildungsstandards für die Unterrichtsentwicklung bietet dem Bildungspersonal eine gemeinsame Orientierung, um sowohl die erwünschten Leistungsergebnisse zu überprüfen als auch die Weiterentwicklung des Unterrichts zu ermöglichen (KMK, 2010). Hierin werden bisherige Erfahrungen zur Implementierung der Bildungsstandards zusammengefasst und zeigt verschiedenste Maßnahmen für deren systematische Einführung auf.

(IQB) entwickelten Kompetenzmodells soll die Beurteilung der Schülerleistung ermöglicht werden, indem eine repräsentative Kompetenzmessung anhand der zuvor festgelegten Bildungsstandards erfolgt. Dieses Stufenmodell ist in mehrere, inhaltlich sinnvolle Einheiten, die klar voneinander abgrenzbar sind, eingeteilt und werden von der IQB als Kompetenzstufen oder -niveaus definiert (IQB, 2021). Für die jeweiligen Stufen werden kognitive Anforderungen beschrieben, denen die Schülerinnen und Schüler gerecht werden können, wenn sie die entsprechende Stufe erreicht haben. Jedes Kompetenzniveau weist darüber hinaus normative Erwartungen auf, wodurch die qualitative Erfassung und Einordnung der Schülerleistung präzisiert werden kann. Im Gegensatz zu diesen Standards, welche sich auf eine Auswahl von Fächern begrenzen, gilt die Förderung der Handlungskompetenz als zentrales Ziel der beruflichen Bildung. Die Handlungskompetenz ist in die Dimensionen Fachkompetenz, Selbstkompetenz und Sozialkompetenz gegliedert. Die Methodenkompetenz, kommunikative Kompetenz und Lernkompetenz sind Bestandteile aller drei Dimensionen (KMK, 2018, S. 15 f.). Die Kompetenzkategorien im Bildungsplan zur Erprobung von 2015 orientieren sich an denen des Deutschen Qualifikationsrahmens für lebenslanges Lernen (DQR)[10] (siehe Abbildung 3.4). Die Definition des Deutschen Qualifikationsrahmens ist die nationale Anpassung des Europäischen Qualifikationsrahmens (EQR), die an dem Kompetenzverständnis der KMK angelehnt ist (Glacza, 2016, S. 19). Der EQR wurde formuliert, um einen europaweiten Vergleichsrahmen der verschiedenen Bildungssysteme und -abschlüsse zu ermöglichen und richtet den Kompetenzbegriff im Sinne der Verantwortungsübernahme und Selbstständigkeit aus (Europäisches Parlament und Rat der europäischen Union 2008, S. 4).

Mit der Handlungskompetenz werden verschiedene Dimensionen des Lernens als mehrdimensionaler Prozess verbunden. Dabei wird Handeln durch die Elemente *Erleben* und *Verhalten* zusammengesetzt, wobei Verhalten in Form der motorischen Dimension beobachtbar und dabei unbewusst oder kognitiv gesteuert sein kann (Bähr, 2019, S. 10 f.). Zum Erleben gehören Wahrnehmungen und Erinnerungen; Reflexionen und Begründungen können durch die moralische Urteilskompetenz durchgeführt werden. Darüber hinaus werden Verhalten

---

[10] „Der DQR ist ein Instrument zur Einordnung der Qualifikationen des deutschen Bildungssystems. Er soll zum einen die Orientierung im deutschen Bildungssystem erleichtern und zum anderen zur Vergleichbarkeit deutscher Qualifikationen in Europa beitragen. Um transparenter zu machen, welche Kompetenzen im deutschen Bildungssystem erworben werden, definiert er acht Niveaus, die den acht Niveaus des Europäischen Qualifikationsrahmens (EQR) entsprechen" (BMBF, 2021).

Niveauindikator Anforderungsstruktur			
Fachkompetenz		**Personale Kompetenz**	
Wissen	**Fertigkeiten**	**Sozialkompetenz**	**Selbstständigkeit**
Tiefe und Breite	Instrumentale und systemische Fertigkeiten, Beurteilungsfähigkeit	Team/Führungsfähigkeit, Mitgestaltung und Kommunikation	Eigenständigkeit/ Verantwortung, Reflexivität und Lernkompetenz

Abbildung 3.4 Kompetenzkategorien nach dem DQR. (DQR, 2011, S. 5)

und Erleben von emotionalen – wie Freude, Angst oder Wut – und motivationalen Faktoren – bezogen auf Gütemaßstäbe – bestimmt (Straka, 2010, S. 61 f.). Handeln steht dabei in einer Wechselwirkung zu Informationen, dem Wissen als Zustands- und Prozesswissen und den Kenntnissen als isolierte Merkmale, Vorgänge und Zeichen. „Der aktuellen Information entsprechen die internen Bedingungen *Wissen* und *Kenntnisse*, dem Handeln die *Dispositionen* für motorisches und kognitives *Verhalten*, dem emotionale und motivationale Erleben *motivationale* und *emotionale Dispositionen*" (Straka, 2010, S. 62 [HviO]). Durch die Verknüpfung des Wissens mit motorischen und kognitiven Dispositionen entstehen erlernte *Fähigkeiten*, die sich von eher unbewussten und automatisierten *Fertigkeiten* abgrenzen. Werden diese Fähigkeiten zudem mit den motivationalen und emotionalen Dispositionen verbunden, entstehen *Kompetenzen*, die in erwähnten Sach- bzw. Fach-, Selbst- und Sozialkompetenzen gegliedert werden. Kurzgefasst wird mit der Sach- bzw. Fachkompetenz die Verbindung der Dispositionen von Wissen über die Sachen bzw. das Fach außerhalb des Individuums verstanden; die Sozialkompetenz umfasst die Dispositionen in Verbindung des Wissens über Verhaltensweisen anderer Personen, im Rahmen der Selbstkompetenz werden die Dispositionen mit dem Wissen über die eigene Person verstanden (Straka, 2010, S. 62 f.).

Dispositionen, Kenntnisse, Wissen und ihre Verknüpfung als Kompetenzen stehen mit der moralischen Urteilskompetenz in Beziehung. Als konstitutives Element von Bildung ermöglicht diese Kompetenz, die Zulässigkeit eines geplanten, stattfindenden oder stattgefundenen Zusammenspiels von Information und Handeln zu begründen einschließlich daraus resultierender externer und interner Bedingungen (Straka, 2010, S. 63).

Ebenfalls kann die Kompetenzorientierung der neuen Curricula im Sinne der Kompetenz-Definition nach Weinert (2001) als Chance für die Förderung der ethischen Urteilsfähigkeit gesehen werden (Steinherr, 2017, S. 67). Kompetenzen werden demnach als

> die bei Individuen verfügbaren oder durch sie erlernbaren kognitiven Fähigkeiten und Fertigkeiten [verstanden], um bestimmte Probleme zu lösen sowie die damit verbundenen motivationalen, volitionalen und sozialen Bereitschaften und Fähigkeiten, um die Problemlösung in variablen Situationen erfolgreich und verantwortungsvoll nutzen zu können (Weinert, 1996, S. 27 f.).

In Abgrenzung zum Qualifikationsbegriff, der sich nach den Anforderungen der Gesellschaft und des Arbeitsmarktes richtet, handelt es sich bei dem Kompetenzbegriff um eine subjektbezogene Bezeichnung (Arnold et al., 2016, S. 101). Ebenfalls wird unter Kompetenz nach Roth (1971) die verantwortungsvolle Handlungsfähigkeit verstanden. Nach diesem Verständnis sind – anders als nach Deutung Klafkis[11] – die Verantwortungs- und Handlungskomponente zentral. Doch die vielfältige und verschieden ausgelegte Nutzung des Kompetenzbegriffs (Erpenbeck, 2017; Heyse et al., 1997) lässt, trotz seiner möglichen Chance für die Wertebildung, Kritik an der curricularen Kompetenzorientierung zu. Bei der kompetenzorientierten beruflichen Bildung sind die Messung und Erfassung der zu erwerbenden Kompetenzen notwendig, um den Lernprozess der Schülerinnen und Schüler sicht- und bewertbar abzubilden. Dies ist jedoch nur vor dem Hintergrund einer Theorie möglich, die ein konkretes Definitionsverständnis des Kompetenzbegriffs vorgibt (Erpenbeck & Rosenstiel, 2017, S. XII–XIV). Mithilfe von Kompetenzmodellen wird eine solche theoretische Grundlage geschaffen, bei denen grundsätzlich zwischen Struktur- und Entwicklungsmodellen (Glacza, 2016, S. 21) differenziert wird. Bei den Kompetenzstrukturmodellen werden Kompetenzen nach fachlichen Teilbereichen unterteilt und horizontal angeordnet. Diese Modelle werden normativ konzipiert und definieren die zu erreichenden Kompetenzen, wodurch der Fokus auf der Messung von Leistungen liegt (Fischer, 2012, S. 92). Das Handlungskompetenz-Modell der KMK ist ein Beispiel für Kompetenzstrukturmodelle, da die einzelnen Dimensionen bzw. Bereiche

---

[11] Im Kompetenzmodell nach Klafki werden folgende Fähigkeiten herausgestellt: Kritikbereitschaft und -fähigkeit, Argumentationsbereitschaft und -fähigkeit, Empathie und das Denken in Zusammenhängen (Klafki, 2007, S. 63).

horizontal angeordnet werden. Das Kompetenzentwicklungsmodell bildet hingegen den Entwicklungsprozess des Kompetenzerwerbs ab. Es handelt sich um verschiedene Kompetenzniveaus, die durchlaufen werden, weshalb hier eine vertikale Orientierung vorliegt. „Die Entwicklung dieser Kompetenzmodelle erfolgt überwiegend deskriptiv und empirisch. Das bedeutet, dass der Blick auf die zu erwerbenden und erworbenen Kompetenzen gerichtet wird [...]" (Glacza, 2016, S. 21). Sie werden insbesondere zur Planung von Lehr-Lernprozessen genutzt. Das auf der Grundlage von Dreyfus & Dreyfus (1987) weiterentwickelte *Novizen-Experten-Modell* (Rauner, 2004, S. 3–6) ist ein Beispiel für Kompetenzentwicklungsmodelle (siehe Abbildung 3.5).

Abbildung 3.5 Berufliche Kompetenzentwicklung ,Vom Anfänger zum Experten'. (Rauner, 2004, S. 6)

Hierbei werden die fünf verschiedenen Stufen der Fertigkeitsentwicklung vier Lernbereichen der „arbeits- und gestaltungsorientierten beruflichen Bildung" (Glacza, 2016, S. 21) zugewiesen. Das Modell kann weiter in *eigenschafts-*

und aufgabenbasierte Ansätze (Krumm et al., 2012, S. 65) klassifiziert werden. Bei den eigenschaftsbasierten Ansätzen werden berufliche Anforderungen, die die Schülerinnen und Schüler erwerben sollen, zur Kompetenzgestaltung genutzt. Daher weisen sie eine personenspezifische Komponente auf (Rebmann & Schlömer, 2012, S. 140). Die aufgabenbasierten Ansätze konzentrieren sich auf die zu erbringenden Leistungen der Schülerinnen und Schüler, die sie zur Bewältigung beruflicher Anforderungen erbringen sollen. Sie stellen daher situationsspezifische Elemente der Kompetenz heraus (Rebmann & Schlömer, 2012, S. 140).

Die Kombination aus Kompetenzstruktur- und Kompetenzentwicklungsmodellen ist insbesondere für die berufliche Bildung sinnvoll, da für sie die Notwendigkeit des Bewertens und Vergleichens besteht und darüber hinaus der Lernprozess im Sinne der Subjektorientierung (s. o.) berücksichtigt wird (Glacza 2016, S. 23). Da sich der in den Bildungsstandards formulierte Kompetenzbegriff in Anbindung an Leistung versteht, wendet er sich jedoch dem Verständnis der Personal-, Sach- und Sozialkompetenz (Roth, 1971, S. 180) ab und entspricht vielmehr dem wirtschaftlichen Denken. „Kompetenz, Effizienz, Performance: Betriebswirtschaftliche Begriffe haben pädagogische Begriffe wie Reife, Verantwortung, Eigenständigkeit und Selbstfindung verdrängt" (Philipp, 2015, S. 376). Darüber hinaus ist zu kritisieren, dass die Bildungsstandards den Anspruch haben, Leistungen zu messen; Eigenschaften der Persönlichkeit, wie Hilfsbereitschaft oder Charakterstärke, sich jedoch nicht messen lassen. Sie verfolgen daher vielmehr die Qualität der Berufseignung von Jugendlichen als ihre Charakter- und Persönlichkeitsentwicklung (Kesselring, 2009, S. 205–215). Damit die Kompetenzorientierung im Sinne einer BBNE realisiert werden kann, darf sie nicht auf eine zweckbezogene *Tauglichkeit* (Steinherr, 2017, S. 67) ausgerichtet werden, sondern auf das situationsangemessene, ethisch begründete Handeln der Jugendlichen hinarbeiten. Daher ist es unerlässlich, dass neben den im Lehrplan vorgegebenen Kompetenzen insbesondere die Verantwortungs- und Mitbestimmungsfähigkeit sowie die Fähigkeit zur Solidarität gefördert werden, um eine BBNE zu stärken. Im Kontext einer nachhaltigen Entwicklung wird zudem die Förderung der Bewertungskompetenz als wesentlich angesehen. Nach dem Göttinger Modell der Bewertungskompetenz, welches von Eggert & Bögeholz (2006) für Gestaltungsaufgaben einer nachhaltigen Entwicklung konkretisiert wurden, sind hiermit vier zentrale Teilkompetenzen verbunden:

a) Generieren und Reflektieren von Sachinformationen,
b) Bewerten, Entscheiden und Reflektieren,
c) Kennen und Verstehen von Werten und Normen,

d) Kennen und Verstehen von nachhaltiger Entwicklung (Eggert & Bögeholz, 2006, S. 189).

Bildungseinrichtungen operieren zwar zunächst auf kognitiver Ebene, doch wird durch die Förderung der Handlungskompetenz das künftige Handeln der Schülerinnen und Schüler ermöglicht, weshalb sie die Jugendlichen auf die Zukunft vorbereiten; ihr Erfolg ist jedoch erst zu einem späteren Zeitpunkt sichtbar (Steinherr, 2017, S. 70). Für die Berufsoberschule, die in einigen Ländern Schulen im beruflichen Schulwesen mit Vollzeitunterricht meint und zur fachgebundenen Hochschulreife führt (KMK, 1975), lagen bereits seit 1998 Standards in den Fächern Deutsch, fortgeführte Pflichtsprache und Mathematik vor. In den dort aufgeführten allgemeinen Vorbemerkungen sollen „den Schülerinnen und Schülern, aufbauend auf den Kenntnissen, Fähigkeiten und Fertigkeiten ihrer beruflichen Qualifikation, eine erweiterte allgemeine und vertiefte fachtheoretische Bildung [...] vermittelt [werden]" (BLK, 1998). Neben anderen grundlegenden Kompetenzen wird aufgeführt, dass sie „ihr geschichtliches und ethisches Bewusstsein auch im Hinblick auf verantwortungsvolles Handeln in der Gesellschaft weiterentwickeln" (BLK, 1998) sollen. So wird bereits auf bildungspolitischer Ebene seit einigen Jahren ethisch verantwortungsvolles Handeln als relevant erachtet, welches mit einer BBNE konform geht (siehe Abschnitt 4.1). Besonders deutlich wird dies durch die aufgeführten bildungsgangübergreifenden Themen, denn neben u. a. der Bildungsgangarbeit oder der individuellen Förderung an Berufskollegs wurde vom MSB NRW die Leitlinie *Bildung für nachhaltige Entwicklung* veröffentlicht. Diese dient als Unterstützung von Lehrkräften, um mittels geeigneter lebensweltnaher Themen Fähigkeiten und Wissen im Sinne einer nachhaltigen Entwicklung zu vermitteln. Schülerinnen und Schüler sollen durch schulische Bildung befähigt werden, ihre Zukunft zu gestalten und den Herausforderungen der heutigen Gesellschaft zu entgegnen.

Der Verlust an Biodiversität, die Klimaproblematik, die Meeresverschmutzung, die Begrenztheit wichtiger Ressourcen, aber auch Bürgerkriege und Einschränkungen der bürgerlichen Freiheiten – all dies sind weltweite Herausforderungen, denen sich die jetzigen und zukünftigen Generationen stellen müssen (MSB NRW, 2019, S. 3).

Durch eine fächerübergreifende Kompetenzförderung sollen den Jugendlichen mehrperspektivische Sichtweisen eröffnet werden, unter deren Berücksichtigung sie lernen, reflektiert und verantwortungsvoll Entscheidungen zu treffen (siehe Abschnitt 4.1). Sie sollen befähigt werden, sich trotz bestehender Widersprüche und Konflikte an Aushandlungsprozessen aktiv zu beteiligen (siehe Kapitel 4). Für die unterrichtliche Umsetzung wird daher empfohlen, BNE sowohl als fachspezifisches als auch als fachübergreifendes Thema sowie durch gezielte Projekte und den Schulalltag integrativ einzubinden (MSB NRW, 2019, S. 6). Nachhaltigkeit ist daher als eine Leitidee zu verstehen, die einen „ethisch orientierten Such-, Lern- und Erfahrungsprozess" (Grunwald & Kopfmüller, 2006, S. 12) umfasst. In diesem Zusammenhang lässt sich nachhaltige Entwicklung als Bildungsauftrag auslegen, bei der es sich um die Konkretisierung und kontinuierliche Anpassung ihrer Bedeutung handelt (Buddeberg, 2014, S. 55). Durch die Sensibilisierung und das entsprechende Bewusstsein für die Umwelt- und Klimaprobleme soll jede Person zur nachhaltigen Lebensweise angeregt werden. Deshalb gelten „Bildung, Qualifizierung und Kompetenzvermittlung auf allen Gebieten [als] unabdingbare Voraussetzung" (Bund-Länder-Kommission für Bildungsplanung und Forschungsförderung, 1998, S. 23–24). Bildung wird dabei als Schlüsselelement für eine solche gesellschaftliche Veränderung angesehen (Buddeberg, 2014, S. 56).

Die Förderung nachhaltigkeitsspezifischer Kompetenzen stellt jedoch kein neues Arbeitsfeld für Bildungsinstitutionen dar, sondern ist bereits an einigen Stellen z. B. durch bestehende Projekte oder Kooperationen mit außerschulischen, nachhaltigkeitsspezifischen Einrichtungen verankert. Insbesondere die bestehenden Kernlehrpläne sollen Anknüpfungspotenziale für eine BNE zeigen (Buddeberg, 2014, S. 6), weshalb dies am Beispiel des Bildungsplans zur Erprobung ‚Staatlich geprüfte Assistentin/Staatlich geprüfter Assistent für Ernährung und Versorgung, Schwerpunkt Service' untersucht werden soll. Im Rahmen der Erhebung des MSB NRW aus dem Jahr 2017 wurde sich bisher lediglich auf verschiedene Schulformen und -stufen der allgemeinbildenden Schulen konzentriert, um diese hinsichtlich ihres Potenzials zur Förderung nachhaltigkeitsspezifischer Kompetenzen zu untersuchen. Es konnte festgestellt werden, dass die untersuchten Curricula zum Großteil Bezüge zur nachhaltigen Entwicklung aufweisen, diese jedoch noch nicht hinreichend erschienen (Buddeberg, 2014, S. 27). Um das Fachwissen und die damit verbundenen Kompetenzen, welche im fachspezifischen Unterricht vermittelt werden, im Sinne einer BNE zu nutzen, erscheinen einige Fächer als besonders geeignet. Hauswirtschaft zählt zu den BNE-affinen Fächern, da die Schülerinnen und Schüler den selbstständigen und verantwortungsvollen Umgang mit den aktuellen gesellschaftlichen Herausforderungen in Haushalt und Beruf lernen. Im Rahmen der Handlungsfelder sollen sie mit den wesentlichen Versorgungs-, Erziehungs- und Pflegeleistungen vertraut gemacht werden und lernen die verschiedenen Handlungsmöglichkeiten unter Berücksichtigung optionaler Konsequenzen für Mitmenschen und Umwelt abzuwägen

(Buddeberg, 2014, S. 32). Durch die im Unterricht vermittelte Wechselwirkung von Haushalt, Gesellschaft und Wirtschaft können Themen wie Menschenrechte, Biodiversität, Ressourcenschonung, soziale Ungerechtigkeiten zwischen Industrie- und Entwicklungsländern sowie private Lebensführung diskutiert werden. Zur hauswirtschaftlichen Grundbildung zählen daher vor allem die Bereiche Konsum, Ernährung, Gesundheit, Umwelt sowie der eigene Lebensstil, für den sich die Jugendlichen bewusst entscheiden sollen (Heseker et al., 2005, S. 83). Daher wird eine große Schnittmenge zum Fachbereich Ernährung und Versorgung des Berufskollegs gesehen und die Aussagen im Rahmen der Untersuchung des MSB NRW (2017) zum BNE-Potenzial des Fachs Hauswirtschaft für den Fachbereich als ebenfalls gültig eingeschätzt, welches durch die Analyse des Bildungsplans zur Erprobung zu bekräftigen ist (siehe Abschnitt 8.2.1).

3.4.2 Nachhaltigkeitsorientierte Gestaltungskompetenz

Zur Umsetzung einer nachhaltigen Entwicklung im Berufsbildungssystem kann (B)BNE als Innovation betrachtet werden, bei der über die Ebene der reinen Wissensvermittlung hinausgegangen wird. Um ein handlungsveränderndes Problembewusstsein zu erzielen, gilt die Förderung der Gestaltungskompetenz als maßgeblich (de Haan, 2008, S. 30), welche bei dem untersuchten Bildungsplan zur Erprobung als Wert für die Nachhaltigkeitsbildung aufgeführt wird.

> Mit Gestaltungskompetenz wird die Fähigkeit bezeichnet, Wissen über nachhaltige Entwicklung anwenden und Probleme nicht nachhaltiger Entwicklung erkennen zu können. Das heißt, aus Gegenwartsanalysen und Zukunftsstudien Schlussfolgerungen über ökologische, ökonomische und soziale Entwicklungen in ihrer wechselseitigen Abhängigkeit ziehen und darauf basierende Entscheidungen treffen, verstehen und individuell, gemeinschaftlich und politisch umsetzen zu können, mit denen sich nachhaltige Entwicklungsprozesse verwirklichen lassen (Programm Transfer-21, 2004).

Im Fokus steht insbesondere die Fähigkeit zur Reflexion, zum eigenständigen und verantwortungsbewussten Handeln sowie zur aktiven Mitgestaltung der Gesellschaft. Daher kann die Gestaltungskompetenz als eine erweiterte Form der Handlungskompetenz (siehe Abschnitt 3.4) gesehen werden, die um die Nachhaltigkeitsdimensionen und verstärke Zukunftsorientierung ergänzt wird. Da die Gestaltungskompetenz eine mehrdimensionale Kompetenzstruktur aufweist, wird sie in weitere Teilkompetenzen differenziert, die in Anlehnung an die Schlüsselkompetenzen der *Organisation for Economic Cooperation and Development* (OECD) formuliert und um eine nachhaltigkeitsorientierte Ausrichtung erweitert wurden (siehe Tabelle 3.1). Im Interesse steht jedoch nicht der Erwerb jeder einzelnen Kompetenz, vielmehr ist die Vernetzung der verschiedenen Kompetenzen der drei Kategorien *Handeln in sozialen heterogenen Gruppen, Autonomes Handlungs- und Gestaltungsfähigkeit* sowie *Interaktive Nutzung von Medien und Tools* zielführend (Rychen, 2008, S. 18–20) und verdeutlicht die ganzheitliche und fächerübergreifende Bedeutung einer BBNE. Gleichzeitig sind die Teilkompetenzen mit den Eckpunkten des Kompetenzbegriffes nach Weinert (2001) kompatibel, die neben der fachlichen Leistung 1. *Autonomes Handeln* durch eigenständige Urteilsbildung, 2. *Soziale Partizipation* durch Kommunikation und Kooperation, 3. *Lern- und Problemlösekompetenz* durch die Vernetzung fachlichen Wissens sowie 4. *Musische, geisteswissenschaftlich-historische, sozialwissenschaftlich-ökonomische* und *religiös-wertbezogene Bildungsziele* durch Wertschätzung umfassen (Hauenschild & Bolscho, 2007, S. 50).

Tabelle 3.1 Zuordnung der Schlüssel- und Teilkompetenzen zu den OECD-Kategorien

OECD-Kategorien der Schlüsselkompetenzen	Schlüsselkompetenzen als Fähigkeit ...	Teilkompetenzen der Gestaltungskompetenz
Handeln in sozial heterogenen Gruppen	gute und tragfähige Beziehungen zu anderen aufzubauen.	Gemeinsam mit anderen planen und handeln können.
	zur Zusammenarbeit und in Teams zu arbeiten.	An Entscheidungsprozessen partizipieren.
	mit Konflikten konstruktiv umzugehen und diese zu lösen.	Andere motivieren können, aktiv zu werden.
Autonome Handlungs- und Gestaltungsfähigkeit	in größeren Kontexten und Zusammenhängen zu denken und handeln.	Die eigenen Leitbilder und die anderer reflektieren können.
	eigene Lebenspläne zu entwerfen und persönliche Projekte zu gestalten.	Selbständig planen und handeln können.
		Empathie und Solidarität für Benachteiligte zeigen können.
	seine Rechte, Interessen, Grenzen und Bedürfnisse zu kennen und durchzusetzen.	Sich motivieren können, aktiv zu werden.
Interaktive Nutzung von Medien und Tools	Sprache, Symbole und Text interaktiv einzusetzen.	Weltoffen und neue Perspektiven integrierend Wissen aufbauen.
	Wissen und Informationen interaktiv einzusetzen.	Vorausschauend denken und handeln.
	(neue) Technologie interaktiv einzusetzen.	Interdisziplinär Erkenntnisse gewinnen und handeln.

(Eigene Darstellung in Anlehnung an Buddeberg, 2014; de Haan, 2008; Rychen, 2008)

Durch ihre Komplexität bleibt die Gestaltungskompetenz nicht auf einzelne Inhalte beschränkt, sondern kann vielmehr als Kriterium für die Auswahl relevanter Themen und zur schulischen Umsetzung dienen. Bei den Themen sollte es sich um eine exemplarische Auswahl handeln, die die nachhaltige Entwicklung trotz der begrenzten zeitlichen Ressourcen des Unterrichts möglichst in ihren gesamten Dimensionen abbildet (Engelhard, 1998, S. 12 f.). De Haan (2002) legt für die drei Dimensionen inhaltliche Schwerpunkte[12] fest, die zur Orientierung dienen können. An dieser Stelle erscheint es jedoch für die berufliche Bildung geeigneter, die curricular festgelegten Inhalte mit der Perspektive der nachhaltigen Entwicklung zu thematisieren und je nach inhaltlicher Eigenschaft die Schwerpunkte mal auf die ökologische, ökonomische oder soziale Dimension zu legen. Auf diese Weise benötigt die Implementierung einer BBNE keine zusätzlichen zeitlichen Ressourcen und kann fach- bzw. lernfeldübergreifend im Verlauf der Ausbildung in ihrer Komplexität abgebildet werden.

Ergänzend zur nachhaltigkeitsorientierten Gestaltungskompetenz kann für den Bereich Lebensmittelhandwerk und -industrie das Modell der Kompetenzmatrix und Themenbereiche einer nachhaltigen Handlungskompetenz der lebensmittelverarbeitenden Berufe von Strotmann et al. (2021) aufgeführt werden, bei dem es sich um die Identifizierung relevanter Handlungsfelder und Arbeitsprozesse für die entsprechende Domäne handelt. Hierbei werden aus den Erfahrungskreisen der Auszubildenden drei Ebenen bestimmt, die die Handlungsfelder in der Kompetenzmatrix bilden (siehe Abbildung 3.6, linke Spalte). Die Kernprozesse und unterstützende Verfahrensweisen bilden den inneren Erfahrungskreis, der die direkten Arbeitsprozesse der Auszubildenden umfasst. Im mittleren Erfahrungskreis betreffen die Prozesse das gesamte Unternehmen und der äußere Erfahrungskreis beschreibt das gesellschaftliche und politische Umfeld. Für das

---

[12] Die Schwerpunkte sind für die …

- Ökologische Dimension: Globaler Wandel von Ökosystemen; Indikatoren für globale (nicht) nachhaltige ökosystemare Entwicklungen; ökologische Ressourcen; ökologische Senken und Critical Loads; Umweltbeobachtungssysteme; Handlungsregeln für den Umgang mit Natur.
- Ökonomische Dimension: Wachstumskriterien, traditionelle ökonomische Logiken und nachhaltiges Wirtschaften; Technologien und Technik; Produktion, Produkte und Dienstleistungen; Handel und Distribution; Konsum, Reise, Schulden und Steuern; Evaluation.
- Soziale Dimension: Gerechtigkeitskonzeptionen; Verantwortungsübernahme; Risikoabwägung; Suffiziente Lebensformen; regionale Entwicklungen; Unterstützungsstrategien; kulturelle Anpassungsfähigkeit (de Haan, 2002, S. 17–19).

Lebensmittelhandwerk bzw. die Lebensmittelindustrie werden die Beschaffung und Bereitstellung von Rohstoffen, das Produzieren, Lagern und Verpacken sowie die Produktentwicklung und -vermarktung als Kernprozesse bzw. innerer Erfahrungskreis identifiziert. Die in den Ordnungsmitteln vorhandenen Kompetenzdimensionen der Sach-, Selbst- und Sozialkompetenzen werden in dem Modell auf die nachhaltige Handlungskompetenz übertragen, die somit als Fähigkeit zu *sachgerecht nachhaltigem Handeln* (die Urteils- und Handlungsfähigkeit auf dem eigenen Sachgebiet), *sozial verantwortlichem Handeln* (die Urteils- und Handlungsfähigkeit in gesellschaftlichen und politischen Kontexten) und *sinn- und identitätsstiftendem Handeln* (die Übernahme der Eigenverantwortung) (Strotmann et al., 2021, S. 3) beschrieben werden. Die Verbindung dieser drei Kompetenzdimensionen mit den drei Handlungsebenen bildet eine Matrix, durch die anschließend nachhaltigkeitsrelevante Kernkompetenzen und Themenbereiche für die berufliche Bildung ermittelt werden können (siehe Abbildung 3.6). Ungeachtet ihres Gesamtzusammenhangs lassen die einzelnen Felder eine Strukturierung zu, die zur didaktischen Konzeption und Gestaltung von Lehr-Lernprozessen herangezogen werden kann oder die Curriculumarbeit sowie die Erstellung von Prüfungsaufgaben unterstützt.

Auf der Grundlage dieser Matrix haben Strotmann et al. (2021) zu den ermittelten Kernkompetenzen Ziele formuliert, die zur Anregung für die Praxis dienen. Durch die Breite der branchenspezifischen Berufe sind kontextspezifische Anpassungen erforderlich, bei denen weiterhin auf die BBNE-fördernde Kompetenzentwicklung ohne die Limitierung rechtlicher Anforderungen gesetzt wird. Daher ist es möglich, das Modell auf weitere Berufe bzw. Berufsdomänen zu übertragen. Für die staatlich geprüften Assistenten und Assistentinnen für Ernährung und Versorgung, Schwerpunkt Service könnten einige der hierbei bereits konkretisierten Kompetenzen Anwendung finden, da es sich auch im Dienstleistungssektor der Lebensmittelbranche um Handlungsfelder wie *Produktion, Beschaffung und Lagerung* (im Bildungsplan zur Erprobung unter *Warenwirtschaft* aufgeführt) sowie *Vermarktung* (MSB NRW, 2015, S. 16) handelt. Bezüglich der Personenorientierung bedarf es jedoch einer Anpassung, da diese – anstelle der Produktionsentwicklung des Lebensmittelhandwerks und der -industrie – für den Dienstleistungssektor der Lebensmittelbranche von Bedeutung ist. Hinsichtlich des Handlungsfelds *Betriebliches Management* im Bildungsplan zur Erprobung lassen sich ferner Parallelen zu den unternehmerischen und organisatorischen Entscheidungen – dem mittleren Erfahrungsbereich der Auszubildenden – im Modell finden, da es sich hierbei um die Mitarbeit im Betrieb und somit um

... in den Handlungsfeldern ...	Nachhaltige Handlungskompetenz als Fähigkeit zu ...		
	... sachgerecht nachhaltigem Handeln	... sozial verantwortlichem Handeln	... sinn- und identitäts- stiftendem Handeln
Beschaffung und Bereitstellung von Rohstoffen	1.1.a Rohstoffe bedarfsgerecht auswählen und bereitstellen	1.1.b Vorgelagerte Arbeits- und Produktionsbedingungen sowie Lieferketten beurteilen	1.1.c „Vom Feld bis in den Bauch" denken
Produzieren, Lagern und Verpacken	1.2.a Rohstoffe veredeln und eigene Arbeitsprozesse optimieren	1.2.b Ressourcen- und klimabewusst produzieren	1.2.c Durch Lebensmittelherstellung einen eigenen Beitrag zur nachhaltigen Entwicklung leisten
Produkte entwickeln und vermarkten	1.3.a Nachhaltige Produktmerkmale stärken	1.3.b Nachhaltige Ernährungs- gewohnheiten unterstützen	1.3.c Traditionen bewahren und Trends setzen
... unternehmerische und organisationale Entscheidungen	2.a Nachhaltigkeit im Geschäftsmodell verankern	2.b Sich für soziale und gesundheitliche Anliegen der Mitarbeitenden einsetzen	2.c Berufliche Gestaltungsspielräume nutzen
... gesellschaftliche Entwicklungen und politischen Entscheidungen	3.a Politische Rahmensetzungen der Lebensmittelproduktion beurteilen	3.b Die regulative Idee der Nachhaltigkeit mittragen	3.c Mit Lebensmitteln Lebensstile ausdrücken

(Linke Randspalte über die ersten drei Zeilen: *... unmittelbaren, berufsspezifischen Arbeitsprozesse*)

Abbildung 3.6 Kompetenzmatrix und Themenbereiche einer nachhaltigen Handlungskompetenz der lebensmittelverarbeitenden Berufe. (Strotmann et al., 2021, S. 3)

die Anwendung rechtlicher Bestimmungen sowie den Aufbau eines Betriebs und der Organisation von Arbeitsprozessen handelt (Brutzer & Kastrup, 2015, S. 25). Die Übertragung des Modells auf diesen Bildungsgang scheint folglich als sinnvoll und geeignet. Das Handlungsfeld der gesellschaftlichen Entwicklungen und politischen Entscheidungen ist jenes, welches über rechtliche Vorgaben hinausgeht, da sie nicht explizit in den Ordnungsmitteln als eigenständiges Handlungsfeld aufgeführt werden (siehe Abschnitt 8.2.2). Diese können besonders für die Implementierung einer BBNE genutzt werden, indem die emanzipatorischen Fähigkeiten der Schülerinnen und Schüler gestärkt werden. Dies muss jedoch nicht zusätzlich erfolgen, da die Matrix als zusammenhängendes Konstrukt gedacht wird (Strotmann et al., 2021, S. 1). Auf diese Weise können im Rahmen von Lernfeldern anderer Handlungsfelder ebenfalls solche Kompetenzziele impliziert werden, die die Urteilsfähigkeit über gesellschaftliche und politische Kontexte anstreben. Eine Anpassung für die staatlich geprüften Assistentinnen

und Assistenten für Ernährung und Versorgung, Schwerpunkt Service wäre beispielsweise im Lernfeld 5: *Waren beschaffen und lagern* des Handlungsfelds 3:
Warenwirtschaft denkbar, indem der Schwerpunkt im Themenbereich *Rohstoffe
bedarfsgerecht auswählen und bereitstellen* des Modells auf die Rohstoffe der für
diesen Bildungsgang relevanten Waren gelegt wird. Da in diesem Kompetenzziel
u. a. konkrete Nachhaltigkeitsaspekte benannt, hinterfragt und auf die Rohstoff-
bzw. Warenauswahl übertragen werden sollen, kann gleichzeitig der Themenbereich *Die regulative Idee der Nachhaltigkeit mittragen* (Strotmann et al., 2021,
S. 3) des Handlungsfelds der gesellschaftlichen Entwicklungen und politischen
Entscheidungen einbezogen werden.

3.5   Organisationsentwicklung an berufsbildenden Schulen

Schul- und Unterrichtsqualität sowie Lehrerprofessionalität werden immer wieder
in (berufs-) bildungspolitischen Debatten thematisiert. Durch internationale Vergleichsstudien wurden Entwicklungspotenziale bisheriger Schulsysteme sichtbar,
die einen europaweiten Trend zur Schulentwicklung auslösten (Tenberg, 2010,
S. 291). Deutlich wird, dass interne Aspekte der Schulen, wie z. B. die Unterrichtspraxis, eine höhere Wirksamkeit aufwiesen als äußere Faktoren, wie z. B.
das soziale Umfeld der Schülerinnen und Schüler (Tenberg, 2010, S. 291 f.).
Daher weist das Bildungssystem ein hohes Potenzial für Optimierungsprozesse
auf, weshalb seit Ende der 1980er-Jahre Schulentwicklungsdebatten aufkamen
(Arnold et al., 2016, S. 234). Die aktuellen bildungspolitischen Diskurse zur
Schulentwicklung im Zusammenhang mit der Forderung nach Vergleichbarkeit
und Kompetenzorientierung wirken sich auf das gesamte System Schule, hier
Berufskolleg, aus. Schulentwicklung kann daher als Konnex von Unterrichts-,
Personal- und Organisationsentwicklung betrachtet werden, bei dem die Implementierung schulischer Innovationen als eine Phase des Organisationswandels
betrachtet werden kann (Rolff, 2018, S. 15 f.). Wird die berufsbildende Schule
nicht auf ihre Räumlichkeiten als Lernort beschränkt, sondern als Institution
mit einer werteorientierten Schulkultur gesehen, kann sie aktiv zur moralischen
Urteilsfähigkeit hinwirken (siehe Abschnitt 4.1). Zur Umsetzung einer nachhaltigen Entwicklung im Berufsbildungssystem kann daher ein Innovationskonzept
herangezogen werden, welches die bloße Wissensvermittlung von nachhaltigkeitsrelevanten Inhalten überwindet und vor allem ein Problembewusstsein bei den
Lehrerinnen und Lehrern sowie den Schülerinnen und Schülern erzeugen möchte

(Buddeberg, 2014, S. 60 f.). Durch die Ergebnisse aus der nachhaltigkeitsorientierten Forschung ist deutlich geworden, dass reines Wissen nur geringfügig zu Verhaltensänderungen führt (siehe Abschnitt 2.3.5). Diese Erkenntnisse lassen sich durch die enge Verzahnung der ökologischen Dimension mit den anderen Teilbereichen einer nachhaltigen Entwicklung auf die BNE übertragen (Buddeberg, 2014, S. 61). Daher bedarf es eines Konzepts, welches neben der Wissensvermittlung die Förderung von Kompetenzen zur Problemlösung gegenwärtiger und künftiger Herausforderungen verfolgt (Weinert, 2001, S. 27 f.). Ebenso ist die Fähigkeit zur Mitgestaltung für eine BNE elementar, weshalb die Förderung der Gestaltungskompetenz eine wichtige Funktion einnimmt (de Haan, 2008, S. 30). Durch entsprechende pädagogische Leitkonzepte und ein passendes Bildungsverständnis setzen berufsbildende Schulen Grundlagen für den Umgang miteinander und sorgen für eine lernförderliche Atmosphäre. Daher darf es sich bei strukturellen Änderungen der beruflichen Bildung nicht allein um die Verbesserung der Unterrichtsgestaltung handeln, sondern um Innovationsideen für das gesamte Berufskolleg (Tenberg, 2010, S. 292). Insbesondere vor dem Hintergrund der veränderten gesellschaftlichen wie betrieblichen Anforderungen der modernen Gesellschaft ist es notwendig, dass sich die Berufskollegs als zukunftsfähige Institution flexibel und qualitätsbewusst zeigen. Die Elemente der bisherigen Lernkultur müssen dabei überdacht und den Anforderungen der modernen Gesellschaft und Arbeitswelt angepasst werden. Das Lernen durch Belehrung, die Annahme, dass der Lernprozess bei allen Schülerinnen und Schülern parallel verläuft sowie der lehrerzentrierte Unterricht mit vorgegebenen Inhalten und Methoden sind für die Kompetenzentwicklung nicht weiter hinreichend und wirken veraltet (siehe Kapitel 2). Mit dem Begriff *Lernkultur* rücken das Lernen und die daran beteiligten Institutionen in eine ganzheitliche Perspektive, die die Reflexion konventionellen Lernens ermöglicht (Arnold et al., 2016, S. 233).

Unterricht bildet nur einen Teil des berufsbildenden Schulsystems ab und kann nicht allein zu einer Schulentwicklung beitragen. Nur durch die schrittweise Entwicklung aller schulischen Elemente kann eine Qualitätsverbesserung der beruflichen Bildung gewährleistet werden. Aus diesem Grund steht neben der Unterrichtsentwicklung vor allem die Personalentwicklung im Fokus. Beide haben gegenseitige Rückkopplungseffekte, die sich sowohl hemmend als auch förderlich auswirken können. So kann beispielsweise die Personalentwicklung mittels nachhaltigkeitsorientierter Weiterbildung zur nachhaltigkeitsorientierten

Unterrichtsentwicklung im Sinne des *normativ-redukativen*[13] Konzepts beitragen. Hierbei gelten die Emotionen und Wertehaltungen der Organisationsmitglieder als zentrale Voraussetzung für Innovationen. Indem an den moralischen Haltungen der einzelnen Personen angesetzt wird, können Veränderungen auf der Basis intrinsischer Motivation bewirkt werden, die als persönliche Weiterentwicklung empfunden werden. Durch das veränderte Verhalten der einzelnen Institutionsmitglieder wird somit eine Veränderung der gesamten Organisation erzielt. An dieser Stelle zeigt sich erneut die Bedeutung der Lehrerinnen und Lehrer und deren Wertehaltungen, auf die im Verlauf der Arbeit wiederholt hingewiesen wird. Zudem ist im Rahmen der Personalentwicklung die Schulleitung eingebunden. Für ihre Rolle als Leitung benötigt sie – ausgehend von ihrem bisherigen Selbstbild als Lehrperson – vor allem organisationsbezogene Handlungskompetenz, die zuvor bei der primären Unterrichtsausrichtung des Berufsbildes kaum Bedeutung hatte. Daher benötigen Schulleiterinnen und Schulleiter ein problembezogenes Konzept zur Analyse und Entwicklung solcher Handlungswege, die zur Verbesserung der Bildungsqualität beitragen. Ebenso sind sie für die Unterstützung ihrer Lehrerinnen und Lehrer zuständig, die durch zielführende (Weiter-)Qualifizierung zur Reflexion und Verbesserung der Schule als Organisation beitragen können (Wissinger, 1996, S. 102). Somit ist die Schulleitung ein entscheidender Faktor für die Einführung und Umsetzung von Veränderungsprozessen und gilt als „Türöffner" (Rolff, 1993, S. 176). Zur Realisierung einer Innovation sind nach Fullan (1999) daher folgende Maßnahmen seitens der Schulleitung notwendig:

– Die eigene Sichtweise von Kontrolle aktualisieren,
– die neue Führungsposition angemessen umsetzen,
– Teams bilden, die sich selbst organisieren,
– interkulturell denken,
– Innovationen wagen,
– die Verbesserung der Lernfähigkeiten optimieren,
– und für die eigene Erholung sorgen (Fullan, 1999, S. 127).

---

[13] Chin & Benne unterscheiden drei Typen an Strategien zur Veränderung der Verhaltensweisen in sozialen Gruppen: Empirisch-rationale Strategien gehen davon aus, dass Menschen rationale Wesen sind und ihren Eigeninteressen folgen und somit Veränderungen akzeptieren, die rational gerechtfertigt und vorteilhaft ist. Normativ-redukative Strategien resultieren aus den Annahmen der ersten Strategien und bewerten soziokulturelle Normen und Verpflichtungen als Motivation, alte Verhaltensmuster durch neue zu ersetzen. Der dritte Strategietyp basiert auf Macht- und Zwangsstrategien, bei denen weniger Mächtige den Interessen von mächtigen Akteuren zu folgen haben (Chin & Benne, 1975, S. 45 f.).

Da das Berufskolleg eine gesellschaftliche Bildungsorganisation darstellt, ist sie in einem Netzwerk aus u. a. Betrieben, Kammern, Behörden und der Wirtschaft eingebettet. Daher unterliegt sie äußeren Einflüssen, kann jedoch gleichzeitig ebenfalls Einfluss nach außen nehmen (siehe Abschnitt 3.2.1). Die berufliche Bildung umfasst verschiedene Steuerungsakteure, die in einer modernen Gesellschaft kooperativ an der Qualitätsverbesserung arbeiten. Somit sollte nicht weiter an der bürokratischen Tradition curricularer Vorgaben (Top-down-Strategie) festgehalten, sondern vielmehr die Einbindung berufsbildender Beteiligter bei der Entwicklung von Lehrplänen beachtet werden (siehe Abschnitt 8.2.1). Bislang handelt es sich um eine administrativ begrenzte Curriculumarbeit von Lehrplan-Ausschüssen. Ziel wäre der kooperative, gleichberechtigte Austausch von Behörden, Lehrkräften, Schülerschaft und Wissenschaftsvertreterinnen und -vertretern über Bedingungen, Ziele und Möglichkeiten des didaktischen Handelns (Tramm & Casper, 2018; Sloane, 2003). Hierfür eignet sich der evaluativ-konstruktive Ansatz der Curriculumarbeit von Tramm (1992), bei dem sowohl der kooperative Gedanke mit zielgerichteter Weiterbildung des Personals sowie dem Streben nach Partizipation, Mündigkeit und Selbststimmung der Jugendlichen Berücksichtigung findet.

Seit den 1990er-Jahren werden mit der Zuschreibung von höherer Autonomie und Verantwortung der Schulen und allen an diesem System Beteiligten dezentrale Steuerungsmodelle notwendig, die der Schule selbstorganisiertes Handeln ermöglicht (Kempfert & Rolff, 2002, S. 18). Durch eine höhere Autonomie kann zum einen eigenständig über Budgetfragen entschieden werden, vor allem jedoch werden Gestaltungsspielräume eröffnet, die Änderungen pädagogischer Leitbilder und Schulprofile erlauben. Auf diese Weise kann ein Schulprogramm durch eine nachhaltigkeitsorientierte Perspektive neu ausgerichtet werden. Diese Chance zur selbstgesteuerten Schulgestaltung und die damit einhergehende Verantwortung zu deren Umsetzung muss jedoch von den jeweiligen Berufskollegs wahrgenommen werden. Daher ist seitens der Berufsbildungspolitik entsprechende Unterstützungsarbeit zu leisten, um die Bildungsakteure für diese Aufgaben zu befähigen. Passende Weiterbildungsangebote für die Schulleitung sowie für die Lehrkräfte könnten daher als Hilfestellung angeboten werden, um die Qualitätsentwicklung im Rahmen der Schulentwicklung zu realisieren.

Es ist auch Aufgabe von Schulentwicklung, das Selbstkonzept und die pädagogischen Orientierungen von Lehrerinnen und Lehrern weiterzuentwickeln, sie mit dem Wandel des Wissens vertraut zu machen und sie im Gebrauch der Strategien und Methoden zur Fachkräfteschulung zu professionalisieren (Arnold et al., 2016, S. 238).

Somit wird von allen Beteiligten ein Qualitätsempfinden entwickelt, welches sie zur Evaluierung und Gestaltung ihrer eignen Praxis anregt. Daher ist trotz des Unterstützungsbedarfs seitens übergeordneter Behörden die Selbststeuerung für eine Organisationsveränderung unerlässlich. Eine Außensteuerung führt zudem nicht zu einer langfristigen Verbesserung, denn es fehlt den Personen, welche die Änderungen umsetzen, an Überzeugung und Akzeptanz. Erklärt wird dies mit einem systemtheoretischen Ansatz, nach dem

> Ziele, Potentiale und Eigendynamiken der einzelnen Organisationseinheiten und der in ihnen tätigen Menschen zum Ausgangspunkt genommen werden, denn Systeme funktionieren überwiegend selbstorganisiert und auf ihre eigenen Strukturen und Abläufe rückbezogen [...] (Arnold et al., 2016, S. 239).

Folglich ist eine von übergeordneten Behörden initiierte Reform nicht hinreichend, damit schulische Einrichtungen stetig innovativ bleiben und von innen heraus motiviert an Entwicklungsprozessen zur Selbsterneuerung arbeiten. Dies gilt entsprechend für die Evaluation zur Überprüfung der bisher erreichten Qualitätsverbesserungen, für die die Akzeptanz sowie das Wissen über vorhandene Probleme der Beteiligten wesentlich sind. Hierzu können die autonome Verantwortung und somit die Betroffenheit der Beteiligten beitragen, für die ein neuer Führungsstil vorausgesetzt wird (Fischer & Schratz, 1999, S. 104–108). Leitungspersonen sollen im Sinne einer modernen Führung das Lehrpersonal zur Selbstführung bewegen. Durch ihre unterstützende und beratende Tätigkeit befähigt sie ihr Team, selbsttätig an der Zielerreichung zu arbeiten, Feedback zu geben sowie anzunehmen. Um diese veränderte, zurückhaltend moderierende Rolle der Leitung einnehmen zu können, werden kommunikative, didaktische sowie soziale Kompetenzen und Empathie benötigt. Zudem ist das Vertrauen in die Fähigkeiten des Teams Voraussetzung, um sich von der Kontrolle und dem Gefühl der übergeordneten Zuständigkeit zu lösen. „Für ein Führen zur Selbstführung sind die beiden Leitgesichtspunkte der Ermöglichungsorientierung und der Potentialorientierung charakteristisch" (Arnold et al., 2016, S. 242). Zur Umsetzung dieses Führungsstils sind Weiterbildungen der Leitung sowie des Kollegiums notwendig, um die Beteiligten zur Selbstorganisation und -führung befähigen zu können (Kempfert & Rolff, 2002, S. 157). Ebenfalls können diese Elemente im Rahmen der Lehrerbildung und Kompetenzentwicklung mitgedacht werden (siehe Abschnitt 6.1), denn für die aktive Beteiligung an den Innovationsprozessen der Berufskollegs sind neben der Möglichkeit durch die Schulleitung zudem zeitliche Ressourcen und vor allem die Motivation zur Beteiligung notwendig, weshalb

eine gewisse Haltung zur eigenen Partizipation an schulischen Entwicklungsprozessen relevant erscheint. Zum Teil wird dies bereits im Kerncurriculum des
Vorbereitungsdienstes mitberücksichtigt. Hier heißt es u. a. im Handlungsfeld
S *Im System Schule mit allen Beteiligten entwicklungsorientiert zusammenarbeiten,* dass Lehrerinnen und Lehrer sich selbstständig an der Schulentwicklung zu
beteiligen haben, indem sie „[i]n schulischen Gremien sowie an der Planung und
Umsetzung schulischer Entwicklungen und Vorhaben – auch mit Externen – in
kollegialer Zusammenarbeit aktiv mitwirken" (MSB NRW, 2021, S. 11).

Um die Schulentwicklung an einer veränderten Lernkultur der modernen
Gesellschaft auszurichten, können Elemente der internationalen Qualitätsmanage-
mentansätze herangezogen werden, da Schulentwicklung und die Sicherung von
Qualität in einem engen Zusammenhang gesehen werden. Zudem wird der Gefahr
entgegengewirkt, dass einzelne Projektarbeiten im Rahmen der Schulentwicklung ungebunden und isoliert sowie gleichzeitig mit einem hohen Arbeitsaufwand
und wenig Effizienz abgearbeitet werden, sondern vernetzt im Sinne einer Organisationsentwicklung neben den Themenfeldern Unterricht, Management und
Personalwesen berücksichtigt werden (Tenberg, 2010, S. 292). Demnach ist zu
beachten, dass der gegebene Qualitätsstand zu eruieren ist, Qualität nicht auf die
Nutzerzufriedenheit reduziert wird, sondern um die Prozess- und Ergebnisqualität sowie deren Transfer, die Qualitätsplanung und die Führung erweitert wird.
Ebenso gehören die Kommunikation einer klar definierten Vorstellung von Qualität sowie die Strategien zur Fehlervermeidung zum *Total-Quality-Management*
(TQM)[14]. Durch ihre Nähe zur Wirtschaft interessierten sich in Deutschland insbesondere berufsbildende Schulen für diese Art der Organisationsentwicklung,
weshalb Ende der 1990er-Jahre erste Versuche unternommen wurden und derzeit
über einheitliche Wege für alle berufsbildenden Institutionen diskutiert wird (Tenberg, 2010, S. 294). Einigung besteht jedoch bereits in der Annahme, dass nicht
das Entwicklungsinstrument, sondern die Art der Umsetzung für die Wirksamkeit
des Qualitätsmanagements verantwortlich ist.

---

[14] Die bestehenden Ansätze der Produktionssteuerung wurden zunehmend durch vorbeu-
gende, fehlervermeidende Ansätze ergänzt, wodurch immer mehr Teilkonzepte u. a. basierend auf den Ergebnissen von Ishikawa und Deming in das Qualitätsmanagement einflos-
sen. Schließlich etablierte sich in den USA das Total-Quality-Management (TQM) in den
1990er-Jahren. Dies ist der Nachfolger des Malcolm Baldrige Quality Award (MBQA), ein
Wettbewerb für wirtschaftliche Unternehmen, für deren Bewertung die sieben Werkzeuge
*Führung, Information, Strategische Qualitätsplanung, Personalentwicklung, Prozessqualität,
Ergebnisqualität, Kundenwünsche* (Tenberg, 2010, S. 293) berücksichtigt wurden.

Eine systemische Qualitätssicherung in Schulen, die sowohl managementorientiert als auch bildungsangemessen ist, kann von den internationalen Ansätzen und Modellen zur Qualitätssicherung viel lernen, wenn sie neu gebündelt, ergänzt und präzisiert werden (Arnold et al., 2016).

Somit lassen sich vier Dimensionen ableiten (siehe Abbildung 3.7), die bei der schulischen Qualitätssicherung zu berücksichtigen sind (Arnold & Faber, 2000, S. 107–110).

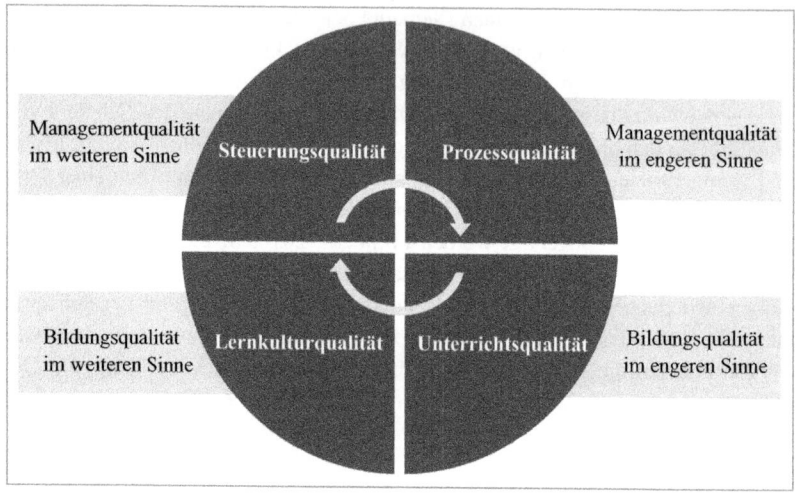

Abbildung 3.7 Dimensionen schulischer Qualitätssicherung. (Arnold & Faber, 2000, S. 107)

Dennoch kann ein Qualitätsmanagementsystem nicht uneingeschränkt auf die berufsbildenden Schulen übertragen werden. Zum einen ist das Unterrichten nicht als Dienstleistung zu verstehen, sondern folgt dem Erziehungs- und Bildungsauftrag, indem die berufliche und alltägliche Handlungskompetenz der Jugendlichen sowie deren Persönlichkeitsentwicklung zu fördern ist. Zum anderen sind solche Systeme in der Wirtschaft bereits seit langem etabliert worden, indem langfristige Einführungskonzepte, Personalressourcen sowie Beratungsangebote bereitgestellt wurden. Zudem liegen für dieses Anwendungsgebiet Fallstudien vor (Tenberg, 2010, S. 299). Berufsbildende Schulen können diesen Anforderungen kaum gerecht werden, da für das schulische Qualitätsmanagement weder eine Tradition noch geeignete Instrumente bestehen und sie als eher starres, müßig wandelbares System gesehen werden (Ebner, 2002, S. 77). Möglich wäre daher, gemäß den Bedingungen einer Implementierung von Innovationen (siehe Abschnitt 2.4.2) zunächst bei der Unterrichtsentwicklung zu beginnen, um den Lehrerinnen und Lehrern überschaubare wie praxisnahe Handlungsmöglichkeiten aufzuzeigen. Dadurch können sie einerseits für Änderungsprozesse ermutigt werden, andererseits wird ein Gefühl der Überforderung vermieden. Jene stellen, neben der Schülerschaft, die wesentlichen Akteure der Bildungseinrichtung dar und nehmen direkten Einfluss auf sie. Sie sind diejenigen, die maßgeblich bei der Schulentwicklung beteiligt sind. Daher ist der Innovationsanspruch entsprechend anzupassen (Klippert, 1999, S. 12 f.).

Zusammenfassend geht es um die Loslösung von der Top-down-Strategie auf allen Ebenen: Die Ministerien sollten den Berufskollegs keine Reformen vorschreiben, Schulleiterinnen und -leiter die Entwicklungsziele nicht erzwingen und Lehrerinnen und Lehrer sollten die Klasse nicht zu einem vordefinierten Lernziel führen. Es geht um die Partizipation auf allen Ebenen, die unter einer Vertrauens- und Feedbackkultur mittels Moderation und Unterstützung ermöglicht wird und Zukunftspotenziale hinsichtlich einer Qualitätsverbesserung der beruflichen Bildung aufweist. Durch eine zunächst offene, nicht an einem Wirtschaftsinstrument eng ausgerichtete Umsetzung können Einzelkomponenten, wie Evaluation oder Handbücher, für angemessene Anwendungsgebiete vorgeschlagen werden, um die Komplexität und mögliche Hemmnisse zu reduzieren (Tenberg, 2010, S. 300). Zielführend ist zudem eine begleitende Weiterbildung aller am Entwicklungsprozess beteiligter Personen sowie die beratende Unterstützung der Schulleitung. Die Organisationsentwicklung wird auf der Grundlage eines ausgearbeiteten Leitbilds der berufsbildenden Schule vollzogen, welches im Sinne einer nachhaltigen Entwicklung formuliert werden kann. Auf diese Weise ist die nachhaltigkeitsorientierte Entwicklung des Systems Schule, der Personalentwicklung und letztlich ebenfalls des Unterrichts möglich und entspricht dem kritisch-emanzipatorischen Verständnis von Bildung.

Die Organisationsentwicklung – und damit auch die Personalentwicklung der betrieblichen Bildung – wird an dieser Stelle nicht weiter ausgeführt, da sich die Arbeit auf die schulische Ausbildung konzentriert. Dabei soll ihre Bedeutung keinesfalls in Abrede gestellt werden, sondern das Auslassen ist lediglich kontextuell zu begründen.

3.6   Zusammenfassung und Schlussfolgerungen

Die berufliche Bildung hat als Teilsystem der Gesellschaft eine gesamtgesell-schaftliche Bedeutung, die sich durch ihre enge Verflechtung mit den Sub-systemen Politik, Wirtschaft und Sozialstruktur (siehe Abschnitt 3.2.3) anhand der *struktur-funktionalistischen Gesellschaftstheorie* (Fend, 2006, S. 32) ver-deutlichen lässt. Demzufolge repräsentiert die Gesellschaft soziale Systeme, die die Sicherung des Überlebens ihrer Mitglieder – folglich das Bestehen der natürlichen Ressourcen für zukünftige Generationen – anstrebt. Eine moderne Gesellschaft benötigt dafür ein Bildungssystem, welches zur Stabilisierung und Sicherung ihrer Demokratie, Bürokratie, wissenschaftlichen Rationalität und ihrem Rechtssystem beiträgt. Dabei soll es aufgrund differenter Qualifizierun-gen Zuteilungen zu Berufspositionen ermöglichen (Fend, 2006., S. 34). In NRW erfolgt diese qualifikationsspezifische Differenzierung durch die Kategorisierung der verschiedenen Bildungsgänge und Abschlüsse in die jeweiligen Anlagen des Berufskollegs.

Das Berufsbildungssystem muss sich stetig weiterentwickeln, um den wan-delnden Ansprüchen der modernen Gesellschaft und Arbeitswelt gerecht zu werden. Der Wandel der Gesellschaft führt daher zum Wandel des Bildungssys-tems und seiner Aufgaben. Nur durch diese Anpassung kann es seinen Aufgaben nachkommen. Für die aktuellen gesellschaftlichen Herausforderungen ist die nachhaltige Entwicklung von zentraler Bedeutung (siehe Abschnitt 1.1), wenn es um die Zukunft der Gesellschaft geht. So können die in Tabelle 3.2 aufge-führten Funktionen als zentrale Aufgaben des (beruflichen) Bildungswesens der modernen Gesellschaft angesehen werden.

Eine BBNE kann als Innovation gedacht werden. Hierzu kann Schulentwick-lung als Organisationsentwicklung ausgelegt werden und zu deren Umsetzung die Einbindung aller Akteure voraussetzen. Die Berücksichtigung der Erkennt-nisse aus der Educational-Goverance- bzw. Implementationsforschung – wie die Bedeutung der Verzahnung und Abstimmung von Theorie und Praxis, Bottom-up-Strategien, Machbarkeit, Akzeptanz, Identifikation, Einbindung in Reformen, Kooperation u. a. – erhöhen dabei die langfristige Verankerung der nachhaltigen Entwicklung und tragen zu ihrer Implementierung in das Berufsbildungssystem bei. Dabei kann die berufliche Bildung durch ihre unmittelbare Verbindung zur Berufsbildungspolitik und dem Beschäftigungssystem jedoch nicht autonom agie-ren (Fend, 2006, S. 36), weshalb Impulse zur BBNE auf bildungspolitischer Ebene bedeutsam sind. Gleichzeitig nimmt sie trotz dieser Abhängigkeit Ein-fluss auf beide Referenzsysteme. Indem sie auf die Flexibilität der Kompetenzen von Schülerinnen und Schülern hinarbeitet, die aufgrund unvorhersehbarer, eingeschränkt planbarer gesellschaftlicher Veränderungen notwendig werden, kann die berufliche Bildung Strategien entwickeln, die die Anpassung der Referenzsysteme fordert und daher eine strukturelle Veränderung bewirkt (Büchter, 2008, S. 493 f.). Durch die Implementierung einer BBNE können nachhaltigkeitsorientierte Kompetenzen der Jugendlichen gefördert werden, die einerseits zu einer Wertebildung zur Mündigkeit beitragen (siehe Abschnitt 4.1). Andererseits kann das Handeln der Schülerinnen und Schüler strukturelle, nachhaltigkeitsorientierte Veränderungen im beruflichen wie gesellschaftlichen Kontext bewirken und somit von einer nachhaltigkeitsorientierten Bildung hin zu einer nachhaltigkeitsorientierten Gesellschaft führen. Um aktiv darauf hinzuwirken, kann eine BBNE in Form von Wertebildung realisiert werden, denn durch die Bestimmung von Normen zur nachhaltigkeitsorientierten Entwicklung werden ethische und analytische Gedanken verbunden (Renn, 2007, S. 39), weshalb es sich bei einer BBNE um ein normatives, ethisch begründetes Konzept handelt (Michelsen et al., 2012, S. 59). Welche Bedeutung eine Wertebildung als Bestandteil einer BBNE für das Berufskolleg, den Unterricht und die Lehrerinnen und Lehrern aufweist, ist Inhalt des anschließenden Kapitels.

Tabelle 3.2   Aufgaben des beruflichen Bildungswesens

Personbezogene Funktionen	Gesellschaftsbezogene Funktionen
Erziehung zur Mündigkeit	Integration/ Legitimation: Eingliederung in die Normen und Werte der Gesellschaft – und deren Rechtfertigung
Förderung der Persönlichkeitsentwicklung	Kulturüberlieferung und -weiterentwicklung
Herausbildung intrinsischer Motivation durch Stärkung eines positiven Selbstkonzepts, Selbstvertrauen, Selbstwirksamkeit und Selbstbestimmung	Selektions- und Allokationsfunktion (Beck et al., 1980, S. 98 f.) bzw. berufliche Qualifizierung zur arbeitsmarktbezogenen Selektion
	berufliche Sozialisation
Förderung der Handlungskompetenz (siehe Kapitel 4.3.2)	
Befähigung zum sozial-, wirtschafts- und ressourcenverträglichen Handeln	
Befähigung zur aktiven Mitgestaltung der Lebens- und Arbeitswelt gemäß den Nachhaltigkeitsaspekten	

(Eigene Darstellung in Anlehnung an Büchter, 2008; Beck et.al., 1980; Diettrich, Hahne & Winzier, 2007; DQR, 2011; Fend, 2006; Heinz, 1995; Hemkes, 2016; Hopf, 2010; Lempert, 1999; Krapp, 2003; Weinert, 2001)

Wertebildung als Bestandteil einer BBNE

4

4.1 Bedeutung der Wertebildung für eine BBNE

4.1.1 Werte in der Bildung

Die Verantwortungsübernahme gegenüber der Umwelt, den Mitmenschen sowie für sich selbst sind drei ethische Bestimmungen einer nachhaltigen Entwicklung, die sich bereits in der Beschreibung der Verantwortungsethik als „Einheit von Klugheit und Pflicht" (Sachverständigenrat für Umweltfragen, 1994, S. 51) widerspiegeln (Michelsen et al., 2012, S. 60). Um eine solche Verantwortung übernehmen zu können, wird eine ethische Grundhaltung benötigt, für die ein differenziertes Wertebewusstsein, ethische Sensibilität und Urteilsfähigkeit notwendig sind (Michelsen et al., 2012, S. 61). Insbesondere im Zusammenhang mit der Verteilung ökonomischer sowie natürlicher Ressourcen stellt Nachhaltigkeit einen normativen Faktor dar. Daher handelt es sich bei der Leitidee einer nachhaltigen Entwicklung im Sinne Kants um eine praktisch-regulative Idee (Grunwald & Kopfmüller, 2006, S. 40). Eine nachhaltige Entwicklung umfasst folglich normative Wertsetzungen, bei denen es sich um offene und demokratische Werte handelt, die sich in kontextspezifischen Handlungsalternativen abbilden lassen. Durch die Förderung einer nachhaltigkeitsorientierten Gestaltungskompetenz lernen die Schülerinnen und Schüler sich für eine nachhaltige Handlungsweise im privaten und beruflichen Alltag zu entscheiden und Einfluss auf ihr Umfeld zu nehmen (Hauenschild & Bolscho, 2007, S. 117). Ihr Stellenwert wird durch die Platzierung einer BBNE im Bildungsplan zur Erprobung unter den zu vermittelten Werten widergespiegelt. Eine solche Gestaltungskompetenz der beruflichen Bildung ist notwendig, um die reine Wissensvermittlung zu überwinden und der Komplexität globaler Entwicklungen gerecht werden zu können (siehe Kapitel 3).

© Der/die Autor(en), exklusiv lizenziert an Springer Fachmedien Wiesbaden GmbH, ein Teil von Springer Nature 2024
S. Loy, *Nachhaltigkeit im Berufsfeld Ernährung und Hauswirtschaft*,
https://doi.org/10.1007/978-3-658-43877-7_4

Dies gilt sowohl für die Bedürfnisse der Schülerinnen und Schüler als auch für die Anforderungen einer Zukunft, in der nachhaltiges Handeln unerlässlich für den Ressourcen- und damit verbundenen Erhalt der Menschen ist. „Das „tradierte" Bildungsdesign befähigt nicht mehr für ein Leben und Arbeiten in der globalisierten [G]esellschaft des 21. Jahrhunderts" (Schmitt, 2016, S. 187 [HviO]). Vielmehr benötigen die Jugendlichen die Entwicklung ihrer Kompetenzen, um Zusammenhänge und Veränderungen erkennen und gestalten zu können und sich somit in der Gesellschaft selbstständig zu bewegen. Auch die Fähigkeit zur Entscheidung als ethische Kernkompetenz[1] (Schmitt, 2016, S. 124) ist wesentlich, da erst durch sie ein reflektiertes, selbstverantwortetes Handeln ermöglicht wird.

> Da nun Entscheidungsfähigkeit nicht bloß ein Ziel von Bildungsprozessen ist, sondern zugleich zu ihren Vorbedingungen zählt, sollten Kinder und Jugendliche schon früh Entscheidungen treffen lernen und in Entscheidungen mit einbezogen werden (Kesselring, 2009, S. 198).

Daher sind neben der Wissenskomponente ebenso die *ethische Sensibilität* und *praktische Anstrengungsbereitschaft* (Steinherr, 2017, S. 59) für die ethische Handlungsfähigkeit notwendig. Handeln setzt die ethische Urteilsfähigkeit der Lernenden voraus, die nach Kant als *Moralisierung* und somit höchstes Erziehungs- und Bildungsziel gesehen wird (Kant, 1803, S. 706 f.). Um Entscheidungen treffen zu können, wird ein komplexes kognitives System benötigt, in welchem Wissen und Zusammenhänge, Normen und Werte sowie Konsequenzen von Handlungsweisen miteinander in Verbindung stehen. Die Entwicklung eines solchen Systems wird durch Lernprozesse initiiert, weshalb die Wertebildung in der (beruflichen) Bildung einen besonderen Stellenwert erhalten sollte, um die Entwicklung dieser kognitiven Strukturen bei den Schülerinnen und Schülern

---

[1] Die ethische Bildungsarbeit zielt auf die Förderung ethischer Kompetenzen ab, die nach Schmitt (2016) als Fähigkeit zur.

- Reflexion ethisch-moralischer Zusammenhänge und Begründungen,
- Analyse persönlicher und institutioneller Entscheidungsprozesse,
- Begründung von kriterienorientierter Entscheidungen,
- ethisch-moralischen Dialogführung,
- Beschaffung von Informationen zu ethisch-moralischen Themen
- Teamarbeit und
- Moderation (Schmitt, 2016, S. 212) beschrieben werden.

zu fördern. Die Reflexion der gesellschaftlichen Verantwortung im Zusammen-hang des privaten und beruflichen Handelns spielt dementsprechend auch in den Modellversuchen zur BBNE eine bedeutende Rolle. So wurde beispielsweise im Modellversuch ProDEENLA ein Lernmodul ‚Verantwortung – vom Arbeitsplatz in die Gesellschaft' entwickelt und erprobt (Hantke & Pranger, 2019, S. 30). Schülerinnen und Schüler lernen auf diese Weise verschiedene Handlungsalter-nativen zu bewerten und die Handlung zu begründen, für die sich entschieden wurde. Daher trägt die Wertebildung maßgeblich zur Förderung der reflexiven Kompetenzen bei und nimmt somit Einfluss auf die nachhaltige Gestaltungs- bzw. Handlungskompetenz der Jugendlichen. Die Dimensionen der Nachhaltigkeit stellen hierbei das Referenzsystem für die Entscheidungsfindung dar.

Um sich dem Werte-Begriff und seiner bildungsspezifischen Bedeutung anzu-nähern, ist es notwendig, zuvor einige damit eng verbundene Begriffe wie Moral und Ethik zu klären. Ethik beschäftigt sich mit (zwischen-)menschlichen Ver-haltensweisen und wird daher als *praktische Philosophie* (Schmitt, 2016, S. 52) bezeichnet. Als einer der zentralen Begriffe der *Ethik* lässt sich die Würde benen-nen, welche an unterschiedlichen Stellen bereits in Gesetzen verankert ist. „Alle Menschen sind frei und an Würde und Rechten gleich geboren" (Erklärung der Menschen- und Bürgerrechte, 1789, Art. 1). Würde steht im Zusammenhang mit Anerkennung durch Andere und ist bereits seit dem Zeitalter der Aufklärung stärker in den Fokus gerückt. Das Verständnis der Gleichheit aller Menschen bildet das Fundament für die Menschenwürde, zu deren Achtung jeder Mensch verpflichtet ist (Kant, 1785, S. 68). Sie kann als grundlegende Motivation zwi-schenmenschlichen Verhaltens betrachtet werden (Bauer, 2006, S. 31; Leitz, 2015, S. 55) und weist eine spezifisch moralische Eigenschaft auf. Der Wunsch nach solchen Grundwerten bzw. absoluten Werten[2] – wie Anerkennung, Solidarität, Zugehörigkeit u. a. – kann genutzt werden, um die Wertebildung zu verfolgen (Schmitt, 2016, S. 156).

Moral und Ethik meinen in der Literatur oft dasselbe, werden jedoch unter-schiedlich verwendet. Der Begriff *Moral* stammt aus dem lateinischen ‚mos' =

---

[2] Nach Kant können Werte nach zwei Grundsätzen differenziert werden. So können Werte einerseits *relativ* an einen Zweck gebunden ausgelegt werden. Hierbei wird nach dem *hypo-thetischen Imperativ* bestimmt, was zu tun ist, um den Zweck zu erreichen, ohne eine grundsätzliche Bewertung des Zwecks vorzunehmen. Andererseits gilt für *absolute* Werte ein „unbedingt zu achtender Selbstzweck" (Steinherr, 2017, S. 42). Sie unterliegen dem *kategorischen Imperativ,* der eindeutig hinsichtlich der menschlichen *Vernunft* vorgibt, wel-che Handlungen zu tun oder zu unterlassen sind (Kant, 1785, S. 43–61). Zusammengefasst wird festgehalten: Dinge haben ihren Preis, Menschen besitzen eine Würde (Steinherr, 2017, S. 42).

Sitte, Brauchtum ab und umfasst ein System von Regeln oder Normen, die die Grundlage für menschliche Kooperation darstellen (Steinherr, 2017, S. 77). Im Gegensatz zu seiner Bedeutung in der theologischen Ethik, bei der es vornehmlich um die „subjektive Privatmoral des Einzelnen" (Kesselring, 2009, S. 27) geht, ist Moral im gesellschaftlichen Kontext teilweise negativ konnotiert (Moralpredigt, Doppelmoral, moralischer Zeigefinger). Zudem wird Moral häufig mit sozialem Zwang verbunden (Steinherr, 2017, S. 77). Dem entgegen weist *Ethik* mehrere Definitionen auf und ist auf die vor Jahrtausenden entstandene, aristotelische *Lehre des guten Lebens* zurückzuführen. „[Heute] steht Ethik für die kollektive Lebensgestaltung, das Ensemble an Sitten" (Kesselring, 2009, S. 29). In der Theologie wird Ethik häufig so verwendet, dass die Bedeutung vom griechischen Wort ‚éthos' (mit kurzem e) abgeleitet und als Brauchtum, Sitte und Gewohnheit verstanden wird. Das griechische Wort ‚ethos' (mit langem e) bezieht sich allerdings auf den Charakter und die individuellen Gewohnheiten. Nach Aristoteles wird hier die Schulung des Charakters und der Umgangsformen verfolgt. In einer weiteren Definition, auf die sich auch die vorliegende Arbeit bezieht, handelt es sich bei dem Ethik-Begriff um die Beurteilung von Verhaltensformen, also der Einschätzung, was ‚gut' und was ‚böse' ist und nähert sich dadurch der Moral an. Es handelt sich um das Gegenüberstellen sozialer Regeln, deren kritische Betrachtung und die Begründung deren Geltung. Dabei wird der handelnden Person die Fähigkeit zur Reflexion und zur Übernahme von Verantwortung zugesprochen (Schmitt, 2016, S. 90). Durch das damit einhergehende autonome Handeln der Person entscheidet diese eigenständig, was das Richtige in der spezifischen Situation ist, wodurch die selbstständige Urteilsfindung gestärkt wird. „Der aufgeklärte Mensch ist jener, der sich selbst aufgrund von Einsicht und Erkenntnis zum moralisch angemessenen Handeln bestimmt" (Schmitt, 2016, S. 57). Von der Ethik gehen daher keine direkten Vorschriften aus, weshalb die negative Konnotation der Moral hierbei entfällt. Die Moral bildet demnach ein Regelsystem als Voraussetzung sozialer Interaktionen ab, die Ethik ermöglicht die Reflexion dieser sozialen und juristischen Normen (siehe Tabelle 4.1).

Durch ihren reflexiven Charakter weist Ethik zudem Parallelen zur Pädagogik auf. So wie die Ethik zur Reflexion der Moral dient, wird in der Pädagogik die Erziehungspraxis kritisch reflektiert, weshalb in beiden Fällen eine Bewertung erfolgt. Solch eine Praxisreflexion (Kesselring, 2002, S. 331) ist insbesondere im Kontext von Schule, Lehrerbildung und Erziehung wesentlich, weshalb der Erwerb der dafür nötigen Reflexionskompetenz im Rahmen der Lehrerbildung von Bedeutung ist. Durch ihre moralischen (Be-)Wertungs-Dimension geht Ethik jedoch weiter als das bloße kritische Hinterfragen zwischenmenschlicher Beziehungen. Ethische Bezugspunkte ermöglichen die Begründung von Werten und

Tabelle 4.1 Die unterschiedlichen Definitionen von ‚Moral' und ‚Ethik'

Moral	Ethik
1. Das Ensemble der Normen, denen die Mitglieder einer Gesellschaft zu folgen pflegen (wobei Nichtbefolgung als spezifischer moralischer Fehltritt beurteilt wird).	1. Die Reflexion auf Moral (bzw. auf soziale und juristische Normen allgemein). Begründung, Diskussion, auch historische Betrachtung usw. von Normen.
2. [wie 1.] Das Ensemble der Normen, denen die Mitglieder einer Gesellschaft zu folgen pflegen und folgen müssen.	2. Die Reflexion auf das gute bzw. gelingende Leben – für den Einzelnen, aber auch für eine Gruppe oder Gemeinschaft.
3. Die persönliche Seite guten Handelns; Moral ist privat; jede/jeder hat ihre/seine ‚eigene Moral', eigene Prinzipien.	3. Das System der Sitten und Bräuche einer Gesellschaft oder Gemeinschaft (bzw. ihrer Regeln und Normen), Ethik ist öffentlich.

(Kesselring, 2009, S. 30)

dienen ihrer Priorisierung, um situativ und individuell handlungsfähig zu sein (Schmitt, 2016, S. 53; Weinberger et al., 2008, S. 23).

4.1.2 Normen und Werte als Handlungsgrundlage

Um eine Bewertung über ‚gut' und ‚schlecht' vornehmen zu können, sind zunächst Regeln, Normen und Pflichten von Bedeutung. Durch den vom Lateinischen abgeleiteten Begriff ‚norma' = *Vorschrift, Regel oder Maßstab* geben Normen vor, welche Verhaltensweisen verboten oder erlaubt sind. Juristische Normen sind terminal sowie territorial limitiert und weisen nicht konsequent eine moralische, sondern u. a. zweckmäßige Begründungen auf, wie beispielsweise im Naturschutzgesetz. Juristische Normen werden deshalb nicht der Moral zugeordnet (Tietz, 2005, S. 143). Grundsätzlich beschränken Normen demnach die persönliche Freiheit, weshalb zu klären ist, warum sich die Individuen einer Gesellschaft dennoch an solche Einschränkungen halten, selbst wenn keine Bestrafung droht. Zum einen kann die Berücksichtigung vorgegebener Regeln als Einhaltung der göttlichen Gebote erwogen werden, jedoch schließt dies Nicht-Gläubige aus. Zum anderen vertreten einige Philosophen wie Kant (1785) die Meinung, dass die Einhaltung von Normen als Vernunfthandlung verstanden werden kann. Plausibel scheint die Begründung, dass die Einhaltung der Normen

im Interesse aller Mitglieder der Gesellschaft liege (Hoerster, 2003, S. 57 f.).
Trotz des Bestehens von z. T. normabweichenden Bedürfnissen Einzelner wird
in der Regel entsprechend des allgemeinen Konsenses gehandelt. Dies liegt vermutlich daran, dass im Streben nach allgemeiner Gültigkeit der Normen für alle
Mitglieder mehr Vorteile als Nachteile gesehen werden. Die Ausnahme dieser
Verbindlichkeit für Einzelne wird gesellschaftlich abgelehnt, da andernfalls poten-
zielle Gefahren für alle Anderen entstehen können (siehe Tabelle 4.2). Moralische
Normen, die eine Verbindlichkeit aufweisen, sichern somit ein friedliches Zusammenleben (Hoerster, 2003, S. 56). Bestrafungen, die bei Regelverletzungen zu
befürchten sind, gelten als stärkste Motivation für normkonformes Verhalten.
Neben dem juristischen Strafsystem bestehen moralische Sanktionen, die über
Ersteres hinausgehen. Juristisch erlaubtes Verhalten kann daher dennoch im Rahmen sozialer Umgangsformen moralisch sanktioniert werden. Dabei handelt es
sich um eigene oder fremde emotionale Reaktionen auf moralisches Fehlver-
halten, die Schuldgefühle, Verärgerung oder Empörung auslösen können. Aus
diesem Grund wird die moralische Zustimmung oder Ablehnung menschlichen
Verhaltens als Teil moralischer Emotionen betrachtet. Obgleich der Abwesen-
heit von juristischen Sanktionen halten sich die meisten Menschen daher an
die allgemeingültigen Regeln, um den Respekt vor sich selbst und vor anderen nicht zu verlieren. In diesem Zusammenhang spricht Kesselring (2009) von
moralischer Scham, die gemeinsam mit den bereits genannten Gründen die Motivation für normkonformes Handeln abbildet und sich in Verbindung zur Würde
des Menschen setzen lässt. Durch die wechselseitige Anerkennung bestimmter
Rechte „begegnen wir uns als Personen mit Würde und behandeln uns gegenseitig respektvoll" (Kesselring, 2009, S. 33). So schützen moralische Normen
jene Rechte, die für alle Mitglieder der Gemeinschaft gleichermaßen gültig sind
und das Fundament einer zivilistischen Gesellschaft bilden. Durch die Art der
sozialen Kooperation innerhalb sozialer Gruppen entwickeln sich zudem gruppenspezifische Regelsysteme mit Normen, Haltungen und sozialen Erwartungen,
wie beispielsweise der Verzicht auf tierische Produkte bei vegan lebenden Menschen, welche lediglich ‚nach innen' wirken. Für Außenstehenden können diese
Regeln an Gültigkeit verlieren. Diese partikuläre Geltung der Moral ist über Jahr-
tausende in der Gesellschaft zu beobachten, da Personenkreise sich bereits in
der Vergangenheit gegenüber Fremden anders verhalten haben als untereinander
(Hillmann, 1986; Standop, 2005). Auch in der modernen Gesellschaft besteht
dieses Phänomen der Asymmetrie, da trotz Abschaffung des Kolonialismus viele
reiche Länder die ärmeren Regionen des Planeten in ökonomischer Abhängigkeit
halten – eine solche Ausbeutung jedoch im direkten Umfeld vermutlich nicht

ausüben würden. Hieran lässt sich der Zusammenhang zur Leitidee einer nachhaltigen Entwicklung herausstellen, da diese letztlich Ausdruck einer globalen und universell gültigen Verantwortungsethik ist, die es in allen Bildungskontexten zu thematisieren gilt. Beispielsweise kann mit Bezug zur sozialen Nachhaltigkeits-Dimension im Berufsfeld Ernährung und Hauswirtschaft die Beschaffung von Rohstoffen, wie Kaffee oder Kakao, kritisch mit den Schülerinnen und Schülern im Unterricht diskutiert werden.

Trotz der Vielzahl bestehender gruppenspezifischer Regelsysteme bedarf es universalistischer Regeln, die über die Grenzen hinaus interkulturell auf allen Teilen der Welt gültig sind. Einigung besteht bei den wichtigsten Menschenrechten und negativen Grundnormen wie die Ausbeutung von Anderen, Andere zu verletzen oder töten etc. Erst durch solche moralischen *Essentials* (Kesselring, 2009, S, 28 f.) ist eine verlässliche Kooperation über die Nationen hinweg möglich, in dessen Zusammenhang die Weltgesellschaft als große moralische Gemeinschaft verstanden werden kann. Moralische Rechte verkörpern zu schützende Rechte, die gegenüber vielen bzw. allen Personen gelten; auf die Einzelperson – wie beim Privateigentum – oder auf eine Wechselseitigkeit – wie bei einem Vertrag – bezogen. Werden diese Rechte eingeräumt, so gehen damit korrespondierende Pflichten einher. Das Recht, nicht ausgebeutet zu werden, beinhalte folglich die Pflicht, niemanden auszubeuten. Dieses moralische Regelsystem einer Gemeinschaft ist so angelegt, dass dennoch individuelle und gruppenspezifische Differenzen eingeräumt werden, die beispielsweise durch Unterschiede der Wertsysteme von Weltreligionen bestehen bleiben, um die Akzeptanz zu wahren. Werte, die in einem solchen Regelsystem enthalten sind, verkörpern Ideen, die Gegenständen oder Verhältnissen zugeschrieben werden. Durch ihre handlungsweisende Funktion tragen sie zur Wahrung gesellschaftlicher Strukturen bei, da sie universale Standards verkörpern und über die Zeit relativ konstant bleiben. Daher sind Werte ebenfalls für die Berufsausübung relevant und beinhalten Verhaltensregeln. Grundsätzlich gelten allgemeine Standards für den Kundenkontakt wie Höflichkeit. Darüber hinaus ist bei der Inanspruchnahme einer Dienstleistung die Anbieterin oder der Anbieter in der Pflicht, die Dienstleistung entsprechend der Kundenerwartung und im Rahmen des Angebotsumfangs zu erbringen. Wirbt ein Café beispielsweise mit Speisen aus regional erzeugten Lebensmitteln, so sind entsprechend der Werbung die Speisezutaten aus regionalem Anbau zu beschaffen.

Werte können als *Erkenntnisinhalte* (Standop, 2005, S. 17) betrachtet werden, die durch Erfahrungen und Denkprozesse entstehen. Auf diese Weise manifestieren sie sich im Wissen der Menschen und ermöglichen Schlussfolgerungen für das eigene Handeln. Durch solche Folgerungen entstehen Normen, deren Gültigkeit wiederum durch Werte begründe werden können. „Werte sind die grundlegenden Erkenntnisse und inneren Stellungnahmen über unsere Beziehung zur Welt, Normen die daraus abgeleiteten Handlungsanweisungen" (Standop, 2005, S. 17). Die Ablehnung der Ausbeutung von Menschen anderer Länder kann beispielsweise als Wert beschrieben werden, das Kaufen von ausschließlich fair gehandeltem Kaffee bildet die entsprechende Norm. Da Werte individuelle und meist ideelle Eigenschaften aufweisen, verkörpern sie insbesondere Überzeugungen ohne Sanktionscharakter. Sie ermöglichen einen Handlungsspielraum, da sie keinem Zwang unterliegen. Jener kommt allerdings bei Normen, die sich allein auf soziale Maßstäbe beziehen, zum Tragen. Normen steuern daher durch Belohnung oder Bestrafung das Verhalten der Gesellschaftsmitglieder und liefern Richtlinien für soziale Interaktionen innerhalb einer Gruppe (Schäfers, 2006, S. 138). Trotz drohender Konsequenzen können Individuen von den Regeln abweichen. Daher wird angenommen, dass die Motivation zum ethisch korrekten Verhalten zunächst erworben werden muss. Aus diesem Grund ist es naheliegend und von hoher Relevanz, ethische Elemente in die berufliche Bildung zu implementieren.

Tabelle 4.2 Moral als System wechselseitiger Verhaltenserwartungen

Die „Logik" der wechselseitigen Erwartungen lässt sich in drei Schritten rekonstruieren:
1. Person A beansprucht zunächst gegenüber den Personen B, C, D usw. bestimmte Rechte, d. h. sie erwartet von ihnen, dass sie diese Rechte respektieren.
2. A gesteht diesen Personen dieselben Rechte zu, d. h. sie respektiert ihnen gegenüber diese Rechte und unterwirft ihr Verhalten den notwendigen Einschränkungen.
3. Zwischen den Verpflichtungen, die wir verschiedenen Personen gegenüber haben, können sich Pflichtenkollisionen ergeben, die es uns verunmöglichen, allen Pflichten gleichermaßen gerecht zu werden. Sind dabei höherrangige Rechte im Spiel, so sollten wir uns an ihnen orientieren. Wir sind dann berechtigt, von den Anderen zu erwarten, dass sie unsere Entscheidung respektieren, selbst wenn sie davon negativ betroffen sind.

(Kesselring, 2009, S. 35)

4.1.3 Werte im Bildungskontext

Empathie als moralische Emotion ist die Voraussetzung, um über den eigenen, begrenzten Horizont hinaus die Perspektive Anderer wahrzunehmen und somit Verständnis für deren Lebenssituation zu entwickeln. Sie ist ebenfalls Voraussetzung für die Akzeptanz der Wertvorstellungen anderer Personen. Dabei ist von

Bedeutung, dass sich Gemeinsamkeiten in den verschiedenen Wertetraditionen erkennen lassen, die zum Respekt vor unterschiedlichen Orientierungen beitragen. Der Respekt, die Gemeinsamkeit und die Empathie werden als grundlegende Bedingungen benannt, um geeignete Möglichkeiten der Wertebindung im Bildungskontext zu schaffen. Bildung wird daher nicht als bloße Wissensaneignung betrachtet, sondern soll zur Achtung der Menschenrechte und der Würde seiner Mitmenschen führen sowie sich auf „Begriff[e] wie Humanität und Demokratie" (Standop, 2005, S. 65) beziehen. Gleichzeitig handelt es sich dabei jedoch nicht um die bloße Übernahme einer vorgegebenen Moral (Regelkonformität), sondern um das Erlernen ethischen Handelns (Schmitt, 2016, S. 20). Durch den Pluralismus der heutigen Gesellschaft ist es notwendig, dass die Schülerinnen und Schüler lernen, sich in der Vielfalt der unterschiedlichen Werteordnungen zu orientieren. Daher sollen sie befähigt werden, eigenverantwortliche Entscheidungen zu treffen und ein eigenes demokratisches Wertekonzept zu entwickeln (Standop, 2005, S. 97). In diesem Sinne grenzt sich Bildung klar von der schlichten Aneignung spezifischer Wissensbestände ab, weshalb das heutige Bildungssystem seiner eigentlichen Aufgabe nicht mehr gerecht zu werden scheint (Schmitt, 2016, S. 21).

[Es] besteht die Gefahr, dass der Begriff der Bildung zunehmend an Bedeutung verliert [...], da er [...] den ursprünglichen Ansprüchen wie Selbstbestimmung, Mitbestimmung und Solidarität nicht mehr gerecht wird, sondern stattdessen eine rein quantitativ legitimierte Wissensvermittlung befördert (Standop, 2005, S. 65).

Dem reinen Faktenwissen fehlt die Fähigkeit zur Erfassung der Zusammenhänge dieser Fakten, die dem Wissen seine eigentliche Bedeutung geben. Zudem bleibt das innere Nachvollziehen des Erlernten aus, wenn keine persönliche Betroffenheit der Schülerinnen und Schüler gegeben ist. Dies ist jedoch wesentlich, um – durch internalisiertes Wissen – über das fremdbestimmte Wissen hinaus die Persönlichkeitsstrukturen verändern zu können (Standop., 2005, S. 65). Die Bildungsdefinition nach Kant (1803) bindet die ethische Dimension einer Gesellschaft mit ein, welche ein soziales und demokratisches Zusammenleben ermöglicht. Es umfasst neben dem bloßen Wissenserwerb Kriterien zur Deutung des Wissens, Chancen zur Persönlichkeitsentwicklung und die Stärkung von Verantwortungsbewusstsein. Letzteres ist besonders im Rahmen einer BBNE relevant, denn die künftigen Arbeitnehmerinnen und -arbeitnehmer sollen lernen, dass sie selbst die Verantwortung für ihr berufliches Handeln tragen. Durch die praxisnahe Umsetzung können die Werte erfahrbar werden. Nur durch das eigene Erleben von Werten werden diese für die Einzelne und den Einzelnen gültig.

Dabei spielen Erfahrungen eine wesentliche Rolle, da sie stets die individuellen Werte prägen (Schmitt, 2016, S. 92). Das Wissen, welches in Bildungseinrichtungen erworben wird, kann bei der Deutung und Bewertung der Erfahrungen herangezogen werden und somit Einfluss auf die Wertebildung nehmen. Durch individuelle Erfahrungen und Bedürfnisse haben die Werte eine subjektive Bedeutung, denn Menschen streben stets nach dem, was sie als wertvoll erachten. Dennoch findet das (Be-)Werten im sozialen Kontext statt, wodurch ein übergeordnetes Wertesystem zum Tragen kommt. Aus diesem Grund handelt es sich um eine rationale Begriffsbedeutung von ‚Wert‘, „denn er drückt eine Beziehung zwischen einem Subjekt und einem Objekt aus" (Standop, 2005, S. 71).

Auch Vorbilder, die z. B. unter den Lehrerinnen und Lehrern zu finden sind, können für die Wertebildung relevant sein (Riemer, 2011, S. 106). U. a. können moralische Haltungen, die Vorbilder aufweisen, zu entsprechenden Verhaltensweisen bei den Schülerinnen und Schülern führen, indem Spiegelneuronen (siehe Kapitel 6) aktiviert werden (Bauer, 2007, S. 11; Hattie & Zierer, 2017, S. 18–20). Bildungseinrichtungen, insbesondere Schulen, sind somit von wesentlicher Bedeutung für die Wertebildung. Ihre Wirkung ist jedoch davon abhängig, ob das Bildungssystem die Wertebildung als Aufgabe wahrnimmt und welchen Stellenwert sie ihr beimisst. Die Wertebildung ist keine isolierte Aufgabe von Bildungseinrichtungen, sie steht im Zusammenhang mit dem Erziehungsauftrag der Schulen. Werte liefern den Schülerinnen und Schülern eine Orientierung, mit deren Hilfe sie eine Vorstellung über das ‚Richtige‘ entwickeln können. Die Erziehung ist somit grundsätzlich werteorientiert, da sie den Jugendlichen die Werteentwicklung ermöglicht, die für die Ausprägung einer autonomen Persönlichkeit wesentlich ist. Das bereits bestehende „naturgegebene Wertebewusstsein" (Standop, 2005, S. 68) wird mittels pädagogischen Werteerlebnissen stetig verändert und ausgebaut. Henz (1971, S. 95) spricht in diesem Kontext von der Förderung der Wertempfänglichkeit und -gestaltungsfähigkeit. Diese Förderung setzt jedoch ein bestimmtes Maß an bereits vorhandener Sozialisation der Schülerinnen und Schüler voraus, da Erziehung durch ihre Institutionalisierung „einen hohen Grad an gewissermaßen „betrieblicher" Disziplin" (Standop, 2005, S. 69 [HviO]) fordert. Durch den Anstieg der *relativen Armut*[3] in Deutschland können jedoch Probleme in der Entwicklung von Sozialkompetenzen, negative Folgen für das Bildungsniveau und eine Verringerung des eigenen Wohlbefindens bei den Heranwachsenden entstehen (Bründel et al., 2014, S. 23; Damm, 2018, S. 41 f.).

---

[3] Mit relativer Armut wird ein Defizit an materiellen und immateriellen Gütern gemeint. Betroffene leiden im Vergleich zu Wohlhabenden unter Einschränkungen in ihrer Lebensqualität (OECD, 2016, S. 56).

Darüber hinaus lässt sich eine gewisse *Werteerosion* (Mittelstraß, 2013, S. 5) beobachten und mit Missständen in der Sozialisation der Schülerinnen und Schüler in Verbindung bringen. Dies ist vor allem kritisch, da der Wertverlust als Sinnverlust gesehen werden kann. Werthaltungen lassen sich auf Ziele, Motive und Wünsche der Menschen zurückführen. Sie entwickeln sich durch Erfahrungen im Rahmen der (Selbst-)Bildung und sind relevant für das Erkennen eines Lebenssinns (Gräb, 1998, S. 157). Daher ist es umso wichtiger, dass Bildungseinrichtungen diese Aufgabe ernst nehmen und ihr den notwendigen Raum gewähren. Erziehung lässt sich entsprechend den Herausforderungen der heutigen Gesellschaft[4] in folgende Teilaufgaben aufschlüsseln:

Erziehung zur

– Selbstständigkeit
– Fähigkeit der Übernahme von Verantwortung,
– Politikfähigkeit,
– Demokratiefähigkeit,
– moralische Urteilsfähigkeit (Standop, 2005, S. 98).

Die Jugendlichen sollen befähigt werden, sich in der modernen Gesellschaft selbstbestimmt zurechtzufinden (Siebertz-Reckzeh & Hofmann, 2017, S. 4) und die für sie richtigen Entscheidungen auf der Grundlage von erlerntem Wissen und begründeter Werturteile zu treffen. „Erziehungsziele sind somit die Persönlichkeitsideale, die in einer Gesellschaft gelten und zu den normativen Orientierungsgütern der Erwachsenen gehören" (Standop, 2005, S. 69). Eine wertorientierte Erziehung in Schulen sichert demnach die kollektive Übereinstimmung an Grundwerten, die für das friedliche Zusammenleben innerhalb der Gesellschaft fundamental ist (Weinberger et al., 2008, S. 24). Daher ist die Vermittlung solcher moralischen Grundübereinstimmung sowie die Fokussierung

---

[4] In der heutigen Zeit werden die Menschen in ihren Entscheidungen und Handlungen sich selbst überlassen. Dabei bleibt es jedoch bei einer bloßen Suggestion von Freiheit, da die Möglichkeiten ihrer Nutzung nicht gegeben sind. Der Mangel an ethischer Reflexionskompetenz bei gleichzeitigem Fehlen an Orientierungshilfen führt zur chronischen Überforderung der Mitglieder der heutigen *durchökonomisierten Gesellschaft.* Zwar konnte der Wandel von der Industrie- hin zur Wissensgesellschaft bereits vollzogen werden, doch erschwert die zunehmende Suche nach Zugehörigkeit und Gemeinschaft im virtuellen Kontext die Orientierung an einem authentischen, realen Bezugsrahmen (Schmitt, 2016, S. 23).

auf die Grundfunktionen von Moral[5] zentrale Aufgaben der Schulen (Schmitt, 2016, S. 64). Dabei fußt die schulische Wertebildung auf der vorangegangenen Vermittlung des *Selbstwertes* (Standop, 2005, S. 74) der Jugendlichen. Mittels empathischer Begleitung durch u. a. Lehrkräfte kann das Wertempfinden der Schülerinnen und Schüler gestärkt werden und sich so zu einem gegenseitigen Wertempfinden – dem Respekt und der Akzeptanz Anderer – ausbilden. Für die angemessene alltägliche Umsetzung der vermittelten Werte sind zudem die moralische Urteilsfähigkeit der Jugendlichen sowie die Erfahrungen der Eigen-verantwortung und Unabhängigkeit von wesentlicher Bedeutung; sie gilt als fundamental für ihre Mündigkeit (Kohlberg, 2001, S. 57). Gerade in Situationen, in denen es zu Konflikten zwischen mehreren Werten kommt oder diese sich widersprechen, ist es wichtig, dass die Jugendlichen eine begründete Entschei-dung treffen können, um handlungsfähig zu bleiben. Daher scheint die Nutzung von Dilemmata-Situationen geeignet, um eine BBNE unterrichtlich umzusetzen.

4.1.4   Ansätze der Wertebildung

Um Wertebildung in den Unterricht zu integrieren, können unterschiedliche Ansätze als Grundlage herangezogen werden, die sich in ihren Menschenbildern unterscheiden und somit zu verschiedenen methodisch-didaktischen Schlussfolge-rungen führen. Oser und Althoff (2001, S. 96–119) unterscheiden drei Ansätze: Der *romantischen Erziehungsphilosophie* liegt ein Menschenbild zugrunde, wel-ches das ‚Gute‘ im Menschen als angeboren betrachtet und die negativen Ausprägungen der Persönlichkeit auf den Einfluss gesellschaftlicher Umstände zurückführt. Da Werte nach dieser Denkart lediglich einer individuellen Einschät-zung unterliegen, objektive Maßstäbe jedoch unwesentlich sind, eignet sich dieses Modell weniger für den schulischen Kontext. Im Rahmen des *technologischen Erziehungsansatzes* wird die bloße Übernahme gewünschter Werte, Normen und Regeln sowie Tugenden propagiert. Durch tradierte Vorstellungen zu kulturel-len, ethisch-religiösen und ökologischen Werten der Gesellschaft orientieren sich viele Schulen am „Muster der Vorbestimmung" (Standop, 2005, S. 76). Curricula können in diesem Kontext als solche Muster verstanden werden. Die Schulen sollen durch solche Vorgaben für normkonformes Verhalten der Jugendlichen sor-gen, in dem deren Einhaltung belohnt und deren Verstoß bestraft wird. Demnach

---

[5] Als Grundfunktionen der Moral gelten „die *Garantie von Funktionalität* und die *Recht-fertigung* von moralischer Identität („Ich bin ein guter Mensch") über Integrität („Ich bin anerkannter Teil der Gesellschaft")" (Schmitt, 2016, S. 64).

ist Moral auf ein Verständnis reduziert, welches die Fähigkeit zur Einhaltung der Vorgaben umfasst. Durch u. a. Instruktion, Vorbildhandeln und Verstärkung wird die Übernahme der sozialen Ordnung angestrebt. Die hier angestrebte *Ziel-Mittel-Relation* (Oser & Althof, 2001, S. 157) ist daher ebenfalls nicht für die Wertebildung geeignet, da es die Prinzipien des Nachvollziehens, des Verstehens und der Selbstreflexion bestehender Werte ausschließt. Die Förderung der Wertebeurteilung wird nicht verfolgt, lediglich die Übereinstimmung mit den Vorgaben der Lehrenden scheint bedeutend. Daher besteht die *Gefahr der Indoktrination* (Standop, 2005, S. 77), die den Grundsätzen von Erziehung (s. o.) widerspricht. Lediglich der *progressive Ansatz der Moralerziehung* zielt auf den Aufbau moralischer Urteilsfähigkeit ab, die in Anbindung an die Entwicklungspsychologie Piagets (1976) in die präkonventionelle, konventionelle und postkonventionelle Grundstufe des Urteilens nach Kohlberg (1996) untergliedert wird (Steinherr, 2017, S. 75). Dabei geht es nicht um die simple Übernahme vorgegebener Werte und Normen, sondern um die aktive und selbstständige Auseinandersetzung mit diesen. Die intensive Beschäftigung mit der Umwelt eröffnet Erfahrungs- und Verarbeitungsprozesse, die schließlich zu einer Urteilsfähigkeit führen, welche an universellen, autonomen Grundsätzen orientiert ist und bereits bei Kant (1785) thematisiert wurde. Während Lernende auf der präkonventionellen Stufe zunächst in ihren Handlungsweisen egoistische Bedürfnisse verfolgen, rückt allmählich die Idee des Gegenseitigen in den Vordergrund. Auf der konventionellen Stufe sind Jugendliche bereits in der Lage, ihr Handeln unter Rücksicht auf Bedürfnisse anderer Menschen des unmittelbaren Umfelds und der Gesellschaft, der sie angehören, auszurichten. Das Abstraktionsniveau bleibt jedoch auf diesen eingegrenzten sozialen Bezugsrahmen beschränkt. Erst auf der postkonventionellen Stufe gelingt es den Individuen, autonome universelle Urteile zu treffen und unabhängig von ihren subjektiven Interessen zu handeln (siehe Fußnote 49).

> Der Begriff der Moral als wahrhaft gutes Handeln entspricht der postkonventionellen Stufe autonomer ethischer Entscheidungen Kohlbergs bzw. dem kategorischen Imperativ der allen Menschen gemeinsamen Vernunft Kants (Steinherr, 2017, S. 77).

Ethische Konflikte stellen Lerngelegenheiten dar, die Jugendlichen zur Erreichung einer höheren Stufe der moralischen Urteilsbildung verhelfen. Die Entwicklung von Lösungsstrategien zu bestehenden Problemen fordert zum moralischen Urteilen bzw. zur Stellungnahme auf und löst moralische Gefühle aus. Die ist wiederum für die Übernahme von Verantwortung förderlich. Durch die Konfrontation mit Konflikten – mit denen sich die Lernenden beispielsweise im Rahmen einer BBNE auseinandersetzen – können Schülerinnen und Schüler im unterrichtlichen Kontext zunächst probeweise und unter Begleitung des Lehrpersonals über mögliche Lösungen diskutieren. Dabei wird jedoch nicht versucht, zu der einzig richtigen Lösung zu gelangen, sondern entsprechende Werte und Normen zu erkennen und diese priorisieren zu lernen.

Wichtiges Element des ‚progressiven Ansatzes der Moralerziehung' ist das *Prinzip der Gerechtigkeit* (Standop, 2005, S. 78). Die moralische Urteilsfähigkeit, die die Erklärung und kritische Auseinandersetzung mit Werten und Normen ermöglicht, bietet die Grundlage situativ zum moralisch ‚Richtigen' zu gelangen und ist als Modell für Schulen durchaus tragbar. „Schließlich strebt diese Theorie als einzige eine Erziehung zur Mündigkeit bei Kindern und Jugendlichen an und trifft dabei eine wesentliche Aufgabe von Schule und Unterricht" (Standop, 2005, S. 79). Dennoch fehlt es an empirischen Belegen, dass das Erreichen einer höheren Moralstufe dauerhaft bleibt. Zudem ist nicht geklärt, ob in realen Problemsituationen auf gleiche Weise gehandelt werden würde, da hypothetische Konfliktsituationen im Unterricht weniger Involviertheit aufweisen und andere Faktoren wie soziale Erwünschtheit die Diskussionen der Schülerinnen und Schüler beeinflussen können. Daher ist es wichtig, den Jugendlichen ihre Betroffenheit an den Konsequenzen heutiger Verhaltensweisen zu verdeutlichen und erfahrungsbasierte Unterrichtsmethoden einzusetzen (siehe Abschnitt 7.3.2).

4.2   Schulische Wertebildung

Aufgaben der Berufskollegs im Sinne einer Wertebildung

Berufskollegs nehmen über den Wertekanon der Lehrenden sowie formulierte Leitbilder Ein-fluss auf das Werteerleben der Schülerinnen und Schüler. Aus den darin enthaltenen Grundwerten können bindende Aufgaben abgeleitet werden, deren Erfüllung die Berufsbildungseinrichtungen anstreben, da sie u. a. von der Gesellschaft zum Beispiel durch das Grundgesetz vorgegeben werden (siehe Kapitel 3). Fundamental ist die grundsätzlich positive Einstellung zum Leben und der Welt sowie die Auffassung, dass jene Grundwerte keine Einschränkung darstellen, sondern als Weg zur Freiheit erkannt werden.

Die Berufskollegs sollten den Jugendlichen die Möglichkeit zur Entwicklung von Individualität bei gleichzeitiger Achtung von Vielfalt bieten. Dabei sind einerseits die eigenen Bedürfnisse und Wünsche der Lernenden relevant, andererseits geht es um das Erleben von Gemeinsamkeit und Pluralismus. Die Schule als Institution kann im Sinne Kohlbergs als „gerechte Schule" (Standop, 2005, S. 80) auftreten und so ihren potenziellen Einfluss auf die Schülerinnen und Schüler sowohl im alltäglichen bzw. ausbildungsspezifischen als auch im unterrichtlichen Umgang nutzen. Als zentrale Fähigkeiten im Rahmen der Wertebildung werden daher die Fähigkeiten zur Selbstständigkeit, Empathie, Akzeptanz anderer Sichtweisen, Verteidigung der eigenen Meinung sowie die Fähigkeit zur eigenständigen Entscheidungsfindung genannt (Standop, 2005, S. 72–74).

Öffentliche Bildungseinrichtung bietet durch eine entsprechende Schulkultur – neben ihren Räumlichkeiten für Lernprozesse – die Gelegenheit zur moralischen Urteilsfähigkeit (Steinherr, 2017, S. 70).[6] Hierbei sind alle Mitglieder der schulischen Institution an der Entwicklung eines verantwortungsvollen moralischen Verhaltens im sozialen Umfeld beteiligt. Das Berufskolleg als moralischer Lernort nimmt jede Person mit all ihren individuellen Eigenschaften auf, heißt sie willkommen und beteiligt sie aktiv an ihrer Mitgestaltung. Ressourcenorientierte Feedbackgespräche ermöglichen eine konstruktive Behandlung von Fehlern und erlauben einen positiven und förderlichen Umgang des individuellen Lernprozesses. Dabei spielen Respekt und Rücksichtnahme im gemeinsamen Schulalltag eine wesentliche Rolle (Bildungskommission NRW, 1995, S. 86). Durch die Einbeziehung der Schülerinnen und Schülern erhalten diese die Möglichkeit zur Partizipation und lernen Verantwortung zu übernehmen, indem sie sich u. a. in Gremien aktiv beteiligen.

Die Bedeutung der Lehrenden in der Wertebildung

Lehrerinnen und Lehrer weisen ein hohes Potenzial auf, zur Wertebildung – auch im Kontext einer beruflichen Bildung für nachhaltige Entwicklung – beizutragen. Durch ihre pädagogische und fachdidaktische Ausbildung können sie auf die Persönlichkeitsentwicklung ihrer Schülerinnen und Schüler einwirken und ihrer Vorbildfunktion verantwortungsvoll nachkommen (Riemer, 2011, S. 106). Durch ihre Umgangsformen mit den Schülerinnen und Schülern sowie Kolleginnen und Kollegen geben sie Muster für soziale Verhaltensweisen vor (Schmitt, 2016, S. 185). Im Zusammenhang der Wertebildung wird dies besonders deutlich, denn „[d]as Bemühen um eine verlässliche Wertorientierung im Unterricht kann nur gelingen, wenn Lehrerinnen und Lehrer die anzustrebenden Werte selbst innerlich anerkennen und vorzuleben in der Lage sind" (Standop, 2005, S. 84). Bedeutsam

---

[6] Beurteilen bzw. Bewerten sind komplexe Denkvorgänge, weshalb vorangehende Wissensebenen vorausgesetzt werden. Beim konstruktivistischen Wissenserwerb werden nach Bloom (1976) sechs Wissensebenen unterschieden, die nach ihrem Komplexitätsgrad steigend angeordnet sind: *Wissen* = sich an etwas erinnern; *Verstehen* = etwas verarbeiten; *Anwenden* = Theorien in konkreten Situationen gebrauchen; *Analyse* = Elemente und Beziehungen einer Mitteilung herausfinden; *Synthese* = Elemente zur Gesamtheit fügen; *Bewertung* = qualitative Urteile bilden (Bloom, 1976, S. 217).

sind die eigene Betroffenheit und das Eigeninteresse am Gegenstand, den das Bildungspersonal lehrt. Im Idealfall fungieren sie dabei als Vorbild, spiegeln den Grundkonsens der Schule wider und wirken aktiv durch ihren Unterrichts- und Führungsstil auf die Schülerinnen und Schüler ein. Lehrerinnen und Lehrer sollten sich daher bewusst sein, dass sie als Modell für die Jugendlichen fungieren (Leitz, 2015, S. 72) und dass die Wirksamkeit der Übereinstimmung von verbal kommunizierten und tatsächlich gelebter Werte bedeutsam ist. Zwar ist die Messbarkeit des Einflusses von pädagogischen Handlungen und Affekten eingeschränkt, dennoch sollte seine Wirkung nicht unterschätzt werden (Standop, 2005, S. 84). So konnte bereits Bandura (1974) im Rahmen psychoanalytischer Beobachtungen zum Modelllernen feststellen, dass Lehrerinnen und Lehrer bewusst und unbewusst eine Wirkung auf das Verhalten von Jugendlichen haben und daher einen reflektierten Umgang damit anstreben sollten.

In Bezug auf Wertebildung benötigen die Schülerinnen und Schüler Orientierungen, die Lehrkräfte durch Wertevermittlung und ihr daran ausgerichtetes Handeln unterstützen können. Durch die Art ihrer pädagogischen Interaktionen können Lehrpersonen den Schülerinnen und Schülern auch zur kritischen Haltung gegenüber gesellschaftlichen Wertvorstellungen und -einstellungen verhelfen. Hierfür ist das Vertrauen der Jugendlichen in ihre eigenen Fähigkeiten notwendig. Dieses Vertrauen wird ihnen zunächst von den Lehrerinnen und Lehrern entgegengebracht, die ihren Schülerinnen und Schülern die Übernahme von Verantwortung für ihre Leistungen und Zielerreichung zusprechen. Grundlegend für ein vertrauensvolles und lernförderliches Verhältnis zu den Jugendlichen ist vor allem Respekt und Empathie, die die Lehrerinnen und Lehrer ihrer Klasse gegenüber erweisen (Hattie & Zierer, 2017, S. 84; Steffens & Höfer, 2016, S. 21). Daneben ist es wichtig, die Meinungen und Einstellungen der Lernenden kennenzulernen, ernst zu nehmen und zu akzeptieren, um sie hinsichtlich der Entwicklung moralischer Urteilsfähigkeit einbeziehen zu können. Es spiegelt das Interesse der Lehrenden an ihren Schülerinnen und Schülern wider und signalisiert gegenseitigen Respekt.

Ergänzend zum direkten Einfluss der Lehrerinnen und Lehrer auf die Jugendlichen kann die Kooperation mit dem Elternhaus parallel verfolgt werden und für die Entwicklung der moralischen Urteilsfähigkeit förderlich sein. Eine Übereinstimmung der vermittelten Werte seitens der Schule und des Elternhauses kann die Modellwirkung moralischen Verhaltens verstärken und u. a. die Fortführung von Diskussionsanstößen aus dem unterrichtlichen Kontext ermöglichen. Dies bedeutet jedoch nicht, dass die Eltern die Arbeit des Bildungspersonals im Privaten fortsetzen oder moralische Vorstellungen als gesetzt vorgeben sollten. Vielmehr handelt es sich um das Bewusstwerden der Wirkung ihres eigenen

Verhaltens auf ihre (und andere) Kinder. Die schulische Wertebildung sollte in keinem Abhängigkeitsverhältnis zu den Eltern stehen, sondern bestenfalls sollten ihre Bestrebungen durch das elterliche Mitwirken bestärkt werden (Hattie & Zierer, 2017, S. 89). Für eine gelingende Kooperation wird daher die Aufklärung der Eltern über die angestrebte Wertebildung, die Bedeutung und geplante Umsetzungsmethoden der Schule empfohlen. Im Sinne einer BBNE rückt das Elternhaus jedoch aufgrund des Alters, dem damit einhergehenden fortgeschrittenen Entwicklungsstand und der Zunahme an Selbstständigkeit (KMK, 2017, S. 5 f.) der Schülerinnen und Schüler zunehmend in den Hintergrund. Auch erweist sich die Elternarbeit, wenn erforderlich, u. a. durch ein mangelndes Bewusstsein der Eltern für die Notwendigkeit einer Zusammenarbeit, Sprachbarrieren oder allgemeinen Vorbehalte gegenüber der Institution Schule als herausfordernd (Staatsinstitut für Schulqualität und Bildungsforschung, 2020, S. 5). Daher sollte an dieser Stelle vielmehr die Kooperation mit Betrieben und anderen Bildungseinrichtungen fokussiert werden, um die Wertebildung beispielsweise durch die Vermittlung traditioneller Herstellungsverfahren von Backwaren in überbetrieblichen Ausbildungsstätten kooperativ zu stärken.

Die Wertebildung im Unterricht
Wertebildung ist im Zusammenhang mit der Art und Weise der Gestaltung von Unterricht zu sehen. Der *Instruktions-Unterricht* (Weinberger et al., 2008, S. 17) ist lehrerzentriert und kennzeichnet sich durch festgelegte Lehrinhalte. Im Frontalunterricht, als ein Beispiel für den Instruktions-Unterricht, trägt die Lehrperson die aktive Rolle und präsentiert der Klasse die zu lernenden Inhalte. Sie trägt die Verantwortung für das Lernen, während die Jugendlichen passiv bleiben und den Lernstoff in Wiederholungs- und Übungsphasen einüben. Da im Rahmen dieses Unterrichtsstils der Lernstoffgehalt hoch ist und die Lehrerinnen und Lehrer die Kontrolle über die Lehr- und Lernprozesse behalten, wird dieser seitens der Lehrenden häufig favorisiert (Hofmann & Patry, 1999, S. 126–128). Doch spricht eine *mangelnde Differenzierung* und die Gefahr der fehlenden *Anwendbarkeit* der Lerninhalte sowie einer *Indoktrination* gegen das instruktionsbasierte Unterrichten (Weinberger et al., 2008, S. 17). Während der Vermittlungsphase kann die Lehrperson nur bedingt auf die individuellen Voraussetzungen der Klassenmitglieder eingehen, weshalb sich der Instruktions-Unterricht lediglich für homogene Lerngruppen eignet, von denen insbesondere an Berufskollegs nicht auszugehen ist (siehe Kapitel 3). Daneben wird der Lernstoff durch Übungs- und Wiederholungsphasen überwiegend unverändert auswendig gelernt; das Verknüpfen, Übertragen oder Anwenden bleibt aus (Renkl, 1996, S. 79). Damit wird

insbesondere dem Kompetenzverständnis widersprochen, nach welchem Kompetenzen durch die aktive Auseinandersetzung mit problemhaltigen Lernsituationen gefördert werden. Es besteht die Notwendigkeit der kognitiven Vernetzung und der situationsbezogenen Vermittlung von Wissen, um der Gefahr des ‚trägen Wissens' zu entgehen (Spörhase-Eichmann, 2008, S. 57). Zudem ist vor allem das Fehlen von kritischen Betrachtungen und das Aufzeigen unterschiedlicher Perspektiven besonders fraglich an der lehrerzentrierten Darstellung von Inhalten. Denn einseitige Sichtweisen, die die Lehrenden vorgeben, werden meist von den Schülerinnen und Schülern unreflektiert übernommen, weshalb „Indoktrination […] dem obersten Erziehungsstil eines mündigen, kritisch denkenden Menschen [widerspricht]" (Weinberger et al., 2008, S. 18).

Der wertorientierte Unterricht ist dagegen so angelegt, dass die Lehrerinnen und Lehrer den schülerzentrierten Unterricht lediglich begleiten, indem sie Lernprozesse fördern, Informationen bereitstellen und Möglichkeiten zur selbstständigen Überprüfung bzw. zu einem *Viabilitäts-Check* (Weinberger et al., 2008, S. 31) bieten. Die Klasse nimmt Einfluss auf den Lernstoff[7] und trägt Verantwortung für die Planung, Durchführung und Überprüfung ihres eigenen Lernprozesses. Der konstruktivistische Unterricht ist daher auf die Förderung der kritischen Sichtweise der Schülerinnen und Schüler, ihres Bewusstseins für sozial-gesellschaftliche Zusammenhänge, deren Gestaltung und ihre Partizipation ausgerichtet (Feil, 1974, S. 27). Eine rein kognitive Vermittlung von Werten ist wenig zielführend, vielmehr sind die aktive Auseinandersetzung und die Anbindung an die Lebenswelt bzw. den künftigen Berufsalltag der Schülerinnen und Schüler grundlegend für die Wertebildung. Bei der Bildung sollte es vor allem um das Verständnis von gesellschaftlichen Zusammenhängen und Gesetzen gehen, weshalb die Relevanz des Lernstoffes nicht durch die Lehrpersonen vorgegeben werden sollte, sondern durch die Jugendlichen selbst erkannt wird. Für diese eigenständige Begründungssuche wird eine anspruchsvolle, intensive Auseinandersetzung mit dem Gegenstand verlangt, die die Schülerinnen und Schüler zunächst im Prozess erlernen müssen (Schmitt, 2016, S. 21). Der wertorientierte Unterricht ist deshalb schülerzentriert und muss demnach individuelle Lernvoraussetzungen wie Erfahrungen, Vorwissen und Emotionen für die Lernenden aufweisen (Weinberger et al., 2008, S. 20). Daher zielt er nicht allein auf die Vermittlung der gültigen Grundwerte, sondern verfolgt ebenso eine kritische

---

[7] Der Lernstoff kann nur im begrenzten Rahmen von den Schülerinnen und Schülern ausgewählt werden, da es curriculare Vorgaben zu den unterrichtsrelevanten Themen gibt (siehe Kapitel 3). Daher sollte jedoch zumindest bei der Akzentuierung der Themen, einer möglichen Schwerpunktsetzung oder praktischen Umsetzung die Anliegen der Klasse berücksichtigt werden.

Betrachtung hinsichtlich ihres gesellschaftlichen Kontextes. Zwar kann sich die Konfrontation mit alternativen Wertvorstellungen auf die Wertbindung der Schülerinnen hemmend auswirken, dennoch gefährdet sie diese nicht grundlegend. Der Pluralismus der heutigen Gesellschaft ermöglicht vielmehr das Aufzeigen weiterer Lebensweisen, weshalb die Jugendlichen ihre Wertvorstellungen und -ansprüche wiederholend anpassen. Durch diese Prozesshaftigkeit, der die Ausbildung von Werthaltung und -einstellung unterliegt, erfolgt die Wertebildung progressiv durch regelmäßiges Üben. Durch praktische Erfahrungen im sozialen Bezugsrahmen wird den Lernenden die Notwendigkeit der Lösungsfindung bewusst und regt zur Suche nach situativen, moralischen Kriterien an. Solche Kriterien sind entwicklungsabhängig und gelten als Ausdruck übergreifender Denkstrukturen. „Wertebildung ist daher nur erfolgreich im Sinne autonom verinnerlichter Werte, wenn Unterricht diese affektiv geprägten Erfahrungen aufgreift" (Standop, 2005, S. 92). Doch neben dem Wissen über Werte und der ethischen Urteilsfähigkeit, die die Jugendlichen im Laufe des Lernprozesses entwickeln sollen, bedarf es ihrer Bereitschaft, sich für ihre Entscheidungen und Überzeugungen einzusetzen bzw. nach diesen zu handeln. Elaborativ entwickelt sich die Urteilsfähigkeit aus dem Wissen, aus der anschließend die Verantwortungsübernahme entsteht (Steinherr, 2017, S. 60). Daher gilt die ethische Haltung als Voraussetzung zum Handeln (Herbart & Benner, 1986; Kant, 1785; Roth, 1967). Durch die kritische Beschäftigung mit der eigenen Lebens- und Berufswirklichkeit sowie den daraus resultierenden Herausforderungen wird der Handlungsbedarf sichtbar, der die Jugendlichen zur Umsetzung ihrer Überzeugungen nicht bloß motiviert, sondern verpflichtet (Wiater, 2013, S. 306).

Ebenso wichtig wie die aktive Auseinandersetzung mit Werte-Konflikten ist die Anbindung der Wertebildung an Inhalte des Fachunterrichts. Die isolierte, gegenstandslose Wertevermittlung wird als ineffektiv eingeschätzt (Gugel, 2013, S. 16). Ein fachliches Thema kann zum Gegenstand einer Diskussion dienen und die Urteilsfähigkeit sowie die Kompromissfähigkeit der Schülerinnen und Schüler fördern. Da die Jugendlichen Werteurteile auf der nächsten Verständnisebene[8] nachvollziehen können, erscheint die Auseinandersetzung mit diesen Urteilen als

---

[8] Nach Kohlberg (1984) ist das Verständnis von Werten auf sechs Ebenen zu unterteilen. Auf der untersten Ebene wird eine Handlung als richtig beurteilt, wenn darauf keine Strafe erfolgt. Kinder bis zum fünften Lebensjahr verhalten sich nach dieser Logik. Bis zum zehnten Lebensjahr greift das Prinzip der Gegenseitigkeit. Das Handeln der Ebene 2 basiert daher unter dem Aspekt der strategischen Tauschgerechtigkeit. Ab dem Jugendalter wird insbesondere die Erwartung der Bezugsgruppe als Handlungsmaßstab herangezogen (Ebene 3), Gesetzte und Ordnungen werden ab Stufe 4 handlungsweisend. Auf Ebene 5 spielen primär Grundrechte eine Rolle, auf der höchsten Ebene gelten universelle moralische Prinzipien. Da

förderlich, um die nächste Ebene zu erreichen. Schülerinnen und Schüler werden im Rahmen unterrichtlicher Diskussionen von Wertekonflikten zur Suche möglichst überzeugender Argumente für ihren Standpunkt angeregt, wodurch die Entwicklung ihres Werteverständnisses unterstützt wird (Schmitt, 2016, S. 22; Weinberger et al., 2008, S. 27–29). Gleichzeitig wird durch die Diskussion die Einnahme anderer Perspektiven ermöglicht und die Bereitschaft zur politischen Teilhabe gestärkt (siehe Abbildung 4.1).

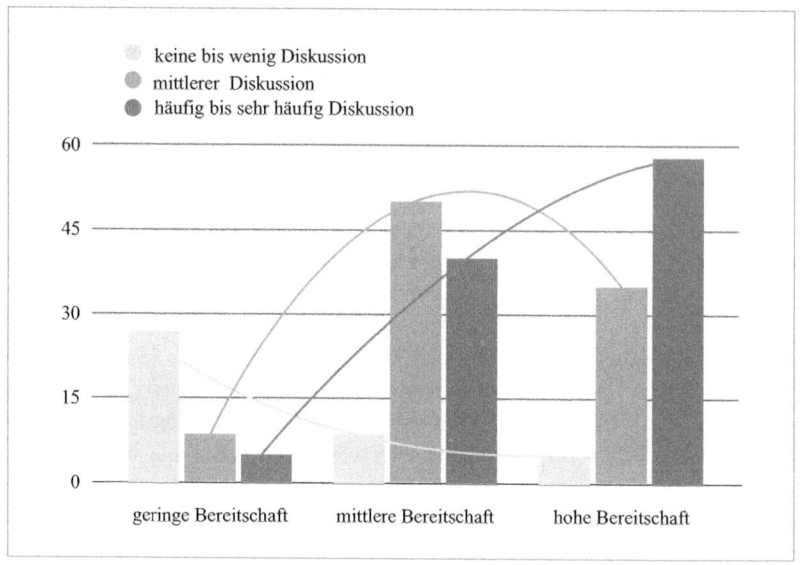

Abbildung 4.1 Bereitschaft zur politischen Teilhabe in Abhängigkeit zur Diskussionshäufigkeit (Lange et al., 2013, S. 42)

Mit dem Einsatz von u. a. Rollen- oder Planspielen ermöglicht der Unterricht den Raum, sich der moralischen Urteilsfähigkeit zu nähern und Erfahrungen an konkreten Beispielen zu sammeln. Beispielsweise regt das Planspiel *COREBIFA* zur Entwicklung von nachhaltigen Lösungsstrategien an, „[indem es] alle Akteure aus dem Lebensmittelsektor dar[stellt], die in der Rolle von Landwirten, Industrie, Lebensmittelläden und KonsumentInnen mit Liberalisierung, neuen Konsumententrends, steigenden ökologischen Anforderungen etc. konfrontiert sind" (Ulrich,

---

sich viele Erwachsenen lediglich auf der 3. oder 4. Ebene befinden (Colby et al., 1983, S. 56), sollte die Wertebildung auf die Erreichung einer höheren moralischen Ebene abzielen.

2003, S. 4). Durch konkrete Handlungsimpulse werden die Schülerinnen und Schüler in ihre Handlungskompetenz gefördert, wobei sie die Unterschiede zwischen Konkurrenz und Kooperation erleben. „Werten muss als ein Unterrichtsprinzip aufgefasst werden, das für jeden Unterricht gilt" (Standop, 2005, S. 91). Die Auseinandersetzung mit fachlichen Gegenständen unter einer ethischen Perspektive kann demzufolge zur Erweiterung des Werteverständnisses der Jugendlichen beitragen. Bei der Unterrichtsplanung und -durchführung gemäß einer Wertebildung wird vor allem ihr künftiges Handeln als selbstständige und verantwortungsvolle Person berücksichtigt.

Zur Realisierung eines werteorientierten Unterrichts bedarf es zunächst der grundsätzlichen Klärung, ob die fachwissenschaftlichen Erkenntnisse mit moralischen Urteilen und Handlungsweisen übereinstimmen, wie sie miteinander in Verbindung gebracht werden können und wie die verschiedenen Fächer bzw. Lernfelder zur ethischen Erziehung beitragen können (Adam & Schweitzer, 1996, S. 35). Da sich das Berufsfeld Ernährung und Hauswirtschaft durch zahlreiche Verbindungen zu einer werteorientierten Bildung auszeichnet (siehe Abschnitt 8.1), eignet es sich im besonderen Maße für die unterrichtliche Umsetzung einer BBNE. Zudem müssen gewisse Bedingungen gegeben sein, um den Unterricht wertorientiert gestalten zu können. Erst durch das *Vorhandensein der objektiven Sachkenntnisse* (Standop, 2005, S. 94) können Schülerinnen und Schüler ihrer subjektiven Position zum Lerngegenstand verlassen und sich wissenschaftlich fundiert sowie reflektiert mit den Fachinhalten auseinandersetzen. Aus diesem Grund ist es sinnvoll, eine fachübergreifende Wertebildung – wie sie im Rahmen einer BBNE-spezifischen Didaktik erfolgt (siehe Kapitel 7) – anzustreben, um eine polyvalente Betrachtung des Lerngegenstands zu ermöglichen. Für die Verknüpfung der fachlichen Inhalte mit moralischen Kriterien ist ferner ein interaktionistisches Lernkonzept notwendig, welches die aktive, lebensnahe Beschäftigung mit einem Thema im sozialen Kontext gemäß des Lernstands ermöglicht. Gleichzeitig soll die Klasse am Unterrichtsverlauf partizipieren können. „[Daher ist] vor allem die Erfahrung, wirklich *Einfluss auf die Konfliktlösung* und damit *Verantwortung* zu haben [,]" (Standop, 2005, S. 94 [HviO]) förderlich für das wertorientierte Lernen. Im Zuge dessen lernen die Schülerinnen und Schüler im Diskurs Argumente für verschiedene moralische Rechte kennen und nähern sich auf diese Weise einer personalen Auseinandersetzung. Es geht um den gegenseitigen Austausch, der nicht zwangsläufig zu einer einheitlichen Meinung führen muss. Ziel einer unterrichtlichen Werteorientierung ist die *subjektive Stellungnahme* (Standop, 2005, S. 97), die sich über den Lernprozess hinweg entwickelt und allmählich zu einer persönlichen Wertvorstellung – mit individuellen Bedürfnissen, Wünschen und Urteilen – gelangt (IJAB, 2010).

4.3 Zusammenfassung und Schlussfolgerungen

Trotz ihrer eingeschränkten Berücksichtigung in bisherigen Publikationen zur nachhaltigen Entwicklung nimmt die Vermittlung von Werten im Rahmen der BBNE eine wesentliche Rolle ein. Mit der Wertebildung werden die Selbstständigkeit, autonome Persönlichkeitsbildung, Fähigkeit der Übernahme von Verantwortung, Mündigkeit, Partizipation und Urteilsfähigkeit der Schülerinnen und Schüler gefördert. Sie erfolgt nicht kontextlos, sondern in Anbindung an konkrete fachliche Inhalte. BBNE ermöglicht die mehrdimensionale Betrachtung eines ernährungsspezifischen Gegenstands und kann den Jugendlichen durch praxis- und lebensweltnahe Problemstellungen zur Entwicklung von Lösungsstrategien verhelfen. Durch Lernsituationen, die reale Gegebenheiten der Ernährungspraxis abbilden, werden Schülerinnen und Schüler zum aktiven Handeln angeregt, wobei das Aufzeigen der verschiedenen Perspektiven eine kritische Betrachtung impliziert. Ihre aktive Auseinandersetzung ist für die Verinnerlichung und spätere Anwendung der Werte unverzichtbar. In ihrer Umsetzung werden *ethisch begründete Werte* – das Wissen über das, was zu tun ist – in *vertretene Werte* überführt (Weinberger et al., 2008, S. 23). Daher erfolgt die Wertebildung reflexiv und in Anbindung an die persönlichen Erfahrungen der Jugendlichen. In diesem Zusammenhang ist unerlässlich, dass die Schülerinnen und Schüler ihre eigene Verantwortung für ihr sowohl alltägliches als auch berufliches Handeln erkennen.

Für die ethische Bildungsarbeit ist wesentlich, dass die Lehrerinnen und Lehrer auf diese Aufgabe im Rahmen ihrer Aus- und Weiterbildung vorbereitet werden. Durch die intensive Auseinandersetzung mit den eigenen erlernten Umgangsformen mit bestehenden Machtverhältnissen, Verhaltensvorgaben oder Bestrebungen nach Anerkennung kann ihre Reflexionsfähigkeit gefördert werden. Das Wissen über individuelle Erfahrungen und die kritische Haltung gegenüber biografisch gewachsenen Einstellungen führt zu einem stabileren moralischen Gleichgewicht, welches als Voraussetzung für die Wertebildung gilt und zur gelingenden Beziehungsarbeit beiträgt, die grundlegend für jegliche Erziehungsbestrebungen ist (Schmitt, 2016, S. 182) und ihnen die Wahrnehmung ihrer Vorbildfunktion ermöglicht. Folglich stellt die Reflexionsfähigkeit einen relevanten Anteil an einer professionellen Lehrerkompetenz dar und sollte daher im Rahmen der Lehrerausbildung gefördert werden. Darüber hinaus müssen die Lehrerinnen und Lehrer in der Lage sein, die Übereinstimmung von fachwissenschaftlichen Erkenntnissen mit moralischen Urteilen und Handlungsweisen zu erkennen und sie miteinander in Verbindung zu bringen sowie über das Wissen verfügen, wie die verschiedenen Fächer bzw. Lernfelder zur ethischen Erziehung beitragen können (Adam & Schweitzer, 1996, S. 35).

Das Berufskolleg als öffentliche Bildungsinstitution hat unter dem Aspekt von Wertebildung die individuellen Lebensweisen zu akzeptieren, wobei die Gemeinsamkeiten hervorgehoben werden. Aufteilungen nach sozialen oder kulturellen Ausrichtungen sind zu vermeiden.

Im folgenden Kapitel werden die inhaltlichen Aspekte einer BBNE sowie einer nachhaltigen Ernährung[9] beschrieben, um anschließend ableiten zu können, inwieweit sich eine werteorientierte BBNE am Berufsfeld Ernährung und Hauswirtschaft abbilden lässt, welche Kompetenzen das Berufsbildungspersonal benötigt und wie die entsprechende (fach-)didaktische Gestaltung aussieht.

---

[9] In der Literatur wird sich hauptsächlich auf eine nachhaltige Ernährung bezogen, zu der verschiedene Modelle entwickelt wurden. Daher wird dies im folgenden Kapitel entsprechend benannt, wobei ebenfalls haushaltswissenschaftliche Aspekte wie der Einkauf, die Lagerung und die Zubereitung von Lebensmitteln, der damit in Verbindung stehende Einsatz von Ressourcen u. a., mitgedacht werden. Sie stehen in unmittelbarer Verbindung zur Ernährung, weshalb sich in der gesamten Arbeit beide Bereiche des Berufsfelds Ernährung und Hauswirtschaft wiederfinden.

5.1   Nachhaltigkeitsbegriff

Nachhaltigkeit ist bereits seit Jahrhunderten Inhalt gesellschaftlicher Diskussionen (Freund, 2015, S. 19), eine nachhaltige Entwicklung wird ebenfalls seit über zwanzig Jahren auf nationaler wie internationaler Ebene als innovatives Bildungskonzept gefördert. Sie wurde in solchen Momenten thematisiert, in denen die Endlichkeit von natürlichen Ressourcen erkannt wurde. Dies wird beispielsweise durch die bedrohliche Zunahme der Waldrodung in Sachsen, die für die Energielieferung von Eisenbahnen im Jahre 1713 erfolgte, deutlich. Auch das Erkennen negativer Umweltfolgen des Wirtschaftssystems der 1960er- bis 1970er-Jahre kann als Nachhaltigkeitsgedanke verstanden werden (Freund, 2015, S. 20 f.). In diesem Zusammenhang wird die zunächst ökologische Ausrichtung der Nachhaltigkeitsidee verdeutlicht, die mit ökonomischen Aspekten verknüpft wurde, indem Nutzungspläne zur Erhaltung der natürlichen Ressourcen entwickelt wurden.

Aufgrund der globalen Zunahme von Umweltproblemen kam es 1972 in Stockholm zur erstmaligen internationalen Umweltkonferenz der Vereinten Nationen. Diese gründeten 1983 die *Umweltkommission Umwelt und Entwicklung* (WCED), um für die zentralen umwelt- und entwicklungspolitischen Probleme Lösungen zu erarbeiten. In diesem Rahmen erfolgte schließlich in der zweiten Hälfte des 20. Jahrhunderts die Verbindung ökonomischer und sozialer Perspektiven durch neue Denkweisen, die zum Ablegen des „unbekümmerte[n] Fortschrittsoptimismus" (Grunwald & Kopfmüller, 2006, S. 16) führten. Seither werden regelmäßig Konferenzen einberufen, um sich mit nachhaltigkeitsrelevanten Themen zu befassen und entwicklungspolitische Veränderung zu bewirken. Nachhaltigkeit ist demnach vor allem Gegenstand der Politik, obwohl sie sich als Forschungsfeld vermehrt etabliert (Lange, 2008, S. 13). Eine bekannte und anerkannte Definition basiert auf der Brundtland-Kommission[1] *Our common future*. Gro Harlem Brundtland, früherer Ministerpräsident von Norwegen, führte 1987 den Vorsitz der Weltkommission für Umwelt und Entwicklung der Vereinten Nationen (Buddeberg, 2014, S. 52). Gemeinsam formulierten sie in dem Brundtland-Bericht ihre Definition von nachhaltiger Entwicklung: „Nachhaltige Entwicklung ist eine Entwicklung, die die Lebensqualität der gegenwärtigen Generation sichert und gleichzeitig zukünftigen Generationen die Wahlmöglichkeit zur Gestaltung ihres Lebens erhält" (Klanten, 2014, S. 5). Sie umfasst sowohl ein entwicklungsbezogenes als auch ein gerechtigkeitsspezifisches Verständnis von Nachhaltigkeit. Gerechtigkeit wird in diesem Sinne sowohl intra- als auch intergenerationell verstanden, da es sich um eine gerechte Verteilung von Gütern und Chancen innerhalb der Weltbevölkerung handelt, die zukunftsfähig ist (Grunwald & Kopfmüller, 2006, S. 7 f.). Neben der gerechten Verteilung von Lebenschancen zwischen wohlhabenden und armen Ländern bzw. Kontinenten ist zudem die Geschlechtergleichheit von Bedeutung. Für eine zukunftsfähige Gesellschaft ist ebenso die Erhaltung natürlicher Ressourcen für nachfolgende Generationen zu gewährleisten. Daher definiert Hauff (1987, S. 46) Nachhaltigkeit als „Entwicklung, die die Bedürfnisse der Gegenwart befriedigt, ohne zu riskieren, dass künftige Generationen ihre eigenen Bedürfnisse nicht befriedigen können". Durch diese Erweiterung des Nachhaltigkeitsbegriffs um die Komponente der Entwicklung (*sustainable development*) wird die Verzahnung verschiedener gesellschaftlicher Entwicklungen – ökologisch, ökonomisch und sozial – verdeutlicht, die im Sinne der Nachhaltigkeit erfolgen soll. Auf diese Weise kann eine rein wirtschaftlich ausgerichtete Entwicklung überwunden werden, die sich auf das Wirtschaftswachstum konzentriert, die Steigerung der Lebensqualität verfolgt und als gesellschaftlicher Aufstieg interpretiert wird. „Somit umfasst dieses Standbein des Leitbilds sowohl entwicklungspolitische als auch profitorientierte Forderungen" (Freund, 2015, S. 23). Darüber hinaus kann die Definition der Brundtland-Kommission „als Kritik am westlichen Lebensstil (Lange, 2008, S. 7) verstanden werden, der sich durch ressourcenverschwendende Verhaltensweisen auszeichnet und die ungerechte Ressourcenverteilung aufrechterhält" (Loy, 2018, S. 70). Ziel ist die globale Gerechtigkeit und die Sicherung der gesellschaftlichen Zukunft[2], für die es das Verhalten anzupassen gilt. Dabei handelt es sich nicht um einen zu erreichenden Zielzustand,

---

[1] Die Bezeichnung geht auf den Namen der derzeitigen Kommissionsvorsitzenden und norwegische Ministerpräsidentin Gro Harlem Brundtland zurück (Buddeberg, 2014, S. 52).

[2] Anzumerken ist, dass eine solche Zukunftsperspektive ‚westlichem Denken' (Offe, 2007, S. 5) gleichkommt, andere Kulturen einer solchen Priorisierung jedoch nicht zustimmen.

sondern um einen anhaltenden Entwicklungsprozess, der entsprechend der fort-
laufenden Veränderungen der Gesellschaft kontinuierlich anzupassen ist (Künzli
David, 2007, S. 20). Daher beinhaltet der Nachhaltigkeitsbegriff entsprechend
der Brundtland-Kommission die wesentlichen Kernelemente, trotzdem sind noch
weitere Spezifizierungen notwendig, um als geeignete Grundlage zu dienen.

Ein sehr verbreitetes Konzept der Nachhaltigkeit ist das ‚Drei-Säulen-Modell‘,
welches die drei Komponenten *Ökologie, Ökonomie und Soziales* (Deutscher
Bundestag, 1994, S. 33) nebeneinanderstellt. Diese Dimensionen nehmen dabei
gegenseitig Einfluss aufeinander und sind gleichrangig zu berücksichtigen. Daneben werden weitere Dimensionen in anderen Mehrsäulenkonzepten benannt, wie
Kultur, Politik oder *Gesundheit*, die jedoch den drei ‚Hauptdimensionen‘ zugeordnet werden können. Die Dimensionen von Nachhaltigkeit stehen in den jeweiligen
Modellen häufig nebeneinander, weshalb der Eindruck einer isolierten Stellung
entstehen kann. Um dieser Vorstellung entgegenzuwirken, kann das *integrierende
Nachhaltigkeitsdreieck* von Alexandro Kleine (siehe Abbildung 5.1) hinzugezogen werden. Im Allgemeinen sollen hierbei sowohl soziale als auch natürliche
Ressourcen integriert und die Gerechtigkeit gesamtgesellschaftlich beachtet werden (Freund, 2015, S. 27). Mit Hilfe dieses Modells kann gezeigt werden,
welche Herausforderungen bei der Verknüpfung der verschiedenen Dimensionen entstehen und welche Akzentuierungen einzelne Maßnahmen vornehmen.
Die jeweiligen Entwicklungsbedarfe können auf diese Weise verdeutlicht und
Verbesserungspotenziale aufzeigt werden (Kettschau & Mattausch, 2011, S. 13).
Die Nachhaltigkeitsdimensionen bieten ferner als Referenzrahmen Orientierung
bei der Ausgestaltung nachhaltiger Entwicklungsbestrebungen (Hauenschild &
Bolscho, 2007, S. 56). Dabei handelt es sich bei der ökologischen Dimension
primär um den Erhalt der Lebensgrundlage, die ökonomische Dimension steht
für die Sicherung der Existenz und den Wohlstand der Bevölkerung. Da diese
Sicherheiten für alle Menschen der Welt gelten sollen, ist die soziale Dimension der Nachhaltigkeit von großer Bedeutung (Künzli David, 2007, S. 21). Sie
betont zudem die ethische Bedeutung des Nachhaltigkeitsverständnisses, welches sich aus der Annahme einer global integrativen und sozialen Gerechtigkeit
zusammensetzt (Buddeberg, 2014, S. 54). Daher handelt es sich bei der nachhaltigen Entwicklung um einen normativen Ansatz, welcher die Partizipation der
Gesellschaftsmitglieder bei der Problemlösung voraussetzt (Hauff, 1987, 1992).

Neben solchen Dimensionsansätzen lässt die Nachhaltigkeit durch das Konzept der *Effizienz, Konsistenz* und *Suffizienz* definieren. Effizient beschreibt die Minderung des Material- und Energieeinsatzes (Freund, 2015, S. 27). Konsistenz meint den Abgleich der „durch menschliches Wirtschaften erzeugte[n] Stoffströme [mit den] natürlichen Stoffwechselprozesse[n]" (Grunwald & Kopfmüller, 2006, S. 77). Beide Aspekte sind somit mit dem Streben nach Wirtschaftswachstum vereinbar. Suffizienzorientierte Personen versuchen hingegen ihren Konsum und Verbrauch von Ressourcen so gering wie möglich zu halten (Grunwald & Kopfmüller, 2006, S. 77).

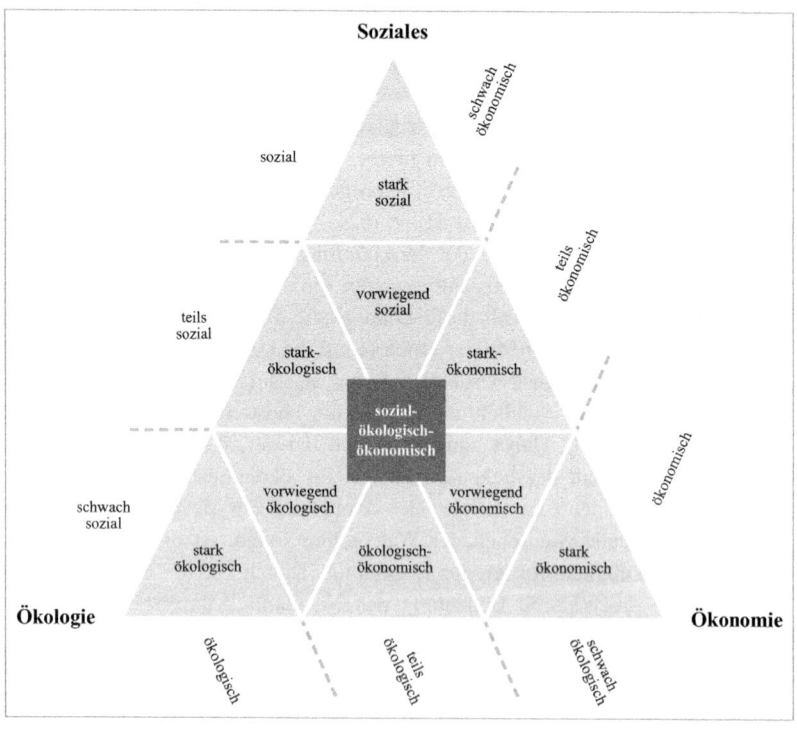

Abbildung 5.1   Felder des Integrierenden Nachhaltigkeitsdreiecks. (Hauff & Kleine, 2005, S. 14)

Für eine nachhaltige Ernährung existieren spezifische Modelle, wie das Modell von von Koerber (2015), welche die drei Nachhaltigkeitsdimensionen *Ökologie*, *Ökonomie* und *Soziales* beinhaltet, jedoch um weitere Dimensionen wie *Gesundheit* erweitert und eine kulturelle Kontextualisierung vorsieht. Besonders daran ist, dass die einzelnen Dimensionen hinsichtlich ihrer ernährungsspezifischen Bedeutung beschrieben werden, weshalb diese spezifischen Ansätze für die vorliegende Arbeit als wertvolle Ergänzung zu den beschriebenen Konzepten herangezogen werden.

5.2 Nachhaltige Ernährung

5.2.1 Ernährung als Schlüsselbereich einer nachhaltigen Entwicklung

Das Ernährungsverhalten der heutigen Gesellschaft ist geprägt durch den übermäßigen Konsum stark verarbeiteter Produkte, die mit einem hohen Ressourcenverbrauch einhergehen und meist mehrfach verpackt sind. Daneben ist im Vergleich zu vorherigen Generationen der weltweite Verzehr von Fleischprodukten drastisch gestiegen; in den letzten 20 Jahren hat sich dieser sogar verdoppelt (Jahberg, 2021). Lediglich 5 % der Bevölkerung zeichnet sich durch eine vegetarische oder vegane Ernährungsform aus (WBAE), 2020, S. 320). Diese Tatsachen sind insbesondere für die problematischen Tendenzen unserer Esskultur verantwortlich (von Koerber, 2016, S. 262), die das gesamte Berufsfeld Ernährung und Hauswirtschaft betrifft. Denn diese Esskultur prägt alle Bereiche von der Beschaffung über die Lagerung und Produktion bis hin zu Dienstleistungsangeboten der Branche. Ein grundsätzliches Dilemma besteht in der Tatsache, dass der Konsum von Lebensmitteln unverzichtbar ist, da sie zum Leben benötigt werden. Die Produktion, die Verarbeitung, der Transport und der Verkauf von Lebensmitteln sowie deren Entsorgung sind daher unvermeidbar (Fischer, 2008, S. 26). Hierauf lässt sich jedoch im Sinne einer nachhaltigen Entwicklung Einfluss nehmen. Mit einer überwiegend pflanzlichen Ernährung und einer höheren Wertschätzung von Lebensmitteln kann ein Beitrag zur nachhaltigen Entwicklung geleistet werden. Daher kann die Gesellschaft durch die Lebensmittelauswahl und die konsumierte Menge von Nahrungsmitteln Veränderungen in den verschiedenen Bereichen einer nachhaltigen Ernährung bewirken, denn die Auswirkungen des Ernährungsverhaltens sind vielfältig und haben regionale wie globale Folgen. Ernährung gehört daher zu den Schlüsselbereichen für eine nachhaltige Entwicklung (Fischer, 2008, S. 26).

Die ökologische, ökonomische und soziale Bilanz des Lebensmittelkonsums wird durch Art, Umfang und den Preis der gekauften Lebensmittel, deren Herstellung und Verarbeitung, den Ressourcenverbrauch und Flächenbedarf im Hinblick auf eine feste Produktionsmenge sowie unter anderem auch durch die Menge der Lebensmittelabfälle bestimmt (Presse- und Informationsamt der Bundesregierung, 2020).

Daher ist nicht verwunderlich, dass Welternährung und Welthungerprobleme als soziale Kernprobleme gelten. Die Zahl der chronisch Unterernährten wird auf 690 Millionen geschätzt. Demzufolge hungert weltweit fast jeder zehnte Mensch, die meisten unterernährten Menschen leben insbesondere in Asien und Afrika (UNICEF, 2020). Diese dramatische Lage wird durch die Zahl der hungertoten Kinder weiter verdeutlicht: „Im Jahr 2018 sind 5,3 Millionen Kinder noch vor ihrem fünften Geburtstag aufgrund von Unterernährung verstorben" (Deutsche Welthungerhilfe e. V., 2020). Der Handel sowie die Spekulation mit Lebensmitteln verschärfen neben Armut, Dürre, Krieg u. a. diese Lage, denn sie wirken sich auf die Preise und Verfügbarkeiten der Grundnahrungsmittel aus. Der europäische Export von Lebensmitteln und seine Subventionen, die zur Sicherstellung der Welternährung dienen sollen, tragen ebenfalls zur Hungerproblematik bei, da sie den Druck auf Preise erhöhen und die heimische Lebensmittelproduktion verhindern. 80 % der Hungernden sind auf den Anbau natürlicher Ressourcen und die Viehzucht angewiesen, haben jedoch häufig eingeschränkten Zugriff darauf. Weitere Einschränkungen des Ackerbaus haben ihre Ursache im Klimawandel und den damit verbundenen veränderten Niederschlagsmengen. Gleichzeitig kann mit Maßnahmen gegen die Umweltzerstörung in den betroffenen Ländern erst dann begonnen werden, wenn die Grundbedürfnisse als gesichert gelten (Michelsen et al., 2012, S. 17). Aus diesem Grund wird mit dem Ziel ‚Ernährung weltweit sichern' der Agenda 2030 (siehe Abschnitt 5.2.3) dem Thema Ernährung eine hohe Bedeutung zugeschrieben, indem eines der 17 Ziele der Agenda 2030 (Sustainable Development Goals (SDGs), siehe Abbildung 5.2) die Ernährungssicherheit, die hohe Qualität der Ernährung sowie die Bekämpfung von Hunger verfolgt.[3] Die

---

[3] Als SDGs werden die Ziele im Rahmen der Agenda 2030 bezeichnet, die den globalen Plan zur Förderung des nachhaltigen Friedens, Wohlstands und Schutz des Planeten bilden. Die wichtigsten Unterziele des SDG 2 *Den Hunger beenden* sind:

- „Ganzjährlicher Zugang zu ausreichend Nahrungsmitteln für alle Menschen
- Für bessere, ausgewogene Ernährung sorgen
- Höhere Produktivität und höhere Einkommen für Kleinbauern
- Nachhaltige landwirtschaftliche Methoden anwenden
- Genetische Vielfalt bewahren

Planetary Health Diet ist eine Ernährungsform, die sich beispielsweise eignet, um das Ernährungssystem auf eine solche Weise zu verändern, dass sie auf den Erhalt der menschlichen und planetaren Gesundheit abzielt (EAT-Lancet Commission, 2019, S. 5). Sie basiert zum Großteil auf pflanzlicher Nahrung, strebt die Vermeidung von Lebensmittelabfällen an und kann dadurch zur Bekämpfung von Hunger beitragen. Ferner sind hierfür die ländliche Entwicklung und eine nachhaltigkeitsorientierte Landwirtschaft durch u. a. gesichertes Einkommen und Beschäftigung, langfristige Sicherung der Lebensmittelversorgung und die Bodenschonung maßgeblich. Dies ist wichtig, denn „[r]und einer von drei Menschen auf der Welt kann kein würdevolles Leben führen, weil er sich nicht ausreichend oder nicht ausgewogen ernähren kann" (Presse- und Informationsamt der Bundesregierung, 2020). Hunger und Mangelernährung verstoßen jedoch gegen die Menschenwürde, denn die Versorgung mit ausreichend und hochwertigen Lebensmitteln gilt als Menschenrecht (Deutsche Gesellschaft für die Vereinten Nationen e. V., 1948, Art. 25). Hunger ist eines der Hauptursachen für Hoffnungslosigkeit, soziale Spannungen und Flucht. Zudem kann Unterernährung, aber auch Überernährung sowohl zu kurz- als auch langfristigen gesundheitlichen Problemen führen. Für die Bekämpfung dieser Problematiken sind internationale Maßnahmen und Solidarität notwendig, weshalb neben der Implementierung einer nachhaltigen Entwicklung auf systematischer Ebene – Politik, Industrie und Wirtschaft – eine Verankerung im Bildungswesen unerlässlich wird. Ernährung stellt ein zentrales Handlungsfeld für die nachhaltige Entwicklung dar, denn damit sich die Konsummuster in der Gesellschaft nachhaltiger gestalten lassen, „wird der Bildung eine Schlüsselrolle beigemessen" (Fischer, 2008, S. 27). Welche Dimensionen unter einer nachhaltigen Ernährung zu verstehen sind und an welchen Stellen sie insbesondere einer BBNE im Berufsfeld Ernährung und Hauswirtschaft dienen, soll im Folgenden näher aufgezeigt werden.

- Investitionen in Landwirtschaft
- Handelsbeschränkungen und -verzerrungen korrigieren und verhindern
- Reibungsloses Funktionieren der Märkte gewährleisten" (Presse- und Informationsamt der Bundesregierung, 2020).

Abbildung 5.2 Die 17 Ziele der Agenda 2030 (Sustainable Development Goals (SDGs)) (Bundesministerium für wirtschaftliche Zusammenarbeit und Entwicklung, 2021)

5.2.2 Dimensionen einer nachhaltigen Ernährung

Ein sehr weit verbreitetes Modell der nachhaltigen Ernährung ist das Modell der fünf Nachhaltigkeitsdimensionen von von Koerber (2014). Seine aufgeführten Dimensionen *Gesundheit, Umwelt, Wirtschaft und Gesellschaft* (Koerber, 2014, S. 261 f.) (siehe Abbildung 5.3) stehen wie beim Nachhaltigkeitsdreieck (siehe Abschnitt 5.1) nicht isoliert nebeneinander, sondern bedingen sich im *kulturellen* Kontext gegenseitig. Da sich dieses Modell durch seine ernährungsspezifische Ausrichtung auszeichnet und aktuell die Potenziale bestimmter Ernährungsmaßnahmen zur Unterstützung der SDGs (siehe Abbildung 5.7) untersucht werden (von Koerber, 2021, S. 73), wird in diesem Kapitel näher erläutert und durch weitere Ansätze ergänzt, um die Bedeutung der Ernährung für eine nachhaltige Entwicklung im Rahmen der beruflichen Bildung im Berufsfeld Ernährung und Hauswirtschaft zu verdeutlichen.

Umwelt

Die Dimension *Umwelt – Schonung der Ökosysteme* meint die *Umweltverträglichkeit* und umfasst jene natürlichen Ressourcen, die letztlich für die Erstellung von Lebensmitteln benötigt werden. Da das gegenwärtige Ernährungsverhalten eine

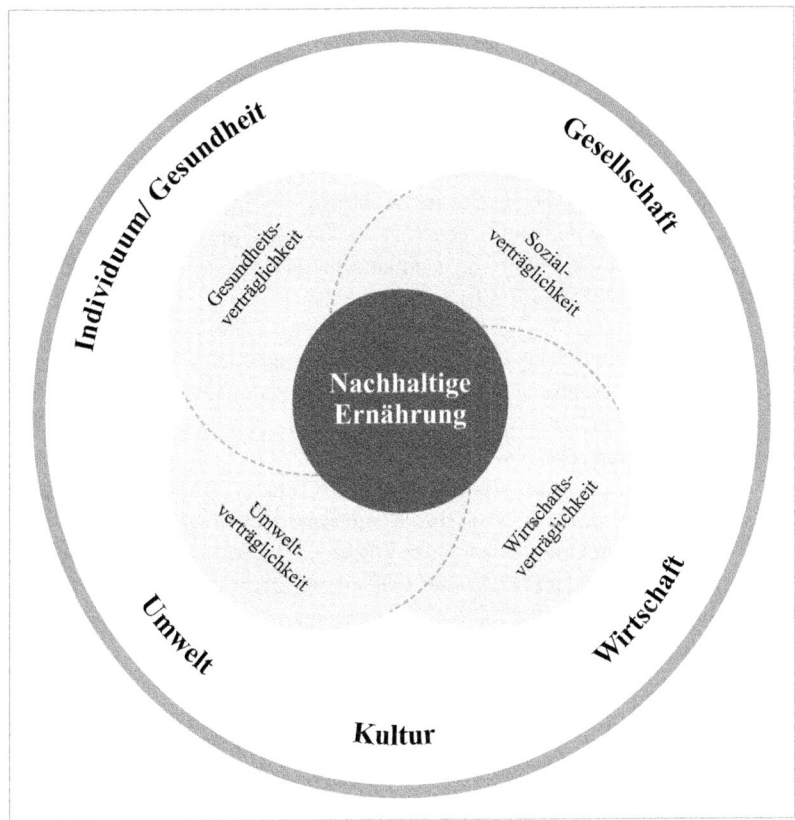

Abbildung 5.3 Die fünf Dimensionen einer nachhaltigen Ernährung (von Koerber, 2015, S. 263)

Überlastung dieser Lebensgrundlagen verursacht, ist von einer Ressourcenverknappung auszugehen, die sich negativ auf verschiedenste Bereiche der Ökologie auswirkt. Dies zeigt sich beispielsweise in

- Schadstoffbelastung von Luft, Wasser, Boden und somit auch von Nahrungsmitteln,

- steigende CO_2-Werte, u. a. durch Massentierhaltung und erhöhte Temperaturen begünstigen z. B. Missernten, Brände, Überschwemmungen und den Anstieg des Meeresspiegels durch das Schmelzen von Polareis,
- Schädigung der Ozonschicht,
- Monokulturen und Übernutzung führen zur Reduktion der Nutzbodenflächen,
- Verlust der floristischen und faunistischen Artenvielfalt,
- Überfischung durch die gestiegene Nachfrage von Speisefischen
- und Verknappung der natürlichen Wasserressourcen, die durch den Klimawandel und der Bewässerung von landwirtschaftlichen Flächen verursacht wird (von Koerber, 2015, S. 263 f.).

Zwar ist eine gewisse Temperaturschwankung ein natürlicher Vorgang, der durch Unterschiede der Sonnenaktivität oder Vulkane bedingt wird, doch ist nicht abzuweisen, dass die derzeitige Erwärmung nicht allein durch solch natürliche Bedingungen verursacht wird. Wissenschaftliche Erkenntnisse wie der Sachstandsbericht des Intergovernmental Panel on Climate Change (IPCC, Weltklimarat) weisen auf eine von Menschen verursachte Klimaveränderung hin (Stoll, 2021b). Aus diesem Grund ernennt der WBAE (2020, S. 329) in seinem Gutachten *Umwelt* zu einem der *big four* und zielt auf eine umwelt- und klimaschützende Ernährung ab. Verdeutlicht wird die Notwendigkeit zur Schonung der Umweltressourcen ebenfalls durch den ökologischen Fußabdruck[4], der erkennen lässt, dass die Menschen die natürlichen Lebensgrundlagen überbeanspruchen. Seit einigen Jahren lebt die Gesellschaft bereits über den verfügbaren Mitteln, weshalb 2019 ein Verbrauch von 1,75 Planeten verzeichnet wurde und der *Earth Overshoot Day* (Erdüberlastungstag) bereits am 29.07. selbigen Jahres erreicht wurde (Deutsche Welthungerhilfe e. V., 2021a). Die jeweilige Überlastung wird anhand der Kapazitäten natürlicher Rohstoffe gekennzeichnet, die den Bedarf der Menschheit nicht decken und diese daher stetig überschritten werden. Dieser Überkonsum ist jedoch nicht im gleichen Maße auf die Gesamtbevölkerung zu verteilen; insbesondere westliche Industrieländer wie die USA sind zu einem überproportionalen Anteil für den extremen Ressourcenverbrauch verantwortlich (Bundeszentrale für

---

[4] „Der Fußabdruck ist ein komplexer Nachhaltigkeitsindikator, der beschreibt, wie viel Fläche ein Mensch benötigt, um seinen Bedarf an Ressourcen zu decken. Kriterien sind unter anderem Herkunft und Art der Lebensmittel, die verbraucht werden, genutzte Transportmittel und die Produktionsbedingungen von Konsumgütern" (Deutsche Welthungerhilfe e. V., 2021a).

politische Bildung, 2017a). Wie stark der Klimawandel mit dem Ernährungsverhalten der Menschheit in Verbindung steht, wird gerade durch die Anteile des Energieverbrauchs und der Treibhausgase in diesem Bereich ersichtlich. 15 % der entstandenen Treibhausgase (Bundesumweltministerium (BMU), 2020) lassen sich auf den Ernährungsbereich größtenteils auf tierische Lebensmittel zurückführen. Auch stark verarbeitete Lebensmittel weisen einen hohen Energieverbrauch und Schadstoffausstoß durch aufwendige Erhitzungs- und Kühlmethoden auf. Endverbraucherinnen und -verbraucher machen im Verhältnis zu *Handel und Verarbeitung* den größten Anteil aus: „Zu den Verbraucheraktivitäten zählen Küchen- und Essraum-Heizung (9 %), Kühlen (6 %), Gastgewerbe (4 %), [Lebensmittel]-Einkauf (4 %), Kochen (3 %) und Spülen (3 %)" (von Koerber, 2015, S. 265). Aus diesem Grund ist es relevant, dass die Endverbraucherinnen und -verbraucher möglichst ressourcenschonend haushalten. Daher ist es wichtig, Energie sowohl im Privathaushalt als auch in Großbetrieben einzusparen und auf energieeffizientere Geräte sowie auf erneuerbare Energie wie Wasser oder Sonne zurückzugreifen. Fossile Brennstoffe werden durch die zunehmende Erschöpfung ihrer Bestände stetig teurer und können Konflikte zwischen den Ländern auslösen. Neben der Reduktion des Energieverbrauchs sind die Vermeidung von Lebensmittelabfällen und -verpackungen ebenso bedeutsam. Werden Lebensmittel entsorgt, gehen neben dem direkten Produktverbrauch zudem jene Ressourcen verloren, die zur Herstellung eingesetzt wurden und Emissionen verursacht haben. Allein in Deutschland wird ein Abfallaufkommen von 18,9 Millionen Tonnen (Barth, 2020) verzeichnet. Die enormen Abfallmengen gelangen größtenteils in die Umwelt, wodurch Wälder und Meere verschmutzt werden und die Gesundheit der Tiere und Menschen gefährdet wird.

Im Zusammenhang mit der ökologischen Dimension gilt der Konsum tierischer Lebensmittel jedoch als besonders prekär. Tierische Lebensmittel machen einen Großteil der Treibhausgase einer durchschnittlichen Ernährung aus (siehe Abbildung 5.4). 2020 waren 77 % der Methan-Emission aus der Landwirtschaft der Fermentation zuzuschreiben, die fast ausschließlich durch die Rinder- und Milchkuhhaltung verursacht werden (Wilke, 2021). Die Herstellung tierischer Produkte verursacht 40 % der ernährungsbedingten Gase, obwohl sie lediglich 13 % der Menge an verfügbaren Lebensmitteln ergeben (WWF Deutschland, 2012, S. 27 f.). Die bei der konventionellen Landwirtschaft bestehende Überdüngung wirkt sich zusätzlich negativ auf das Klima aus, da hierbei große Mengen an N_2O (Lachgas) entstehen. N_2O weist ein um etwa 300-mal höheres Treibhausgaspotenzial auf als CO_2 (Stoll, 2021a). Ferner stellen der hohe Energieeinsatz für die Produktion der Futtermittel sowie die Haltung und die benötigten Mengen an Wasser, die für den Futteranbau verwendet werden, eine enorme Umweltbelastung dar. Zusätzlich zum Futteranbau werden für die Stallreinigung, die Schlachtung und Herstellung tierischer Lebensmittel sowie für das Trinkwasser der Tiere weitere Wassermengen verbraucht. „Dieser Wasserverbrauch wird „virtuelles Wasser" genannt – im Gegensatz zum Wassergehalt der Produkte. Zum Beispiel werden für die Erzeugung von 1 kg Rindfleisch aus Intensivhaltung mehr als 15.000 Liter Wasser benötigt" (von Koerber, 2015, S. 272 f. [HviO]). Werden jedoch pflanzliche und ökologisch erzeugte Produkte bevorzugt, kann der Verbrauch von Rohstoffen und Energie verringert werden, welches sich positiv auf die Treibhausgase auswirkt.

Aktuelle Studien zeigen, dass der ökologische Landbau in Kombination mit verbessertem Vorratsschutz, einer entsprechenden Verringerung des Konsums von Lebensmitteln tierischen Ursprungs und mit der Reduktion von Nahrungsmittelabfällen weltweit eine wichtige Rolle in einem nachhaltigen Ernährungssystem spielen kann (Presse- und Informationsamt der Bundesregierung, 2020).

Zwei Drittel der fair gehandelten Produkte sind ökologisch zertifiziert (NABU, 2015) und erfüllen so zum einen Umweltschutzmaßnahmen, zum anderen stellen sie gerechtere Preise sicher. Zudem werden keine Mineraldünger und Pestizide eingesetzt. Bereits durch den Verzicht auf Futtermitteltransporte wird die Emission reduziert. Lange Transportwege der Importware können ebenso durch die verstärkte Nutzung regionaler Produkte zur Verringerung der Treibhausgase dienen. Endverbraucherinnen und Endverbraucher können neben ihrer Produktwahl durch den Verzicht auf das Auto bei kurzen Einkaufswegen zur Emissionsreduzierung beitragen. Werden saisonale angebaute Güter präferiert, wird durch den Wegfall beheizter Treibhäuser oder Folientunnel zudem eine bessere Klimabilanz geschaffen (WBAE, 2020, S. iv). Ein erhöhter Vertrieb regionaler und unverarbeiteter Lebensmittel ist daher umweltverträglicher, gleichzeitig stärkt er kleine sowie mittelständige Betriebe vor Ort und geht auf diese Weise mit dem wirtschaftlichen Nachhaltigkeitsverständnis konform.

Die Handlungsmöglichkeiten einer BBNE im Berufsfeld Ernährung und Hauswirtschaft sind entsprechend der hier beschriebenen Aspekte abzuleiten. Sie liegen insbesondere in der Behandlung und Thematisierung von Umwelteinflüssen entlang der Arbeitsprozesse. Als mögliche Inhalte bieten sich daher u. a. der Energieverbrauch und die Treibhausgas-Emissionen bei der Tierhaltung oder verschiedene Formen des Landbaus an (Fischer, 2008, S. 36). Ebenfalls liefert der Bildungsplan zur Erprobung Anknüpfungspunkte, um über die Bedeutung

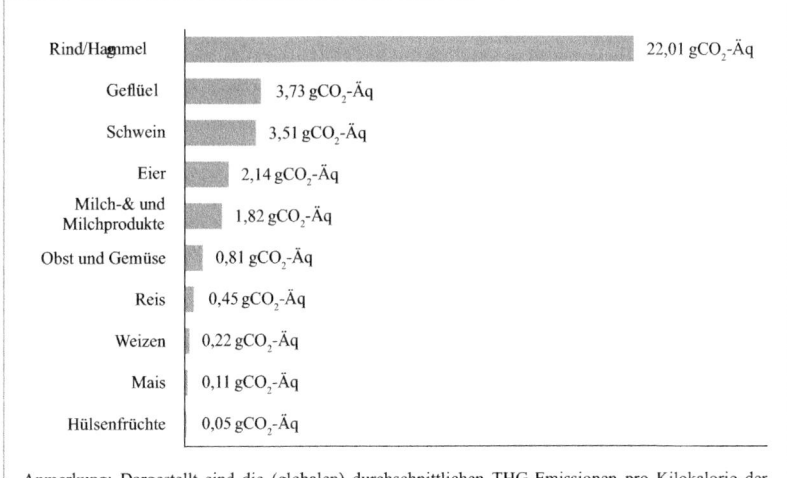

Anmerkung: Dargestellt sind die (globalen) durchschnittlichen THG-Emissionen pro Kilokalorie der Lebensmittelproduktion nach Lebensmittelarten, gemessen in Gramm CO_2-Äq pro Kilokalorie. Die Durchschnittswerte basieren auf einer Metaanalyse von Studien über 742 landwirtschaftliche Systeme (Emissionen einbezogen bis zum Hoftor) und über 90 einzelne Lebensmittel (Clark & Tilman 2017).

Abbildung 5.4 Treibhausgas-Emission pro Kilokalorie verschiedener Nahrungsmittel (WBAE, 2020, S. 171)

sowie die Vor- und Nachteile von Lebensmittelsiegeln (*biologisch, fair* etc.) zu diskutiert, wenn z. B. verschiedene Kaffeesorten im Lernfeld 2: *Bistroangebote produzieren* in der Anforderungssituation 2.1 *Herstellung und Verarbeitung von Lebensmitteln zu einfachen Speisen und Getränken* für die Zielformulierung 2 *Sie kennen die unterschiedlichen Aufgussgetränke und stellen diese fachgerecht her* besprochen werden (MSB NRW, 2015, S. 27).

Wirtschaft

Die Dimension *Wirtschaft – faire Handlungsbeziehungen,* bei der es sich um die *Wirtschaftsverträglichkeit* handelt, weist eine Vielzahl an Vernetzungen zu den anderen Aspekten der Nachhaltigkeit auf. So ist zum Beispiel die Dimension *Gesundheit* (s. u.) mit dem ökonomischen Bereich insofern verbunden, als dass es einen bedeutenden Anteil an ernährungsbedingten Krankheiten gibt, von der die Gesundheitsbranche profitiert. Die Ernährung wirkt sich jedoch nicht nur auf die gesundheitsbezogenen Mittel der Bevölkerung aus, viele Menschen beziehen ihr Einkommen durch die Ernährungsindustrie, die von der Lebensmittelerzeugung über den Verkauf bis hin zur Vermarktung reicht. „Die Ernährungsindustrie ist mit einem jährlichen Umsatz von 185 Mrd. der viertgrößte Industriezweig Deutschlands" (BVE, 2023). Dieser hohe Stellenwert der Branche geht jedoch mit einem starken Wettbewerb der konkurrierenden Akteure einher, der wiederum Preisabfälle verursachen kann. Obwohl die Gesellschaft in vielen Bereichen wie Urlaub, Kleidung oder Technik die Bereitschaft zeigt, höhere Kosten für die entsprechende Qualität zu zahlen, trifft dies nicht auf Lebensmittel zu (Deter, 2021). Durch die niedrigen Verbraucherkosten wird die Deckung der Ausgaben von Produktion, Verarbeitung und Handel nicht gewährleistet. Nicht selten hängen Lebensmittelskandale wie die verheerenden Zustände der Tierhaltung mit der billigen Massenproduktion zusammen. Daher ist es notwendig, auf politischer Ebene entsprechende Maßnahmen zu ergreifen, die die Ernährungsumgebung und somit das Konsumverhalten verändern. Ernährungspolitische Schritte beziehen sich daher nicht bloß auf die Produktion, sondern können an verschiedenen Phasen des Verhaltensprozesses der Konsumentinnen und Konsumenten ansetzen und sich auf die folgenden Phasen auswirken (siehe Abbildung 5.5).

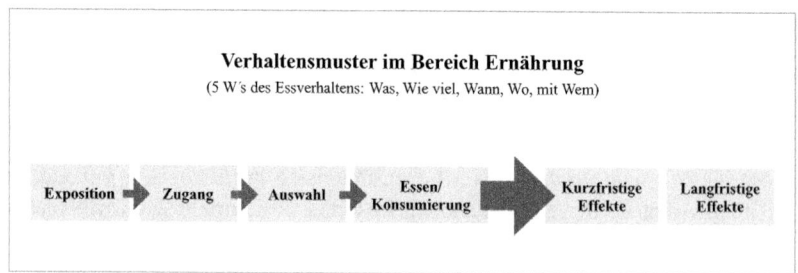

Abbildung 5.5   Phasen des Verhaltensprozesses (WBAE, 2020, S. v)

So kann beispielsweise Einfluss auf den Zugang zu Lebensmitteln durch die Erhöhung von Steuern auf Zucker oder Fleisch genommen werden. Die damit einhergehende Preissteigerung beeinflusst anschließend die Lebensmittelauswahl beim Einkauf. Ebenfalls möglich ist die Erstreckung der Maßnahmen – wie die Verteuerung tierischer Lebensmittel – über den gesamten Verhaltensprozess hinweg. Je mehr Phasen durch eine Maßnahme beeinflusst werden, desto wirksamer ist es. Sinnvoll erscheint daher eine Kombinationen von Schritten als *Instrumentenmix* (WBAE, 2020, S. x f.). Eine veränderte Ernährungspolitik ist zudem notwendig, da politische Handlungsweisen die Destruktion der kleinen und mittelständigen Betriebe herbeiführen, indem sie die „Rationalisierung und Konzentrierung der Landwirtschaft, der Verarbeitungsbetriebe und des [Lebensmittelhandwerks fördern]" (von Koerber, 2015, S. 265). Dabei ist jedoch nicht ausschließlich der Konkurs kleiner Betriebe problematisch. Die niedrigen Lebensmittelpreise entsprechen nicht weiter den realen Produktionskosten, weshalb einerseits die Wertschätzung der – im besonderen Maße tierischen – Nahrungsmittel sowie der in der Landwirtschaft, Verarbeitung und im Handel Arbeitenden negativ beeinflusst wird. Das Beispiel der Entwicklung der Erzeugerpreise für Milch veranschaulicht diese Tatsache. Der Erzeugerpreis fiel 2001 von 33 ct/kg[5] bis 2006 auf 26 ct/kg und hatte 2009 mit 23 ct/kg seinen Tiefpunkt. Zwar stieg der Preis 2013 auf den weiterhin viel zu niedrigen Preis von rund 38 ct/kg, dann jedoch fiel er wieder bis auf 27 ct/kg im Jahr 2016 ab (Riester, 2016). Auch 2021 fehlen mit 36 ct/kg weiterhin rund 10 ct/kg zur Kostendeckung (= 45 ct/kg) (Fry, 2021). Andererseits ist eine kostenreduzierte Produktion für Klimawandel, Schadstoffe im Boden oder Nitrat im Trinkwasser u. a. verantwortlich (von Koerber, 2015, S. 266). Die nicht abgedeckten ökologischen und sozialen Folgekosten sind im Kontext des Preisabfalls besonders gravierend, welche im besten Fall durch Steuermittel von der Gesamtbevölkerung aufgefangen werden. Andernfalls werden sie den nachfolgenden Generationen oder anderen Ländern angelastet. Eine der neuen zentralen Empfehlung der WBAE ist daher die realistische Bepreisung von Lebensmitteln (WBAE, 2020, S. xiv).

Die Verschiebung der Konsequenzen westlicher Wirtschaftsweisen auf Entwicklungsländer wird durch die Betrachtung der unterschiedlichen Einkommensverteilung zwischen den Ländern und innerhalb der Länder sichtbar. Zwar kann nicht per se von einer stetig steigenden globalen Ungleichheit gesprochen werden, da das Pro-Kopf-Einkommen in den Entwicklungsländern seit der Jahrtausendwende stärker als in den Industrieländern gestiegen ist. Doch trifft dies vor allem auf die bevölkerungsreichen asiatischen Volkswirtschaften (China, Indonesien und Indien) zu (Betz, 2021, S. 77). Dabei ist zu berücksichtigen, dass trotz des Wachstums weiterhin massive Bedarfe zur Bekämpfung der Armut bestehen. Denn selbst bei einem höheren Einkommen als 1,9 US-Dollar pro Tag[6] ist ein auskömmliches Leben weiterhin nicht möglich (Ehmke, 2019). Darüber hinaus hat sich die interne Ungleichverteilung in allen Ländern sowie ihr Beitrag

---

[5] Bei den Preisangaben handelt es sich um gerundete Preise in Cent pro Kilogramm Milch.

[6] Als in extremer Armut lebende Menschen gelten Personen, die weniger als 1,90 US-Doller pro Tag zur Verfügung haben (Bundesministerium für wirtschaftliche Zusammenarbeit und Entwicklung, 2020).

zur globalen Ungleichheit erheblich erhöht (Betz, 2021, S. 77). Dies gilt ebenfalls für die Industriestaaten, da bestimmte Bevölkerungsschichten nicht von der Globalisierung profitieren konnten.

Als Ursachen steigender Ungleichheit innerhalb fortgeschrittener Volkswirtschaften (genauer der sinkenden Lohnquote am Volkseinkommen) werden zumeist der arbeitssparende technologische Fortschritt, damit zusammenhängend real niedrigere Löhne der Arbeitskräfte mit niedriger und mittlerer Qualifikation (bei stärkerer Lohnspreizung), die Schwächung gewerkschaftlicher Macht sowie die Konkurrenz von Billiglohnländern identifiziert (Betz, 2021, S. 79).

Dennoch liegt dort insgesamt eine günstigere Einkommensverteilung vor als in den Entwicklungsländern. Davon besonders betroffen sind lateinamerikanische und afrikanische Länder. Die COVID-19-Pandemie hat die Situation der Armut und Ungleichheit weiter verschärft (Oxfam Deutschland e. V., 2021b, S. 10). Das desaströse Ausmaß der aktuellen Lage wird durch die große Zahl der Hungernden und Hungertoten trotz der weltweit ausreichenden Mengen an verfügbaren Lebensmitteln deutlich. Durch die niedrigen Preise der Produkte und Dienstleistungen der Entwicklungsländer, die das globale Wirtschaftssystem verantwortet, kann sich der hungernde Bevölkerungsanteil die vorhandene Nahrung nicht leisten, weshalb dieser Anteil menschenrechtsverletzenden, gesundheitsgefährdenden bis hin zu lebensbedrohlichen Arbeits- und Lebensbedingungen ausgeliefert ist. Dem entgegenwirkend bieten gerechte Preise – auch für lokale Landwirtschaftsbetriebe wie Milchbauern – die Grundvoraussetzung für fairen Handel. Beispielsweise kann der Direktimport für höhere Löhne sorgen, um eine Lebensgrundlage zu sichern. Zugesagte Abnahmegrößen und die Bereitstellungen von Investitionsmitteln u. a. zählen ebenfalls zum fairen Handel. „Fair gehandelte Erzeugnisse ermöglichen den dortigen Produzenten höhere Einnahmen und damit ein menschenwürdigeres Leben ohne Hunger und Unterernährung" (von Koerber, 2015, S. 289). Erhöhte Kosten, die die Verbraucherinnen und Verbraucher für gerechtere Preise zahlen, sind hinsichtlich des globalen Mehrwerts trivial. Die im Supermarkt preiswerten, konventionellen Produkte beinhalten zum Teil enorme Folgekosten, die sich nicht direkt am Verkaufspreis ausmachen lassen. Umwelt- und Gesundheitsschäden, die u. a. durch den Einsatz von Chemikalien und energieverbrauchender Technik entstehen, zählen zu *externen Kosten,* die in ihrer Gesamtheit die Kosten der ökologischen und fairen Produkte übersteigen (Glogowski, 2018). Doch damit die Menschen in Industrieländern den Zugewinn dieser Produkte erkennen und zum fairen Handeln motiviert werden, ist die Bildungsarbeit im Besondern gefragt, die die Konsequenzen des eigenen Handelns sowie die Zusammenhänge und Konflikte zwischen den Nachhaltigkeitsdimensionen thematisiert. Durch eine schulische Wertebildung kann langfristig auf ein nachhaltiges Verhalten der Schülerinnen und Schüler hingewirkt werden, die als mündige Bürgerinnen und Bürger zu einer nachhaltigen Entwicklung sowohl in der Gesellschaft als auch – durch ihre berufliche Ausbildung – an ihrem Arbeitsplatz beitragen können.

Gesellschaft
Bezogen auf die gesellschaftlichen Verhältnisse, die in den bereits aufgeführten Nachhaltigkeitsmodellen als soziale Dimension verortet wird, wählt von Koerber die Bezeichnung *Gesellschaft*. Hierunter wird die *Sozialverträglichkeit* gefasst, der die heutige Gesellschaft bisher nicht gerecht wird. „Das Welternährungsproblem ist […] kein Produktionsproblem, sondern ein Verteilungsproblem" (von Koerber, 2015, S. 269). Insbesondere der hohe Konsum tierischer und stark verarbeiteter Lebensmittel ist Ursache vieler Missstände. Obwohl Grundnahrungsmittel für Endverbrauchende meist preiswerter sind, kaufen sie u. a. aufgrund zeitlicher Engpässe und dem Fehlen an Zubereitungsfertigkeiten häufig Convenience-Produkte. Für Großbetriebe kann die Verwendung verarbeiteter Lebensmittel sogar ökonomischer sein, da eine hohe Produktionstiefe mit hohen Personalkosten und der Anschaffung notwendiger Maschinen einhergeht. Daher ist in diesen Kontexten nicht zu entscheiden, ob verarbeitete Lebensmittel verwendet werden, sondern in welcher Qualität und in welchem Umfang es notwendig erscheint (Verbraucherzentrale NRW e. V., 2021).

Die Problematik des hohen Konsums tierischer Produkte ist komplex. Lediglich 30 % der landwirtschaftlich nutzbaren Fläche wird als Ackerland bewirtschaftet, 70 % werden als Weideland benötigt. Von dem geringen Anteil des Ackerlandes wird noch ein weiteres Drittel zur Produktion von Futtermittel benötigt. Daher werden rund 80 % zur Erzeugung tierischer Lebensmittel gebraucht, obwohl diese Produkte mit nur 13 % zur weltweiten Kalorienversorgung beitragen (von Koerber & Cartsburg, 2020a, S. 67). Durch den dortigen Einsatz fällt daher ein Großteil der Nahrungsenergie aus den Futterpflanzen weg, die der Mensch direkt hätte nutzen können. So werden für die Herstellung von einem kg Fleisch bis zu 9,4 kg Getreide benötigt (Albert-Schweizer-Stiftung, 2017a). Dazu kommen – wie bereits erwähnt – die hohen Werte des hierfür benötigenden Wassers und andere umweltbelastende Faktoren wie Treibhausgase, die durch die Tierhaltung verursacht werden. Neben dem Einsatz eines großen Teils des Weidelands für die Haltung der Tiere, werden durch den hohen Bedarf an Futtermitteln in der Massentierhaltung entsprechend große Anbauflächen für Getreide und Soja benötigt. Eine ökologische Landwirtschaft gewinnt indessen das Futtermittel weitgehend durch Eigenerzeugung, da Bio-Höfe geschlossene Betriebskreisläufe anstreben und somit bewusst auf importiere Futtermittel aus Entwicklungsländern verzichten (Dühn, 2012). Werden Ackerflächen jedoch für die Tierhaltung verwendet, fallen diese für den Anbau pflanzlicher Lebensmittel zur menschlichen Nahrungserzeugung weg. Aus diesem Grund ist solch eine Form der Bewirtschaftung vor allem in Entwicklungsländern problematisch. Neben dem Verlust der Anbauflächen für einheimische Nahrungsquellen werden die in Regenwäldern lebenden Menschen durch Rodung – abgesehen von den damit zusammenhängenden Umweltbelastungen – vertrieben. Die Billigung dieser Tatsache ist daher sowohl ökologisch als auch ethisch verwerflich. Ausnahme ist hier der Veredelungsgewinn, bei dem Gras, welches nicht vom Menschen verwertet werden kann, durch Wiederkäuer in wertvolle Lebensmittel umgesetzt wird. Daher stellen sie „– im Falle mehrjähriger, nachhaltiger Weidehaltung – keine Nahrungskonkurrenten für die Menschen dar" (von Koerber, 2015, S. 275). Alternativ könnte dieses Gras jedoch als Düngemittel verwendet werden oder zur Klimaverbesserung durch Pflanzen ersetzt werden, die eine höhere Menge Kohlendioxid aufnehmen und Sauerstoff abgeben.

Des Weiteren steht die globale Industrialisierung der Landwirtschaft und Lebensmittelverarbeitung mit der erhöhten Nachfrage tierischer und verarbeiteter Lebensmittel in Verbindung, die in den letzten Jahren zur Umverteilung des Stadt-Land-Verhältnisses in den Entwicklungsländern führte. Durch die starken Strömungen in die Städte entwickelten sich enorme Hygiene- und Ernährungsprobleme, insbesondere in den wirtschaftsschwachen Ländern (Bundeszentrale für politische Bildung, 2017b). Zunehmend orientieren sich die armen Länder an dem Lebensstil des ‚reichen' Westens. Deshalb wird der Konsum tierischer Lebensmittel und Convenience-Produkte auch in den südlichen Erdteilen angestrebt – mit der Folge, dass traditionelle Mahlzeiten verdrängt werden. Dadurch können Frauen, die bislang traditionelle Mahlzeiten auf der Straße anbieten, nicht weiter zum Einkommen ihrer Familien beitragen. „Ein derartig veränderter Ernährungsstil geht auch in diesen Ländern mit Über- und Fehlernährung sowie der Zunahme sog. Zivilisationskrankheiten einher" (von Koerber, 2015, S. 21). Der hohe Bedarf an aus Entwicklungsländern importierten Gütern wie Kakao, Kaffee, Bananen usw. trägt ebenfalls zu den meist bedenklichen und teils unmenschlichen Herstellungsbedingungen bei. Dies gilt sowohl für die erwachsene Bevölkerung als auch für Kinder der betroffenen Länder. Durch die Arbeit, die oft nicht vergütet wird, können die Kinder gesundheitliche Schädigungen erleiden und erhalten keine Möglichkeit auf (Aus-)Bildung. Zu den sogenannten schlimmsten Formen der Kinderarbeit gehören u. a. Sklaverei und sklavenähnliche Abhängigkeiten, Zwangsarbeit, kriminelle Tätigkeiten sowie Arbeitsformen, die die Sicherheit und Gesundheit der Kinder gefährden. Insgesamt wird die Zahl der Kinderarbeiterinnen und -arbeiter auf 160 Millionen geschätzt, von denen 70 % in der Landwirtschaft arbeiten und 50 % unter gefährlichen und ausbeuterischen Arbeitsbedingungen leiden (UNICEF, 2021). Bei der Erzeugung fair gehandelter Importprodukte werden diese Formen der Kinderarbeit ausgeschlossen. Die hierbei erzielten höheren Löhne ermöglichen eine Verbesserung der Ernährungs- und Gesundheitssituation, daneben werden Bildungs- und Versorgungseinrichtungen geschaffen. Der mit dem Siegel in Verbindung stehende Arbeitsschutz verhindert Vergiftungen bei den Arbeiterinnen und Arbeitern, welche bei konventioneller Nutzung zu großen Gesundheitsproblemen führen. Daher liegt eine der Möglichkeiten, die zur Verbesserung der Situation führen kann, im Rahmen einer BBNE im Berufsfeld Ernährung und Hauswirtschaft in der Thematisierung des fairen Handels (soziale Dimension). Zudem bieten sich die Themenbereiche der Entwicklungspolitik sowie der Welternährung an, um eine andere Perspektive zu den eigenen Lebens- und Ernährungsstilen und den damit verbundenen sozialen Gruppenzugehörigkeiten einzunehmen und zu reflektieren. Ebenfalls kann in diesem Kontext die Geschlechterverteilung beispielsweise bei der Verrichtung der Haushaltsaufgaben oder der Ernährungspräferenzen eine Rolle spielen. „Gesundheitliche Folgen geschlechtsspezifischer Ernährungspräferenzen bilden eine wichtige Querschnittsfrage zwischen gesundheitlicher und sozialer Zugangsdimension" (Fischer, 2008, S. 38). Daher weist der Nachhaltigkeitsgedanke konzeptionelle Überschneidungen mit dem Ziel der Geschlechtergerechtigkeit auf (Vinz, 2005, S. 20).

Das Tierwohl stellt einen weiteren wesentlichen Aspekt im Bereich der sozialen Verträglichkeit dar. Neben den menschenrechtlichen Fragestellungen sind tierrechtliche Belange ebenso bedeutsam, um den ethischen Ansprüchen der modernen Gesellschaft zu entsprechen (WBAE, 2020, S. ii). Die Auseinandersetzung mit dem Wohl der Tiere ist aufgrund ihrer enormen Nutzung durch die Menschen notwendig. Zudem fehlt es an Rechts- und Sozialnormen in der Gesellschaft, die den menschlichen Umgang mit Tieren eindeutig klären (Bundeszentrale für politische Bildung, 2021). Nutztiere werden primär als Waren und Produktionsmaschinen betrachtet, wodurch eine entsprechend unwürdige Behandlung impliziert wird (Schmitz, 2017, S. 14). Am Beispiel der Schweinehaltung soll dies kurz dargestellt werden. Allein in Deutschland werden jährlich 53,2 Millionen Schweine geschlachtet (Statistisches Bundesamt, 2021b), 13,6 Millionen Schweine sterben vor der Schlachtung, meist aufgrund schlechter Haltungsbedingungen (Albert-Schweizer-Stiftung, 2017b). In der Ferkelfabrik werden die Zuchtsäue in einem körperengen *Besamungsstand* meist künstlich befruchtet. In diesem Kastenstand werden sie für mindestens vier Wochen fixiert und ohne Bewegungsmöglichkeit gehalten. Zur Geburt der Ferkel kommen sie in Abferkelbuchten, in denen sie lediglich auf der Seite liegen können. Die entbundenen Ferkel werden durch die Stäbe der Buchten gesäugt. Nach wenigen Tagen werden die männlichen Schweine kastriert. Üblich sind ebenfalls Eingriffe wie das Abschneiden des Ringelschwanzes und das Abschleifen der Zähne. Mit vier Wochen werden sie von den Säuen getrennt und in Mastanlagen für die Schlachtung überfüttert, während die Säue wieder in den Kastenstand zur Besamung gebracht werden (Schmitz, 2017, S. 14). Eine Ernährung, die das Tierwohl unterstützt, ist nicht bloß aus ethischen Gründen zwangsläufig, der Verzicht auf tierische Lebensmittel ist ebenso aus menschenrechtlicher, gesundheitlicher wie ökologischer Perspektive sinnvoll. Ferner sollte Tierwohl nicht auf die Haltung reduziert werden, sondern auch auf deren Gesundheit, Verhalten, Management und Genetik ausgeweitet werden (WBAE, 2020, S. 329). „Aus Tierwohlperspektive ist für die meisten Nutztiere in der heutigen Intensivhaltung eine „De-Intensivierung" notwendig" (WBAE, 2020, S. iv [HviO]).

Gesundheit

Eine nachhaltige Ernährung umfasst nicht nur sozialverträgliche, umweltfreundliche und wirtschaftliche Aspekte, ebenso von Bedeutung sind gesundheitliche Faktoren. Deshalb beinhalten die Ansätze von Fischer (2008), von Koerber (2015) und dem WBAE (2020) auch die Dimension *Gesundheit,* die sich vor allem auf die Gesundheitsverträglichkeit der Ernährungsweisen bezieht. Neben der Mangel- und Unterernährung, die unsere Gesundheit stark belastet, kann zudem der Konsum energiereicher Lebensmittel mit einem hohen Fett- oder Zuckeranteil, Alkoholkonsum, Rauchen oder der Verzehr tierischer und stark verarbeiteter Lebensmittel, die viel Zucker oder Salz enthalten, die menschliche Gesundheit schädigen. Diese Produkte weisen oftmals ein Ungleichgewicht der Hauptnährstoffe auf, „[d]amit einher geht ein Zuwenig an pflanzlichen, gering verarbeiteten [Lebensmitteln] mit hoher Nährstoffdichte" (von Koerber, 2015, S. 269). Gemüse, Obst, Hülsenfrüchte etc. beinhalten komplexe Kohlenhydrate, Vitamine und Mineralstoffe bei gleichzeitig niedriger Nahrungsenergiedichte. Auch essenzielle Fettsäuren, Ballaststoffe und sekundäre Pflanzenstoffe werden durch den Konsum pflanzlicher Lebensmittel aufgenommen, vor allem wenn sie unverarbeitet sind. Besonders gilt dies für regionale und saisonale Produkte, die ausreichend gereift sind und kurze Transportwege benötigen. Werden ökologisch angebaute Lebensmittel bevorzugt, kann zusätzlich die Aufnahme von Pestizid- und Tierarzneimittelrückständen verringert werden.

Im Durchschnitt lag die Pestizidbelastung bei konventionellem Gemüse um ein 70-faches, bei konventionellem Obst sogar um ein 100-faches höher als bei Bioprodukten (Umweltinstitut München e. V., 2021).

Einen weiteren Einfluss auf die gesundheitliche Bewertung der Produkte nimmt die Lebensmittelzubereitung. Werden pflanzliche Grundnahrungsmittel vor Verkauf verarbeitet, wird ein Großteil der wichtigen Inhaltsstoffe durch die unterschiedlichen Behandlungsmethoden zerstört. Aus diesem Grund soll möglichst die Hälfte der Nahrung aus Rohkost bestehen (von Koerber, 2015, S. 280).

Der Verzicht auf tierische Lebensmittel kann ebenfalls aus der gesundheitlichen Perspektive empfohlen werden, da sie einige für die Gesundheit ungünstig wirkende Inhaltsstoffe wie gesättigte Fettsäuren oder kanzerogene Stoffe enthalten (Rabast, 2018, S. 116). Durch ihren Verzehr können sogenannte *Wohlstandskrankheiten* (von Koerber, 2015, S. 270) wie Bluthochdruck, Herz-Kreislauf-Erkrankungen und Übergewicht, aber auch Krebs begünstigt werden, gleichzeitig treten Mikronährstoffdefizite verbreitet auf. So leiden in Deutschland 46,7 % der Frauen und 61,6 % der Männer an Übergewicht oder Adipositas (RKI, 2017, S. 23). Dieser Quote steht die Anzahl der 820 Millionen Hungernden weltweit (Oxfam Deutschland e. V., 2021a) trotz einer ausreichenden Lebensmittelmenge gegenüber. Hinzu kommt der jährliche Verlust von rund einem Drittel der verfügbaren Lebensmittel (Homscheid, 2016).

[Allein] in deutschen Haushalten [wird] jedes achte Lebensmittel weggeworfen. So landen in den Mülltonnen der Privathaushalte 6,7 Millionen Tonnen. Pro Person sind das zwei vollgepackte Einkaufswagen mit einem Warenwert von 234 Euro: etwa 82 Kilogramm (Umweltbundesamt, 2021b).

Dem Lebensmittelverlust steht die Tatsache gegenüber, dass alle 13 Sekunden ein Kind unter fünf Jahren an den Folgen von Hunger stirbt (Deutsche Welthungerhilfe e. V., 2021b). Diese Zustände verdeutlichen die Zusammenhänge der gesundheitsbezogenen Dimension mit den ökonomischen und gesellschaftlichen Auswirkungen einer nachhaltigen Ernährung (s. o.) und bekräftigen das Ziel der WBAE einer gesundheitsfördernden Ernährung, „die zu einer höheren Lebenserwartung, mehr gesunden Lebensjahren und mehr Wohlbefinden für alle beiträgt" (WBAE, 2020, S. ii). In Bezug auf das Wohlbefinden spielt ebenfalls die Passung einer nachhaltigen Ernährung mit den alltäglichen Routinen der Konsumentinnen und Konsumenten eine wichtige Rolle (Wunder et al., 2018, S. 3), weshalb die Vorbereitung, Beschaffung und der Verzehr nachhaltiger Mahlzeiten alltagsadäquat zu realisieren sind. Zusätzliche Zeitaufwände bei der Beschaffung und/oder Vorbereitung können zu Stress führen und das Wohlbefinden gefährden.

Im Zuge einer BBNE können Themen der bedarfsdeckenden Ernährung, die Vermeidung von Lebensmittelabfällen oder Aspekte der psychologischen Gesundheit im Zusammenhang mit Ernährung (z. B. Essstörungen) besprochen werden (Fischer, 2008, S. 37). Beispielsweise lässt sich im Rahmen des Lernfelds 3: *Mahlzeiten produzieren* des Bildungsplans zur Erprobung an die physiologische Bedeutung und die schonende Zubereitung von Lebensmitteln anknüpfen. Hier werden bereits mit den Zielformulierungen 5 (*Vorbereitungs- und Gartechniken*) und 7 (*ernährungspsychologische Eigenschaften ausgewählter Rohstoffe*) entsprechende Inhalte beschrieben (MSB NRW, 2015, S. 28).

Kultur

Die vier bisher aufgeführten Bereiche der nachhaltigen Ernährung werden in von Koerbers Modell von der *Ernährungskultur – nachhaltig essen im Alltag* (von Koerber., 2015, S. 270) umfasst. Orientierung, Transparenz sowie Natürlichkeit der Lebensmittel u. a. werden hier zusammengeführt. Durch die stetig steigenden Nutzung der Außer-Haus-Verpflegung (Bielitza, 2021) fehlt den Menschen zunehmend der Bezug zu den Lebensmitteln. Fast Food und Fertigprodukte gewinnen an Bedeutung. Das Wissen über die Herstellung, Qualität oder Herkunft der Produkte erscheint nicht relevant. Der Verlust der kochtechnischen Fertigkeiten und des Verarbeitungswissens trifft sowohl auf die Endverbrauchenden als auch auf das Personal der Ernährungsbranche zu. „Diese Entwicklung führt zu einem Wissens- und Erfahrungsmangel hinsichtlich der Zubereitung von [Lebensmitteln]" (von Koerber, 2015, S. 270). Greifen Menschen auf Grundnahrungsmittel zurück und bereiten diese selbstständig ggf. im sozialen Kontext zu, werden sie in ihren kochtechnischen Fertigkeiten geschult. Zudem kann hierbei die Verbindung zur ökologischen, wirtschaftlichen sowie gesundheitlichen Dimension verdeutlicht werden. Daher ist es sinnvoll, im Rahmen einer BBNE fachpraktischen Unterricht in Lehrküchen der Berufskollegs durchzuführen. Pflanzliche Grundnahrungsmittel sind daneben meist preiswerter als Convenience- und Fleischprodukte aus biologischer Landwirtschaft. Auch sind sie häufig unverpackt erhältlich. Die Esskultur wird geprägt durch Aspekte wie Prestige der Lebensmittel, religiöse oder normative Tabus, den Ernährungsumgebungen sowie den Vorlieben oder Aversionen (Elmadfa & Leitzmann, 2019, S. 527). Vor einigen Jahrzehnten galt Fleisch noch als Luxusgut, welches selten verzehrt wurde. Heute wird es meist täglich konsumiert, dabei konsumieren Männer doppelt so viel Fleisch- und Wurstwaren wie Frauen; insgesamt essen beide „ zu wenig Lebensmittel pflanzlichen und zu viel tierischen Ursprungs" (DGfE, 2014).

Dennoch zeichnet sich ein gegenläufiger Trend ab, da einige Menschen zunehmend größeren Wert auf natürliche bzw. ökologisch erzeugte Lebensmittel legen. Während der COVID-19-Pandemie stieg die Nachfrage weiter an, zudem wurde vermehrt zu Hause gekocht (BOLW, 2021). Auf diese Weise können regionale Spezialitäten gestärkt werden. Zudem schafft der Erwerb von Produkten aus der Region Transparenz und Vertrauen für die Verbrauchenden, da die anbauenden und verarbeitenden Personen – im Gegensatz zu denen der importierten Waren – räumlich nah sind. „Denn eine [nachhaltige] Ernährungskultur […] ermöglicht Orientierung und verbindet verantwortliches Handeln mit gutem Gewissen und Genuss. Sie unterstützt eine nachhaltige Entwicklung auf sozialer, ökonomischer, ökologischer und gesundheitlicher Ebene" (von Koerber, 2015, S. 271). An dieser Stelle ist das verantwortliche Handeln zentral für eine sozial gerechte Ernährung, denn es ist die Aufgabe von Privilegierten der Industrieländer – z. B. durch höhere Preise fair gehandelter Produkte – die Grundlage einer gerechten Entwicklung zu schaffen. Darüber hinaus eigenen sich traditionelle Gemüse- und Getreidesorten für fleischlose Gerichte, die somit vermehrt in den Speiseplan aufgenommen werden können. Bekannte sowie bisher nicht verwendete Gemüse- und Obstsorten oder Kräuter können zum Essensgenuss beitragen, der neben den oben aufgeführten Aspekten einer nachhaltigen Ernährung gleichwertig zu betrachten ist. Freude am Leben und an den Mahlzeiten sind Grundvoraussetzung, um eine langfristige Umstellung der Ernährung im Sinne der Nachhaltigkeit zu erzielen (von Koerber, 2015, S. 288 f.). Auch das Wissen über die jeweiligen Lebensmittel und deren Zubereitung kann durch die Nutzung der gesamten biologischen Vielfalt erhöht werden. Hinsichtlich der Gemeinschaftsverpflegung ist hierfür die gezielte Aus- bzw. Weiterbildung des Personals von Bedeutung (WBAE, 2020, S. xviii-xix). So kann zur Stärkung dieses Trends im Unterricht des Berufsfelds Ernährung und Hauswirtschaft auf das in der modernen Gesellschaft aussterbende Ernährungswissen eingegangen werden. Ebenfalls sind moderne Trends und Entwicklungen im gesellschaftlichen und historischen Zusammenhang geeignet, um auf die kulturelle Dimension einzugehen. Ferner bietet sich hierbei die Bedeutungszuschreibung der Ernährung im kulturellen Vergleich an, wodurch die interkulturelle Kompetenz der Schülerinnen und Schüler in meist multikulturellen Klassen gefördert werden kann (Fischer, 2008, S. 38).

Politik

Das Gutachten des WBAE aus dem Jahre 2020 macht deutlich, dass eine umfassende Transformation des Ernährungssystems möglich und nötig ist (WBAE, 2020, S. ii). Aufgrund der in den bisher aufgeführten Dimensionen beschriebenen Herausforderungen im Zusammenhang mit der Ernährung bedarf es Anpassungen sowohl in deren Produktion als auch im Konsumverhalten. Denn trotz der Tatsache, dass sich viele Personen gesünder und umweltbewusster ernähren möchten, fehlt es ihnen an Wahlmöglichkeiten. Zudem kann das Fehlen von Unterstützungsmöglichkeiten zur Überforderung führen. Daher werden im Rahmen einer Politik für eine nachhaltige Ernährung die Verbesserung der Ernährungsumgebung und tiefergreifende Maßnahmen gefordert, um die zu stark auf die Verbraucherinnen und Verbrauchern umgelegte Verantwortung auf sich zu nehmen. Dies ist notwendig, wenn in absehbarer Zeit u. a. ein reduzierterer Konsum tierischer Lebensmittel erreicht werden soll. „Ein alleiniges Setzen auf (nachhaltige) individuelle Ernährungsstilveränderungen verkennt die ausgesprochen starke kulturelle und individuelle Habitualisierung des Essens und die Gefahr von Reboundeffekten[7] [...]" (WBAE, 2020, S. 216). Daher nennt die WBAE neun zentrale Empfehlungen für eine integrierte Politik einer nachhaltigen Ernährung. Von diesen erscheinen drei Empfehlungen für eine BBNE im Berufsfeld Ernährung und Hauswirtschaft besonders relevant, da das Leitbild einer nachhaltigen Entwicklung – wie im Rahmen dieser Arbeit – als normatives, ethisch begründetes Konzept verstanden wird (Michelsen et al., 2012, S. 59) (ausführlich in Kapitel 4). Zu den ethischen Aspekten gehören insbesondere:

1) Die verträgliche Gestaltung des Konsums tierischer Produkte, da durch eine Verringerung des Konsums tierischer Lebensmittel die Qualität verbessert werden kann und somit die Haltungsbedingungen optimiert werden. Daraus resultieren mehr Tierwohl, Beiträge zur Biodiversität und Klimaschutz.
2) Die Ermöglichung einer gesundheitsfördernden Ernährung für alle. Obwohl Deutschland zu den wohlhabenden Ländern gehört, gibt es hier eine armutsbedingte Fehl- und Mangelernährung sowie Hunger. Um die Gesundheit einkommensschwacher Personen zu sichern, ist es wichtig, dass eine Politik für eine nachhaltige Ernährung zielgruppenorientierte Unterstützungsangebote weiterentwickelt.
3) Die nachhaltigere Ernährung als ‚New Normal‘, indem der Zugang zu nachhaltigeren Lebensmitteln gestärkt wird (WBAE, 2020, S. xiii-xvi).

Neben der Einflussnahme der Politik auf die Produktion von Lebensmitteln und dem Konsumverhalten der Gesellschaft ist im Rahmen einer BBNE die demokratische Bildung elementar. Durch die Förderung der Partizipationsfähigkeit der

---

[7] „Reboundeffekte [...] treten auf, wenn umweltpolitische Fortschritte durch Verhaltensänderungen und Preisverschiebungen an anderer Stelle teilweise oder ganz wieder „aufgefressen" werden" (WBAE, 2020, S. 492 [HviO]).

Schülerinnen und Schüler können sie sich nicht bloß im Betrieb für eine nachhaltige Geschäftspolitik einsetzen, sondern ebenfalls Einfluss auf das politische System nehmen, um sie im Sinne einer nachhaltigen Entwicklung zu verändern (Göpel et al., 2018, S. 9). Ebenfalls zählt die Gleichberechtigung von Frauen und Mädchen zu den politischen Gerechtigkeitsgedanken einer nachhaltigen Entwicklung (Thron, 2002, S. 38). Im Berufsfeld Ernährung und Hauswirtschaft bieten sich vor allem Themen wie Lebensmittelsicherheit, Transparenz im Ernährungssektor, die Lebensmittelkennzeichnung oder Verbraucherschutz für den Unterricht an (Fischer, 2008, S. 38). Im Bildungsplan zur Erprobung eignet sich u. a. das Lernfeld 5: *Waren beschaffen und lagern* zur unterrichtlichen Umsetzung, da die Schülerinnen und Schüler u. a. lernen sollen, ihre Kaufentscheidung unter Berücksichtigung der Warenkennzeichnung und Nachhaltigkeit zu begründen (MSB NRW, 2015, S. 29). Im Lernprozess der Begründung von Entscheidungen können Diskussionen die Fähigkeit zur politischen Teilhabe trainieren (siehe Abschnitt 7.4).

Es konnte geklärt werden, welche verschiedenen Definitionen des Nachhaltigkeitsbegriffes in der Literatur zu finden sind und welche Dimensionen in Bezug auf eine nachhaltige Ernährung ausgemacht werden können. Mit welchen Ernährungsmaßnahmen die SDGs unterstützt werden können, soll im Folgenden erläutert werden.

Zusammenführung bestehender Modelle

Um die beschriebenen Dimensionen aus den verschiedenen Ansätzen zusammenzuführen und die bisherigen Überlegungen einer BBNE zu berücksichtigen, bietet es sich an, die Modelle einer nachhaltigen Ernährung in einem erweiterten Modell zusammenzufassen. Zum einen wird bei von Koerber (2015) die politische Dimension zu wenig hervorgehoben, zum anderen sollen die Partizipation im Sinne der Gestaltungskompetenz sowie die Gegenwarts- und Zukunftsbedeutung einer BBNE stärker als in der *nachhaltigen Ernährungsbildung* (Fischer, 2008) und der *integrierten Politik für eine nachhaltigere Ernährung* (WBAE, 2020) einbezogen werden. Daher stimmt das entwickelte Modell in Abbildung 5.6 mit dem Verständnis einer nachhaltigen Ernährung der vom BMBF geförderten Maßnahme ‚Nachhaltiges Wirtschaften' (NaWi) überein (Wunder et al., 2018, S. 3), betont zudem den Zukunftsgedanken und zeigt darüber hinaus ihre wechselseitige Beziehung zur Kultur und Politik (siehe oben). Diese werden als Einflussgrößen aufgestellt, die jedoch durch das Handeln der Individuen ebenfalls beeinflusst werden. Zudem werden die oben beschriebenen Dimensionen in

- *Ethik* zur Wahrung der Rechte von Mensch und Tier,
- *Ökologie* zur Wahrung der Umwelt,

- *Ökonomie* zur Wahrung der Wirtschaftlichkeit und
- *Gesundheit* zur Wahrung der Lebensqualität eingeteilt,

unter deren Einbindung eine nachhaltige Ernährung zu gestalten ist (siehe Abbildung 5.6). Die Inhalte der jeweiligen Dimensionen und Einflussgrößen ergeben sich aus den in diesem Kapitel beschriebenen Ausführungen, die – um Redundanzen zu vermeiden – an dieser Stelle nicht erneut erläutert werden.

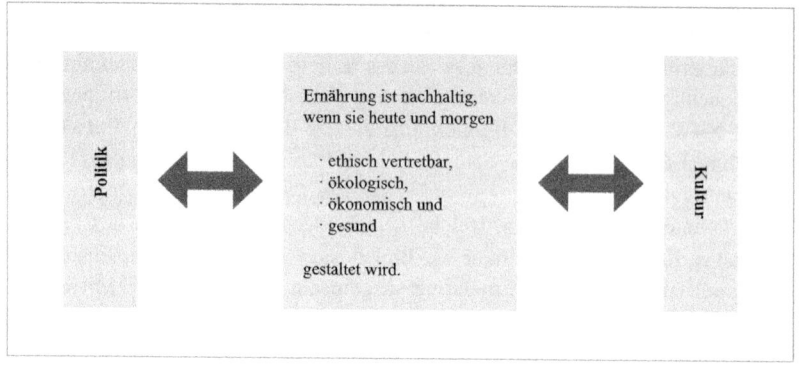

Abbildung 5.6   Erweitertes Modell einer nachhaltigen Ernährung. (Eigene Darstellung in Anlehnung an Fischer, 2008; von Koerber, 2015; WBAE, 2020)

5.2.3   Potenziale bestimmter Ernährungsmaßnahmen zur Unterstützung der SDGs

Der aktuelle Aktionsplan im Rahmen der Agenda 2030 betont die Schlüsselrolle der Ernährung für eine nachhaltige Entwicklung durch das Ziel *Ernährungssicherheit und eine bessere Ernährung erreichen* (Generalversammlung der Vereinten Nationen, 2015, S. 6). Hierbei stehen u. a. die Bekämpfung von Hunger durch eine ausreichende und ausgewogene Ernährung aller Menschen und die nachhaltige Lebensmittelproduktion und Landwirtschaft im Fokus. Daher bietet das Berufsfeld Ernährung und Hauswirtschaft zur Konkretisierung der Inhalte einer nachhaltigen Entwicklung ein besonderes Potenzial. Beispielsweise kann der Kauf und die Produktion von Rohstoffen unter Nachhaltigkeitsaspekten bearbeitet und die damit einhergehenden regionalen und globalen Konsequenzen thematisiert werden. Zudem ermöglicht das Leitbild ein vernetztes Lernen fachspezifischer Inhalte (Fischer, 2008, S. 11 f.). Durch die Anwendung einer BBNE, die sich nicht nur auf die eigene Verbraucherrolle im Alltag beschränkt, sondern auch die konkrete Lernsituationen aus dem Berufsalltag einbezieht, kann die bei Fischer (S. 12) beschriebene Gefahr der Reduktion auf Suffizienzstrategien überwunden und die Perspektiven, Interessen und Möglichkeiten anderer Beteiligter der Ernährungswirtschaft und -politik können mit einbezogen werden. Aus den Dimensionen einer nachhaltigen Ernährung können direkte Umsetzungsmöglichkeiten abgeleitet werden. Von Koerber nennt hierzu sieben Lösungsmöglichkeiten als Grundsätze, die er auf die Nachhaltigkeitsziele des Orientierungsrahmens für den Lernbereich *Globale Entwicklung* im Rahmen einer BNE[8] der Agenda 2030 bezieht. Alle 17 Ziele, auch SDGs genannt, stehen mit der Ernährung in Verbindung und können durch eine entsprechende Ernährungsweise unterstützt werden (von Koerber & Cartsburg, 2020b, S. 34). Zur Veranschaulichung lassen sich die Grundsätze mit einer Auswahl an SDGs wie folgt verbinden: Die Bevorzugung pflanzlicher Lebensmittel (Grundsatz 1) führt zur Minderung von Armut (SDG 1) und Hunger (SDG 2), verbessert die Gesundheit und das Wohlbefinden (SDG 3), sichert sauberes Wasser (SDG 6), schützt das Klima (SDG 13) und fördert die Vielfalt des Bodenlebens (SDG 15) (von Koerber, 2021, S. 74). Denn wie bereits in Abschnitt 5.2.2 erwähnt, wirkt sich die Produktion tierischer Lebensmittel u. a. negativ auf die Umwelt aus, zudem ist der Verzehr tierischer Produkte aus ethischer Perspektive fragwürdig. Die Verwendung ökologischer, regionaler und saisonaler sowie wenig verarbeiteter Erzeugnisse (Grundsätze 2–4) wirken sich vor allem positiv auf Armut, Hunger, Gesundheit, Klima, Land und Wasser aus (von Koerber, 2021, S. 75–76). Grund hierfür sind höhere Erträge, die eine bessere Nährstoffzusammensetzung aufweisen, weniger Wasser und Energie bei der Herstellung benötigen und reduziertere Rückstände aufweisen. Durch fair gehandelte Lebensmittel (Grundsatz 5) kommen darüber hinaus menschenwürdige Arbeit und Wirtschaftswachstum (SDG 8) hinzu, da durch das Label Mindeststandards zum Schutz der Angestellten, höhere Löhne für Männer und Frauen, langfristige Handlungsbeziehungen sowie das Verbot von Kinder- und Sklavenarbeit einhergehen. „Eine ‚Nachhaltige Ernährung' ist

---

[8] „Der Orientierungsrahmen soll […] die Bildungsverwaltungen und die Lehrplanentwicklung der Länder, die Lehrerbildung auf allen Ebenen, Schulbuchautoren und Herausgeber schulischer Materialien konzeptionell unterstützen" (Schreiber et al., 2016, S. 9). Er gilt als Beitrag zur Strategie ‚vom Projekt zur Struktur' im Anschluss an die UN-Dekade und hinsichtlich des neuen BNE-Weltaktionsprogrammes sowie zur neuen Agenda der Vereinten Nationen (Schreiber et al., 2016, S. 16).

eine überwiegend pflanzliche Kost, bestehend aus ökologisch, regional, saisonal und fair produzierten Lebensmitteln mit geringem Verarbeitungsgrad" (von Koerber & Cartsburg, 2020b, S. 34). Ergänzend zu den Ausführungen von von Koerber (2021) kann das ressourcenschonende Haushalten (Grundsatz 6) mit dem/der verantwortungsvollen Konsum und Produktion (SDG 12) sowie der Nutzung von bezahlbarer und sauberer Energie (SDG 7) verknüpft werden. Der Einsatz von Solarenergie für die Produktion oder Ökostrom für Privathaushalte bieten beispielsweise grundsatzkonforme Möglichkeiten. Angebote wie Foodsharing-Aktionen, die zur Minimierung der Lebensmittelverschwendung dienen, oder der Kauf von Secondhand-Ware können zudem eine Alternative zu den kommerziellen Konsummustern darstellen. Durch den 7. Grundsatz *Genussvolle und bekömmliche Speisen* wird u. a. die Gesundheit und das Wohlbefinden der Menschen (SDG 3) gefördert, für deren Zubereitung sauberes Wasser und eine sichergestellte Sanitärversorgung (SDG 6) benötigt wird. Abbildung 5.7 zeigt, welche SDGs mit den Grundsätzen in Verbindung stehen, wodurch der Beitrag einer nachhaltigen Ernährung zu den Nachhaltigkeitszielen veranschaulicht wird.

5.3   Zusammenfassung und Schlussfolgerungen

Die Definition der Nachhaltigkeit ist komplex und uneinheitlich. Es existieren viele Modelle, die die verschiedenen Dimensionen und deren Verhältnis zueinander abbilden. Zusammenfassend lassen sich primär die drei Dimensionen *Ökologie, Ökonomie* und *Soziales* herausstellen, die in einer wechselseitigen Beziehung zueinanderstehen und zu Vereinbarungskonflikten führen können. Die berufliche Bildung kann die Schülerinnen und Schüler u. a. zum kompetenten Umgang mit diesen Konflikten befähigen. Nachhaltigkeit gilt in diesem Zusammenhang als Leitbild, welches integrativ zur Akzentuierung und Umsetzung der curricularen Vorgaben dient und – als normativer und partizipativer Ansatz – die Mündigkeit der Jugendlichen fördert. Dabei handelt es sich um zwei ethische Annahmen: die global integrative und die soziale Gerechtigkeit.

Für das Berufsfeld Ernährung und Hauswirtschaft werden darüber hinaus eine Erweiterung der Dimensionen sowie konkrete Bezüge der Verbindung zwischen Ernährung und einer nachhaltigen Entwicklung vorgenommen, bei der psychologische wie gesundheitliche Aspekte ebenfalls Einfluss nehmen. Dabei wird deutlich, dass die Schülerinnen und Schüler des Berufsfelds auf zweifache Weise zu einer nachhaltigen Entwicklung beitragen können. Sowohl der

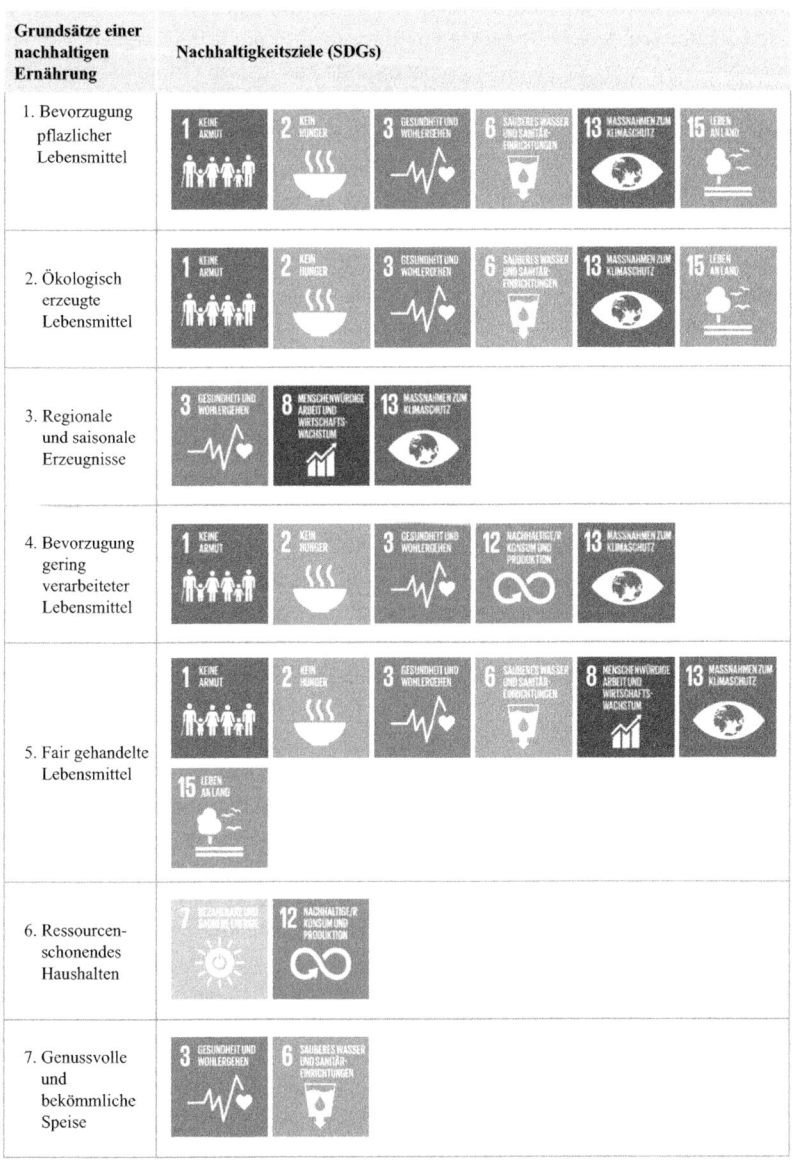

Abbildung 5.7 Exemplarische Zuordnung der SDGs zu den Grundsätzen einer nachhaltigen Ernährung. (Eigene Darstellung in Anlehnung an Bundesministerium für wirtschaftliche Zusammenarbeit und Entwicklung, 2021; von Koerber, 2021)

Konsum in ihrem privaten als auch die Produktion in ihrem beruflichen Alltag beeinflussen, welche Produkte künftig weiterhin produziert werden und unter
welchen Voraussetzungen dies geschehen soll. Aus diesem Grund handelt es sich
bei der täglichen Ernährung um einen politischen Akt, den die Verbraucherinnen und Verbraucher verantworten (von Koerber, 2015, S. 293). Um hierfür
das nötige Bewusstsein zu schaffen, ist die kritische Betrachtung der Ernährungsweise insbesondere von Menschen aus Industrieländern essenziell. Zudem
ist die Vermittlung von konkreten, zur nachhaltigen Entwicklung beitragenden
Handlungsoptionen – wie von Koerbers Grundsätze einer nachhaltigen Ernährung – unerlässlich. Sie können als niederschwelliges Unterstützungsangebot
dienen und aufzeigen, dass jede Person durch ihr eigenes Handeln Veränderungen bewirken kann. Dies ist wichtig, um spezielle nachhaltigkeitskonforme
und verantwortungsvolle Handlungsweisen zu fördern und einem ‚Ohnmachtsge-
fühl' entgegenzuwirken. Daher ist eine breite systemische Implementierung von
Nachhaltigkeit u. a. im beruflichen Bildungssystem von hoher Relevanz.

Im ernährungs- und hauswirtschaftsspezifischen Unterricht können beispielsweise Themen einer nachhaltigen Produktion und eines nachhaltigen Konsums
genutzt werden, „um Möglichkeiten der Müllvermeidung, um die im globalen
Vergleich ungleiche Verteilung von Lebensmitteln, um soziokulturelle Fragen wie
Zukunftschancen, Einkommensgerechtigkeit oder berufliche Tätigkeiten im Hinblick auf geschlechtsspezifische Zuweisungen [aufzuzeigen]" (MSB NRW, 2019,
S. 33). Demnach zielt eine BBNE im Berufsfeld Ernährung und Hauswirtschaft
auf:

– das Beurteilen ernährungs- und hauswirtschaftlicher Fragestellungen unter
  Berücksichtigung der Prinzipien einer nachhaltigen Entwicklung im ‚Heute
  und Morgen' (Ethik, Ökologie, Ökonomie und Gesundheit unter wechselseitigen Einfluss der Politik und Kultur),
– ein verantwortungsvolles und selbstbestimmtes (Konsum-)Handeln,
– die Mitgestaltung an einer künftig stärker nachhaltigkeitsorientierteren Gesellschaft,
– die Stärkung des Verständnisses komplexer, fachbezogener Sachverhalte und
– die Einnahme verschiedener Perspektiven.

Es bleibt zu klären, wie Lehrerinnen und Lehrer diese Aspekte unterrichtlich
umsetzen, auf welche Weise sie Konkretisierungen bzw. Akzentuierungen der
Lerninhalte vornehmen, welche Schwerpunkte sie setzen und welche Aspekte

sie als besonders relevant betrachten (Freund, 2015, S. 32). Daher werden diese Fragestellungen mit in die Konzeption des Leitfadens für die Interviews mit den Lehrkräften des als exemplarisch ausgewählten Bildungsgangs eingebunden. Zudem ist zu klären, wie sich eine BBNE strukturell in die berufliche Bildung implementieren lässt, um eine strukturelle Grundlage für ihre Umsetzung zu schaffen.

Lehrkräfte als Schlüssel zur BBNE

6

6.1 Profession und Kompetenz der Lehrkräfte

6.1.1 Zentrale Positionen zur Lehrerprofessionalität

Im Weltaktionsprogramm ‚Berufsbildung für nachhaltige Entwicklung' wird die Kompetenzentwicklung der Lehrerinnen und Lehrer als drittes von fünf prioritären Handlungsfeldern aufgeführt (DUK, 2014, S. 15). Die bisherigen Forschungsarbeiten zur Messung nachhaltigkeitsspezifischer Kompetenzen von Lehrkräften beziehen sich vorrangig auf die fachspezifische oder -übergreifende Allgemeinbildung (Greiwe, 2020, S. 74) oder auf die kaufmännische Fachrichtung der beruflichen Bildung (siehe Abschnitt 1.3), bezüglich des Berufsfelds Ernährung und Hauswirtschaft beziehen sich die Modellversuche der Förderlinie III des BIBB vor allem auf die betriebliche Ausbildung des Dualen Systems. Hinsichtlich der schulischen Ausbildung dieses Berufsfelds, zu dem der Bildungsgang zur Erprobung gehört, den diese Arbeit zum Gegenstand hat, fehlt es an Erhebungen.

Wie bereits mehrfach festgehalten, zielt eine BBNE insbesondere auf die Förderung der nachhaltigkeitsorientierten Gestaltungskompetenz der Schülerinnen und Schüler ab. Doch um dies zu ermöglichen, muss zunächst geklärt werden, welche Bedingungen hierfür notwendig sind, damit es zu einer solchen Förderung im (außer-)unterrichtlichen Kontext kommt. Zusammen mit den Rahmenbedingungen einer Schule – wie dem pädagogischen Konzept, Projekten, Kooperationen – ist der Lehrperson eine besondere Bedeutung zuzuschreiben.[1]

---

[1] Dies ist vor allem zutreffend, wenn davon ausgegangen wird, dass „Änderungen der institutionellen Lernumwelten erhebliche Effekte auf die Leistungsentwicklung und Veränderung

© Der/die Autor(en), exklusiv lizenziert an Springer Fachmedien Wiesbaden GmbH, ein Teil von Springer Nature 2024
S. Loy, *Nachhaltigkeit im Berufsfeld Ernährung und Hauswirtschaft*,
https://doi.org/10.1007/978-3-658-43877-7_6

Neben ihren direkten und indirekten Förderungsoptionen im Unterricht fungiert sie zudem als Multiplikatorin oder Multiplikator bei den Jugendlichen (siehe Abschnitt 8.1.2). Darüber hinaus wird ihnen die in Kapitel 4 ausführlich beschriebene Vorbildfunktion zugesprochen, weshalb sie im Rahmen ihrer Ausbildung auf diese verantwortungsvolle Funktion vorbereitet werden sollen (Riemer, 2011, S. 47). Somit ergibt sich die Frage, welche Eigenschaften und Kompetenzen der Lehrkräfte die professionelle Förderung der nachhaltigkeitsorientierten Gestaltungskompetenz der Schülerinnen und Schüler begünstigen und welche Voraussetzungen sowie Ausbildungsinhalte darüber hinaus einen positiven Einfluss haben können. Dabei ist eingangs zu klären, wie Professionalität im Lehrerberuf zu bestimmen ist, denn der Begriff ist weder einheitlich noch eindeutig definiert, allerdings insbesondere für eine BBNE von Bedeutung. Im Rahmen des beruflichen Handelns in einem unvorhersehbaren Umfeld – dem Unterricht – müssen die Lehrenden spontan Entscheidungen treffen und den professionellen Umgang mit Widersprüchen und Dilemmata im Rahmen einer nachhaltigen Entwicklung erlernen (siehe Abschnitt 7.2).

„Lehrkräfte sind die wichtigsten Akteure im Bildungswesen. Deshalb gilt ihre Qualifizierung als ein entscheidender Beitrag zur Optimierung von Bildungsprozessen" (Baumert & Kunter, 2011b, S. 29). Daher wird auf ministerialer Ebene seit den Ergebnissen der ersten PISA-Studie 2000 die Verbesserung der professionellen Kompetenzen der Lehrenden gefordert. Um jedoch das professionelle Handeln von Lehrerinnen und Lehrern durch gezielte Personal- und Qualitätsentwicklungsprojekte zu verbessern, ist zunächst eine Begriffsklärung notwendig. Nach Bauer (2005) soll eine pädagogisch tätige Person beispielsweise über ein spezielles *pädagogisches Handlungsrepertoire* verfügen (Bauer, 2005, S. 81), welches nach Shulman (1987) in verschiedene Wissensformen differenziert wird: allgemeines pädagogisches Wissen – beispielsweise zur effizienten Klassenführung oder den Bewertungsstandards – Fachwissen – u. a. zur fachgerechten Zubereitung von Lebensmitteln oder über typische Arbeitsprozesse im Berufsfeld Ernährung und Hauswirtschaft – fachdidaktisches und curriculares Wissen – zum Beispiel über Anknüpfungspunkte an eine BBNE im Rahmen der verschiedenen Lernfelder im Bildungsplan zur Erprobung – Kenntnisse über die Lernenden und deren Eigenschaften, welche insbesondere aufgrund der heterogenen Schülerschaft an Berufskollegs wichtig sind sowie Organisationswissen als Grundanforderung an die professionell handelnde Person (Shulman, 1987,

---

motivationaler und psycho-sozialer Merkmale haben können" (Köller & Baumert, 2008, S. 753).

S. 8). Brunner et al. (2006) ergänzen die von Shulman aufgeführten Wissensformen um den Einfluss der subjektiven Theorien von Lehrerinnen und Lehrern auf deren Unterrichtsstruktur und -handeln. Zudem werden motivationale Aspekte und die Einschätzung zur eigenen Selbstwirksamkeit als Wirkungsfaktoren der Lehrenden beschrieben. „[Es] ist davon auszugehen, dass motivationale Merkmale wie Selbstwirksamkeitsüberzeugungen oder Interessen der Lehrkräfte eine handlungssteuernde Funktion einnehmen" (Brunner et al., 2006, S. 524). Der Kern von Professionalität liegt dabei in der stetigen Bemühung um „selbstregulierte Weiterentwicklung" (Baumert & Kunter, 2011a, S. 355).

Besonders in pädagogischen Berufen ist die Debatte um Professionalität komplex und vielfältig. Hinsichtlich des Lehrerberufs bricht zunehmend das traditionelle Verständnis von Professionalität – bedingt durch neue Steuerungsinstrumente des Bildungssektors, wie Vergleichsstudien, Bildungsstandards oder Bildungsmonitoring – auf. Ursprünglich ist der Professionsbegriff in akademischen Berufen wie Jura oder Medizin zu verorten und „meint auf kollektiver Ebene den sozialen Durchsetzungsprozess des Hinaufsteigens eines gewöhnlichen Berufs in den Status einer Profession" (Terhart, 2011, S. 203). Zur Abgrenzung nicht-professioneller Berufe galten folgende Kriterien als notwendig: 1) wissenschaftliches Wissen, welches spezifische Verfahren der Aneignung fordert, 2) am Gemeinwohl ausgerichtete Handlungsorientierung 3) der Berufsethos verkörpert die Werte der Gesellschaft, 4) Kontrolle über und Autonomie in der Berufsausübung und -ausbildung, 5) Fachsprache, 6) Berufsausübung in freiberuflicher Tätigkeit und 7) Orientierung an einem bestimmten Klientel (Combe & Helsper, 1996, S. 9). Im systemtheoretischen Ansatz (Luhmann, 1977) zur Professionsdefinition wird von einer funktional-differenzierten Gesellschaft ausgegangen, durch die „binäre Schematismen bzw. Codes" (Gassmann, 2013, S. 55) entstehen. Doch eine solche Technisierbarkeit kann nicht auf pädagogische Tätigkeiten übertragen werden, welche durch das Fehlen von Kausalitäten bestimmt werden (Kurtz, 2009, S. 50). Zudem erscheinen diese traditionellen Auffassungen von Professionalität durch den Struktur- und Statuswandel der Berufe nicht weiter gültig und bedürfen stetiger Angleichung berufssoziologischer Entwicklungen. So werden die Professionen heute nicht weiter von ökonomischen Bestrebungen getrennt gesehen, die anfänglich bei Parsons (1949) zu finden waren, und werden vielmehr im Sinne der Gemeinnützigkeit verstanden. Ebenso entfällt die Differenzierung von Profession und Expertentum, weshalb folglich Berufe als Profession gelten, „die [sich] auf der Basis einer akademischen Ausbildung mit komplexen und insofern immer ‚riskanten' technischen, wirtschaftlichen, sozialen und/oder humanen Problemlagen ihrer Klienten befassen" (Terhart, 2011, S. 204). Nach

Terhart lassen sich demnach drei zentrale Positionen der Lehrerprofessionalität unterscheiden:

– Entsprechend dem *strukturtheoretischen bzw. handlungslogischen Ansatz* wird das professionelle Handeln als „gesellschaftlicher Ort der Vermittlung von Theorie und Praxis unter Bedingungen der verwissenschaftlichten Rationalität" (Oevermann, 1996, S. 80) betrachtet und die Verknüpfung von wissenschaftlichem und hermeneutischem Wissen benötigt. Ein wesentliches Merkmal des strukturtheoretischen Ansatzes ist die *stellvertretende Deutung,* bei der die Lehrperson für die Schülerinnen und Schüler ein Problem löst, zu deren Bearbeitung sie (noch) nicht in der Lage sind, weil sie selbst von diesem Problem betroffen sind (Koring, 1992, S. 53). Neben den allgemeinen Professionsfunktionen der Wahrheits-, Konsens- und Theoriebeschaffung, werden bei der pädagogischen Profession die Wissen- und Normenvermittlung sowie die implizit therapeutische Funktion[2] ergänzt (Gassmann, 2013, S. 57).

– Der *berufsbiographische Bestimmungsansatz* geht davon aus, dass Personen im Laufe ihrer Berufstätigkeit stufenweise mit typischen Aufgaben konfrontiert werden, für die es Lösungsstrategien zu entwickeln gilt. Die daraus resultierenden Handlungsmuster und Theorien entwickeln und erneuern sich über die Berufsjahre hinweg stetig weiter (Bauer, 2000, S. 62). Während Terhart (2001) in diesem Zusammenhang den Fokus auf die Entwicklungslogik des Veränderungsprozesses legt, geht es Bauer (2000) primär um das *professionelle Selbst*[3] und die Konzeption von Handlungsmustern, die Lehrerinnen und Lehrer bei der Bewältigung ihrer beruflichen Kernaufgaben – vor allem die Schaffung von Lerngelegenheiten – benötigen. In diesem Kontext identifiziert er Kommunikation, Interaktion, Gestaltung und Koordination u. a. als wesentlich und in ihrer Vernetzung mit dem Ziel der Lernprozessbegleitung als pädagogisch wirksam (Gassmann, 2013, S. 58). Darüber hinaus sind diese Handlungsmuster auf die gesellschaftlichen Werte auszurichten und orientieren sich an der Entwicklung

---

[2] Die Lehrer-Schüler-Beziehung und das Arbeitsbündnis werden von der ungefestigten Autonomie und Rollenklarheit seitens der Schülerinnen und Schüler während ihrer Persönlichkeitsentwicklung beeinflusst (Oevermann, 1996, S. 147). Während ihres Sozialisationsprozesses zur psychosozialen Normalität werden die Jugendlichen von den Lehrerinnen und Lehrern begleitet und unterstützt.

[3] „Das professionelle Selbst entsteht aus dem Versuch des Handlungsträgers, zwischen pädagogischen Werten und Zielen, subjektiven Motiven und persönlichen Kompetenzen einerseits, den Erwartungen eines vorgestellten kritischen Beobachters andererseits eine Balance zu finden" (Bauer, 2000, S. 64). Es wendet spezielle Fachsprache an und erhält Unterstützung von Kolleginnen und Kollegen, wobei es sich beim Handeln an pädagogischen Werten orientiert.

der Selbst- und Begründungskompetenz der Schülerinnen und Schüler sowie deren Fähigkeit der Verantwortungsübernahme hinsichtlich beruflicher wie privater Handlungsfolgen (Bauer, 2000, S. 63), welches im Rahmen einer BBNE wesentlich ist.

– Da sich das Lehrerhandeln im Rahmen der beruflichen Bildung stets in Wechselbeziehung zu institutionellen und gesellschaftlichen Kontexten gestaltet, sind die Rollenbeziehungen von Lehrenden und Lernenden spezifischer als in professionstheoretischen Ansätzen u. a. bei Oevermann (1996), wodurch den Schülerinnen und Schülern – anders als im therapeutischen Verhältnis – als Teilnehmende an Bildungsmaßnahmen ein gewisses Maß an Intimität zugesichert wird (Tenorth, 2006, S. 585). Ebenfalls wird eine Lösung zur Stärkung der nachhaltigen Schülermotivation an beruflicher, kultureller, wie politischer Teilhabe vermisst (Baumert & Kunter, 2006, S. 473), auf die eine BBNE abzielt. Aus diesem Grund ist die *Neujustierung* der theoretischen Perspektive (Gassmann, 2013, S. 59) notwendig, die durch den *kompetenztheoretischen Ansatz* (Baumert & Kunter, 2006; Bromme, 1997; Shulman, 1987) verkörpert wird. Dieser löst sich von einer generalisierten Erziehungserwartung und identifiziert das Unterrichten als zentrale Aufgabe des Lehrberufs. Das Technologiedefizit, welches Oevermann (1996) beschreibt, trifft auf die unsicheren und unvorhersehbaren unterrichtlichen Situationen zu, doch ist es nicht auf die bloße Wissensanwendung zu begrenzen. Wird der Technologiebegriff auf das Kompetenzprofil der Lehrerinnen und Lehrer ausgeweitet, wird ihre Leistung auf diese Weise sichtbar und analysierbar (Baumert & Kunter, 2006, S. 477; Reinisch, 2009, S. 37; Tenorth, 2006, S. 590).

6.1.2 Kompetenzorientierung in der Lehrerprofessionalität

Die vorliegende Arbeit folgt dem kompetenztheoretischen Ansatz hinsichtlich der Lehrerprofessionalität, da dieser die Grundannahmen der Professionstheorien aufgreift, sie jedoch darüber hinaus entsprechend den Besonderheiten des Lehrerberufes anpasst. Zudem werden der Bezug zur kompetenzorientierten beruflichen Bildung sichtbar sowie die Verbindung zum Mündigkeits- und Normbegriff geleistet. Während sich der Kompetenzbegriff in der beruflichen Bildung insbesondere auf die Handlungskompetenz in beruflichen (und alltäglichen) Anforderungssituationen konzentriert (siehe Abschnitt 3.4), ist für die Lehrerkompetenz eine ähnliche, jedoch auf das spezifische, pädagogische Handlungsfeld bezogene Akzentuierung von Bedeutung. Da auch für diesen Bereich keine ein-heitliche Definition für den Kompetenzbegriff besteht, muss zunächst eine für diese Arbeit geltende Wortbedeutung festgesetzt werden. Die Definition von Roth (1976) ist die erste im pädagogischen Diskurs (Gassmann, 2013, S. 61), bei der neben der Produktivität und Kreativität insbesondere die Mündigkeit von Bedeutung ist.

> Mündigkeit, wie sie von uns verstanden wird, ist als Kompetenz zu interpretieren, und zwar in einem dreifachen Sinne: a) als Selbstkompetenz, d. h. als Fähigkeit, für sich selbst verantwortlich handeln zu können, b) als Sachkompetenz, d. h. als Fähigkeit, für Sachbereiche urteils- und handlungsfähig und damit zuständig sein zu können, und c) als Sozialkompetenz, d. h. als Fähigkeit, für sozial, gesellschaftlich und politisch relevante Sach- und Sozialbereiche urteils- und handlungsfähig und also ebenfalls zuständig zu sein (Roth, 1976, S. 180).

Diese Definition betont die Mündigkeit als zentrales Element der Lehrer-professionalität, indem sie als Kompetenz personenbezogene, sachliche und gesellschaftsbezogene Perspektiven durch die Dreiteilung in Selbst-, Sach- und Sozialkompetenz enthält. Auf diese Weise wird die Bedeutung von Verantwor-tungsübernahme und Urteilsfähigkeit betont, welche wiederum auf Werte- und Normenkonstruktionen basiert (siehe Abschnitt 4.1.1). Die Verantwortungs- und Werteorientierung wird ebenfalls von Wollersheim (1993) aufgegriffen, der neben fachlichem Wissen und Handeln, motivationale, identitätstheoretische und nor-mative Dimensionen einbezieht (Wollersheim, 1993, S. 119). Zudem findet sich die Berücksichtigung von Normen und Werten – die für eine BBNE wesent-lich sind (siehe Kapitel 4) – bei der Definition des Kompetenzbegriffes in dem Kompetenzstrukturmodell[4] von Frey (2008), der die Handlungsfähigkeit fokussiert.

---

[4] Zum Beitrag eines ganzheitlicheren Verständnisses soll neben der Kompetenzklärung ein kurzer Überblick über die Kompetenzmodellierung und -messung ergänzt werden, denn es wird zwischen verschiedenen Modellierungsarten und Messverfahren unterschieden. Bei Kompetenzstrukturmodellen steht die differenzierte Beschreibung der jeweiligen personen-bezogenen Fähigkeiten zur Bewältigung von Anforderungen im Fokus. Dabei wird die Verbindung der einzelnen Dimensionen hervorgehoben, die sich zwecks Messung jedoch grundsätzlich voneinander getrennt betrachten lassen. Bei Kompetenzniveaumodellen und -skalierungen handelt es sich um die differenzierte Darstellung verschiedener Ausprägungs-grade einer Fähigkeit. Für jede Stufe bzw. für jedes Niveau wird festgesetzt, welche Fähig-keiten zur Erreichung vorhanden sein müssen. Daher handelt es sich auch bei Kompetenz-niveaumodellen um kontinuierliche Kompetenzskalen. „Kontinuierliche Kompetenzskalen werden [...] in Abschnitte oder Stufen der Kompetenzbeherrschung aufgeteilt, sodass eine kriteriumsorientierte statt lediglich normative Interpretation von Testwerten möglich wird"

Besitzt eine Person Kompetenz, so kann sie etwas, ist handlungsfähig und übernimmt für sich und andere Personen Verantwortung. Sie besitzt die Kompetenz, so tätig zu werden, dass sie eine Absicht, ein Ziel oder einen Zweck unter Beachtung von Handlungsprinzipien, Werten, Normen und Regeln, mit Bezug auf konkrete, die jeweilige Handlungssituation bestimmende Bedingungen, zu erreichen vermag. Wer Kompetenz besitzt, ist erfolgreich, vernünftig und reflexiv tätig. Somit kann man Kompetenz als ein Bündel von körperlichen und geistigen Fähigkeiten bezeichnen, die jemand benötigt, um anstehende Aufgaben und Probleme zielgerichtet und verantwortungsvoll zu lösen, die Lösungen zu reflektieren und zu werten sowie das eigene Repertoire an Handlungsmustern weiterzuentwickeln. Hierzu wird von einer Person eine Reihe fachlicher, methodischer, sozialer und personaler Kompetenzen benötig (Frey, 2008, S. 45 f.).

Die jeweiligen Kompetenzen sind miteinander vernetzt und tragen in ihrer Gesamtheit zur beruflichen Handlungskompetenz bei. Trotz seines recht allgemeinen Charakters kann dieses Modell auf die Lehrertätigkeit bezogen werden, indem Spezifikationen vorgenommen werden (Gassmann, 2013, S. 70). Die fachlichen Kompetenzen umfassen die fachspezifischen Fähigkeiten der jeweiligen Disziplin. Deren fortlaufende Weiterbildung bei den methodischen Kompetenzen ermöglichen einer Lehrkraft, denk- und handlungsfähig zu sein, weshalb Reflexion, zielgerichtetes Handeln, Flexibilität und das Analysieren sowie ein Repertoire an Arbeitstechniken für Lehrkräfte als bedeutsam gelten (Frey, 2008, S. 52 f.). Die sozialen Kompetenzen umfassen insbesondere die Kooperation mit anderen, die Konflikt-, Kommunikations- und Führungsfähigkeit von Lehrerinnen und Lehrern. Die personalen Kompetenzen beinhalten Einstellungen, die zum

---

(Gassmann, 2013, S. 65). Eine weitere Modellierungsart wird als Kompetenzentwicklungsmodell bezeichnet, durch die Lernprozesse hinsichtlich des Kompetenzerwerbs bewertet und Entwicklungsbedarfe abgeleitet werden sollen (Schaper 2009, S. 176). Solche Modelle beschreiben, auf welcher Stufe gewisse Teilkompetenzen erreicht werden, wodurch festgestellt werden kann, auf welchen Stufen der jeweilige Kompetenzerwerb möglich ist und welche Ausprägungen an welcher Stelle der Entwicklung gemessen werden können. Das Kompetenzentwicklungsmodell weist daher Parallelen zum Kompetenzniveaumodell auf, doch lässt sich Letzteres nicht ohne Weiteres in Kompetenzentwicklungsmodelle transformieren. Es muss zunächst geprüft werden, ob die Niveaustufen einer gewissen Entwicklungslogik folgen (Weinert 2007, S. 102). Die Kompetenzmessung kann mittels a) Selbstbeurteilungen der subjektiven Probandeneinschätzung in Interview- oder Fragebogenverfahren, b) Beobachtungen unter der Annahme, dass die vorhandene Kompetenz durch das Verhalten einer Person sichtbar wird, c) Testverfahren von standardisierten, objektiven Messverfahren zur Erfassung von Leistungen, Interessen, Fähigkeiten und Persönlichkeitsmerkmalen oder d) Entwicklungs-/Lernportfolios, die die Veränderungen der Kompetenzen durch die Dokumentation während des gesamten Lernprozesses sichtbar werden lassen, durchgeführt werden (Gassmann, 2013, S. 67 f.).

selbstständigen und motivierten Handeln einer Person beitragen, wobei sich Frey (2008) an dem *Tugend-Konzept*[5] orientiert (Gassmann, 2013, S. 71).

Daneben können die (Teil-)Kompetenzen für die Lehrerprofessionalität ebenfalls auf der Basis professionstheoretischer Ansätze gebildet werden. So leitet Nolle (2004) folgende Kompetenzen für Lehrkräfte ab: Führungskompetenz, kommunikative Kompetenz, diagnostische Kompetenz, soziale Kompetenz und Reflexionskompetenz (Nolle, 2004, S. 32–39). Diehl (2003) kommt auf der Grundlage dieser Ansätze auf fachliche Kompetenz, diagnostische Kompetenz, pädagogische Kompetenz, Entscheidungs- und Rekonstruktionskompetenz und das Aushalten von Konflikten (Diel, 2003, S. 241–251).

Das komplexe Handlungsfeld der Berufskolleglehrerinnen und -lehrer setzt sich aus dem Unterrichten, Bewerten und Beraten der Jugendlichen, dem Gestalten der eigenen, schulischen Einrichtung und der Vernetzung mit betrieblichen sowie weiteren außerschulischen Bildungseinrichtungen zusammen. Daher üben die Lehrerinnen und Lehrer der beruflichen Bildung eine unterstützende Tätigkeit aus, die den Schülerinnen und Schülern die Aneignung und Entwicklung der erforderlichen fachlichen und überfachlichen Kompetenzen ermöglicht. Zur Vermittlung fachwissenschaftlicher Inhalte im Unterricht benötigen die Lehrpersonen an Berufskollegs wissenschaftlich fundierte Kenntnisse und Methoden. Dabei ist vor allem der Bezug dieses Fachwissens zum beruflichen Handeln der Schülerinnen und Schüler wesentlich, um die Theorie anwendungsbezogen vermitteln zu können. Aus diesem Grund zählt die Fachkompetenz als eine zentrale Lehrerkompetenz in der beruflichen Bildung, die sich im breitgefächerten Berufsfeld Ernährung und Hauswirtschaft als besonders komplex zeigt (Brutzer & Kastrup, 2019, S. 5). Durch die Förderung der persönlichkeitsbildenden Fähigkeiten, wie soziale und emotionale Kompetenzen, reicht der berufsbildende Unterricht jedoch über das Fachwissen hinaus. Dies verlangt ebenfalls entsprechende Kompetenzen der Lehrkräfte, ohne die die Förderung der Schülerpersönlichkeit kaum zu realisieren wäre (siehe Tabelle 6.1). „Für die Professionalität des zukünftigen Lehrers ist die Trias von Fachkompetenz, Sozialkompetenz und Selbstkompetenz grundlegend. Alle drei Kompetenzen werden integriert durch eine fachdidaktische Kompetenz" (Arnold, 1992, S. 22).

---

[5] Die Tugenden der Lehrperson bestehen aus Hilfsbereitschaft und Einfühlsamkeit, Gelassenheit und Geduld, Pflichtbewusstsein, Freiheitsstreben und Genussfähigkeit, Stolz, Tapferkeit und Kühnheit, Erfolgsorientierung, Neugierde (Frey, 2008, S. 55–58).

Tabelle 6.1 Kompetenzprofil Lehramt an berufsbildenden Schulen

Kompetenzanforderungen Lehramt für berufsbildende Schulen		
„Künftige Lehrerinnen und Lehrer ..."		
Kompetenzen	Spezifizierung	Beispiele aus der Berufs- und Wirtschaftspädagogik
...verstehen die Inhalte, Strukturen und Forschungsinstrumente ihrer Fächer.	...schaffen Lernsituationen, die diese fachspezifischen Aspekte für die Lernenden bedeutsam machen.	Zeitgemäßer Fachunterricht, der nicht hinter der in den Ausbildungsbetrieben erfahrbaren technologischen Aktualität hinterherhinkt.
...verfügen über eine reichhaltiges Repertoire an Unterrichtsmethoden.	...können auf die individuell unterschiedlichen Situationen der Lernenden angemessen reagieren und verstehen ihr Berufsfeld als permanente Lernaufgabe.	Einsatz lebendiger Lernmethoden, welche den Lernenden eine nachhaltige Aneignung der Lerninhalte ermöglichen und zugleich ihre Methoden- und Sozial-Kompetenzen stärken.
...können den jeweiligen Lernstand der Lernenden sowie das Lernklima diagnostizieren und beurteilen.	...sind in der Lage, Lernprozesse und -ergebnisse sowie die Folgen unterschiedlicher Beurteilungsmaßstäbe und -formen adäquat einzuschätzen.	Individualisierte Einschätzung des Lern- und Leistungsstandes in heterogenen Berufsschulklassen.
...können Schülerinnen und Schülern die Fähigkeiten zu selbst bestimmten Handeln vermitteln.	...gestalten ihre schulischen Aufgaben und Tätigkeiten mit dem Ziel, die Schülerinnen und Schüler in die Lage zu versetzen, ihr Leben möglichst selbst bestimmt, verantwortungsbewusst und befriedigend zu gestalten.	Achtungsvolle Interaktion und vertrauensvoller Umgang mit den Lernenden; Möglichkeiten für die Lernenden, sich als selbstwirksam und kooperativ zu erleben
...verstehen es, auf die verschiedenen Lebensbedingungen der Schülerinnen und Schüler einzugehen.	...können ihre Tätigkeiten auf die Lebenssituation der Lernenden mit ihrer sozialen und kulturellen Vielfalt sowie auf die institutionellen, gesellschaftlichen und historisch gewachsenen Rahmenbedingungen einstellen.	Einbeziehung der betrieblichen Alltagserfahrungen der Lernenden sowie Berücksichtigung ihrer Lebensweltsituationen und (jugend)milieuspezifischen Lebensbedingungen.
...wissen um die Bedeutung der personalen Beziehungen für den Erfolg von Lernunterstützung.	...können personale Beziehungskonstellationen reflektieren und bewusst mitgestalten.	Bewusste Gestaltung der Beziehungsdimensionen in Kommunikationssituationen sowie ressourcenstärkende Kommunikationspraxis.
...haben eine differenziertes Konfliktverständnis.	...gehen mit Schwierigkeiten sowie mit personalen Konflikten konstruktiv und problembearbeitend um.	Lösungsorientierte Bearbeitung betrieblicher und kommunikativer Konfliktsituationen.
...sind sich der wichtigsten Widersprüche in der Lehrerrolle bewusst.	...halten die Ambivalenzen aus und bewältigen die daraus erwachsenden Belastungen, indem sie in der Lage sind, unter Stress und Zeitdruck produktiv zu arbeiten.	Besprechung der eigenen schulischen Alltagserfahrung in Lehrerteams oder Supervisionskontexten.
...beteiligen sich aktiv an der Schulentwicklung.	...beziehen sich bei der Reflexion ihrer Tätigkeiten und der Entwicklung ihrer Schule auf die Ergebnisse wissenschaftlicher Studien und auf die öffentliche Bildungsdiskussion sowie die Entwicklungen der Bildungspolitik.	Mitgestaltung des Schulprofils sowie der regionalen Lernortkooperation.
...begreifen ihr Lehramt als öffentlichen Auftrag.	...beziehen es auf gesellschaftliche Ziele und Aufgaben, sind deshalb in der Lage, professionelle Beratung zu leisten, und können Feedback sowie Beratung auch zur Verbesserung der eigenen Arbeit konstruktiv nutzen.	Gezielte Nutzung von Verfahren der Evaluierung sowie der Qualitätssicherung im Kontakt mit Eltern, Betrieben, Schülerinnen und Schülern.

(Arnold et al., 2016, S. 259)

6.1.3   Paradigmen der Lehrerprofessionsforschung

In der Lehrerprofessionsforschung wird bereits seit vielen Jahrzehnten untersucht, welche Persönlichkeitsmerkmale von Lehrerinnen und Lehrern, welches Lehrerhandeln oder welche didaktische Anwendung Einfluss auf die unterrichtliche Wirkung haben (Weinert, 1996, S. 141). Daraus können u. a. drei verschiedene Paradigmen der Lehrerprofessionsforschung herausgestellt werden, die in Tabelle 6.2 aufgelistet werden: das *Persönlichkeits-Paradigma* sucht nach den Persönlichkeitsmerkmalen einer ‚guten' Lehrperson; das *Prozess-Produkt-Paradigma* fokussiert die Zusammenhänge von Elementen des Unterrichts und

Tabelle 6.2   Paradigmen in der Lehrerprofessionsforschung

	Persönlichkeits-Paradigma	Prozess-Produkt-Paradigma	Experten-Paradigma
Zeit	ca. 1900 bis 1960 (verstärkt empirisch etwa ab 1940)	ca. 1960 (bis heute)	ca. 1985 (heute zentral)
Beeinflusst durch	Eigenschaftsorientierte Persönlichkeitstheorien (etwa ab 1940 auch Persönlichkeitstests)	Behaviorsmus (Verhalten der Lehrperson)	Kognitivismus (Fokus auf ‚Denken und Wissen' der Lehrperson)
Untersuchungsmethode	Tests und Fragebögen (Labor), Persönlichkeit der Lehrperson im Vordergrund	Unterrichtsbeobachtungen (später auch mit Videotechnik), Handeln der Lehrperson im Vordergrund	Integration bisheriger Forschungsmethoden, Entwicklungs von Professionswissenstests für Lehrpersonen
Bemerkung	Nur wenige und oft schwache bzw. triviale Zusammenhänge	• Erste robuste und stabile Befunde • Unterricht ‚messbar'	• Systemische Sicht • Schwerpunkt wieder auf der Lehrperson • Professionswissen entscheidend

(Kraus & Bruckmaier, 2014, S. 242)

deren Zielsetzung und das *Experten-Paradigma*, welches die Aufdeckung der Aspekte wie Fähigkeiten, Wissen oder Einstellungen einer kompetenten Lehrkraft verfolgt (Krauss & Bruckmaier, 2014, S. 241).

Unter dem Persönlichkeits-Paradigma wurde primär zwischen 1900 und 1960 geforscht und es wird heute nur noch vereinzelt vertreten. Persönlichkeitstheorien beeinflussten diesen Ansatz, geforscht wurde mittels Tests und Fragebögen. Im Bereich der Persönlichkeitspsychologie ist insbesondere das *Fünf-Faktoren-Modell (Big Five)* von Costa und McCrae (1992) verbreitet, da sich hierin zahlreiche andere Studien zu Persönlichkeitsmerkmalen integrieren lassen (Herzberg & Roth, 2014, S. 44). Es bildet fünf verschiedene Persönlichkeitsfaktoren ab, welche entweder hoch oder gering ausgeprägt sein können (siehe Tabelle 6.3). Für den Lehrerberuf werden eine hohe Ausprägung an Gewissenhaftigkeit, Verträglichkeit, Extraversion und Offenheit für Erfahrungen sowie eine geringe Ausprägung an Neurotizismus für eine hohe Lehrerzufriedenheit und Unterrichtsqualität identifiziert (Eckert & Sieland, 2017, S. 148). Zu kritisieren ist, dass für diese Annahmen nur wenige empirische Belege vorliegen. Auch ist die Wirkungsweise der Personenmerkmale indirekt und die Interessen einer Person sind je nach Tätigkeitsgebiet wandelbar, selbst wenn die grundlegenden Persönlichkeitsmerkmale und Interessen einer Person als relativ stabil gelten (Mayr, 2014, S. 199). Daher wird dieser Ansatz durch seine eher schwachen und „trivialen Zusammenhänge" (Krauss & Bruckmaier, 2014, S. 242) in dieser Arbeit nicht weiterverfolgt.

Basierend auf dem Behaviorismus wurde die Lehrerprofessionsforschung seit den 1960er-Jahren durch das Prozess-Produkt-Paradigma, ab den 1970er-Jahren dann – aufgrund des kognitiv erweiterten Behaviorismus – durch das Prozess-Mediations-Paradigma geprägt, wodurch die individuellen Lernprozesse der Schülerinnen und Schüler als grundlegendes Merkmal des Lernens mitberücksichtigt wurden (Krauss & Bruckmaier, 2014, S. 241). Ziel war die systematische Untersuchung des Unterrichts, folglich stand nicht weiter die Lehrperson, sondern ihr Verhalten im Fokus der Forschung (Wysujack, 2021, S. 11). Unter diesem Paradigma wurden bestimmte Aspekte (wie die Anzahl von Lehrerfragen), die Ziele des Unterrichts (z. B. der Lernzuwachs) sowie deren Zusammenhänge mittels empirischer Methoden wie Unterrichtsbeobachtungen oder durch den Einsatz von Schüler- und Lehrerfragebögen erhoben. In dieser Zeit wurden erstmalig als messbar geltende Erkenntnisse gewonnen (Krauss & Bruckmaier, 2014, S. 242).

Das Expertenparadigma, welches konstruktivistisch bestimmt ist, ist das jüngste und zentralste Leitbild der heutigen Professionsforschung (Tillmann, 2014, S. 312). Durch seine konstruktivistische Ausrichtung bleibt Mündigkeit eines der zentralen Bildungsziele. Im Mittelpunkt der hierbei eingenommenen systemischen Perspektive gilt die Lehrperson als entscheidend (Krauss & Bruck-maier, 2014, S. 242). Für die Gewinnung von Erkenntnissen über das Wissen und Handeln von Lehrkräften werden herkömmliche Forschungsmethoden eingesetzt. Durch seine Anbindung an die Kompetenzorientierung, die sowohl für die Bildungspläne für die Schülerinnen und Schüler (siehe Kapitel 3) als auch für die Lehrer(aus)bildung grundlegend ist,[6] soll sich die vorliegende Arbeit an diesem Leitbild orientieren. Der kompetenztheoretische Ansatz beinhalte solche Wissenskategorien, die nach Shulman (2004) für Lehrkräfte als wichtig gelten, zudem wird sich auf die Ergebnisse aus der Expertise-Forschung bezogen (Terhart, 2011,

Tabelle 6.3 Die fünf Persönlichkeitsfaktoren und deren Facetten

Faktor	Facetten
Neurotizismus	Ängstlichkeit, Reizbarkeit, Depression, soziale Befangenheit, Impulsivität und Verletzlichkeit
Extraversion	Herzlichkeit, Geselligkeit, Durchsetzungsfähigkeit, Aktivität, Erlebnishunger und Frohsinn
Offenheit für Erfahrungen	Offenheit für Phantasie, Ästhetik, Gefühl, Handlungen, Ideen, Normen- und Wertesystem
Verträglichkeit	Vertrauen, Freimütigkeit, Altruismus, Entgegenkommen, Bescheidenheit und Gutherzigkeit
Gewissenhaftigkeit	Kompetenz, Ordnungsliebe, Pflichtbewusstsein, Leistungsstreben, Selbstdisziplin und Besonnenheit

(Herzberg & Roth, 2014, S. 43)

---

[6] Die KMK nennt Standards in der Lehrerbildung, welche Anforderungen an das Handeln der Lehrerinnen und Lehrer beschreiben. Die aufgeführten Formulierungen beziehen sich auf Kompetenzen, die Fähigkeiten, Fertigkeiten und Einstellungen umfassen. Zudem sind die Kompetenzen zur kollegialen Zusammenarbeit sowie zur Kooperation mit anderen Professionen und Einrichtungen relevant. Sie bilden die Voraussetzung für die Bewältigung der beruflichen Anforderungen und sind daher für die Lehrerausbildung von Bedeutung (KMK, 2004, S. 4). Die Kompetenzen lassen sich in die Kernkompetenzen *Fach-, Methoden-* und *Sozialkompetenz* (Schieren, 2013, S. 196) einteilen; das Wissen wird nach *fachlichem, didaktischem* und *pädagogischem Wissen* kategorisiert (König & Blömeke, 2009, S. 501).

S. 208). So ist es naheliegend, an dieser Stelle ein Modell zur professionellen Handlungskompetenz aufzuzeigen, um spätere Ergebnisse der vorliegenden Untersuchung theoretisch einordnen und auswerten zu können.

6.2   Professionelle Handlungskompetenzen und BBNE in der Lehrerbildung

6.2.1   Modell der professionellen Handlungskompetenz von Lehrkräften

Untersuchungsschwerpunkte von COACTIV

Im Rahmen des bildungswissenschaftlichen Forschungsprojektes COACTIV (Professionswissen von Lehrkräften, kognitiv aktivierender Mathematikunterricht und die Entwicklung mathematischer Kompetenz) wurde ein Modell zur professionellen Kompetenz von Lehrkräften konzipiert, welches dem Expertenansatz zugeschrieben wird und – neben dem hierarchischen Strukturmodell der Handlungskompetenz nach Frey(2006)[7] – eines der am weitesten verbreiten Modelle ist (Gassmann, 2013, S. 69–71). Es erscheint ebenfalls für die vorliegende Arbeit grundlegend, da hieran die Kernelemente des professionellen Lehrerhandelns im Sinne des modernen und konstruktivistischen Expertenansatzes abgebildet werden, um daran anknüpfend Ansatzpunkte zur unterrichtlichen Implementierung einer BBNE herausstellen zu können. Besonders durch die Berücksichtigung der *Überzeugungen und Wertehaltungen* Lehrender kann eine Verbindung zwischen diesem Modell und einer Wertebildung als Bestandteil einer BBNE herausgestellt werden. Ebenfalls eignet es sich durch die Betonung der praktischen Erfahrungen im Rahmen der Kernelemente *Wissen und Können* für die Anwendung auf die berufliche Bildung.

Seit den Ergebnissen der ersten PISA-Studie 2000 fordert die KMK die Verbesserung der professionellen Kompetenzen der Lehrenden (KMK, 2002, S. 6 f.). Die hier angesprochenen Defizite der empirischen Belege zur Wirksamkeit der Lehrer(aus)bildung wurden daher in der Forschung zunehmend fokussiert, um den Output der Schulen zu steigern (Blömeke et al., 2009,

---

[7] Die berufliche Handlungskompetenz wird nach Frey (2006) in fachliche, methodische und soziale wie personale Fähigkeiten aufgeteilt, die miteinander in Verbindung stehen. Auf vier Ebenen werden diese wie folgt modelliert: Ebene I: einzelne Fertigkeiten, Ebene II: gebündelte Fertigkeiten, Ebene III: Fähigkeiten und Ebene IV: gesamte Handlungskompetenz (Terhart, 2007, S. 45).

S. 181 f.). Daher ging mit der Konzeption professionsbezogener Kompetenzen in der Lehrerbildung gleichzeitig die Einführung von Standards einher,
die als Messkriterien dieser Kompetenzen herangezogen werden. Hauptziel des
COACTIV-Kompetenzmodells ist die Zusammenfassung verschiedener bestehender theoretischer Ansätze von Lehrerkompetenzen zu einem übergeordneten
Modell zur Personalisierung und Qualifizierung von Lehrkräften, welches am Beispiel von Mathematiklehrerinnen und -lehrern konkretisiert und spezifiziert wird.
Zudem liefert es empirische Befunde zu den individuellen Eigenschaften von
Lehrerinnen und Lehrerin zum erfolgreichen Umgang mit den beruflichen Anfor-
derungen. „COACTIV möchte einen theoretischen *und* empirischen Beitrag zur
Klärung zentraler Konzepte und zur Diskussion über die Professionalisierung von
Lehrkräften leisten" (Baumert & Kunter, 2011b, S. 29). Es lassen sich folglich
zwei komplementäre Forschungsschwerpunkte bei COACTIV herausstellen:

1) Die theoretische und empirische Klärung, über welche Voraussetzungen Lehrerinnen und Lehrer für einen dauerhaften Berufserfolg verfügen müssen.
   Hierbei werden sowohl ein mehrdimensionales Verständnis von Berufserfolg
   als auch die Kernaufgaben von Lehrerinnen und Lehrern (Unterricht planen, interaktiv gestalten, Teilnehmermotivation der Schülerinnen und Schüler
   unter stabilen Rahmenbedingungen sichern, Denkprozesse anregen und schulische Kompetenzen fördern, langfristiges Interesse an den Lernthemen wecken)
   berücksichtigt.
2) Der Berufserfolg wird nicht nur aus schülerseitiger Perspektive, sondern ebenfalls durch professionelles Verhalten der Lehrpersonen beeinflusst. In diesem
   Zusammenhang werden das Engagement, die Leistungsfähigkeit und Berufs-
   zufriedenheit bei der Ausführung ihres Berufs untersucht. Darüber hinaus
   sind die professionellen Lehrerkompetenzen, die von individuellen und institutionellen Bedingungen beeinflusst werden und die berufsbezogene personale
   Kompetenzen fördern, ebenfalls Gegenstand der Forschung (Baumert & Kunter, 2011c, S. 8). Die individuellen und institutionellen Bedingungen sollen im
   Rahmen der vorliegenden Arbeit hinsichtlich der Stärkung einer BBNE durch
   Interviews erhoben werden.

Im Fokus stehen hierbei die didaktische Planung und unterrichtliche Umsetzung. Gemessen wird der Erfolg durch das Anregen von Lernprozessen bei
Schülerinnen und Schülern sowie deren Erreichen des Lernziels. Doch trotz der
angemessenen Bereitstellung und Vorbereitung von Lehrangeboten ist der Lernerfolg der Schülerinnen und Schüler situationsabhängig und ohne Erfolgsgarantie

(Lipowsky, 2006, S. 47). Dieser Umstand wird auch bei Helmke (2006) thematisiert, der im Bezug zu seinem Angebots-Nutzungs-Modell von einer doppelten Unsicherheit spricht. Seine Annahmen finden sich bei COACTIV wieder. Dort wird Unterricht als Lerngelegenheit gesehen, deren Qualität hinsichtlich seiner Gelegenheiten zum aktiven und selbstständigen Lernen untersucht werden kann. Der effektive Nutzen wird allerdings von den Schülerinnen und Schülern und ihren mental kognitiven sowie sozialen Fähigkeiten mitbestimmt (Kunter & Voss (Dubberke), 2011, S. 106). Unterrichtsqualität wird anhand normativer Aspekte – wie dem Einsatz von in der Forschung als angemessen aufgeführte Methoden – bewertet. Zudem gelten der Lernerfolg sowie die motivational-emotionalen Entwicklungen der Schülerinnen und Schüler als maßgebliche Bewertungskriterien für ‚guten‘ Unterricht. Die Ergebnisse von COACTIV zeigen schulformübergreifend, dass die Leistungen der Schülerinnen und Schüler vorrangig durch effektive Klassenführung, kognitive Aktivierung und konstruktive Unterstützung seitens der Lehrperson bestimmt wird. Daher ist davon auszugehen, dass eine Übertragung auf die berufliche Bildung möglich ist. „‚Guter‘ Unterricht, also ein Unterrichtsangebot, das von den Schülerinnen und Schülern gewinnbringend genutzt wird, kann demnach in verlässlicher Weise anhand dieser drei Dimensionen beschrieben werden" (Kunter & Voss (Dubberke), 2011, S. 107 [HviO]). Die fehlende Erfolgssicherheit und Einschränkungen in der Planbarkeit des Unterrichts werden in diesem Zusammenhang als „konstruktive Merkmale des professionellen Handelns von Lehrkräften" (Baumert & Kunter, 2011b, S. 30) betrachtet. Denn es lassen sich personelle, erlernbare Voraussetzungen von Lehrerinnen und Lehrern benennen, die ungeachtet dieser doppelten Unsicherheit zielführendes Handeln ermöglichen. Im COACTIV-Modell werden solche persönlichen Voraussetzungen als Kompetenzen aufgeführt. Empirische Belege zur Wirksamkeit auf Individualebene der Schülerinnen und Schüler stehen jedoch noch aus; auch die situativen Anpassungen werden bei den Erhebungen nicht mitberücksichtigt (Kunter & Voss (Dubberke), 2011, S. 107).

Die Anwendung des Kompetenzverständnisses auf den erfolgreichen Umgang mit beruflichen Herausforderungen lässt sich auf Weinerts (2001) *professionelle Handlungskompetenz* (siehe Abschnitt 3.4) zurückführen. *Wissen* und *Können* bilden dabei die Grundpfeiler des Modells der professionellen Kompetenz von Lehrkräften, wobei das Wissensverständnis sowohl die Topologie von Shulman (1987) als auch die von Bromme (1997) (s. o.) enthält. Diese werden zum *allgemeinen pädagogischen Wissen, Fachwissen* und *fachdidaktischen Wissen* zusammengefasst und um das Organisations- und Beratungswissen ergänzt (Gassmann, 2013, S. 71). Neben den formalen Wissensformen sind jedoch ebenfalls das erfahrungsbasierte, praktische Wissen und Können wesentlich, denn mit

steigendem Erfahrungsrepertoire sollen sowohl der Wissens- als auch der Über-
zeugungsstand zunehmen und somit differenziertere Handlungsweisen ermöglicht
werden. Erst im Konnex von domänenspezifischem, erfahrungsbasiertem Wissen
und Können, Werten, Überzeugungen, subjektiven Theorien und Zielen sowie
motivationaler und selbstregulierender Charakteristika wird professionelles Handeln ermöglicht und die Voraussetzung für langfristig effektives Handeln von
Lehrkräften geschaffen (Christian-Albrechts-Universität zu Kiel, 2020). Hieraus
ergeben sich vier Kompetenzkategorien (s. u.), deren Gewichtung gleichwertig
ist. Sie bilden ein generisches Modell professioneller Kompetenz, welches im
Rahmen von COACTIV für den Lehrerberuf spezifiziert wird.

Unterricht als Kernaufgabe des Lehrberufs
Zentrale Aufgabe Lehrender ist das Unterrichten, denn hierdurch soll die gesamte
Generation von Jugendlichen eine grundlegende Qualifikation mittels allgemeiner
Bildung erhalten. Diese ist Voraussetzung für die Teilhabe an Kultur und Gesellschaft. Daran anschließend bildet die berufliche Bildung die Voraussetzung zur
Erwerbstätigkeit und Selbstständigkeit. Dabei handelt es sich um den Erwerb
und Ausbau der eigenen Lernfähigkeit, die im institutionellen Kontext gefördert wird. Durch die schulische Rahmung – wie die Curricula – wird jedoch
entschieden, welche Inhalte einerseits und *universalistische Gütekriterien* (Baumert & Kunter, 2011c, S. 9) andererseits im Unterricht vermittelt werden, weshalb
die Implementation einer BBNE in Ordnungsmittel bedeutsam ist. Zudem werden zeitliche Vorgaben, Leistungsmaßstäbe und die Arbeitsverteilung gesetzt.
Im institutionellen Kontext ist zudem die Beziehung zwischen Lehrperson und
Schülerschaft bedeutend, denn hierin liegt die Begründung des Unterrichtens und
deren Betrachtung im Hinblick auf die Modellierung der professionellen Kompetenz von Lehrkräften. Für die tägliche Zusammenarbeit mit den Jugendlichen
ist die Fähigkeit der Lehrenden zur Beziehungsarbeit grundlegend, da erst durch
eine gelungene Lehrer-Schüler-Beziehung die Bereitschaft zum Lernen ermöglicht und das Leistungsniveau gestärkt wird (Bründel et al., 2014, S. 43; Yanik,
2020, S. 44). Gleichermaßen relevant ist hierfür die Kommunikationsfähigkeit der
Lehrenden, da einerseits ohne Kommunikation kein Unterricht stattfindet (Hubrig, 2010, S. 11) und andererseits die Beziehungsarbeit durch sie gestaltet wird.
So sind Kommunikation, Interaktion und Konfliktbewältigung ebenfalls unter den
Bildungsstandards der KMK (2004) zu finden.

Bei der Modellierung von COACTIV wird das Unterrichten allerdings nicht
allein auf den Wissensaufbau und dessen Ergebnisse hinsichtlich der professionellen Kompetenz der Lehrerinnen und Lehrer betrachtet, sondern ebenfalls
„metakognitive, motivationale und affektive Personenmerkmale berücksichtigt"

(Baumert & Kunter, 2011c, S. 10). Begründet wird dies durch die Inhärenz der schulischen Erziehungsaufgabe bezüglich des Unterrichtens. Anders als die grundsätzlich dualistische Auffassung dieser beiden Aufgaben nach KMK (2004) wird sich auf Herbart (1965) berufen, nach welchem jeder Unterricht erzieht.[8] Schule erzieht bereits während der Lernprozesse und der Bearbeitung kognitiver Aufgaben durch die Umsetzung verbindlicher Gütekriterien und die Vorgaben zu Arbeitsweisen. Ebenso erzieht die Institution durch den Wechsel verschiedener Sozialformen im Unterricht, bei denen u. a. Aushandlungsprozesse in Gruppen, Verantwortungsübernahmen sowie die gegenseitige Unterstützung während der Lernphasen gefördert werden, die im Rahmen einer BBNE umgesetzt werden können (siehe Abschnitt 7.2.1). Durch das Zusammenfallen von Unterrichten und Erziehen wird daher bei der Modellierung von einer systematischen Trennung abgesehen. „Für das Forschungsprogramm COACTIV bedeutet dies, dass [diese beiden Dimensionen] zusammen gedacht und modelliert werden müssen" (Baumert & Kunter, 2011c, S. 10).

Das Unterrichten in einer öffentlichen Bildungseinrichtung bringt neben der speziellen Lehrer-Schüler-Beziehung zudem bestimmte Kriterien mit sich, die als Voraussetzung für eine professionsorientierte Modellierung des Lehrberufs gelten. Die Lehrerrolle unterliegt objektiven gesellschaftlichen Gütekriterien, deren Einhaltung von Professionen verfolgt wird. Lehrende erfüllen ihr Berufsethos, indem sie die Verantwortung gegenüber ihren Schülerinnen und Schülern wahrnehmen. Angestrebt wird dies durch den professionsinternen Austausch und die Weitergabe von Erkenntnissen, welche auf akademischem Wissen beruhen. Dabei ist zudem ausschlaggebend, „wie eine Lehrperson zu [ihren Voraussetzungen] bzw. zu sich selbst steht, wie sie ihr Wissen und ihre Überzeugungen praktisch zur Geltung bringt und ob sie schließlich auch dazu in der Lage ist, darüber zu reflektieren" (Twardella, 2018, S. 98). Das professionsspezifische Wissen kann ausschließlich durch eine bestimmte Ausbildung erlangt werden, weshalb der Zugang zum Beruf durch die Profession selbst kontrolliert wird, wodurch die Notwendigkeit der Verankerung einer BBNE in der Lehrer(aus)bildung unterstrichen wird. Somit handelt es sich um ein formal akademisches Wissen, welches die Grundlage für die Deutung und Strukturierung der Praxis bildet. Das Professionswissen gilt folglich als konzeptuell und kann nicht durch rein praktische Erfahrungen ersetzt werden (siehe Abschnitt 6.1.1).

Mit der Annahme, dass die Konzeption von Lerngelegenheiten im unterrichtlichen Kontext die Kernaufgabe der Lehrpersonen darstellt, scheinen solche

---

[8] „Erziehender Unterricht […] erweitert Welterfahrung zu Wissenschaft und Kunst sowie zwischenmenschlichen Umgang zu Ethik/Politik und Religion" (Benner, 2015, S. 487).

Lehrermerkmale von zentraler Bedeutung, die zur Vermittlung schulischer Inhalte benötigt werden. Für die Identifizierung solcher notwendigen Voraussetzungen bedarf es eines Professionsverständnisses, welches das Unterrichten fokussiert. Zum einen ist erfolgreicher Unterricht von einem vernetzten und fachspezifischen Wissen abhängig, zum anderen ist jenes Wissen im Rahmen einer Aus- und Weiterbildung erlernbar (s. o.). Dabei ist zudem relevant, dass es sich bei der Tätigkeit des Unterrichtens um eine autonome und nicht um eine routinierte Situation handelt. Die theoretischen Bezüge zu den Unterrichtsforschern Shulman (1987) und Bromme (1997), die die Bedeutung eines umfangreichen und vernetzten Wissens betonen (s. o.), werden um die Annahme nach Weinert (1996) ergänzt, Kompetenzen seien erlern- und wandelbar. Ferner wird im Rahmen von COACTIV eine Verbindung zu generischen Modellen der Professionalisierung und beruflichen Entwicklung geschaffen werden. Daher werden die vier Kernelemente *Wissen und Können, Überzeugungen und Wertehaltung, Motivation* und *Selbstregulation* (Baumert & Kunter, 2011b, S. 33) des Kompetenzmodells von COACTIV zum professionellen Handeln herausgestellt, die im Folgenden kurz vorgestellt werden sollen.

Die Kernelemente des Kompetenzmodells
Das Kernelement *Wissen und Können*
Die in Abbildung 6.1 dargestellten vier Aspekte professioneller Lehrerkompetenz *Professionswissen, Überzeugungen/Wertehaltungen/Ziele, motivationale Orientierung* und *Selbstregulation* stehen nicht getrennt, sondern in gegenseitiger Wechselbeziehung zueinander und verantworten den erfolgreichen Umgang der beruflichen Anforderungen. Zudem wird angenommen, dass die Kompetenzbereiche bei den einzelnen Lehrpersonen unterschiedlich stark ausgeprägt sind, demzufolge interindividuelle Unterschiede des Lehrpersonals existieren und die unterrichtlichen Handlungen beeinflussen (Kunter et al., 2011, S. 55). Darüber hinaus handelt es sich bei dem konzeptuellen Wissen zum einen um die Deutungs- und Ordnungsgrundlage, zum anderen wird es erworben und ist veränderbar. COACTIV hebt sich somit von jenen Eingangsmodellen ab, nach denen es eine spezifische Begabung für den Lehrerberuf gibt. Die Bedeutung kognitiver und nicht-kognitiver Zugangsvoraussetzungen der Lehramtsanwärterinnen und -anwärter wird dabei jedoch nicht gänzlich abgestritten. Lediglich wird deren direkter Auswirkungsgrad geringfügiger als das damit verbundene (Lern-)Verhalten eingeschätzt. Auch die Reduzierung auf berufspraktische Erfahrungen bei Sozialisationsmodellen, die von implizitem Wissen und Können ausgehen, wird überwunden. Der ausbildungsabhängige Wissenserwerb wird dennoch nicht gesondert betrachtet, denn bei der Modellierung werden ebenfalls

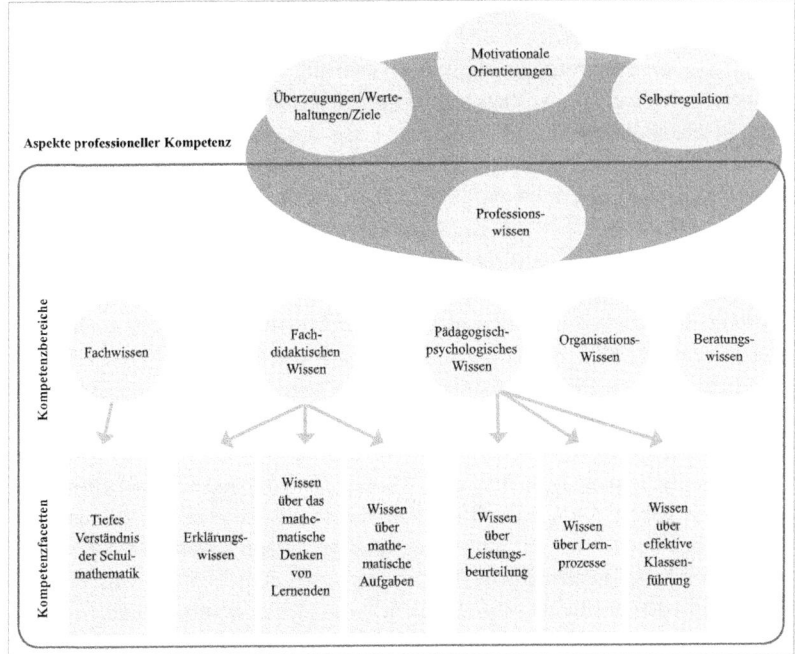

Abbildung 6.1 Modell der professionellen Handlungskompetenz von Lehrerinnen und Lehrern (Baumert & Kunter, 2011b, S. 32)

spezielle Anwendungskontexte berücksichtigt, in denen das Wissen wirksam wird. „Fokus der Analysen sind nicht nur die Struktur professionellen Wissens, sondern auch die Bedingungen seiner Genese" (Baumert & Kunter, 2011c, S. 11). Durch die Annahme, dass sich das ausbildungsspezifische Wissen auf das Handeln auswirkt, wird geschlussfolgert, fehlende Wissensbestände führen zu Handlungseinschränkungen und müssen mittels formaler Aus- und Weiterbildungsangebote ausgeglichen werden (Baumert & Kunter, 2011c, S. 185). Denn es besteht grundsätzlicher Konsens, dass *Wissen und Können* – als *Professionswissen* – elementare Bezugspunkte von professionellen Lehrerkompetenzen darstellen. Hinsichtlich ihrer strukturgebenden Dimensionen und ihrer Entwicklung herrscht aufgrund verschiedener theoretischer Ansätze und des Fehlens von messbaren Forschungsergebnissen hingegen keine einheitliche Meinung (Gassmann, 2013,

S. 63–68). Angesichts dieses Mangels wird auf die Ergebnisse der Experti-
seforschung zurückgegriffen und ein Bezug zur Professionalität von Berufen
hergestellt.[9] Dieses professionelle Wissen kann als theoretisch akademisches Wissen verstanden werden, welches sich nicht nur im sprachlichen Austausch äußert,
sondern ebenfalls durch die Handlungsweise der Lehrpersonen sichtbar wird.
Dabei handelt es sich nicht allein um die praktische Umsetzung des Theoretischen. Die Handlung erfolgt darüber hinaus vor dem Hintergrund der Erfahrungen
und seiner spezifischen Kontexte, weshalb das praktische Wissen und das Können deutlich werden. Selbst bei einer Handlung im Affekt verliert diese nicht
den Anspruch des Professionellen, da die Lehrperson eine situationsspezifische
Interpretation des Wissens vornimmt und mittels seiner Urteilskraft entsprechend
agiert (Neuweg, 2005, S. 206). Zum einen kann das praktische Wissen daher als
Repräsentation des formalen Wissens gesehen werden, zum anderen ist es situativ und unterliegt basierend auf einer intuitiven Einschätzung der Umstände einer
flexiblen Anpassung seitens der Lehrkraft (Damm, 2018, S. 41). Die Vernetzung
von theoretischem und praktischem Wissen ist insbesondere für Lehrende der
beruflichen Bildung von hoher Relevanz, da sie das theoretische Wissen praxisnah und handlungsorientiert aufbereiten und vermitteln sollen (siehe Kapitel 7).
Zudem wird die unterrichtliche Bedeutung des praktischen Wissens durch die
nachzuweisende fachpraktische Tätigkeit[10] gemäß Lehramtszugangsverordnung
(LZV) unterstrichen (LZV, 2016, §5 (6)). COACTIV konzentriert sich in seiner

---

[9] Es werden folgende Aspekte des in sich differenzierten, professionellen Wissens zusammengefasst:

- „Professionelles Wissen ist domänenspezifisch und ausbildungs- bzw. trainingsabhängig
  (Kompetenzen im engeren Sinne).
- Professionelles Wissen ist gut vernetzt und hierarchisch organisiert.
- In professionellen Domänen ist das zentrale Fach- und Handlungswissen um Schlüssel-
  konzepte und eine begrenzte Zahl von Ereignisschemata arrangiert, an die Einzelfälle,
  episodische Einheiten oder Sequenzen von Episoden (Skripts) angedockt sind.
- Professionelles Wissen integriert unterschiedliche Verwendungskontexte und erlaubt
  dadurch variantenreiches, adaptives Verhalten in Problemsituationen.
- Basisprozeduren sind automatisiert, aber gleichwohl flexibel an die spezifischen Bedingungen des Einzelfalls und des Kontextes adaptierbar […]“ (Baumert & Kunter, 2011b,
  S. 34).

[10] „Die fachpraktische Tätigkeit gemäß § 5 Absatz 6 Lehramtszugangsverordnung – LZV
(BASS 20–02 Nr. 30) dient dem Ziel, die künftigen Lehrerinnen und Lehrer an Berufskollegs mit den Lernorten und der Arbeitswelt der Schülerinnen und Schüler vertraut zu

Forschung überwiegend auf das Erfassen des theoretisch-formalen Wissens, versucht jedoch mittels einer Vignetten-technik[11] gewisse Aspekte des praktischen Wissens mit abzubilden. Um jedoch das *Wissen und Können* von Lehrkräften zu erheben, bedarf es einer theoretischen Rahmung, die die Erfassung dieser Elemente ermöglicht. Für das Unterrichtsfach Mathematik liegt eine fundierte und empirisch belegte Konzeption von einer Forschungsgruppe der *University of Michigan* vor, weshalb sich COACTIV auf diesen theoretischen Ansatz – jedoch mit abweichender Unterteilung der Wissenskomponenten – stützt und ebenfalls mathematisches Wissen erforscht (Krauss et al., 2008, S. 229 f.).

In Anlehnung an Shulmans Ansatz (1987) umfasst die Dimension *Professionswissen: Fachwissen, fachdidaktisches Wissen, pädagogisch-psychologisches Wissen, Organisations-* und *Beratungswissen* (siehe Abbildung 6.1). Dabei bilden *Fachwissen* und *fachdidaktisches Wissen* das Zentrum der professionellen Kompetenzen von Lehrerinnen und Lehrern (Baumert & Kunter, 2011b, S. 35). Das besondere Fachwissen ist Grundlage des fachdidaktischen Wissens. Zwar konnte kein direkter Einfluss des Fachwissens auf die Unterrichtsqualität erhoben werden, es wird jedoch davon ausgegangen, dass es die notwendige Bedingung für den Erwerb von fachdidaktischem Wissen darstellt. Für das Berufsfeld Ernährung und Hauswirtschaft ist es beispielsweise relevant, biochemische Prozesse des menschlichen Stoffwechsels zu kennen, um im Unterricht didaktisch reduziert die Grundsätze einer gesunden Ernährung zu lehren. Dabei kann die Lehrperson insbesondere die gesundheitlichen Vor- und Nachteile für den menschlichen Körper schülergerecht herausstellen und auf Rückfragen adäquat eingehen. Ebenfalls können passende Methoden und Beispiele – wie der Einsatz von Erklärvideos – gewählt werden, um komplexe Sachverhalte zu veranschaulichen. Da sich das fachdidaktische Wissen im Kontext des Unterrichts sowie im Bezug zu den Schülerinnen und Schülern generiert, stellt es selbst eine spezielle Form des fachwissenschaftlichen Wissens dar. Zudem wirkt sich dieses nachweislich auf das Leistungsniveau der Schülerinnen und Schüler aus (Baumert et al., 2010, S. 135). Daher zählen neben der unterrichtlichen Vorbereitung und Durchführung u. a. auch die diagnostischen Fähigkeiten sowie ein Sortiment an Methoden,

---

machen, auf die der Unterricht des Berufskollegs vorbereiten soll" (Runderlass zur Fachpraktischen Tätigkeit im Rahmen der Ausbildung für das Lehramt an Berufskollegs nach dem Lehrerausbildungsgesetz 2009, 2013).

[11] „In der empirischen Sozialforschung bezeichnet der Begriff eine Falldarstellung, die als Stimulus in Befragungen verwendet wird. Es handelt sich also in der Regel um einen Text […], in der ein Fall […] präsentiert wird […]. Solche Vignetten werden Interviewpartnern im Rahmen einer Befragung vorgelegt […]" (Schnurr, 2003, S. 393).

diagnostisches Wissen, das Wissen über Schülervorstellungen sowie Vermitt-
lungsstrategien zum fachdidaktischen Wissen (Roters et al., 2018, S. 159). Für
die berufliche Bildung sind darüber hinaus erfahrungs- und handlungsorientierte Lernmethoden notwendig, die durch den Wandel der Gesellschaft und
Arbeitswelt notwendig werden. Die dadurch neu entstehende Lernkultur zeichnet sich durch schüleraktivierendes Unterrichten aus, bei welchem in flexiblen
Lehr-Lernsituationen Problemlösekompetenzen und das selbstständige Lernen zu
fördern sind (Arnold et al., 2016, S. 219). Im Rahmen einer BBNE sind dabei insbesondere die Förderung von Verantwortungsübernahme und Mündigkeit zentral
(siehe Kapitel 4). Für den Fachbereich Ernährung- und Versorgungsmanagement
bedeutet dies die Einbindung konkreter und realer Lernsituationen der Schülerinnen und Schüler, die durch Problemstellungen oder Dilemmata-Situationen
(siehe Kapitel 7) berufsalltagsnah nachhaltigkeitsorientierte Lösungen suchen,
die zur Verantwortungsübernahme anregen; beispielsweise bei der Beschaffung
von biologisch produzierten Lebensmitteln, deren Preise jedoch aufgrund der
Zielgruppe möglichst niedrig gehalten werden sollen. Im Zusammenhang mit
Dilemmata-Situationen ist es für die Lehrerinnen und Lehrer zudem wichtig,
Handlungsmöglichkeiten für solche Gegebenheiten zu kennen, in denen die Schülerinnen und Schüler an ihre Frustrationsgrenzen stoßen und die Gefahr ihres
Motivationsverlustes besteht. Aus diesem Grund sollten die Dilemmata schülergerecht ausgewählt werden und verschiedene Lösungsmöglichkeiten bieten, die
die Lernenden bestenfalls bereits aus ihrem Berufsalltag kennen.

Das fachdidaktische Wissen äußert sich gemeinsam mit dem *pädagogisch-
psychologischen Wissen* im unterrichtlichen Lehrerhandeln. Dem fachdidaktischen
Wissen wird eine zentrale Bedeutung hinsichtlich der möglichen mentalen Aktivierung des Unterrichts zugeschrieben, das pädagogisch-psychologische Wissen
hingegen ist für die individuelle Förderung und die Art der Klassenführung
entscheidend (Baumert & Kunter, 2011b, S. 41). Für das fachunabhängige
pädagogisch-psychologische Wissen sind zudem Lernprozesskenntnisse und der
Umgang mit Heterogenität sowie grundsätzliche methodische und diagnostische Kompetenzen relevant. Insbesondere Berufskollegs zeichnen sich durch
eine heterogene Schülerschaft aus, da u. a. fünf verschiedene Anlagen mit den
verschiedensten Zulassungsvoraussetzungen und Abschlüssen angeboten werden.
Zudem gibt es innerhalb der Klassen große Unterschiede bezüglich Alter, Vorer-
fahrung oder Kultur der Lernenden (Euler & Severing, 2020, S. 7–13). Für die
Konkretisierung dieses Kompetenzbereichs beziehen sich Baumert und Kunter
(2011) auf verschiedene Untersuchungen – wie Shulmans Annahmen (1987), die
Kompetenzmodelle von Darling-Hammond und Bransford (2005) und von Terhart (2002) sowie das Fünf-Faktoren-Modell – die allesamt Parallelen aufzeigen.

Da Lehrpersonen neben dem Unterrichten weiteren Aufgaben im System Schule nachkommen, die durch die Handlungsfelder der Lehrerausbildung nach KMK verdeutlicht werden (MSB NRW, 2016), ist es naheliegend, weitere Kompetenzbereiche im COACTIV-Modell aufzugreifen. Durch die außerunterrichtliche Beratung, die Lehrkräfte beispielsweise im Kontext von Berufsorientierung oder Lernentwicklungszielen führen, findet sich das überwiegend fachunabhängige und soziale *Beratungswissen* (Baumert & Kunter, 2011b, S. 40) im Modell wieder; ebenso wie das Wissen über die Institutionen des Bildungssystems. Aufgrund der begrenzten Ressourcen werden diese beiden Dimensionen im Rahmen von COACTIV jedoch nicht erfasst.

Das Kernelement *Überzeugungen und Werthaltungen*
Dieses Kernelement wird durch epistemologische Überzeugungen[12] geprägt und umfasst im schulischen Kontext subjektive Theorien über fachspezifische Unterrichtsziele sowie über das Lernen und Lehren. Diese sind im COACITV-Modell getrennt von der Dimension *Professionswissen,* obgleich sie nicht gänzlich voneinander losgelöst betrachtet werden können. Zwar wird in einigen Lehrerforschung-Ansätzen diese Trennung bewusst aufgehoben und zu *Wissen* als übergeordneter Begriff geistiger Konstrukte zusammengefasst, doch die unterschiedlichen Begründungsansätze der beiden Dimensionen, die bereits von Fenstermacher (1994) herausgestellt werden, rechtfertigen ihre Trennung in das propositionale und performative Wissen einerseits und das formale und praktische Wissen andererseits (Fenstermacher, 1994, S. 5 f.). Baumert und Kunter betonen, dass zudem in aktuellen wissenschaftlichen Diskursen zu Lehrerkompetenzen eine solche Differenzierung vorgenommen wird. So verweisen sie u. a. auf Op ' t Eynde, De Corte und Verschaffel (2002), die Überzeugungen von Schülerinnen und Schülern für direkte oder indirekte Einflussfaktoren auf die Wahrnehmung der Umwelt halten und sie somit als „subjektiv für wahrgehaltene Konzeptionen" (Baumert & Kunter, 2011b, S. 41) gelten. Diese subjektiven Schülerkonzeptionen werden durch die Lehrerinnen und Lehrer beeinflusst, denn sie fördern (im besten Falle) durch ein entsprechendes Unterrichten und Erziehen die moralische Entwicklung der Lernenden (siehe Kapitel 7). Gleichzeitig unterliegen sie in der Ausübung des gesellschaftlichen Bildungsauftrags moralischen Anforderungen. Diese erhalten trotz ihrer Bedeutung zu wenig Aufmerksamkeit in der Lehrerbildung, obwohl die Verknüpfung von Ethos und Expertise in einer

---

[12] „Epistemologische Überzeugungen sind Theorien, die Individuen über Wissen und den Wissenserwerb entwickeln. Als subjektive Theorien besitzen sie handlungsleitende und handlungssteuernde Funktionen und sind daher von besonderer Relevanz für die Lehr-Lernforschung" (Müller et al., 2008, S. 1).

Lehr- und Lernkultur der Hochschule, die ebenfalls berufsmoralischen Prinzipien folgt, erlernt werden kann (Gasser & Althof, 2018, S. 17 f.).

In diesem Zusammenhang werden die Selbstverpflichtung und das professionelle Engagement für einen schülerorientierten Unterricht als Berufsethos verstanden, welcher insbesondere bei berufstypischen Wertkonflikten – wie der Anspruch der Verwendung von qualitativ hochwertigen Lebensmitteln gegenüber der Nachfrage möglichst günstiger Speisen – eine gerechte und fürsorgliche Entscheidung sicherstellt. „Dazu gehören die Übernahme von Verantwortung, eine empathische Kommunikation und die Fähigkeit, diskursive Lösungswege zu gestalten" (Schärer & Zutavern, 2018, S. 9). Unter dem Begriff des Ethos wird das gelebte Wertesystem verstanden, weshalb er die berufsethischen Prinzipien und Urteilsfähigkeit im Rahmen der Berufsmoral weiterfasst. Denn hierunter werden zudem die Motivation und das Engagement verstanden, ethische Standards im Unterricht anzuwenden (Schärer & Zutavern, 2018, S. 9), weshalb Werthaltungen, Überzeugungen, subjektive Theorien über Lehren und Lernen sowie Ziele in dieser Dimension zusammengefasst werden.

Im Rahmen von COACTIV wird sich jedoch auf die Überzeugungen zur Natur des Wissens und des Lehrens und Lernens beschränkt, grundsätzliche Werte bleiben unberücksichtigt. Zudem liegt der Fokus auf dem nötigen Wissen, welches zu hoher Unterrichtsqualität führt. In der vorliegenden Arbeit werden hingegen die subjektiven Werthaltungen der Lehrenden als relevanter Einflussfaktor auf die Schülerinnen und Schüler sowie für den Lernerfolg herausgestellt (Felten, 2020; Hattie & Zierer, 2017; Reich, 2012). Unabhängig von der Fächerwahl ist die (fächerübergreifende) Wertebildung für eine BBNE maßgeblich (siehe Kapitel 4) und sollte ein Grundstein in der Lehrerbildung sein (Steinherr, 2017, S. 62). Aus diesem Grund werden in der Erhebung dieser Arbeit das subjektive Nachhaltigkeitsverständnis, die Einschätzungen zur Priorität von Nachhaltigkeit, die Thematisierung einer BBNE in der eigenen Lehrerbildung sowie die unterrichtliche Umsetzung, den eingeschätzten Einfluss auf die Schülerinnen und Schüler oder BBNE-spezifische, subjektive Lerntheorien u. a. erhoben, um BBNE-fördernde Werte und Überzeugungen herauszustellen. So ist beispielsweise – neben der Erhebung von Ansätzen und Möglichkeiten zur Umsetzung einer BBNE – zu prüfen, ob eine Lehrkraft, die die Priorisierung von BBNE sehr hoch einschätzt, eine ebenso hohe Nachhaltigkeitsorientierung im Unterricht verfolgt als eine Lehrkraft, die eine geringere Priorisierung vornimmt.

Die Kernelemente *motivationale Orientierung und Selbstregulation*
Als weitere Dimensionen werden die motivationale Orientierung und die Selbstregulation aufgeführt, die der psychischen *Funktionsfähigkeit* zugeschrieben werden

(Baumert & Kunter, 2011b, S. 42) und an dieser Stelle gebündelt aufgeführt werden. Sie wirken sich langfristig auf die beruflichen Handlungen und Intentionen der Lehrerinnen und Lehrer aus. Ein Teil der bisherigen Forschungen zum professionellen Lehrerhandeln beschäftigt sich vor allem mit den Selbstwirksamkeitserwartungen als Aspekt der selbstbezogenen Kognition und der damit in Verbindung stehenden intrinsischen Motivation von Lehrkräften. Die genannte motivationale Orientierung wird dabei als emotionaler Aspekt der Motivation gesehen (Eckert & Sieland, 2017, S. 158). Durch positiv empfundene Unterrichtserfahrungen steigt die Selbstwirksamkeit der Lehrperson, die somit eine höhere intrinsische Motivation entwickelt. Diese kann zur Steigerung des unterrichtlichen Engagements bzw. Lehrerenthusiasmus und zum verbesserten Umgang mit beruflichen Herausforderungen führen (Schmitz, 2001; Tschannen-Moran et al., 1998). Erkennbarer Lehrerenthusiasmus, entweder aufgrund des Interesses am fachlichen Inhalt oder der Freude an der unterrichtenden Tätigkeit, soll sich gemäß den Wirkungen von Modellen und Vorbildern auf das Lernverhalten der Schülerinnen und Schüler übertragen, allerdings fehlt es an dieser Stelle an eindeutigen Belegen (Frenzel et al., 2009, S. 711 f.). Dennoch liefern Ergebnisse aus der neurobiologischen Forschung Erkenntnisse der Wirkung von Vorbildern, da bei zwischenmenschlichen Interaktionen Spiegelneuronen[13] aktiviert werden, die zu Nachahmungseffekten führen (Bauer, 2005; Hubrig, 2010; Krautz & Schieren, 2013; Reich, 2020; Schilling, 2016). Diese Erkenntnis lässt vermuten, dass sich das hohe Interesse für die Nachhaltigkeitsthematik und die Motivation zum nachhaltigkeitsorientierten Verhalten der Lehrkräfte auf die Schülerinnen und Schüler übertragen kann, wodurch die Schlüsselfunktion der Lehrerinnen und Lehrer erneut betont wird.

Ebenfalls wirken sich Selbstwirksamkeitsüberzeugungen auf die Unterrichtsvorbereitung und -führung aus und tragen darüber hinaus zur Bewältigung beruflicher Belastungen bei. Folglich können sie als Bestandteil der beruflichen Widerstandsfähigkeit betrachtet werden (Bauer, 2019, S. 706), welches den Untersuchungsgegenstand einer anderen Gruppe an Forschungsarbeiten ausmacht. Als *Selbstregulation* wird nach Baumert und Kunter die individuelle Belastungsempfindung des Berufs verstanden. Von Bedeutung ist hierbei ein effektiver und verantwortungsvoller Umgang mit den eigenen Ressourcen – beispielsweise durch die Kooperation im Kollegium – der sich auf die Qualität des Unterrichts

---

[13] Mittels Spiegelneuronen können Gefühle und Spannungen, die bei anderen Menschen wahrgenommen werden, in Verbindung gebracht werden. Sie bilden ein neuronales Resonanzsystem im Gehirn, welches für die Ausbildung zwischenmenschlicher Beziehungen, des Selbstwertgefühls, der Kommunikationsfähigkeit sowie der kognitiven Wissenserweiterung tragend ist (Bauer, 2005, S. 118; Hubrig, 2010, S. 11).

und auf die Anzahl der aktiven Arbeitsjahre insgesamt auswirkt. „Die subjektiv erlebte Belastung scheint ein wichtiger Prädikator für die Verweildauer im Beruf zu sein [und hat] Auswirkungen auf die Qualität der Berufsausübung und des Unterrichts [...]" (Bauer, 2011b, S. 44).

Individuelle Unterschiede der professionellen Lehrerkompetenz
Durch die oben bereits genannte Annahme, Lehrkräfte weisen individuelle Unterschiede in ihrer professionellen Kompetenz auf, wird das COACTIV-Modell durch den Entwicklungscharakter dieser professionellen Kompetenz ergänzt, um einen theoretischen Ansatz zur Erklärung solcher Unterschiede zu ermöglichen. Dieser dient vor allem der Ermittlung möglicher Verbesserungen in der Lehrerausbildung. In der Literatur finden sich zwei Perspektiven, die Erklärungen für die verschiedenen Ausprägungen der Kompetenzbereiche liefern.

> Unterschiede in der beruflichen Kompetenz können – diesen Argumentationsrichtlinien folgend – durch unterschiedliche persönliche Eignung oder durch jeweils unterschiedliche Qualifikationen, also Ausbildungsergebnisse, bedingt sein (Kunter et al., 2011, S. 56).

Im ersten Fall wird die persönliche Eignung einer Lehrkraft durch spezifische, für den Lehrberuf als förderlich geltende Persönlichkeitsmerkmale bestimmt, die die Lehrerinnen und Lehrer bereits zum Ausbildungsantritt aufweisen, jedoch als berufsunspezifisch gelten (Czerwenka, 2004, S. 63). Diese Merkmale bleiben – laut psychologischen Studien – relativ stabil (Roberts & DelVecchio, 2000, S. 3). Die kognitiven Fähigkeiten von Lehrerinnen und Lehrern, die bei der Wissensvermittlung, der flexiblen Denkweise und der spontanen Lösung von Problemen ausschlaggebend sind, werden in vielen Forschungsarbeiten aufgegriffen und unter dem Begriff der *Bright, Well-Educated-People* (Kennedy et al., 2008, S. 1252) abgebildet. Daneben finden sich Untersuchungen, deren Erhebungsgegenstand die pädagogischen Eigenschaften von Lehrpersonen darstellt. Hierzu zählen Merkmale „wie Offenheit, emotionale Stabilität oder persönliche Motive" (Kunter et al., 2011, S. 56). Der Ansatz der persönlichen Eignung verbindet somit kognitive, motivationale und emotionale Merkmale. Die Evidenz dieser Argumentationslinie ist jedoch bislang begrenzt, weshalb solche Annahmen zu relativieren, wenn auch nicht gänzlich abzuweisen sind.

Neben der Bright-Person-Hypothese steht die viel erforschte Qualifikationshypothese (Kunter et al., 2011, S. 57), nach der die Gestaltung und der Inhalt der Ausbildung von Lehrkräften ausschlaggebend für den Erfolg im Beruf sind. Hierbei sind weniger die Persönlichkeitsmerkmale relevant, vielmehr erscheinen professionsspezifische Wissensstände und Methodenkenntnisse – ausschließlich kognitive Merkmale – für einen zielführenden Unterricht von Bedeutung zu sein. Durch die in der Lehrerausbildung vermittelten fundamentalen Konzepte und Ansätze für ein erfolgreiches Unterrichten soll ein flexibler Umgang mit den beruflichen Voraussetzungen ermöglicht werden. Abweichungen bei dieser Vermittlung zwischen verschiedenen Ausbildungsweisen spiegeln somit die interindividuellen Unterschiede in der professionellen Kompetenz wider. Mit dieser Argumentationslinie wird nicht nur der Entwicklungscharakter der Lehrerkompetenzen verdeutlicht, sondern sie betont ebenfalls die Sinnhaftigkeit einer nachhaltigkeitsorientierten Lehrerausbildung zur Stärkung einer BBNE. Denn die Lehrerinnen und Lehrer benötigen für die Implementierung einer BBNE und deren unterrichtliche Umsetzung spezielle Kompetenzen.

Beide Perspektiven bieten abweichende Erklärungsansätze für die individuell divergenten Ausprägungen einzelner Kompetenzbereiche an. Während bei der persönlichen Eignung die Eingangsvoraussetzungen bereits vor der Lehrerausbildung vorhanden sind, kommen bei der Qualifikationshypothese Abweichungen während der Ausbildungsphase zum Tragen. In der gegenwärtigen Lehrerbildung finden sich Veränderungen bei der Gewinnung und Auswahl von geeigneten Kandidatinnen und Kandidaten basierend auf Persönlichkeitsmerkmalen wieder (Kunter et al., 2011, S. 57), allerdings sind ebenfalls Bestrebungen in der Ausbildungsqualität zu finden (Kunter et al., 2011, S. 58). Daher verbindet das COACTIV-Modell beide Argumentationsrichtlinien, indem es sowohl die kognitiven Merkmale mit den Kompetenzbereichen *Wissen, Können* und *Überzeugungen* als auch die motivationalen und selbstregulativen Eigenschaften *motivationale Orientierung* und *Selbstregulation* berücksichtigt. Eine entsprechende Ausprägung der verschiedenen Bereiche führt folglich zu effektivem Handeln, weshalb sich eine Kombination aus Wissen und Motivation sowie der Haltung, dem Engagement und dem Lehrerverhalten positiv auf den Berufserfolg und die Beziehung zu den Schülerinnen und Schülern auswirken (Bauer, 2007; Hattie & Zierer, 2017; Miller, 2011). Dieser Erfolg wird zum einen anhand der Lernerfolge und -entwicklungen von unterrichteten Schülerinnen und Schülern gemessen, zum anderen sind ebenfalls lehrerzentrierte Aspekte wie berufliches Wohlbefinden, Engagement oder berufliche Weiterentwicklung relevante Erfolgskriterien. „*Effektives professionelles Verhalten* lässt sich somit vor allem am Handeln im Unterricht festmachen [...]. Auch für das Erreichen der lehrerbezogenen Eigenschaften [...] können die Verhaltensweisen effektiv sein" (Kunter et al., 2011, S. 59 [HviO]).

Lerngelegenheiten für Lehrerinnen und Lehrer

Um eine Verbesserung der professionellen Kompetenz von Lehrerinnen und Lehrern zu erzielen, werden vor allem Lerngelegenheiten im Rahmen der Lehrerausbildung und Weiterbildungsangebote im Laufe des Berufslebens als elementare Ansatzpunkte herausgestellt. Durch ein Zusammenspiel von fundiertem Wissen und vielfältigen beruflichen Erfahrungen werden Veränderungsprozesse angeregt. Dabei lassen sich die unterschiedlichen Lernsituationen in *formale, nonformale* und *informelle Lerngelegenheiten* (Affolter et al., 2017, S. 507) einteilen. Lernsituationen, die gezielt auf das Lernen ausgewählter Inhalte ausgerichtet sind und auf spezielle Qualifikationen abzielen, werden insbesondere in der Lehrerausbildung verortet und bilden formale Lerngelegenheiten ab. Die Lernsettings, die außerhalb bestimmter Ausbildungseinrichtungen stattfinden und somit nicht auf einen fachspezifischen Abschluss hinwirken, gelten als nonformal. Neben diesen beiden explizit auf Lernen ausgelegten Situationen kann Lernen ebenfalls implizit stattfinden. Hierbei treten im (Berufs-)Alltag Situationen auf, die u. a. durch den Austausch mit Kolleginnen und Kollegen oder die Interaktionen mit den Schülerinnen und Schülern entstehen. Informelle Lerngelegenheiten können im Grad ihrer bewussten Lernreflexion variieren und stellen die dominierende Lernform nach der Lehrerausbildung dar. Während der Ausbildungsphase bestimmen vor allem formale und nonformale Angebote das Lernen, hingegen bilden nach der abgeschlossenen Lehramtsausbildung informelle Lerngelegenheiten den Großteil des beruflichen Lernens (Kunter et al., 2011, S. 60 f.). Mit der Annahme, dass sich die professionellen Kompetenzen in der Nutzung formaler Lerngelegenheiten und der dadurch entstehenden praktischen Erfahrungen entwickeln, ist einerseits das Referendariat eine der Phasen, in der die Veränderungen hinsichtlich der Kompetenzen besonders sichtbar sind. Dies gilt ebenfalls für die hochschulische Lehrerausbildung, weshalb diese insbesondere hinsichtlich der nachhaltigen Wertebildung Beachtung finden sollte. Aus diesem Grund können das Lehramtsstudium oder der Vorbereitungsdienst im Sinne einer BBNE angepasst werden. Hierzu wären beispielsweise Befragungen von Studierenden vor und nach spezifischen Nachhaltigkeitsseminaren denkbar. Um in der späteren Ausübung des Berufs wichtige Erfahrungen und damit verbundene Erkenntnisse zu gewinnen, wird eine fachspezifische Wissensgrundlage vorausgesetzt, auf die die universitäre Ausbildung abzielt. In der lehramtsspezifischen Grundausbildung sollte dabei die gesamte Breite des schulischen Arbeitsumfelds berücksichtigt werden, weshalb angehende Lehrkräfte „viel über Beziehungen, Konflikte, Macht, Kontakt, Nähe und Distanz, Akzeptanz, Ressourcen, Auftritt, Stimme, Bewegung, Ästhetik, Präsentation [lernen und erleben sollten]" (Kegler & Pant, 2018, S. 219), um in ihren persönlichen und reflexiven Fähigkeiten gefördert zu werden. Daran anknüpfend ist die nachhaltigkeitsorientierte Wertebildung einzubinden, denn es wird angenommen, dass sich neben dem professionellen Wissen vor allem Überzeugungen in der formalen Ausbildung entwickeln (Kunter et al., 2011, S. 60). Durch das Wissen über Nachhaltigkeitsdefinitionen, -modelle oder eine nachhaltige Ernährung erhalten die angehenden Lehrkräfte des Fachbereichs Ernährungs- und Versorgungsmanagement eine Basis, die mittels fachdidaktischer Ansätze und spezifischer Methoden (siehe Kapitel 7) im hochschulischen Seminar selbst angewandt werden können. Auf diese Weise kann einerseits das fachdidaktische Wissen erlernt werden, andererseits können durch die Anwendung und die dadurch entstehende Auseinandersetzung mit der Thematik Werte und Überzeugungen gebildet, überdacht oder weiterentwickelt werden, die zur unterrichtlichen Umsetzung einer BBNE beitragen.

Doch nicht nur die Ausbildungsphase bietet Ansatzpunkte zur Sicherung der Lehrqualität, ebenso gelten Weiterbildungen und andere Lernangebote nach Erhalt der Lehrbefähigung als wichtige Sicherungsmaßnahmen. Die als zentral geltende berufliche Aufgabe der Weiterbildung wird u. a. unter den Standards der Lehrerbildung der KMK (2004) aufgeführt, um darauf hinzuwirken, dass angehende Lehrkräfte diese Aufgabe nach der Ausbildung erfüllen (Faulstich-Wieland & Faulstich, 2008, S. 455). Seit 2013 differenziert die KMK die Lehramtsabsolventinnen und -absolventen nach verschiedenen Lehramtstypen, da sich hierfür unterschiedliche Aufgabenbereiche bestimmen lassen. Für angehende Lehrpersonen für Berufskollegs, der *Lehramtstyp 5* (KMK, 2018), werden daher zudem die wissenschaftlichen Erkenntnisse sowie die berufliche Praxis aufgeführt. Ebenfalls sind die

> Studiengänge mit dem Ziel der fachlichen Voraussetzungen für das Lehramt für die Sekundarstufe II (Berufliche Fächer) oder für die beruflichen Schulen (Lehramtstyp 5) an den Hochschulen so anzulegen, dass sie [...] zu einer fachlichen und pädagogisch professionellen Handlungskompetenz führen (KMK, 2018, S. 2).

Indessen ist die tatsächliche Verbesserung der professionellen Lehrerkompetenz nicht allein durch das Angebot der verschiedenen Lerngelegenheiten abhängig, sondern wird maßgeblich von deren Qualität und ihrer individuellen Nutzung (Schütt-Sayed et al., 2020, S. 214) – folglich auch von den persönlichen Merkmalen der Lernenden – bedingt. Letzteres ist jedoch bislang nicht ausreichend untersucht, dagegen zeigen psychologische Forschungsarbeiten Zusammenhänge zwischen der persönlichen Eignung und dem Berufserfolg auf (Kunter et al., 2011, S. 62). Da eine explizite Messung von Kompetenzveränderungen bislang nicht erfolgt ist, werden die Erkenntnisse zur professionellen Kompetenz im Rahmen von COACTIV lediglich auf der Basis des beobachtbaren Verhaltens einer Lehrperson und von Schülerleistungen abgeleitet. Diese wird jedoch auch von der Lernmotivation der Schülerinnen und Schüler, ihren kognitiven, emotionalen sowie sozialen Fähigkeiten, außerschulischen Rahmenbedingungen und schulischen Faktoren beeinflusst, weshalb Schulleistungen als multikausal gelten (Felten, 2020; Lipowsky & Lotz, 2015). Darüber hinaus fehlt es an evidenzbasierten Aussagen zur Effektivität unterschiedlicher Lehrerausbildungsprofile. Zwar zeigen Erhebungen des Experten-Novizen-Paradigmas und Innovationsstudien, dass die berufsspezifische Ausbildung von Lehrkräften positive Effekte auf den Unterricht und den Berufserfolg hat, dennoch bleibt der hohe Bedarf an empirischen Belegen zu Lern- und Entwicklungsabfolgen von (angehenden) Lehrerinnen und Lehrern bestehen (Kunter et al., 2011, S. 63 f.). Die COACTIV-Hauptstudie kann hierzu ebenfalls nur bedingt Ergebnisse liefern, da ihre Zielgruppe aus Lehrerinnen und Lehrern besteht, welche bereits die Lehrerausbildung abgeschlossen haben und meist viele Jahre Berufserfahrung aufweisen. Aus diesem Grund wird die Studie durch COACTIV-R ergänzt, durch die die Veränderungen und Entwicklung der professionellen Kompetenz von Referendarinnen und Referendaren untersucht werden, um interindividuelle Eingangsvoraussetzung und institutionelle Bedingungen mitberücksichtigen zu können. Des Weiteren werden Lehramtsstudierende im Rahmen von Erweiterungs- und Ergänzungsstudien sowie als Gegenstand der dritten Hauptstudie zu bildungswissenschaftlichem Wissen und zum Erwerb professioneller Kompetenz in der Lehrerausbildung einbezogen. Hierbei geht es jedoch um Erkenntnisse über die Veränderungsprozesse hinsichtlich der professionellen Kompetenz mit dem Fokus auf die Bedeutsamkeit des fachunspezifischen bildungswissenschaftlichen Wissens für den Berufserfolg (Lohmann et al., 2011).[14]

Da die Erhebungen der professionellen Lehrerkompetenzen im Rahmen von COACTIV weder den Schwerpunkt auf die Kernkompetenz *Werte und Überzeugungen* legen, die für eine BBNE von Bedeutung sind, noch die Lehrerausbildung in den Fokus nehmen, sind weitere Überlegungen und Erhebungen zur Ergänzung notwendig. Auf diese Weise soll herausgestellt werden, welche Kompetenzen der Lehrerinnen und Lehrer zur Stärkung einer BBNE beitragen und welche Konsequenzen für die Lehreraus- und -weiterbildung gezogen werden können.

---

[14] Die Ergebnisse zeigen, dass sich die KMK-Standards kaum in den Studiennormierungen und Modulhandbüchern wiederfinden lassen. Als Grund wird das Fehlen einer Normierung oder Vereinheitlichung angegeben (Terhart, 2002, S. 309).

6.2.2 BBNE-bezogene Handlungskompetenz von Lehrkräften

Ansätze zur nachhaltigkeitsspezifischen Kompetenzentwicklung von Lehrkräften

Zur Beschreibung nachhaltigkeitsspezifischer Lehrerkompetenzen können verschiedene Ansätze aufgeführt werden. Beispielsweise werden in dem fachübergreifenden Modell *Curriculum, Sustainable Development, Competences, Teacher Training* (CSCT)-Modell (Sleurs, 2008, S. 26–29) die fünf Kompetenzbereiche *Wissen, Systemdenken, Handeln, Emotionen, Werte und Ethik* genannt, die sich auf drei Kompetenzdimensionen und Verantwortungsebenen der Lehrkraft beziehen (Greiwe, 2020, S. 73). Wie bei COACTIV wird dem Wissen und Können der Lehrenden bei diesem Ansatz eine zentrale Bedeutung zugesprochen. Diese äußern sich beispielsweise durch das Wissen der Kernelemente von Nachhaltigkeitskonzepten oder in der Auswahl von Unterrichtsinhalten unter Berücksichtigung der jeweiligen Nachhaltigkeitsaspekte (Sleurs, 2008, S. 45–48). Bei der Konkretisierung zu den Inhalten wird lediglich Bezug zur fachwissenschaftlichen Kompetenz genommen, die fachdidaktischen und pädagogischen Kompetenzkomponenten bleiben außen vor (Greiwe, 2020, S. 73). Daher bleibt offen, welche Umsetzungs- und Planungskompetenzen für (B)BNE- spezifische Lehrangebote benötigt werden. Zur Ergänzung entwickeln Lehmann et al. (2013) BNE-spezifische Handlungskompetenzen, die sich auf den Elementar- und Primarbereich beziehen. In Anlehnung an Baumert und Kunter (2011) schlagen sie vergleichbare Kompetenzbereichseinteilungen vor und messen dem Wissen und Können im Kontext einer BNE eine besonders hohe Bedeutung bei (Lehmann et al., 2013, S. 67). Hierzu gehören u. a. die Auswahl und Begründung der Unterrichtsinhalte vor dem Hintergrund nachhaltigkeitsspezifischer Aspekte, diese Inhalte zielgruppenkonform unter Vermittlung von Nachhaltigkeitsaspekten im Unterricht umzusetzen, den konstruktiven und diskursiven Umgang mit Konflikten oder die Förderung der Partizipationsfähigkeit von den Schülerinnen und Schülern zu ermöglichen (Greiwe, 2020, S. 75). Ähnliche Kompetenzfacetten sowie die hohe Relevanz des Wissens und Könnens werden bei weiteren Ansätzen in den Bereichen Biologie und Geografie z. B. bei Hellberg-Rode und Schrüfer (2016) und Reinke und Hemmer (2017) deutlich. Das systematische Denken in ökologischen Kontexten wird zudem als Kern nachhaltigkeitsspezifischer Handlungskompetenzen der Lehrkräfte im Rahmen des Freiburger Kompetenzstrukturmodells bestimmt (Rieß et al., 2015, S. 16 f.) Im Projekt SysThema (*Systems Thinking in Ecological and Multidimensional Areas*) konnten vier kognitive Kompetenzdimensionen

entwickelt werden, die sich in das konzeptuell-systemische Wissen, die System-
modellierung, die Fähigkeit zur Lösung komplexer Probleme unter Nutzung der
Systemmodelle sowie die Bewertung der Systemmodelle und deren Anwendung
gliedern (Rieß et al., 2015, S. 18). Das Hervorheben der Fähigkeit zum systemischen Denken der Lehrenden verdeutlicht, dass das Wissen allein zur Lösung
komplexer Problemsituationen im Kontext einer BBNE nicht ausreichend ist.

> Indem die Fähigkeit zur Lösung komplexer Probleme als eine separate Kompetenz-
> dimension modelliert wird, greift der Ansatz den Gedanken auf, dass die Fachkom-
> petenzen von Lehrenden im Bereich der Nachhaltigkeit über deklaratives Wissen
> hinausgehen und ihre Förderung letztlich auch verschiedene Instruktionsstrategien
> erfordert [...] (Greiwe, 2020, S. 77).

Folglich benötigen die Lehrerinnen und Lehrer ein spezifisches nachhaltigkeitsbezogenes Wissen und Können, um eine BBNE im Unterricht erfolgreich umsetzen
und entsprechende Lernprozesse eröffnen zu können. Daher ist die Implementierung einer BBNE bereits in der Lehrerausbildungsphase sinnvoll, um neben
der bloßen Wissensvermittlung gleichzeitig deren Anwendung zu fördern, die
als Grundlage zur Bewältigung nachhaltigkeitsspezifischer Anforderungen dient
(Greiwe, 2020, S. 77 f.). Zur Bestimmung der nachhaltigkeitsbezogenen Fachkompetenz bezieht sich Greiwe auf den Ansatz zum Nachhaltigkeitsmanagement
von Seeber et al. (2019), bei dem es sich um die ökonomischen Wettbewerbs-
bedingungen handelt, die durch Nachhaltigkeitsansprüche der Kundinnen und
Kunden mitbestimmt werden. Dieses Modell zeigt ebenfalls das Zusammenspiel eines nachhaltigkeitsbezogenen Wissens und den Kenntnissen zu deren
Umsetzungsmöglichkeiten, insbesondere bei widersprüchlichen Anforderungen
der verschiedenen Beteiligten (Seeber et al., 2019, S. 149). Auf dieser Basis wird
eine Kompetenzstruktur bestimmt, die einerseits empirisch belegt werden kann
und andererseits mit affektiv-motivationalen Merkmalen verknüpft wird (Seeber
et al., 2016, S. 62). Denn neben diese Fachkompetenzfacetten sind die affektiv-
motivationalen Dispositionen für den konstruktiven Umgang mit der Komplexität
und den möglichen Widersprüchen im Rahmen einer nachhaltigen Entwicklung
maßgeblich (Michaelis et al., 2020, S. 343–344). Aus diesem Grund werden die
wahrgenommene Bedeutung einer BBNE und die Rolle einer Wertebildung im
Rahmen der Erhebung der vorliegenden Arbeit einbezogen.
    Die konzipierten Fachkenntnisse beziehen sich auf den kaufmännischen
Bereich und wurden daher lediglich bei Studierenden wirtschaftswissenschaftli-
cher Studiengänge empirisch geprüft. Zudem existieren Empfehlungen für die

didaktisch-methodische Umsetzung einer BBNE (Kastrup et al., 2012; Kuhl-meier & Vollmer, 2018), diese beziehen sich jedoch auf die Fachkompetenzen der Schülerinnen und Schüler. Dennoch können daraus Möglichkeiten zur Förde-rung der nachhaltigkeitsbezogenen Fachkompetenzen von Lehrkräften abgeleitet werden, da hier inhaltlich ähnliche Anforderungen bestehen (Risch et al., 2017, S. 12). Für das Berufsfeld Ernährung und Hauswirtschaft liegen didaktisch-konzeptionelle Ansätze sowie Praxisbeispiele vor (Kastrup & Kuhlmeier, 2013; Kettschau & Mattausch, 2011; Stomporowski, 2011), auf die in Abschnitt 7.2.2 näher eingegangen wird. Zur Identifizierung der Fachkompetenzen von Lehr-kräften wird unter Berücksichtigung solcher domänenspezifischer Ansätze ein Übertragungsversuch der Fachkompetenzen im Nachhaltigkeitsmanagement auf den Bereich Ernährung und Hauswirtschaft vorgenommen (siehe Abbildung 6.2).

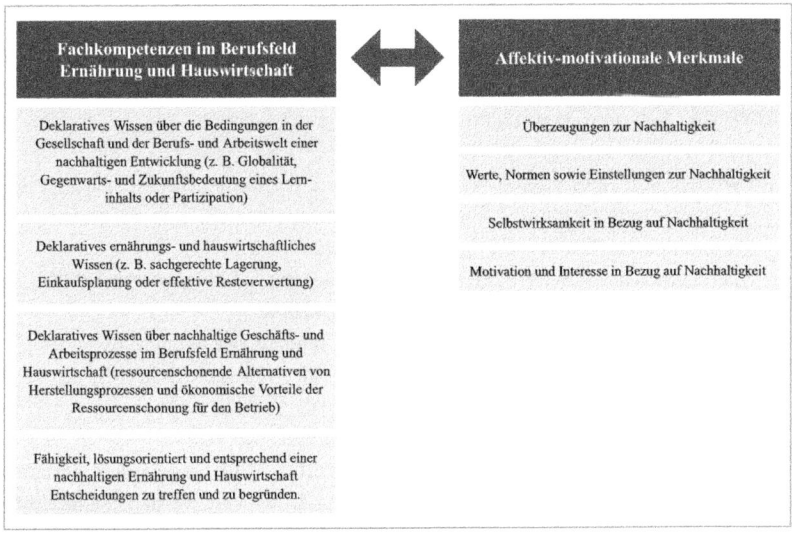

Abbildung 6.2 Nachhaltigkeitsbezogene   Fachkompetenzen   von   Lehrkräften   in ernährungs- und hauswirtschaftlichen Bildungsgängen. (Eigene Darstellung in Anlehnung an Greiwe, 2020, S. 79; zit. n. Seeber, 2019, S. 150)

Nachhaltigkeitsorientierte Qualifizierung der Lehrerinnen und Lehrer

Wie oben ausführlich dargestellt, verlangen die spezifischen Aufgaben von Lehrerinnen und Lehrern entsprechende Kompetenzen, die für ihr professionelles Handeln als Voraussetzung gelten. Je nach Schwerpunktsetzung ihrer Aufgaben verändern sich die dafür notwendigen Fähigkeiten und Fertigkeiten. Daher ist es naheliegend, dass Lehrerinnen und Lehrer für die Implementierung einer BBNE ebenfalls gewisse Kompetenzen benötigen, um ihrer hier zugeschriebenen Schlüsselfunktion gerecht werden zu können (siehe Abschnitt 6.1). Insbesondere bei der Umsetzung einer BBNE als Innovation ist es wichtig, dass die Lehrenden die nötige Unterstützung erhalten, die ihnen das professionell-nachhaltigkeitsorientierte Handeln ermöglicht. Eine Verbindung aus den oben dargestellten Aspekten des professionellen Lehrerhandelns, den Erkenntnissen zur Wertebildung sowie aus der Implementationsforschung (siehe Abschnitt 2.4.2) scheint daher eine geeignete Grundlage einer solchen Hilfestellung zu sein. Diese Schlussfolgerung deckt sich mit den Erkenntnissen aus den Modellversuchen der Förderlinie II *Lernorte nachhaltig gestalten* des BIBB. Demnach lassen sich für die aktive Gestaltung des innovativen Transformationsprozesses gemäß einer BBNE drei Faktoren identifizieren:

1) Individuelle Faktoren: Die Weiterentwicklung der Lehrenden hinsichtlich ihrer nachhaltigkeitsorientierten Handlungskompetenz bezieht sich auf individuelle Werthaltungen, Emotionen und Erfahrungen.
2) Maßnahmenspezifische Faktoren: Die Weiterentwicklung ist ein erfahrungs-basierter, anwendbarer und reflexiver Lernprozess.
3) Kontextspezifische Faktoren: Für die Wirksamkeit der Weiterentwicklung ist die Berücksichtigung des schulischen Umfeldes relevant (Schütt-Sayed et al., 2020, S. 213).

Mittels dieser drei Faktoren kann ein Angebots-Nutzungsmodell (Helmke, 2006) für Fort- und Weiterbildungsmaßnahmen entwickelt werden (siehe Abbildung 6.3), deren Ansatz bereits aus der Kompetenzentwicklung von Schülerinnen und Schülern bekannt ist. In diesem Modell finden sich die Elemente des professionellen Lehrerhandelns nach Baumert und Kunter (2011) in den Zieldimensionen wieder, ebenfalls werden die Aspekte einer BBNE-Didaktik – wie die Anbindung an vorhandene Konzepte und die aktive Mitgestaltung der Teilnehmenden – sowie die kontextspezifischen und individuellen Bedingungen einbezogen. Auf diese Weise soll das Angebot zur tatsächlichen Verhaltensänderung und damit zur Umsetzung einer BBNE – hier in der Ausbildung – führen.

Dieser Ansatz ist jedoch nicht nur für Weiterbildungsmaßnahmen des Bildungspersonals der dualen Ausbildungen interessant, sondern kann bereits für die Ausbildung von Lehrerinnen und Lehrern berufsbildender Schulen genutzt werden. Dies gilt ebenfalls für die Lehrerinnen und Lehrer des Fachbereichs Ernährung- und Versorgungsmanagement, die im Rahmen von hochschulischen Fachdidaktik-Veranstaltungen die nachhaltigkeitsorientierte Fachdidaktik (siehe Abschnitt 7.2) kennenlernen. Durch konkrete fachspezifische Anwendungsbeispiele und Inhalte einer BBNE können sie gleichzeitig zur Veränderung ihrer persönlichen Haltung angeregt werden. Die angehenden Lehrkräfte befinden sich folglich zunächst in der Rolle der Lernenden dieses didaktisch-methodischen Ansatzes, den sie im späteren Berufsalltag lehren werden. Dabei ist einerseits die Erweiterung des Professionswissens angehender Lehrkräfte um die Inhalte einer nachhaltigen Entwicklung unter Berücksichtigung ihrer fachspezifischen Bedeutung wichtig. Andererseits ist insbesondere die Werthaltung für die Wirksamkeit der Lernmaßnahmen von Bedeutung. Nur durch das Bewusstsein für die eigenen Werte und ihrer kritischen Auseinandersetzung können Widersprüchlichkeiten und alternative Ansichten zur Verhaltensänderung angeregt werden. Gleichzeitig wird deutlich, welche individuellen Einstellungen ein nachhaltigkeitsorientiertes Handeln bisher verhindert haben. Durch die Beteiligung von Emotionen bedarf es jedoch bei der Reflexion von Werthaltungen eines sensiblen Umgangs sowie eines vertrauensvollen Umfeldes (Schütt-Sayed et al., 2020, S. 215). Darüber hinaus können ebenfalls die objektiven und subjektiven Umsetzungschancen (wie Spielräume für individuelles Handeln oder gemeinschaftliche Aktionen) und -grenzen (wie erkenntnistheoretische Grenzen, Normenkonflikte, eingeschränkte Handlungsspielräume, Überforderung oder Frustration) für das nachhaltigkeitsorientierte Handeln im Kontext der berufsbildenden Schule reflektiert werden (Möller, 2000, S. 155). Grundsätzlich bleibt jedoch das Interesse an der Nachhaltigkeitsthematik wesentlich für die Teilnahme an den entsprechenden Veranstaltungen. Daher sind die Angebote stets zielgruppengerecht zu konzipieren, indem u. a. praxisnahe Beispiele gegeben werden, die gleichzeitig die Umsetzbarkeit einer BBNE verdeutlichen und somit zur Selbstwirksamkeitserwartung der Lehrerinnen und Lehrer beitragen können (s. o.).

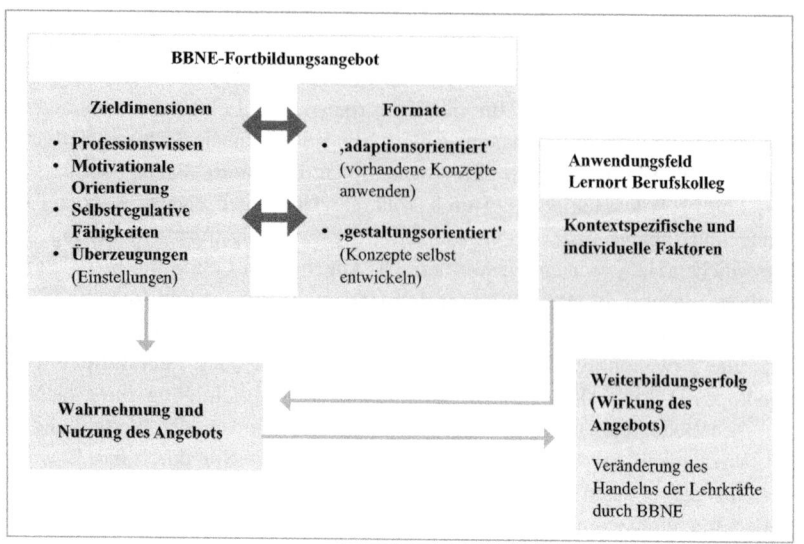

Abbildung 6.3   Angebots-Nutzungsmodell für die Weiterbildung des Berufsbildungspersonals für BBNE. (Schütt-Sayed et al., 2020, S. 214)

6.3   Zusammenfassung und Schlussfolgerungen

Besonders in Bezug auf den Lehrerberuf ist die Debatte um Professionalität umfassend und vielschichtig. Da das Expertenparadigma Parallelen zur Kompetenzorientierung der beruflichen Bildung aufweist, liegt es nahe, sich im Diskurs zu Lehrerkompetenzen auf ein Modell zur professionellen Handlungskompetenz zu beziehen, um daran anknüpfend die Schlüsselfunktion der Lehrerinnen und Lehrer für eine BBNE herauszustellen. Das COACTIV-Modell wird dem Expertenansatz zugeordnet und genießt einen hohen Bekanntheitsgrad. Es stellt unter einer mehrdimensionalen Perspektive die Voraussetzungen für zielführende Berufsausübung der Lehrerinnen und Lehrer dar. Dabei handelt es sich um die professionelle Lehrerkompetenz, unter der sich sowohl kognitive als auch motivational-selbstregulative Elemente finden. Durch die Annahme, Kompetenzen seien veränder- und vermittelbar, rückt „der Fokus deutlich stärker auf Aspekte der Aus- und Weiterbildung als auf die Eingangsselektion" (Baumert & Kunter, 2011b, S. 47). Bei COACTIV handelt es sich um ein mehrstufiges Erhebungsprogramm, in dessen Rahmen die Studien aufeinander aufbauend und theoretisch fundiert sind. Die professionelle Lehrerkompetenz – zusammengesetzt aus Wissen und Können, Überzeugungen, Motivation und selbstregulativen Fähigkeiten – gilt als Voraussetzung für die erfolgreiche Bewältigung der beruflichen Aufgaben von Lehrkräften. Durch die Ergebnisse der COACTIV-Studie wird deutlich, dass der Berufserfolg von Lehrerinnen und Lehrern polyvalent zu bewerten ist und sowohl kognitive als auch nicht-kognitive Kompetenzbereiche Einfluss nehmen, die Wechselwirkungen aufweisen und sich gegenseitig kompensieren können (Baumert & Kunter, 2011b, S. 360). Darüber hinaus kommt COACTIV zu ähnlichen Ergebnissen wie andere internationale Studien. Dennoch bleibt die Generalisierbarkeit der Forschungsergebnisse eingeschränkt, da es sich um eine domänenspezifische Erhebung handelt. Eine Übertragung auf andere Fächer oder Domänen ist somit nicht ohne weiteres möglich, weshalb zu betonen ist, dass COACTIV zwar empirisch umfangreich belegte Aspekte zur professionellen Lehrerkompetenz liefert und umfassender als anderer Theorien und Studien (s. o.) ist. Dennoch sind weitere Untersuchungen notwendig, um sich einerseits der Generalisierbarkeit zu nähern und andererseits nicht jedes der Wissenselemente in seiner Komplexität erforscht werden konnte. „[K]ritische Diskussionen, Weiterentwicklungen sowie alternative Interpretationen, Konzeptualisierungen und Operationalisierungen zu allen Punkten [sind] sehr erwünscht […]" (Blum et al., 2011, S. 339).

Durch die primäre Bedeutung formaler Lerngelegenheiten innerhalb der Lehrerausbildung ist anzunehmen, dass bereits während der universitären Ausbildungsphase die Wertebildung hinsichtlich einer BBNE eine besondere Rolle spielen sollte, damit sich diese anschließend im unterrichtlichen Handeln der Lehrkräfte manifestiert. Ist die persönliche Voraussetzung für die Nutzung der Lerngelegenheiten im Rahmen einer nachhaltigkeitsorientierten Qualifizierung gegeben (s. o.), kann angenommen werden, dass nicht nur ein nachhaltigkeitsorientiertes Wissen aufgebaut und erweitert, sondern auch eine nachhaltige Wertehaltung seitens der Lehrerinnen und Lehrer gefördert wird. Ferner kann darüber nachgedacht werden, ob Lehrerweiterbildungen – die laut den COACTIV-Ergebnissen ebenso zum professionellen Agieren von Lehrerinnen und Lehrern gehört wie das Unterrichten selbst (Baumert & Kunter, 2011a, S. 354) – genutzt werden können, um die in der Erstausbildung versäumte nachhaltigkeitsorientierte Wertebildung nachzuholen. BBNE soll nicht als isolierter Weiterbildungsbildungsinhalt angeboten werden, sondern kann beispielsweise mit fachdidaktischen Angeboten verbunden werden. Dies hat den Vorteil, dass bestehende Angebote, die nachweislich zur Verbesserung der Unterrichtsqualität beitragen, jedoch nicht ausreichend wahrgenommen werden (Baumert & Kunter, 2011a, S. 355), durch aktuelle gesellschaftliche Themen, wie die nachhaltige berufliche Bildung,

eine höhere Nachfrage erzielen können. Auf diese Weise erhalten bestehende
Angebote zur Optimierung der Unterrichtsqualität eine Akzentuierung, die den
Ansprüchen einer modernen Gesellschaft entsprechen und den Lehrerinnen und
Lehrern konkrete Methoden – beispielsweise den Orientierungsrahmen für BBNE
(siehe Abschnitt 7.3.2) – für die unterrichtliche Umsetzung einer BBNE liefern.
Diese ist wichtig, damit den Schülerinnen und Schülern ein nachhaltiges Lernen
ermöglicht wird, welches – basierend auf den Erkenntnissen der Lernpsychologie
(Steiner & Steiner, 2007, S. 26) – die Basis für eine entsprechende Verhaltensänderung darstellt. Dabei kann jedoch nicht geschlussfolgert werden, dass durch
das intendierte Lehrerhandeln die gewünschte Wirkung auf die Lernenden erfolgt,
da es sich bei dem Wissen der Lehrerinnen und Lehrer, ihrem unterrichtlichen
Handeln und dem Lernerfolg um ein sehr komplexes Gefüge handelt, welches
multifaktoriellen Einflüssen unterliegt (Greiwe, 2020, S. 59).

In diesem Kapitel konnte zudem aufgezeigt werden, dass neben dem fachdidaktischen Wissen und Können die wahrgenommene Bedeutung der Nachhaltigkeitsthematik seitens der Lehrerinnen und Lehrer für ihre Einbindung in
den Unterricht notwendig ist. Diese Wahrnehmung kann insbesondere während
der ersten Ausbildungsphase durch entsprechende Lerninhalte geprägt werden.
Gleichzeitig ist dabei das Bewusstsein seitens der Lehrerinnen und Lehrer für
ihre Rollen und somit für ein verantwortungsvolles Handeln als Multiplikatorinnen und Multiplikatoren zu fördern. Aus diesem Grund ist der emanzipatorische
Ansatz einer BBNE bereits während der Lehrerausbildung bedeutsam, denn im
Bereich der Ausbildung von Lehrkräften sowie im Bereich der beruflichen Bildung stärkt die Selbsttätigkeit und kritische Urteilsfähigkeit die Fähigkeit zur
Mitgestaltung (Lehberger, 2021, S. 300).

Da die Erhebungen der professionellen Lehrerkompetenzen im Rahmen von
COACTIV weder den Schwerpunkt auf die Kernkompetenz *Werte und Überzeugungen* legen, die in der vorliegenden Arbeit für eine BBNE als bedeutsam
gesehen werden, noch die Lehrerausbildung in den Fokus nehmen, sind weitere Untersuchungen zur Ergänzung notwendig. Diese Aspekte werden daher bei
der Konzeption des Erhebungsinstrumentes der vorliegenden Arbeit mitberücksichtigt. Auf diese Weise soll herausgestellt werden, welche Kompetenzen der
Lehrerinnen und Lehrer zur Stärkung einer BBNE beitragen und welche Konsequenzen für die Lehreraus- und -weiterbildung gezogen werden können. Ferner
besteht zwar Einigkeit darüber, dass fachwissenschaftliches und fachdidaktisches
Wissen und Können die Kernelemente der professionellen Handlungskompetenz
von Lehrkräften sind, offen bleibt jedoch, durch welche konkreten Inhalte diese
Kernelemente ausgefüllt werden. In Bezug auf eine BBNE wurde in Kapitel 5 das
entsprechende fachwissenschaftliche Wissen und Können – insbesondere für das

Berufsfeld Ernährung und Hauswirtschaft – ausführlich beschrieben. Das fachdidaktische Wissen und Können ist Thema des folgenden Kapitels. Beide Aspekte
sind ebenfalls Teil der Erhebung, um anschließend die Ergebnisse aus der Praxis
mit den theoretischen Erläuterungen dieser Arbeit auszuwerten und Erkenntnisse
für ein BBNE-förderndes, fachwissenschaftliches und fachdidaktisches Wissen
und Können zu generieren.

Didaktik einer BBNE

7.1 Didaktische Orientierungen der beruflichen Bildung

Da sich für die Fachrichtung Ernährung und Hauswirtschaft bisher kein spezifisches fachdidaktisches Paradigma etablieren konnte und es an fachrichtungsspezifischen Forschungsansätzen fehlt (Brutzer & Kastrup, 2019, S. 16), besteht die Notwendigkeit, sich auf vorhandene (fach-)didaktische Ansätze zu beziehen und sie auf ihre Eignung einerseits für die berufliche Fachrichtung und andererseits für eine BBNE hin zu prüfen. Aus diesem Grund werden im Folgenden ausgewählte (fach-)didaktischen Ansätze analysiert, die für die Förderung der nachhaltigkeitsorientierten Gestaltungskompetenz der Schülerinnen und Schülern des Bildungsgangs ‚Staatlich geprüfte Assistentinnen und Assistenten für Ernährung und Versorgung' geeignet erscheinen. Daneben werden beispielhaft entsprechende Unterrichtskonzepte[1] beschrieben, um die überwiegend abstrakten, theoretischen Darstellungen zu konkretisieren und praktische Anwendungsoptionen aufzuzeigen. Die ausgewählten Ansätze und Konzepte beziehen sich auf die berufliche Bildungsarbeit insgesamt und sind nicht explizit auf die BBNE und das Berufsfeld Ernährung und Hauswirtschaft bezogen. Daher ist es notwendig, eine Zusammenführung und Systematisierung bestehender fachdidaktischer Ansätze vorzunehmen, die sich sowohl für eine BBNE als auch für das Berufsfeld Ernährung und Hauswirtschaft eignen.

---

[1] Unterrichtskonzepte sind *didaktisch-methodische Handlungsorientierungen* (Raithel et al. 2009, S. 82), die zur Orientierung der Unterrichtsgestaltung dienen. Sie weisen einen nachvollziehbaren Zusammenhang der gewählten Ziele, Inhalte und Methoden auf, wobei es sich primär um eine praktische Ausrichtung als um eine theoretische Fundierung handelt.

S. Loy, *Nachhaltigkeit im Berufsfeld Ernährung und Hauswirtschaft*, https://doi.org/10.1007/978-3-658-43877-7_7

Als Teil der Erziehungswissenschaft dient die Didaktik der Beschäftigung mit theoretischen wie praktischen Herausforderungen des Lehrens und Lernens in allen Segmenten des Bildungssystems (Terhart 2008, S. 14). Im Mittelpunkt stehen zwei zentrale Fragestellungen: 1. Welche Kompetenzen, Fähigkeiten und Fertigkeiten sollen die Schülerinnen und Schüler – beispielsweise im Rahmen einer BBNE und hinsichtlich des Berufsfelds Ernährung und Hauswirtschaft– erlangen? und 2. Wie können Bildungsprozesse gestaltet werden, damit diese Kompetenzen, Fähigkeiten und Fertigkeiten gelernt werden? (Schütt-Sayed et al., 2020, S. 200). Mit der entsprechenden Gestaltung von Lehr-Lernprozessen kann der Lerninhalt auf die Lerngruppe angepasst werden. Hierunter zählen Arbeitsmaterialien, Arbeitsweisen und die dazu geeigneten Sozialformen sowie die Sicherung der Lernergebnisse und ihr Transfer. Eine solche ‚Übersetzung' der Inhalte ist komplex und anspruchsvoll, weshalb didaktische Prinzipien als Orientierung bei der Unterrichtsplanung hilfreich sind. Diese sind entsprechend der Übersetzungskomplexität sehr vielfältig und können je nach erziehungswissenschaftlichem Grundverständnis andersartig ausdifferenziert und ausgerichtet sein. Daher ist es sinnvoll, sich mit verschiedenen didaktischen Ansätzen auseinanderzusetzen, um geeignete Prinzipien für eine BBNE abzuleiten.

In den vergangenen Jahrzehnten haben sich diverse didaktische Orientierungen herausgebildet. Hierzu zählen u. a. die Lernzielorientierung, Lernfeldorientierung und Handlungsorientierung sowie die durch die in den Bildungsstandards der KMK formulierte Kompetenzorientierung (KMK, 2018). Als übergeordnete Idee steht die Aktivierung der Schülerinnen und Schüler, die für den Lernertrag maßgeblich ist (Fauth & Leuders, 2018, S. 3). Der Wandel der beruflichen Lernkultur – weg von der reinen Wissensvermittlung hin zur Handlungsorientierung – hängt u. a. mit den Veränderungen der Gesellschaft und Arbeitswelt zusammen, denn Berufsbildung als Bildungsauftrag stellt immer auch gesellschaftliche Bezüge her. An dieser Stelle kann auf die kritisch-konstruktive Didaktik von Klafki (2007) verwiesen werden. Sie lässt sich als Weiterentwicklung der bildungstheoretischen Didaktik interpretieren, bei der es sich im Kern um die Selbstbestimmtheit der Jugendlichen sowie die als epochaltypisch[2] (Klafki, 2007, S. 57) bezeichneten Schlüsselbegriffe handelt. Umwelt, Frieden und Ungleichheit sind jene, die hinsichtlich einer BBNE besonders bedeutend erscheinen. In diesem Zusammenhang der globalen Klimaprobleme können Umwelt und Ungleichheit vor allem im ernährungsspezifischen Kontext

---

[2] Als epochaltypische Schlüsselbegriffe werden solche Probleme bezeichnet, die bereits in der Vergangenheit problembehaftet waren und es auch künftig bleiben werden. Hierzu zählen *Umwelt, Frieden, Heterogenität, Ungleichheit* sowie *Technologie* (Klafki, 2007, S. 57–60).

unter einem werteorientierten Bildungsverständnis thematisiert werden, da die ungerechte Ressourcenverteilung u. a. zu globalen Hungerproblemen führt.

Für eine BBNE als zukunfts- und werteorientierte Bildung gilt der in der beruflichen Bildung vorherrschende situations- und handlungsorientierte Unterricht als besonders geeignet (Bolscho & Seybold, 2009, S. 320). Dabei kann Bezug zur konstruktivistischen Didaktik (Reich, 2004) genommen werden, bei der interaktions-, erfahrungs- und handlungsorientierte Elemente berücksichtigt werden. Die Schülerinnen und Schüler sollen durch subjektive Erfahrungen und die aktive Auseinandersetzung den Lerninhalt, wie beispielsweise nachhaltigkeitsrelevante Vorteile der Ressourcenschonung, erschließen (*Konstruktion*). Vor diesem Hintergrund sollen sie angeregt werden, bestehende Werte und Normen kritisch zu hinterfragen (*Dekonstruktion*) und jene ggf. zu verändern oder weiterzuentwickeln (*Rekonstruktion*) (Reich, 2012, S. 138–141). Die Selbsttätigkeit der Schülerinnen und Schüler ist in diesem Zusammenhang wesentlich und stärkt ihre Verantwortungsübernahme und Reflexionsfähigkeit, welches für eine BBNE bedeutsam ist. Durch das offene Gespräch im Unterricht soll die Schüleraktivität, die für die Erziehung zur Mündigkeit als entscheidend gilt, erhöht werden (Steinherr, 2017, S. 70). Daher zeichnet sich ein nachhaltigkeitsorientiertes Lernen durch folgende Merkmale aus:

– Lernen ist ein aktiver Prozess der Schülerinnen und Schüler, welcher von den Lehrkräften durch erforderliche Vorbereitungen unterstützt und begleitet wird.
– Lernen ist ein selbstgesteuerter Prozess, da es für das thematisierte Problem keine einheitliche Lösung gibt. Die Schülerinnen und Schüler setzten sich im Rahmen ihrer individuellen Lernvoraussetzungen mit den verschiedenen Lösungsoptionen und den damit einhergehenden Konsequenzen auseinander und konstruieren dabei eine subjektive Lösung. Zur Stärkung der Urteilsfähigkeit kann die Vorgehensteilung in die Schritte *Beobachten, Interpretieren* und *begründetem Beurteilen* beitragen (Kiel, 2012, S. 11–13). Hierfür werden die Fragen nach *Wer? Wie? Was? Wo? Warum? Wozu?*, die im Rahmen der Didaktik nach Jank und Meyer (2020) ebenfalls zu klären sind, durch *Gut* oder *Schlecht* und *Wieso?* ergänzt (Steinherr, 2017, S. 69).
– Lernen ist ein situativer Prozess, denn das zu vermittelnde Wissen wird mithilfe von kontextspezifischen Problemen thematisiert, welche lebens- bzw. berufsnah sind und somit eine Relevanz für die Jugendlichen aufweisen.
– Lernen ist ein sozialer Prozess, bei dem in Gruppen mittels Kommunikation gemeinsam über mögliche Lösungsstrategien diskutiert wird und die Lernenden verschiedene Perspektiven kennenlernen (Reinmann-Rothmeier & Mandl, 2001; Weinberger et al., 2008).

7.2   BBNE-Didaktik im Berufsfeld Ernährung und Hauswirtschaft

7.2.1   Didaktische Prinzipien einer BBNE

Es gibt bereits entwickelte Ansätze zur Didaktik einer BBNE, die im Rahmen vergangener, gegenwärtiger wie künftiger Projekte und Modellversuche erprobt und weiterentwickelt werden (siehe Abschnitt 1.3). Die fortwährende Erarbeitung einer nachhaltigkeitsorientierten Didaktik ist für den Erfolg einer BBNE unerlässlich, da Bildungsmaßnahmen nicht ohne Weiteres Verhaltensveränderungen bewirken (Michelsen, 1998, S. 56). Aus diesem Grund sind für die Förderung der Gestaltungskompetenz und der Vermittlung nachhaltigkeitsgeeigneter Unterrichtsinhalte entsprechende didaktische Ansätze notwendig, denn die Veränderungen von Verhaltensweisen und Einstellungen verlaufen nicht linear und bedürfen systematischer Lern- und Erprobungsphasen (Hauenschild & Bolscho, 2007, S. 43).

Bildung für nachhaltige Entwicklung soll zur Realisierung des gesellschaftlichen Leitbildes einer nachhaltigen Entwicklung im Sinne der Agenda 21 beitragen und hat zum Ziel, den Menschen zur aktiven Gestaltung einer ökologisch verträglichen, wirtschaftlich leistungsfähigen und sozial gerechten Umwelt unter Berücksichtigung globaler Aspekte zu befähigen (BMBF, 2002, S. 4).

Mit der Agenda 21 wird die Neuausrichtung der Bildung verfolgt, die die Förderung nachhaltiger Einstellungen, Werte und Verhaltensweisen umfasst und auf diese Weise einen Bewusstseinswandel der Menschen verfolgt. Laut den Vereinten Nationen für Umwelt und Entwicklung bestand in den 1990er-Jahren ein erheblicher Mangel an Bewusstsein hinsichtlich der Wechselwirkungen von Mensch und Umwelt. Für die Förderung einer BNE ist jedoch das Bewusstsein der Gesellschaft für die (Mit-)Verantwortung sowie die damit in Verbindung stehende Motivation und das Engagement zur Verbesserung der Umweltlage unverzichtbar (Konferenz der Vereinten Nationen für Umwelt und Entwicklung, 1992, S. 280). Daher verfasste der Rat von Sachverständigen für Umweltfragen (RSU) 1994 nachhaltigkeitsbezogene Schlüsselqualifikationen, deren wesentliche Kompetenzen sich in Kognition, Adaption, Antizipation und Partizipation gliedern und auf das Verständnis der Retinität abzielen (Hauenschild & Bolscho, 2007, S. 44). Durch den Erwerb dieser Kompetenzen soll sich das künftige Handeln nach den Nachhaltigkeitskriterien Umwelt-, Sozial- und Individualverträglichkeit orientieren (Bolscho & Seybold, 1996, S. 92). Anschließend beschäftigte sich der Wissenschaftliche Beirat der Bundesregierung Globale Umweltveränderung (WBGU) mit den Einflussfaktoren menschlichen Handelns, um die Bedingungen der Wahrnehmung und Bewertung globaler Umweltprobleme stärker zu berücksichtigen. „[Daher sollten] Situationsorientierung, Handlungsorientierung und Problemorientierung mit den Leitlinien Antizipation und Partizipation […] den Rahmen für Umweltbildung bei der Behandlung von globalen Umweltproblemen bilden" (Hauenschild & Bolscho, 2007, S. 45). Auf der Grundlage dieser Dokumente der RSU und WBGU formulierte die Bund-Länder-Kommission für Bildungsplanung und Bildungsförderung (BLK) 1998 sechs interdisziplinäre didaktische Prinzipien, die als Orientierung dienen können:

1) System- und Problemlöseorientierung: Hierbei handelt es sich vor allem um das Verstehen komplexer Situationen und die Konzeption kreativer Problemlösungen. Die Einschätzung komplexer, schwer kalkulierbarer Folgen soll geübt und somit zu einem multiperspektiven Zugang zu Herausforderungen führen. Die globale sowie die ökologische, ökonomische und soziale Perspektive sind im Kontext einer nachhaltigen Entwicklung von besonderer Bedeutung. Als Schlüsselqualifikation werden daher *intelligentes Wissen, systemisches Denken, antizipatorisches Denken, Fantasie und Kreativität* sowie *Forschungskompetenz* und *Methodenkompetenz* aufgeführt (BLK, 1998, S. 28 f.).

2) Verständigungs- und Wertorientierung: BNE soll unter Berücksichtigung grundlegender Werte die Entwicklung kommunikativer und reflexiver Kompetenzen fördern, die den konstruktiven Umgang mit konfliktreichen Situationen ermöglicht. Durch dieses Prinzip wird die normative Ausrichtung der BNE deutlich und das kritische Reflektieren des eigenen Denkens und Handelns betont (Buddeberg, 2014, S. 71). Als Schlüsselqualifikationen hinsichtlich der Verständigungs- und Wertorientierung gelten folglich *Dialogfähigkeit, Selbstreflexionsfähigkeit, Werteorientierung* und *Konfliktlösefähigkeit* (BLK, 1998, S. 28 f.).

3) Kooperationsorientierung: Die internationale und interkulturelle Zusammenarbeit sowie die Beteiligung an grenzüberschreitenden Projekten soll den Austausch über Umwelt- und Entwicklungsprobleme in den verschiedenen Regionen der Welt ermöglichen und ihre globalen Wirkungszusammenhänge verdeutlichen (Michelsen & Overwien, 2008, S. 302). Auf diese Weise wird eine höhere Chance zur Problemlösung erwartet, denn für diese ist die kooperative Zusammenarbeit unerlässlich. Die BLK (1998, S. 30) nennt in diesem Zusammenhang *Teamfähigkeit, Gemeinsinnorientierung* und *Lernen in Netzwerken* als Schlüsselqualifikationen.

4) Situations-, Handlungs- und Partizipationsorientierung: Das Lösen von komplexen Problemen setzt die praktische Umsetzung und Anwendung von tragfähigen Lösungsansätzen in den verschiedenen Lebenssituationen (z. B. privat oder beruflich) voraus. Hierbei ist die aktive Beteiligung der Jugendlichen wesentlich, die bereits durch den Partizipationsansatz der Gestaltungskompetenz verdeutlicht wird (Rieckmann & Stoltenberg, 2011, S. 121 f.). Durch den Fokus auf die praktische Anwendung wird ebenfalls die Bedeutung der Handlungskompetenz betont, bei der die Schülerinnen und Schüler lernen, ihre Handlungen entsprechend an den sich verändernden Anforderungen in den unterschiedlichen Situationen auszurichten. „Demzufolge ist vorgesehen, dass die Vermittlung von Gestaltungskompetenz auf praxisbezogener Ebene stattfindet und Themen beinhaltet, die den Schülerinnen und Schülern zugänglich sind" (Buddeberg, 2014, S. 72). In der beruflichen Bildung kann diesem Ansatz insbesondere durch den lernfeldorientierten Unterricht entsprochen werden. Die Schlüsselqualifikationen der Situations-, Handlungs- und Partizipationsorientierung umfassen *Entscheidungsfähigkeit, Handlungskompetenzen* und *Partizipationsfähigkeit* (BLK, 1998, S. 32).

5) Selbstorganisation: Selbstständigkeit und Eigenverantwortung sind Grundlage für eine BNE, denn nur durch das selbstorganisierte Lernen können individuelle, kreative Lösungswege entwickelt werden. Daher ist es wichtig, dass die Lernenden Möglichkeiten zum Austesten und Anpassen erhalten, bei dem Fehler erlaubt sind und zum Suchprozess gehören. *Selbstorganisation von Lernprozessen, Evaluationskompetenz* und *lebenslanges Lernen* sind daher die hierfür geltenden Schlüsselqualifikationen (BLK, 1998, S. 32 f.).

6) Ganzheitlichkeit: Wie bereits in Kapitel 5 beschrieben, ist das Konzept der nachhaltigen Entwicklung nicht an bestimmte Inhalte gebunden und soll fachübergreifend als Leitgedanke für die unterrichtliche Planung dienen. Daher liegt es nahe, dass ebenfalls diese verschiedenen Elemente des didaktischen Konzeptes miteinander verknüpft werden sollen. Durch die Offenheit für ganzheitliche Lernansätze sollen die Schülerinnen und Schüler durch unterschiedliche Impulse Zugang zur BNE erhalten, weshalb eine vielfältige *Wahrnehmungs-* und *Erfahrungsfähigkeit*, ein *konstruktiver Umgang mit Vielfalt* sowie eine *globale Perspektive* die hier aufgeführten Schlüsselqualifikationen darstellen (BLK, 1998, S. 33 f.).

Bei diesen Prinzipien geht es jedoch nicht allein um die Förderung von Kompetenzen bei den einzelnen Lernenden. Ebenso soll es außerhalb des Unterrichts zu einer nachhaltigkeitsorientierten Entwicklung der Schule als Organisation (siehe Abschnitt 3.5) kommen. Dabei soll BNE am Lernort Schule – hier das

Berufskolleg – ganzheitlich z. B. durch die Verankerung von Nachhaltigkeit im Leitbild, durch schulische Projekte oder in der Kooperation mit Betrieben präsent sein (Becker, 2001, S. 342). So stellen diese Prinzipien die Grundlage für das BLK- Programm ‚21' – Vorgänger des Programms Transfer ‚21'– dar, in dessen Rahmen aus den Untersuchungserkenntnissen und dem Hinzuziehen wesentlicher didaktischer Prinzipien ein Grundkonzept für eine BNE entwickelt wurde. Drei Unterrichts- und Organisationsprinzipien gelten als elementar: *interdisziplinäres Wissen* mit dem Ziel des vernetzten Denkens, *partizipatives Lernen* mit dem Ziel zur Teilhabe und Gemeinschaftlichkeit und *innovative Strukturen* mit dem Ziel der ganzheitlichen Implementierung einer BNE in Schulprofile und -programme (Haan & Harenberg, 1999, S. 69). Diesen Prinzipien werden insgesamt 13 Themenfelder (siehe Tabelle 7.1) zugeordnet und sie können von Schulen als Orientierung für die Bearbeitung nachhaltigkeitsrelevanter Themen herangezogen werden.

Um ein selbstorganisiertes, eigenverantwortliches Lernen zu ermöglichen, sind vielfältige Methoden sowie innovative Lernformen gefragt, die über herkömmliche Unterrichtsmethoden zur fachlichen Wissensvermittlung hinausgehen. Hierzu zählen u. a. Projektarbeiten, Zukunftswerkstätten oder Computersimulationen (Hauenschild & Bolscho, 2007, S. 48), denn projekt-, situations- und handlungsorientierte Lernarrangements, die fächerübergreifend angelegt sind, gelten als geeignete Maßnahmen zur Förderung der Gestaltungskompetenz und Partizipation der Schülerinnen und Schüler. Für die berufliche Bildung können insbesondere Besuche bei nachhaltigkeitsorientierten Unternehmen sowie die Zusammenarbeit mit Betrieben in Projekten zur nachhaltigkeitsorientierten Kompetenzförderung genutzt werden. Sie eigenen sich vor allem durch das praxisnahe Lernen, welches eine hohe Relevanz für die Schülerinnen und Schüler hinsichtlich ihres künftigen Berufsalltags aufweist und innerhalb konkreter Lernsituationen ermöglicht wird (BLK & Rode, 2005, S. 22).

Tabelle 7.1 Themenfelder der BLK-Module

Unterrichts- und Organisationsprinzipien	Themenfelder
Interdisziplinäres Wissen	• Syndrome des globalen Wandels • Nachhaltiges Deutschland • Umwelt und Entwicklung • Bedürfnisse nach Mobilität • Gesundheit
Partizipatives Lernen	• Die ‚nachhaltige Stadt' gemeinsam gestalten • Die Region als Lernfeld für nachhaltige Entwicklung erschließen • Partizipation im Rahmen der Lokalen Agenda 21 • Lokale Partizipation bei der Identifikation von Nachhaltigkeitsindikatoren
Innovative Strukturen	• Schulprofil ‚nachhaltige Entwicklung' • Nachhaltigkeitsaudit an Schulen • Schulintern zwischen Ökonomie und Ökologie • Neue Formen externer Kooperationen

(Hauenschild & Bolscho, 2007, S. 47 in Anlehnung an Haan & Harenberg, 1999, S. 69–88)

7.2.2 Fachdidaktische Konkretisierungen

Die in Abschnitt 2.3.4 aufgeführten fachdidaktischen Prinzipien und Ansätze, wie die der arbeitsprozessorientierten Didaktik und der Berufsfelddidaktik Ernährung und Hauswirtschaft, können mit den Leitlinien für die didaktische Gestaltung einer BBNE verbunden werden, da sie inhaltlich kompatibel sind und ähnliche Ziele verfolgen (Kastrup & Kuhlmeier, 2013; Vollmer & Kuhlmeier, 2014) (siehe Tabelle 7.2).

> Die Bedeutung der Partizipation der Lernenden an Lernprozessen, die Förderung ihrer selbstständigen Urteilsfähigkeit oder die Befähigung zur Mitgestaltung ihrer Berufs- und Lebenswelt sind seit langem integraler Bestandteil einer auf „Mündigkeit und Tüchtigkeit" gerichteten Berufsbildung. Bei der Gestaltung von Lernsituationen ist daher auch im Rahmen der BBNE zunächst von den in der Berufsbildung üblichen didaktischen Grundsätzen und curricularen Standards auszugehen (Kastrup & Kuhlmeier, 2013, S. 62 [HviO]).

Um die Menschen auf allen Ebenen zum verantwortungsbewussten, ressourcen-effizienten, wirtschaftlichen sowie sozialverträglichem Handeln zu befähigen, ist es notwendig, nachhaltigkeitsbezogene Inhalte zu vermitteln und die damit in Verbindung stehenden Kompetenzen im berufsschulischen Unterricht zu fördern (Diettrich et al., 2007, S. 8). Beispielsweise können alternative, innovativere Handlungsweisen zu den traditionellen Arbeitsprozessen ergänzend aufgezeigt werden, die für zukunftsfähige Betriebskonzepte relevant erscheinen und die individuelle Handlungsmöglichkeit innerhalb der Arbeits- und Geschäftsprozesse fördern (Kastrup et al., 2008, S. 27). Auf diese Weise ist es möglich, nachhaltigkeitsbewusstere Mitarbeiterinnen und Mitarbeiter für den Arbeitsmarkt auszubilden, gleichzeitig kann ein solches Verständnis von BBNE zur Modernisierung von Berufen führen und ihre Attraktivität als Ausbildungsoption bei jungen Menschen steigern (Kastrup & Kuhlmeier, 2013, S. 56). Letzteres ist insbesondere vor dem Hintergrund des schlechten Images[3] des Berufsfelds, des demografischen Wandels und dem damit einhergehenden Fachkräftemangel von Bedeutung. Daher ist es wichtig, die beschriebenen und zumeist abstrakten Leitsätze an konkrete Konzepte didaktischen Handelns unter Anbindung an Berufsbildungsprozesse zu spezifizieren. Eine solche Konkretisierung liefert Stomporowski (2011) durch seine Markierungspunkte für eine Fachdidaktik Nachhaltigkeit, bei der am Beispiel des Berufsfelds Ernährung und Hauswirtschaft die nachhaltige Entwicklung unter Bezugnahme auf *branchenspezifische Schlüsselprobleme* erläutert wird. Durch die Einbindung einer Nachhaltigkeitsperspektive können Lerninhalte, wie beispielsweise Bioprodukte oder fairer Handel, unter Berücksichtigung der verschiedenen Nachhaltigkeitsdimensionen wie Ökonomie, Ökologie und Soziales umfassend bearbeitet werden. Daher sollten die verwendeten Aufgaben Veränderungspotenziale herkömmlicher Arbeitsprozesse sowie Grenzen der Vereinbarkeit aller Nachhaltigkeitsdimensionen aufzeigen. Zudem sind zahlreiche Praxisbeispiele zur Anregung verfügbar, die bei der Umsetzung des Leitgedankens einer BBNE im berufsbildenden Unterricht dienen und auf den Seiten des BIBB einzusehen sind (BIBB, 2022). Hierzu zählt u. a. das Projekt ‚Nachhaltigkeitsorientiertes Rahmencurriculum für die Ernährungs- und Hauswirtschaftsberufe' (siehe Kapitel 8). Dennoch bleibt meist die Dichotomie des BBNE-Diskurses (Künzli David, 2007, S. 22 f.) bestehen.

---

[3] Im Ausbildungsreport der DGB schnitten die Berufe im Berufsfeld Ernährung und Hauswirtschaft vergleichsweise schlecht ab. So gehören die drei einbezogenen Ausbildungsberufe aus diesem Feld (Köchin und Koch, Hotelfachfrau und -mann sowie Fachverkäuferin und -verkäufer im Lebensmittelhandwerk) zu den sechs Berufe mit den schlechtesten Bewertungen (DGB-Bundesvorstand, 2019, S. 5).

Zum einen [wird] die Idee einer nachhaltigen Entwicklung in ihren normativen Grundsätzen diskutiert, um entsprechende Bildungsziele zu legitimieren. Zum anderen werden [...] Lernsituationen entwickelt, die als besonders nachhaltigkeitsrelevant erachtete Lerninhalte aufgreifen (Kastrup & Kuhlmeier, 2013, S. 58).

Um dieser Problematik entgegenzuwirken, können die didaktischen Leitlinien für die Gestaltung nachhaltigkeitsorientierter Lernsituationen von Kastrup et al. (2012) herangezogen werden (siehe Abbildung 7.1).

Da sich aus der normativen Idee einer BBNE keine spezifischen didaktischen Handlungsempfehlungen ableiten lassen, sind die entsprechenden beruflichen Handlungsfelder und -situationen für die Umsetzungsebene unerlässlich. Diese bilden den Ausgangspunkt der Operationalisierung nachhaltigkeitsorientierter Lernsituationen, indem diese um eine Nachhaltigkeitsperspektive ergänzt werden. „Die Frage lautet also nicht, wie die Idee der nachhaltigen Entwicklung in Lernsituationen überführt werden kann, sondern: Wie können Lernsituationen um den Aspekt einer nachhaltigen Entwicklung ergänzt werden?" (Vollmer & Kuhlmeier, 2014, S. 206) Es handelt sich folglich um eine didaktische Erweiterung auf

I.   **Ausgangspunkt für BBNE sind konkrete beruflihe Handlungsfelder und Handlungssituationen**

II.   **Bei der Gestaltung von Lernsituationen dienen die spezifishen Perspektiven einer BBNE als didaktische Analysekategorien**

  - Soziale, ökologische und ökonomische Aspekte (Wechselbezüge, Widersprüche, Dilemmata)
  - Auswirkungen auf andere (lokal, regional, global)
  - Auswirkungen in der Zukunft (positive Zukunftsvision)
  - Handlungsstrategien (Konsistenz, Suffizenz, Effizienz)
  - Lebenszyklen und Prozessketten (Produkte, Prozesse)

III. **Die BBNE geht von den aktuell anerkannten berufspädagogisch-didaktischen Prinzipien aus**

  - Verschränkung von Situations-, Wissenschafts-, Persönlichkeitsprinzip
  - Handlungsorientierung (situiert, selbstgesteuert)
  - Gestaltungsorientierung (Selbstwirksamkeit, Handlungsbereitschaft, Interaktion, Kommunikation)
  - Kompetenzorientierung (Persönlichkeitsentwicklung, ganzheitliche Bildung)
  - Förderung von vernetztem/systemischen Denken (Retinität)

IV.   **Es sind jeweils didaktisch begründete Schwerpunkte zu setzen**

V.   **Vollständigkeit in Bezug auf die verschiedenen Dimensionen der Nachhaltigkeitsidee ist das Ziel eines Bildungsganges**

Abbildung 7.1 Didaktische Leitlinien einer BBNE. (Kastrup et al., 2012, S. 120; Vollmer & Kuhlmeier, 2014, S. 205)

greifbare, praxisnahe Aufgaben und Problemstellungen, die nachhaltigkeitsorientiert erfolgt. Hierbei ist zu beachten, dass die Nachhaltigkeitsdimensionen nicht als Ausgangspunkt verstanden werden, sondern – dem Modell der Handlungsorientierung entsprechend – bei den jeweiligen Handlungsfeldern und Aufgaben ansetzen. Auf diese Weise können die gegebenen Strukturen und Vorgaben beibehalten werden, ohne dass der Versuch, die Komplexität einer BBNE vollumfänglich durch neue Lernfelder zu operationalisieren, zur Überforderung des Bildungspersonals führt. Zudem sind die jeweiligen Handlungsfelder hinsichtlich ihrer Relevanz für eine nachhaltige Entwicklung zu analysieren, um die Leitidee einer BBNE als *regulative Idee* (Vollmer & Kuhlmeier, 2014, S. 205) und grundlegendes Handlungsprinzip in die Berufswelt implementieren zu können (Kastrup & Kuhlmeier, 2013, S. 59–63).

Durch die unterschiedliche Akzentuierung, die die Lerninhalte der verschiedenen Lernfelder ermöglichen, können die Teilbereiche einer nachhaltigen Entwicklung vielmehr über die gesamte Ausbildung hinweg thematisiert werden, ohne dass ihre Gesamtheit durch jedes einzelne Lernfeld abgedeckt werden müsste. Denn durch jede Lernsituation, die die Lehrenden ausarbeiten, werden typische Arbeitsprozesse behandelt und Handlungssituationen konkretisiert, die in unterschiedlicher Ausprägung nachhaltigkeitsorientierte Anhaltspunkte aufweisen (siehe die Analyseergebnisse zum Nachhaltigkeitsgehalt des Bildungsplans zur Erprobung in Abschnitt 8.2.2). Beispielsweise könnte beim Bildungsgang zur Erprobung im Rahmen des Lernfelds 3: *Mahlzeiten produzieren* primär die ökologische Dimension durch die Verwendung von biologisch produzierten Lebensmitteln, der schonenden Zubereitung und der Vermeidung von Lebensmittelabfällen u. a. im Fokus stehen. Beim Lernfeld 8: *Produkte und Dienstleistungen vermarkten* bietet es sich vor allem für die Vermittlung der ökonomischen Dimension an, Absatzwege und -methoden oder eine kundenorientierte Werbepräsentation als Lerngegenstand zu wählen. Dennoch bleibt wichtig, dass die Vernetzung der Dimensionen untereinander und die Thematisierung möglicher Konflikte mit anderen Dimensionen berücksichtigt wird. In diesem Beispiel können u. a. alternative Werbematerialien zwar teurer, jedoch umweltschonender sein und somit zu einem anderen Einsatz von Werbemitteln führen.

Darüber hinaus wirkt die Anbindung einer BBNE an ausgewählte berufliche Lernsituationen der Gefahr einer ‚Katastrophendidaktik‘ (Gagel, 1994) entgegen, da auf globalen Herausforderungen durch realisierbare (berufliche) Handlungsmöglichkeiten durch die eigene Mitwirkung reagiert werden kann. Hierdurch wird eine positive Handlungsperspektive bei der Suche nach Problemlösungen im Berufsalltag eingenommen (Vollmer & Kuhlmeier, 2014, S. 207), die Klafkis kritisch-konstruktive Didaktik (1963) aufgreift und an die Anforderungen der beruflichen Bildung anpasst. Daher kann die Nachhaltigkeitsperspektive bei der Unterrichtsplanung als didaktisches Prüfkriterium und zur Begründung der Auswahl dienen. Sie entspricht durch die damit verbundene Bewertung der Gegenwarts- und Zukunftsbedeutung des Lerninhalts der kritisch-konstruktiven Didaktik (s. o.). In diesem Zusammenhang sind vor allem die Konsequenzen von Verhaltensweisen für die eigene Person, für Andere sowie für zukünftige Generationen auf ökologischer, ökonomischer oder sozialer Ebene einzubeziehen. Berufliches Handeln kann somit unter nachhaltigkeitsrelevanten Aspekten – u. a. langfristige Folgen für die eigene Person, für andere und für die Umwelt – reflektiert und diskutiert werden. Die daraus resultierenden möglichen Konflikte und Dilemmata können ausreichend thematisiert werden, wobei die Schülerinnen und Schüler lernen, 1. ihr eigenes Handeln zu hinterfragen, 2. sich vor dem Hintergrund möglicher Konsequenzen zu entscheiden und 3. sich ihrer Mitgestaltung und Verantwortung bewusst zu werden. Die Kompetenzentwicklung soll dabei so konzipiert werden, dass der Zusammenhang zwischen dem direkten Handeln vor Ort und den daraus resultierenden weltweiten Auswirkungen deutlich wird. Deshalb werden einerseits die Inhalte der Arbeitsprozesse sowie die Interessen aller beteiligten Gruppen – wie Auftraggebende oder Unternehmen – berücksichtigt. Andererseits sollen alle Aspekte von Nachhaltigkeit beachtet werden, damit das Handeln als Lösung nachhaltigkeitsbezogener Probleme verstanden werden kann und die Schülerinnen und Schüler lernen die Zukunft mitzugestalten, indem sie reflektiert und verantwortungsbewusst handeln. De Haan hat bereits 2003 ein allgemeines Kompetenzkonzept für eine BNE entwickelt, welches mit Bezug auf die berufliche Bildung weiterentwickelt wurde. Kern des Konzeptes ist die auf nachhaltige Entwicklung eingehende *Gestaltungskompetenz* (siehe Abschnitt 3.4.2). Insgesamt zwölf Teilkompetenzen werden in De Haans Konzept aufgeführt, die jedoch für die konkrete Unterrichtsplanung zu unspezifisch erscheinen (Vollmer & Kuhlmeier, 2014, S. 202). Ziel der beruflichen Bildung ist der professionelle und selbstständige Umgang mit komplexen beruflichen Anforderungen, für den die Verzahnung von theoretischem Wissen und praktischem Können notwendig ist. Aus diesem Grund wird die Förderung zur „nachhaltigen Mitgestaltung der Arbeitswelt und Gesellschaft in ökologischer, sozialer und ökonomischer Verantwortung" (KMK, 2021, S. 14) gefordert.

Die beschriebenen didaktischen Prinzipien und Leitlinien einer BBNE stimmen grundsätzlich hinsichtlich ihrer Inhalte und Zielsetzungen mit den fachdidaktischen Ansätzen des Berufsfelds Ernährung und Hauswirtschaft überein. Parallelen bestehen insbesondere bezüglich der Handlungs-, Lernort- und Berufsorientierung, die sowohl zu den Leitlinien einer BBNE gehören als auch Teil der arbeitsprozessorientierten Didaktik und der Berufsfelddidaktik Ernährung und Hauswirtschaft (siehe Abschnitt 2.3.4) sind. Ebenfalls weisen die normierenden

Prinzipien der Berufsfelddidaktik Überschneidungen u. a. zu den interdiszipli-nären didaktischen Prinzipien *Werte-* und *Partizipationsorientierung* auf. Die Auswirkungen der Entscheidungen sowohl für andere Menschen als auch auf die Zukunft, die in den didaktischen Leitlinien einer BBNE benannt werden, entsprechen der Orientierung an der geschichtlichen Entwicklung im Rahmen der Berufsfelddidaktik. Daher können die didaktischen Prinzipien und Leitlinien

Tabelle 7.2   (Fach-)Didaktische Prinzipien und Leitlinien einer BBNE

(Fach-)Didaktische Leitlinien einer BBNE	Dazu gehören:	
Konkrete berufliche Handlungsfelder und -situationen sowie Arbeitsprozesse sind Ausgangspunkt	Lernort- und Berufsorientierung	
Spezifishe Perspektiven einer BBNE als didaktisches Analysekriterium	Soziale, ökologische und ökonomische Aspekte sowie die Handlungsstrategien Suffizienz, Konsistenz und Effizienz	
	Auswirkungen der Entscheidung für mich, andere Menschen und auf die Zukunft	Orientierung an der geschichtlichen Entwicklung
	Werteorientierung	Orientierung an der Erziehungswissenschaft
	Partizipationsorientierung	
Anbindung an bestehende berufspädagogisch-didaktischen Prinzipien	Verschränkung von Situations-, Wissenschafts- und Persönlichkeitsprinzip	
	System- und Problemlöseorientierung	
	Kompetenzorientierung	
	Handlungsorientierung	
	Gestaltungsorientierunng	
	Selbstorganisation	
	Kooperationsorientierung	
	Vernetztes Denken (Retinität)	
Schwerpunkte didaktisch begründen	Psychologische Orientierung	
	Orientierung an der Fachwissenschaft und Erziehungswissenschaft	
Vollständigkeit als Ziel des Bildungsgangs	Ganzheitlichkeit	
	Vollständige Handlung	

(Eigene Darstellung in Anlehnung an Becker, 2013; Grantz et al., 2013; BLK, 1998; Fege-bank, 2004; Kastrup et al., 2012; Vollmer & Kuhlmeier, 2014)

einer BBNE mit den fachdidaktischen Ansätzen des Berufsfelds Ernährung und Hauswirtschaft wie in Tabelle 7.2 zusammengeführt werden.

7.3 Gestaltung nachhaltigkeitsbezogener Lehr-Lernprozesse

7.3.1 Handlungsregeln einer BBNE-Didaktik

Schütt-Sayed et al. (2020) haben Handlungsregeln für die Gestaltung nachhaltigkeitsorientierter Lehr-Lernprozesse entwickelt, die sich vier Schritten zuordnen lassen (siehe Abbildung 7.2):

1) Identifizierung von Anknüpfungspunkten für eine BBNE: Das Anbinden von BBNE-Inhalten an bestehende Ordnungsmittel sowie an konkrete Lern- und Arbeitsprozesse rückt die Inhalte in den Erfahrungshorizont der Lernenden und erhöht die Handlungswirksamkeit im Berufsalltag. Dabei wird BBNE als integraler Bestandteil behandelt. Bei der Umsetzung ist die Überforderung der Lernenden durch „Megaprobleme" zu vermeiden, indem auf den eigenen Wirkungsraum verwiesen wird.

2) Eröffnung von nachhaltigkeitsorientierten Perspektiven: Durch das Aufzeigen von langfristigen Folgen von Handlungsweisen lernen Schülerinnen und Schüler lösungsorientiert alternative Handlungsoptionen kennen. Mögliche Widersprüche können als Lern- und Entwicklungschancen genutzt werden, denn „[g]ut gestellte und als lebendig empfundene Probleme lösen solche Prozesse aus, die im idealen Fall nicht überfordern, sondern eine intrinsische Lernmotivation auslösen [...]" (Schütt-Sayed et al., 2020, S. 209).

3) Gestaltung transformativer Lernprozesse: Wissen zu nachhaltigkeitsrelevanten Aspekten ist relevant, führt jedoch nicht allein zu einem entsprechenden Verhalten. „Das Bewerten vor dem Hintergrund eigener Werte" (Schütt-Sayed et al., 2020, S. 211) ist maßgeblich für ein nachhaltigkeitsorientiertes Handeln verantwortlich. Eigene Erfahrungen und persönliches Erleben tragen beim Lernprozess zur höheren Motivation bei. Kreative und lebendige Methoden sowie Erfolgsgeschichten und inspirierende Vorbilder wirken zudem motivierend.

4) Entwicklung nachhaltiger Lernorte: „Sowohl Ausgangs- als auch Endpunkt für die Umsetzung von BBNE bilden die Handlungs- und Gestaltungsräume der Lernorte selbst. BBNE sollte kontinuierlich zur Mitgestaltung eines

nachhaltigkeitsorientierten Lernortes befördern" (Schütt-Sayed et al., 2020, S. 204).

Abbildung 7.2 Grundmodell zur didaktisch-methodischen Umsetzung von BBNE. (Schütt-Sayed et al., 2020, S. 202)

Diese Schritte verlaufen nicht linear, sondern folgen primär einer inneren Logik von verschiedenen didaktischen Impulsen, die sich in den BIBB-Modellversuchen der Förderlinie II zur BBNE herauskristallisierten. Steht der Entschluss zur Umsetzung einer BBNE, bleibt zu klären, wie dieses Anliegen nun in der Praxis verfolgt werden kann. Daher benennen Schütt-Sayed et al. (2020) die zehn abgebildeten Regeln für die Umsetzung einer BBNE, die für die jeweiligen Schritte als Gestaltungsempfehlungen herangezogen werden können. So ist es eingangs von Bedeutung, im eigenverantwortlichen Wirkungsraum zu bleiben, damit weder die Lehrenden noch die Lernenden mit den globalen Schlüsselproblemen überfordert werden. Lehrerinnen und Lehrer müssen sich selbst die notwendigen Kompetenzen zur Vermittlung einer BBNE zutrauen, um diese erfolgreich umzusetzen (Döbler, 1994, S. 58). Ebenfalls ist von Bedeutung, dass die Schülerinnen und Schüler überzeugt sind, mitgestalten und somit durch ihr eigenes Handeln Veränderungen bewirken zu können. Die zweite Regel umfasst die Ordnungsmittel als Grundlage, die hinsichtlich ihrer Möglichkeiten zur BBNE hin analysiert und ggf. neu zu interpretieren ist. Die offenen Curricula in der beruflichen Bildung bedürfen der Partizipation des Lehrpersonals, das die Aufgabe hat, rational und nachprüfbar zu begründen, welche Ziele, Inhalte und Handlungsformen sie für den Unterricht wählen und darauf basierend, welche konkreten Lehrgegenstände sie bestimmen (Reetz, 2003; Tramm, 2003; Wicke et al., 2018). Auf diese Weise kann die bisher erfolgte Implementation einer BBNE im Bildungsplan zur Erprobung durch die Akzentuierung der Lehrenden weiter ausgebaut werden. Daher liegt die dritte Regel „Nachhaltigkeit ist kein „Extra-Thema", sondern integraler Bestandteil des [beruflichen] Handelns!" (Schütt-Sayed et al., 2020, S. 205 [HviO]) nahe, denn BBNE soll nicht als Zusatzaufgabe und somit als Belastung des Lehrpersonals gelten, sondern als Leitidee eine entsprechende Ausgestaltung bestehender Lehrinhalte ermöglichen (siehe Abschnitt 7.2.2).

Sind diese Grundsteine als Ausgangspunkt für eine BBNE gelegt, können die Schülerinnen und Schüler sich anschließend mit nachhaltigkeitsorientierten Perspektiven auseinandersetzen. Hierzu ist zunächst wichtig, dass sie die langfristigen und weitreichenden Folgen ihres (beruflichen) Handelns erkennen. Voraussetzung hierfür ist das systemische, vernetzte Denken und Handeln, zu welchem die Schülerinnen und Schüler angeregt werden sollen. Das eigene Handeln wird in einem komplexen Systemzusammenhang betrachtet, wodurch eine Bewertung möglicher Folgen und somit eine bewusste Entscheidung für bestimmte Handlungsweisen erfolgen kann (Schütt-Sayed, 2019, S. 240). Bestärkt wird dies vor allem durch den organisationstheoretischen Ansatz, nach welchem sich das Personal als Teil des Gesamtsystems begreift und entsprechend an deren Weiterentwicklung aktiv mitwirken soll (Senge, 2021, S. 113 f.).

> Für nachhaltigkeitsorientiertes berufliches Handeln ist hingegen relevant, dass Mitarbeitende Problemlösungen auf Grundlage eines Systemverständnisses gestalten können. [...] Handlungssituationen sollten nicht analytisch-reduktionistisch modelliert werden, sondern ganzheitlich, mehrdimensional und mehrperspektivisch (Schütt-Sayed et al., 2020, S. 207 f.).

Als weitere Regel wird die Anregung zu alternativen Arbeitsweisen und Innovationen beschrieben, denn die Lernenden sollen befähigt werden, sich neben den herkömmlichen Arbeitsprozessen alternative Vorgehensweisen zu erschließen, die den ökologischen, ökonomischen und sozialen Dimensionen einer nachhaltigen Entwicklung eher entsprechen können. Insbesondere die Mitarbeiterinnen und

Mitarbeiter – inklusive der Auszubildenden – in Betrieben gelten als Expertinnen und Experten für die notwendigen Geschäftsprozesse, weshalb diese bei der Entwicklung von innovativen Konzepten zu beteiligen sind (Stracke et al., 2016, S. 135). Indem die jeweiligen Schritte eines Arbeitsprozesses auf nachhaltigkeitsorientierte Möglichkeiten hin überprüft werden, können neue Elemente zu einer effektiveren, umweltfreundlicheren und gerechteren Produktion führen. Beispielsweise kann im Berufsfeld Ernährung und Hauswirtschaft bei der Herstellung eines Bananenbrotes die gesamte Frucht inklusive der Schale verwendet werden, wodurch Abfälle vermieden und mit dem Produkt ein höherer Gewinn erzielt werden kann (FH Münster, 2021). Die neu erschlossenen Erträge können ggf. in fair produzierte Rohstoffe investiert werden, wodurch eine neue Zielgruppe – beispielsweise die LOHAS[4] – erschlossen werden kann.

Zu der Eröffnung nachhaltigkeitsorientierter Perspektiven zählt ebenfalls der transparente Umgang mit Widersprüchen und die Einbindung der daraus entstehenden Lernchancen in das Unterrichtsgespräch. So können die verschiedenen Nachhaltigkeitsdimensionen gegensätzliche Handlungsweisen erfordern, weshalb es zu Dilemma-Situationen kommen kann. Solche Widersprüche sind für die Diskussion über mögliche Lösungswege wertvoll und können daher als Lernchance verstanden werden. Rationales Faktenwissen wird durch die Ergänzung um Erfahrungen, Emotionen und Werteorientierungen zu einem komplexen Kontext, auf deren Basis die Schülerinnen und Schüler argumentieren und abwägen. Einerseits können solche problemhaltigen Aufgaben zur aktiven Beteiligung motivieren (Euler & Hahn, 2014, S. 377), andererseits ist eine Überforderung und zu starke emotionale Spannung zu vermeiden. Dies erfordert einen sensiblen Umgang und ein hohes Maß an Einschätzungsvermögen seitens der Lehrkräfte. Durch die Auswahl der von ihnen eingebrachten Konfliktthemen, können sie den Grad des Konfliktes wählen und entscheiden, was sie selbst über sich preisgeben möchten. „[Denn] Lehrende sollten sich in Konflikt- und Lernsituationen offenherzig und ehrlich einbringen, aber nur in dem Maße, wie es der Sache dient" (Schütt-Sayed et al., 2020, S. 210).

Zur Gestaltung transformativer Lernprozesse werden Regeln benötigt, die sich auf handlungsmotivierende, werteorientierte sowie reflexive Aspekte einer BBNE beziehen. Daher wird das notwendige Wissen um weitere Faktoren ergänzt, um die Wirksamkeit der BBNE zu erhöhen. Schütt-Sayed et al. (2020) beziehen

---

[4] Die LOHAS (Lifestyle of Health and Sustainability) zeichnen sich durch ihr nachhaltigkeitsorientiertes Bewusstsein aus und achten auf gesundheitliche sowie soziale Aspekte der Produkte (Treffenstädt & Springer, 2011, S. 4).

sich dabei auf Erkenntnisse der Umweltpsychologie für nachhaltigkeitsorientiertes Handeln, wie die Bedeutung der individuellen Einstellungen, Gewohnheiten, erwarteten Handlungskonsequenzen oder die Einschätzung von Bedrohungen sowie der eigenen Wirksamkeit (Hamann et al., 2016; Matthies, 2005). Daran wird deutlich, dass *Wissen* allein nicht zu einem bestimmten Handeln führt, sondern motivationale und normative Haltungen einer Person mitwirken. „Gerade Auszubildende befinden sich jedoch meist in einer Phase des Lebens, in welcher der Sinn von Berufsrollen und -tätigkeiten ausdrücklich hinterfragt werden und neue Einstellungen in beruflichen Kontexten entstehen" (Schütt-Sayed et al., 2020, S. 211). Durch vielseitige, moderne Methoden und die Möglichkeit, neue Erfahrungen zu machen, können die Schülerinnen und Schüler in der beruflichen Bildung zu Veränderungen bzw. zur Weiterentwicklung ihrer Einstellungen und Werte angeregt werden. Solche Methoden zeichnen sich dadurch aus, dass sie – laut der achten Regel – lebendiges, kreatives sowie erfahrungsbasiertes Lernen ermöglichen und die Digitalisierung berücksichtigen. Wie bereits beschrieben, ist das eigene Erleben und die Partizipation der Lernenden an den eigenen Lernprozessen für die Umsetzung von nachhaltigkeitsorientierten beruflichen Handlungsweisen relevant. Indem die Schülerinnen und Schüler im Unterricht nicht nur kognitiv, sondern ebenfalls durch Emotionen sowie das Fühlen und Handeln angesprochen werden, kann ein lebendiger Lernprozess initiiert werden (Stollberg & Schneider-Landolf, 2014, S. 147), der das eigene Erleben neuer Erfahrungen ermöglicht. Tabelle 7.3 gibt eine Übersicht zu den Charakteristika des lebendigen Lernens. In Anbindung an die bereits bestehenden Erfahrungen und Wissenskonzepte können in der aktiven Umsetzung neue Handlungsalternativen geprüft und reflektiert werden, wodurch die bestehenden Konzepte u. U. erweitert, ergänzt oder ersetzt werden.

> BBNE sollte den Auszubildenden erfahrungsbasiertes, sinnlich ansprechendes Lernen eröffnen, das gleichermaßen Kompetenzerwerb ermöglicht und Freude bereitet, optimaler Weise zusammen mit anderen: In echter Begegnung und Kooperation lernt man, sich mit anderen Wertvorstellungen auseinanderzusetzen und gemeinsam verantwortliche Entscheidungen zu treffen. Verantwortung lernt man nur, wenn man Verantwortung übernehmen darf (Schütt-Sayed et al., 2020, S. 212).

Des Weiteren ist die Einbindung von motivierenden, erfolgreichen Beispielen für die Gestaltung transformativer Lernprozesse hilfreich, denn sie eröffnen positive Perspektiven für die Zukunft. Da eine nachhaltige Entwicklung im Kontext der inter- und intragenerationalen Gerechtigkeit steht, sind die Folgen des gegenwärtigen Handelns auf die zukünftige Gesellschaft im Rahmen einer BBNE zu thematisieren. Motivierende Beispiele können eine positive Einstellung

Tabelle 7.3   Merkmale lebendigen Lernens

Die Lehrenden ...

... vertrauen auf die Lernbereitschaft der Schülerinnen und Schüler.

... sind sowohl Fachexpertinnen und -experten als auch Lernbegleiterinnen und -begleiter
(partizipierendes Leiten).

... unterstützen das eigenverantwortliche und selbstbestimmte Lernen der Schülerinnen und Schüler.

... nutzen die Erfahrungen der Klasse für den Lernprozess.

... gestalten den Lernprozess handlungsorientiert.

... setzen die Gruppe als Lernquelle ein.

... gestalten aufgrund der eingeschränkten Planbarkeit von Lernergebnisse den Unterricht offen
und flexibel.

... sind selbst Lernende.

(Stollberg & Schneider-Landolf, 2014, S. 152 f.)

und Zuversicht der persönlichen Mitwirkung erzeugen, wenn sie Handlungsalternativen aufzeigen, die eine hohe berufliche und alltägliche Relevanz für die Schülerinnen und Schüler aufweisen.

Für die Entwicklung nachhaltiger Lernorte wird als zehnte und letzte Regel die Entwicklung der eigenen Institution zu einer solchen Lernumgebung benannt. Eine nachhaltigkeitsorientierte Umgebung schafft für Lernende den Rahmen, selbstständige und eigenverantwortliche Erfahrungen machen zu können, sich in einem passenden Raum mit der Nachhaltigkeitsthematik auseinanderzusetzen und diese Erfahrungsräume mitgestalten zu können. Die Implementierung einer BBNE wird daher ebenfalls durch die Übernahme ihrer Leitidee in die Organisationsstrukturen gestärkt und demnach – wie in Abschnitt 3.5 bereits beschrieben – auf den drei Ebenen Organisations-, Personal- und Ausbildungs- bzw. Unterrichtsentwicklung mitgedacht (Schütt-Sayed et al., 2020, S. 214).

Für die Anwendung dieser zehn Regeln ist es notwendig, fach- und berufsspezifische Akzentuierungen und Anpassungen vorzunehmen, um die allgemeingehaltenen Formulierungen in die Planung und Durchführung eines entsprechenden Unterrichts einbeziehen zu können.

7.3.2   Orientierungsrahmen für BBNE-Methoden

Die zuvor beschriebenen Handlungsregeln, die u. a. das lebendige Lernen umfassen, unterstreichen, dass sich die Methoden einer BBNE nicht auf die Vermittlung von kognitivem Wissen beschränken, sondern ebenfalls das normative Wissen einzubeziehen ist (Casper et al., 2023, S. 186). Im Rahmen der Förderlinie III ‚Entwicklung von domänenspezifischen Nachhaltigkeitskompetenzen in Lebensmittelhandwerk und -industrie' des BIBB (siehe Abschnitt 8.1.1) spielt das lebendige Lernen eine wichtige Rolle. Es hat in Bezug auf den Umgang mit Lebensmitteln – als existenzielle Lebensgrundlage (Umweltbundesamt, 2012, S. 28) – neben seiner metaphorischen Bedeutung (Härle, 2011, S. 21) ebenfalls eine Bedeutung des ‚Lebendigen' (Casper et al., 2023, S. 187) und bezieht sich im Rahmen eine BBNE auf die Merkmale nach Fischer et al. (2020)[5]. Darauf basierend werden bei der Modellierung des Orientierungsrahmens die methodischen Zugänge aus den BBNE-Modellversuchen in drei Kategorien gebündelt, die sich zur Vermittlung nachhaltigkeitsorientierter Lerninhalte bewähren konnten. Die erarbeiteten Instrumente werden zunächst in

- *biographische Methoden,* die sich auf die Persönlichkeit, die individuelle Biografie und Lebensstile beziehen,
- *sinnliche Methoden,* die sinnlich gestaltet und erfahrbar sind, und
- *gemeinschaftliche* Methoden, bei denen sich die Lernenden als Teil der Gemeinschaft wahrnehmen, eingeteilt (Casper et al., 2023, S. 188).

Zudem werden die drei Methodengruppen in drei weitere Kategorien eingeteilt, wodurch eine Matrix entsteht (siehe Tabelle 7.4), die die Zuordnung bestehender und weiterer Unterrichtsinstrumente ermöglicht. Journalistisch-erkundende Methoden umfassen die Information und Erfassung von Hintergründen und Zusammenhängen. Dabei wird die aktive Auseinandersetzung mit Lerngegenständen angeregt und die Lernenden emotional angesprochen. Bei spielerischerprobende Methoden handelt es sich um das konsequenzenfreie Ausprobieren von Handlungsalternativen. Durch einen geschützten Raum können die Lernenden ohne Konsequenzen experimentieren und die Anwendung des Gelernten üben. Transformierend-gestaltende Methoden werden als dritte Kategorie aufgeführt, die auf eine direkte Mitgestaltung von Arbeitsprozessen, Produkten und Strukturen ausgerichtet sind. Hierbei erleben die Lernenden unter der Einbindung von Konsequenzen die Bedeutung der Verantwortungsübernahme und lernen diese zu beurteilen (Casper et al., 2023, S. 188 f.).

---

[5] Das lebendige Lernen bezieht sich auf 1) Lebensentwürfe und individuelle Biografien; 2) sinnlich-aktivierende und emotionale Lernprozesse und 3) authentische Lernsituationen (Fischer et al., 2020, S. 75).

Tabelle 7.4   Orientierungsrahmen für BBNE-Methoden mit Beispielen aus den Modellversuchen in Lebensmittelhandwerk und -industrie

	biographisch	sinnlich	gemeinschaftlich
journalistisch-erkundend	z. B. Portraits	z. B. sensorische Prüfungen	z. B. kollegiale Recherche
spielerisch-erprobend	z. B. Rollen-/Planspiele	z. B. mit Rezepten experimentieren	z. B. Challenges und kooperative Spiele
transformierend-gestaltend	z. B. Szenarien, Fälle	z. B. Marketing & Produktentwicklung	z. B. Projekte

(Casper et al., 2023, S. 189)

7.4   Zusammenfassung und Schlussfolgerungen

Es gibt einige didaktische Überlegungen zur BBNE, aber noch kein didaktisches ‚Gesamtkonzept'. Konsens besteht insbesondere darin, dass

- BBNE als integrativer Bestandteil und nicht additiv behandelt wird,
- curriculare Vorgaben nachhaltigkeitsorientiert akzentuiert werden,
- BBNE mit konkreten beruflichen Situationen verknüpft wird,
- Widersprüche als Lernchance genutzt werden,
- Schülerinnen und Schülern lebendiges Lernen mit kreativen und erfahrungs-
  basierten Methoden ermöglicht wird.

Vieles ist auf der Ebene von (normativen, vorwissenschaftlichen) Handlungs-
regeln formuliert, wie z. B. bei den zehn Handlungsregeln für die Gestaltung nachhaltigkeitsorientierter Lehr-Lernprozesse von Schütt-Sayed et al. (2020). Auch zur Fachdidaktik Ernährung und Hauswirtschaft gibt es einige konzeptionelle Überlegungen, wie die arbeitsprozessorientierte Didaktik und die Berufsfelddidaktik Ernährung und Hauswirtschaft, aber noch kein geschlossenes fachdidaktisches Konzept. Die Herausforderung besteht darin, beide Ansätze –
Fachdidaktik des Berufsfelds Ernährung und Hauswirtschaft und die Prinzipien

der BBNE-Didaktik – zusammenzuführen. Vor allem durch die Übereinstimmung einiger didaktischer Prinzipien wie

- Handlungsorientierung,
- Kompetenzorientierung,
- Lernort- und Berufsorientierung,
- Werte- und Partizipationsorientierung,
- Orientierung an der geschichtlichen Entwicklung und
- Ganzheitlichkeit,

lassen sich erste konzeptuelle Überlegungen anstellen (siehe Tabelle 7.2). Inwieweit sich die didaktischen Ansätze in der didaktischen Praxis im Berufsfeld widerspiegeln, soll in der empirischen Studie überprüft werden.

Nachhaltigkeitsorientierte Curriculumentwicklung als Form der strukturellen Verankerung einer BBNE im Fachbereich Ernährungs- und Versorgungsmanagement

8.1 BBNE-Projekte und Ergebnistransfer

8.1.1 Entwicklungslinien einer BBNE im Spiegel der Modellversuche des BIBB

In den vorangegangenen Kapiteln wurden die Bedeutung einer nachhaltigen Entwicklung und die Gründe für ihre Implementierung in die berufliche Bildung beschrieben. Im Folgenden sollen die Möglichkeiten zur Verankerung einer BBNE anhand bisheriger Implementierungsbestrebungen verdeutlicht werden. Dabei soll insbesondere das Berufsfeld Ernährung und Hauswirtschaft fokussiert werden.

Die ganzheitliche Umsetzung einer BBNE fordert politisches Handeln, dessen sich das BMBF angenommen hat. Seit einigen Jahren fördert es – unter der Maxime einer Nachhaltigkeitspolitik als Innovationspolitik – in dem Bereich Klima- oder Ressourcenschutz u. a. die Forschung für Nachhaltige Entwicklungen (FONA), um Klimaziele zu erreichen, natürliche Ressourcen zu schützen sowie die Gesellschaft und Wirtschaft weiterzuentwickeln (BMBF, 2021). Wie bereits in Abschnitt 1.3 beschrieben, ist seit 2005 für den Bildungsbereich die Weltdekade ,Bildung für nachhaltige Entwicklung 2005 bis 2014' (BNE) gegründet worden, um verantwortungsvolles Denken und Handeln weltweit zu stärken. „Dazu gehört die Implementierung des Leitbildes einer nachhaltigen Entwicklung in die nationalen Bildungssysteme" (Klanten, 2014, S. 5). Aus diesem Grund

Ergänzende Information Die elektronische Version dieses Kapitels enthält Zusatzmaterial, auf das über folgenden Link zugegriffen werden kann https://doi.org/10.1007/978-3-658-43877-7_8.

ist es notwendig, die allgemeine, berufliche, hochschulische und außerschulische Bildung anzupassen, um ein nachhaltigkeitsorientiertes Bewusstsein gesamtgesellschaftlich zu fördern, welches eine inter- und intragenerationale Perspektive mit einschließt. Das BIBB hat daher während der UN-Dekade Projekte durchgeführt – sogenannte Modellversuche (siehe Abschnitt 1.3) –, die vom BMBF gefördert wurden und auf die Vernetzung und Kooperation der Akteure aus verschiedenen Bildungsbereichen (Berufskollegs, Hochschulen, Bildungsträger und Unternehmen etc.) und auf die Stärkung der Nachhaltigkeitswahrnehmung zielten (BIBB, 2015). Durch eine intensivere Vernetzung und Kooperation soll eine dauerhafte und flächendeckende Wirksamkeit sowie der Transfer des Projektertrags gefördert werden, womit eine langfristige Wirkung der Projekte verfolgt wird. In der ersten Hälfte der UN-Dekade wurde der theoretische Kontext ermittelt. Anschließend wurde in der zweiten Hälfte die Realisierung eines nachhaltigkeitsorientierten beruflichen Wissens und Handelns angestrebt (Loy, 2018, S. 72). Die Ergebnisse bestätigen, dass die Förderung der beruflichen Bildung für nachhaltige Entwicklung substanziell ist und weitergeführt werden sollte.

> [Aus den] Ergebnissen der Evaluation des BIBB und der wissenschaftlichen Begleitung wollen wir weiter lernen und so einer umfassenden beruflichen Bildung für nachhaltige Entwicklung Schritt für Schritt näherkommen. Erforderlich ist letztlich ein Bewusstseinswandel jeder und jedes Einzelnen hin zu nachhaltigem Handeln in allen Bereichen des Alltags, auch des beruflichen Alltags (Klanten, 2014, S. 6).

In den Modellversuchen des BIBB wurden interdisziplinär Konzepte zur Gestaltung und Weiterentwicklung der Berufsbildung entwickelt. Berücksichtigt wurde die Vernetzung und Herausstellung von Verbindungen verschiedener Bereiche im Berufsbildungssystem. In diesem Rahmen wurden vier Verbundprojekte über 36 Monate und zwei Einzelprojekte über 24 Monate realisiert (Mohoric, 2014b, S. 9). Während der Projektarbeit wurden auf den Makro-, Meso- und Mikroebenen (siehe Abschnitt 8.2.1) des Berufsbildungssystems gemäß einer nachhaltigen Entwicklung innovative Entwürfe zur Ausgestaltung verschiedener Berufe konzipiert. Durch das wissenschaftliche Begleiten und Publizieren der didaktischen Konzepte erzeugen die Projektergebnisse strukturbildende Impulse für die Entwicklung von Ordnungsmitteln. Darüber hinaus verdeutlicht die entstandene Diskussion über eine nachhaltigkeitsorientierte Standardberufsbildposition die übergeordnete Aufgabe von nachhaltiger Entwicklung in der Berufsbildung. Es wurden konkrete Vorschläge für die didaktische Gestaltung der Berufsbildung und Empfehlungen für Multiplikatorinnen und Multiplikatoren erarbeitet, die eine Handlungsgrundlage für die Akteure der unterschiedlichen Bildungsebenen und

-bereiche bieten. Das Aufzeigen zahlreicher Handlungsoptionen – sei es regional oder national – und umfangreiche Publikationen konnten zum Verständnis und zur vermehrten Wahrnehmung der Nachhaltigkeitsthematik beitragen (BMBF, 2014, S. 1 f.).

Die Evaluation der Modellprojekte bis 2014 zeigte, dass Nachhaltigkeit einen bedeutsamen Stellenwert in der Gesellschaft, Wirtschaft und Politik einnehmen muss (Hemkes, 2016, S. 3). Durch die Projektarbeit konnte die Aufmerksamkeit und das Interesse für BBNE erhöht werde, die u. a. durch die gestiegene Nachfrage von nachhaltigen Produkten oder Dienstleistungen unterstrichen wird (Bundesregierung, 2021). Für den nächsten Förderzeitraum einer BBNE war jedoch insbesondere die zugesprochene Bedeutung von Bildung für einen erfolgreichen nachhaltigkeitsorientierten Entwicklungsprozess entscheidend. Aus diesem Grund wurde von 2015 bis 2019 – anknüpfend an den Ergebnissen des vorangegangenen BIBB-Förderschwerpunkts *Berufsbildung für nachhaltige Entwicklung 2010–2013* – die Förderung der nachhaltigkeitsorientierten Gestaltungskompetenz verfolgt (Hemkes et al., 2016, S. 5). Fachkräfte sollen befähigt werden, ihre Lebens- und Arbeitswelt gemäß den Nachhaltigkeitsaspekten aktiv mitzugestalten. Somit ist Nachhaltigkeit zum einen ein Bildungsziel mit hohem Abstraktionsniveau, zum anderen sind damit explizite Ausbildungsinhalte verbunden. Daher soll Nachhaltigkeit als ein integrales Element in die berufliche Bildung eingeflochten werden. „Bislang war nachhaltige Entwicklung in der beruflichen Bildung vor allem das Geschäft von Projekten. Jetzt gilt es, die Nachhaltigkeit vom Projekt in die Struktur zu bringen" (Hemkes, 2016, S. 3). Hierzu wurden vom BIBB mit Mitteln des Bundesministeriums für Bildung und Forschung zunächst zwölf Modellversuche mit insgesamt 27 Verbundpartnern aus der Berufs- und Hochschulbildung gefördert. Die Projekte können zwei Themenbereichen, den Modellversuchen der Förderlinie I *Entwicklung von domänenspezifischen Nachhaltigkeitskompetenzen in kaufmännischen Berufen* und den Modellversuchen der Förderlinie II *Nachhaltige Lernorte gestalten*, zugeordnet werden. Wichtig ist die enge Kooperation mit Praxispartnern. Darüber hinaus wurden als Erweiterung dieses Förderschwerpunktes zusätzlich sechs Modellversuche gefördert, die die nachhaltigkeitsorientierten Kompetenzen in Lebensmittelhandwerk und -industrie fokussieren (BIBB, 2017, S. 1 f.). Für die Implementierung einer BBNE in dualen Ausbildungsberufen u. a. der Bäckerinnen und Bäcker, Konditorinnen und Konditoren oder Süßwaren- und Milchtechnologinnen und -technologen sollten lernortübergreifende didaktische Lehr-Lernarrangements sowie Konzepte für Curricula entwickelt werden. Zur Verbreitung und langfristigen Etablierung der Projektergebnisse förderte das BIBB im Förderschwerpunkt 'Berufsbildung für nachhaltige Entwicklung im

Transfer für Ausbildungspersonal 2020–2022' sieben Projekte zur strukturellen Verankerung einer BBNE (BIBB, 2020).

Für die vorliegende Arbeit sind jedoch vor allem der folgende Modellversuch des ersten BIBB-Förderschwerpunktes sowie die Modellversuche der Förderlinie III maßgeblich, da sie die besondere Bedeutung von Nachhaltigkeit im Berufsfeld Ernährung und Hauswirtschaft sowie den Nutzen weiterer berufsspezifischer Untersuchungen herausstellen.

Der Modellversuch ‚Nachhaltigkeitsorientiertes Rahmencurriculum für die Ernährungs- und Hauswirtschaftsberufe'

Der Modellversuch ‚Nachhaltigkeitsorientiertes Rahmencurriculum für die Ernährungs- und Hauswirtschaftsberufe' der FH Münster zielte insbesondere auf die Konzipierung eines Rahmencurriculums ab. Da im Rahmen der vorliegenden Arbeit u. a. der Bildungsplan zur Erprobung hinsichtlich seiner nachhaltigkeitsspezifischen Inhalte untersucht wird, ist dieser Modellversuch von besonderem Interesse. Hierbei wurden ebenfalls Ordnungsmittel ausgewählter Berufe des Berufsfelds Ernährung und Hauswirtschaft gesichtet und nachhaltigkeitsspezifische Anknüpfungspunkte herausgearbeitet, weshalb sich an diesem Vorgehen orientiert werden kann. Anschließend wurden berufsübergreifende Übereinstimmungen identifiziert, um „vergleichbare Qualifikationsanforderungen und Kompetenzprofile" (Kettschau, 2014a, S. 96) zu entwickeln. Aus der Pluralität an Berufen des Berufsfelds Ernährung und Hauswirtschaft – knapp 20 duale Ausbildungsberufe und weitere vollzeitschulische Berufsqualifizierungen in Deutschland (Kastrup & Kettschau, 2016, S. 3) – wurde der Sektor der Verpflegungsdienstleistungen in der Gemeinschaftsverpflegung aufgrund seines gesellschaftlichen, gesundheitlichen und wirtschaftlichen Stellenwerts gewählt (Kettschau, 2014a, S. 96). Zudem bildet die Gemeinschaftsverpflegung eine übergeordnete Aufgabe, an der viele Berufe der Ernährungs- und Hauswirtschaftsbranche – ebenfalls die staatlich geprüften Assistentinnen und Assistenten für Ernährung und Versorgung, Schwerpunkt Service (KMK, 2021b, S. 2) – beteilig sind. An dem ausgewählten Sektor konnten – nach der Analyse zentraler Arbeitsprozesse – Kriterien einer nachhaltigen Verpflegung erarbeitet werden. Daneben wurden mittels einer Inhaltsanalyse die Ordnungsmittel und Berufsbilder von vier Kernberufen (Hauswirtschafterin und Hauswirtschafter, Köchin und Koch, Fachfrau und -mann für Systemgastronomie und Restaurantfachfrau und -mann) hinsichtlich der Vereinbarkeit von Nachhaltigkeitsanforderungen untersucht. Die Ergebnisse wurden mit denen aus Experteninterviews abgeglichen bzw. vertieft. Zuletzt wurden auf Fachtagungen und im schulischen sowie betrieblichen Kontext im Zusammenwirken mit Studierenden das Interesse und die Optionen der Umsetzung aufgezeigt, sodass eine Evaluation und Anpassung der bisherigen Erarbeitungen ermöglicht wurde (Kettschau, 2014a, S. 98).

Im Kern ging es vor allem um die erforderlichen Kompetenzen und Qualifikationen, die die Grundlage eines nachhaltigen Handelns darstellen. Daher war es bei der Neukonzeption eines Rahmencurriculums wichtig, die übergeordneten persönlichkeitsbezogenen Kompetenzen durch konkrete Qualifikationen zu ergänzen. Ferner wurden im Modellversuch – neben den Kompetenzen, die zur nachhaltigen Entwicklung beitragen sollen – für die Curriculumentwicklung sektorspezifische Strukturen, Problemstellungen und solche Arbeitsprozesse, die als nachhaltigkeitssignifikant gelten, herangezogen. Als besonders für die Nachhaltigkeit relevante Prozesse wurden die Speiseplanung und die Beschaffung von Lebensmitteln ermittelt (Roehl & Strassner, 2012, S. 48 f.). Dennoch sollte nachhaltiges Handeln nicht für einzelne Prozessschritte, sondern für die vollständige Wertschöpfungskette bestimmt werden, da sich die einzelnen Elemente gegenseitig beeinflussen. Beispielsweise zeigt sich beim Abfallmanagement, dass nachhaltiges Handeln bereits bei der Speiseplanung relevant ist und sich auf alle anschließenden Prozessschritte auswirkt (siehe Anhang 4 im elektronischen Zusatzmaterial) (Kettschau, 2014a, S. 102).

> Festzuhalten bleibt, dass alle [untersuchten] Ordnungsmittel wichtige Elemente einer nachhaltigen Entwicklung enthalten, die bisher jedoch eher fragmentiert eingebunden sind. Sie müssen nun systematisch zusammengeführt werden. Ein komplexer Ansatz, der die Aspekte Ökologie, Ökonomie und Soziales an konkreten beruflichen Aufgabenstellungen miteinander verknüpft, bildet für Lernende die Basis, um in ihren beruflichen Handlungsfeldern nachhaltigkeitsbezogene Wechselwirkungen zu erkennen und Lösungen zu entwickeln (Kettschau, 2014a, S. 106).

Neue relevante Bildungsinhalte – wie die Nachhaltigkeitsperspektive – die sich durch gesellschaftliche oder normative Entwicklungen herausstellen, sind aufgrund der langen Entwicklungsperioden von Ordnungsmitteln häufig nicht in den Verordnungen formuliert. Sie können jedoch „im Rahmen des eigenständigen Innovations- und Gestaltungsrahmens und -auftrags der Berufsbildungsakteure bereits jetzt umgesetzt werden" (Kettschau, 2014a, S. 110). Der Modellversuch hat hierzu konkrete Vorschläge für die Gemeinschaftsverpflegung formuliert. Diese Vorschläge sollen Möglichkeiten aufzeigen, wie Nachhaltigkeit im Berufsfeld Ernährung und Hauswirtschaft integriert werden kann. Die Ergebnisse des Projekts können darüber hinaus auch bei der ordnungspolitischen Umgestaltung verwendet werden (Kettschau & Mattausch, 2014, S. 43). „Für die Entwicklung der Beruflichen [sic] Fachrichtung Ernährung und Hauswirtschaft besitzt die

Nachhaltigkeitsthematik wertvolles Innovationspotenzial und ist Motor zur Netz-
werkbildung wie zu einer breiten Modernisierungsdebatte" (Kettschau, 2014a,
S. 112).

Da der Modellversuch die Bedeutung des nachhaltigen Handelns in jedem Pro-
zessschritt herausstellt, wird nicht nur für die hier ausgewählten Kernberufe ein
prozessuales Gerüst abgebildet. Die an der Gemeinschaftsverpflegung entwickelte
Struktur eines Prozessablaufes kann auf Arbeitsprozesse anderer Berufe angewandt werden (Kettschau, 2014a, S. 113). Hervorzuheben ist, dass Nachhaltigkeit
einen direkten Gegenwarts- und Zukunftsbezug aufweist, da das (Konsum-)
Verhalten der Bevölkerung soziale Ausbeutung, Umweltverschmutzung und die
Vernichtung lebensnotwendiger Ressourcen hervorbringt. Akteure des Berufs-
felds Ernährung und Hauswirtschaft sind direkt und indirekt an einer solchen
Entwicklung beteiligt und können daher durch verantwortungsvolles Handeln zu
Veränderungen beitragen (Fischer, 2008, S. 26).

**Die Förderlinie III ‚Entwicklung von domänenspezifischen Nachhaltigkeits-
kompetenzen in Berufen des Lebensmittelhandwerks und der Lebensmittelindustrie'**
Die Förderline III wurde zur Fortführung des Förderschwerpunktes ‚Berufsbildung für nachhaltige Entwicklung' aus den Mitteln des BMBF zur Entwicklung
von domänenspezifischen Nachhaltigkeitskonzepten der Berufe des Lebensmittelhandwerks und der -industrie gefördert. Zur Förderlinie gehören sechs
Modellversuche, die von 2018 bis 2021 lernortübergreifende didaktische Lehr-
/Lernarrangements zur beruflichen Ausbildung entwickelt haben (BIBB, 2019b).
Tabelle 8.1 bietet eine Übersicht zu den Modellversuchen sowie deren Zielsetzungen. Die Förderung einer BBNE in den Berufen des Lebensmittelhandwerks und
der -industrie unterstreicht die Relevanz der Ernährung für eine nachhaltige Entwicklung. Durch Innovationen in den betrieblichen Ausbildungsberufen sollen die
sozialen, ökologischen und ökonomischen Herausforderungen der Lebensmittelproduktion angegangen werden, denn „[d]ie Unternehmen des Lebensmittelhandwerks und der -industrie sind entscheidende Akteure unseres Ernährungssystems"
(Fernández Caruncho et al., 2020, S. 4). Für deren Umsetzung benötigen die
Beschäftigten der Domäne entsprechende Kompetenzen, die durch die entwickelten Materialien der Modellversuche im Rahmen der Ausbildung gefördert werden
können. Die entstandenen Konzepte der Kompetenzentwicklung beziehen sich
auf elf Ausbildungsberufe, die sich vom Bäckerhandwerk über das Fleischhand-
werk bis hin zur Fachkraft für Lebensmitteltechnik erstrecken (BIBB, 2019b).
Die Ergebnisse der Förderlinie III werden in domänenspezifischen Modellen zusammengeführt und dienen u. a. der Identifizierung und Beschreibung

nachhaltigkeitsorientierter beruflicher Handlungskompetenzen und zur didaktisch-curricularen Lernprozessgestaltung, auf die in Abschnitt 7.3.2 näher eingegangen wird.

Tabelle 8.1 Die Modellversuche der Förderlinie III

Modellversuch	Zielsetzung
KORN-SCOUT: Vom Getreidekorn und seinen vielfaltigen Nutzen – Korn-Kompetenzen für Nachhaltigkeit im Lebensmittelhandwerk	Förderung von Kompetenzen zu nachhaltigem Handeln im Berufsalltag von Korn handhabenden Berufen wie Verfahrenstechnologen/-technologinnen in der Mühlen- und Getreidewirtschaft, Brauerin/Brauer, Mälzerin/Mälzer, Bäckerin/Bäcker, Konditorin/Konditor sowie angrenzenden Berufsfeldern.
NachLeben: Nachhaltigkeit in den Lebensmittel-berufen. Situierte Lehr-Lern-Arrangements zur Förderung der Bewertungs-, Gestaltungs- und Systemkompetenz in der betrieblichen Ausbildung	Entwicklung, betriebliche Erprobung, Evaluation und Verbreitung von nachhaltigkeitsorientierten, situierten Lehr-Lern-Arrangements für die Ausbildungsberufe Süßwarentechnolog/-technologe, Fachkraft Lebensmitteltechnik, Brennerin/Brenner, Destillateurin/Destillateur und Weintechnologin/-technologe.
NaMiTec: Entwicklung eines Aus- und Weiter-bildungskonzeptes zur Erhöhung des Beitrages zur nachhaltigen Entwicklung in der Milchtechnologie	Entwicklung eines Aus- und Weiterbildungskonzeptes, welches das Nachhaltigkeitsbewusstsein des Ausbildungspersonals und der Auszubildenden in der Milchtechnologie stärkt und konkrete nachhaltigkeitsrelevante Handlungskompetenzen aufzeigt.
NaReLe: Nachhaltige Resonanzräume in der Lebensmittelindustrie	Entwicklung, Erprobung, Implementierung und Verbreitung von nachhaltig ausgerichteten, transferfähigen, OER-basierten Lernaufgaben (Resonanzräume) zum Einsatz in der Berufsausbildung zur Fachkraft für Lebensmitteltechnik.
NiB-Scout: Kompetenzmodell für Nachhaltigkeit im Bäckerhandwerk	Auf- und Ausbau von Kenntnissen über nachhaltige Produktion und Ver-arbeitung von Lebensmitteln bei Auszubildenden und Fachkräften im Bäckerhandwerk.
TRANS-SUSTAIN: Transversales Kompetenz-management für mehr Nachhaltigkeit in den Berufsbildern am Beispiel des Fleischerhandwerks und der Fleischwarenindustrie	Aufbau neuer Kompetenzen bei den Beschäftigten der Fleischwarenindustrie und des Fleischerhandwerks, um die Betriebe in die Lage zu versetzen, eigenverantwortlich, selbstgesteuert und zukunftsorientiert zu handeln und damit ihr Geschäftsmodell robuster gegenüber den Anforderungen der Zukunft zu machen.

(Fernández Caruncho et al., 2020, S. 7, basierend auf BIBB, 2018)

8.1.2 Transfer gewonnener Erkenntnisse

Die Transferleistung der Ergebnisse aus Projektarbeiten ist für die langfristige und weitreichende Implementierung einer BBNE von zentraler Bedeutung (Melzig et al., 2018, S. 38), denn durch den Transfer ist die Übertragung eruierter kontextspezifischer Lösungsstrategien auf vergleichbare Schemata der Berufs-bildungspraxis möglich (Euler, 2004., S. 2). Dabei wird jedoch keine direkte Spiegelung der Strategien auf andere Sektoren verfolgt, sondern für den Trans-fer ist zunächst eine bereichsspezifische Anpassung erforderlich (Walden, 1998, S. 127). Worauf der Transfer abzielt und wie ein solcher Transfer gestaltet werden kann, hängt u. a. von der Art des Projektes, den Zielen der Berufsbildungsforschung und den politischen Interessen ab. Von der anfänglichen Zielsetzung der Berufsbildungsforschung des BIBB, einzelne innovative Konzepte der Berufsbildung zu erproben, öffnete sich der Fokus hin zu grundlegenden Fragestellungen der beruflichen Bildung.

Die umfangreiche Ermittlung der konkreten Qualifizierungsbedarfe hinsichtlich der nachhaltigkeitsrelevanten Berufsbildungsinhalte in den verschiedenen Branchen war daher ein wichtiger erster Schritt, den alle Projekte im Förderschwerpunkt BBNE im Hinblick auf einen erfolgreichen Transfer unternommen haben (Kastrup et al., 2014, S. 178).

Zu diesen Grundsatzfragen arbeiten die Modellversuche des Förderschwerpunkts einer BBNE mit verschiedenen Ausrichtungen. Aufgrund ihrer unterschiedlichen Zielsetzungen werden verschiedene Methoden eingesetzt, um in einem ersten Schritt die Ausgangssituation zu analysieren. Zu den Forschungsmethoden gehören u. a. umfangreiche Online- und telefonische Befragungen oder qualitative Experteninterviews und Inhaltsanalysen von Curricula (Hemkes & Schemme, 2015, S. 6 f.). Die dadurch ermittelten Daten führen zur Festlegung der spezifischen Zielsetzungen, Transfermaßnahmen und Produkte der einzelnen Modellversuche. Primär erfolgt die Verbreitung und Bekanntmachung der Projektergebnisse in der jeweiligen Domäne, um die Sensibilität für eine BBNE zu steigern. Für die Kommunikation der Ergebnisse werden neben der Nutzung von Fachtagungen, Zeitschriften und Homepages branchenbezogene Netzwerke benötigt, die im besten Falle über den Förderzeitraum hinaus bestehen. Der Transfer mit Hilfe von Netzwerken hat den Vorteil, die gewünschten Zielgruppen in etablierten Strukturen erreichen zu können, bei denen der Bedarf an Problemlösungen besteht (Cernavin et al., 2015, S. 27 f.). Hingegen erweist sich der Zugang zu den Unternehmen laut der Projektbeteiligten als herausfordernd. Begründet wird dies durch den Wettbewerb und die fehlende Einsicht des ökonomischen Nutzens von neuen Innovationen (Kastrup et al., 2014, S. 173), welches bei der Entwicklung von Transferstrategien zu berücksichtigen ist.

Wie ein Transfer der Modellversuche in zukünftige Vorhaben gestaltet werden kann, ist durch die Evaluation der Ergebnisse und die Vielzahl von Gesprächen mit den Projektakteuren erschlossen worden. Erst durch die konkrete Klärung der Transferebenen und der betroffenen Handlungsfelder kann die Übertragung umfassend und zielführend begleitet werden (Kastrup et al., 2014, S. 179). Daher sind die frühzeitige Definition der Transferziele und die Festlegung von Zuständigkeiten relevant. Eine enge Kooperation bisheriger Akteure der Modellversuche mit ‚schlagkräftigen‘ Transferpartnern kann zudem zur weiträumigen und dauerhaften Verbreitung beitragen (BIBB, 2020a). Die Ergebnisse sollen nicht nur über diverse Informationskanäle veröffentlicht werden, die entwickelten Lernmodule, Curricula etc. sollen für die Fachöffentlichkeit zugänglich sein. Durch das Publizieren in Fachzeitschriften, die Verbreitung in branchenspezifischen Netzwerken sowie die Nutzung der Ergebnisse in den eigenen Institutionen kann der Transfer der Ergebnisse in den jeweiligen Berufsfeldern gelingen (Kastrup et al., 2014, S. 179). Ob eine Transferleistung erbracht werden kann, hängt von bestimmten Faktoren ab. Rauner (2002) hat für die Modellversuchsforschung fördernde und hemmende Faktoren für den Erfolg eines Transfers analysiert, die auf den Förderschwerpunkt BBNE bezogen werden können. Eine situativ angepasste Adaption der Ergebnisse trägt zum Transfererfolg bei (Kastrup et al., 2014, S. 178). Ist ein neuentwickeltes Konzept so konzipiert worden, dass es Modifikationen mit einbezieht, kann es leichter auf andere Bereiche übertragen werden. Der geplante Transfer soll des Weiteren die Orientierung an der Nachfrage berücksichtigen.

Neben der Nachfrage ist ebenso die Bündelung und Verfügbarkeit der Erfahrungen aus den Modellversuchen für die Adressaten zu beachten (Rauner, 2002, S. 9). Die Ergebnisse der Modellversuche mit dem Förderschwerpunkt BBNE bieten daher gute Beispiele für nachhaltigkeitsorientierte Konzepte verschiedener Branchen und werden als solche u. a. in Broschüren oder auf Websites vorgestellt. Als letzter fördernder Faktor für den Transfererfolg wird von der möglichst breiten und langfristigen modellversuchsüberschreitenden Verbreitung der Ergebnisse gesprochen (Mertineit et al., 2002, S. 47). Um den Transfer zu ermöglichen, ist dieser bereits vor der zeitlichen Projektgrenze einzuleiten. Tagungen können beispielsweise einige Monate vor dem Ende des Förderzeitraums zur Transferarbeit genutzt werden. Zur dauerhaften Verfügbarkeit kann die Nutzung vielschichtiger Informationsquellen beitragen.

Die starke Öffentlichkeitsarbeit und Werbung der Projektakteure zeigt, dass diese ihre Aufgabe, neue Erkenntnisse und Lösungsoptionen zu erforschen und diese zu veröffentlichen, wahrgenommen haben. Die Umsetzung auf strukturellen Ebenen muss an anderer Stelle geleistet werden.

Der Einfluss auf die Nachfrageseite (z. B. die Unternehmen oder die Ordnungsmittelerstellung) wird aber von den Projekten insgesamt als gering eingeschätzt, sodass die Verantwortung für eine weitergehende Implementierung der Projektergebnisse vor allem bei der Bildungspolitik und der -verwaltung gesehen wird (Kastrup et al., 2014, S. 173).

Da die Verantwortung für eine strukturelle Veränderung demnach nicht bei allen Projektbeteiligten liegt und ihre Aktivitäten im Rahmen des Modellversuchs auf den Projektzeitraum begrenzt sind, wurde ein Modell zum systematischen Transfer der Projektergebnisse entwickelt (siehe Abbildung 8.1), um die verschiedenen Übertragungsbemühungen zu strukturieren und angemessene Umsetzungsmethoden entsprechend der jeweiligen Projektansprüche zu verdeutlichen (Kastrup et al., 2014, S. 171). Kastrup et al. beziehen sich bei ihrer Modellierung auf Kutt (2001), der den Transfer zwischen verschiedenen Produktformen und Ebenen des Handelns (staatlich, institutionell und individuell) unterscheidet und besonders den Klärungsbedarf der strukturellen Bedeutung der entsprechenden Modulation betont. In dem Modell werden daher verschiedene Transferformen, -instrumente und -ebenen zusammengeführt. „Je nachdem, in welche Richtung ein Transfer vorgesehen ist, lassen sich vier Formen eines Transfers unterscheiden: regionaler, temporaler, vertikaler und lateraler Transfer. Je nach Form sind verschiedene Wege und Instrumente für den Transfer geeignet" (Kastrup et al., 2014, S. 174).

Regionaler Transfer	Temporaler Transfer
Transferziel: Verbreitung der Ergebnisse in ähnlichen Institutionen anderer Regionen	Transferziel: Verstetigung der Ergebnisse in der eigenen Institution
Transferwege: Publikation Kommunikation der Ergebnisse in branchen- oder institutionenspezifischen Netzwerken	Transferwege: dauerhafte Implementierung der Ergebnisse in die Strukturen der eigenen Institution
Vertikaler Transfer	Lateraler Transfer
Transferziel: regelhafte Implementierung der Ergebnisse in übergeordnete Strukturen	Transferziel: Übertragung der Ergebnisse in andere Arbeitsfelder
Transferwege: Publikationen Kommunikation der Ergebnisse mit politischen Entscheidern	Transferwege: Publikationen Vorstellen der Ergebnisse auf Tagungen und Kongressen Handreichungen und Fortbildungen

Abbildung 8.1   Vier Formen des Transfers. (Kastrup et al., 2014, S. 175)

Die zwei Transferziele *Verstetigung* und *Verbreitung* der Ergebnisse sind hierbei konstitutiv. Mit der Verstetigung wird die langfristige Verankerung neuer Ansätze angestrebt, eine flächendeckende Nutzung der gewonnenen Erkenntnisse wird beispielsweise unter der Verbreitung der Projektergebnisse verstanden (Pawlik & Westhoff, 2007, S. 15).

Die insgesamt vier Formen des Transfermodells (siehe Abbildung 8.1) lassen sich wie folgt beschreiben: Mit dem *regionalen Transfer* wird die lokale Verbreitung von Projektergebnissen verfolgt. Sie zielt auf die Übertragung neuer Ansätze auf andere, vergleichbare Systeme ab. Die Umsetzung auf anderen Ebenen des Berufsbildungssystems wird nicht angestrebt. Wenn ein erprobtes Projektergebnis dauerhaft in die betroffene Institutionsstruktur übernommen wurde, ist ein *temporaler Transfer* erfolgt, der nicht zwingend mit einer Verbreitung der Ergebnisse einhergehen muss. Werden die Projektergebnisse auf andere Handlungsfelder der Berufsbildung angewendet, so wird dies als *lateraler Transfer* beschrieben. Durch die Kommunikation und Verbreitung aller Projektergebnisse des Förderschwerpunktes BBNE, die durch Tagungen, Publikationen und die Vernetzung mit Unternehmen über den eigenen Handlungsbereich hinausging, kann der laterale Transfer erzielt werden (Kastrup et al., 2014, S. 177). „Als mögliche Handlungsbereiche werden hierbei die Berufsbildungspraxis, die Berufsbildungsforschung und die Berufsbildungsadministration aufgeführt [(siehe Abbildung 8.2]" (Loy, 2018, S. 75).

Für die vorliegende Arbeit ist insbesondere der Handlungsbereich der Berufsbildungsadministration von Bedeutung, da sich auf dieser Ebene durch berufsbildungspolitische Entscheidungen curriculare Veränderungen in der beruflichen Bildung erzielen lassen. Dies knüpft an die vierte Form der Übertragung, den *vertikalen Transfer* an. Bei dem vertikalen Transfer werden die Projektergebnisse genutzt, um Berufsbildungsstrukturen weiterzuentwickeln, „z. B. indem neu entwickelte und erprobte Curricula in Neuordnungsverfahren eingespeist werden und so zu regulären und verbindlichen Bestandteilen der Berufsbildung werden" (Kastrup et al., 2014, S. 176). Ebenfalls gehören u. a. qualifizierungsbezogene Studien zum vertikalen Transfer, weshalb Projektergebnisse, die Angaben zu den Anforderungen bestimmter Qualifikationen liefern, als Basis für bildungspolitische Entscheidungen genutzt werden können (Pawlik & Westhoff, 2007, S. 18).

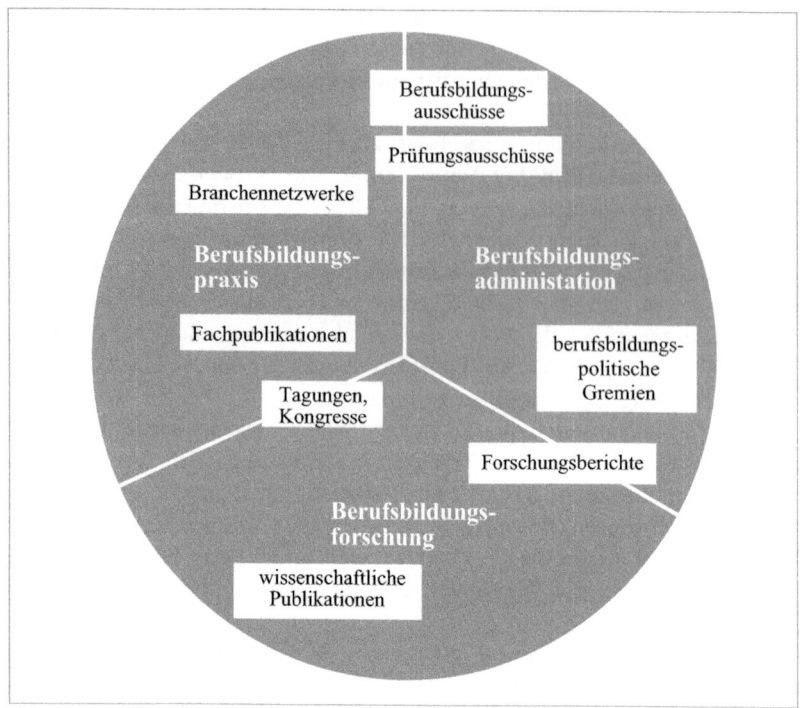

Abbildung 8.2   Handlungsbereiche für einen Transfer. (Kastrup et al., 2014, S. 177)

8.1.3   Vertikale Transferwege zur strukturellen Verankerung einer BBNE

Um den Transfer der Projektergebnisse dauerhaft zu gewährleisten, bietet die Implementation einer BBNE auf struktureller Ebene eine Möglichkeit, für die sich besondere Herausforderung ergeben. Einerseits sollen im Rahmen des vertikalen Transfers verschiedene Ebenen des Bildungssystems erreicht werden, weshalb der eigentliche Handlungsrahmen überschritten wird. Andererseits ist die Verbreitung der Ergebnisse besonders weitreichend ausgerichtet. Tabelle 8.2 stellt die verschiedenen Ebenen mit den beteiligten Akteuren dar.

Tabelle 8.2 Ebenen des vertikalen Transfers von Projektergebnissen

	Ebenen		
	Mikroebene	**Mesoebene**	**Makroebene**
Akteure	Überbetriebliche Ausbildungsstätte, Berufsschule, Betrieb	Zuständige Stellen, Schulämter, Branchenverbände	u. a. BIBB, KMK
Beispiel	insitutionsinterne Regelungen Entwicklung von Lernsituationen	institutionsübergreifende Regelungen Entwicklung eines Fortbildungsgangs auf Kammerebene	standardisierte bundeseinheitliche Regelungen Ausbildungsordnung Rahmenlehrpläne

(Kastrup et al., 2014, S. 176)

Im Gegensatz zu Bottom-up-Strategien (siehe Abschnitt 2.4.1), die von den Projektteilnehmerinnen und -teilnehmern geleistet werden können, fällt ein ebenenübergreifender Transfer – z. B. in die Berufsbildungspolitik – nicht in ihren Zuständigkeitsbereich. Damit die neuen Konzepte dennoch in die Ordnungsarbeit eingebunden werden, ist die Unterstützung von einer zentralen Instanz notwendig, die auf bildungspolitischer Ebene agieren kann. Das BIBB kann hierfür eine wichtige Rolle einnehmen. Als Moderator zur Integration der Projektergebnisse kann es die Verankerung einer BBNE in Ordnungsmittel fördern und gleichzeitig auf die Forderungen einer stärkeren Nachhaltigkeitsorientierung seitens der Politik eingehen (Mohoric, 2014a, S. 185 f.). Als Beispiel lässt sich die Entwicklung der Berufsbilder nennen, bei denen die Implementierung nachhaltigkeitsbezogener Themen zunächst auf den Umweltschutz reduziert blieb. Durch Bestrebungen zur Stärkung einer BBNE wie die vom Bund geförderten Modellversuche kann jedoch die Diskussion um die Implementierung von Nachhaltigkeit im Bildungssystem angeregt werden. Dies erhöht einerseits die politische und gesellschaftliche Aufmerksamkeit für eine BBNE, andererseits kann das BIBB den Diskurs nutzen, um Sozialpartnerinnen und -partner strategisch für eine BBNE zu gewinnen. So wurde beispielsweise im April 2020 die Modernisierung der Standardberufsbildpositionen[1] erzielt, da sich der Hauptausschuss des

---

[1] Die neuen vier Standardberufsbildpositionen umfassen.

1. Organisation des Ausbildungsbetriebes, Berufsbildung sowie Arbeits- und Tarifrecht,

BIBB, auf eine Erweiterung – u. a. des Umweltschutzes um die drei Dimensionen der Nachhaltigkeit für ein nachhaltigeres Schülerhandeln – verständigen konnte (BIBB, 2020b).

Um eine ganzheitliche und systematische Verankerung von Nachhaltigkeit in Ordnungsmitteln zu verfolgen, sind jedoch weitere und umfassendere Anpassungen notwendig. Hierfür gibt es verschiedene Anbindungsstellen. Als möglichen Ansatzpunkt im Berufsfeld Ernährung und Hauswirtschaft können die Ergebnisse der in Abschnitt 8.1.1 genannten Modellversuche – trotz ihrer Schwerpunktsetzung auf die betriebliche Ausbildung – herangezogen werden, da die Projektergebnisse zur Modernisierung von kompetenzorientierten Curricula genutzt werden können (Mohoric, 2014a, S. 189). Ebenfalls ist die Einbindung von Sozialpartnern und Curriculumentwicklern erforderlich (Werner, 2020). Für eine intensivere und effektivere Kooperation muss der unmittelbare Nutzen für die jeweilige Zielgruppe herausgestellt werden, damit diese von der Integration und Umsetzung der Nachhaltigkeitsthematik überzeugt werden kann. Dies ist besonders für Ordnungsverfahren relevant, da diese erst dann beginnen können, „wenn eine Einigung der Sozialpartner auf Eckwerte (Bezeichnung des Berufs, Ausbildungsdauer etc.) bereits im Vorfeld vollzogen wurde" (Mohoric, 2014a, S. 186). Bei der Verankerung von Nachhaltigkeit in Ordnungsmittel ist des Weiteren zu bedenken, dass bisher solche Nachhaltigkeitsaspekte aufgegriffen wurden, die für das jeweilige Berufsfeld wesentlich waren. Aus diesem Grund schlägt Hackel (2014) „die Vermittlung in der Berufsschule und die Gestaltung von unterstützenden Materialien zur Umsetzung in konkreten Berufsbildern" (Hackel, 2014, S. 3) vor. Durch konkrete Praxisbezüge kann die Komplexität, die mit der Nachhaltigkeitsthematik einhergeht, entsprechend den einzelnen Berufsbildern reduziert werden. „Die Form hängt ab vom jeweiligen Beruf und wird bestimmt durch die Anforderungen, die die Betriebe an ausgebildete Fachkräfte stellen" (Lapp & Räß, 2004, S. 1). Dabei kann die curriculare Weiterentwicklung unter Berücksichtigung einer BBNE zur Modernisierung der Ausbildungsberufe genutzt werden. Zwar sind die Innovationszyklen von Ausbildungsordnungen und Rahmenlehrplänen mit einer Dauer von bis zu 20 Jahren deutlich zu lang, als dass sie auf die sich schnell wandelnden Berufswelt angemessen reagieren könnten (Kettschau, 2014b, S. 5). Es ist jedoch den Lehrkräften durch die Gestaltungsspielräume

---

2. Sicherheit und Gesundheit bei der Arbeit,
3. Umweltschutz und Nachhaltigkeit und
4. Digitalisierte Arbeitswelt (BIBB, 2020b).

möglich, selbstverantwortlich neue Entwicklung der Gesellschaft und der Berufswelt in die berufliche Bildung zu integrieren. Über sie lässt sich – neben der
curricularen Verankerung der Projektergebnisse als vertikale Form des Transfers auf Landesebene – die Mikroebene des vertikalen Transfers erschließen
(siehe Tabelle 8.2). Die Materialien der Modellversuche, die zum Teil gemeinsam mit dem Bildungspersonal entwickelt wurden, können u. a. zur Gestaltung
von Lernsituationen herangezogen werden. Doch die alleinige Bereitstellung ist
zur Sicherstellung ihrer Umsetzung nicht ausreichend. Auf diese Problematik
hinweisend betont die Deutsche UNESCO-Kommission die Notwendigkeit einer
an Nachhaltigkeit angepassten Professionalisierung des Bildungspersonals, welche einer entsprechenden didaktisch-methodische Förderung bedarf. Daher ist
BBNE ebenfalls als Bestandteil der Qualifizierung aller am Bildungsprozess
beteiligter Akteure einzubeziehen, um einen „Paradigmenwechsel in Wirtschaft
und Arbeitswelt und […] einen Mentalitätswechsel und Bewusstseinswechsel in
der Berufsausbildung" (Mohoric, 2014a, S. 189) zu erzielen. Vor allem Lehrkräfte gelten als wichtige Akteure des Bildungswesens (siehe Kapitel 6), weshalb
ihre Qualifizierung maßgeblich zur Verbesserung von Bildungsprozessen beitragen kann (Baumert & Kunter, 2011b, S. 29). Bezüglich der Transferthematik
wird der besondere Stellenwert der *personalzentrierten Unterstützungsmaßnahmen* von Euler (2004, S. 12 f.) betont. Auch die EU-Kommission bezeichnet
das Bildungspersonal als Schlüsselzielgruppe, da qualifizierte und am Entwicklungsprozess beteiligte Akteure in Bildungseinrichtungen eine erhöhte Qualität
der Bildung versprechen und zu Veränderungen in den Einrichtungen beitragen
können (Europäische Kommission, 2010, S. 6).

Da BNE ganzheitlich begriffen und umgesetzt werden soll (KMK, 2007, S. 3),
machen Gläser und Wiegmann (2014) als Vertreter der Gewerkschaften in einem
Fachgespräch zur Verankerung von BBNE folgende Vorschläge: Auf der Ebene
des Bildungssystems soll durch die Chancengleichheit allen jungen Menschen
die Möglichkeit einer Ausbildung in Aussicht gestellt werden. Der Zeitraum
des Übergangsbereichs zwischen Allgemein- und beruflicher Bildung soll deutlich verkürzt und der Anteil von 20 bis 29-jährigen Schülerinnen und Schülern
verringert werden. Auf der Ebene der berufsbildenden Schulen und Schulorganisation sollen der Umgang mit kultureller Vielfalt produktiv gestaltet und
individuelle Förderung ermöglicht werden. Daher ist es erforderlich – neben der
angepassten Professionalisierung des Bildungspersonals – die Organisationsentwicklung (siehe Abschnitt 3.5) als einen weiteren Aspekt des vertikalen Transfers
aufzugreifen. Denn neben der individuellen und sozialen Perspektive eines Veränderungsprozesses ist zu beachten: auch *organisationale Prozesse* (Schemme,
2014, S. 255) sind bei dem Transfer der Modellversuche zu berücksichtigen.

Euler (2004) betont die Schulentwicklung als Form des *systemischen Transfers* (Euler, 2004, S. 14). Er spricht an dieser Stelle von *organisationszentrierten Unterstützungsmaßnahmen* (Euler, 2004, S. 14), wobei vornehmlich solche Personen von Interesse sind, die den Zugang zur Praxis steuern. Diese ‚Gatekeeper‘ (Mohoric, 2014a, S. 191) können durch ihre besondere Position zur Unterstützung von Veränderungsprozessen hinzugezogen werden. Damit sind sowohl Personen in leitenden Positionen als auch Akteurinnen und Akteure des Bildungssystems gemeint. Die strukturelle Verankerung einer BBNE kann Lehrerinnen und Lehrer dabei helfen, ihre Funktion als Multiplikatorinnen und Multiplikatoren wahrzunehmen. Denn „durch die (Weiter-)Entwicklung von Personal und Organisation kann eine strukturelle Veränderung erzielt werden, die das Denken und Handeln im Sinne [einer] BBNE weitergibt" (Loy, 2018, S. 80) (siehe Abbildung 8.3).

> Die Wirksamkeit des Transfers durch Organisationsentwicklung und damit einhergehende Personalentwicklung gilt nachweislich als besonders wirksam bei Veränderungsprozessen in Organisationen. [...] Das Bildungspersonal ist der Schlüssel für Veränderungen in der Berufsbildung; dazu bedarf es aber auch strukturelle Unterstützung (Mohoric, 2014a, S. 192).

Aus diesem Grund setzt das BIBB im Rahmen der Modellversuche auf die Befähigung des Berufsbildungspersonals (BIBB, 2019a). Die Lehrerinnen und Lehrer an berufsbildenden Schulen und die dortigen Organisationsstrukturen werden hierbei jedoch nachrangig berücksichtigt, da das BIBB seinen Förderschwerpunkt auf das duale Berufsausbildungssystem legt und die betriebliche Ausbildung fokussiert (BIBB, 2020). Ebenfalls ist die Dokumentenanalyse bezüglich der Ordnungsmittel im Rahmen des Monitorings der formalen Verankerung einer BBNE auf die Ausbildungsordnungen beschränkt (Holst & Singer-Brodowski, 2020, S. 3). In der Erhebung der vorliegenden Arbeit wird daher den berufsbildenden Lehrkräften der Bildungsgänge vollschulischer Ausbildungen besondere Aufmerksamkeit geschenkt und die Möglichkeiten der strukturellen Unterstützung im schulischen Kontext erforscht. Denn obwohl sich bereits seit längerem mit der Nachhaltigkeitsthematik befasst wird und eine BBNE durch verschiedene Projekte gefördert wurde, ist ihre strukturelle Implementation bislang auf Einzelprojekte begrenzt, deren Ausbreitung auf übergeordnete Strukturen noch aussteht (BIBB, 2020a, S. 2).

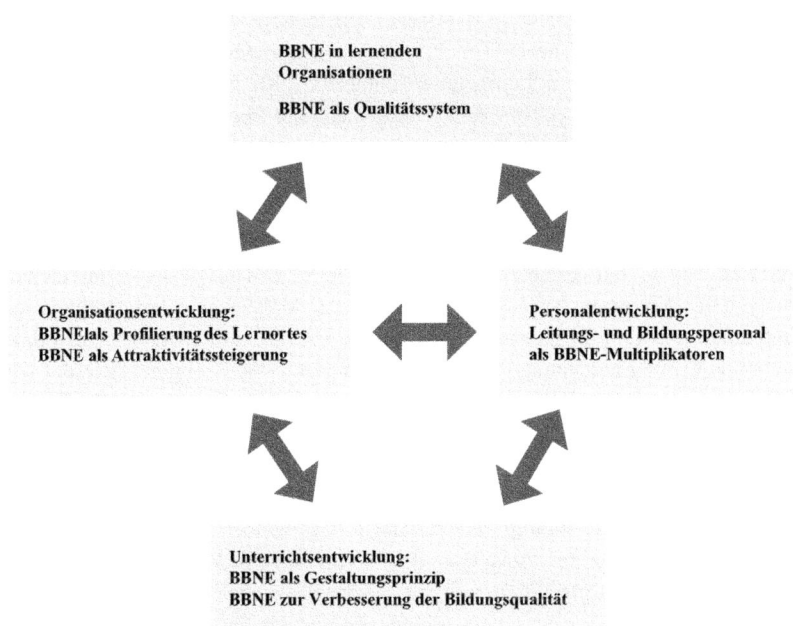

Abbildung 8.3 Organisationsentwicklung und BBNE. (Arnold & Faber, 2000, S. 107 & Mohoric, 2014a, S. 192)

8.2 Curriculare Verankerung einer BBNE als Möglichkeit des vertikalen Transfers

8.2.1 Entwicklung von Curricula

Da curriculare Vorgaben in Form des Bildungsplans zur Erprobung zum Ausgangspunkt dieser Arbeit gehören und die gewonnenen Ergebnisse im Sinne einer evaluativ-konstruktiven Forschung auf eine Verbesserung der curricularen Praxis unter fachdidaktischer Perspektive abzielen (siehe Abschnitt 2.4.3), werden in diesem Kapitel die hierfür relevanten theoretischen Grundlagen zur Curriculumarbeit erläutert.

Ein Lehrplan bzw. Curriculum stellt das Produkt einer Planung dar, welches Bildungsvorstellungen und Lehrinhalte für eine bestimmte Schulform und -stufe vorgibt sowie Aussagen über Umfang, Reihenfolge und Zielsetzung der

zu thematisierenden Inhalte trifft (Hacker, 2012, S. 972). Da die Bezeichnung
von Lehrplänen bzw. Curricula nicht einheitlich ist, wird in den verschiedenen
Bundesländern u. a. von Lehrplan, Bildungsplan, Rahmenlehrplan oder Kerncurriculum gesprochen (DIPF, 2023). Auf staatlicher Ebene werden verbindliche
Vorgaben für die jeweiligen Bundesländer formuliert, die auf schulischer Ebene
in einem schulinternen Curriculum umgesetzt und präzisiert werden (Engagement Global, 2023). Der Prozess der Curriculumentwicklung reicht daher von
der Bundes- über die Länder- bis hin zur Schulebene (s. u.) und gilt als breites
und komplexes Feld (Büchter & Tramm, 2004, S. 3). Die (Weiter-)Entwicklung
curricularer Vorgaben ist notwendig, denn die dort festgelegten Bildungsvorstellungen und Lehrinhalte werden durch den gesellschaftlichen Strukturwandel
beeinflusst. Zur Entgegnung gesellschaftlicher Herausforderungen – wie der Klimawandel – wird ein Wissen benötigt, welches nicht länger durch die rein
materielle Wissensform bedient werden kann. Die sich stetig weiterentwickeln-
den Ansprüche der modernen Arbeitswelt verlangen lebenslanges Lernen und
Handlungskompetenzen, die eine Gesellschaft zukunftsfähig werden lässt (Müller, 1999, S. 11). Die alleinige Weitergabe von vorhandenem fachlichem Wissen
und der Fähigkeiten zur Ausübung des Berufs sind nicht weiter hinreichend,
weshalb die in Lehrplänen formulierte materielle Fachbildung durch flexiblere
Handlungskompetenzen zu ersetzen sind, um die Schülerinnen und Schüler auf
die unvorhersehbaren beruflichen Ansprüche der Zukunft vorzubereiten.

> Das Konzept der Behaltensschulung muss vielmehr durch eines der Kräfteschulung
> ersetzt werden, d. h. einer Schulung, die eine Entwicklung von Kompetenzen zum
> Umgang mit Wissen in Form des Suchens, Selektierens und Strukturierens von Wis-
> sen, einhergehend mit der Förderung der Methoden- und Sozialkompetenzen, ermög-
> licht (Künzli David, 2007, S. 21).

Somit können Curricula nicht weiter dem Anspruch auf Vollständigkeit gerecht
werden, wenn es um das zukunftsfähige Fachwissen sich stetig wandelnder
Berufe und Erweiterungen der beruflichen Qualifizierung geht. Vielmehr handelt
es sich um eine prozesshafte, arbeitsweltnahe Gestaltung der Ausbildung. Aus
diesem Grund wurde sich Anfang der 1990er-Jahre stärker an beruflichen Aufgaben und Handlungsabläufen orientiert. Zuvor wurde die Curriculumentwicklung
an Lernzielen ausgerichtet. In den 1960er-Jahren sollte – den behavioristischen
Ansätzen folgend (Büchter, 2012, S. 25) – das Verhalten von Schülerinnen
und Schüler präzise beschrieben werden. Daher wurden Lernziele – spezifisches Wissen und praktische Fähigkeiten, die innerhalb eines Lernprozesses

erworben werden sollten – operationalisiert. Solche Lernziele konnten in verschiedene Niveaus differenziert werden, z. B. in Richt-, Grob- und Fernziele (Seyd, 2006, S. 24). In der beruflichen Bildung wurde zeitgleich die Orientierung an Qualifikationen fokussiert. Hierbei handelte es sich um „fach- und berufsspezifische Qualifikationen, also tätigkeitsbezogene und personenunabhängige Anforderungen des jeweiligen Berufs" (Glacza, 2016, S. 17). Dieser Ansatz wurde jedoch der Schnelllebigkeit des Arbeitsmarktes nicht gerecht, weshalb Schlüsselqualifikationen formuliert wurden. Dabei handelte es sich nicht weiter um konkrete Anforderungen eines Berufes, sondern vielmehr um die Fähigkeit, situationsgerechtes zu handeln (Reetz, 1990, S. 17). Somit rückte die Persönlichkeitsentwicklung der Lernenden stärker in den Mittelpunkt und zeigte erste Tendenzen zur Kompetenzorientierung (Glacza, 2016, S. 17). Die steigende Komplexität der Ausbildungsinhalte und die gesellschaftliche Entwicklung hin zur Risikogesellschaft bedingten folglich in den 1990er-Jahren ein Umdenken hinsichtlich der Lehr- und Lernprozesse. Die Lernenden benötigten nun vielmehr die Fähigkeit zum sozialen Handeln und zum selbstständigen Umgang mit der Komplexität beruflicher Anforderungen (Erpenbeck & Rosenstiel, 2017, S. XII). Im Gegensatz zu Qualifikationen sind Kompetenzen an eine Person und nicht an eine Tätigkeit oder einen bestimmten Kontext gebunden (Glacza, 2016, S. 19). Die KMK entsprach 1996 dieser Entwicklung mit der Einführung des Begriffs der beruflichen Handlungskompetenz (siehe Abschnitt 3.4).

Bei der Curriculumarbeit sind sowohl die Entstehungszusammenhänge der Lehrpläne als auch die Verwendungskontexte zu thematisieren. Als Grundlage der enthaltenen Ziele, Inhalte und Qualifikationen sind jedoch lehrplantheoretische Erkenntnisse notwendig, die vor allem aus der Curriculumforschung stammen und eng mit der Forschung der entsprechenden Didaktik verbunden sind.

> Unter lehrplantheoretischen Gesichtspunkten ist die Curriculumdiskussion ein Versuch, umfassende Ansätze zu favorisieren, dabei Inhalte wissenschaftlich zu legitimieren, Entscheidungen zu rationalisieren, Konstruktionsprinzipien für curriculare Entscheidungen aufzustellen und zu diskutieren (Fegebank, 2004, S. 68).

Folglich bleibt durch die Suche nach einem pädagogischen sowie politischen Konsens für die Curriculumentwicklung der Diskurs um eine curriculumtheoretische Perspektive weiterhin aktuell. Bei den bildungspolitischen Reformdiskussionen handelt es sich primär um eine produktgebundene Zielsetzung, bei der der Fokus – unabhängig von der jeweiligen inhaltlichen Ausrichtung – auf dem Endprodukt ‚Curriculum' liegt. Zwar kann die Relevanz einer solchen „Produktionsperspektive" (Sloane, 2003, S. 1) nicht gänzlich abgesprochen werden,

dennoch ist zu hinterfragen, ob das Augenmerk stärker auf der „Curricul-
umrezeption" (Sloane, 2003, S. 1) liegen sollte. Während es sich bei der
Produktionsperspektive um die Frage nach der Legitimation des jeweiligen Ordnungsmittels handelt und dies vor dem Hintergrund u. a. bestimmter Lerntheorien
oder gewisser Arbeitsprozesse abzugleichen ist, verfolgt die Rezeptionsperspektive die Frage nach dessen Umsetzung. Die Interpretation und der Umgang mit
den curricularen Vorgaben seitens des Bildungspersonals lassen Aussagen zum
Gehalt der Inhalte zu, da die Qualität eines Curriculums von seiner Eignung für
die Rezipierenden bedingt wird (Sloane, 2003, S. 19). Für die Rezeptionsperspektive ist die reine Reproduktion jedoch nicht hinreichend, es handelt sich vielmehr
um einen produktiven Prozess, „bei dem der Rezipient eine Vorgabe im Kontext
seiner Erfahrungen interpretiert" (Sloane, 2003, S. 3), weshalb Sloane (2003)
bezogen auf Curricula von einer produktiven Lehrplanrezeption spricht. Die curricularen Vorgaben werden hierbei im jeweiligen institutionellen Kontext – mittels
Kommunikation – konkretisiert. Des Weiteren dienen Curricula als Kommunika-
tionsgegenstand zwischen Produktions- und Rezeptionsakteuren. Letztere sollen
den Prozess steuern, da sie die Interpretation und Umsetzung der curricularen
Vorgaben verantworten (Mollenhauer & Rittelmeyer, 1977, S. 47). Doch welche Inhalte und damit einhergehende Qualifikationen sich als konstitutiv für
die Ordnungsmittelgestaltung herausstellen, wird primär durch bildungspolitische
Entscheidungen bestimmt. Aus diesem Grund gelten formale Bildungsinstru-
mente nach Weniger (1953) als Konstrukt gesellschaftlicher Mächte. Sie geben
vor, welche Maxime die pädagogische (Bildungs-)Arbeit bestimmen (siehe Top-
down-Prinzip in Abschnitt 2.4), weshalb u. a. Schulen als handlungsregulierende
Institutionen bezeichnet werden können (Picot, 1991, S. 144). Lernfeldcurricula,
die sich an Kompetenzen orientieren und berufliche Tätigkeitsfelder didaktisch
aufgreifen, geben durch ihre entsprechenden Zielformulierungen vor, was Schülerinnen und Schüler nach ihrer Bearbeitung gelernt haben sollen (Sloane, 2003,
S. 4). So sind nicht nur die Lernfelder kompetenzorientiert, auch die Zielformulierungen implizieren Kompetenzen, die jedoch – im Gegensatz zur normativen
Handlungskompetenz – eine *Input-Output-Steuerung* (Hansmann, 2006, S. 1)
einnehmen. Daher handelt es sich bei der Analyse von zentralen Lebens- und
Arbeitsweltprozessen und den daraus resultierenden Qualifikationsanforderungen um das Streben nach einem objektivierbaren Lehrplan, der als Standard für
die pädagogische (Bildungs-)Arbeit gilt und an Schulen reproduziert wird. Soll
ein solch „triviales Curriculummodell" (Sloane, 2003, S. 3) überwunden werden, kann die Lehrplanarbeit evaluativ-konstruktiv (s. u.) ausgerichtet werden.
Dieser theoretische Zugang verfolgt primär die Implementierung relevanter Lehrinhalte, denn welche Qualifikationen von besonderer Bedeutung sind und welche

Bildungsinhalte die erzielten Lernprozesse fördern, ist Gegenstand der Curricul-umforschung (Robinsohn, 1981, S. 45). Es handelt sich um eine prozesshafte Entwicklung der Lehrpläne, die Praxisbezüge herstellt.

Für die Curriculumentwicklung können nach Reetz (1984) drei Gestaltungs-prinzipien zur Interpretation der vorgegebenen Lernfelder hinzugezogen werden: *Wissenschaftsprinzip, Situationsprinzip* und *Persönlichkeitsprinzip* (Reetz, 1984, S. 76). Durch handlungsorientierte Ergänzungen des Fachwissens werden Hand-lungsfelder konkretisiert (Pätzold, 2000, S. 128 f.). Dieser Anwendungsbezug, der Arbeits- und Geschäftsprozesse berücksichtigt, strukturiert das Wissen nach den Aspekten der vollständigen Handlung (Fischer, 2000, S. 120 f.). Die auf Schulebene entwickelten Lernsituationen konkretisieren die vorgegebenen Lern-felder, indem berufliche Handlungsprozesse rekonstruiert werden. Dabei sollen die Prozesse jedoch nicht verkürzt als enge Vorgabe betrachtet werden. Viel-mehr soll es um die Förderung der Handlungskompetenz als Leitziel der Lernfeldcurricula gehen (Bader, 2000, S. 39). Erst durch die praxisnahe, situati-onsgebundene Anwendung des Fachwissens ist ein Erkenntnisgewinn im Sinne einer konstruktivistischen Lerntheorie möglich (siehe Abschnitt 3.1).

Ebenen der Curriculumentwicklung

Die Entwicklung von Curricula ist eine umfassende und herausfordernde Auf-gabe, die nach Sloane (2002) auf drei verschiedenen Ebenen stattfindet: *Makro-, Meso- und Mikroebene* (Sloane, 2002, S. 13). Auf der Makroebene findet die Planung von Ordnungsmitteln statt, die Mesoebene verfolgt die inhaltli-che Festlegung und die Mikroebene umfasst die konkreten Lehr-Lernprozesse (Kuckeland & Schneider, 2016, S. 2). Die Makro- und Mesoebene werden der staatlichen Curriculumarbeit zugeordnet, die Mikroebene bildet die schulische Curriculumarbeit ab (Büchter& Tramm, 2004, S. 4 ff.).

Ziel der Makroebene ist die Erarbeitung und Verabschiedung eines Rah-menlehrplans für die dualen Ausbildungsberufe. Im Gegensatz dazu werden für die schulischen Ausbildungen lediglich Vorgaben als Rahmenvereinbarung über die Berufsfachschulen bestimmt, die die beruflichen Qualifikationen aufführen (KMK, 2021c, S. 20 f.). Hierfür werden zunächst berufliche Handlungsfelder analysiert, die die Grundlage zur Lernfeldkonstruktion darstellen. Die Analyse solcher Handlungsfelder kann in verschiedene Etappen segmentiert werden: Die *Analyse des Berufsbildes,* die *Identifizierung von Geschäfts- und Arbeitsprozessen* und die *Identifizierung von Handlungssituationen* (Kuckeland & Schneider, 2016, S. 4). Die herausgearbeiteten Handlungsfelder können anschließend hinsichtlich ihres Bildungsgehaltes – beispielsweise unter Anwendung von Klafkis Leitfra-gen (Kuckeland & Schneider, 2016, S. 5) – geprüft werden, da die berufliche

Bildung nicht nur zur beruflichen Qualifizierung führt, sondern darüber hinaus auf die Persönlichkeitsentwicklung und Autonomie der Schülerinnen und Schüler hinwirken soll (Tramm & Krille, 2013, S. 6). Durch diese Prüfung wird der didaktische Gehalt herausgestellt, der für die Erschließung der jeweiligen Lernfelder konstitutiv ist. Aus den entwickelten Lernfeldern werden übergeordnete Handlungskompetenzen bestimmt.

Die Mesoebene bezieht sich auf die Landes- und die Schulebene. Auf Landesebene wird die Verabschiedung eines Lehrplans verfolgt (Kuckeland & Schneider, 2016, S. 5), welcher unter Berücksichtigung der Rahmenvereinbarung und Qualifikationsbeschreibungen der KMK entwickelt wird. Auf der Schulebene müssen anschließend fortführende Schritte erfolgen, um die übergeordnet formulierten Lernfelder konkretisieren und ggf. regionale Besonderheiten berücksichtigen zu können. Die didaktische Analyse an Schulen ermöglicht – ausgehend von den jeweiligen Handlungssituationen – die Entwicklung von Lehr-Lernkonzepten (Bauer & Przygodda, 2003, S. 23). Die didaktische Arbeit umfasst neben der Unterrichtsvorbereitung, -durchführung und -reflexion ebenfalls die organisatorische und curriculare Tätigkeit des Schulpersonals (Sloane, 2002, S. 13). So wird bei der *Analyse einzelner Handlungssituationen* (Kuckeland & Schneider, 2016, S. 5) – als Teil der didaktischen Analyse – die Strukturierung und die Gewichtung von Inhalten vorgenommen, um sich der didaktischen Jahresplanung[2] zu nähern. Bei dieser Prüfung wird der entsprechende Bildungsgehalt von Inhalten der jeweiligen Handlungssituation herausgestellt. Kompetenzen, die die Schülerinnen und Schüler durch die Ausbildung erlangen sollen (Glacza, 2016; Rauner, 2002), stimmen mit den schulintern definierten Bildungszielen überein, die ausgehend von den übergeordneten Bildungszielen formuliert werden (Kuckeland & Schneider, 2016, S. 8). Ist ein Konsens zum Bildungsgehalt verschiedener Inhalte getroffen und sind die Bildungsziele definiert worden, können auf dieser Basis Lernsituationen konzipiert werden.

Die Präzisierung der im Curriculum vorgegebenen Lernfelder zu konkreten Lernsituationen findet auf der Mikroebene unter Einziehung der auf der Mesoebene bestimmten Gestaltungsmerkmale statt. Da hier lediglich Akteure der Schulebene aktiv sind, kann auch von *Lehrer- und Teamebene* (Kuckeland & Schneider, 2016, S. 9) gesprochen werden. Durch einen kommunikativ-diskursiven Erarbeitungsprozess können die externen Vorgaben der Curricula durch schulspezifische

---

[2] Die Lehrkräfte eines Bildungsgangs nehmen im Rahmen der Bildungsgangkonferenz die Konkretisierung der curricularen Vorgaben vor, indem sie Lernsituationen bzw. Lehr-Lernarrangements entwickeln und dokumentieren. Die inhaltliche, methodische und organisatorische Planung wird zeitlich abgestimmt und als didaktische Jahresplanung nach Schuljahren festgelegt (QUA-LiS, 2022b).

Bildungsleitbilder – wie z. B. eine BBNE – weiterentwickelt werden, wodurch schulinterne Lehrpläne entstehen (Sloane, 2003, S. 19). Ziel ist die Konstruktion unterrichtlicher Bedingungen, die von der Ausgestaltung der Lernsituation über die Planung der Lernorganisation bis hin zur Evaluation reicht (Embacher & Gravert, 2000, S. 140). Lernsituationen sind daher Bestandteil des gesamten Planungsprozesses und bilden die Basis, auf der die weitere Ausarbeitung der Lehrhandlungen erfolgt. Es handelt sich somit um eine Art Managementaufgabe, die sich nicht nur mit der Lernsituationskonstruktion auseinandersetzt, sondern sich sowohl mit den passenden Maßnahmen als auch mit dem Einsatz personeller und sachlicher Ressourcen sowie der Erfolgskontrolle befasst (Sloane, 2003, S. 9). Unter den Maßnahmen können jegliche didaktische Interventionen zusammengefasst werden, die zur Vermittlung der Lehrinhalte genutzt werden (Braukmann, 1993; Sloane, 2003). Im Kontext der Begriffsdefinition von Lernsituationen kann auf Buschfeld (2003) verwiesen werden. Demnach handelt es sich bei Lernsituationen um problemorientierte Lernaktivitäten, die an vorgegebene Handlungsfelder gebunden sind. Daraus ergeben sich *Handlungsrahmen*, *Handlungsablauf* und *Handlungsergebnis* (Buschfeld, 2003, S. 3) als didaktisch-methodische Merkmale von Lernsituationen, bei deren Erarbeitung die berufliche

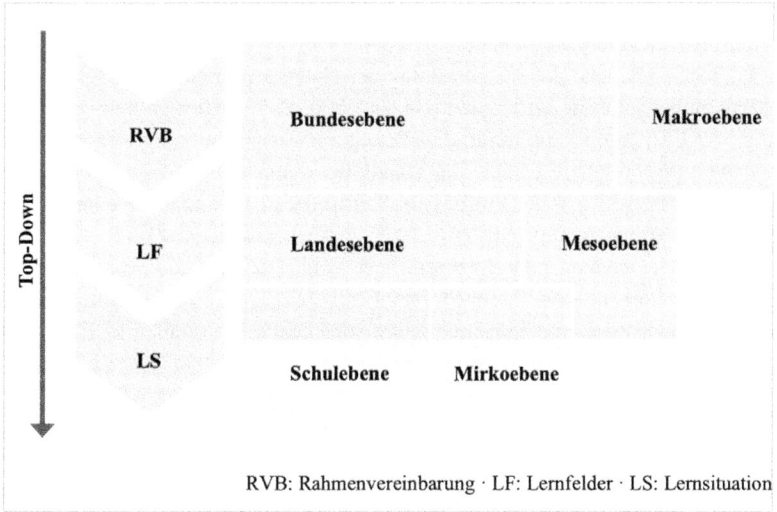

Abbildung 8.4 Curriculumentwicklung für schulische Ausbildungen. (Eigene Darstellung)

Tätigkeit des jeweiligen Lernfelds als Orientierung genutzt wird. Hierfür ist zu beachten, dass der gewählte Arbeitsprozess zielgruppenadäquat formuliert wird, um den Schülerinnen und Schülern die Möglichkeit zur Identifikation zu eröffnen (Sloane, 2003, S. 14). Abbildung 8.4 bildet die verschiedenen Ebenen dieses Top-down-Prozesses der Curriculumarbeit für schulische Ausbildungen ab.

Zur Entwicklung aller Lernsituationen werden Gestaltungskriterien benötigt, die von den Beteiligten der Bildungsgangkonferenz bestimmt werden. Das Gesamtkonstrukt der Lernsituationen wird in der didaktischen Jahresplanung dargestellt, in der gemäß der KMK (2011) alle Teilkompetenzen elaborativ innerhalb einer Ausbildung abgebildet werden (Emmermann & Fastenrath, 2014, S. 6). Die Problemorientierung – als ein Gestaltungskriterium für Lernsituationen – wirft zwei verschiedene Perspektiven für die Unterrichtsplanung auf: Einerseits handelt es sich um eine problemorientierte Strukturierung des Unterrichts und die hierbei benötigten Maßnahmen zur Bearbeitung der Problemstellung (*Lehrperspektive*), andererseits geht es um die Problembearbeitung der Schülerinnen und Schüler (*Lernperspektive*) (Sloane, 2003, S. 8). Neben der prozess- und problemorientierten Lernsituation steht des Weiteren die Zielorientierung im Vordergrund. Während des Planungsprozesses soll geprüft werden, inwiefern die Bearbeitung der Problemstellung zur Weiterentwicklung der persönlichen Handlungskompetenz beitragen kann, die als Leitziel durch die Lehrpläne definiert wird (Sloane, 2003, S. 13). Da diese jedoch sehr offen formuliert wird, muss seitens der Schulen ausgehandelt werden, welcher Sinngehalt präferiert wird und dementsprechend die Ausgestaltung der Unterkategorien Fach-, Human- und Sozialkompetenz ermittelt werden (Bader, 2000, S. 33). Hinsichtlich der Bewertung und Evaluation kann durch den Bezug zur Zielorientierung erfasst werden, inwieweit und welche Elemente der Handlungskompetenz gefördert werden. Aus diesem Grund ist neben der Prüfung der Lernprozesse und/oder -ergebnisse ebenfalls die Handlungskompetenz zu berücksichtigen (Sloane, 2003, S. 13 f.). Die geplanten Maßnahmen bzw. Interventionen sollen daher so ausgesucht werden, dass sie die Lernenden in ihrem Problembearbeitungsprozess unterstützen, wobei zielgruppenadäquate und lernsituationsentsprechende Materialien zum Lernprozess beitragen. Die Lernsituationen sollen jedoch nicht nur Kompetenzen für spezifische Arbeitsprozesse vermitteln, um die berufliche Handlungsfähigkeit der Lernenden zu stärken. Neben der Fachkompetenz handelt es sich um die Selbstkompetenz und Sozialkompetenz; die Methodenkompetenz, kommunikative Kompetenz und Lernkompetenz sind Bestandteile aller drei Kompetenzdimensionen (KMK, 2018, S. 15 f.). Der Unterricht soll demnach übergeordnete kognitive wie kommunikative Entwicklungen bei den Lernenden anregen und somit den Transfer des Erlernten auf andere Anwendungsbereiche – sowohl alltägliche als auch berufliche Situationen – ermöglichen und zur Reflexion beitragen. Dies ist insbesondere im Sinne einer BBNE relevant, da eine nachhaltigkeitsorientierte Verhaltensänderung nicht durch den alleinigen Wissenserwerb erzielt wird, wenngleich das fachliche Wissen hinsichtlich der Handlungsorientierung durch den direkten Bezug zur beruflichen Tätigkeit grundlegend ist (Sloane, 2003, S. 14). Im Kontext einer BBNE ist daher neben der Problemorientierung ebenfalls die Situationsorientierung und Handlungsorientierung mit den Leitlinien der Antizipation und Partizipation bedeutend (Hauenschild & Bolscho, 2007, S. 45). „Insbesondere die Werteentwicklung und Bindung an die eigenen Werte gehören zur Selbstkompetenz […]. Die Fähigkeit zu sozialen Beziehungen, zu sozialer Verantwortung und zur Kommunikation werden u. a. durch die Sozialkompetenz zusammengefasst" (Glacza, 2016, S. 20).

Um die zunächst grob strukturierten Lernsituationen ausformulieren zu können, kann das Hinzuziehen eines Rasters Orientierung bieten. Kuckeland und Schneider (2016) haben hierfür einen Handlungsleitfaden weiterentwickelt, der vier Stufen abbildet und gleichermaßen zur Überprüfung der bisher durchlaufenen Schritte eingesetzt werden kann (ausführlich in Kuckeland und Schneider, 2016, S. 8–16). Auf der Ebene der beruflichen Handlung werden u. a. Schlüsselprobleme einer beruflichen Handlung aufgedeckt und einer geeigneten Handlungsstruktur zugeordnet. Diese Handlungsstruktur bietet die Basis für die spätere Reihung der zu planenden Unterrichtseinheiten. Die Bedingungsebene prüft formale und zielgruppenbezogene Kriterien, anschließend wird das bisherige Arbeitsergebnis auf der Legitimationsebene mit den gesetzlichen Vorgaben abgestimmt und hinsichtlich seines Bildungsgehalts überprüft. Zuletzt findet auf der didaktischen Ebene die Reduktion des Umfangs statt. Nur wesentliche Inhalte, die in keine anderen Lernsituationen eingebunden werden, sollen beibehalten bleiben. Daher bietet die Lernsituation den Rahmen, nach welchem sich die Auswahl an Begriffen, Modellen oder Theorien richtet. Hierbei spielen lerntheoretische Aspekte eine Rolle, die „zum einen das Verhältnis von Wissen, Handeln und Können [aufzeigen], zum anderen auch [klären], auf welches Wissen zurückgegriffen werden soll" (Sloane, 2003, S. 15). Das fachwissenschaftliche Wissen soll so aufbereitet werden, dass es als eine fachspezifische Theorie auf den jeweiligen Handlungsrahmen angepasst wird. Eine pauschale Übertragung von Fachwissen auf das Berufsfeld kann jedoch nach Rauner (1995) nicht gewährleistet werden, weshalb er zwischen Fachwissenschaft und Berufsfeldwissen unterscheidet (Rauner, 1995, S. 52). An dieser Stelle bietet Pätzold (2012, S. 15) einen möglichen Lösungsansatz durch seine Unterteilung verschiedener Wissensformen (fachliches Wissen, wissenschaftliches Wissen, praktisches Wissen usw.) an. Ihre Wechselwirkungen und gegenseitige Komplettierung lässt Professionswissen entstehen, welches die Lehrerinnen und Lehrer während ihrer Ausbildung ausbilden sollen. Darüber hinaus ist bei der Einbindung von fachlichem Wissen u. a. zu bedenken, ob das fachliche Wissen zuerst allgemein gelehrt und anschließend auf die jeweilige Lernsituation transferiert wird (*deduktiv*) oder ob das Wissen in Verbindung mit der Lernsituation unterrichtet und anschließend die Verallgemeinerung vorgenommen wird (*induktiv*). In einem nächsten Schritt werden Lehr-Lernarrangements auf der Grundlage eines didaktischen Ansatzes konstruiert, der – im Sinne einer BBNE – um die Leitidee der nachhaltigen Entwicklung erweitert wurde (siehe Kapitel 7). Abschließend erfolgt die Lernerfolgskontrolle.

Ist die Planung der komplexen Lehr-Lernarrangements der Lernsituationen abgeschlossen und sind die jeweiligen Maßnahmen und Materialien bestimmt, wird in einem weiteren Schritt ein Abgleich mit den zur Verfügung stehenden Ressourcen benötigt. Zur realistischen Einschätzung der Planung ist die Berücksichtigung der vorhandenen sachlichen und personellen Möglichkeiten notwendig. Die Ressourceneinteilung soll jedoch nicht zum „Sachzwangargument" (Sloane, 2003, S. 18) werden, indem sie den didaktischen Begründungen vorangestellt wird. Vielmehr sollte das Ressourcenmanagement nach der didaktischen Planung zur Prüfung ihrer Durchführbarkeit genutzt werden. Wurden Lernsituationen, deren Maßnahmen, die einzubeziehenden Fachtheorien und der Einsatz von Ressourcen festgelegt, sind Evaluationsmaßnahmen zu bestimmen, um die durchgeführte Planung überprüfen und ggf. Änderungen oder Verbesserung vornehmen zu können. Die Bildungsgangarbeit kann demzufolge als Lernfeld der Lehrerinnen und Lehrer gesehen werden, bei dem die drei Schritte *Planung, Durchführung und Evaluation* dem handlungstheoretischen Grundverständnis entsprechen (Sloane, 2003, S. 19). Die einzelnen Elemente der Bildungsgangarbeit bzw. des Bildungsgangmanagements sind dabei nicht als lineare und getrennte Bestandteile zu betrachten, sondern werden in einem diskursiven Kontext erarbeitet, bei dem die Wechselwirkungen zwischen den oben beschriebenen Schritten zu berücksichtigen sind. Da die Lernsituationen nicht durch Curricula vorgegeben werden, sind die Gruppen der Lehrpersonen bei deren Gestaltung autonom. Ein solcher Freiraum kann sich jedoch als herausfordernd bei der Ausgestaltung herausstellen (Tramm & Casper, 2018, S. 90). Zentral ist daher der gemeinsame Erarbeitungsprozess im Diskurs, aus der die Lernsituationen, deren Reihenfolge und die damit verbundenen Maßnahmen wissenschafts- und erfahrungsbasiert begründet hervorgehen.

> Die Gruppe muss festlegen, was sie wann wie und warum macht. Dies ist nicht gleichzusetzen mit einer Gruppenwillkür. Vielmehr liegt es an der Professionalität

der Gruppe, Verfahren zu finden, um die eigene Arbeit demokratisch und transparent sowie wissenschaftlich fundiert durchzuführen (Sloane, 2003, S. 10).

BBNE kann als eine Perspektive fungieren, die entsprechende Argumente für eine nachhaltigkeitsorientierte Maßnahmenplanung ermöglicht; für die eine entsprechende Haltung und das Wissen der Lehrerinnen und Lehrer bedeutsam ist.

Die evaluativ-konstruktive und handlungsorientierte Curriculumstrategie
Für eine kompetenzorientierte Curriculumentwicklung, die die Anforderungen und Bedürfnisse der zukünftigen Arbeitswelt der Schülerinnen und Schüler berücksichtigt, ist die Einbindung der Qualifikationsforschung notwendig (Becker & Spöttl, 2006, S. 1 f.). Es ist jedoch wichtig, dass diese – anders als bei einer rein sozialwissenschaftlichen Ausrichtung – berufspädagogisch geprägt ist (Darmann-Finck & Foth, 2014, S. 171 f.). Die KMK hat mit der Einführung des Lernfeldkonzeptes eine solche Schwerpunktsetzung der Curriculumforschung eingeleitet (Huisinga, 2006, S. 354). Das Lernfeldkonzept hat ebenfalls die auf Handlungsfeldern basierende Strukturierung von Curricula initiiert. Neben dieser Form der Gliederung können weitere Strukturierungstheorien verfolgt werden, die bei den entsprechenden Autoren umfassend erläutert werden: „Die wissenschaftsorientierte Strukturierung von Curricula nach Blankertz (1975) [und] die situationsorientierte Strukturierung nach Reetz (1984), der auch Bader (2000) sowie die Kultusministerkonferenz (KMK) folgen […]" (Kuckeland & Schneider, 2016, S. 2). Um den Zusammenhang von pragmatischer Curriculumarbeit und theoriebasierter Elaboration herstellen zu können, wird ein Modell benötigt, welches als Handlungsorientierung dient und den *Entwickler-Anwender-Dualismus* (Tramm & Casper, 2018, S. 89) überwindet. Hierfür können bestehende handlungs- und kognitionstheoretische Konzepte genutzt werden, um eine sowohl analytische als auch konstruktive Ausrichtung der curricularen Perspektive zu schaffen. Der evaluativ-konstruktive Ansatz ist eine mittelfristig-fachdidaktische Curriculumstrategie, „mit [der] die Komplexität des curricularen Reflexionszusammenhangs grundsätzlich gesichert und doch zugleich so weit reduziert werden kann, [wodurch] die Handlungs- und Diskursfähigkeit aller Beteiligten erhalten bleibt" (Tramm, 1992, S. 233). Da sich bisher eine problematisch zu wertende Trennung von fachdidaktisch-curricularer Forschung und der curricularen Entwicklungspraxis zeigt (Tramm & Casper, 2018, S. 107), liegt der Fokus des Ansatzes auf der Verbindung von Theorie und Praxis, bei der die Mitwirkung aller am Entwicklungsprozess Beteiligten als unerlässlich gilt. Die Verzahnung von Theorie und Praxis fördert die beidseitige Weiterentwicklung,

da theoretische Konzepte erprobt und angepasst werden können, die gleichzeitig den Akteurinnen und Akteuren eine wissenschaftliche Begründungsgrundlage und somit Orientierung für ihr Handeln ermöglichen. Durch die abstrakten und offen gestalteten Rahmenlehrpläne stehen die Schulen vor der Herausforderung, aus den Vorgaben ein konkretes Curriculum zu erarbeiten. Die Konkretisierung von Lerninhalten und Kompetenzzielen ist durch die Lehrkräfte zu leisten. Dies entspricht jedoch weder dem Schulalltag, der nicht die nötigen zeitlichen Ressourcen aufweist, noch ist das Schulpersonal für die Curriculumarbeit hinreichend geschult. So ist es einerseits problematisch, dass Lehrerinnen und Lehrer die grundlegende Curriculumarbeit zusätzlich zum Unterrichtsalltag leisten sollen. Andererseits ist eine Ableitung aus den abstrakten Kompetenzformulierungen zur „finalen beruflichen Kompetenz" (Tramm & Casper, 2018, S. 93) kaum möglich.

Aus diesem Grund erhalten u. a. die Hochschulen einen wichtigen Stellenwert bei der Curriculumentwicklung, wenn sich die didaktische und curriculare Entwicklungsarbeit im Sinne *Robinsohns* auf theoretische Grundlagen beziehen soll (Menck, 1987, S. 366, 378). Lehrkräfte sollen im Rahmen ihres Studiums nicht bloß für die unterrichtliche Praxis ausgebildet werden, sondern zudem das Wissen und die Fähigkeit zur Mitwirkung an Gestaltungsprozessen erlangen. Dies ist wichtig, da wissenschaftliche Erkenntnisse eine Orientierungshilfe bei der unterrichtlichen Umsetzung des curricularen Gestaltungsspielraums bieten. Durch die allgemein gefassten Vorgaben der Lehrpläne wird die Autonomie der Lehrkräfte und die Anpassung an die jeweiligen schulischen Traditionen ermöglicht, doch fehlt es an notwendigen Ressourcen, diesem Freiraum zu entsprechen. „Der Orientierungswert solcher Aussagen für curriculares und didaktisches Handeln ist offenbar sehr begrenzt" (Tramm & Casper, 2018, S. 90). Daher haben Schulen die anspruchsvolle Aufgabe, aus den abstrakten Vorgaben sinnhafte und realisierbare Zielvorstellungen abzuleiten, die einerseits der Komplexität der Lernfeldsystematik gerecht und theoretisch begründet werden, andererseits diese Komplexität so zu reduzieren, dass die sinnhafte Umsetzung ermöglicht wird. Die Komplexität des Lernfeldkonzeptes zeigt sich zum einen durch die hierarchischen Ebenen (siehe Abbildung 8.4), die involviert sind, zum anderen durch die unterschiedlichen Dimensionen, auf denen die Zieleinigung zu erfolgen hat. Die Verständigung über Zielvorstellungen beginnt bei den Vorgaben der KMK und reicht bis zu den Arbeitsgruppen und Gremien der Schulen (Kuckeland & Schneider, 2016, S. 3). Sowohl die Lernergebnisse und die damit verbundenen Lerngegenstände als auch die methodischen Ansätze, mit denen das Lernen unterstützt wird, sind hierbei zu beachten. Damit die didaktische Gestaltung nicht willkürlich z. B. nach Tradition oder Beliebigkeit erfolgt, ist eine Struktur zur systematischen Begründung wichtig. Dabei sind neben der theoretischen und empirischen Fundierung ebenfalls die Zusammenhänge von *Situations-, Wissenschafts-* und *Persönlichkeitsprinzip*[3] bedeutend. Eine systematische Orientierung kann die Lehrerinnen und Lehrer beim eigenen Handeln unterstützen und gleichzeitig eine kritische Auseinandersetzung bisheriger Vorgehensweisen und Strukturen fördern. Zur angemessenen Unterstützung soll die Curriculumforschung den Bedürfnissen schulischer Praxis angepasst werden und Ansätze zur Überwindung des Dualismus entwickeln. Eine solche Forschung weist nach Tramm und Casper (2018) folgende Kriterien auf:

- Die Offenheit gegenüber neuen Erfahrungen und anderen Perspektiven.
- Die Erweiterung des Erfahrungswissens durch die Ausbildung einer kritisch-experimentellen Haltung.
- Eine kritische Grundhaltung des eigenen und fremden Verhaltens, um Sachverhalte differenzierter zu betrachten.
- Ein konsistentes, widerspruchsfreies Weltbild (Tramm & Casper, 2018, S. 107).

Mittelfristig-fachdidaktische Curriculumstrategien befürworten die „Demokratisierung und Rationalisierung curricularer Entscheidungsprozesse" (Tramm, 1992, S. 234). Dabei soll das Interesse an der Mündigkeit von Lernenden weiterhin bestehen bleiben und deren Umsetzungsmöglichkeiten durch das Hinzuziehen pragmatisch situationsabhängigen Argumente geprüft werden, wodurch Handlungsalternativen aufgezeigt werden können (Achtenhagen & Menck, 1971, S. 198–204). Sie ermöglichen die Anknüpfung an der bestehenden Unterrichtspraxis, wobei das subjektive Orientierungs- und Handlungswissen als wirksame Größe miteinbezogen wird (Tramm, 1992, S. 235).

Eine weitere Eigenschaft mittelfristig-fachdidaktischer Ansätze zeichnet sich darin aus, dass Forschungsergebnisse schon in die Schulpraxis einfließen, selbst wenn der umfassende Forschungsprozess noch nicht gänzlich abgeschlossen ist. Somit wird eine zeitnahe Umsetzung aktueller Erkenntnisse gewährleistet und Aktualität geschaffen, die bei langfristigen Curriculumstrategien – wie z. B. einer langfristigen Reform – in der Regel nicht erfolgt (Lenzen, 1971, S. 123–125). Insbesondere die Reduzierung und Konzentration auf einzelne Bildungsinhalte bietet die Grundlage zur Realisierung mittelfristiger Konzepte. Sie ermöglichen

---

[3] Die Auswahl, Begründung und die Strukturierung der Kompetenzerwartungen erfolgen.

1. nach dem Situationsprinzip durch einen Blick in Lebenssituationen,
2. nach dem Wissenschaftsprinzip entsprechend der Struktur in den Wissenschaften und
3. nach dem Persönlichkeitsprinzip entsprechend normativer Vorstellungen über die gebildete Person (Bildungsideale) (Wilbers, 2019, S. 33–47).

eine fachdidaktische Akzentuierung des Gesamtinhalts eines Bildungsgangs, mit der die übergeordneten curricularen Entscheidungen in den Blick genommen werden können. Dies entspricht dem Ansatz, Nachhaltigkeit als Leitidee zu begreifen und davon ausgehend eine Auswahl der Unterrichtsthemen vorzunehmen. Zudem verknüpfen solche Ansätze „Bestandsevaluation, Innovation und Innovationsevaluation im curricularen Prozess" (Tramm, 1992, S. 235), wodurch Curricula als *technologische Hypothesen* (Tramm & Casper, 2018, S. 94) gedeutet werden können. Diese sollen im Unterricht fortlaufend eruiert werden, weshalb die Theorieentwicklung, die Konzeption von Curricula und die entsprechende Evaluation im Forschungsprozess parallel durchlaufen werden. Mittelfristig-fachdidaktische Modelle streben eine wissenschaftlich fundierte Neukonstruktion des Bildungswesens an, die – im Gegensatz zu Robinsohns (1967) Idee einer gesellschaftlichen Gesamtanalyse – unvollständig bleibt (Tramm, 1992, S. 235).

Durch das Einbeziehen wissenschaftlich fundierter, fachdidaktischer Erkenntnisse kann verhindert werden, dass die Curriculumentwicklung allein durch die Vorgaben bildungspolitischer Akteure bestimmt werden. Dies ist wichtig, um die öffentlichen Diskurse und Bedarfe der sich wandelnden Gesellschaft berücksichtigen zu können. Für eine handlungsorientierte Weiterentwicklung von mittelfristig-fachdidaktischen Forschungsstrategien kann zunächst an den bestehenden methodischen Grundprinzipien festgehalten werden. Hierzu findet ein Austausch über die gegebenen Rahmenbedingungen, Ziele und Alternativen des didaktischen Handelns statt. Die beteiligten Personen sind als gleichberechtigte Kooperationspartner zu betrachten. Darüber hinaus soll nicht weiter an objektiven Bildungsinhalten festgehalten, sondern vielmehr die ‚individuenzentrierte' Betrachtung der inhaltlichen und methodischen Aspekte des Bildungsprozesses fokussiert werden. Der Handlungsbegriff bildet dabei gleichzeitig sowohl die methodische Seite als auch die zielgerichteten Aktivitäten ab. Darüber hinaus ist es wichtig, eine sowohl theoretische als auch normative Grundlage zu schaffen, die die „Rekonstruktion des curricularen Begründungszusammenhangs" (Tramm, 1992, S. 241) ermöglicht und die kooperativen Lernprozesse verdeutlicht.

Um die theoretische Anlehnung der handlungsorientierten evaluativ-konstruktiven Curriculumstrategie zu umreißen, nutzt Tramm (1992) grundlegende Aussagen psychologischer Handlungs(regulations)theorien. Im Zentrum dieses Ansatzes stehen das individuelle Lernhandeln und der damit einhergehende Erfahrungs- und Erkenntnisgewinn. Elementar ist ebenfalls die Parallelisierung von Theorie und Praxis mit besonderem Augenmerk auf das Subjekt.

Eine kooperative Curriculumstrategie, die zur Rekonstruktion und Weiterentwicklung der Praxis genutzt werden soll, birgt einige systematische Herausforderungen. Zum einen muss die Verknüpfung der didaktisch gestaltbaren Merkmale der Lernumwelt mit den angestrebten Bildungszielen erfolgen. Zum anderen ist die Klärung einer sowohl normativen als auch theoretischen Orientierung als differenziertes Vorwissen zur Analyse und Bewertung konkreter Curriculumelemente notwendig. Des Weiteren ist die Komplexität des curricularen Rahmens insoweit zu reduzieren, dass sich mit möglichst konkreten Aspekten der pädagogischen Praxis auseinandergesetzt werden kann. Dies soll durch die Bildung von Kriterien als sogenannte „Superzeichen" (Tramm, 1992, S. 245) realisiert werden, indem sie den wiederkehrenden Bezug auf Qualifikationen und relevante Handlungssituationen substituieren. Zur Entgegnung dieser Probleme bedarf es eines *argumentativen Bezugssystems* (Tramm, 1992, S. 245). Ein solches Bezugssystem können beispielsweise die Wertschöpfungskette und die damit einhergehenden Arbeitsprozesse der Gemeinschaftsverpflegung des Modellversuchs ‚Nachhaltigkeitsorientiertes Rahmencurriculum für die Ernährungs- und Hauswirtschaftsberufe' darstellen. Gleichzeitig kann eine BBNE als Leitidee (Kuhlmeier, 2014b, S. 3) insbesondere bei der normativen Ausgestaltung curricularer Rahmenbedingungen hinzugezogen werden. Auf dieser Basis lässt sich die reduzierte Auswahl von Unterrichtsinhalten sowohl handlungsorientiert als auch normativ legitimieren. Die Argumentation wird zudem erleichtert, wenn BBNE als übergeordnetes pädagogisches Ziel von allen Beteiligten definiert wird (Tramm, 1992, S. 251). Ähnlich verhält es sich bei der evaluativ-konstruktiven Curriculumarbeit, da sie theoretisch begründet ist und die Festlegung von Referenzkriterien ermöglicht. Davon ausgehend können die Merkmale der entsprechenden Lernumwelt bezogen auf die Qualität des Lernhandelns und die damit einhergehenden Lerneffekte beurteilt und erfasst werden. Folglich integriert ein übergeordnetes Bezugssystem verschiedene Theoriebereiche, die auf einem interaktionistischen Persönlichkeitsmodell basieren und sowohl handlungs- als auch kognitionstheoretisch bezüglich konkreter curricularer Fragestellungen in Beziehung zueinander gesetzt werden (Tramm, 1992, S. 250). Bei diesem Vorgehen wird der Fokus lediglich auf die Analogien der verschiedenen Theorien gelegt. Im Sinne des pragmatischen Eklektizismus (Achtenhagen, 1983, S. 962) soll der geteilte Kerngedanke der unterschiedlichen theoretischen Konzepte hervorgehoben werden, ohne durch die Betonung von Divergenzen neue Theoriegebilde zu konstruieren.

Anwendungsbeispiel einer evaluativ-konstruktiven Curriculumentwicklung
Als Anwendungsbeispiel einer evaluativ-konstruktiven Curriculumentwicklung soll das Hamburger Curriculummodell der lernfeldübergreifenden Kompetenzdimensionen beschrieben werden, welches primär auf die praktische Umsetzung zielt. Es baut auf den Erfahrungen im Projekt ‚KaBueNet' (Kaufleute für Büromanagement) auf, in dem von 2013 bis 2015 sieben Berliner Oberstufenzentren wissenschaftlich bei der Einführung neuer Lehrpläne begleitet wurden. Die in

diesem Rahmen entwickelten Kompetenzdimensionen sollen als Ausdifferenzierung und Konkretisierung des Kompetenzmodells nach Roth (1971) – welches
ebenfalls dem Kompetenzverständnis der KMK entspricht – verstanden werden. Die Unterscheidung Roths in Sach-, Sozial- und Selbstkompetenz als
Voraussetzung eines sach-, sozial- und werteinsichtigen Handelns wird im Hamburger Modell nun spezifiziert, um im Rahmen der Lernfelder die Handlungs-
und Urteilsfähigkeit gezielt zu fördern. Die hierbei vorgenommene Einbindung
der Urteilsfähigkeit entspricht einer Wertebildung als einen wesentlichen Teil
einer BBNE, der eine besondere Bedeutung zugesprochen wird (siehe Kapitel 4). Daher wird dieser Ansatz unter Bezugnahme seiner Bedeutung für
die vorliegende Arbeit skizziert: Im KaBueNet-Projekt wird die Konzeption
eines kaufmännischen Kompetenzmodells (siehe Anhang 3 im elektronischen
Zusatzmaterial) realisiert, wobei die entwickelten Kompetenzdimensionen als
Zielaspekte gelten, die sich auf entsprechende berufliche Tätigkeiten beziehen
und auf Wissenskonstrukten beruhen.

> Kompetenzdimensionen können darauf begründet werden, dass in ihnen vergleich-
> bare mentale Leistungen zusammengefasst werden, und/oder mentale Leistungen,
> die sich auf eine sinnvolle abgrenzbare, gleichartige Wissensbasis beziehen lassen
> (Tramm & Casper, 2018, S. 95).

Diese Entwicklung von Wissen unterliegt einer gewissen Elaboration, die bei der
didaktischen Förderung von Entwicklungsprozessen mitgedacht werden soll. Das
Modell dient somit

– der Zusammenführung von berufsspezifischen Kompetenzdimensionsmodellen
  und stellt relevante Teilkompetenzen für den entsprechenden Beruf heraus,
– der Formulierung spezifischer Lernziele, die sich auf die jeweiligen Kompetenzdimensionen beziehen lassen,
– zur Gestaltung der didaktisch-elaborierten Umsetzung dieser Lernziele in den
  entsprechenden Lernfeldern,
– und der Beachtung der auf das Subjekt bezogenen Perspektive der intendierten
  Kompetenzentwicklung bei der Unterrichtsgestaltung (Tramm & Casper, 2018,
  S. 95 f.).

Im Rahmen des Projekts wurden acht Kompetenzdimensionen mit weiteren Dif-
ferenzierungen über die Lernfelder der Kaufleute für Büromanagement erarbeitet
(siehe Anhang 3 im elektronischen Zusatzmaterial). Zudem wurden ausgehend

von den jeweiligen Dimensionen Ziele für die Ausbildung benannt. Gemeinsam mit den Projektbeteiligten wurde diskutiert, nach welcher Entwicklungslogik die Kompetenzentwicklung abzubilden ist und an welchen Handlungsfeldern die jeweiligen Kompetenzdimensionen Anbindung finden könnten. Beide Schritte verlaufen simultan und sind aufeinander zu beziehen. Da die Ergebnisse nicht als abgeschlossen gelten, sondern vorläufig bleiben und sich in einem wiederholenden Prozess befinden, gelten sie als iterativ. Dies gilt sowohl für die Lernfeld- als auch für die Kompetenzentwicklung.

Bei der Kompetenzmodellierung ist ferner zu bedenken, dass sich der Erwerb unterschiedlicher Kompetenzen nicht in gleicher, sich wiederholender Weise vollzieht, da er verschiedenen „entwicklungs- und lernpsychologischen Mustern" (Walper, 2011, S. 2) unterliegt. Dies hat zur Folge, dass vielfältige didaktische Ansätze einzubeziehen sind, um die jeweiligen Kompetenzen fördern zu können. „So scheint es […] plausibel, dass die Entfaltung sozial-kommunikativer Kompetenzen […] eher über die reflexive Auseinandersetzung mit sozialen Herausforderungen und eigenem kommunikativen Handeln erfolgen sollte […]" (Tramm & Casper, 2018, S. 99). Hingegen können zur Förderung reiner Wissenskompetenz aufeinander aufbauende kognitive Lernmethoden zielführend sein, die beispielsweise bei der ersten Zielformulierung der Anforderungssituation 1.3: *Sicherstellung und Prozessqualität* „Die Schülerinnen und Schüler kennen die Grundzüge des HACCP-Konzeptes" (MSB NRW, 2015, S. 27) Anwendung finden. Im Rahmen einer BBNE eignen sich daher vor allem die in Kapitel 7 aufgeführten didaktischen Leitlinien. Auf der Grundlage der definierten Kompetenzen für eine BBNE können anschließend entsprechende Wissensinhalte abgeleitet werden, die die Auswahl nachhaltigkeitsbezogener Unterrichtsthemen unterstützen (Kuhlmeier, 2014b, S. 3). Dabei handelt es sich nicht um eine ganzheitliche Abbildung des Fachwissens, sondern um solche Kompetenzen, die die Schülerinnen und Schüler zur Bewältigung relevanter (beruflicher) Prozesse und Situationen im Sinne einer nachhaltigen Entwicklung benötigen (siehe Abbildung 8.5). Das zu vermittelnde Fachwissen stellt „eine subjektorientierte Legitimation und Rückkopplung an berufliche Prozesse" (Tramm & Casper, 2018, S. 103) dar, welches unter der Leitidee einer BBNE im Berufsfeld Ernährung und Hauswirtschaft zu akzentuieren ist.

Da bei der Ausgestaltung konkreter Wissensinhalte zu manchen Kompetenzdimensionen im Rahmen von KaBuNet jedoch kaum Aspekte gefunden wurden, stellt sich diese Aufgabe als herausfordernd dar. Zudem lässt sich daraus schließen, „dass es einige selbstbezogene Kompetenzen gibt, in denen Wissen keine zentrale Kategorie ist, sondern vielmehr *Wertehaltung* und *reflexive Prozesse* zugrunde gelegt werden müssten" (Tramm & Casper, 2018, S. 103). Hieran

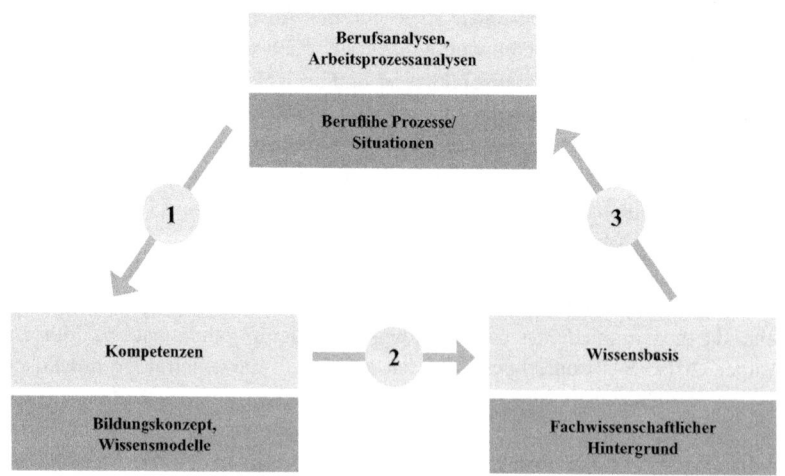

Abbildung 8.5   Aspekte der curricularen Analyse. (Tramm & Casper, 2018, S. 103)

lässt sich erneut die Einbindung verschiedener Entwicklungsmodelle verdeutlichen, da der kumulative Aufbau von Wissen insbesondere für die Genese von
Selbstkompetenzen nicht ausreichend erscheint. Als mögliche didaktische Konzepte zur Förderung solcher Kompetenzen können die in Kapitel 7 aufgeführten
Modelle einer BBNE im Sinne einer Wertebildung herangezogen werden. Inwiefern dies an den berufsbildenden Schulen durch die Lehrkräfte erfolgt und welche
weiteren Bedingungen die Förderung werteorientierter Kompetenzen ermöglicht,
gehört zum Untersuchungsgegenstand des vorliegenden Forschungsvorhabens.
Die als geeignet empfundenen Entwicklungsmodelle verweisen daher einerseits
auf das pädagogische und didaktische Verständnis der am Entwicklungsprozess Beteiligten, anderseits können sie einen Bezug zur aktuellen Forschung
schaffen. So wird eine Verbindung zwischen den schulischen Erfahrungswer-
ten und den theoretischen Grundlagen ermöglicht. Auf diese Weise kann die
Forschungsperspektive auf die Praxisrelevanz gelenkt werden.

Bei der evaluativ-konstruktiven Curriculumentwicklung handelt es sich um
einen iterativen Prozess, weshalb die erarbeiteten Ergebnisse als vorläufig zu verstehen sind und einer Evaluation nach der Umsetzungsphase bedürfen. Durch
die systematische Praxisreflexion kann eine Weiterentwicklung des Modells
gelingen, die anschließend erneut evaluiert und entsprechend angepasst wird.

Dieser Prozess wiederholt sich stetig. Die Evaluation wird im Sinne des *Hamburger Lernhandlungsmodells* von Tramm und Naeve (2007) vollzogen. Das subjektorientierte Modell bringt *Lehrhandeln*, *Lernhandeln* und den intendierten *Lerneffekt* in einen Zusammenhang, auf deren Grundlage Forschungsfragen konzipiert werden (siehe Abbildung 8.6).

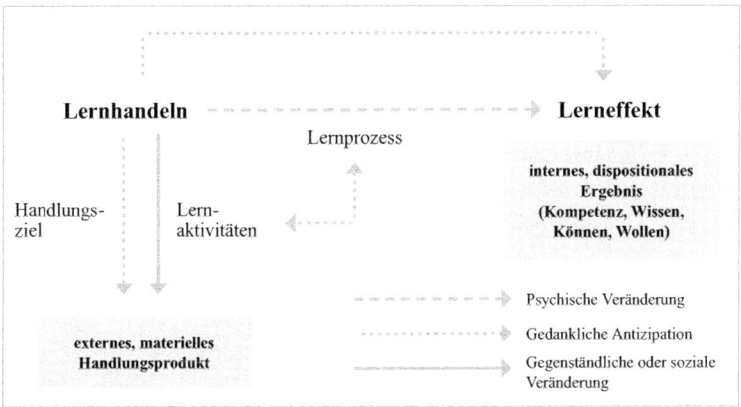

Abbildung 8.6   Die Struktur des Lernhandelns. (Tramm & Naeve, 2007, S. 9)

In der vorliegenden Arbeit kann aufgrund eingeschränkter Ressourcen im Rahmen einer Dissertation ein solch umfassender Prozess nicht geleistet werden. Dennoch bietet der Ansatz eine Grundlage zum Verständnis der Curriculumarbeit und Planungshilfe für weitere Erhebungen, die an den Ergebnissen dieser Arbeit anknüpfen möchten. In dieser Arbeit wird der Fokus auf das Lehrhandeln und den damit in Verbindung stehenden intendierten Lerneffekten gelegt. Die Forschungsperspektive liegt demnach auf dem Lernangebot seitens der Lehrerinnen und Lehrer, die mit dem Bildungsplan zur Erprobung arbeiten. Zudem ist die Ermittlung von Unterstützungsmöglichkeiten und Rahmenbedingen im Zusammenhang mit dem Lehrhandeln von Interesse (Tramm & Casper, 2018, S. 106). Die Prüfung, ob die angestrebten Effekte bei der Schülerschaft tatsächlich erreicht werden, könnte Gegenstand weiterer Forschung sein.

Curriculumentwicklung im Berufsfeld Ernährung und Hauswirtschaft
Für die Curriculumarbeit im Berufsfeld Ernährung und Hauswirtschaft, die zum Beispiel im Rahmen des Modellversuchs *Nachhaltigkeitsorientiertes Rahmencurriculum für die Ernährungs- und Hauswirtschaftsberufe* (siehe Abschnitt 8.1.1) verfolgt wurde, lässt sich neben den Anregungen des evaluativ-konstruktiven

Ansatzes eine Übereinstimmung mit dem von Becker und Spöttl (2008)[4] erarbeiteten berufswissenschaftlichen Forschungsdesign erkennen, auf deren Basis Gemballa-Witych (2014) berufspädagogische und fachdidaktische Empfehlungen für das entsprechende Berufsfeld ableitet. Demnach handelt es sich als Grundlage für eine Berufsbild-/Curriculumentwicklung

1) in der *Vorbereitung/Erhebung* um die Sektoranalyse des Berufsfelds, die die Strukturen, Potenziale, Herausforderungen usw. und die Verortung von Handlungsfeldern im Kontext einer nachhaltigen Entwicklung aufdeckt. Anschließend werden zentrale Prozesse der gesamten Wertschöpfungskette untersucht,

2) in der *Strukturierung/Validierung* um die Prozessbeschreibung berufsübergreifender, berufsspezifischer und nachhaltigkeitsorientierter Elemente und

3) um eine *Empfehlung/Design*, bei der/bei dem es sich um die „Fortschreibung der Aufdeckung arbeitsprozessorientierter Handlungsfelder mit Nachhaltigkeitsrelevanz für die Domäne Ernährung/Hauswirtschaft" (Gemballa-Witych, 2014, S. 17) handelt.

Letzteres ist wichtig, um Anregungen für die systematische, curriculare Implementierung einer BBNE im Berufsfeld Ernährung und Hauswirtschaft zu bieten, die als Orientierung bei der Konzeption von Lernsituationen dienen können. Darüber hinaus können nachhaltigkeitsspezifische Kompetenzen und Qualifikationsanforderungen abgeleitet und Hinweise ordnungspolitischer Reformarbeiten geliefert werden (Gemballa-Witych, 2014, S. 17). Vor diesem Hintergrund soll im Folgenden der Bildungsplan zur Erprobung im Vergleich zum vorherigen Lehrplan untersucht werden, um zu prüfen, inwieweit die Lernfelder nachhaltigkeitsorientierte Merkmale aufweisen. Auf dieser Basis soll bewertet werden, in welchem Maße eine nachhaltigkeitsorientierte – und somit auch zukunftsfähige – Reform gelungen ist und an welchen Stellen weitere (außer-)curriculare

---

[4] Zur Systematisierung der mannigfaltigen berufswissenschaftlichen Forschungsansätze nehmen Becker und Spöttl (2008) eine Einteilung in wesentliche berufswissenschaftliche Aufgabenfelder vor (Wissen und Können im Arbeitsprozess, Qualifikationsbedarf; typische berufliche Aufgaben; Lern- und Arbeitsaufgaben; Curriculum; Lernort; Berufsbild; problemorientierte Lernumgebungen) (Spöttl, 2008, S. 64–65). Zudem definieren sie vier Forschungsebenen, die die Grundlage für eine Berufsbild-/Curriculumentwicklung bilden und zur Konzeption von Lehr-Lernarrangements herangezogen werden können (Berufs- und Sektoranalyse; Organisationsstruktur beruflicher Aufgabenprozesse; Kompetenzen in Geschäfts- und Arbeitsprozessen; Einordnung erfasster Kompetenzen und Arbeitsaufgaben für den Beruf) (Becker & Spöttl, 2006, S. 9).

Implementationsbemühungen für eine erfolgreiche Verankerung einer BBNE nötig sind.

8.2.2 Curriculare Verankerung einer BBNE im Fachbereich Ernährungs- und Versorgungsmanagement

Wie bereits geschildert, gibt es kaum eine systematische und durchgängige Verankerung von Nachhaltigkeit in Curricula. Eine Ausnahme bilden die Bildungspläne für die Berufskollegs in NRW. Seit dem 01.08.2014 beziehen sie sich durchgehend auf die Leitidee der Nachhaltigkeit (Kuhlmeier, 2014b, S. 3). Durch die Einführung dieser Bildungspläne handelt NRW entsprechend des vierten Handlungsfelds des Nationalen Aktionsplans BNE, welches die Implementierung von Nachhaltigkeitsprinzipien in Bildungs- und Ausbildungskontexten verfolgt (Nationale Plattform Bildung für nachhaltige Entwicklung c/o BMBF, 2017, S. 35). Durch die strukturelle Verankerung kann NRW – im Vergleich zu den anderen Bundesländern – als Pionier angesehen werden, da es die Förderung der Gestaltungskompetenz für nachhaltige Entwicklung unter den zu vermittelnden Werten aufführt. BBNE soll somit als generelles didaktisches Prinzip in allen Lernfeldern umgesetzt und auf diese Weise konkretisiert werden. Hierzu können vor allem die Ergebnisse der Modellversuche als Orientierung und Umsetzungshilfen genutzt werden. Gleichzeitig kann auf diese Weise der Transfer ihrer Ergebnisse erfolgen. Wie eine solche curriculare Verankerung in NRW bisher erfolgt ist, soll am Beispiel des Bildungsplans zur Erprobung ‚Staatlich geprüfte Assistentin/Staatlich geprüfter Assistent für Ernährung und Versorgung, Schwerpunkt Service', der zum mittleren Abschluss (Fachoberschulreife) führt (Bildungsgänge der Anlage B APO-BK) und zum Fachbereich Ernährungs- und Versorgungsmanagement gehört, näher erläutert werden. Folgende Gründe haben zur Wahl dieses Bildungsplans geführt:

1) Er gehört zu den vollzeitschulischen Bildungsgängen, die in den bisherigen Umsetzungsbestrebungen einer BBNE kaum berücksichtigt wurden.
2) Die Erhebung konzentriert sich vor allem auf die Lehrerinnen und Lehrer an berufsbildenden Schulen und nicht auf das betriebliche Ausbildungspersonal.
3) Die Erhebung soll Erkenntnisse zur curricularen Verankerung einer BBNE im Berufsfeld Ernährung und Hauswirtschaft ermöglichen.

Der Bildungsplan zur Erprobung von 2015 wird zunächst hinsichtlich seiner strukturellen und inhaltlichen Merkmale im Vergleich seines Vorgängers von 2013 analysiert. Anschließend soll die dort vorgenommene Implementierung einer BBNE untersucht werden.

Der neue Bildungsplan zur Erprobung für die Bildungsgänge, die zu dem Berufsabschluss nach Landesrecht ‚Staatlich geprüfte Assistentin/Staatlich geprüfter Assistent für Ernährung und Versorgung, Schwerpunkt Service' und zum mittleren Abschluss (Fachoberschulreife) führen (Bildungsgänge der Anlage B APO-BK[5]), im Fachbereich Ernährungs- und Versorgungsmanagement ist am 01.08.2015 in Kraft getreten. Insbesondere mit der Einführung der „Förderung von Gestaltungskompetenzen für nachhaltige Entwicklung unter der gleichberechtigten Berücksichtigung von wirtschaftlichen, sozialen/gesellschaftlichen und ökologischen Aspekten (Nachhaltigkeit)" (MSB NRW, 2015, S. 6) realisiert NRW das zweite Handlungsfeld des Weltaktionsprogramms. Dieses zielt auf die Verankerung der Nachhaltigkeitsprinzipien in Bildungs- und Ausbildungskontexten ab (Deutsche UNESCO-Kommission e. V., 2021, S. 28), wodurch die Lehrerinnen und Lehrer des Bildungsganges die entsprechenden Kompetenzen bei den Schülerinnen und Schülern durch nachhaltigkeitsorientierte Lehr-/Lernprozesse stärken sollen. Welche weiteren Neuerungen gegenüber dem vorherigen Lehrplan vom 01.08.2013 zu nennen sind und an welchen Stellen der Gedanke der nachhaltigen Entwicklung noch zu finden ist, ist in Anhang 5 bis 7 im elektronischen Zusatzmaterial zu entnehmen. Zusammenfassend lassen sich sowohl strukturelle als auch inhaltliche Unterschiede ausmachen. So ist am auffälligsten, dass sich der strukturelle Aufbau der Bildungspläne geändert hat (siehe Tabelle 8.3). Der Bildungsplan zur Erprobung weist eine standardisierte Struktur auf, die sich aufgliedern in:

– Vorbemerkung mit den werteumfassenden gemeinsamen Vorgaben für alle Bildungsgänge,
– Teil 1 mit den Vorgaben zu den jeweiligen Bildungsgängen,
– Teil 2 mit deren Ausprägung in einem Fachbereich und
– Teil 3 mit den Unterrichtsvorgaben in Fächern oder Lernfeldern (siehe Anhang 34 im elektronischen Zusatzmaterial).

Bei dem alten Lehrplan handelte es sich um eine zweijährige Ausbildung in Vollzeitform (MSB NRW, 2013, S. 6), der neue Bildungsplan zur Erprobung bietet die Ausbildung zusätzlich in Teilzeitform an und umfasst eine einjährige Vorbereitung auf die fachspezifische Ausbildung, die bereits als Einstieg in die Erwerbstätigkeit gilt.

---

[5] Dieser Bildungsgang gehört demzufolge zur Berufsfachschule (siehe Abschnitt 3.3).

Tabelle 8.3 Vergleich der Strukturen am Beispiel des Lehrplans ‚Staatlich geprüfte Servicekraft' (2013) und des Bildungsplans zur Erprobung ‚Staatlich geprüfte Assistentin/ staatlich geprüfter Assistent für Ernährung und Versorgung, Schwerpunkt Service' (2015)

Alte Struktur der Lehrpläne	Neue Struktur der Lehrpläne
1. Bildungsgänge, die zu einem Berufsabschluss nach Landesrecht und zum mittleren Schulabschluss (Fachoberschulreife) führen (APO-BK, Anlage B)	**Vorbemerkungen** • Gemeinsame Vorgaben aller Bildungsgänge (inklusive der Chancengleichheit) → **Implementierung von Nachhaltigkeit**
2. Berufsabschluss nach Landesrecht: Staatlich geprüfte Servicekraft und mittlerer Schulabschluss = ‚eigentlicher Bildungsplan'	**Teil 1:** Bildungsgänge, die zu einem Berufsabschluss nach Landesrecht und zum mittleren Schulabschluss oder zu beruflichen Kenntnissen, Fähigkeiten und Fertigkeiten und zu Abschlüssen der Sekundarstufe I führen
3. Aufnahmevoraussetzungen, Versetzung und Abschlussprüfung	**Teil 2:** Bildungsgänge der Berufsfachschule im Fachbereich Ernährungs- und Versorgungsmanagement (APO-BK, Anlage B) → **Implementierung von Nachhaltigkeit**
	Teil 3: Der Bildungsgang der Berufsfachschule, der zu dem Berufsabschluss nach Landesrecht ‚Staatlich geprüfte Assistentin/Staatlich geprüfter Assistent für Ernährung und Versorgung, Schwerpunkt Sevice' und zum mittleren Schulabschluss führt im Fachbereich Ernährungs- und Versorgungsmanagement = ‚eigentliche Bildungsplan' → **Implementierung von Nachhaltigkeit**

(Eigene Darstellung)

Inhaltliche Abweichungen zeigen sich bei der Definition der Kompetenzkategorien, die im Lehrplan von 2013 in Fach-, Human- und Sozialkompetenz aufgegliedert wurden. Im Bildungsplan zur Erprobung wird sich an dem DQR orientiert, weshalb die Kategorie *Fachkompetenz* in *Wissen* und *Fertigkeiten* unterteilt wird, die *personale Kompetenz* gliedert sich in *Sozialkompetenz und Selbstständigkeit*. „Die Unterrichtsvorgaben im Bildungsplan umfassen Anforderungssituationen und kompetenzorientierte Zielformulierungen. Damit orientiert sich die Beschreibung der Unterrichtsvorgaben an der Struktur des DQR und nutzt dessen Kompetenzkategorien" (MSB NRW, 2015, S. 7). Die Anforderungen und das Kompetenzprofil aus dem Lehrplan von 2013 werden im neuen Bildungsplan unter dem Berufsbild als fachspezifische Kompetenzerwartungen zusammengefasst. Im neuen Lehrplan wird Nachhaltigkeit an dieser Stelle jedoch explizit erwähnt, im alten Lehrplan wird sie lediglich als ökologisches und ökonomisches Erfordernis beschrieben.

Im alten Lehrplan wurden sechs Handlungsfelder definiert, die an konkrete Einsatzbereiche/Berufe anknüpfen (MSB NRW, 2013, S. 12). Im Bildungsplan von 2015 werden fünf Handlungsfelder aufgeführt, die an Arbeits- und Geschäftsprozesse gebunden und berufs- und fächerübergreifend gestaltet sind (MSB NRW, 2015, S. 15). Hinsichtlich der Lernfelder, die in den beiden Lehrplänen vergleichbare Inhalte aufweisen, lässt sich feststellen, dass die Vorgaben von 2013 offener beschrieben werden. Die Lernfelder enthalten die angestrebten Kompetenzen und verbindliche Schwerpunkte der zugewiesenen Fächer. Die übergreifenden Inhalte sind beispielhaft aufgeführt. Im neuen Bildungsplan finden sich hingegen detailliertere Vorgaben. So umfassen die Lernfelder Anforderungssituationen und Zielformulierungen mit den zu fördernden Kompetenzen. Beispielsweise wird im Lehrplan von 2013 im *Lernfeld 1: Mitarbeit in einem Betrieb des Berufsfelds* u. a. folgende Kompetenz beschrieben: „In einem Betrieb des Berufsfelds als Servicekraft mitarbeiten, dabei die Notwendigkeit zur Teamarbeit erkennen" (MSB NRW, 2013, S. 15). Im Bildungsplan zur Erprobung wird zunächst die Anforderungssituation 1.1: *Aufbau eines Betriebes und Organisation einfacher Arbeitsprozesse* des Lernfelds 1 aufgeführt, zu der u. a. die Zielformulierungen „Die Schülerinnen und Schüler erkennen die Notwendigkeit zur *Teamarbeit* in ihren zukünftigen Arbeitsbereichen (ZF 4) und entwickeln die Bereitschaft zu *verantwortungsbewusstem, personenorientiertem und selbstverantwortlichem Handeln (ZF 5)*" (MSB NRW, 2015, S. 26) gehören. Die Zielformulierungen werden darüber hinaus den jeweiligen Kompetenzkategorien *Wissen, Fertigkeiten, Sozialkompetenz* und *Selbstständigkeit* zugeordnet. In diesem Beispiel handelt es sich um Sozialkompetenzen. Diese Ausführungen bieten die Grundlage für die Bildungsgangkonferenz, in der die Lernsituationen entwickelt werden. Die Lernfelder sind bereichsspezifischen Fächern zugeordnet, die eine Lernfeldstruktur aufweisen (MSB NRW, 2015, S. 22 f.). Daneben sollen auf der Grundlage von beobacht- und beschreibbaren Lernerfolgsüberprüfungen die zu erreichenden Kompetenzen subjektorientiert ausgerichtet werden (MSB NRW, 2015, S. 34).

Um zu prüfen, wie der Begriff der Nachhaltigkeit bzw. die Idee der nachhaltigen Entwicklung in die Lehrpläne integriert wurde, bedarf es einer Grundlage zur Analyse. Die hierfür herangezogene Definition bezieht sich auf solche Inhalte, die in der Literatur und in bildungspolitischen Veröffentlichungen in Bezug auf

(B)BNE im Berufsfeld Ernährung und Hauswirtschaft vornehmlich verwendet werden (siehe Abschnitt 5.2). Auf dieser Basis sollen Schlüsselbegriffe einer nachhaltigen Entwicklung herausgearbeitet werden, um eine Untersuchung und Deutung der vorliegenden Lehrpläne zuzulassen. Das Vorgehen kann einer umfassenden qualitativen Analyse nicht gerecht werden, vielmehr geht es an dieser Stelle um eine fundiertere und genauere Einschätzung zum Nachhaltigkeitsgehalt der Bildungspläne, die für das weitere Vorgehen benötigt wird. Für die Untersuchung der nachhaltigkeitsorientierten Elemente des neuen Bildungsplans zur Erprobung wird dieser daher auf der Grundlage zuvor definierter Schlüsselbegriffe hin analysiert. Hierzu werden solche Begriffe beachtet, die bereits bei den in Abschnitt 5.2 aufgeführten Definitionen aufgeführt wurden und um die Kategorien aus dem Projekt ‚Nachhaltigkeitsorientiertes Rahmencurriculum für die Ernährungs- und Hauswirtschaftsberufe' (siehe Abschnitt 8.1.1) ergänzt. Demnach gelten folgende Aspekte als Schlüsselbegriffe: inter- und intragenerationelle Gerechtigkeit (Brundtland-Kommission), Ökologie/Umwelt(-schutz), soziale Gerechtigkeit, Ökonomie/Wirtschaft, Gesundheit (aus dem genannten BIBB-Modellversuch und dem Drei-Säulen-Modell) sowie Effizienz, Konsistenz und Suffizienz (Strategien der Nachhaltigkeit).

Der Begriff der Nachhaltigkeit wird im Lehrplan von 2013 nicht direkt benannt. Wenn nachhaltigkeitsbezogene Aspekte aufgeführt werden, so werden diese eher beiläufig erwähnt. Insbesondere die gemeinsame Nennung mit Inhalten oder Kompetenzen, die den Gesundheitsschutz betreffen, sind auffällig. Dies fällt erstmalig beim Kompetenzprofil der Servicekräfte auf, da hier im Rahmen der Entwicklung beruflicher Handlungskompetenz die Beachtung von u. a. ökologischen und ökonomischen sowie die Grundsätze des Gesundheitsschutzes (MSB NRW, 2013, S. 12) allgemein und abstrakt aufgeführt werden. Mit Ausnahme des vierten Lernfelds werden in allen Lernfeldern nachhaltigkeitsbezogene Kompetenzen oder Inhalte benannt, allerdings ist auch hier kein Bezug zur Leitidee der Nachhaltigkeit zu finden. Ökonomische und ökologische Grundsätze sollen vermittelt und Umweltschutz – entweder in Verbindung mit Abfallvermeidung oder Gesundheitsschutz – thematisiert werden. Auf eine fachrichtungsbezogene Konkretisierung wird verzichtet, zudem wird von der Aufführung dieser Aspekte unter den spezifischen Anforderungen der Servicekraft abgesehen. Im Lehrplan von 2013 können folglich einzelne Aspekte einer nachhaltigen Entwicklung gefunden werden, allerdings beschränken sich diese meist auf ein auf Umweltschutz reduziertes Verständnis und bleiben – wie Vollmer und Kuhlmeier (2014) es hinsichtlich anderer Lehrpläne formuliert haben (Kapitel 3) – auf Selbstverständlichkeiten reduziert. Ökonomische Elemente sind ebenfalls begrenzt einbezogen worden, allerdings bleibt der soziale Aspekt der Nachhaltigkeit unberücksichtigt.

Eine umfangreiche Tabelle zu diesen Ergebnissen findet sich in Anhang 6 im elektronischen Zusatzmaterial.

In beiden Lehrplänen wird weder der Gedanke einer inter- oder intragenerationalen Gerechtigkeit verfolgt, noch werden die Strategien der Nachhaltigkeit (Effizienz, Konsistenz und Suffizienz) aufgeführt. Allerdings findet sich im neuen Bildungsplan zur Erprobung der Nachhaltigkeitsbegriff an mehreren Stellen wieder. Unter einem der zu vermittelnden Werte wird die Förderung von Gestaltungskompetenz für nachhaltige Entwicklung aufgeführt (MSB NRW, 2015, S. 6). Des Weiteren stellt Nachhaltigkeit eines der fachbereichsspezifischen Ziele dar, weshalb die „Beachtung der Prinzipien der Nachhaltigkeit" (MSB NRW, 2015, S. 14) als ein branchentypischer Anspruch im Fachbereich Ernährungs- und Versorgungsmanagement betrachtet werden kann. In den Lernfeldern 3 bis 7 finden sich direkte und indirekte Nachhaltigkeitsbezüge unter den Zielformulierungen wieder (siehe Tabelle 8.4). Auch hier sind ökologische und ökonomische Inhalte in Verbindung mit gesundheitlichen oder hygienischen Prinzipien aufgeführt, soziale Aspekte von Nachhaltigkeit bleiben jedoch weiterhin unberücksichtigt (Loy, 2018, S. 78). Trotz der Implementierung des Leitbilds einer nachhaltigen Entwicklung bleibt es bei dem hohen Abstraktionsniveau des Nachhaltigkeitsbegriffs und seinem primär auf Umweltschutz reduzierten Verständnis. Dieses Ergebnis entspricht den Erkenntnissen aus den Modellversuchen: wird Nachhaltigkeit curricular eingebunden, so handelt es sich vermehrt um einen reduzierten Nachhaltigkeitsgedanken, der insbesondere den Bereich des Umweltschutzes umfasst (Holst & Singer-Brodowski, 2020, S. 10). Ein weiteres Problem besteht bei der Auslegung des Nachhaltigkeitsanspruchs: „In den Lernfeldern [...] beschränken sich die Ausführungen in den Zielbeschreibungen auf ein stark reduziertes Niveau von Selbstverständlichkeiten" (Vollmer & Kuhlmeier, 2014, S. 201). Durch Formulierungen, die sich lediglich auf die Einhaltungen von u. a. gesetzlichen Vorgaben zu Umweltschutz oder Arbeitssicherheit beschränken, bleibt die Förderung von nachhaltigkeitsorientierten Kompetenzen bei den Schülerinnen und Schülern aus. Durch didaktische Leitlinien (siehe Abschnitt 7.2) können grundlegende Bereiche nachhaltigen Handelns für das Berufsfeld Ernährung und Hauswirtschaft aufgezeigt werden. Auf diese Weise kann die bisher fehlende Implementation einer BBNE in Ordnungsmitteln im begrenzten Maße ausgeglichen werden, sie jedoch nicht ersetzen. Daher bleibt die Fortführung bisheriger Bemühungen der strukturellen Implementierung einer BBNE relevant, damit sich BBNE als didaktisches Prinzip durchsetzt. Insgesamt kann die Verankerung von Nachhaltigkeit im analysierten Bildungsplan dennoch als positive Entwicklung für eine BBNE gesehen werden und zur nachhaltigkeitsorientierten Curriculumarbeit anderer Bildungsgänge anregen.

Tabelle 8.4 Nachhaltigkeit im Bildungsplan ‚Staatlich geprüfte Assistentin/Staatlich geprüfter Assistent für Ernährung und Versorgung, Schwerpunkt Service'

Formulierungen zur Nachhaltigkeit im Bildungsplan	Nachhaltigkeitsbezüge	
	direkt	indirekt
Gemeinsame Vorgaben aller Bildungsgänge im Berufskolleg: „Förderung von **Gestaltungskompetenz für nachhaltige Entwicklung** unter der gleichberechtigten Berücksichtigung von wirtschaftlichen, sozialen/gesellschaftlichen und ökologischen Aspekten (Nachhaltigkeit)" (S. 6)	X	
2.1 Fachbereichsspezifische Ziele: „Dazu gehört die systematische und konsequente Integration der Grundsätze des Arbeits- und Gesundheitsschutzes sowie der **Nachhaltigkeit**." (S. 13)	X	
2.2 Die Bildungsgänge im Fachbereich: „Der Religionsunterricht hat darüber hinaus eine **gesellschafts- und ökonomiekritische** Funktion." (S. 14)		*- Ökonomie* *- inter- und intragenerationale Gerechtigkeit*
2.3 Fachbereichsspezifische Kompetenzerwartungen: „Spezifische Anforderungen der Arbeit [...] sind [...]* - Beachtung der **Prinzipien der Nachhaltigkeit** [...]." (S. 14)	X	
3.1 Beschreibung des Bildungsgangs: „Dabei erkennen und erfahren die Schülerinnen und Schüler Sozialstrukturen und die **gesellschaftlichen und ethischen Konsequenzen** beruflichen Handelns." (S. 18)		*- inter- und intragenerationale Gerechtigkeit*
3.1 Beschreibung des Bildungsgangs: „Die Förderung [...] eines **verantwortungsvollen Beurteilens und Handelns** in Beruf und Gesellschaft. Zudem wird die Kompetenz gefördert, [...] sich **sozial reflektiert zu verhalten**." (S. 19)		*- verantwortungsvolles Denken und Handeln* *- Soziales*
3.2.1 Die bereichsspezifischen Fächer: „Das Fach Betriebsorganisation befasst sich vor allem mit **ökonomischen**, rechtlichen, qualitätssichernden und **nachhaltigen** und zielgruppenspezifischen Gesichtspunkten [...]." (S. 23)	X	*- Ökonomie*
Anforderungssituation 3.1: „Die Schülerinnen und Schüler planen Arbeitsabläufe nach **ökonomischen, ergonomischen** und fachlichen Kriterien (ZF 1)." (S. 28)		*- Ökonomie* *- Gesundheit*
Anforderungssituation 4.1: „Die Schülerinnen und Schüler planen Arbeitsabläufe nach **ökonomischen, ergonomischen** und fachlichen Kriterien (ZF 1)." (S. 28) Anforderungssituation 4.2: „unter Beachtung **ökonomischer, ökologischer** und **gesundheitlicher** Aspekte (ZF 4)." (S. 29)		*- Ökonomie* *- Ökologie* *- Gesundheit*
Anforderungssituation 5.1: „Hierbei berücksichtigen sie Kriterien [...] der **Nachhaltigkeit** (ZF 6)." (S. 29)	X	
Anforderungssituation 6.1: „Die Schülerinnen und Schüler arbeiten [...] unter Beachtung der **ökonomischen, ökologischen** und **hygienischen** Grundsätze (ZF 3)." (S. 30)		*- Ökonomie* *- Ökologie* *- Gesundheit*
Anforderungssituation 7.2: „Bei der Auswahl der Reinigungsmittel beachten sie deren **Umweltverträglichkeit** (ZF 9)." (S. 31)		*- Umwelt(-schutz)*

(Loy, 2018, S. 78 f. [H.v.S.L.])

8.3   Zusammenfassung und Schlussfolgerungen

In den vergangenen Jahren wurden zahlreiche Projekte und Modellversuche durchgeführt, um eine BBNE zu fördern. Damit die gewonnenen Erkenntnisse bzw. Ergebnisse über den Förderzeitraum hinaus genutzt werden können, ist ihr Transfer von hoher Bedeutung. Neben den verschiedenen Transferformen, die u. a. auf eine möglichst hohe Verbreitung oder Übertragung auf andere Fachbereiche abzielt, kann die strukturelle Verankerung einer BBNE in Ordnungsmittel als vertikaler Transfer genutzt werden. Mit der Einführung des Bildungsplans zur Erprobung nimmt NRW seit 2015 die Leitidee einer nachhaltigen Entwicklung auf (MSB NRW, 2015, S. 6) und verankert – entsprechend des zweiten Handlungsfelds des Weltaktionsprogramms – Nachhaltigkeitsprinzipien in Bildungs- und Ausbildungskontexte (Deutsche UNESCO-Kommission e. V., 2021, S. 28). Die Analyse zeigt, dass die Implementierung einer nachhaltigen Entwicklung im neuen Bildungsplan unvollständig bleibt, obwohl ihre curriculare Verankerung grundsätzlich positiv zu bewerten ist. Daher sind weitere Bestrebungen zur stärkeren Einbindung in Ordnungsmittel notwendig, insbesondere da die Entwicklung neuer Curricula komplex ist und auf verschiedenen Ebenen des Berufsbildungssystems erfolgt. Die Inhalte und Qualifikationen der Ordnungsmittelgestaltung werden dabei primär durch bildungspolitische Entscheidungen bestimmt (siehe Top-down-Prinzip in Abschnitt 2.4). Die aktuellen Lehrpläne sind kompetenzorientiert und greifen berufliche Tätigkeitsfelder auf. Sie geben durch die entsprechenden Zielformulierungen vor, was Schülerinnen und Schüler nach ihrem Abschluss gelernt haben sollen (Sloane, 2003, S. 4). Schulen können daher als handlungsregulierende Institutionen bezeichnet werden (Picot, 1991, S. 144). Sie weisen demnach eine *Input-Output-Steuerung* (Hansmann, 2006, S. 1) auf, die sich von normativen Handlungskompetenzen unterschieden. Um solche „trivialen Curriculummodelle" (Sloane, 2003, S. 3) zu verhindern, kann die Einbindung von Lehrerinnen und Lehrern in die Bildungsplanarbeit beitragen, denn für die strukturelle Implementierung einer BBNE ist das Bildungspersonal im besonderen Maße relevant. Lehrerinnen und Lehrer verantworten die konkrete Umsetzung der Lernfelder, indem sie unter Beachtung der curricularen Vorgaben die entsprechenden Lehr-Lernarrangements bestimmen (Kuckeland & Schneider, 2016, S. 9). Die Verankerung von Nachhaltigkeit in die Ordnungsmittel kann daher als Legitimationsgrundlage für die Thematisierung einer BBNE dienen, weshalb die strukturelle Verankerung einer BBNE ihre unterrichtliche Umsetzung unterstützen kann. In einem kommunikativen Prozess soll evaluativ-konstruktiv kooperiert werden. Demnach ist die Entwicklung von Curricula als

- kooperativer Prozess von Wissenschaft und Praxis,
- Weiterentwicklung innovativer Ansätze und
- iterativer Zyklus

zu verstehen, der explizit und vor einem begründeten theoretischen Hintergrund diskutiert und kritisch hinterfragt wird (Tramm & Casper, 2018, S. 108). Für die nachhaltigkeitsorientierte Konzeption beruflicher Curricula kann die folgende Struktur zur Orientierung herangezogen werden, die die in diesem Kapitel beschriebenen Ansätze verbindet: Der Prozess der Curriculumarbeit lässt sich in die drei Phasen *Vorbereitung, Strukturierung* und *Konzeption* einteilen. In den Entwicklungsphasen werden verschiedene nachhaltigkeitsspezifische Aufgabenprozesse und Kompetenzen identifiziert, die sich auf das Berufsfeld Ernährung und Hauswirtschaft beziehen. Daher erfolgt die Entwicklung berufs-, lebenswelt- sowie gestaltungsorientiert und unter der Beachtung des Wissenschafts-, Situations- und Persönlichkeitsprinzips (siehe Tabelle 8.5). Auf diese Weise lässt sich beispielsweise die Organisationsstruktur der beruflichen Aufgaben entlang der gesamten Wertschöpfungskette – von der Angebotsplanung über die Zubereitung von Speisen bis zum Abfallmanagement – abbilden, wodurch die hierfür notwendigen Handlungskompetenzen der Schülerinnen und Schüler bestimmt werden können.

Welche Bedingungen zur Implementierung einer BBNE seitens der Bildungspolitik und des-personals nun benötigt werden und wie sich die unterrichtliche Umsetzung der Leitidee von Nachhaltigkeit gestaltet, soll im Rahmen dieser Arbeit erhoben werden. Zunächst ist zu untersuchen, mit welchen Intentionen sich das MSB NRW für eine solche Verankerung entschieden hat. Anschließend soll erfragt werden, ob und wie die vom Bildungsplan zur Erprobung betroffenen Lehrkräfte die Veränderungen wahrnehmen und welche Maßnahmen zur Unterstützung der Umsetzung solcher Veränderungen seitens der Schulen oder anderen Institutionen gegeben sind. Zudem wird gefragt, wie sie BBNE im Schulalltag umsetzen, denn für die Mitarbeit an und die Umsetzung von curricularen Innovationen und dem effektiven Umgang mit ihrer Offenheit sind entsprechende Kompetenzen der Lehrpersonen und schulische Kontextbedingungen notwendig, die in Abschnitt 3.5 und 6 beschrieben werden. Ebenfalls sollen die erhobenen Daten Hinweise zum Verständnis einer BBNE sowie zu ihrer wahrgenommenen Bedeutung liefern. Dies ist relevant, da der Bildungsplan zur Erprobung weder eine Konkretisierung zur BBNE vorgibt noch seine Bedeutung für das Berufsfeld Ernährung und Hauswirtschaft hervorhebt.

Tabelle 8.5 Nachhaltigkeitsorientierte Konzeption beruflicher Curricula für das Berufsfeld Ernährung und Hauswirtschaft

Phasen der Curriculumentwicklung	Vorgehensweise	Prinzipien
Vorbereitung	Berufs- und Sektoranalyse zur Aufstellung der Struktur, Potentiale und Herausforderungen der Handlungsfelder im Kontext einer BBNE	- Wissenschaftsprinzip
	Organisationsstruktur beruflicher Aufgabenprozesse entlang der gesamten Wertschöpfungskette	- Situationsprinzip (besonders relevant bei der Handlungs- und Arbeitsprozessorientierung)
Strukturierung	Identifizierung berufsübergreifender, berufsspezifischer und nachhaltigkeitsorientierter Kompetenzen in Geschäfts- und Arbeitsprozessen	- Berufsorientierung - Lebensweltorientierung - Gestaltungsorientierung - Arbeitsprozessorientierung - Persönlichkeitsprinzip
Konzeption	Weiterführende Identifizierung von Kompetenzen und arbeitsprozessorientierter Handlungsfelder mit Nachhaltigkeitsrelevanz für das Berufsfeld Ernährung und Hauswirtschaft	

(Eigene Darstellung in Anlehnung an Becker & Spöttl, 2006; Fegebank, 2004; Gemballa-Witych, 2014; Lipsmeier, 2000; Reetz, 1984)

In den vorangegangenen Kapiteln wurde der theoretische Zugang zur Berufsbildung für nachhaltige Entwicklung dargestellt, um den curricularen Implementationsprozess einer BBNE untersuchen und analysieren zu können. In Bezug zur Verortung im Feld der Implementationsforschung und der evaluativ-konstruktiven Curriculumforschung in Verbindung zur nachhaltigkeitsorientierten Berufsbildungsforschung handelt es sich im Kern um die Untersuchung der pädagogischen Innovation *BBNE* durch die Einführung des neuen Bildungsplans zur Erprobung. In diesem Zusammenhang wird die Frage aufgeworfen, ob und in welchem Rahmen dies zu Veränderungen in der berufsschulischen Praxis führen kann. Die theoretischen Bezüge im Rahmen der vorangegangenen Ausführungen bieten daher die Möglichkeit zur Planung, Durchführung und Auswertung der schulischen Umsetzung dieser Implementationsmaßnahme. Auf diese Weise sollen insbesondere praxisnahe Erkenntnisse zur Optimierung dieser Implementation gewonnen werden, denn die Entwicklung von Implementierungsstrategien zur Stärkung der Verankerung einer BBNE steht im Fokus der vorliegenden Arbeit. Im Folgenden soll eine Zusammenfassung der bisherigen Schlussfolgerungen einen Überblick der theoretischen Vorüberlegungen bieten, der die Grundlage der Erhebung bildet:

1) Für die Zukunft der Gesellschaft ist eine nachhaltige Entwicklung von zentraler Bedeutung. Daher muss sich auch das Berufsbildungssystem entsprechend weiterentwickeln, um den wandelnden Ansprüchen der modernen Gesellschaft und Arbeitswelt gerecht zu werden. BBNE nimmt in diesem Zusammenhang einen zentralen Stellenwert ein, da ein nachhaltigkeitsorientiertes Umdenken einen Beitrag zum Fortbestehen der Gesellschaft leisten kann. BBNE kann als Innovation gedacht werden, für deren Umsetzung die Einbindung aller

Akteure notwendig ist, wenn Schulentwicklung als Organisationsentwicklung ausgelegt wird.

– Durch Ihre Implementierung können nachhaltigkeitsorientierte Kompetenzen legitimiert werden.

– Nachhaltigkeitsorientiertes Handeln im beruflichen, privaten und gesellschaftlichen Kontext trägt schließlich zur nachhaltigkeitsorientierten Weiterentwicklung der Gesellschaft bei.

2) Das Berufsfeld Ernährung und Hauswirtschaft weist zahlreiche Anknüpfungspunkte zum Leitbild einer nachhaltigen Entwicklung auf. Dabei ist eine ernährungsspezifische BBNE charakterisiert durch:

– die Ergänzung der drei zentralen Dimensionen *Ökologie, Ökonomie* und *Soziales* um ethische wie gesundheitliche Aspekte,

– den Einfluss der künftigen Produktion von Lebensmitteln und den Konsum jedes Individuums und der daraus resultierenden Verantwortung,

– den politischen Charakter der Ernährung, das heißt

– die Möglichkeit jeder Person, durch ihr eigenes Handeln Veränderungen zu bewirken.

3) Durch ein verantwortungsvolles und selbstbestimmtes (Konsum-)Handeln wird die Bedeutung des individuellen Verhaltens und die Relevanz von Mündigkeit deutlich. Aus diesem Grund kann die Wertebildung als Bestandteil einer BBNE verstanden werden, denn durch sie wird

– die Urteilsfähigkeit gefördert,

– die mehrdimensionale Betrachtung eines ernährungsspezifischen Gegenstands ermöglicht,

– werden die Schülerinnen und Schüler zum aktiven Handeln angeregt,

– verschiedene Perspektiven auf berufliche Handlungen aufgezeigt und eine kritische Betrachtung des Lerngegenstands ermöglicht,

– bei den Schülerinnen und Schülern das Potenzial zum nachhaltigkeitsbewussteren Handeln gefördert.

4) Damit die berufliche Bildung einen solchen Bildungsauftrag erfüllt, können verschiedene Implementierungsmöglichkeiten herangezogen werden. Bei der curricularen Verankerung, die in dieser Arbeit untersucht wird, handelt es sich um die explizite Implementierung in ein Ordnungsmittel, indem BBNE als nachhaltigkeitsorientierte Gestaltungskompetenz unter den Werten im Bildungsplan zur Erprobung aufgeführt wird. Es konnte herausgestellt werden, dass

– der Transfer von Erkenntnissen aus den BBNE-Projekten und -Modellversuchen als strukturelle Verankerung für eine langfristige Implementation im Bildungssystem unerlässlich ist,

- die bisherigen Bemühungen noch nicht hinreichend sind,
- zur Überwindung des Entwickler-Anwender-Dualismus die Curriculumentwicklung als iterativer Prozess gesehen werden sollte, bei dem die
  Evaluation einen wichtigen Stellenwert einnimmt,
- die bisher auf bildungspolitischer Ebene stattfindende Curriculumarbeit
  künftig die stärkere Einbindung von Lehrerinnen und Lehrer als Anwen-
  derinnen und Anwender der Curricula vorsehen sollte.

5) Für diese Mitwirkung an der curricularen Verankerung sowie für die Umset-
   zung der Implementation einer werteorientierten BBNE benötigen Lehrerin-
   nen und Lehrer Kompetenzen, zu denen folgende Aussagen abgeleitet werden
   können:
   - Kompetenzen sind veränder- und vermittelbar.
   - Der Berufserfolg von Lehrerinnen und Lehrern ist sowohl von kognitiven
     als auch von nicht-kognitiven Fähigkeiten abhängig.
   - Die Kompetenzen stehen in Wechselbeziehung zueinander und beeinflussen
     sich gegenseitig.
   - Für die Curriculumarbeit ist das Wissen über die Ordnungsmittel notwen-
     dig, zudem sind die Motivation zur Mitwirkung, Selbstwirksamkeitserwar-
     tungen sowie das Interesse an der Curriculumarbeit von den Lehrerinnen
     und Lehrern für deren Beteiligung relevant.

6) Im Kontext einer ernährungsspezifischen BBNE:
   - sind die Fähigkeiten, Fertigkeiten und Kenntnissen zur Bewältigung fach-
     spezifischer, beruflicher Situationen auf das Berufsfeld Ernährung und
     Hauswirtschaft zu beziehen; d. h. Aussagen zum ernährungs- und hauswirt-
     schaftlichen Wissen, zum Wissen über die nachhaltige Gestaltung berufs-
     spezifischer Geschäfts- und Arbeitsprozesse sowie zur Fähigkeit, sich bei
     ernährungs- und hauswirtschaftlichen Belangen nachhaltigkeitsorientiert zu
     entscheiden, zu treffen.
   - lassen sich die affektiv-motivationalen Kompetenzen in Überzeugungen
     zur Nachhaltigkeit, Werten, Normen und Einstellungen zur Nachhaltig-
     keit, nachhaltigkeitsbezogene Selbstwirksamkeit, die Motivation und das
     Interesse in Bezug auf Nachhaltigkeit gliedern.

7) Die professionelle Handlungskompetenz von Lehrkräften zeichnet sich nicht
   allein durch fachwissenschaftliches Wissen aus, ebenfalls gehören das fachdidaktische Wissen und Können zu ihren Kernelementen. Obwohl es bisher
   an einem didaktisches ‚Gesamtkonzept' fehlt, lassen sich auf der Grundlage der theoretischen Bezüge fünf zentrale didaktische Leitlinien einer
   BBNE identifizieren, zu denen weitere Unterpunkte zugeordnet werden (siehe
   Kapitel 7):

- Ausgangspunkt sind konkrete berufliche Handlungsfelder und -situationen sowie Arbeitsprozesse.
- Die spezifischen Perspektiven einer BBNE gelten als didaktisches Analysekriterium.
- BBNE erfolgt unter der Anbindung an bestehende berufspädagogisch-didaktische Prinzipien.
- Die Schwerpunkte werden didaktisch begründet.
- Die Vollständigkeit gilt als Ziel des Bildungsgangs.

Diese theoretisch-normativen Konklusionen bilden die Basis, auf der die empirische Erhebung zur Klärung der Fragestellungen (siehe Abschnitt 10.2) gestaltet wird. Zum einen steht der Prozess der curricularen Verankerung sowie deren Umsetzung in der Bildungspraxis im Fokus der Erhebung, zum anderen zielt sie auf Ergebnisse zur Stärkung der Implementierung einer BBNE ab.

Forschungsgrundlagen und -design der empirischen Erhebung

10.1 Ethische Prinzipien und Standards der Erhebung

Da in Kapitel 2 u. a. die methodologische Verortung vorgenommen und bereits auf die Methodik grob eingegangen wurde, soll es nun um das konkrete Forschungsdesign bezüglich der Interviews gehen. Zunächst werden die hierfür relevanten Standards für das wissenschaftliche Arbeiten erläutert, die mit den wissenschaftstheoretischen und methodologischen Vorüberlegungen einhergehen. Anschließend werden die Kernfragestellungen beschrieben sowie die geplante methodische Herangehensweise erklärt.

Ethische Standards wurden primär in der experimentellen Forschung konzipiert, um den Schutz der Persönlichkeitsrechte zu wahren. Gleichzeitig ermöglichen sie die Transparenz der Erhebungsabsicht und klären die Probandinnen und Probanden über die Nutzung der Daten auf, für die das Einverständnis einzuholen ist. Zur Übertragung der klinisch generierten Standards auf das Praxisfeld der Sozialforschung sind jedoch Anpassungen notwendig, da eine umfassende Transparenz durch die Forschungsmethoden nicht möglich ist (Schrader et al., 2020, S. 19). Zwar wird den Teilnehmenden der Leitfaden, der als Grundlage der Interviews herangezogen wird, vorab zur Verfügung gestellt, jedoch werden hierbei Gestaltungsspielräume gewährt, die im Sinne einer gestaltungsorientierten Forschung iterativ zum Tragen kommen.

Um den Implementierungsprozess des Bildungsplans sowie die damit einhergehenden Veränderungen und weiteren Möglichkeiten zur Stärkung einer BBNE

Ergänzende Information Die elektronische Version dieses Kapitels enthält Zusatzmaterial, auf das über folgenden Link zugegriffen werden kann https://doi.org/10.1007/978-3-658-43877-7_10.

zu erheben, müssen entsprechende Fragen formuliert werden, die diese Aspekte ermitteln. Damit dies gewährleistet wird, müssen Gütekriterien bestimmt werden, die sich von den Kriterien quantitativer Forschung[1] unterscheiden. Daher ist bei qualitativen Forschungsansätzen die Frage nach der Qualität zu klären, die seit den 1960er-Jahren präsent ist und noch nicht einheitlich geklärt werden konnte (Flick, 2014, S. 411). Im Folgenden sollen die für die vorliegende Erhebung als relevant erachteten Aspekte kurz ausgeführt werden, auf eine umfassende Erläuterung wird hier verzichtet (ausführlich in Helfferich, 2009). Je nach Forschungsbereich und -ansatz unterscheiden sich die jeweiligen Kriterien, die von fokussierten, aber generalistischen bis hin zu weit gefassten, aber spezifischen Konzepten reichen (Flick, 2014, S. 411). Das Prinzip des Verstehens stellt die „grundlegende Voraussetzung für das Beschreiben und das Erklären sozialer Phänomene dar [und ist] im Forschungsprozeß [sic] unverzichtbar zu erbringen" (Meinefeld, 1995, S. 85) sowie methodisch abzusichern. Das Verstehen von Verhalten, den darin liegenden Sinn des Verhaltens zu erfassen und das Nachvollziehen von Interpretationen stellt eine Leistung des Forschenden dar, die als Mittel sozialwissenschaftlicher Forschung dient (Gläser & Laudel, 2010, S. 33). Die Gütekriterien Objektivität, Reliabilität und Validität, die insbesondere in quantitativen Forschungskontexten herangeführt werden, können auf qualitative Forschung nicht 1:1 übertragen werden. Durch die Erhebung subjektiver Sichtweisen und der jeweiligen Kontextabhängigkeit wird die Umsetzung dieser Kriterien erschwert (Flick et al., 2019, S. 25), weshalb Anpassungen notwendig werden. Insbesondere die Reliabilität erweist sich bei der qualitativen Erhebung als wenig geeignet (Kirk & Miller, 1986, S. 41–43), da die Wiederholung eines Interviews zu abweichenden Antworten führen würde. Diese Abweichung ist vor dem Hintergrund verschiedener spezifischer Kontexte zu begründen, weshalb bei der Auswertung der Ergebnisse die Spezifität im Kontext zu diskutieren ist (Helfferich, 2009, S. 155).

Ebenfalls problematisch erscheint die Validität, da die hierfür notwendige Standardisierung von Kontextbedingungen die Stärken der qualitativen Forschung negieren würde.

> Interne Validität meint in der quantitativen Forschung, wie eindeutig ein gemessener Zusammenhang bestimmt werden kann [...]. Sie soll durch eine möglichst umfassende

---

[1] Der Großteil solcher Güterkriterien lässt sich in *Objektivität*, *Reliabilität* und *Validität* einteilen. Mit der Objektivität wird die Unabhängigkeit der Messung von einer Person verstanden, Reliabilität ist die Zuverlässigkeit bzw. Genauigkeit eines Verfahrens, welches bei wiederholter Messung gleiche Ergebnisse besteht und bei der Erfassung des beabsichtigten Gegenstands wird von der Validität gesprochen (Krebs & Menold, 2014, S. 426–431).

Kontrolle der Kontextbedingungen in der Untersuchung erhöht werden. [...] Eine solche Standardisierung des Vorgehens ist jedoch mit dem größten Teil der qualitativen Methoden nicht kompatibel bzw. stellt ihre eigentlichen Stärken in Frage (Flick, 2014, S. 412).

Bei der Objektivität soll der Messwert unabhängig von der forschenden Person gewährleistet werden, welches bei qualitativen Erhebungen hinsichtlich der Datenanalyse nicht zielführend ist, denn hierbei sollen insbesondere subjektive Ansichten ermittelt werden. „Die Unmöglichkeit von Objektivität ist ja nicht ein Mangel, sondern Ausgangspunkt qualitativer Forschung, daher kann es nicht um anzustrebende *Objektivität* gehen, sondern um einen anzustrebenden *angemessenen Umgang mit Subjektivität*" (Helfferich, 2009, S. 155 [HviO]). Folglich eignen sich die klassischen Gütekriterien der quantitativen Forschung nicht oder nur in abgeänderter Form für die qualitative Forschung. Daher ist zu klären, wie solche Kriterien hier aussehen könnten. U. a. Bohnsack (2005) bietet hierfür mittels *Standards für nicht-standardisierte Forschung* (Bohnsack, 2005, S. 63) eine Option an. Dafür werden auf der Grundlage von Standards der alltäglichen Kommunikation die Kriterien *Gültigkeit* und *Zuverlässigkeit* (Bohnsack, 2005, S. 66 f.) in der qualitativen Forschung generiert. Jene beziehen sich jedoch nur auf rekonstruierende Verfahren der qualitativen Forschung, wie narrative Interviews, objektive Hermeneutik und die dokumentarische Methode. Für offene Verfahren, zu denen auch das Leitfadeninterview zählt, bleibt dies ungeklärt. Daher müssen Alternativen zu den Kriterien und Standards identifiziert werden, um eine möglichst hohe Qualität der Forschung zu sichern.

In der vorliegenden Arbeit wird der gesamte Forschungsprozess offengelegt und nachvollziehbar erläutert, indem die Darlegung der einzelnen Vorgehensweisen bei der Erhebung der Daten, beim Umgang mit den Daten bezüglich Reduktion und Rekonstruktion sowie bei der Entwicklung der Erhebungs- und Auswertungsinstrumente beschrieben werden (siehe Kapitel 11 und 12). Auf diese Weise soll der „Geltungsbegründung durch Transparenz der Vorgehensweise" (Flick, 2014, S. 420) entsprochen werden. Diese und weitere Aspekte finden sich unter den acht ‚Big Tent' nach Tracy (2010) wieder, die bei der Bearbeitung als Basis zur Erhöhung des wissenschaftlichen Standards dienen können. Sie beziehen sich nicht bloß auf einzelne Aspekte des Forschungsprozesses – wie es bei den Gütekriterien der quantitativen Forschung der Fall ist – sondern sind für den gesamten Forschungsprozess relevant: „[H]igh quality qualitative methodological research is marked by (a) worthy topic, (b) rich rigor, (c) sincerity, (d) credibility, (e) resonance, (f) significant contribution, (g) ethics, and (h) meaningful coherence" (Tracy, 2010, S. 839). Im Kern meint (a) die Relevanz des Themas, (b) die ausreichende, angemessene und komplexe Erarbeitung von Theorie, Umfang der Daten und deren Analyseprozesse, (c) die Selbstreflexion subjektiver Werte, Vorurteile und Neigungen des Forschenden sowie die Transparenz über die Methoden und die im Prozess entstandenen Herausforderungen, (d) die konsistente und nachvollziehbare Beschreibung des Vorgehens, die Erhebung mittels verschiedener Methoden und die kritische Reflexion der Daten, (e) die ansprechende Darstellung der Ergebnisse sowie deren Übertragung auf andere Bereiche, (f) den Beitrag der wissenschaftlichen Erhebung für Theorie und Praxis, (g) die Beachtung von ethischen Aspekten der Forschung sowie (h) die Stimmigkeit der Zielsetzung hinsichtlich Theorie und Methodik (Tracy & Hinrichs, 2017, S. 3 f.).

Darüber hinaus kann nach Helfferich (2009) die *methodische Kontrolle durch Offenheit* (Helfferich, 2009, S. 114) das Missverstehen verringern, indem die Befragten in ihrer Sprache ohne Eingriff durch die interviewende Person ausführlich antworten und die Interviewerin oder der Interviewer durch gezielte Rückfragen Verzerrungen oder fehlenden Informationen entgegenwirkt. Das Prinzip der Offenheit grenzt das qualitative Vorgehen von standardisierten Verfahren ab und ermöglicht der interviewten Person den Freiraum zur Schilderung mittels eigener Deutungsmuster. Auf diese Weise kann sie nicht nur den Inhalt, sondern ebenfalls die Struktur des Interviews steuern. Daher ist die Zurückhaltung der interviewenden Person von Bedeutung, denn sie ermöglicht der oder dem Interviewten selbst zu entscheiden, ob, in welchem Umfang und an welcher Stelle die Inhalte eine Relevanz haben (Bohnsack, 2005, S. 20 f.). Das Zurückhalten steht dabei im Spannungsfeld zur Möglichkeit der Interviewenden, Definitionen oder Erläuterungen einzubringen (Flick et al., 1995, S. 155). Hier sollte erwogen werden, wann und in welchem Umfang solche Ergänzungen für das weitere Interview hilfreich sein können und wann diese die Antworten der Befragten beeinflussen. Somit ist es wichtig, die Offenheit während der Erhebungsphase zu gewährleisten und aktiv zuzuhören. Gleichzeitig sind hierbei Grenzen zu verzeichnen. Durch die vorgegebene Struktur des Interviews unterscheidet sich diese Art der Kommunikation von alltäglichen„natürlichen' Gesprächen. Darüber hinaus verfügt die interviewende Person über Vorkenntnisse, die direkt oder indirekt Einfluss auf die erhobenen Daten nehmen (Hoff, 1985, S. 163 f.). Wichtig ist folglich, diese Grenzen zu reflektieren (*methodische Kontrolle durch Reflexivität* (Helfferich, 2009, S. 156)) und sie bewusst bei der Interpretation der Ergebnisse zu berücksichtigen und offenzulegen. Neben dieser Transparenz ist zudem eine aufgeschlossene Haltung der Interviewerin oder des Interviewers relevant, um eine eingeschränkte, selektive Wahrnehmung der Antworten zu verhindern (Helfferich, 2009, S. 114 f.).

Zuletzt wird die *methodische Kontrolle über intersubjektive Nachvollziehbarkeit* (Helfferich, 2009, S. 156) durch die Dokumentation des Forschungsprozesses, die Interpretation in Gruppen sowie die codierte Auswertung der Daten (Steinke, 2019, S. 324 f.) erzielt. Dabei sollen eine entsprechende Verfahrensdokumentation und das codierte Verfahren in Anlehnung an Mayring (2016) genutzt werden, welches in Abschnitt 10.4.1 näher erläutert wird. Auf diese Weise soll gewährleistet werden, dass die Leserinnen und Leser durch eine transparente und konsistente Vorgehensweise den gesamten Forschungsprozess nachvollziehen und eigenständig bewerten können. Relevant sind in diesem Zusammenhang die Bestimmung des Vorwissens, das vollständige Dokumentieren der Vorgehensweisen bei der Erhebung und Auswertung sowie ggf. die dabei auftretenden Herausforderungen. Diese Transparenz ist für die Gültigkeit der interpretierten Ergebnisse jedoch nicht hinreichend, weshalb beispielsweise ein diskursiver Austausch ergänzend durchgeführt werden kann (Lamnek, 2010, S. 141). Zudem bieten codifizierte Auswertungsschritte die Möglichkeit zur normierten Analyse, wodurch die Nachvollziehbarkeit ebenfalls erhöht werden kann (Steinke, 2019, S. 326).

Trotz des Fehlens allgemeiner Gütekriterien und/oder Standards für die qualitative Forschung kann zur Erhöhung der Forschungsqualität zusammenfassend festgehalten werden, dass 1) die Wahl der Methode zu begründen ist, 2) die Vorgehensweisen nachvollziehbar und vollständig zu beschreiben sind, 3) die Ziele und Qualitätsansprüche der Forschungsarbeit zu kommunizieren sind sowie 4) die Verfahrensweisen in einer solchen Form dargestellt werden, durch die die Leserinnen und Leser einen eigenen Eindruck vom Projekt entwickeln können (Flick, 2014, S. 422).

10.2 Forschungsfragen

Insgesamt geht es im Rahmen der Arbeit um die Analyse von Implementierungsstrategien für Curricula mit dem Ziel, die Implementierung einer BBNE an Berufskollegs zu unterstützen, denn „empirische Arbeiten können […] im hohen Grade hilfreich für die Einschätzung der Erreichbarkeit normativer Festlegungen sein und gegebenenfalls im Begründungskontext von Normen bedeutsam werden" (Kell & Nickolaus, 2010, S. 390). Aus diesem Forschungsinteresse lassen sich folgende Forschungsfragen ableiten:

- *Welche Intentionen verfolgt das nordrhein-westfälische Ministerium für Schule und Bildung (MSB NRW) mit der Verankerung von Nachhaltigkeit im Bildungsplan und welche Implementierungsstrategien bzw. -vorstellungen werden damit verbunden?*

Durch den Bildungsplan zur Erprobung, der zu dem Berufsabschluss nach Landesrecht ‚Staatlich geprüfte Assistentin/Staatlich geprüfter Assistent für Ernährung und Versorgung, Schwerpunkt Service' und zum mittleren Schulabschluss (Fachoberschulreife) führt, wird die Förderung der nachhaltigkeitsorientierten Gestaltungskompetenz unter den zu vermittelten Werten in das Curriculum aufgenommen, gleichzeitig wird dadurch die Relevanz der nachhaltigen Bildung deutlich. Doch wie es zu diesem Schritt kam, wie sich auf die genaue Formulierung geeinigt wurde, wer daran beteiligt war und vor allem aufgrund welcher Beweggründe diese Verankerung durchgeführt wurde, soll im Rahmen eines Interviews mit der verantwortlichen Person aus dem MSB NRW und mit beteiligten Lehrkräften besprochen werden:

- *Wie verlief die curriculare Verankerung von Nachhaltigkeit im Bildungsplan aus Sicht der beteiligten Akteure?*

Die Curriculumarbeit ist ein sehr komplexer Prozess, in den verschiedene Akteure eingebunden sind. Neben personellen Ressourcen spielen weitere Rahmenbedingungen wie Zeit und finanzielle Mittel eine Rolle, die auf den Prozess einwirken. Zum Erarbeitungsprozess der Curriculumarbeit gibt es verschiedene theoretische Ansätze (siehe Kapitel 8), die mit der Praxis abgeglichen werden sollen, um ggf. Optimierungspotenziale für eine erfolgreichere Umsetzung der curricularen Bestrebungen zu bewirken. Neben den Rahmenbedingungen stehen zudem mögliche Evaluationsmaßnahmen im Erkenntnisinteresse.

Durch die zweite Erhebungsphase kann die Prüfung der beabsichtigten Veränderungen und der tatsächlich wahrgenommenen bzw. umgesetzten Veränderungen hinsichtlich einer BBNE an Berufskollegs erfolgen. Im Anschluss an die Prozessabbildung der Curriculumarbeit sowie der Ermittlung der vom MSB NRW verfolgten Ziele ist folgende Frage zu klären:

- *Welche Veränderungen werden von den Lehrkräften wahrgenommen und wie wird Nachhaltigkeit in der Bildungspraxis umgesetzt?*

Nach dem Abgleich der einerseits intendierten und andererseits wahrgenommenen Veränderungen sollen die Interviews mit den Lehrkräften Aufschluss darüber geben, wie die Umsetzung der curricularen Implementation am Lernort Berufskolleg erfolgt. Hierbei ist zunächst zu klären, wie grundsätzlich mit neuen Curricula verfahren wird, wer in die Umsetzung involviert ist und in welchem Rahmen dies geschieht. Zudem ist zu klären, ob weitere Anpassungen am Bildungsplan – insbesondere hinsichtlich der nachhaltigen Entwicklung – erfolgen oder ob dieser unverändert verwendet wird. Auch sollen positive Aspekte des neuen Bildungsplans, Verbesserungsoptionen sowie die direkte Mitwirkung an der Curriculumentwicklung erfragt werden. Dadurch werden evaluative Elemente aufgegriffen, die zur Verbesserung der Praxis – als grundlegendes Forschungsparadigma – beitragen sollen.

Neben dem inhaltlichen Schwerpunkt auf das Curriculum als Medium der Verankerung einer BBNE, soll es vor allem um das Verständnis von und die Einstellung zur BBNE seitens der Lehrerinnen und Lehrer gehen. Ebenfalls ist die schulische Umsetzung ein elementarer Aspekt der Erhebung. Hierbei stehen (fach-)didaktische Konzepte, die Kompetenzen der Lernenden und der Lehrenden sowie weitere gesellschaftliche wie schulische Rahmenbedingungen für eine erfolgreiche Implementierung im Fokus. Durch die Klärung dieser Sachverhalte sollen Erkenntnisse gewonnen werden, um sich der Beantwortung der dritten Kernfrage dieser Arbeit zu nähern:

- *Was wird (noch) benötigt, um die Implementierung einer BBNE in den Berufskollegs zu stärken?*

Durch die Erhebung bisheriger Maßnahmen zur Implementierung sollen Strategien entwickelt werden, wie die vorangegangenen Bemühungen der Implementierung einer BBNE gestärkt und erweitert werden können. Dabei sollen auf den jeweiligen Ebenen – Bildungspolitik, Berufskolleg als Institution und Lehrkräfte – die einzelnen Bedingungen, die sich positiv auf die BBNE-Verankerung auswirken, herausgestellt werden. Durch die Entwicklung der Institution, der Lehrkräfte sowie des Unterrichts soll ein Beitrag geleitet werden, die Arbeitswelt und Gesellschaft langfristig nachhaltigkeitsorientierter zu gestalten. Die Unterrichtsebene (Mikroebene), bei der insbesondere (fach-)didaktische Konzepte und die Schülerinnen und Schüler zentral sind, wird dabei durch die Bezugnahme des intendierten Lehrerhandelns berücksichtigt. Durch das Lehrerhandeln werden Lerneffekte bei den Schülerinnen und Schülern angestrebt (Tramm & Naeve, 2007; Tramm & Casper, 2018). Die vorliegende Arbeit konzentriert sich deshalb auf das Lernangebot seitens der Lehrerinnen und Lehrer, die mit dem Bildungsplan zur Erprobung arbeiten. Sie erhebt sowohl deren individuellen Zielen und Orientierungen als auch die Analyse curricularer Dokumente. Wünschenswert wäre eine weitere Erhebung auf dieser Ebene im Anschluss an diese Arbeit z. B. durch Beobachtungen oder Befragungen der Schülerinnen und Schüler. Dadurch könnten die bisherigen Erkenntnisse mit einer weiteren Untersuchung auf Mikroebene ergänzt und fundiert werden.

10.3   Leitfadeninterviews als Erhebungsinstrument

10.3.1 Datengewinnung mithilfe von Experteninterviews

Interviews als verbale Befragungsmethode sind grundsätzlich als ein planvolles Verfahren mit wissenschaftlichem Interesse zu verstehen, bei der durch gezielte Fragestellungen Informationen mit Hilfe verbaler, kooperativer sowie gleichberechtigter Kommunikation erhoben werden (Pfeiffer & Püttmann, 2006, S. 50). Durch den Grad ihrer Standardisierung lassen sich Interviews spezifizieren. Der Interviewleitfaden, der für die vorliegende Arbeit genutzt wird, gehört zu der halb-standardisierten Interviewform. Da es sich hierbei lediglich um eine Orientierungshilfe handelt, um die als relevant erachteten Inhalte im Laufe des Interviewgesprächs berücksichtigen zu können, gibt er weder einen starr festgelegten Gesprächsverlauf noch die Fragestellungen oder deren Reihenfolge vor (Mayer, 2009, S. 37). Auf diese Weise wird eine gewisse Flexibilität gewährleistet, die Nachfragen und ergänzende Fragestellungen ermöglichen, gleichzeitig können die Interviewten im eigenen Ermessen über den Umfang ihrer Antworten entscheiden.

Da es sich bei den Interviewten um eine Person aus dem MSB NRW sowie um Bildungsgangleitende oder Lehrerinnen und Lehrer des betroffenen Bildungsgangs handelt, wird sich für die Methode der *Experteninterviews* entschieden. Die befragten Personen zeichnen sich dabei durch ihr *Routinewissen* (Pfadenhauer, 2002, S. 114 f.) aus, denn sie weisen Berufserfahrungen im speziellen Kontext des Erhebungsgegenstands auf, wodurch ihnen „Fertigkeiten, Gebrauchswissen und Rezeptwissen" (Pfadenhauer, 2002, S. 115) unterstellt werden kann. Der Expertenstatus kann dabei entweder *an der Person* oder *an dem spezifischen Wissen* (Helfferich, 2009, S. 163) bestimmt werden. Die zunächst vorgenommene Dreiteilung von Stütz (1972) in a) Personen, die nicht informiert sind, b) Personen, die gut informiert sind und c) die Expertinnen und Experten, wird meist auf die Unterscheidung von Laien und Expertinnen und Experten beschränkt (Buddeberg, 2014, S. 139). Letztere zeichnen sich durch ein spezielles Wissen aus, welches durch ihren institutionellen Kontext und nicht durch die bloße (private) Beschäftigung mit einer Thematik erworben wird (Sprondel, 1979, S. 141). Daher gilt für diese Interviewform die Erfragung fachlicher abstrakter Informationen als besonders relevant, wobei die befragte Person als Fachkundige oder Fachkundiger antwortet. So ist der Gegenstand des Interviews ebenfalls das Wissen und nicht die Persönlichkeit der Person, es sei denn, diese hat eine hohe Relevanz für die Analyse der erhobenen Daten. Meuser und Nagel (1991) differenzieren den Expertenstatus noch weiter aus, indem sie nicht nur das explizite Wissen aufgrund einer entsprechenden Ausbildung als Expertise definieren, sondern das (teils unbewusste) Handlungswissen – das implizite Wissen – mit berücksichtigen. Aus diesem Grund sollten sich entsprechende Leitfragen nicht nur auf die Wissens-, sondern ebenfalls auf die Handlungsebene beziehen. Generell zeichnen sich Expertinnen und Experten dadurch aus, dass sie Verantwortung bei der Erarbeitung oder Implementierung einer Problemlösung tragen und über spezifische Informationen verfügen (Meuser & Nagel, 1991, S. 470). Das Experteninterview dient folglich der Untersuchung komplexer Wissensbestände. Da im Rahmen der vorliegenden Arbeit die Umsetzung einer BBNE an Berufskollegs am Beispiel des Bildungsplans zur Erprobung ermittelt werden soll, wird den Lehrerinnen und Lehrern als ‚Akteure vor Ort' das hierfür relevante Wissen unterstellt.

Um die Strukturen und Zusammenhänge ihres Wissens und Handelns zu analysieren, wird das Interview in Form eines Leitfadens gestützt (Meuser & Nagel, 1991, S. 447), welcher vermehrt im Rahmen von Implementationsforschungen im Bereich der Bildungsforschung bei Experteninterviews u. a. mit Lehrkräften zur Anwendung kommt. Um dies zu gewährleisten, werden im Leitfaden Hauptfragen formuliert, welche sich in ergänzende Fragen und/oder Stichpunkte untergliedern. Zudem wird bei der Konzeption der Fragen berücksichtigt, dass diese zu kurzer, jedoch gehaltvoller Beantwortung anregen, um narrative Ausführungen vermeiden zu können.

Für das vorliegende Forschungsinteresse wird zunächst ein Interview mit dem MSB NRW geplant. Die Beschränkung auf eine Person ist u. a. durch die hierarchisch hohe Position der Interviewpartnerin bzw. des -partners zu begründen (Gorden, 1975, S. 203). Anschließend sollen Lehrerinnen und Lehrer befragt werden, die mit dem Bildungsplan zur Erprobung arbeiten. Mithilfe einer Schuldatenbank des Landesbetriebs IT.NRW werden 42 Berufskollegs ermittelt und angeschrieben, die den entsprechenden Bildungsgang anbieten. Ziel ist es, dass mindestens eine Lehrkraft je Bezirksregierung befragt werden kann. Auf diese Weise soll ein flächendeckendes Bild gezeichnet werden, um die Situation zur Implementierung einer BBNE widerzuspiegeln. Es geht vor allem um eine NRW-spezifische Datengewinnung und nicht um den Vergleich einzelner Schulen der Bezirksregierung.

10.3.2 Entwicklung und Struktur des Leitfadeninterviews

Um die entsprechenden Daten zu generieren, die die Beantwortung der Forschungsfragen ermöglichen, wird eine Liste offener Fragen benötigt, die den Leitfaden bilden und als Grundlage für das Experteninterview (siehe Abschnitt 1.5) dienen. Da es sich u. a. um die Rekonstruktion des Implementationsprozesses einer BBNE bezogen auf den Bildungsplan zur Erprobung handelt, ist das Leitfadeninterview ein geeignetes Instrument, denn es stellt die Erhebung aller wichtigen Informationen zur Rekonstruktion sicher (Gläser & Laudel, 2010, S. 116). „Das Leitfadeninterview bietet durch die spezifische Form der Vorbereitung (den Leitfaden) hinreichende Möglichkeiten, theoretische Vorüberlegungen in der Erhebung zu berücksichtigen" (Gläser & Laudel, 2010, S. 115). Durch die Operationalisierung des Erhebungsinteresses in entsprechende, offene Fragestellungen wird der Expertin oder dem Experten ermöglicht, ihr oder sein Wissen und Interessen bei der Beantwortung im Rahmen des kommunikativen Austauschs einzubringen. Hierfür werden bestimmte Anforderungen an Leitfadeninterviews gestellt, die nach Hopf (2016b) – in Anlehnung an Merton, Fiske und Kendall (1956) – folgende Aspekte umfassen: Der Leitfaden soll möglichst viel Spielraum zur individuellen Beantwortung bieten und eine möglichst breite Spannbreite an Problemstellungen abbilden, die verschiedene Perspektiven einschließt. Dadurch soll die Expertin oder der Experte die Gelegenheit erhalten, in einer freien, selbstgesteuerten Weise ausführliche Antworten zu formulieren. Ebenfalls soll sie oder er „bei der Darstellung der affektiven, kognitiven und wertbezogenen Bedeutung bestimmter Situationen und bei der Darstellung seiner Involviertheit unterstützt werden" (Gläser & Laudel, 2010, S. 116). Zur spezifischen Ausrichtung der Themen und Fragen ist zudem ihr Kontextbezug zu beachten, indem der Erfahrungshintergrund der befragten Person eingebunden wird. Auf diese Weise lässt sich der Gehalt der Antworten hinsichtlich des Erkenntnisinteresses herausarbeiten. Ferner ist der individuelle Kontext der befragten Person zu erfassen, da jener ihre Reaktionen beeinflussen kann (Hopf, 2016b, S. 49–51). Letzteres wird durch die Ton- und/oder Bildaufzeichnung während des Interviews sowie durch das Kontextprotokoll verfolgt werden.

Bevor die Fragen formuliert werden, kann eine Typisierung der Fragestellungen eine hilfreiche Orientierung bieten, welche Fragen sich für welche Zwecke eignen. Abbildung 10.1 stellt eine Übersicht der Typisierung dar, wonach sich die Fragen nach ihrem Inhalt oder ihrer Funktion gliedern lassen. Bei der Typisierung nach dem Inhalt wird zwischen Fakten- und Meinungsfragen unterschieden. Während Faktenfragen nachprüfbare Tatsachen ermitteln (Mayntz et al., 1978, S. 103), dienen Meinungsfragen zur Erhebung von u. a. Einstellungen, Bewertungen oder

Situationen. „Meinungsfragen werden in Experteninterviews benötigt, wenn der Interviewpartner Akteur im zu rekonstruierenden Prozess war und seine Bewertungen, Handlungsziele oder Motive ermittelt werden müssen" (Gläser & Laudel, 2010, S. 123). Faktenfragen beziehen sich auf Erfahrungen, spezifische Wissensinhalte oder Hintergründe bzw. demografische Bedingungen. Ebenfalls lassen sich die Fragen nach dem Realitätsbezug des Gegenstands unterscheiden. Während realitätsbezogene Fragen reale Gegenstände ansprechen, beziehen sich hypothetische Fragen auf einen angenommenen Sachverhalt, zu dem die befragte Person eine Meinung oder Prognose äußern soll (Haller, 2001, S. 255). Bei der Typisierung nach der Funktion von Fragen kann zunächst aufgrund der angestrebten Form der Antwort eine Unterteilung erfolgen. „Erzählanregungen sollen längere Beschreibungen oder Erklärungen auslösen, während Detailfragen zu kurzen Antworten führen sollen" (Gläser & Laudel, 2010, S. 125). Um möglichst viele Informationen zu erhalten, sollten Erzählanregungen zuerst gestellt werden, denn durch die erhaltenen Antworten kann ggf. auf das Nachfragen von Details verzichtet werden. Daneben können Fragen den Gesprächsverlauf steuern, weshalb Ullrich (1999) folgende Fragetypen unterschiedet:

– Einleitungs-, Wiederaufnahme- und Überleitungsfragen,
– Filterfragen zur Bestimmung relevanter Teile des Leitfadens,
– Hauptfragen als Leitfadengerüst
– und Nachfragen, die eine inhaltliche Ergänzung der Antworten auf Hauptfragen ermöglichen (Ullrich, 1999, S. 437).

Die Kommunikationsform des Interviews unterscheidet sich durch seine Zeitvorgabe, den festen Rollenzuweisungen, dem zugrunde liegenden Erkenntnisinteresse und der Fremdheit der Gesprächspartnerinnen und -partner von der Alltagskommunikation. Es ist nicht möglich durch vorherige gemeinsame Gespräche den Kenntnissen des Gesprächspartners oder dem Kontext, freie Interpretationen des Gesagten zu treffen und spontan darauf zu reagieren. Daher sind die Fragen äußerst bedacht zu formulieren, da sie den Informationsgehalt der Antworten bedingen. Im Regelfall sind die Fragen im Rahmen des Interviews die einzige Informationsgrundlage, durch die die interviewte Person das Informationsinteresse ableitet, worauf sie die hierfür notwendigen Inhalte in ihrer Antwort formuliert. „Bei der Konstruktion des Interviewleitfadens hat man dafür genügend Zeit, und kann sich jede Frage lange überlegen, lange am Leitfaden basteln, ihn immer wieder kontrollieren usw." (Gläser & Laudel, 2010, S. 121). Hierfür bieten vor allem die theoretische Vorüberlegen und Forschungsfragen der vorliegenden Arbeit die Grundlage. Darüber hinaus sind insbesondere die

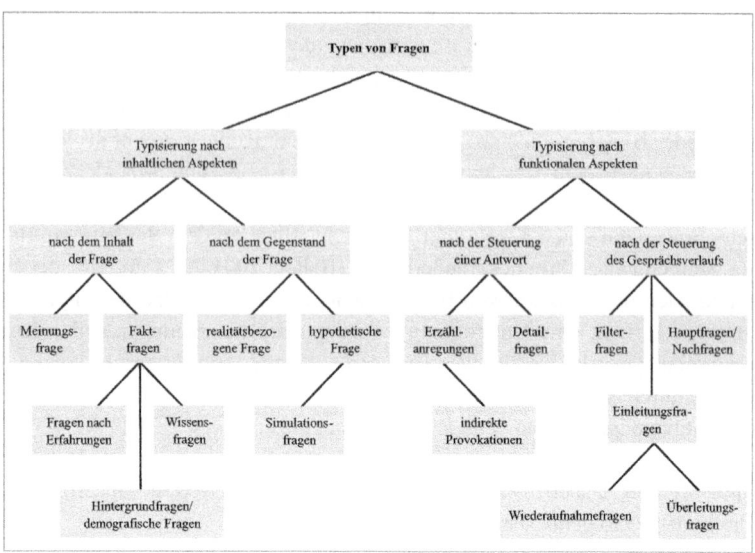

Abbildung 10.1 Typisierung von Interviewfragen. (Gläser & Laudel, 2010, S. 130)

methodologischen Prinzipien der Offenheit sowie das Prinzip des Verstehens bei
der Fragenformulierung zu berücksichtigen, um offene, klare, einfache sowie
neutrale Fragen zu generieren (Patton, 1990, S. 295). Die zwei Leitfäden für
die Erhebung auf Landes- und Schulebene (siehe Abschnitt 11.1.1 und 12.1.1)
enthalten Meinungsfragen, welche die Ermittlung von Bewertungen oder Hand-
lungsbegründungen ermöglichen, die sich beispielsweise für die Einschätzung des
Implementationsprozesses oder bei der Frage nach der Umsetzung einer BBNE
im eigenen Unterricht anbieten. Ebenfalls wird eine hypothetische Frage am Ende
des Interviews gestellt, die die subjektive Stellungnahme einfordert. Sie dient
als Erzählanregung und kann weitere Antworten auslösen, die bei den vorherigen Fragen zur BBNE eventuell nicht erfasst wurden (Gläser & Laudel, 2010,
S. 124). Eine Übersicht der Leitfäden mit einzelnen Fragen sowie deren Typisierung nach Inhalt und Funktion finden sich in Anhang 8 und 9 im elektronischen
Zusatzmaterial.

Die entwickelten Leitfäden wurden mit zwei wissenschaftlichen Mitarbeiterinnen aus dem Bereich der Lehrerbildung diskutiert, um die Kohärenz ihrer
Struktur zu gewährleisten. Die Fragen wurden kritisch auf ihre Klarheit, Offenheit

und Neutralität hin geprüft. Zudem haben die Beteiligten beschrieben, welches Erkenntnisinteresse sie hinter den jeweiligen Fragen erkennen, um zu prüfen, ob die Fragen auf kurze, gehaltvolle Antworten abzielen, die zum erwünschten Erkenntnisgewinn beitragen. Eine detaillierte Übersicht der Anmerkungen findet sich in Anhang 10 und 11 im elektronischen Zusatzmaterial.

10.3.3 Durchführung von Leitfadeninterviews

Vor dem Interview ist es wichtig, sich auf die anstehende Situation und die beteiligten Personen einzustellen. Zum einen wird das gesamte Interview von der befragten Person geprägt, zum anderen kann durch die Art und Weise der Befragung die Tiefe der Antworten beeinflusst werden. Die Einstellung der Expertin oder des Experten gegenüber dem Interview kann u. a. misstrauisch, kritisch, verschwiegen, redselig oder neugierig ausfallen. Je nach Haltung ist eine angemessene Form des Eingehens notwendig; so benötigt eine misstrauische Person eher weitere Informationen zum Forschungskontext, wohingegen sich bei einer redseligen Person durch verbale und nonverbale Rückkopplungen um die Eindämmung des Redeflusses bemüht wird (Gläser & Laudel, 2010, S. 178–181).

Für den Aufbau einer angenehmen Gesprächsatmosphäre, in welcher alle Interviewbeteiligten zum Austausch angeregt werden, ist die Beziehung zwischen der oder dem Interviewenden und der oder dem Interviewten von Bedeutung. Die Beziehungsentwicklung wird vor allem durch den persönlichen Kontakt vor dem Interview sowie in seiner Anfangsphase geprägt. Daher ist es wichtig, die Anliegen, Erkenntnisinteressen sowie Erwartungen an die interviewende Person transparent zu kommunizieren (Gläser & Laudel, 2010, S. 172). Auf diese Weise sollen kurze, oberflächliche Antworten vermieden werden (Rubin & Rubin, 1995, S. 126). Für tiefgreifende, ausführliche Antworten ist ferner zu beachten, dass die Gesprächsatmosphäre möglichst natürlich bleibt, weshalb die Reihenfolge der Fragen des Leitfadens dem Gesprächsverlauf angepasst werden kann. Für die Generierung qualitativ hochwertiger Antworten und zur Förderung einer angemessenen Atmosphäre ist zudem der räumliche Rahmen von Bedeutung (Helfferich, 2019, S. 669), weshalb ein möglichst privater Ort für die Durchführung der Interviews gewählt werden soll. Störungen, Ablenkungen und Unterbrechungen sind dabei ebenfalls zu vermeiden. Auf diese Weise soll eine vertrauensvolle Umgebung entstehen, die zur unverfälschten und ausführlichen Beantwortung der Fragen anregt und die Aufmerksamkeit auf das Interview zentriert. „Wie Sie die persönliche Vertrauensbasis herstellen und aufrechterhalten sowie Professionalität und Natürlichkeit ausbalancieren, hängt in erster Linie davon ab, wer Ihnen im Interview gegenübersitzt" (Gläser & Laudel, 2010, S. 172). Dennoch existieren allgemeine Regeln, die zur Gestaltung der Beziehungen in Interviews dienen:

1) Die interviewende Person möchte sich vor allem durch das Interview informieren, weshalb sie sich zurückhaltend gibt und zuhört. Die befragte Person soll nicht unterbrochen und Pausen zugelassen werden, es soll sich auf den Inhalt der Antworten konzentriert werden und bei noch fehlenden Informationen sollen entsprechende Rückfragen gestellt werden. Ferner sollen Rückkopplungen durch Blickkontakt, Kopfnicken oder paraverbale Bestärkung (‚hm‘, ‚aha‘) das Interesse und Verständnis bekunden (Rubin & Rubin, 1995, S. 103).

2) Durch das flexible Fragen kann auf Anknüpfungspunkte eingegangen werden, wodurch die Natürlichkeit der Gesprächssituation erhalten bleibt. Dies kann genutzt werden, um auf neue Themen überzuleiten und das inflexible Abarbeiten des Leitfadens verhindern. Denn das fehlende Eingehen auf die individuellen Antworten und das plötzliche Übergehen zu neuen Themen ähnelt einer Verhörtechnik (Haller, 2001, S. 101). Dies kann für die befragte Person als unangenehm empfunden werden, wodurch der Gehalt ihrer Antworten negativ beeinflusst werden kann.

3) Verständnisprobleme sind zu klären, indem eine Nachfrage gestellt wird, die mit einer Bestätigung des Verstandenen verbunden werden kann. Hierbei werden die Aussagen der befragten Person paraphrasiert (Gläser & Laudel, 2010, S. 175).

4) Rückfragen bieten die Möglichkeiten, weitere Details zu erfassen, die die ausführlichen Antworten auf offene Fragestellungen noch nicht enthalten. Verallgemeinernde, vage oder mehrdeutige Antworten, zu denen befragte Personen neigen (Rubin & Rubin, 1995, S. 124), können konkretisiert werden, indem
   – Teile der Antworten wiederholt werden und um Präzisierung gebeten wird,
   – bewusst falsche Unterstellungen zu Einwänden und Erklärungen führen,
   – indirekt provoziert wird,
   – die eigene Informiertheit signalisiert oder
   – nach Beispielen und bestimmten Erfahrungen gefragt wird (Gläser & Laudel, 2010, S. 177).

5) Bewertungen sind zu vermeiden, um die befragte Person weder zu einem Anpassungs- noch Widerspruchsverhalten zu bewegen, welches die Antworten des weiteren Gesprächsverlaufs verfälscht. Sie wirken nur dann nicht hinderlich, wenn sie vorsichtig und fragend formuliert werden (Schmidt, 1993a, S. 29).

Diese Vorüberlegungen und Regeln werden als Grundlage bei der Durchführung der Interviews beachtet, um Interviewfehler möglichst zu vermeiden und umfangreiche Antworten im Sinne des Erkenntnisinteresses zu ermöglichen.

10.4   Qualitative Inhaltsanalyse als Auswertungsverfahren

10.4.1 Vorbereitung der qualitativen Inhaltsanalyse

Die qualitative Inhaltsanalyse wird zur Analyse der im Rahmen der Erhebung angefertigten Interview-Transkripte verwendet. Sie eignet sich besonders für Verfahren, bei denen es sich um komplexere Fragestellungen handelt (Hopf, 2016a, S. 20–23). Ausführlichere Antworten der Befragten, auf deren Grundlage die forschende Person Bewertungen vornimmt, ermöglichen validere Informationen und Daten als standardisierte Verfahren (Kuckartz, 2018, S. 142). Die Transkripte gelten hier als Datenmaterial in Textform (Mayring, 2010, S. 13). Dabei ist eine Anonymisierung[2] personenbezogener Daten[3] vorzunehmen, um die Persönlichkeitsrechte der Befragten zu schützen. Ebenfalls sind die personenbeziehbaren[4] Angaben zu anonymisieren. Es wird zwischen drei Graden der Anonymisierung unterschieden, deren Art und Ausmaß von dem jeweiligen Forschungsvorhaben bestimmt wird. Bei der *formalen* Anonymisierung werden direkte Merkmale zur Identifizierung wie der Eigennamen von Personen oder Bilder und Stimmen entfernt, die *faktische* Anonymisierung erschwert eine Re-Identifikation und die *absolute* Anonymisierung lässt diese nicht mehr zu (Meyermann & Porzelt, 2014, S. 4). Die Löschung personenbezogener Daten geht mit der Ersetzung durch Platzhalter einher, die entweder stark abstrakt (Identifikator: Name = Max wird

---

[2] „Anonymisieren ist das Verändern personenbezogener Daten derart, dass die Einzelangaben über persönliche oder sachliche Verhältnisse nicht mehr oder nur mit einem unverhältnismäßig großen Aufwand an Zeit, Kosten und Arbeitskraft einer bestimmten oder bestimmbaren natürlichen Person zugeordnet werden können" (Bundesdatenschutzgesetz (BDSG), §3 Abs. 6).

[3] „Personenbezogene Daten sind Einzelangaben über persönliche oder sachliche Verhältnisse einer bestimmten oder bestimmbaren natürlichen Person (Betroffener)" (BDSG, §3 Abs. 1).

[4] „Einzelangaben, die eine bestimmte Person zwar nicht eindeutig oder unmittelbar identifizieren, die es aber erlauben, die Identität der Person mit Hilfe anderer Informationen festzustellen" (Metschke & Wellbrock, 2002, S. 19).

zur Abstraktion ‚Person') oder pseudonymisiert[5] (Identifikator: Beruf = Bäcker wird zum Pseudonym ‚Fleischer') sein können. Ebenfalls kann die Aggregation der Informationen zur Anonymisierung verwendet werden, indem Klassen bzw. Kategorien gebildet werden (Identifikator: Alter = 43 wird zur Aggregation = 40 bis 50 Jahre alt). Zuletzt können die Daten durch solche ersetzt werden, „welche die Bedeutung für die und die Beziehung zur Untersuchungsperson beinhalten" (Meyermann & Porzelt, 2014, S. 8). Die anonymisierten Textstellen sollten in dem Transkript deutlich gekennzeichnet werden. In der vorliegenden Arbeit wird die von der University of Leeds (2008) empfohlene Form *@@pseudonym##* verwendet. Tabelle 10.1 bildet die Anonymisierungsregeln ab.

Tabelle 10.1 Anonymisierungsregeln für das Interview auf Landesebene

Identifikator	Starke Abstraktion
Name	PERSON
Position	POSITION
Nummerierung	NUMMER
Datum TT.MM.JJJJ	MM.JJJJ

(Eigene Darstellung in Anlehnung an Meyermann & Porzelt, 2014)

Für die Überführung in die Textform wird die Audiodatei mit dem Programm *f4transkript* transkribiert. In der Sozialwissenschaft gilt die Aufzeichnung von Interviews als Konvention, doch eine offizielle Standardisierung der Transkription des verbal erhobenen Materials ist bisher nicht gegeben (Kuckartz, 2018, S. 41). Dennoch lassen sich verschiedene Maßgaben finden, um das Gesprochene niederzuschreiben. Die jeweiligen Transkriptionsregeln unterschieden sich insbesondere in ihrer Genauigkeit, selbst wenn beim Verschriftlichen grundsätzlich die Gesamtheit des Interviews nicht abgebildet werden kann. „Transkriptionssysteme sind Regelwerke, die genau festlegen, wie gesprochene Sprache in eine fixierte Form übertragen wird. Dabei kommt es in jedem Fall zu Informationsverlusten" (Kuckartz, 2018, S. 41). Daher ist abzuwägen, welche dieser Verluste akzeptabel sind, da sie keine negativen Auswirkungen auf die weitere Forschung haben, und darauf, welche Details relevant sind. So können sich die Transkriptionssysteme in der Berücksichtigung von Textmerkmalen wie Betonung, Dehnung,

---

[5] „Pseudonymisieren ist das Ersetzen des Namens und anderer Identifikationsmerkmale durch ein Kennzeichen zu dem Zweck, die Bestimmung des Betroffenen auszuschließen oder wesentlich zu erschweren" (BDSG, §3 Abs. 6a).

Gestik, Mimik, nicht vollständig ausgesprochenen Worten u. a. unterscheiden (Kuckartz, 2018, S. 41). Auf der Grundlage der Transkripte ist es möglich, die Schritte zur qualitativen Textanalyse nach Kuckartz (2018) anzuwenden (siehe Abbildung 10.3).

10.4.2 Kategorienbildung

Mithilfe von Kategorien werden inhaltlich zusammengehörige Textabschnitte verbunden und gemeinsam ausgewertet. Es wird zwischen zwei grundsätzlichen Vorgehensweisen differenziert:

a. induktives Vorgehen: Die Kategorien werden allein auf der Basis des erhobenen Datenmaterials gebildet
b. deduktives Vorgehen: Die Kategorien werden basierend auf der herangezogenen Theorie konzipiert.

Da das deduktive Vorgehen der Kategorienbildung auf einer bereits vorhandenen Systematik fußt, liefern Theorie, Hypothesen und/oder Interviewleitfäden seine Basis. Das deduktive Verfahren wird als A-priori-Kategorienbildung, das induktive Verfahren als Kategorienbildung am Material bezeichnet (Kuckartz, 2018, S. 64). Obwohl beide Vorgehensweisen polarisiert gegenübergestellt werden können (siehe Abbildung 10.2), stellen sie keine grundsätzlichen Gegensätze dar. Für beide Vorgehensweisen wird das gesamte Datenmaterial zunächst entlang entsprechender Regeln codiert.

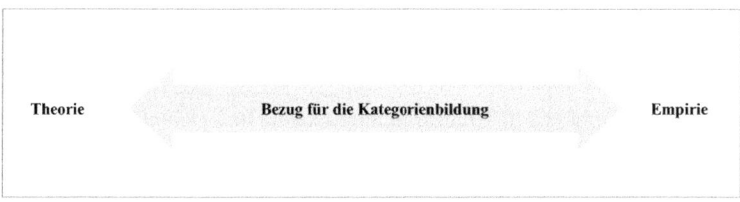

Abbildung 10.2   Pole der Kategorienbildung. (Kuckartz, 2018, S. 64)

In der vorliegenden Arbeit wird – wie bei der A-priori-Kategorienbildung – die Ableitung der Kategorien bereits vor der Sichtung der ersten Daten vorgenommen, denn der Interviewleitfaden wird als strukturiertes Mittel für die Ableitung von Kategorien herangezogen (deduktiv). Anschließend werden weitere Kategorien und Subkategorien direkt am Material entwickelt (induktiv). Die Zuordnung von einzelnen Textstellen und -passagen kann sich als schwierig und unklar herausstellen, weshalb die Abgrenzung der jeweiligen Kategorien notwendig ist, damit die Codierung zuverlässig erfolgen kann. Solche Zuordnungsregeln werden als *Kategoriendefinitionen* (Kuckartz, 2018, S. 66) bezeichnet, die eine inhaltliche Beschreibung der jeweiligen Kategorie aufweisen und Überschneidungen mit anderen Kategorien verhindern. Auch im Rahmen der vorliegenden Arbeit werden solche Definitionen formuliert (siehe Anhang 28 und 29 im elektronischen Zusatzmaterial), um sicherzustellen, dass das Kategoriensystem trennscharf und die Zuordnung des gesamten Datenmaterials möglich ist (Diekmann, 2009, S. 589).

Zur Sicherstellung der Qualität des entwickelten Kategoriensystems ist die Intercoder-Übereinstimmung unerlässlich, weshalb diese in der vorliegenden Arbeit ermittelt wird (siehe Anhang 32 und 33 im elektronischen Zusatzmaterial). Für die Messung der Intercoder-Übereinstimmung wird eine repräsentative Stichprobe des zu codierenden Datenmaterials bestimmt (Dumm & Niekler, 2014, S. 21), welche von zwei (oder mehr) Codierenden (Kuckartz, 2018, S. 210) verschlüsselt wird. Diese codieren das Textmaterial unabhängig voneinander und vergleichen anschließend ihre Ergebnisse (Dumm & Niekler, 2014, S. 21). Bei Differenzen der Codierung wird unter Bezugnahme auf die Kategoriendefinition diskutiert, ggf. die Definition angepasst und sich auf eine Codierung geeinigt. Neben dem *konsensuellen Codieren* (Schmidt, 1993b, S. 61) als qualitatives Verfahren kann die Berechnung der Codierer-Übereinstimmung zur Legitimation des Kategoriensystems als quantitatives Verfahren beitragen. In einer Codiertabelle können die Codiereinheiten einer Kategorie von zwei Codierenden aufgelistet und anschließend in eine Übereinstimmungtabelle überführt werden. Im Gegensatz zur Messung der Reliabilität in der quantitativen Forschung handelt es sich nicht um die Bestimmung eines Koeffizienten, der die Güte statistisch ermittelt, sondern um eine praktische Verbesserung der Güte von qualitativen Codierungen. Dabei gibt die Übereinstimmungtabelle für qualitative Verfahren die Häufigkeit der Codierung von mindestens zwei Codierenden hinsichtlich mehrerer Kategorien an (siehe Tabelle 10.2).

Mithilfe dieser Daten lässt sich die relative bzw. prozentuale Übereinstimmung berechnen, gleichzeitig werden Differenzen und somit Klärungsbedarfe bezüglich problematischer Kategorien zeiteffizient sichtbar. Auf diese Weise konnten die beiden entwickelten Kategoriensysteme an den entsprechenden Stellen konkretisiert und angepasst werden (siehe Anhang 28 und 29 im elektronischen Zusatzmaterial). Neben der Intercoder-Übereinstimmung weist ein geeignetes

Tabelle 10.2 Beispiel für den Vergleich der Häufigkeiten der Codierung nach Kategorien von zwei Codierenden

Kategorie	Codierer 1	Codierer 2
K1	4	4
K2	1	1
K3	3	4
K4	2	2

(Kuckartz, 2018, S. 213)

Kategoriensystem eine Kohärenz und Plausibilität auf, bei der die einzelnen Kategorien ein schlüssiges Gesamtbild zeichnen. „Es besteht der Anspruch, ein plausibles Ganzes zu bilden und nicht lediglich einzelne […] Kategorien, die ziemlich beziehungslos nebeneinander stehen" (Kuckartz, 2018, S. 71). Folglich lassen sich 1) Trennschärfe, 2) Vollständigkeit 3) Intercoder und 4) Kohärenz/ Plausibilität als Gütekriterien der Kategorienbildung definieren.

Welche Schritte für die Kategorienbildung am Material in der vorliegenden Arbeit durchlaufen wurden, wird in der folgenden Guideline beschrieben. Zudem soll Bezug zur Grounded Theory genommen werden, da sie einerseits der Kategorienbildung im besonderen Maße Aufmerksamkeit geschenkt hat (Kuckartz, 2018, S. 79). Andererseits erfolgen im Rahmen dieser Methode die Verfahrensschritte *Interview, Codierung* und *Analyse* in einem iterativen Prozess, weshalb Änderungen des Erhebungsinstrumentes oder Konkretisierungen der Zielsetzung nach der ersten Erhebungsphase möglich sind. Da der Interviewleitfaden nach der ersten Erhebungsphase auf Landesebene aufgrund der Ergebnisse und der Anpassung an die Schulebene verändert wurde, wird sich in der vorliegenden Arbeit teilweise an dieser Methode orientieren.

10.4.3 Guideline für die Kategorienbildung am Material

Die *Guideline* (Kuckartz, 2018, S. 83) für die Kategorienbildung am Material verbindet die verschiedenen Ansätze des induktiven Vorgehens. Hierfür gibt sie jedoch kein strikt zu durchlaufendes Schema vor, sondern lässt unterschiedliche Wege der jeweiligen Schritte zu. Gleichzeitig werden die inhaltliche Anwendung des Kategoriensystems und die reflektierte Verfahrensweise mit den Kategorien betont. Die Guideline besteht aus sieben zirkulären Schritten (Kuckartz, 2018, S. 83–86):

1) Bestimmung des Ziels der Kategorienbildung auf der Grundlage der Forschungsfrage: Im ersten Schritt wird zunächst die initiierten Textarbeit vorgenommen. Sie ist wichtig, um vor dem Hintergrund des Forschungsanliegens das erhobene Datenmaterial zu untersuchen. Das Hinzuziehen der Forschungsfragen dient der Selbstvergewisserung, die dem Prinzip der Offenheit nicht entgegenwirkt, da sich das Prinzip vor allem auf den Prozess der Datenerhebung bezieht. Es handelt sich um die Offenheit gegenüber anderen Perspektiven und Deutungen im Sinne des reflektierten Umgangs mit dem eigenen Vorwissen und nicht um eine konzept- und planlose Vorgehensweise (Kuckartz, 2018, S. 55). Das intensive und wiederholte Durchlesen und das Markieren relevanter Textstellen und Begriffe gehören ebenfalls zum ersten Schritt der Textanalyse. Ergänzt wird dies durch das Hervorheben relevanter Passagen sowie durch die Kennzeichnung von Unklarheiten. Auf dieser Basis können eine Analyse der Argumente und der formalen Struktur, der Aufbau sowie Auffälligkeiten im Ablauf der Interviews festgestellt werden (Kuckartz, 2018, S. 56). Nach dem ersten Durchlesen können *Memos* (Kuckartz, 2018, S. 57) zur ersten Auseinandersetzung mit dem Textmaterial verfasst werden. Die vorgenommenen Markierungen und Memos können in den anhängenden Interviewtranskripten (ab Anhang 13 im elektronischen Zusatzmaterial) eingesehen werden. Dem Anfertigen von Memos wird insbesondere bei der Grounded Theory eine hohe Relevanz zugeschrieben. In Memos werden Gedanken, Ideen, Vermutungen etc. notiert.

2) Bestimmung von Kategorienart und Abstraktionsniveau: In einem zweiten Schritt werden Hauptkategorien auf der Grundlage des Leitfadens für die Interviews gebildet, die die inhaltliche Strukturierung des Datenmaterials ermöglichen.

3) Auseinandersetzung mit den Daten und Festlegung der Codiereinheitsart: Im Rahmen der ersten Codierphase werden die einzelnen Textstellen oder -passagen den entsprechenden Kategorien zugeordnet. Textbestandteile, die keine Relevanz für das Forschungsinteresse darstellen, bleiben uncodiert. Möglich ist zudem die Zuordnung einzelner Textstellen zu mehreren Kategorien, wenn diese verschiedenen Themen aufweisen.

4) Überarbeitung der Texte und Kategorienbildung direkt am Text: Durch die Codierung lassen sich Textstellen gleicher Kategorie zusammenfassen und ermöglichen eine Übersicht, die die spätere Interpretation der Daten erleichtert (siehe Anhang 30 und 31 im elektronischen Zusatzmaterial).

5) Zuordnung existierender oder Neubildung von weiteren Kategorien: Es erfolgt die induktive Bildung von Subkategorien am Material denn, „[d]ie Lektüre der Texte […] kann ergeben, dass sich weitere – zunächst nicht erwartete – Themen in den Vordergrund schieben" (Kuckartz, 2018, S. 101).

6) Systematisieren und Organisieren des Kategoriensystems: Das zuvor entwickelte Kategoriensystem fungiert als Ausgangspunkt bzw. Raster zur groben, vorstrukturierten Codierung, wodurch die daran anschließende Konkretisierung und der Ausbau des Kategoriensystems ermöglicht wird. Es entsteht ein Codierleitfaden, der die Definitionen und Ankerbeispiele als Grundlage zur Auswertung umfasst (siehe Anhang 28 und 29 im elektronischen Zusatzmaterial). Erst nachdem diese deduktive und induktive Kategorienbildung erfolgt ist, kann in einem zweiten Durchlauf das Datenmaterial nach den ausdifferenzierten Kategorien codiert werden.

7) Festlegung des Kategoriensystems: Abschließend handelt es sich um die Analyse der Daten, bei der unterschiedliche Formen zum Tragen kommen. Zum einen können die Daten entlang der Hauptkategorien ausgewertet werden, deren jeweiligen Ergebnisse in einer sinnvollen Reihenfolge beschrieben werden, die die Nachvollziehbarkeit für die Leserinnen und Leser berücksichtigt. Zudem können auffällige Zusammenhänge innerhalb oder zwischen den Hauptkategorien genannt werden, die beispielsweise die quantitative Bedeutung einzelner Subkategorien herausstellen können (wie häufig wird X in Kategorie Y genannt) oder zeigen, inwieweit zwei oder mehrere Kategorien voneinander bedingt werden. Dabei kann die Häufigkeit von kombinierten Codes ebenfalls interessant sein. Zur Darstellung der Ergebnisse eignen sich Diagramme oder Concept-Maps etc., mit deren Hilfe sich u. a. Verteilungen, Zusammenhänge oder Vergleiche visualisieren lassen (Hilbing, 2005, S. 4).

Dieser Prozess wird iterativ durchlaufen, wobei u. a. inhaltlich ähnliche Kategorien gruppiert, zusammengefasst oder in einzelne Kategorien ausdifferenziert werden können.

Das folgende Ablaufmodell (siehe Abbildung 10.3) eignet sich insbesondere für leitfadenorientierte, problemzentrierte oder fokussierte Interviews. Ersteres trifft für die vorliegende Arbeit zu, weshalb sich für diese Form der qualitativen Inhaltsanalyse[6] entschieden wird und die Auswertung der erhobenen Daten entlang des Ablaufschemas erfolgt.

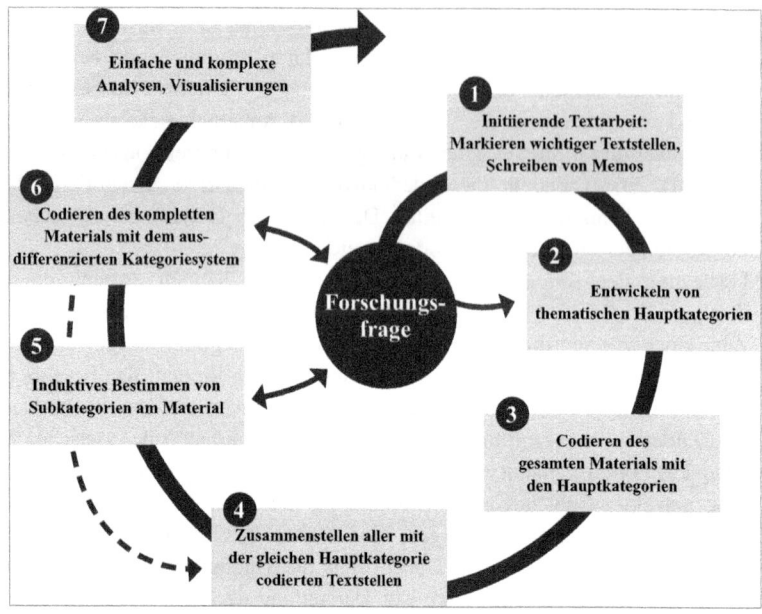

Abbildung 10.3 Ablaufschema einer inhaltlich strukturierenden Inhaltsanalyse. (Kuckartz, 2018, S. 100)

Verwendung ausgewählter Aspekte der Grounded Theory
Neben der qualitativen Inhaltsanalyse für die Auswertung der Interviews erscheint die Ergänzung durch Elemente der Grounded Theory als sinnvoll, um die Ergebnisse der ersten Erhebungsphase zur Weiterentwicklung des Leitfadens für die zweite Erhebungsphase zu nutzen. Auf diese Weise sollen die Ergebnisse nicht

---

[6] Neben der inhaltlich strukturierenden qualitativen Inhaltsanalyse kann zudem die evaluative qualitative Inhaltsanalyse zur ganzheitlichen Bewertung von Fällen oder die typenbildende qualitative Inhaltsanalyse herangezogen werden, bei der die Bildung von Typen und die Konzeption einer Typologie verfolgt werden, genutzt werden (Kuckartz, 2018, S. 123, 143).

auf der Ebene der Abbildung des Ist-Zustands reduziert bleiben, sondern zur Progression der bisherigen Implementierungsmaßnahmen dienen.

Bei der Grounded Theory handelt es sich um eine Methodologie, die als Ziele die Beschreibung des Feldes, die Entwicklung theoretischer Modelle sowie Typologien verfolgt (Heiser, 2018, S. 205). Durch die Sammlung und Analyse meist qualitativ gewonnener Daten werden neue Theorien entwickelt, bestehende Theorien weiterentwickelt oder problematisiert sowie kritisch geprüft. Im Kern handelt es sich um die praktische und interaktive Datenanalyse und Theoriebildung (Strauss, 1991, S. 34 f.), folglich um Emergenzen, die auf der Interpretation des Forschenden gründen (Breuer et al., 2019, S. 253 f.). Somit verbirgt sich hinter der Grounded Theory eine spezielle Philosophie, wie beim Forschen verfahren wird, um zum Erkenntnisgewinn zu gelangen. Grundsätzlich soll theoretisch offen geforscht werden. Bei der methodischen Vorgehensweise stehen nach der Erhebung die Codierung und Kategorisierung (s. o.) der Daten im Vordergrund. Durch Zusammenfassungen in diesem Prozess kann es zum Verlust bestimmter Informationen kommen (Früh, 2011, S. 42), was bei der Ergebnisdarstellung zu berücksichtigen ist. Anschließend folgt das theoretische *Sampling*[7], bei dem bereits nach dem ersten Interview mit der Auswertung begonnen wird. Die dabei entstehenden Hypothesen werden für weitere Interviews und die Auswahl der Untersuchungspartnerinnen und -partner herangezogen. Daraufhin können Fälle mittels der qualitativen Heuristik[8] miteinander verglichen werden (Kleining, 2019, S. 69). Durch das *axiale Codieren* (Heiser, 2018, S. 16) werden die unterschiedlichen Kategorien verglichen und mithilfe einer Heuristik wie dem Codierparadigma (siehe Abbildung 10.4) in Verbindung gebracht. Die Kontrastierung der erfassten Fälle kann zum besseren Verständnis genutzt werden. Das *selektive Codieren* (Heiser, 2018, S. 16) ermöglicht durch die Bildung von Kernkategorien die Trennschärfe einzelner Fälle und liefert Erklärungsansätze für die untersuchten Phänomene. Die Konzeption neuer Theorien zu einem eingeschränkten Gegenstand gestaltet sich daher mithilfe dieser Forschungsphilosophie als kreativer Prozess.

---

[7] „Theoretisches Sampling meint den auf die Generierung von Theorie zielenden Prozeß [sic] der Datenerhebung, währenddessen der Forscher seine Daten parallel erhebt, kodiert und analysiert sowie darüber entscheidet, welche Daten als nächste erhoben werden sollen und wo sie zu finden sind. Dieser Prozeß [sic] der Datenerhebung wird durch die im Entstehen begriffene – materiale oder formale – Theorie kontrolliert" (Glaser & Strauss, 2010, S. 53).

[8] Die qualitative Heuristik ist ein Such- und Findverfahren, welches Alltagsverfahren zu vier Regeln systematisiert. „Ziel ist das Erkennen der Struktur einer psychischen oder sozialen Gegebenheit" (Kleining, 2019, S. 65).

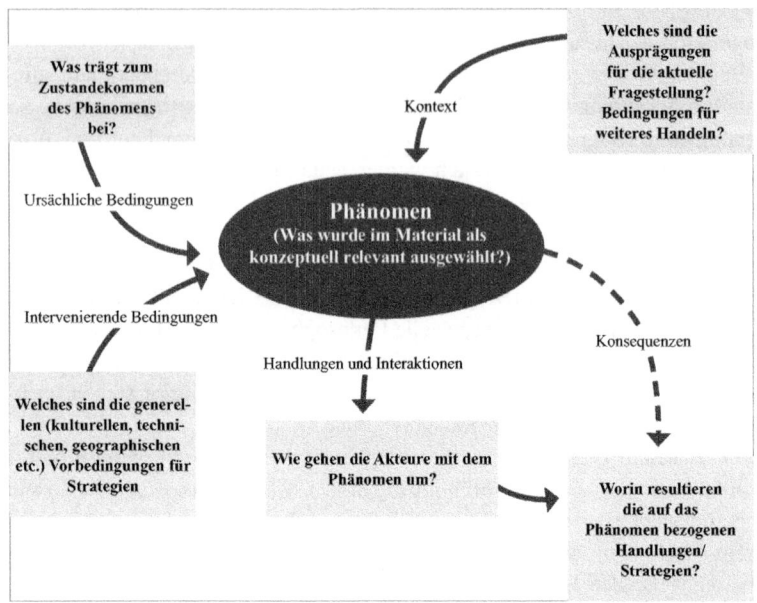

Abbildung 10.4 Codierparadigma nach Strauss. (Heiser, 2018, S. 25)

Die Eingrenzung des Forschungsvorhabens wurde im Vorfeld durch die Sichtung der Literatur und die intensive Auseinandersetzung mit bestehenden Theorien und bisherigen Entwicklungen bezüglich der (strukturellen) Implementierung von Nachhaltigkeit in der beruflichen Bildung vorgenommen. Insbesondere aus diesen Gründen kann die konsequente Umsetzung der Grounded Theory nicht gewährleistet werden, jedoch wird sich einiger ihrer Elemente im Verlauf des Forschungsprozesses bedient. So wird das erste Interview mit dem Ministerium für Schule und Bildung zunächst ausgewertet, um die zweite Erhebungsphase mit den Bildungsgangleitenden und Lehrkräften entsprechend anpassen zu können (siehe Abschnitt 12.1.1). Durch die Aussagen der interviewten Person des Ministeriums können die Fragen für die Schulebene angepasst und neue Aspekte durch ergänzende Fragen mit einbezogen werden. Die Verfahrensschritte *Interview*, *Auswertung* und *Codierung* werden folglich nicht einzeln abgeschlossen, sondern befinden sich in einem iterativen Prozess. Durch die Auswertung der ersten Erhebung entstehen zunächst wage Modellideen, für deren nähere Klärung es weiterer Erhebungen bedarf.

Zu Beginn des Forschungsvorhabens war die Zielsetzung noch recht ergebnisoffen, da die Aussagen und die daraus resultierenden Schlüsse nicht vorhersehbar waren. Deshalb ergab sich erst im Laufe der ersten Erhebung eine Konkretisierung der Forschungsfragen, deren Schärfung während des Interviewprozesses auf Schulebene erfolgt.

10.5 Zusammenfassung und Schlussfolgerungen

Ziel der Erhebung ist die Stärkung einer BBNE, die durch die Konzeption von Implementierungsstrategien auf den Ebenen der Bildungspolitik, des Berufskollegs als Institution, seiner Lehrkräfte und des Unterrichts verfolgt wird. Vor diesem Hintergrund soll die curriculare Verankerung am Beispiel des Bildungsplans zur Erprobung ‚Staatlich geprüfte Assistentin/Staatlich geprüfter Assistent für Ernährung und Versorgung, Schwerpunkt Service' untersucht werden, um den Verankerungsprozess abzubilden und mögliche Optimierungsbedarfe zu identifizieren. Ebenfalls sollen die Intentionen seitens des MSB NRW für eine solche Implementation ermittelt und mit den Ergebnissen der anschließenden Befragung von Lehrkräften geprüft sowie weitere Möglichkeiten und Voraussetzungen auf den genannten Ebenen der Implementation einer BBNE identifiziert werden. Hieraus ergeben sich vier Kernfragen, die es innerhalb der geplanten Schritte zur Bearbeitung des Forschungsvorhabens zu beantworten gilt (siehe Tabelle 10.3).

Zur Sicherung der Qualität, zur Wahrung der Persönlichkeitsrechte sowie zur Nachvollziehbarkeit und Transparenz werden ethische Standards konzipiert, die die Grundlage der Forschung bilden sollen. In der Sozialforschung sind diese Standards anders zu bewerten als bei quantitativen Forschungsansätzen. Durch die Erhebung individueller Einstellungen und Erfahrungen mittels Interviews lassen sich Objektivität, Reliabilität und Validität nicht ohne Weiteres realisieren. Daher sind für analytische Forschungsdesigns erweiterte Gütekriterien wie Relevanz, Angemessenheit, Reflexion, Nachvollziehbarkeit, Offenheit oder Stimmigkeit (siehe Tabelle 10.4) expliziert worden. In der gesamten Erhebung wird darauf geachtet, den Forschungsprozess transparent offenzulegen sowie die Stimmigkeit der Ergebnisse kritisch zu reflektieren und bei Bedarf mit Fachkolleginnen und Fachkollegen und/oder Expertinnen und Experten zu diskutieren. Grundlage der Reflexion bietet neben dem wissenschaftstheoretischen Verständnis (siehe Abschnitt 2.1) die jeweilige theoretische Auseinandersetzung mit den für das Forschungsanliegen relevanten Inhalten wie Berufsbildung für eine nachhaltige Entwicklung, Transfer, Curriculumarbeit oder die Schlüsselfunktion der Lehrkräfte. Ferner wird das codierte Auswertungsverfahren in Anlehnung an

Tabelle 10.3 Forschungsprozess

Kernfragen	Forschungsschritte
	1) Literatur- und Dokumentenanalyse zur BBNE, zur Curriculumentwicklung sowie zur Implementationsforschung.
Welche Intentionen verfolgt das nord-rheinwest-fälische Ministerium für Schule und Bildung (MSB) mit der Verankerung von Nachhaltigkeit im Bildungsplan und welche Implementierungsstrategien bzw. -vorstellungen werden damit verbunden?	2) Befragung von Verantwortlichen für den Bildungsplan im Ministerium für Schule und Bildung zu Intentionen und Implementationsstrategien im Kontext der Curriculumrevision.
Wie verlief die curriculare Verankerung von Nachhaltigkeit im Bildungsplan aus Sicht der beteiligten Akteure?	3) Befragung von Bildungsgangleiterinnen und -leitern der Berufskollegs zu Prozessen der schulinternen Curriculumentwicklung.
Welche Veränderungen werden von den Lehrkräften wahrgenommen und wie wird Nachhaltigkeit in der Bildungspraxis umgesetzt?	4) Befragung von Lehrerinnen und Lehrern der Berufskollegs zur Erhebung ihrer Vorausset-zungen bezogen auf Akzeptanz, Verständnis, Einstellung und Umsetzung einer BBNE sowie zur unterrichtspraktischen Umsetzung der BBNE.
Was wird (noch) benötigt, um die Implementierung einer BBNE in den Berufskollegs zu stärken?	
	5) Ableitung von Implementationsstrategien auf verschiedenen Ebenen zur Verankerung einer BBNE.

(Eigene Darstellung)

Mayring (2015) bzw. Kuckartz (2018) umfassend beschrieben und um Elemente aus der Grounded Theory ergänzt, der Erhebungsprozess aller Interviews durch Transkriptionen, Kontextprotokolle und der jeweiligen Abschlussevaluation zum verwendeten Medium dokumentiert und die Intercoder-Übereinstimmung ermittelt. Darüber hinaus soll die Lebenswelt der Interviewten durch Fragen u. a. zu Unterricht, Fortbildungspraxis und persönlichen Anliegen und Wünschen einbezogen werden. Während der Kommunikation spielt zudem Wertschätzung, Kooperation und Gleichberechtigung zwischen den Interviewbeteiligten eine wichtige Rolle.

Tabelle 10.4 Gütekriterien des Forschungsvorhabens

Allgemeine Gütekriterien qualitativer Forschung	Spezifische Gütekriterien für Interviews	Gütekriterien für die Auswertung
Prinzip des Verstehens	Angemessene Atmosphäre	
Relevantes Thema		
Kohärenz	Privater Raum	Trennschärfe
Angemessenheit (Theorie- und Erhebungsumfang)	Störungen vermeiden	
Transparentes Vorgehen	Leitfaden/Fragen zielt/zielen auf kurze, gehaltvolle Antworten ab, die zum erwünschten Erkenntnisgewinn beitragen	Kohärenz/Plausibilität
Haltung einer ‚guten Forscherin' (Verantwortung und Selbstreflexion)	Zielgruppenkonforme Rahmung	Intercoder-Übereinstimmung
Übertragung auf weitere Felder anstreben	Evaluation	Vollständigkeit
	Dokumentation	

(Eigene Darstellung in Anlehnung an Helfferich, 2009; Kuckartz, 2018; Meinefeld, 1995; Tracy, 2010)

Empirische Erhebung zur curricularen
Verankerung einer BBNE durch das
MSB NRW

11

11.1 Planung der Erhebung

11.1.1 Entwicklung und Aufbau des Leitfadens

Um sich der Beantwortung der Forschungsfragen zu nähern, wird ein Leitfaden entwickelt, mit dem zunächst die Intentionen der Verankerung einer BBNE auf bildungspolitischer Ebene (Mesoebene) erhoben werden. Daher steht insbesondere die Forschungsfrage *Welche Intentionen verfolgt das nordrhein-westfälische Ministerium für Schule und Bildung (MSB NRW) mit der Verankerung von Nachhaltigkeit im Bildungsplan und welche Implementierungsstrategien bzw. -vorstellungen werden damit verbunden?* (siehe Abschnitt 10.2) im Vordergrund. Zudem wird der Forschungsfrage *Wie verlief die curriculare Verankerung von Nachhaltigkeit im Bildungsplan aus Sicht der beteiligten Akteure?* (siehe Abschnitt 10.2) nachgegangen. Auf dieser Grundlage soll vor allem die Aufnahme der nachhaltigkeitsorientierten Gestaltungskompetenz unter den zu vermittelten Werten im Bildungsplan zu Erprobung untersucht werden, indem die notwendigen Implementierungsschritte, die Relevanz der Thematik im gesellschaftlichen und berufsbildenden Kontext und beteiligte Akteure ermittelt werden. Vor dem Hintergrund der Implementationsforschung sind vor allem die Ziele und Inhalte der Innovation, die Überprüfung des Erfolgs, hemmende und fördernde Faktoren sowie die Konsequenzen der bisherigen Erfahrungen (Petermann, 2014, S. 123) von

Ergänzende Information Die elektronische Version dieses Kapitels enthält Zusatzmaterial, auf das über folgenden Link zugegriffen werden kann https://doi.org/10.1007/978-3-658-43877-7_11.

Interesse. Darüber hinaus sollen erste Hinweise zur didaktischen Umsetzung und Überschneidungen zu aktuellen didaktischen Konzepten erhoben werden.

Für die Konstruktion des Leitfadens werden die theoretischen Vorüberlegungen der Arbeit und die zuvor formulierten Forschungsfragen herangezogen, um auf dieser Basis ein Informationsbedürfnis abzuleiten, welches in Fragen des Leitfadens übertragen wird (siehe Abschnitt 10.3.2). Der Aufbau des Leitfadens findet sich in seiner Struktur mit den jeweiligen Fragen in Anhang 8 im elektronischen Zusatzmaterial und stellt sich wie folgt dar:

1) Einleitung: Hier erfolgt zunächst die Vorstellung der Interviewerin sowie die Beschreibung des Forschungsvorhabens. Dabei soll vor allem die Bedeutung des Interviews herausgestellt werden. Ebenfalls sollen die Rahmenbedingungen (Dauer, Aufnahme etc.) und die Anonymisierung zum Datenschutz transparent gemacht werden. Durch diesen freundlichen Einstieg und das gegenseitige Kennenlernen soll eine Vertrauensbasis geschaffen werden, um eine angenehme und förderliche Gesprächsatmosphäre zu schaffen. Die Aufklärung über das Forschungsinteresse soll ein Verständnis sowie die Bedeutung für das Forschungsvorhaben bewirken. Zudem wird an dieser Stelle die Wertschätzung der befragten Person und deren Anerkennung ihres Expertenstatus ausgesprochen.

2) Vorstellung der interviewten Person und inhaltlicher Einstieg: Nachdem genügend Raum für Rückfragen gegeben wurde, hat im zweiten Teil zunächst die befragte Person das Wort. Das Vorstellen der eigenen Person ist ein niederschwelliger Einstieg, der die befragte Person unterstützt, in das Gespräch einzusteigen. ‚Eisbrecherfragen‘ (Riesmeyer, 2011, S. 227 f.) als Einstiegsfragen weisen noch keine konkreten inhaltlichen Bezüge auf, wodurch die Beantwortung ohne Weiteres ermöglicht wird. Daher dient die kurze Narration – neben ihren informativen Charakter – als Aufwärmphase. Erst im Anschluss daran werden erste inhaltliche Fragen gestellt, die sich zunächst auf die Relevanz einer BBNE in der heutigen Gesellschaft, in der beruflichen Bildung sowie im Berufsfeld Ernährung und Hauswirtschaft beziehen. Dieser inhaltliche Einstieg unterstreicht die Bedeutung einer BBNE und soll der befragten Person ermöglichen, die eigene Einschätzung zur Relevanz zu äußern. Diese soll bei der Auswertung mit anderen subjektiven Einschätzungen und den Standpunkten aus der Wissenschaft abgeglichen werden. Ebenfalls soll die Bedeutung des Berufsfelds für eine BBNE hervorgehoben werden. Denn bezüglich des Berufsfelds Ernährung und Hauswirtschaft verschärfen u. a. der Konsum tierischer Lebensmittel, die Lebensmittelverschwendung oder die Bevorzugung

von Lebensmitteln mit hohen Verarbeitungsstufen die prekären Entwicklungen wie Klimawandel, Ressourcenverknappung und Hungerprobleme (Kettschau & Mattausch, 2011, S. 13 f.). Zur Ermittlung der Anknüpfungspunkte einer BBNE an die bisherigen didaktischen Konzepte der beruflichen Bildung werden ebenfalls Fragen bezüglich der Übereinstimmung einer BBNE mit der Handlungskompetenz gestellt. Zur Förderung eines verantwortungsvollen Denkens und Handelns gehört die Verankerung einer nachhaltigkeitsorientierten Leitidee in die nationalen Bildungssysteme (Klanten, 2014, S. 5). Laut MSB NRW (2015, S. 6) wird die Förderung der nachhaltigkeitsorientierten Gestaltungskompetenz gefordert. Es handelt sich jedoch um einen sehr komplexen Begriff, der stärker als bisher seinen Schwerpunkt auf Kompetenzen, Einstellungen, Haltungen und Verhaltensweisen legt (Miller, 2011, S. 11). Daher wird bei der Befragung der Fokus auf die Klärung der zu fördernden Kompetenzen der Schülerinnen und Schüler gesetzt.

3) Implementierungsprozess: Die Verankerung von BBNE in Ordnungsmitteln ist für Lehrerinnen und Lehrer zur unterrichtlichen Umsetzung von Bedeutung, da sie die Thematik legitimiert. Zudem unterstützt sie die Diskussion über die unterrichtliche Relevanz in der Institution mit Vorgesetzten und Kolleginnen und Kollegen und kann zur erhöhten Bedeutsamkeit von BBNE als Bestandteil der beruflichen Ausbildung beitragen (Schütt-Sayed, 2019, S. 16). Hierfür ist jedoch ein Bewusstseinswechsel in der Berufsausbildung erforderlich (Mohoric, 2014a, S. 189), weshalb es für die Implementierung von BBNE notwendig erscheint, alle am Bildungsprozess beteiligte Akteure einzubeziehen (Kuckeland & Schneider, 2016; Tramm, 1992). Der Zugang zu den Unternehmen kann jedoch herausfordernd sein (Kastrup et al., 2014, S. 173). Dies kann bei der Implementierung einer BBNE in Curricula rein schulischer Ausbildungen umgangen werden. Daher sind neben den Fragen zum gesamten Implementationsprozess ebenfalls Fragen nach den beteiligten Akteuren sowie die Wahl des Bildungsplans relevant. Einen weiteren Aspekt bildet die Platzierung einer BBNE in allen Berufsfeldern der Berufsfachschule in Teil I unter den zu vermittelnden Werten ab. Die Wertebildung kann daher als Bestandteil einer BBNE gelten, welche mit einem Verantwortungsbewusstsein einhergeht (Schmitt, 2016, S. 93). Was jedoch tatsächlich mit der Platzierung und der entsprechenden Formulierung beabsichtigt wird, kann – aufgrund des Anstiegs des öffentlichen Gebrauchs und dem Fehlen einer einheitlichen Definition (Freund, 2015, S. 13–22) – nur durch die Expertin oder den Experten beantwortet werden. Selbiges gilt für die Konsequenzen, die mit dieser Implementation beabsichtigt werden, da angenommen wird, dass eine Veränderung auf bildungspolitischer Ebene nicht ohne bestimmte Intentionen erfolgt. Daran

anschließend sollen Fragen nach der eingeschätzten Relevanz der Lehrpersonen bei der Implementation einer BBNE erfolgen. Denn zusammen mit den Rahmenbedingungen einer Schule – wie dem pädagogischen Konzept, Projekte, Kooperationen etc. – ist der Lehrperson eine besondere Bedeutung zuzuschreiben (Köller & Baumert, 2008, S. 753). Neben ihren direkten und indirekten Förderungsoptionen im Unterricht fungiert sie zudem als Multiplikatorin oder Multiplikator bei den Jugendlichen. Ob diese theoretischen Erkenntnisse mit den Einschätzungen aus der Praxis übereinstimmen, soll u. a. durch diese Befragung geklärt werden. In diesem Zusammenhang sind ebenfalls die bisherigen Maßnahmen zur Unterstützung abzufragen, um die Lehrerinnen und Lehrer bei der Umsetzung zu begleiten. Denn es lassen sich vor allem Lerngelegenheiten im Rahmen der Lehrerausbildung und Weiterbildungsangebote im Laufe des Berufslebens als elementare Ansatzpunkte zur Förderung ihrer professionellen Kompetenz herausstellen. Ein anderer Aspekt des Leitfadens bildet die Erfassung weiterer Implementationsbestrebungen einer BBNE ab. Wie in Abschnitt 8.1.2 beschrieben, existieren unterschiedliche Transferformen, -instrumente und -ebenen, die zur Stärkung einer BBNE genutzt werden können. Um die zwei Transferziele *Verstetigung* und *Verbreitung* zu verfolgen, sollten weitere Strategien des Transfers bestimmt werden, die durch die gezielte Nachfrage erhoben werden sollen.

4) Erprobung: Da es sich laut Titel um die Erprobung des Bildungsgangs handelt, ist ferner von Interesse, auf welchen Teil des Bildungsplans sich diese Erprobung bezieht und über welchen Zeitraum sich diese erstreckt. In diesem Zusammenhang ist die Frage nach der Evaluation des Bildungsplans von Interesse, die das weitere Vorgehen bezüglich der curricularen Verankerung bestimmt. Im Rahmen der Implementationsforschung werden drei Strategien unterschieden; an dieser Stelle handelt es sich um die Top-down-Strategien (Hasselhorn et al., 2014, S. 8 f.), da auf die Implementierung einer BBNE auf bildungspolitischer Ebene initiiert wurde. Diese Vorgehensweise sollte aufgrund verschiedener Fragestellungen hin analysiert und bewertet werden, um die Ziele der Innovation, den Erfolg hemmende und fördernde Faktoren sowie die daraus resultierenden Konsequenzen zu bestimmen (Petermann, 2014, S. 123).

5) Ausblick: Abschließend soll durch die hypothetische Frage ‚Stellen Sie sich vor, in zehn Jahren wäre die nachhaltige Entwicklung erfolgreich in der beruflichen Bildung angekommen. Woran würden Sie dies erkennen?' die subjektive Sichtweise der Expertin oder des Experten einbezogen werden. Durch die hierbei gewonnenen Informationen lassen sich erneut das Verständnis einer BBNE sowie die angestrebten Veränderungen der Implementation ermitteln.

Abschließend hat die befragte Person die Möglichkeit, relevant Aspekte, die durch die Fragen des Leitfadens noch nicht abgefragt wurden, einzubringen. Zudem wird ein Feedback ermöglicht, welches die Qualität weiterer Erhebungen verbessern kann. Ebenfalls soll die Wertschätzung durch den ausgesprochenen Dank für die Beteiligung noch einmal hervorgehoben werden, da die Teilnahme nicht als selbstverständlich gesehen wird und die erhobenen Daten einen gewinnbringenden Beitrag zum Forschungsvorhaben leisten.

Eine Übersicht der Fragen, deren Typisierung nach Inhalt und Funktion sowie den dazugehörigen Begründungen findet sich in Anhang 8 im elektronischen Zusatzmaterial. Diese Struktur sowie die dazugehörigen Fragen werden an die Befragung auf Schulebene entsprechend angepasst, da sich die Expertinnen und Experten auf verschiedenen Ebenen in ihrer Beteiligung des Implementierungsprozesses unterscheiden und über unterschiedliches Wissen verfügen (Gläser & Laudel, 2010, S. 117). Ebenfalls nehmen die Ergebnisse der ersten Erhebung Einfluss auf die Anpassungen des Leitfadens (siehe Abschnitt 12.1.1).

Durch die Prüfung des Leitfadens im Rahmen eines Doktorandinnen-Kolloquiums (siehe Abschnitt 10.3.2) wurde neben einigen Formulierungsanpassungen die Bitte um die Beschreibung der Rolle beim Prozess der Lehrplanentwicklung in Teil II ergänzt und die Fragen zum Thema BBNE mit den Fragen zur BBNE im Bildungsplan zur Erprobung in Teil III zusammengeführt. Bei der Frage nach den Anknüpfungspunkten zur Nachhaltigkeit an didaktischen Konzepten der beruflichen Bildung wurde das Beispiel *Handlungskompetenz* direkt bei der Fragestellung eingebunden, damit ein möglicher Abfrage-Charakter der Fragestellung vermieden wird, der von der befragten Person als unangenehm empfunden werden könnte. Darüber hinaus wurde der Ausblick in Teil IV und Teil V aufgeteilt und um Detailfragen und Erzählanregungen zur Erprobung und Evaluation des Bildungsplans ergänzt. Eine detaillierte Übersicht der Anmerkungen findet sich in Anhang 10 im elektronischen Zusatzmaterial.

Die Durchführung eines Pretests ist aufgrund des exklusiven Expertenwissens und des hierarchischen Charakters der Landesebene nicht möglich. Daher wird eine Befragung mit einer wissenschaftlichen Mitarbeitern simuliert, die hypothetische Antworten und/oder ihre Interpretationen der Frage angibt. Zwar ist dies kein adäquater Ersatz eines Pretests, dennoch soll durch diese Simulation in Kombination mit der vorherigen Diskussion des Leitfadens deren Qualität verbessert werden. Ferner ermöglicht die Simulation des Interviews das Üben der Interviewführung und der Fragetechnik. Im Rahmen der Simulation sind keine nennenswerten Verständnisprobleme aufgetreten, wodurch die Fragen als angemessen betrachtet werden. Bei der Interviewsimulation ist der Interviewerin deutlich geworden, dass Abweichungen von der Leitfadenstruktur sinnvoll sind, um adäquat auf die Antworten der befragten Person reagieren zu können. Zudem soll künftig noch stärker auf die Zurückhaltung und das Zulassen von Pausen geachtet werden, um eine möglichst hohe Erzählanregung für die Expertinnen und Experten gewährleisten zu können.

11.1.2 Durchführung des Interviews

Über die Abteilungsleiterin für Berufskollegs der Bezirksregierung Münster konnte der Kontakt zur verantwortlichen Person aus dem MSB über die offizielle Anschrift des dazugehörigen Sekretariats hergestellt werden, wodurch eine persönliche Kontaktaufnahme mit Bitte um Unterstützung des Forschungsvorhabens möglich war. Das Interview wurde im Januar 2019 in den Räumlichkeiten des MSB in Bonn geführt und ging 59 Minuten. Interviewt wurde die Gruppenleitung ‚Berufliche Bildung' unter Berücksichtigung der Aspekte zur Interviewführung (siehe Abschnitt 10.3.3), die alle Aktivitäten zur beruflichen Bildung koordiniert und u. a. den Unterricht von rund 500.000 Schülerinnen und Schülern an Berufskollegs sicherstellt (1:3). Die Curriculumarbeit auf Landesebene wird ebenfalls durch die befragte Person verantwortet, weshalb sie in ihrer Position einen Alleinstellungscharakter hat. Da einerseits weitere beteiligte Personen auf Landesebene zum Zeitpunkt der Erhebung bereits pensioniert waren und andererseits keine weitere Person auf dieser Ebene mit einer vergleichbaren Beteiligung am Implementationsprozess und einem vergleichbaren Wissen existiert, wurde auf der Landesebene lediglich die Durchführung eines Interviews geplant. Bei der Auswertung ist daher zu berücksichtigen, dass die Daten auf der subjektiven Sichtweise einer Einzelperson basieren und mit den Daten der Schulebene abzugleichen sind. Dies ist auch bei den gewonnenen Informationen zum Entwicklungsprozess des Bildungsplans zur Erprobung möglich, denn es konnte eine Lehrperson von einem Berufskolleg gewonnen werden, die ebenfalls an der Curriculumarbeit beteiligt war.

11.2 Ergebnisdarstellung und -analyse

11.2.1 Auswertungsverfahren

Um das Interview kategorisch auswerten zu können und gezielt Aussagen aus dem Gespräch für weitere Erhebungen herauszuarbeiten, wurde das Interview mit dem MSB zunächst in Textform überführt. Dabei wurde eine Anonymisierung personenbezogener Daten vorgenommen (siehe Abschnitt 10.4.1). Bei der Auswertung des vorliegenden Interviews wurde auf die Transkription von Betonungen, Pausen, zustimmenden Äußerungen, Verzögerungssignalen (z. B. ‚hm‘, ‚ähm‘, ‚aha‘) und Zwischenkommentaren (z. B. *ach was*) abgesehen, wenn keine besondere Relevanz für den Interviewverlauf erkennbar war. Da lediglich reine Textmerkmale und keine inhaltlichen Elemente des Gespräches ausgelassen wurden, ist davon auszugehen, dass das weitere Forschungsvorhaben nicht gefährdet wird (Mayring, 2010, S. 70). Es wurde sich an dem in Abschnitt 10.4 beschriebenen Ablauf orientiert:

Zunächst wurden beim mehrmaligen Durchlesen des Datenmaterials Auffälligkeiten markiert sowie Memos verfasst (siehe Anhang 13 im elektronischen Zusatzmaterial). Anschließend erfolgte die Zuweisung der jeweiligen Aussagen zur weiteren Analyse mittels des Auswertungsprogramms MAXQDA und in Anlehnung an die qualitative Inhaltsanalyse nach Mayring und Kuckartz (siehe Abschnitt 10.4) entsprechenden den zuvor festgelegten Kategorien. Die entwickelten Analysekriterien basieren auf den Interviewleitfragen. Anschließend wurde das Transkript sorgfältig gelesen und entsprechende Textpassagen den jeweiligen Kategorien zugeordnet oder – wenn nötig – kam es zur Ergänzung des Kategoriensystems um weitere Aspekte. Die Auswertung des Interviews erfolgte in mehreren Durchläufen entsprechend den Kategorien, dabei war die Zuordnung von einzelnen Textpassagen zu mehreren (Sub-)Kategorien möglich. Während des mehrfachen Durchlaufs der Auswertung wurden die bestehenden Kategorien zum Teil umformuliert und/oder ergänzt und anschließend erneut auf ihre Sinnhaftigkeit bezüglich des Forschungsinteresses hin überprüft. Beispielsweise wurde *SK2.1: weitere Curricula* um *Ebenen* ergänzt und eine neue Subkategorie *SK1.1: Struktur neuer Bildungspläne* ist aufgrund bestimmter Aussagen neu erstellt worden. Am Ende des Zuordnungsprozesses konnten 160 Textpassagen zu den (Sub-)Kategorien zugeordnet werden. Daher wurde das vorhandene Kategoriensystem nachträglich dem Datenmaterial angepasst. Folgende Hauptkategorien (K) wurden zur Analyse herangezogen:

- *K1: BBNE im Bildungsplan zur Erprobung* beinhalte die Aussagen zum Nachhaltigkeitsverständnis und Prozess der curricularen Implementierung einer BBNE.
- *K2: Erprobung und Evaluation* bezieht sich den Zeitraum der Erprobungsphase.
- *K3: Ausblick* umfasst die Wünsche und Ziele, die in der Zukunft durch eine BBNE erreicht werden sollen.

Diese Hauptkategorien lassen sich in weitere Subkategorien (SK) unterteilen, weshalb das Kategoriensystem nach dem mehrstufigen Verfahren der Kategorienbildung insgesamt 23 Subkategorien umfasst. Zur Sicherstellung der Intercoder-Übereinstimmung wurde das transkribierte und anonymisierte Interview unter Anwendung des entwickelten Kategoriensystems von einer unabhängigen Mitarbeiterin aus der beruflichen Lehrerbildung codiert. Daraus ergab sich eine Intercoder-Übereinstimmung von 97 % (siehe Anhang 32 im elektronischen Zusatzmaterial). Vor diesem Hintergrund fand die Anpassung von vier Definitionen des Kategoriensystems solcher Kategorien statt, bei denen eine abweichende Codierungsanzahl auftrat. Das angepasste Kategoriensystem, welches sowohl alle Subkategorien mit den entsprechenden Definitionen als auch passende Ankerbeispiele enthält, ist dem Anhang 28 im elektronischen Zusatzmaterial zu entnehmen.

Die folgende Darstellung der Ergebnisse orientiert sich an den zuvor definierten Kategorien, weicht jedoch in ihrer ursprünglich angelegten Anordnung ab. Bereits im Verlauf des Interviews wird die Frageabfolge durch den Gesprächsverlauf verändert. Zudem wird durch das Umordnen und teilweise Zusammenfassen einzelner Kategorien eine stringentere Struktur beabsichtigt. Mithilfe von MAXQDA sind sogenannte *Summary Grids*[1] für jede Subkategorie erstellt worden, um die zugeordneten Aussagen zusammenzufassen. Sie sind ein wichtiges Hilfsmittel für die Ergebnisdarstellung. Neben ihrer Darstellung werden die Ergebnisse kritisch analysiert. Diese Interpretationen sollen Schlussfolgerungen ermöglichen, die die Basis weiterer Erhebungen darstellen, um sich der Beantwortung der Forschungsfrage fortführend zu nähern.

---

[1] „Das Summary-Grid ist eine […] von den Forschenden geschriebene Zusammenfassung […]. Jedes Summary bleibt durch das Gitter mit den ursprünglichen Textstellen der Rohdaten verbunden" (VERBI GmbH, 2022).

11.2.2 Nachhaltigkeitsverständnis im Bildungsplan

Ergebnisdarstellung

Die Formulierung zur Nachhaltigkeit in den Bildungsplänen ist eine Setzung, die vom Schulministerium verantwortet wird. Es handelt sich um eine gängige Beschreibung, die nicht auf eine Partei zugeschnitten ist, um sich auf einer langfristigen und über das Land hinausgehenden sicheren Ebene zu bewegen, die mit der KMK konform geht.

> „Also versucht man auf einer Ebene sich zu bewegen, was ein Stück weit abgesichert ist. Und da gibt es natürlich auch über das Land hinausgehende Aktivitäten zur Umsetzung von Bildung für nachhaltige Entwicklung im Bereich der KMK. Also schließt man sich dann kurz" (1:44).

Das Nachhaltigkeitsverständnis des MSB NRW umfasst die drei Dimensionen von Nachhaltigkeit: *Ökologie, Ökonomie* und *Soziales*. Es handelt sich um ein personell verortetes Verständnis im Ministerium, da es in der Zuständigkeit eines Referates mit entsprechender Expertise liegt. In Bereichen, in denen sowohl die berufliche Bildung als auch die nachhaltige Entwicklung thematisiert werden, vertritt das Ministerium eine intern abgestimmte Formulierung, die vom zuständigen Referat zunächst als Entwurf eingebracht wird (1:78, 80). Werden die Aussagen zur Nachhaltigkeit den zentralen Kategorien (Dimensionen einer nachhaltigen Ernährung sowie die Wertebildung als Bestandteil einer BBNE (siehe Kapitel 4 und 5.2.2)) zugeordnet, kann folgende Aufteilung bestimmt werden: Die Kategorie *Ökologie* wurde mit acht Nennungen am häufigsten beschrieben, die Kategorie *Soziales* mit fünf Codierungen am zweithäufigsten, die Kategorien *Ökonomie* und *Gesundheit* sowie Werte stehen mit drei Nennungen an dritter Stelle. Die Nennungen werden in Kernbegriffe entsprechend den Kategorien in Tabelle 11.1 zusammengefasst.

Ergebnisanalyse

Die in den Bildungsplänen gewählte Formulierung „Förderung von Gestaltungskompetenz für nachhaltige Entwicklung unter der gleichberechtigten Berücksichtigung von wirtschaftlichen, sozialen, gesellschaftlichen und ökologischen Aspekten (Nachhaltigkeit)" (MSB NRW, 2015, S. 6) kann als geläufige Formulierung verstanden werden (1:44), da sie dem Modell der Gestaltungskompetenz, welches im Rahmen der UN-Dekade u. a. von De Haan (2005) definiert wurde, folgt. Dennoch fehlt hier die Einbindung der allgemein bekannten Definition aus der Brundtland-Kommission (1987) ‚Our common future', Gerechtigkeit intra-

Tabelle 11.1 Kernbegriffe des Nachhaltigkeitsverständnisses auf Landesebene

Ökologie	Soziales	Ökonomie	Gesundheit	Werte
Umweltschutz	soziale Belange	Ressourcen-schonung	Arbeits- und Gesundheitsschutz	Bewusstsein
ökologische Landwirtschaft	sozialer Bereich	nachhaltiges Wirtschaften	Gesunde Ernährung	
Infrastruktur	soziale und politische Ungerechtigkeit beenden		Gesunderhaltung der Menschen	
Ressourcen-schonung	Ausgleich in den verschiedenen Gefällen			
Umwelt-verschmutzung vermeiden	sozialverträgliche Produktion			
Aufrechterhaltung von Natur und Umwelt				

(Eigene Darstellung)

und intergenerationell zu denken (siehe Kapitel 5). Die „Zukunftsverantwortung"
(Grunwald & Kopfmüller, 2006, S. 7) ist besonders wichtig, wenn es um den
Erhalt natürlicher Ressourcen für nachfolgende Generationen geht. Auch Hauff
(1987) definierte Nachhaltigkeit so, dass sie „die Bedürfnisse der Gegenwart
befriedigt, ohne zu riskieren, dass künftige Generationen ihre eigenen Bedürfnisse nicht befriedigen können" (Hauff, 1987, S. 46). Mit der Implementierung
folgt die KMK den Bestrebungen der Agenda 21, Maßnahmen zur Umsetzung
des Nachhaltigkeits-Leitbildes und der Integration auf nationaler, regionaler und
kommunaler Ebene (Freund, 2015, S. 22). Durch die Formulierung der „gleichberechtigten Berücksichtigung von wirtschaftlichen, sozialen/gesellschaftlichen und
ökologischen Aspekten" (MSB NRW, 2015, S. 6) entspricht das MSB NRW
dem verbreiteten Konzept des *Drei-Säulen-Modells* aus dem Abschlussbericht der
Enquete Kommission 1994, welches die drei Komponenten Ökologie, Ökonomie
und Soziales als gleichrangig nebeneinanderstellt. Die Formulierung des Nachhaltigkeitsverständnisses wird zunächst von dem zuständigen Referat als Entwurf

eingebracht und intern abgestimmt (1:78, 80). Eine konkrete Definition ist erforderlich, um ein einheitliches Verständnis zu schaffen und Unklarheiten sowie Missverständnisse zu verhindern. Da Nachhaltigkeit seit 1713 (Freund, 2015, S. 20 f.) in solchen Momenten präsent ist, in denen es um endliche, natürliche Ressource geht, wurde die Nachhaltigkeitsidee erstmals aus einer ökologischen Perspektive entwickelt, welches eine Gewichtung dieser Kategorie seitens des MSB NRW erklären kann. Zudem kann der ökologische Schwerpunkt der Nachhaltigkeit in politischer Dimension (Kleine, 2009, S. 13) zu dieser Dominanz führen. Doch die Kategorie *Soziales* weist mit 8 Nennungen ebenfalls eine höhere Präsenz gegenüber *Ökonomie* auf, obwohl diese Kategorie als am wenigsten greifbar gilt (Kleine, 2009, S. 15). Möglich wäre, dass die Kategorien *Ökologie* und *Soziales* vielfach genannt werden, da sich das Berufsfeld Ernährung und Hauswirtschaft mit diesen inhaltlich stärker überschneidet. Eine weitere Vermutung wäre, dass zur Kategorie *Ökonomie* weniger praxis- oder alltagsnahe Inhalte gefunden bzw. zugeordnet werden können, wodurch eine geringere Nennung erfolgt. Bei der Zuordnung der Aussagen zur Nachhaltigkeit zu den jeweiligen Kategorien gibt es zudem Überschneidungen zu zwei der Nachhaltigkeitsstrategien *Effizienz, Konsistenz* und *Suffizienz*. So stimmen das nachhaltige Wirtschaften und die Notwendigkeit von dezentralem Heizen (1:78) einerseits mit der Definition von *Effizienz*, den Material- und Energieeinsatz möglichst zu reduzieren, überein (Freund, 2015, S. 27). Andererseits gibt es Übereinstimmungen zur Definition von *Konsistenz*, die den Abgleich der Stoffströme, die durch Menschen erwirtschaftet wurden, mit den natürlichen Stoffwechselprozessen meint (Grunwald & Kopfmüller, 2006, S. 77). Die Suffizienz-Strategie lässt mit den Aussagen zur Ressourcenschonung des MSB NRW in Verbindung bringen.

Dennoch stehen die Kategorien von Nachhaltigkeit in den jeweiligen Modellen isoliert nebeneinander. Um dieser Vorstellung entgegenzuwirken, wäre eine Formulierung gelungener, die ein verwobenes Verhältnis der Kategorien impliziert. Dies entspräche dem integrierenden Nachhaltigkeitsdreieck (Hauff & Kleine, 2005), in welchem die Schwierigkeiten bei der Verknüpfung der verschiedenen Kategorien sowie die Schwerpunkte einzelne Maßnahmen deutlich werden. Dies würde vielmehr der vom MSB NRW beschriebenen Kompetenz der Lehrenden entsprechen, vernetzt mit Kolleginnen und Kollegen lernfeldübergreifend zu arbeiten. Daneben können die Schülerinnen und Schüler mithilfe dieses Modells mögliche Widersprüche der Nachhaltigkeitskategorien bewerten sowie die Folgen von neuen Produkten oder erbrachten Dienstleistungen auf lokaler, regionaler und globaler Ebene verantwortungsbewusst prüfen (Vollmer & Kuhlmeier, 2014, S. 217). Es kann ermittelt werden, in welchen betrieblichen oder alltäglichen

Situationen Entwicklungsbedarfe bestehen und Optimierungsmöglichkeiten aufzeigen (Kettschau & Mattausch, 2014, S. 13). Daher soll in der zweiten Erhebung
die Frage nach möglichen schulspezifischen Anpassungen des Bildungsplans
bezüglich dieses Nachhaltigkeitsverständnisses aufgenommen und die unterrichtliche Umsetzung einer BBNE thematisiert werden. Es soll erhoben werden,
ob das Nachhaltigkeitsverständnis auf Schulebene ggf. die Zukunftsperspektive
sowie Aspekte der nachhaltigen Ernährung (siehe Kapitel 5) ebenfalls berücksichtigt und auf diese Weise eine sowohl ganzheitlichere als auch branchenspezifische
Vorstellung einer BBNE aufweist.

11.2.3 Relevanz von Nachhaltigkeit in der beruflichen Bildung

Ergebnisdarstellung
Nachhaltigkeit wird für die berufliche Bildung als wesentliche Aufgabe mit hoher
Relevanz beschrieben (1:10). Sie sollte als Grundmuster für alle Handlungen
gesehen werden und ist deshalb als eine von „drei oder vier wichtigen Punkte[n]"
(1:22) in den Bildungsplänen verankert. Das Bildungspersonal aller Bildungsinstitutionen sollte für Nachhaltigkeit sensibilisieren, indem u. a. die Schülerinnen
und Schüler mit den Folgen der Nichtbeachtung direkt konfrontiert werden (1:10,
12, 14).

> Letztlich ist es aber eine über alle Bildungsinstitutionen hinweg wesentliche Aufgabe,
> dass diese Nachhaltigkeit auch den jungen Menschen eben als ein Grundmuster bei
> allen Handlungen, die sie vollziehen sollen, eben auch bewusst wird und das ist eine
> Aufgabe, wo wir sensibilisieren müssen (1:10).

Insbesondere für die Ernährungsbranche wird Nachhaltigkeit eine hohe Bedeutung zugesprochen, da hier z. B. Rahmenbedingungen ökologischer Landwirtschaft, gesunde Ernährung und die Gesunderhaltung der Menschen thematisiert
werden (1:54).

In den Bildungsplänen wird die Gestaltungskompetenz unter den zu vermittelnden Werten aufgeführt. Diese Platzierung stellt jedoch keinen Widerspruch
dar, obwohl die Formulierung vielmehr eine Orientierung an der Handlungskompetenz vermuten lässt. Zwar ist in der beruflichen Bildung die Handlungskompetenz „oberste Devise" (1:50), dennoch steht diesem der explizite Bildungs- und
Erziehungsauftrag gegenüber. Hiernach wird

den Schülerinnen und Schülern eine umfassende berufliche, gesellschaftliche und personale Handlungskompetenz [vermittelt] und bereitet sie auf ein lebensbegleitendes Lernen vor. Es qualifiziert die Schülerinnen und Schüler, an zunehmend international geprägten Entwicklungen in Gesellschaft und Wirtschaft teilzunehmen und diese aktiv mitzugestalten (APO-BK, 2022).

So soll einerseits die Handlungskompetenz am Berufskolleg gestärkt werden, andererseits beinhaltet dies zudem die Wertebildung und die Wertevermittlung bzw. die Förderung eines Werteverständnisses (1:50). In den Bildungsgängen sollen die einzelnen Fächer und Lernfelder nicht isoliert betrachtet, sondern die Wertevermittlung und Handlungskompetenzförderung durch die Verknüpfung der Lernfelder und den kollegialen Austausch der Lehrkräfte über die gesamte Ausbildung hinweg gewährleistet werden.

> Das liegt ein Stück weit auch in der Kunst der Bildungsgänge, weil es ja gerade im Berufskolleg so ist, dass wir auch nicht die einzelnen Fächer oder Lernfelder isoliert betrachten (1:52).

Widersprüche zwischen der Vermittlung von Handlungskompetenz und der Förderung von Gestaltungskompetenzen für nachhaltige Entwicklung werden nicht gesehen (1:16). Die Nachhaltigkeitsthematik weist durch die Gestaltung von Lernsituationen und ihrer Positionierung in der didaktischen Jahresplanung zudem diverse Anknüpfungspunkte zu aktuellen didaktischen Konzepten auf. Durch einzelne Lernsituationen oder durch die begleitende Betrachtung in den vielen unterschiedlichen Lernsituationen können Verbindungen hergestellt werden (1:14, 20). So sollen bereits für die unterrichtliche Umsetzung und innerhalb der Anforderungssituation Nachhaltigkeitsaspekte berücksichtigt werden. Daher entstehen viele Schnittstellen beispielsweise mit dem sozialen Bereich bei der Berücksichtigung der gesundheitlichen Auswirkungen des Arbeitsplatzes im Rahmen des Arbeits- und Gesundheitsschutzes (1:22). In Bezug zur vollständigen Handlung, die die Planung, Umsetzung und Evaluation von bestimmten Aufgabenstellungen umfasst, stimmen Nachhaltigkeit und Handlungskompetenz im besonderen Maße überein (1:16).

Ergebnisanalyse
Durch das Interview konnte die hohe Relevanz von Nachhaltigkeit in der beruflichen Bildung bestätigt werden. BBNE lässt sich als wesentliche Aufgabe für Bildungsinstitutionen identifizieren (1:10). Sie ist curricular verankert worden, um als Grundlage aller Handlungen herangezogen zu werden (1:22) und entspricht somit dem Verständnis, dass Nachhaltigkeit als eine Leitidee verstanden

werden soll (Vollmer & Kuhlmeier, 2014, S. 205), die im Bildungskontext insbesondere als ein „ethisch orientierte[r] Such-, Lern- und Erfahrungsprozess" (Grunwald & Kopfmüller, 2006, S. 12) zu verstehen ist. Um den prekären Entwicklungen wie Klimawandel, Ressourcenverknappung und Hungerprobleme der heutigen Gesellschaft zu entgegnen, sollte das Bildungspersonal für Nachhaltigkeit sensibilisieren. Für die berufliche Bildung gilt im Speziellen jede Fachkraft zum sozial-, wirtschafts- und ressourcenverträglichen Handeln (Diettrich et al., 2007, S. 8) zu befähigen.

Wie bereits in Abschnitt 1.1 geschildert, tragen hinsichtlich der Ernährung und Hauswirtschaft u. a. der Fleischkonsum, verarbeitete Lebensmittel und der hohe Verbrauch von Süßwasserreserven zu diesen problematischen Zuständen bei (WBAE, 2020, S. 162–171). Daher gilt insbesondere für den Ernährungsbereich, Nachhaltigkeit in die (Aus-)Bildung z. B. durch die Thematisierung von ökologischer Landwirtschaft, gesunder Ernährung und der Gesunderhaltung der Menschen zu implementieren (1:54). Die Schülerinnen und Schüler sollen sich mit den inter- und intragenerationalen Folgen ihres Handelns auseinandersetzen und diese reflektieren. Hierfür sind fachspezifische Kompetenzen hilfreich, die den Umgang mit den berufsspezifischen und gesellschaftlichen Veränderungen ermöglichen. So sind u. a. die Kundenberatung, das Konsumverhalten bezüglich tierischer Produkte, die Abfallvermeidung sowie die praktische Umsetzung nachhaltiger Werte aufzuführen (Kettschau, 2014a). Wie sichergestellt werden kann, dass die Schülerinnen und Schüler das nachhaltigkeitsorientierte Wissen künftig anwenden und eine entsprechende Wertehaltung entwickeln, wird im Rahmen der Interviews auf Schulebene erfragt.

11.2.4 Kompetenzen der Schülerinnen und Schüler

Ergebnisdarstellung
Grundsätzlich umfassen die Kompetenzen der Schülerinnen und Schüler die Grundlage zur Handlungsfähigkeit im beruflichen und privaten Alltag. Lernende sollen Zusammenhänge ihrer Handlungen und den damit einhergehenden Konsequenzen verstehen und notwendige Änderungen in Bezug auf Nachhaltigkeit vollziehen lernen. Sie sollen Handlungen unter Berücksichtigung breitgefächerter Aspekte der Nachhaltigkeit – vom Umweltschutz bis hin zu sozialen Belangen – planen und reflektieren können (1:12, 16). Schülerinnen und Schüler sollen befähigt werden, ein Bewusstsein dafür zu entwickeln, Umweltschäden zu vermeiden, beim Produktionsprozess auf die Ressourcenschonung zu achten und die Gesunderhaltung ihrer Kunden zu berücksichtigen.

Die Schülerinnen und Schüler sollen eigentlich befähigt werden, das, was sie tun, was sie an Dienstleistungen eben mitleisten oder an Produkten erstellen, dass sie dies tun im Bewusstsein [...], also einen sehr weiten Begriff eben der Nachhaltigkeit, weil es sich sowohl um Umweltschutz als auch um soziale Belange handelt und das ist schon etwas, was erwartet wird (1:18).

Ergebnisanalyse
Werden nun die Aussagen zu den Kompetenzen der Schülerinnen und Schüler näher betrachtet, kann festgehalten werden, dass das Ministerium vergleichbare – wenn auch weniger umfangreiche – Kompetenzvorstellungen aufweist, wie die der in dieser Arbeit herangezogenen Literatur. Laut MSB NRW sollen die Lernenden in ihrer beruflichen und privaten Handlungsfähigkeit gefördert werden (1:12). Dies stimmt mit der KMK-Definition von Handlungskompetenz, nach der die Schülerinnen und Schüler lernen „in beruflichen, gesellschaftlichen und privaten Situationen sach- und fachgerecht durchdacht sowie individuell und sozial verantwortlich zu handeln" (KMK, 2018, S. 15) oder der Förderung von Fach-, Human- und Sozialkompetenz nach Sloane (2003) überein. Darüber hinaus sollen sie unter Berücksichtigung des Nachhaltigkeitsaspekts Zusammenhänge ihrer Handlungen und die damit einhergehenden Konsequenzen verstehen und reflektieren (1:16). Das Einschätzen und Beurteilen der eigenen Handlungen deckt sich mit dem Hamburger Modell, welches – basierend auf Roths (1971) Kompetenzverständnis – das sach-, sozial- und werteinsichtige Verhalten der Lernenden umfasst (siehe Abschnitt 8.2.1). Die Schülerinnen und Schüler sollen ein breitgefächertes Bewusstsein für Nachhaltigkeit entwickeln, auf dessen Grundlage das jeweilige Handeln geplant und bewertet wird (1:12, 16). Dieses Verständnis vom nachhaltigen Handeln stellt daher keinen Widerspruch, sondern die Kongruenz zur Handlungskompetenz dar (1:16). Es entspricht der berufspädagogischen Reform der 1990er-Jahre einerseits durch die zu fördernde Selbstständig-, Sach- und Fachlichkeit, andererseits verfolgt die berufliche Bildung die Förderung von Verantwortung und Reflexion (Kettschau, 2014a, S. 107). So kann geschlussfolgert werden, dass durch die Implementierung der nachhaltigkeitsorientierten Gestaltungskompetenz das sozial-, wirtschafts- und ressourcenverträgliche Agieren (Diettrich et al., 2007, S. 8) verfolgt wird. In Bezug zur vollständigen Handlung, die die Planung, Umsetzung und Evaluation von bestimmten Aufgabenstellungen umfasst und einen Aspekt der BBNE-Didaktik in der Ernährung und Hauswirtschaft ausmacht (siehe Abschnitt 7.2), stimmen Nachhaltigkeit und Handlungskompetenz ebenfalls überein (1:16).

11.2.5 Struktur neuer Bildungspläne

Ergebnisdarstellung

Seit 2010 wird eine systemkoordinierte Bildungsplanentwicklung angestrebt, die eine einheitliche bzw. gemeinsame Struktur der Bildungspläne (siehe Anhang 7 im elektronischen Zusatzmaterial) über die sieben Fachbereiche hinweg verfolgt (1:24).[2] Es kann von einer Curriculum-Revision gesprochen werden, da „mit diesen Bildungsplänen [ein] ganzheitliche[r] Blick auf die Problematik von Berufswelt und Gesellschaft" (1:56) gelegt werden soll. Der Teil I ist in aller Regel sehr ähnlich, daher lediglich einmal entwickelt worden und für alle Berufsfachschulen (Anlage B) gleichermaßen gültig. Im Teil II wird die fachbereichsspezifische Vertiefung vorgenommen und im Teil III ist der „eigentliche Bildungsplan" (1:66) enthalten. Im Teil I unter *Gemeinsame Vorbemerkungen* (1:70) ist Nachhaltigkeit expliziert aufgeführt und somit in allen neuen Bildungsplänen enthalten (1:24). Auch durch Fortbildungen, die Kommunikation mit Ausbildungsbetrieben, Lernortkooperation, die Beteiligung an nachhaltigkeitsspezifischen Wettbewerben und Projekten einzelner Schulen sowie durch die Lehrerausbildung kann Nachhaltigkeit in die berufliche Bildung implementiert werden (1:72).

> Das passiert natürlich durch, ich sag mal, Fortbildungen, durch die Kommunikation mit Ausbildungsbetrieben, bei denen das Thema ja genauso eine wesentliche Rolle ist. Also über die Lernortkooperation zum Beispiel im dualen System kommen viele Anregungen (1:72).

Aktuell werden die verschiedenen Bildungsgänge der Anlage C mit den Assistenten-Bildungsgängen der veränderten Struktur angepasst. Die neuen Bildungspläne bieten mehr Möglichkeiten zur Gestaltung von Lernsituationen und schaffen innerhalb der Lernfelder eine Verbindung von fachspezifischen und -übergreifenden Inhalten und Lehrkräften (1:52, 62). Die zu fördernden Kompetenzen werden an den Fachbereichen gespiegelt und sind in unterschiedlichen Niveaustufen definiert.

Ergebnisanalyse

Zur Kategorie der neuen Struktur des Bildungsplans kann festgehalten werden, dass der Bildungsplan zur Erprobung ‚Staatlich geprüfte Assistentin/staatlich geprüfter Assistent für Ernährung und Versorgung, Schwerpunkt Service' (2015)

---

[2] Die erste Zahl entspricht der Interviewnummer. Die zweite Zahl gibt die chronologische Reihenfolge der Zitate im Textanalyseprogramm (MAXQDA) an.

keine Ausnahme bezüglich seiner Implementierung einer BBNE darstellt, sondern alle Bildungspläne jeder Anlage der APO-BK sollen entsprechend angepasst werden. An welchen Stellen auf Nachhaltigkeit im neuen Bildungsplan Bezug genommen wird und wie sich die Struktur zum vorherigen Bildungsgang verhält, veranschaulicht Tabelle 8.3. Ob es sich hierbei um eine Curriculum-Revision handelt, die „einen ganzheitlichen Blick auf die Problematik von Berufswelt und Gesellschaft" (1:56) legt, soll auf Schulebene nachgefragt werden. Daher wird die Frage nach den Erfahrungen mit dem Lehrplan in den Interviewleitfaden für die Befragung der Bildungsgangleiterinnen und -leiter und Lehrerinnen und Lehrer aufgenommen, um ihre wahrgenommenen Veränderungen und ihre Bewertungen des neuen Lehrplans zu erkennen.

11.2.6 Curriculare Verankerung einer BBNE auf Landesebene

Ergebnisdarstellung
Der Verankerungsprozess von Nachhaltigkeit in die neuen Bildungspläne wird als komplexes Verfahren beschrieben (1:42), für welches es konkrete Rahmensetzungen und Vorgaben zu den Ordnungsmitteln – wie die APO-BK – gibt, an die sich orientiert wird und zu diesen derzeit Nachhaltigkeit gehört. Handlungsfelder und Anforderungssituationen werden gestaltet, indem Zielsetzungen definiert werden, die entsprechende Inhalte umfassen. So werden auf drei Ebenen in den Bildungsplänen Aussagen getroffen, die u. a. Nachhaltigkeitsaspekte miteinschließen.

> Das heißt auf drei Ebenen wird in den Bildungsplänen eben eine Aussage gemacht, die auch Nachhaltigkeitsaspekte berücksichtigt und dort finden sich dann auch explizit bestimmte Begriffe, bestimmte Inhalte, die auf Nachhaltigkeit eben einwirken (1:20).

Während des Prozesses wird je nach Arbeitsphase entweder gemeinsam am Tisch oder in Einzelarbeit am Rechner gearbeitet. Bis 2016 wurden die Bildungspläne vom Ministerium selbst entwickelt und den jeweiligen Fachreferaten zugewiesen. Im Verlauf der ersten Jahre der staatlichen Curriculumarbeit wurde eine „sogenannte Strukturgruppe" (1:26) eingeführt, die Hilfestellung bot, indem sie bei Problemlagen einschritt oder letzte Änderungen in der Systematik vornahm.

Zum Zeitpunkt des Interviews setzt QUA-LiS[3] für das MSB NRW eine Systematik von Bildungsplan-Veranstaltungen um. Den Lehrkräften des Bildungsgangs eines Fachbereichs, die später in Bildungsplan-Kommissionen entsandt werden, wird im Rahmen dieser Veranstaltungen das Schema der Bildungspläne vermittelt, welches nicht als einheitliches Muster, sondern als Grundlage zu verstehen ist. Entsprechend den Vorlagen und Formularen werden die einzelnen Bestandteile mit Inhalten gefüllt. Dabei handelt es sich um ein arbeitsteiliges Vorgehen, bei welchem bestimmte Handlungsfelder den einzelnen Kommissionsmitgliedern anvertraut und in anschließenden Sitzungen zusammengeführt werden. Es handelt sich um drei bis sechs Sitzungen (1:28).

Die in Begleitung von QUA-LiS entwickelten Bildungspläne werden an die Referatsleitung aus dem MSB NRW weitergeleitet, damit von ihnen eine Rückmeldung eingeholt werden kann. Bei Verbesserungsbedarf wird eine weitere Kommissionssitzung einberufen. Wenn der Bildungsplan mit der Referatsleitung besprochen wurde, wird dieser an die Gruppenleitung ‚Berufliche Bildung' weitergeleitet, mit der Bitte, diesen von der Bildungsministerin in Kraft setzen zu lassen. Während der Erprobungsphase können Rückmeldungen von Lehrkräften an die Schulaufsichtsbeamten, die für die Bildungsgänge in den einzelnen Bezirksregierungen zuständig sind, weitergeben werden. Diese können im Rahmen der Dezernentenkonferenzen bearbeitet werden. Nach der Erprobungsphase gibt es durch die Verbändebeteiligung noch einmal die Möglichkeit zur Rückmeldung, bevor die neuen Bildungspläne abschließend in Kraft gesetzt werden. Diese Beteiligung ist nach Schulgesetz vorgegeben und umfasst rund 100 Verbände, die eine Stellungnahme abgeben können (1:30, 58).

Neben den Verbänden und Mitarbeiterinnen und Mitarbeitern von QUA-LiS gibt es weitere Akteure, die bei der Bildungsplanarbeit involviert sind: Lehrkräfte und Schulleiterinnen und -leiter, Schulaufsichtsbeamte und Bedienstete der Bezirksregierungen, Vertreterinnen und Vertreter aus der Wissenschaft, der Gruppenleiter ‚Berufliche Bildung' aus dem Ministerium, die KMK und Lehrergewerkschaften (1:26, 36, 44, 58).

Ergebnisanalyse
Die gewonnen Daten lassen den Schluss zu, dass die Entwicklung von Curricula grundsätzlich auf drei verschiedenen Ebenen verläuft, die in der Literatur

---

[3] „Die Qualitäts- und UnterstützungsAgentur – Landesinstitut für Schule [(QUA-LiS)] berät das für Schule und Bildung zuständige Ministerium und ist die vom Ministerium beauftragte zentrale Einrichtung für pädagogische Dienstleistungen insbesondere zur Unterstützung der Schulen bei der Wahrnehmung ihres Bildungs- und Erziehungsauftrages" (QUA-LiS, 2022a).

als *Makro-, Meso-* und *Mikroebene* (Sloane, 2002, S. 13) oder als *Bundes-, Landes-, Schul-* und *Lehrerebene/Teamebene* (Kuckeland & Schneider, 2016, S. 3) beschrieben werden (siehe Abschnitt 8.2.1). Auf den Ebenen arbeiten beteiligte Akteure an unterschiedlichen Prozessschritten zusammen. Die jeweiligen Personengruppen werden in der herangezogenen Literatur nicht konkret benannt. Das Ministerium hingegen nennt Verbände und Mitarbeiterinnen und Mitarbeitern von QUA-LiS, Lehrkräfte und Schulleiterinnen und -leiter, Schulaufsichtsbeamte und Bedienstete der Bezirksregierungen, Vertreterinnen und Vertreter aus der Wissenschaft, die Gruppenleitung ‚Berufliche Bildung' aus dem MSB NRW, die KMK und die Lehrergewerkschaften (1:26, 36, 44, 58), die den genannten Ebenen zugeordnet werden können (siehe Abbildung 11.1). Auf der Landesebene erfolgt die Planung und Entwicklung der Bildungspläne, auf der Schulebene werden die konkreten Lehr-Lernprozesse bestimmt.

Ziel der Landesebene ist die Erarbeitung und Verabschiedung eines Lehrplans. Hierfür werden zunächst berufliche Handlungsfelder analysiert, die die Grundlage zur Lernfeldkonstruktion darstellen. Welche Inhalte und damit einhergehende Qualifikationen herangezogen werden, wird durch bildungspolitische Entscheidungen bestimmt. Für die dualen Berufsausbildungen werden seitens des Kultusministeriums Rahmenlehrpläne vorgegeben (entspricht der Bundesebene nach Kuckeland & Schneider (2016)). Im Gegensatz dazu liegen für die schulischen Ausbildungen lediglich die Vorgaben als Rahmenvereinbarung über die Berufsfachschulen vor, die die beruflichen Qualifikationen, über die u. a. staatlich geprüfte Assistentinnen und Assistenten für Ernährung und Versorgung, Schwerpunkt Service verfügen sollten, aufführen (KMK, 2021c, S. 20 f.). Daher ist die Curriculumarbeit der Bildungspläne auf Landesebene (Mesoebene) (1:42), die die Verabschiedung eines länderspezifischen Lehrplans verfolgt, komplex. Das Land hat hierbei keine Option, den auf Bundesebene verfassten Rahmenlehrplan zu übernehmen (Kuckeland & Schneider, 2016, S. 5), sondern muss einen konkretisierten Landeslehrplan unter Berücksichtigung der Vorgaben entwickeln. Zur Orientierung werden Rahmensetzungen und Vorgaben zu den Ordnungsmitteln herangezogen, zu denen derzeit Nachhaltigkeit gehört (1:20). So trifft Wenigers (1953) Vorwurf, der Lehrplan sei ein Konstrukt gesellschaftlicher Mächte, auch für die Landesebene zu, da sie vorgibt, welche Maxime die pädagogische (Bildungs-)Arbeit bestimmen. Schulen bzw. Berufskollegs können daher als handlungsregulierende Institutionen bezeichnet werden (Picot, 1991, S. 144). Wünschenswert wäre jedoch, dass es sich nicht um eine aufgesetzte Maxime handelt, sondern um die Wertehaltung der Lehrkräfte, die die Schülerinnen und Schüler befähigen möchten, die Gesellschaft nachhaltigkeitsorientierter zu gestalten (siehe Kapitel 4).

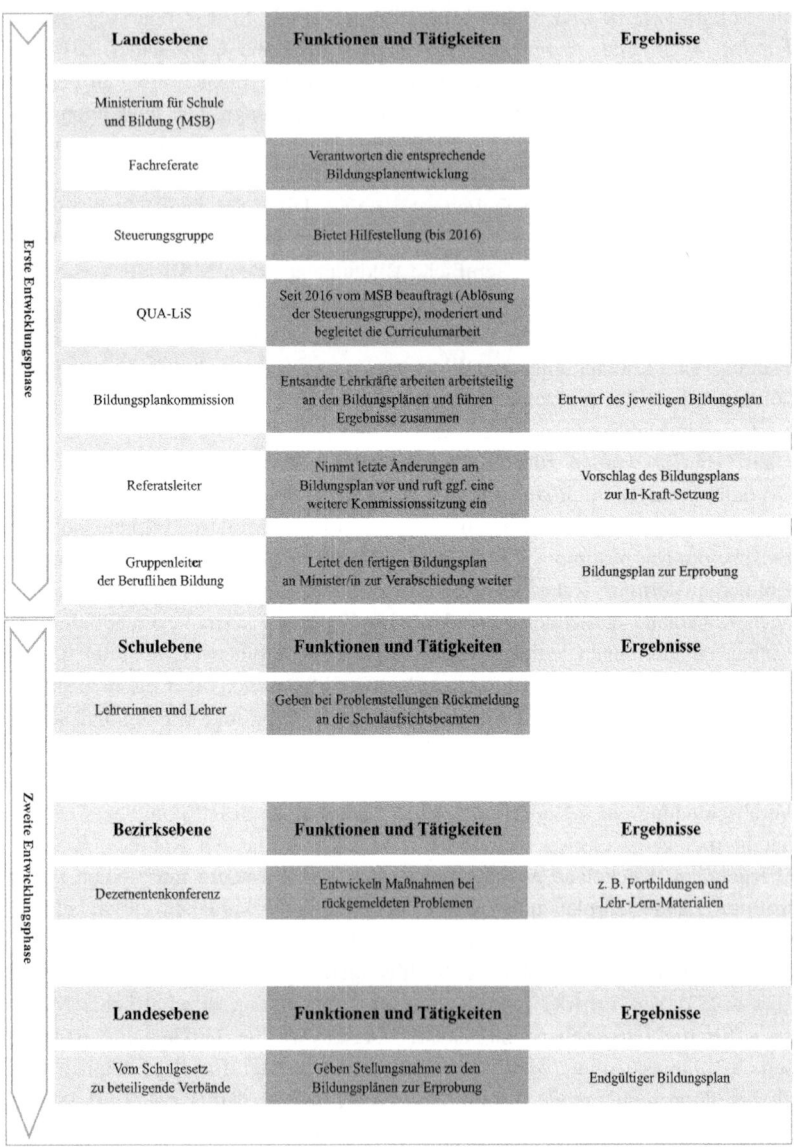

Abbildung 11.1 Verankerungsprozess von Nachhaltigkeit beim Bildungsplan zur Erprobung. (Eigene Darstellung in Anlehnung an Kuckeland & Schneider, 2016)

Im Verlauf der ersten Jahre hat das Ministerium selbst mittels „sogenannter Strukturgruppen" (1:26) die Curriculumarbeit betreut und endgültige Setzungen vorgenommen. Gegenwärtig hat das Ministerium diese Aufgabe ausgelagert und lässt QUA-LiS die Bildungsplan-Veranstaltungen anhand spezieller Vorgaben ausrichten. Welche genauen Vorgaben dies sind und wie diese Veranstaltungen aussehen, wird nicht konkretisiert. Die Handlungsfelder werden den einzelnen Kommissionsmitgliedern anvertraut und in Kommissionssitzungen zusammengeführt. Diese Handlungsfelder, ihre jeweiligen Inhalte und Ziele schreiben somit vor, was Schülerinnen und Schüler nach ihrer Ausbildung gelernt haben sollen (Sloane, 2003, S. 4). Nicht nur die Lernfelder sind kompetenzorientiert, auch die Zielformulierungen implizieren Kompetenzen, die jedoch – im Gegensatz zur normativen Handlungskompetenz – einer *outcome-Perspektive* (Sloane, 2003, S. 5) entsprechen. Hieran wird deutlich, dass es sich weiterhin um eine produktgebundene Zielsetzung handelt, da der Fokus losgelöst seiner inhaltlichen Ausrichtung auf dem Endprodukt ‚Curriculum' liegt. Bei dieser *Rezeptionsperspektive* (Sloane, 2003, S. 2) ist die theoretisch begründete Legitimation des jeweiligen Ordnungsmittels relevant, weshalb die wissenschaftliche Begleitung des Entwicklungsprozesses (s. u.) sinnvoll erscheint. Dennoch fehlt die *Umsetzungsperspektive* (Sloane, 2003, S. 2). Zwar werden Lehrkräfte am Entwicklungsprozess beteiligt (1:26), doch eine strukturierte, prozessbegleitende Evaluation bleibt aus (s. u.). Beide Perspektiven sind jedoch bei der Curriculumarbeit sowohl nach Sloane (2003) als auch nach dem zweidimensionalen Entwicklungsprozess des Hamburger Modells (siehe Abschnitt 8.2.1) aufeinander zu beziehen. Daher sind bei der zweiten Erhebungsfrage die Lehrpersonen nach der Beteiligung an der Curriculumentwicklung zu fragen, um mögliche Daten zum Verlauf und Beurteilung des Prozesses zu gewinnen. Laut Ministerium laufen die bisherigen Rückmeldungen lediglich über Schulaufsichtsbeamte, an die sich Lehrende während der Erprobungsphase wenden können und diese die Anliegen anschließend bei den Dezernentenkonferenzen einbringen (1:30). Da dieser Weg kein direktes Feedback zulässt, ist anzunehmen, dass keine konkreten Einschätzungen zur praktischen Eignung und somit zur Qualität des Curriculums (Sloane, 2003, S. 19) vorliegen. Auch die nach dem Schulgesetz vorgeschriebene Verbändebeteiligung (1:58) vor der Inkraftsetzung von Lehrplänen ist nicht mit einer direkten Beteiligung von Lehrkräften gleichzusetzen. Zu klären ist, wie die Interpretation und der Umgang mit den curricularen Vorgaben seitens des Bildungspersonals aussehen.

Die abschließende Inkraftsetzung der Lehrpläne erfolgt durch das Ministerium. Auf Schulebene können jedoch weitere Anpassungen erfolgen. Da die im länderspezifischen Lehrplan formulierten Lernfelder zur unterrichtlichen

Umsetzung weiter konkretisiert werden, entwickeln Schulen entsprechende Lehr-Lernkonzepte (Bauer & Przygodda, 2003, S. 53). Daher sind die schulspezifischen Anpassungen des Bildungsplans von Interesse, die im Rahmen der zweiten Erhebung abgefragt werden sollen.

11.2.7 Prozessbewertung und Anforderungen an die Lehrkräfte

Ergebnisdarstellung
Die Zusammenarbeit mit QUA-LiS sowie die wissenschaftliche Begleitung der Bildungsplanarbeit hat sich während des Entwicklungsprozesses als besonders förderlich erwiesen, um die Akzeptanz für die Umstrukturierung der Curricula zu erhöhen. Durch die wissenschaftliche Fundierung konnten die angestrebten Änderungen plausibel erläutert werden.

> Für den generellen Prozess ist es besonders förderlich gewesen, dass wir eine wissenschaftliche Begleitung dazu hatten, weil eine so große curriculare Umstrukturierung, nur weil man sich überlegt hat, dass es gut ist, nicht besonders viel Akzeptanz finden kann. Da gibt es natürlich viele Kritiker. Wenn jetzt ein Team von Wissenschaftlern sich damit beschäftigt und sagt, das können wir uns so vorstellen und das ist ein kluger Weg und damit sind die auch wissenschaftlich fundierten Notwendigkeiten gewährleistet, dann ist das sehr sinnvoll (1:40).

Die Erstellung von Unterstützungsmaterial zur Gestaltung solcher Prozesse bot eine gute Grundlage für eine strukturierte und kontinuierliche Arbeitsweise (1:40). Durch verwendete Protokoll- und Rückmeldeformulare, die Option sich untereinander abzusprechen und die Setzung verbindlicher Vorgaben (u. a. von der Steuerungsgruppe) konnte zudem gewährleistet werden, dass vergleichbare Ergebnisse erzielt wurden. So ist ebenfalls förderlich, dass die politisch korrekte Formulierung der Nachhaltigkeitsthematik als möglichst breitgefächert und als verbindliche Vorgabe für die Bildungsplan-Entwicklungsgruppen galt (1:44). Als zielführende Maßnahme kann zudem genannt werden, dass Lehrerfortbildungen in den Bezirken eingesetzt wurden, um die Lehrkräfte bei der Implementierung der neuen Bildungspläne zu unterstützen. Besonders die separate, fachbereichsbezogene Gestaltung der jeweiligen Fächer für jeden einzelnen Bildungsgang erzeugte auch in anderen Bundesländern Interesse (1:42).

Allerdings ist festzuhalten, dass die Entwicklung der neuen Bildungspläne und die damit einhergehende Implementierung von Nachhaltigkeit sehr umfangreich ist. Gleichzeitig ist der Einsatz von Ressourcen (z. B. Personal) begrenzt (1:40).

Daher handelt es sich um eine lange Bearbeitungsphase, die sich über Jahre zieht. Zum einen umfasst dieser Prozess eine Vielzahl an Bildungsplänen, weshalb zunächst an einzelnen Curricula zu bestimmten Aspekten von Nachhaltigkeit gearbeitet wurde (siehe oben *Implementierungsprozess*). Zum anderen handelt es sich bei den Kommissionssitzungen teilweise um eine sehr komplex strukturierte Fachlichkeit, die hohen Veränderungszwängen unterworfen ist (1:28). Generell ist die staatliche Curriculumarbeit an Rahmenbedingungen gebunden. So können bestimmte Aspekte nicht ohne Weiteres gestrichen werden. Es liegt daher insbesondere an den Lehrkräften, die zum Teil sehr umfangreichen Inhalte didaktisch zu reduzieren und die Möglichkeiten der auf zwei bis drei Jahre beschränkten Bildungsarbeit mit den Jugendlichen im Sinne einer BBNE weitestgehend auszunutzen (1:60).

Bei der Umsetzung der Bildungspläne können partielle Lehrerfortbildungen, unterstützende Materialien oder landesweite Fortbildungsszenarien als mögliche Unterstützung der Lehrkräfte angeboten werden (1:58, 72). Um die nachhaltigkeitsorientierte Gestaltungskompetenz der Schülerinnen und Schüler fördern zu können, ist es erforderlich, dass die Kompetenzen der Lehrerinnen und Lehrer ein „gewisses Fachwissen bezogen auf ihre Beruflichkeit" (1:74) oder ihren Fachbereich einschließen. Sie sollen die Bildungspläne gänzlich durchdringen, indem sie die Vorgaben auf einem bestimmten Niveau kennen und durchschauen. Sie sollen die aufgeführten Inhalte in ihrer Exemplarität didaktisch reduzieren und vermitteln sowie diese im Unterricht fachlich angemessen präsentieren (1:60). Wenn Lehrende gemeinsam mit den jungen Menschen bezüglich einer BBNE gesellschaftlich etwas bewirken möchten, müssen sie entsprechende Themen im Unterricht behandeln. Dabei sollen die Lehrenden die einzelnen Fächer und Lernfelder nicht isoliert, sondern als gesamtes Konzept betrachten und sich mit den Kolleginnen und Kollegen austauschen. Auf diese Weise bereiten sie die Schülerinnen und Schüler auf die Ansprüche der Gesellschaft und Arbeitswelt vor (1:52, 56).

Ergebnisanalyse

Der Einschätzung, dass die wissenschaftliche Begleitung während der Curriculumentwicklung besonders förderlich sei (1:40), wird zugestimmt, da sie einen angemessenen Theoriebezug sichert (Lisop, 2000, S. 110 f.). Welche Qualifikationen im Rahmen einer Ausbildung von besonderer Bedeutung sind und welche Bildungsinhalte die erzielten Lernprozesse fördern, ist u. a. Gegenstand der Curriculumforschung (Robinsohn, 1967, S. 45). Ihre Erkenntnisse dienen der wissenschaftlichen Fundierung und der damit in Verbindung stehenden plausiblen

Begründung von Änderungen, wodurch eine erhöhte Akzeptanz des Bildungspersonals für neue Strukturen bewirkt werden kann (1:40). Darüber hinaus ist die theoretische Grundlage für die didaktische und curriculare Entwicklungsarbeit unerlässlich, weshalb die Einbindung der Qualifikationsforschung für eine kompetenzorientierte Curriculumentwicklung naheliegt (Becker & Spöttl, 2006, S. 72 f.). Daher sollten Hochschulen einen wichtigen Stellenwert bei der Curriculumentwicklung einnehmen und gleichzeitig eine Orientierungshilfe bei der unterrichtlichen Umsetzung des curricularen Gestaltungsspielraums darstellen.

Zwar wird durch die sehr allgemein gefassten Vorgaben der Lehrpläne die Autonomie der Lehrkräfte und die Anpassung an die jeweiligen schulischen Traditionen ermöglicht (1:52, 62), doch kann es an notwendigen Ressourcen fehlen, solch einem Freiraum zu entsprechen. Dies bekräftigt die Zusammenarbeit von Akteuren aus wissenschaftlichen und praxisnahen Kontexten, um „reduktionistische Lösungen" (Tramm & Casper, 2018, S. 107) zu vermeiden und eine angemessene Unterstützung z. B. durch eine entsprechende Lehrer(weiter)bildung zu bieten. Daher ergeben sich einerseits Fragen zur Zusammenarbeit mit Hochschulen und andererseits zu Weiterbildungsangeboten für den Interviewleitfaden für die Schulebene.

Damit Lehrkräfte auf der Grundlage der Lernfelder berufliche Kompetenzen ableiten und diese mit Nachhaltigkeitsaspekten in Verbindung bringen sowie die Freiräume der neuen Bildungspläne konstruktiv nutzen können, müssen sie über besondere Kompetenzen verfügen. Grundlegend ist das spezielle Fachwissen für den jeweiligen Fachbereich (1:74) und Kenntnisse über die Vorgaben in Ordnungsmitteln und Schulgesetzen, um den Bildungsplan analysieren und umsetzten zu können. Insbesondere für das „Handeln im Auftrag" (Tramm & Casper, 2018, S. 89), der sich aus dem gesellschaftlichen Bildungs- und Erziehungsauftrag für Lehrkräfte ergibt, sind klare Zielformulierungen relevant. Daher müssen aus den abstrakten Vorgaben sinnhafte und realisierbare Zielvorstellungen erschlossen werden, die der Komplexität der Lernfeldsystematik gerecht und theoretisch begründet werden. Die übergeordnet formulierten Lernfelder in den Bildungsplänen können nicht ohne Weiteres umgesetzt werden und bedürfen einer didaktischen Analyse zur Entwicklung von Lehr-Lernkonzepten (Bauer & Przygodda, 2003, S. 53). Gleichzeitig sollen sie didaktisch reduziert und angemessen im Unterricht präsentiert werden (1:60). Hierzu ist die Anwendung fachdidaktischer Konzepte und methodischer Ansätze notwendig, bei der die Nachhaltigkeitsthematik – durch diverse Anknüpfungspunkte zu aktuellen didaktischen Konzepten – zur Gestaltung von Lernsituationen und ihren Positionierungen in den didaktischen Jahresplanungen herangezogen werden kann (1:14, 20). Die Umsetzung von BBNE benötigt daher kein neues didaktisches Modell, sondern die bestehenden berufspädagogisch-didaktischen Prinzipien können mit einer nachhaltigen Ausrichtung ergänzt und vorliegende Curricula inhaltlich angepasst werden (Kastrup & Kuhlmeier, 2013, S. 62) (siehe Kapitel 7). Auf diese Weise werden innerhalb der Anforderungssituation Nachhaltigkeitsaspekte für die unterrichtliche Umsetzung berücksichtigt, die allerdings seitens des Ministeriums nicht weiter spezifiziert werden. Aus diesem Grund werden diese im Rahmen der zweiten Erhebung abgefragt, denn wie die didaktische Arbeit gestaltet wird und welche Konzepte sowie didaktischen Prinzipien für die unterrichtliche Umsetzung einer BBNE auf Schulebene genutzt werden, soll in den anschließenden Interviews untersucht werden.

Die Lehrenden sollen die einzelnen Fächer und Lernfelder nicht isoliert, sondern als gesamtes Konzept betrachten und sich mit den Kolleginnen und Kollegen austauschen (1:52, 56), um eine lernfeldübergreifende, ganzheitliche und subjektorientierte Entwicklung beruflicher Kompetenzen anzustreben (Tramm & Casper, 2018, S. 93). Für den Austausch benötigen Lehrkräfte kommunikative Kompetenzen und Teamfähigkeit, um sich zu vernetzten. Auf der Grundlage der bisherigen Ergebnisse lassen sich die Kompetenzen der Lehrerinnen und Lehrer am ehesten in eine DQR-konforme Struktur übertragen (siehe Abbildung 3.4), auf die sich ebenfalls die Kompetenzkategorien der Schülerinnen und Schüler des Bildungsplans zur Erprobung beziehen (MSB NRW, 2015, S. 7). Allerdings wird diese Struktur der professionellen Handlungskompetenz der Lehrerinnen und Lehrer nach Baumert und Kunter (2011b) nicht gerecht, da wichtige Aspekte – wie die BBNE-relevanten Kernelemente: *Überzeugungen* und *Werthaltungen* – fehlen. Ebenfalls lässt sich die Schlüsselfunktion der Lehrerinnen und Lehrer für eine BBNE (siehe Kapitel 6) nicht erkennen. Die Fachkompetenz ist weder auf das Berufsfeld Ernährung und Hauswirtschaft bezogen, noch sind nachhaltigkeitsspezifische fachdidaktische Aspekte aufgeführt. Trotz der fehlenden Tiefe lässt sie sich dennoch durch die DQR eine erste Strukturierung vornehmen. Da die Lehrenden im Verlauf des Vorbereitungsdienstes einer spiralcurricularen Kompetenzentwicklung in verschiedenen Handlungsfeldern erlangen sollen (MSB NRW, 2021, S. 2), zeigt sich eine Parallele zu der Handlungskompetenz, die bei den Schülerinnen und Schülern im Rahmen ihrer Ausbildung zu fördern ist. Aus diesem Grund kann eine Übertragung der Kompetenzkategorien des DQR für Schülerinnen und Schüler auf die geäußerten Kompetenzen der Lehrenden als erste Grobstruktur erfolgen, die in Tabelle 11.2 dargestellt wird.

Begründen lassen sich die unvollständigen Angaben zu den Kompetenzen darin, dass die befragte Person nicht wegen eines Expertenstatus bezüglich der Lehrer(aus)bildung, sondern insbesondere wegen ihrer Expertise bezüglich der Curriculumentwicklung befragt wurde. Dies begründet ebenfalls die

Tabelle 11.2 Kompetenzkategorien der Lehrkräfte

Fachkompetenz		Personale Kompetenz	
Wissen bezogen auf die Beruflichkeit	**Fähigkeit** zur didaktischen Reduktion und lernfeldübergreifenden Vermittlung	**Sozialkompetenz** beim kollegialen Austausch	**Selbstständigkeit** beim Durchdringen der Bildungspläne und Vorgaben

(Eigene Darstellung in Anlehnung an die DQR-Struktur)

Schwerpunktsetzung des Interviews auf Landesebene auf den curricularen Implementationsprozess einer BBNE. Um ausführlichere Daten zu den Kompetenzen von Lehrkräften zu gewinnen, wird die zweite Erhebungsphase genutzt.

11.2.8 Erwartungen an und Erfahrungen mit dem Bildungsplan

Ergebnisdarstellung

Generell wird durch die Neustrukturierung der Bildungspläne eine Verbesserung des Unterrichts erwartet (1:56). Die jungen Menschen sollen stärker gefördert werden, um als „fertige Facharbeiter und fertige Menschen" (1:56) entlassen zu werden. Lehrerinnen und Lehrern an Berufskollegs sind für deren Ausbildung mitverantwortlich.

> So und wenn man das betrachtet, dann muss man schon sagen, wir erwarten uns schon, dass wir mit diesen Bildungsplänen einen ganzheitlichen Blick auf die Problematik von Berufswelt und Gesellschaft legen können (1:56).

Neben der Ausbildung von Fachkräften stellt das Berufskolleg für die Schülerinnen und Schüler die „letzte Bastion" (1:56) dar, bei der der Staat noch Einfluss nehmen kann. Daher soll die Chance ergriffen werden, die bereits in Sekundarstufe I vermittelten Kompetenzen nachzubessern und zu ergänzen. Durch die neuen Bildungspläne soll ein ganzheitlicher Blick auf die Problematik von Berufswelt und Gesellschaft gelegt werden, mit dem die Schülerinnen und Schüler auf die Ansprüche von Gesellschaft und Arbeitswelt vorbereitet sind (1:56, 80).

Bezüglich der bisherigen Erfahrungen kann die interviewte Person nur wenige Aussagen treffen (1:58). Innerhalb der Dezernentenkonferenzen können Rückmeldungen aufgenommen und besprochen werden. Dabei wird überlegt, ob beispielsweise Lehrerfortbildungen oder unterstützende Materialien nötig sind. Bislang konnten keine Problemlagen zum Teil I oder anderen Bereichen des Bildungsplans verzeichnet werden (1:58).

Ergebnisanalyse
Durch die neuen Bildungspläne, welche die Verankerung von Nachhaltigkeit mit einschließt, wird eine Verbesserung des Unterrichts erwartet (1:56). Ob dies der Fall ist, müsste in einer evaluativen Erhebung erforscht werden. Daher handelt es sich gegenwärtig um eine subjektive Erwartung, die zum jetzigen Zeitpunkt nicht überprüft werden kann. Darüber hinaus sollen die jungen Menschen stärker gefördert werden, um als „fertige Facharbeiter" (1:56) entlassen zu werden. Lehrerinnen und Lehrern an Berufskollegs sind für deren Ausbildung mitverantwortlich. Neben der Ausbildung von Fachkräften stellt das Berufskolleg für die Schülerinnen und Schüler die „letzte Bastion" (1:56) dar, bei der der Staat noch Einfluss nehmen kann. Daher soll die Chance ergriffen werden, die bereits in Sekundarstufe I vermittelten Kompetenzen nachzubessern und zu ergänzen (Giese & Wittpoth, 2009, S. 299 f.; Peter, 2003, S. 180–182). Durch die neuen Bildungspläne soll ein ganzheitlicher Blick auf die Problematik von Berufswelt und Gesellschaft gelegt werden, mit dem die Schülerinnen und Schüler auf die Ansprüche von Gesellschaft und Arbeitswelt vorbereitet sind (1:56, 80). Dies entspricht dem Erziehungs- und Bildungsauftrag berufsbildender Schulen, die eine weitreichende berufliche, gesellschaftliche und personale Handlungskompetenz bei den Schülerinnen und Schülern stärken sollen (APO-BK, 2022).
Bisherige Erfahrungen zeigen, dass bislang keine Problemlagen zum Teil I oder anderen Bereichen des Bildungsplans verzeichnet wurden (1:58). Dies ist jedoch im Rahmen der zweiten Erhebungsphase zu überprüfen, da sich die sehr allgemein gefassten Vorgaben der Lehrpläne als herausfordernd darstellen können (Tramm & Casper, 2018, S. 107). Schulen stehen vor der Aufgabe, aus den abstrakten Vorgaben sinnhafte und realisierbare Zielvorstellungen abzuleiten, die einerseits der Komplexität der Lernfeldstruktur gerecht und theoretisch begründet werden, andererseits diese Komplexität so zu reduzieren, dass die sinnhafte Umsetzung ermöglicht wird. Da zudem die an den Lernfeldern angebundenen abstrakten Kompetenzen allgemein und übergreifend beschrieben werden, müssen diese beispielsweise von konkreten Arbeits- und Geschäftsprozessen abgeleitet werden (Kettschau & Mattausch, 2014, S. 107), da nicht direkt auf eine berufliche Kompetenz geschlossen werden kann. Hierzu ist das Schulpersonal jedoch nicht

hinreichend geschult (Tramm & Casper, 2018, S. 93). Darüber hinaus fehlen die konkreten Bezüge zur nachhaltigen Entwicklung (siehe Tabelle 8.3), die ebenfalls vom Lehrpersonal ergänzt werden müssen. Dennoch sollen bislang keine Rückmeldungen innerhalb der Dezernentenkonferenzen aufgenommen worden sein, dass es notwendig wäre, Weiterbildungsangebote oder unterstützende Materialien anzubieten (1:58). Diese Aussagen sollen durch die Interviews auf Schulebene überprüft werden, weshalb das Bildungspersonal zu den Erfahrungen mit dem Bildungsplan zur Erprobung, den Möglichkeiten zur Kompetenzbestimmung sowie zu den Unterstützungsbedarfen befragt wird.

11.2.9 Erprobung, Evaluation und Ausblick

Ergebnisdarstellung
Die Erprobung von Bildungsplänen bezieht sich nicht auf einzelne Bestandteile, sondern auf den gesamten Bildungsplan (1:64). Der Zeitraum der Erprobung erstreckt sich in der Regel über mehrere Jahre, insbesondere wenn neue Änderungen erstmalig umzusetzen sind. Hierbei wird auf eine intensivere Einbindung der Verbände geachtet (1:60). Sind grundsätzliche Fragestellungen – wie die neue Strukturierung von Bildungsplänen – bereits geklärt und akzeptiert, können „schnellere Verfahren" (1:60) durchlaufen werden. In diesem Falle wird mit einer verkürzten Frist zur Verbändebeteiligung übergegangen. Eine systematische Evaluation der Erprobungsphase ist nicht vorgesehen (1:62).

Eine erfolgreich verlaufende Implementierung von Nachhaltigkeit in die berufliche Bildung würde sich insbesondere durch die anerkannte Notwendigkeit der nachhaltigen Entwicklung über die verschiedenen gesellschaftlichen Schichten hinweg ausdrücken. Menschen würden nicht nur über das Wissen zu dieser Thematik verfügen, sondern sich dementsprechend verhalten.

> [...] insofern wär es mir ganz Recht, wenn die nachhaltige Entwicklung sich über die verschiedenen gesellschaftlichen Schichten tatsächlich auch als Notwendigkeit platzieren könnte, denn sie ist nicht platziert, wie wir ja alle an verschiedenen Stellen ablesen können. Sie ist bei vielen Menschen im Geiste, aber in der Umsetzung halt eben nicht (1:78).

Bei einer erfolgreichen Implementation einer BBNE wären gesellschaftliche Veränderungen herbeigeführt worden, die einen abweichenden Ressourcenverbrauch zur heutigen Gesellschaft verursachen würden. Dies würde einhergehen mit der Reduzierung des motorisierten Individualverkehrs, der kritischen Betrachtung der

Notwendigkeit von dezentral gesteuerten Heizungen und der Aufrechterhaltung von Natur und Umwelt. Die soziale und politische Ungerechtigkeit, die Menschen in anderen Ländern derzeit erdulden müssen, wäre beendet, ebenso wie die verschiedenen Gefällelagen (1:78). Es wäre eine Generation von Fachkräften und Führungskräften herangewachsen, die die Nachhaltigkeit in den Betrieben umsetzt. So würde in Unternehmen dauerhaft die Logistik umweltfreundlicher betrieben, Umweltverschmutzung vermieden und die Produkte so gestaltet werden, dass sie den Menschen dienen und nicht am „Benefit der Produzenten" (1:80) orientiert wären. Eine gelungene Implementierung lässt sich durch eine langsam beginnende Verstärkung von nachhaltigem Wirtschaften und Leben verzeichnen.

Ergebnisanalyse

Als defizitär zu bewerten ist, dass – laut Ministerium – keine Evaluation des neuen Bildungsplans erfolgt. Nach Tramm und Casper (2018) handelt es sich bei der staatlichen Curriculumarbeit um einen iterativen Prozess, weshalb die erarbeiteten Curricula einen vorläufigen Charakter innehaben sollen (siehe Abschnitt 8.2.1). Aus diesem Grund ist eine Evaluation während des Entwicklungsprozesses und nach der Umsetzungsphase unerlässlich. So trifft der Vorwurf weiterhin zu, dass zwar seit den 1970er-Jahren die Implementierung einer Lernfeldorientierung in Curricula verfolgt wird, diese jedoch bisher noch immer nicht nachhaltig umgesetzt wird, da eine langfristige Umsetzung durch verkürzte Innovationszyklen und den Verzicht auf Erfahrungswerte ausbleibt. Die Erprobungsphase könnte genutzt werden, um den Prozess und die vorläufigen Bildungspläne zu evaluieren. So könnte die Erprobung basierend auf den erhobenen Ergebnissen abgeschlossen werden. Es wird bereits auf eine intensivere Einbindung der Verbände geachtet und geprüft, ob grundsätzliche Fragestellungen geklärt und die Bildungspläne akzeptiert sind (1:60). Daran ansetzend sollte zudem die Einbindung von Lehrenden systematisch evaluiert werden, weshalb der Verzicht einer Evaluation zu überdenken ist.

Das Ministerium beabsichtigt durch die Implementierung von Nachhaltigkeit gesellschaftliche Veränderungen, die sich u. a. zum einen durch umwelt- und ressourcenschonendere Lebensweisen kennzeichnen, zum anderen der sozialen und politischen Ungerechtigkeit entgegensetzen (1:78). Somit stimmen die genannten Kompetenzen der Schülerinnen und Schüler mit dem konstitutiven Gedanken einer BBNE bezüglich der Befähigung zur Intragenerationalität überein. Die Intergenerationalität fehlt jedoch, welches erneut den ausbleibenden Zukunftsbezug auf der Landesebene verdeutlicht. Um welche konkreten nachhaltigkeitsbezogenen Kompetenzen es sich handelt, werden die Bildungsgangleiterinnen und -leiter sowie die Lehrerinnen und Lehrer gefragt.

Die künftigen Fachkräfte sollen sowohl den kompetenten Umgang mit Herausforderungen des nachhaltigen Handelns im Arbeitsalltag lernen (1:80) als auch eine ethische Haltung und Wertvorstellung bilden, um sich somit – wie bei Kettschau (2014) beschrieben – sozial und persönlich weiterentwickeln. Dies stimmt ebenfalls mit Eulers (2020) Kompetenzverständnis überein, der die Handlungsbereiche *Sach-, Selbst-* und *Sozialkompetenz* definiert und sie um die Dimensionen *Wissen, Einstellungen* und *Fertigkeiten* ergänzt (Euler, 2020, S. 208). Besonders durch die Dimension *Einstellungen,* die das (Be-)Werten der Schülerinnen und Schüler anspricht, werden die moralischen Aspekte einer (beruflichen) Handlung fokussiert. Aus diesem Grund kann dem Ministerium zugestimmt werden, dass die Platzierung der nachhaltigkeitsorientierten Gestaltungskompetenz im Bildungsplan zur Erprobung unter den aufgeführten Werten der *gemeinsamen Vorgaben aller Bildungspläne* kein Widerspruch zur Handlungskompetenz darstellt, sondern die verwobene Beziehung zwischen einer Wertebildung und nachhaltigem Handeln unterstreicht. Wie diese Wertebildung jedoch von dem Bildungspersonal unterrichtlich umgesetzt werden kann und ob diese die Platzierung ebenfalls als passend betrachten, wird auf Schulebene erhoben.

11.3 Schlussfolgerungen hinsichtlich der Forschungsfragen

Zur Beantwortung der Forschungsfragen *Welche Intentionen verfolgt das nordrhein-westfälische Ministerium für Schule und Bildung (MSB NRW) mit der Verankerung von Nachhaltigkeit im Bildungsplan und welche Implementierungsstrategien bzw. -vorstellungen werden damit verbunden?* sowie *Wie verlief die curriculare Verankerung von Nachhaltigkeit im Bildungsplan aus Sicht der beteiligten Akteure?* (siehe Abschnitt 10.2) lassen sich die Erkenntnisse aus der Erhebung auf Landesebene wie folgt zusammenfassen:

Der Bildungsplan zur Erprobung ‚Staatlich geprüfte Assistentin/staatlich geprüfter Assistent für Ernährung und Versorgung, Schwerpunkt Service' von 2015 stellt keine Ausnahme bezüglich seiner Implementierung einer BBNE dar, sondern dies soll in allen Bildungsplänen schrittweise erfolgen. Die hierzu notwendige Arbeit an den Curricula erfolgt im Rahmen von zwei Entwicklungsphasen. Zunächst wird auf Landesebene mit verschiedenen Akteuren – wie den Fachreferaten, Steuergruppen, QUA-LiS und der Bildungsplankommission – an einem Entwurf der Lehrpläne gearbeitet, welcher durch die Referatsleitung überarbeitet und zur Verabschiedung an den Minister oder die Ministerin weitergeleitet wird. In der zweiten Entwicklungsphase können während der Arbeit mit den Curricula an den Berufskollegs Rückmeldungen und Probleme gegeben werden, wodurch bei Bedarf entsprechende Maßnahmen eingeleitet werden. Ebenfalls wird eine Stellungnahme von den am Schulleben beteiligten Verbänden und Organisationen eingeholt, bevor der endgültige Bildungsplan vorliegt. Da keine Evaluation vorgesehen ist, wurde lediglich auf der Basis der individuellen Einschätzung festgestellt, dass keine Herausforderungen während des Entwicklungsprozesses des Bildungsplans zur Erprobung für die staatlich geprüften Assistentinnen und Assistenten für Ernährung und Versorgung, Schwerpunkt Service auftraten. Ferner wurden keine Probleme bei der Umsetzung des Lehrplans rückgemeldet. Als besonders förderlich hat sich die wissenschaftliche Begleitung der Curriculumarbeit erwiesen, ebenfalls wird der Gestaltungsfreiraum des neuen Curriculums als positiv beschrieben. Um diesen nutzen zu können, benötigen die Lehrerinnen und Lehrer jedoch entsprechende Kompetenzen, die es ihnen ermöglichen, die Vorgaben zu interpretieren, didaktisch zu reduzieren und auf dieser Grundlage ein Lehr-Lernkonzept zu entwickeln. Zudem ist die fächerübergreifende Kooperation mit den Kolleginnen und Kollegen sowie eine gewisse Fachkenntnis notwendig, um ihre Schülerinnen und Schüler bei der Entwicklung der Handlungskompetenz zu unterstützen.

Der Nachhaltigkeit wird eine hohe Relevanz in der beruflichen Bildung sowie in dem Berufsfeld Ernährung und Hauswirtschaft zugesprochen, deren Vermittlung als Aufgabe von Bildungsinstitutionen definiert wird. Das Nachhaltigkeitsverständnis des MSB NRW ist eher ökologisch-sozial geprägt, wobei die Kategorien Ökonomie, Gesundheit und Werte ebenfalls erwähnt werden. Durch die im Bildungsplan erfolgte Platzierung einer BBNE unter den zu vermittelnden Werten sollen die Schülerinnen und Schüler unter Berücksichtigung nachhaltigkeitsspezifischer Aspekte Zusammenhänge ihrer Handlungen und die damit einhergehenden Konsequenzen verstehen und reflektieren lernen. Sie sollen Verantwortung übernehmen und ein breitgefächertes Bewusstsein für Nachhaltigkeit entwickeln, auf dessen Grundlage das jeweilige Handeln geplant und bewertet wird. Die künftigen Fachkräfte sollen daher sowohl den kompetenten Umgang mit Herausforderungen des nachhaltigen Handelns im Arbeitsalltag lernen als auch eine ethische Haltung und Wertvorstellung aufweisen. Auf diese Weise wird sich langfristig eine nachhaltigkeitsorientierte Veränderung in der Gesellschaft erhofft, die sich durch eine umwelt- und ressourcenschonendere Lebensweise sowie den Abbau sozialer und politischer Ungerechtigkeit auszeichnet.

Aus den Aussagen der befragten Person aus dem MSB NRW haben sich neue Fragestellungen ergeben, die auf Schulebene zu erheben sind (siehe Tabelle 11.3) und in Abschnitt 12.1.1 ausführlich erläutert werden. Einerseits sollen sie zur Prüfung dieser Aussagen dienen, denn es ist mit Abweichungen von den Intentionen des MSB NRW bei den Wahrnehmungen der Lehrpersonen zu rechnen.

> [Denn i]m Gegensatz zu privatwirtschaftlichen Unternehmen existieren im Schulwesen kaum effektive Sanktions- und Anreizsysteme, mit denen Lehrkräfte im ‚top-down'-Verfahren zur Umsetzung von Steuerungsinnovationen bzw. neuen evidenzbasierten (Handlungs-)Praktiken in Schule und Unterricht bewegt werden können. Bildungspolitische Reform- bzw. Innovationsvorhaben stehen auf dem Weg in die schulische und unterrichtliche Praxis vor mehreren „Implementationsbrüchen" [...] (Ackeren et al., 2011, S. 174 [HviO]).

Andererseits sollen die teils unvollständigen Aussagen – beispielsweise zu den Kompetenzen der Lehrkräfte – durch weitere Daten vervollständigt werden.

Tabelle 11.3 Neue Fragestellungen für die zweite Erhebungsphase

Neuentstandene Fragen auf Schulebene nach ...	Aufgrund ...
... der Bewertung der Veränderung des neuen Bildungsplans.	... der neuen Struktur des Bildungsplans.
... der Beteiligung an der Curriculumarbeit. ... dem Umgang mit dem Lehrplan am Berufskolleg.	... der Konkretisierung der Lernfelder auf Schulebene.
... Weiterbildungsangeboten zur Curriculumarbeit. ... Konzepten zur Unterrichtsgestaltung. ... den notwendigen Kompetenzen der Lehrpersonen.	... der Autonomie bei der Gestaltung der Lehr-Lernarrangements.
... den Erfahrungen mit dem Bildungsplan. ... dem Vorgeben bei der Identifizierung der Lernenden-Kompetenzen. ... Weiterbildungsbedarfen.	... des Ausbleibens bisheriger Rückmeldungen von Problemen.
... den Änderungen des Bildungsplans auf Schulebene. ... der BBNE-Umsetzung im Unterricht. ... dem BBNE-Verständnis der Berufskollegs. ... der Möglichkeit von der Wissensebene über Werte zur konkreten Handlung zu gelangen.	... der Aufnahme von Nachhaltigkeit im Bildungsplan, unter den zu vermittelnden Werten.

(Eigene Darstellung)

Empirische Erhebung zur schulischen Umsetzung einer curricular verankerten BBNE

12.1 Planung der Erhebung

12.1.1 Entwicklung und Aufbau des Interviewleitfadens

Für die Planung der Erhebung auf Schulebene bleiben die in Kapitel 10 formulierten Richtlinien hinsichtlich der Konzeption von Fragen, deren Typisierung, die Beachtung von Gütekriterien sowie die Regeln zur Gestaltung der Beziehungen in Interviews weiterhin bestehen.

Nach der Auswertung des Interviews auf Landesebene wurden entsprechend den Ergebnissen spezifische Fragen zur Umsetzung in den Berufskollegs entwickelt (siehe Abschnitt 11.3). Es wurde ein neuer Interviewleitfaden erstellt, der zur strukturierten Befragung von Bildungsgangleiterinnen und -leitern und/oder Lehrerinnen und Lehrern des Bildungsgangs des entsprechenden Bildungsplans zur Erprobung dienen soll.

Mit der zweiten Erhebungsphase sollen im Wesentlichen die Forschungsfragen *Wie verlief die curriculare Verankerung von Nachhaltigkeit im Bildungsplan aus Sicht der beteiligten Akteure?* und *Welche Veränderungen werden von den Lehrkräften wahrgenommen und wie wird Nachhaltigkeit in der Bildungspraxis umgesetzt?* (siehe Abschnitt 10.2) beantwortet werden. Daher wird der Fokus primär auf die (unterrichtliche) Umsetzung des Bildungsplans gelegt, um auf diese Weise deren Praktikabilität und die damit verbundenen Einschätzungen und Erfahrungen der

Ergänzende Information Die elektronische Version dieses Kapitels enthält Zusatzmaterial, auf das über folgenden Link zugegriffen werden kann https://doi.org/10.1007/978-3-658-43877-7_12.

Lehrkräfte zu erheben. Es handelt sich vor allem um das Nachhaltigkeitsverständnis, die Erfahrungen mit dem Bildungsplan, die konkrete schulische Umsetzung und mögliche wahrgenommene Veränderungen, um Weiterbildungen, Kompetenzen der Schülerinnen und Schüler sowie Lehrerinnen und Lehrern und ihre Wünsche und Ziele bezüglich einer BBNE. Auch dieser Leitfaden wurde im Rahmen eines Doktorandinnen-Kolloquiums zur Gewährleistung der Kohärenz diskutiert (siehe Abschnitt 10.3.2). Der Aufbau des Leitfadens findet sich in seiner Struktur mit den jeweiligen Fragen in Anhang 9 im elektronischen Zusatzmaterial und stellt sich wie folgt dar:

1) Mitwirkung an der Lehrplanerstellung: Da bei der Erhebung auf Landesebene angegeben wurde, dass neben den Verbänden und Mitarbeiterinnen und Mitarbeitern von QUA-LiS ebenfalls Lehrpersonen und Schulleitende bei der Entwicklung des Lehrplans beteiligt waren (1:26, 36, 44, 58), wird nach der Mitwirkung an der Lehrplanerstellung gefragt. Darüber hinaus wird an dieser Stelle eine Detailfrage zur möglichen Entlastung für die Beteiligung gestellt. Denn es soll geprüft werden, inwieweit die nötigen zeitlichen Ressourcen zur Verfügung gestellt werden oder ob die Lehrerinnen und Lehrer die grundlegende Curriculumarbeit zusätzlich zum Unterrichtsalltag leisten müssen (Tramm & Casper, 2018, S. 93). Im Rahmen des Fragenblocks zur Curriculumarbeit wird ferner die Zusammenarbeit mit Hochschulen thematisiert, denn das MSB NRW beschreibt die Zusammenarbeit u. a. mit der wissenschaftlichen Begleitung der Bildungsplanarbeit während des Entwicklungsprozesses als besonders förderlich, um die Akzeptanz für das neue Curriculum zu erhöhen. Durch die wissenschaftliche Fundierung konnten demnach die angestrebten Änderungen plausibel erläutert werden (1: 40).

2) Bewertung des neuen Bildungsplans: Da die neuen Bildungspläne nach Angaben des MSB NRW mehr Möglichkeiten zur Gestaltung von Lernsituationen bieten und innerhalb der Lernfelder eine Verbindung von fachspezifischen und -übergreifenden Inhalten für Lehrkräfte schaffen sollen (1: 52, 62), wird nach der Bewertung des neuen Bildungsplans gefragt. Dies ist vor allem deswegen sinnvoll, da eine systematische Evaluation der Erprobungsphase nicht vorgesehen ist (1:62) und bezüglich der bisherigen Erfahrungen nur wenige Aussagen getroffen werden können (1:58). Durch diese Meinungsfrage kann die Akzeptanz des Curriculums durch die Akteure und Akteurinnen in den Berufskollegs erhoben werden.

3) Schulische Umsetzung des neuen Bildungsplans: Dieser Teil des Leitfadens bezieht sich insbesondere auf die schulische Realisierung und die didaktische Umsetzung des Bildungsplans. Zunächst werden grundsätzliche Fragen

zum Verfahren mit neuen Bildungsplänen an der Schule gestellt, die klären sollen, wer an der schulischen Umsetzung beteiligt ist und wie die Umsetzung erfolgt. Bezüglich der Umsetzung von neuen Bildungsplänen ist die Formulierung von angestrebten Kompetenzen der Schülerinnen und Schüler von besonderem Interesse. Dabei sollen die hierfür grundlegenden didaktischen Ansätze, die von den jeweiligen Berufskollegs herangezogen werden, ermittelt werden. Mit dem Leitziel der beruflichen Handlungskompetenz wird auf das künftige Handeln der Schülerinnen und Schüler Bezug genommen; der Erfolg wird erst zu einem späteren Zeitpunkt sichtbar (Steinherr, 2017, S. 70). Über die Fragen nach den Erwartungen und bisherigen Erfahrungen mit dem Bildungsplan wird zur unterrichtlichen Umsetzung übergeleitet. Die Neustrukturierung der Bildungspläne zielt auf eine qualitative Verbesserung des Unterrichts u. a. durch die durchgängige Berücksichtigung von Nachhaltigkeit (1:56). Ebenfalls sollen die neuen Bildungspläne einen ganzheitlichen Blick auf das Verhältnis von Berufswelt und Gesellschaft ermöglichen (1:56, 80). Diese Erwartungen sollen mit den Erfahrungen aus der Praxis abgeglichen werden. Darüber hinaus empfiehlt das MSB NRW (2019) Nachhaltigkeit sowohl fachspezifisch als auch fachübergreifend im Unterricht zu thematisieren sowie gezielte Projekte oder die integrative Einbindung einer BBNE in den Schulalltag zu verfolgen (MSB NRW, 2019, S. 6). Vor diesem Hintergrund wird nach (fach-)didaktischen Konzepten zur Umsetzung einer BBNE gefragt. Hierbei wird ebenfalls die Bedeutung der Wertebildung als Teil einer BBNE in den Blick genommen. Inwieweit auch die Lehrerinnen und Lehrer diesen Zusammenhang herstellen, wird in entsprechenden Nachfragen ermittelt. Außerdem sollen die Kompetenzen der Lehrerinnen und Lehrer erfragt werden, die für die unterrichtliche Umsetzung einer BBNE benötigt werden. In diesem Zusammenhang ist ferner von Interesse, ob die Lehrpersonen bereits im Studium oder Vorbereitungsdienst mit einer BBNE in Berührung gekommen sind und wie es sich diesbezüglich mit Weiterbildungsangeboten verhält. Laut MSB NRW können partielle Lehrerfortbildungen bei der Umsetzung der Bildungspläne, unterstützende Materialien oder landesweite Fortbildungsszenarien als mögliche Unterstützung der Lehrkräfte angeboten werden (1: 58, 72). Dies ist wichtig, damit die sehr allgemein gefassten Vorgaben in den Bildungsplänen von den Lehrkräften genutzt werden können, um Anpassung an die jeweiligen schulischen Traditionen vorzunehmen (Tramm & Casper, 2018, S. 107).

4) Ausblick: Der Ausblick erfolgt – wie die Einleitung – analog zur Befragung auf der Ebene des Ministeriums und dient der Erfassung der Wünsche und Ziele der Lehrkräfte bezüglich einer BBNE.

12.1.2 Pretest

Nach der Entwicklung des Leitfadens erfolgte ein Pretest, um die Validität und Praktikabilität zu prüfen. Auch der vorab eingeschätzte zeitliche Rahmen soll überprüft werden. Während des Interviews wurden unstrukturierte, „grobe" (Weichbold, 2014, S. 387) Notizen gemacht, die bei der Auswertung ebenfalls berücksichtigt werden, um Auffälligkeiten wie Zögerungen, Verständnisfragen, Verweigerung einer Antwort oder eine anders intendierte Antwort zu erkennen. Diese können auf Probleme bei der Beantwortung oder beim Fragenverständnis hinweisen (Weichbold, 2014, S. 303). Die Durchführung erfolgte in einem der Hauptbefragung vergleichbaren Setting. Hierbei wird das Interview nicht als persönliches Treffen geplant, sondern – bedingt durch die Corona-Pandemie – via Zoom[1] durchgeführt. Im Rahmen des Pretests wurde eine Lehrperson interviewt, die selbst im betroffenen Bildungsplan unterrichtet und den neuen Bildungsplan zur Erprobung umsetzt. Auch bei der Bildungsplanarbeit am Berufskolleg wirkt die Lehrperson aktiv mit.

Um sich auf die Befragung angemessen vorbereiten zu können, hat die befragte Person zwei Wochen vor dem Interview den Leitfaden und ein Anschreiben erhalten, welches Ziele und In-halte der Erhebung umfasst. Vor der inhaltlichen Befragung wurde die Lehrperson um kurze Vorstellung zur Position, Funktion und den Kernaufgaben gebeten. Insgesamt wurden alle Fragen umfassend und inhaltlich passend beantwortet. An manchen Stellen kam es zu Verständnisfragen. So wurde zur Beurteilung der Verortung von Nachhaltigkeit im Bildungsplan von der befragten Person nachgefragt, ob hier die entsprechenden Passagen im Bildungsplan gemeint seien oder die Anwendung des Bildungsplans in der Praxis. Bei der Fragestellung nach der schulischen Umsetzung des Bildungsplans kam es zu einer Nachfrage, da durch die Antwort nicht deutlich wurde, worauf bei der Anpassung des Bildungsplans im Rahmen von Bildungsgangkonferenzen oder didaktischen Jahresplanungen besonders geachtet wird. Zuletzt musste zum Aspekt der Lehrerkompetenzen seitens der Interviewerin wiederholt nachgefragt werden, wer eine Fort- bzw. Weiterbildung anbieten soll und welche Inhalte hier relevant sind.

Das Zoom-Meeting verlief ohne technische Störungen oder Probleme und der Zeitrahmen von einer Stunde erwies sich als angemessen (Aufzeichnungsdauer von 1:00:13 h). Die Atmosphäre wird als freundlich und wertschätzend

---

[1] Zoom ist ein Online-Tool zur Abhaltung von Videokonferenzen.

eingeschätzt. Die konzipierten Fragen wurden nach den entsprechenden Anpassungen an den oben aufgeführten Stellen des Leitfadens für die Hauptbefragung übernommen.

12.1.3 Durchführung der Interviews

Da es sich auf der Schulebene im Gegensatz zur Landesebene um eine große Anzahl an potenziellen Interviewpartnerinnen und -partner handelt, ist zunächst zu klären, ob die qualitative Erhebung auf der Basis einer Stichprobe oder als Vollerhebung erfolgen soll. Bei einer Vollerhebung ist der „finanzielle, personelle und zeitliche Aufwand" (Häder & Häder, 2019, S. 283) hoch und auch forschungspraktische Gründe können gegen die Erhebung der Gesamtheit sprechen. So wird davon ausgegangen, dass durch eine bestimmte Anzahl an Experteninterviews die Datengewinnung ausreichend erschöpft werden kann und eine weitere Erhebung zu keinen signifikant neuen Erkenntnissen führen würde (siehe *theoretische Sättigung* (Glaser & Strauss, 2010, S. 69 f.).

Aus diesem Grund wird eine Stichprobe[2] herangezogen, da die begrenzte Teilmenge der Grundgesamtheit die realistische Umsetzung verspricht. Stichproben können in verschiedene Arten aufgeteilt werden: Bei der geschichteten Stichprobe wird eine teilweise willkürliche Auswahl nach relevanten Merkmalen getroffen. Die Quotenstichprobe umfasst die geschichtete Stichprobe, deren Merkmale zu einer vorgegebenen Quote vertreten sein muss. Bei der Klumpenstichprobe handelt es sich um die vollständige Erhebung einer klar umschriebenen Teilmenge (z. B. die Beschränkung auf einer der fünf Bezirksregierungen in NRW) und die Zufallsstichprobe bildet die willkürliche Auswahl aus der Grundgesamtheit ab (Döring & Bortz, 2016, S. 305–310).

Damit sich die Stichprobe über ganz NRW verteilt, erscheint die Befragung in mindestens einem Berufskolleg je Regierungsbezirk als erstrebenswert. So umfasst der gewünschte Stichprobenumfang die Anzahl $n \geq 5$ Berufskollegs, die jeweils innerhalb einer Bezirksregierung liegen. Der Datenumfang wird nach mindestens sechs Interviews als ‚gesättigt' eingeschätzt: „Übliche Stichprobengrößen jenseits von Einzelfallstudien beginnen bei einer hermeneutischen Interpretation mit $N = 6$ […]" (Helfferich, 2009, S. 175). Diese geringe Anzahl wird insbesondere durch den hohen Ressourceneinsatz bei der Auswertung qualitativer Interviews – u. a. durch deren Transkription – gerechtfertigt. Ferner wird mit

---

[2] Eine zufällige Auswahl aus der Gesamtmenge, deren Aussagen nach dem Induktionsprinzip auf die Grundgesamtheit geschlossen werden sollen.

einer niedrigen Rücklaufquote gerechnet, die durch die niedrige Grundgesamtheit bedingt wird.

In NRW wird der Bildungsgang zu Erprobung an 42 Berufskollegs angeboten, die wie folgt verteilt sind: neun Berufskollegs mit Zugehörigkeit zur Bezirksregierung Arnsberg, sieben Berufskollegs gehören der Bezirksregierung Detmold an, 13 Berufskollegs liegen innerhalb der Bezirksregierung Düsseldorf, fünf Berufskollegs gehören der Bezirksregierung Köln an und acht Berufskollegs liegen im Zuständigkeitsbereich der Bezirksregierung Münster (IT.NRW, 2017).

Es ist geplant, die Befragung persönlich vor Ort oder telefonisch bzw. digital durchzuführen. Nach Aussage der Hauptdezernentin für Berufskollegs der Bezirksregierung Münster ist keine Erlaubnis der Erhebung seitens der Bezirksregierungen notwendig, weshalb die Leiterinnen und Leiter der Berufskollegs über ihre Beteiligung an der Erhebung autonom entscheiden. Daher werden die jeweiligen Schulleiterinnen und -leiter aus den verschiedenen Bezirksregierungen in NRW per E-Mail mit einem entsprechenden Anschreiben (siehe Anhang 12 im elektronischen Zusatzmaterial) und dem Leitfaden kontaktiert, um die Erlaubnis zur Befragung und Auskünfte zu den entsprechenden Interviewpartnerinnen und -partnern zu erhalten. Das Anhängen des Leitfadens dient der Transparenz und soll die Hemmschwelle für eine Beteiligung senken.

Im Rahmen der ersten Anfrage wurden zwei Zusagen und acht Absagen ausgesprochen, die entweder mit eingeschränkten Kapazitäten wegen der pandemischen Lage oder der Einstellung des Bildungsgangangebotes begründet wurden. Auf eine zweite Anfrage wurde bei 26 von den 32 erneut angeschriebenen Berufskollegs wiederholt keine Rückmeldung erzielt und fünf Berufskollegs sagten unter Angabe der bereits bekannten Gründe ab. Lediglich von einem Berufskolleg wurde eine Zugabe gegeben. Aufgrund dieser geringen Rücklaufquote wurden Alumni-Kontakte oder Kontakte über Kolleginnen und Kollegen aus der beruflichen Lehrerbildung genutzt, um weitere Teilnehmende zu gewinnen. Dieses Vorgehen verspricht zwei Vorteile, denn einerseits bestehen nach Gläser & Laudel (2010) am wenigsten Zugangsprobleme, wenn eine persönliche Beziehung zu angefragten Personen besteht, da sie sich am ehesten für die Teilnahme bereiterklären (Gläser & Laudel, 2010, S. 118). Andererseits kann durch die Anfrage über dritte Personen die nötige Distanz in der Interviewsituation erhaben bleiben, um die mögliche Beeinflussung der Datenerhebung aufgrund persönlicher Beziehungen (Seidman, 1991, S. 33) zu vermeiden. Über diesen Weg konnten weitere vier Interviewpartnerinnen und -partner gewonnen werden. Dadurch konnte mindestens ein Interview je Bezirksregierung geführt werden, zwei weitere Interviews tragen zum höheren Datenspektrum bei. Nach Erhalt der Zusage zum Interview wurden individuelle Gesprächstermine vereinbart.

Tabelle 12.1 Verteilung der Interviews auf die Bezirksregierungen in NRW

Anzahl der teilnehmenden Berufskollegs	Anzahl der befragten Personen	Funktion	Bezirksregierung (BZR)
2	1	Bildungsgangleitung (BGL)	Arnsberg (BZR A)
	2	Abteilungsleitung und Bildungsgangleitung (AL und BGL)	
1	1	Bildungsgangleitung (BGL)	Detmold (BZR D)
2	2	Abteilungsleitung und Bildungsgangleitung (AL und BGL)	Düsseldorf (BZR DD)
	1	Lehrperson (LP)	
1	1	Lehrperson (LP)	Köln (BZR K)
1	1	Lehrperson (LP)	Münster (BZR MS)

(Eigene Darstellung)

Die in Abschnitt 10.3.3 im Zusammenhang mit der Befragung im Ministerium beschriebenen Aspekte, die bei der Interviewführung zu berücksichtigen sind, gelten ebenso für die zweite Erhebung auf Schulebene. Die Interviews wurden aufgrund der pandemischen Lage nicht vor Ort, sondern digital vorwiegend über das Videoprogramm „Zoom" durchgeführt.

Durch die synchrone Befragungsform erfolgen – wie im persönlichen Gespräch – die Reaktionen unmittelbar auf gestellte Fragen (Gnambs & Batinic, 2011, S. 390).

Es wurden sieben Interviews mit Lehrkräften, Bildungsgangleiterinnen und -leitern sowie Abteilungsleiterinnen und Abteilungsleitern des Fachbereichs Ernährung und Versorgungsmanagement geführt, die sich wie in Tabelle 12.1 auf die fünf Bezirksregierungen in NRW verteilen. Fünf der sieben Interviews fanden mithilfe des Online-Tools Zoom statt, für ein Interview wurde aus datenschutztechnischen Gründen ein schulinternes Tool bevorzugt. Lediglich eine befragte

Person hat um ein telefonisches Interview gebeten. Insgesamt wurden neun Personen im Rahmen von sieben Interviews befragt.

Die Transkripte wurden zur Auswertung in das Programm MAXQDA eingepflegt, anschließend erfolgte die Codierung einzelner Segmente. Anhang 35 im elektronischen Zusatzmaterial enthält die Anzahl der Codierungen, die entsprechend den Kategorien aufgeschlüsselt sind.

Bevor die Darstellung der Daten entlang der Kategorien erfolgt, wurde eine Wortwolke (Anhang 36 im elektronischen Zusatzmaterial) mit dem Auswertungsprogramm erstellt, die die häufigsten Begriffe zeigt. Wörter, die keine inhaltlichen Bezüge aufweisen – wie Artikel, Hilfsverben, Konjunktionen, Pronomen und Präpositionen – wurden ausgeschlossen. Die Wortwolke verdeutlicht, dass in den Interviews besonders oft über die Themen Nachhaltigkeit, Schülerinnen und Schüler, Bildungsplan, Kolleginnen und Kollegen, Unterricht und Ernährung gesprochen wurde.

12.2   Ergebnisdarstellung

12.2.1 Auswertungsverfahren

Wie in Abschnitt 11.2.1 beschrieben, ist für die Auswertung der Interviews das Überführen der Daten in Textform via Transkription notwendig. Bei der Verschriftlichung der Audiodateien wurde die Anonymisierung personenbezogener Daten und personenbeziehbare Angaben zum Schutz der Persönlichkeitsrechte der Befragten wie in Abschnitt 10.4.1 umgesetzt. Die Anonymisierungsregeln sind jedoch um einige Aspekte ergänzt worden, die in Tabelle 12.2 aufgeführt werden.

Die Transkription der Audiodateien erfolgte ebenfalls wie in 11.2.1 beschrieben. Die verschriftlichen Interviews wurden zunächst mehrfach durchgelesen, wobei währenddessen Auffälligkeiten kenntlich gemacht und Memos verfasst wurden (siehe Anhang 14 bis 27 im elektronischen Zusatzmaterial). Diese Textbearbeitung wird bei der Auswertung und Analyse des Datenmaterials ebenfalls berücksichtigt. Durch die Datenübermittlung in das Auswertungsprogramm MAXQDA wurde entsprechende der qualitativen Inhaltsanalyse nach Mayring und Kuckartz (siehe Abschnitt 10.4) die Kategorisierung vorgenommen. Hierfür wurde das zuvor entwickelte Kategoriensystem als Grundlage verwendet, um einzelne Aussagen den jeweiligen Kategorien zuordnen zu können. Wie bei der Auswertung auf Landesebene ist das Kategoriensystem hauptsächlich deduktiv auf der Basis des Interviewleitfadens konzipiert worden. Durch das

Tabelle 12.2 Anonymisierungsregeln für das Interview auf Schulebene

Identifikator	Starke Abstraktion
Name	PERSON
Schulname	BERUFSKOLLEG DER BEZIRKSREGIERUNG (Name der Bezirksregierung)
Ortsname	ORT
Datum TT.MM.JJJJ	MM.JJJJ
Name eines Vereins	VEREIN
Name einer Organisation	ORGANISATION
Name einer Firma	FIRMA
Semesterangabe	JAHRESZAHLEN
Alter (Beispiel 27 Jahre)	ZWISCHEN 20 UND 30 JAHRE

(Eigene Darstellung in Anlehnung an Meyermann & Porzelt, 2014)

entwickelte Auswertungsinstrument konnte das Datenmaterial den jeweiligen Kategorien zugeordnet werden. In mehrfachen Durchläufen wurden Textpassagen einzelnen oder mehreren Kategorien zugewiesen. Bei diesem Vorgehen wurde das Kategoriensystem auf seine Trennschärfe, Klarheit und Vollständigkeit hin geprüft, wodurch das bestehende System angepasst, teils umformuliert oder ergänzt werden konnte. Auf diese Weise konnten die beiden Subkategorien *Besonderheiten des Bildungsgangs* und *Auswirkungen durch Corona* neu aufgenommen werden, weshalb ebenfalls das induktive Vorgehen angewandt wurde. Folgende Hauptkategorien (K) wurden für die Datenanalyse bestimmt:

– *K1: BBNE im Bildungsplan zur Erprobung* enthält die Aussagen zum Nachhaltigkeitsverständnis der Lehrkräfte sowie zu ihrer Beteiligung an der Erarbeitung des Bildungsplans durch das MSB.
– *K2: schulische Umsetzung des Bildungsplans zur Erprobung* legt den Fokus auf die Umsetzung des im Bildungsplan aufgestellten Ziels Förderung der nachhaltigkeitsorientierten Gestaltungskompetenz.
– *K3: Ausblick* umfasst die Wünsche und Ziele der Lehrkräfte bezüglich einer BBNE.
– *K4: Evaluation* beinhaltet die Rückmeldung zur Erhebungsmethode.

Diese vier Hauptkategorien wurden in weitere Subkategorien (SK) unterteilt, weshalb das Kategoriensystem nach dem Durchlaufen eines mehrstufigen Verfahrens insgesamt 29 Subkategorien umfasst. Zur Sicherstellung der Intercoder-Übereinstimmung wurde das umfangreichste Transkript[3] aus der Erhebung auf Schulebene auf der Grundlage des entwickelten Kategoriensystem von einer unabhängigen Mitarbeiterin aus der beruflichen Lehrerbildung codiert. Daraus ergab sich eine Codier-Übereinstimmungen von 97 % (siehe Anhang 33 im elektronischen Zusatzmaterial). Vor diesem Hintergrund wurden vier Definitionen des Kategoriensystems verändert. Das angepasste Kategoriensystem, welches sowohl alle Subkategorien mit den entsprechenden Definitionen als auch passende Ankerbeispiele enthält, ist dem Anhang 29 im elektronischen Zusatzmaterial zu entnehmen.

Im Folgenden werden die Ergebnisse entsprechend den Subkategorien und nicht einzeln je Interview dargestellt, da das vorliegenden Forschungsvorhaben nicht auf den Vergleich einzelner Fälle, sondern auf die Entwicklung von Implementationsstrategien auf der Grundlage möglichst differenzierter Daten abzielt. Mithilfe von MAXQDA konnten sogenannte *Summary Grids* für jede Subkategorie erstellt werden, die deren Zusammenfassungen enthalten. Dabei lassen sich die Codierungen sowohl bezogen auf einzelne Interviews als auch auf mehrere Transkripte bündeln. Auf dieser Basis können die Aussagen der Befragten verglichen, deren Unterschiede verdeutlicht oder Übereinstimmungen herausstellt werden. An zwei Interviews nahmen auf eigenen Wunsch jeweils zwei Lehrpersonen des entsprechenden Berufskollegs teil. Die Aussagen der Teilnehmenden je Berufskolleg werden bei der Auswertung zusammengefasst, da meist eine Person mit der Beantwortung begann und die zweite Person lediglich zustimmende oder ergänzende Antworten gab.

12.2.2 Nachhaltigkeitsverständnis und -bedeutung

Zu der Hauptkategorie *K1: BBNE im Bildungsplan zur Erprobung* gehören die zwei Subkategorien *SK1.1: Nachhaltigkeitsverständnis und -bedeutung* und *SK1.2:*

---

[3] Bei dem Intercoding soll ein repräsentatives Interview ausgewählt werden (Dumm & Niekler, 2014, S. 21). Da hier das umfangreichste Transkript gewählt wurde, wird sich eine entsprechend hohe Codierzahl versprochen, um eine möglichst hohe Vergleichsbasis zu erzielen. Das Interview umfasst die Aussagen zweier Lehrpersonen, die beiden Geschlechtern zugeordnet werden. Eine Person kann dabei auf mehr Jahre Berufserfahrung zurückgreifen als die andere Person. Daher wird die gewählte Stichprobe als repräsentativ betrachtet.

Beteiligung am Implementierungsprozess, womit die Beteiligung von Lehrkräften an der Erarbeitung des Bildungsplans durch das MSB NRW gemeint ist.

Beim Nachhaltigkeitsverständnis der Berufskollegs fällt auf, dass vier der sieben Befragten die drei Dimensionen des Nachhaltigkeitsdreiecks *Ökologie, Ökonomie* und *Soziales* benennen. Hierzu werden soziale Gerechtigkeit, Umweltschutz, das ,Wirtschaftliche' (2:10) sowie Gesundheit (3:5) gezählt. Im Zusammenhang mit dem eigenen Nachhaltigkeitsverständnis wird zudem das klassische Bild der Ressourcennutzung von Wäldern (2:7, 122) beschrieben sowie die Gestaltungsmöglichkeit der eigenen Zukunft (2:77) genannt. Nachhaltigkeit hat ebenfalls viel mit dem Bewusstsein für das eigene Handeln im direkten Umfeld zu tun (3:8). Die Förderung dieses Bewusstseins für die Selbstverantwortung bei der jüngeren Generation wird als großer Lehr- bzw. Bildungsauftrag betrachtet (2:17). In der Gesellschaft und Politik wird das Thema insbesondere im Kontext von Klima sichtbar und nimmt seit den letzten Jahren eine immer größere Rolle ein (5:73). An dieser Stelle werden die Beispiele ,Braunkohleausstieg' und ,Umstrukturierung der Mobilität und Infrastruktur' aufgeführt. Mit dem Nachhaltigkeitsbegriff wird ein ökologisch verantwortliches Handeln verbunden, welches auf einen gesamtgesellschaftlichen Umbruch abzielt (8:59). Denn in der Gesellschaft sollte es künftig zum großen Thema werden.

> Also ja, es ist ja nun einmal so, dass es eigentlich eines der Großthemen der Zukunft ist, die uns beschäftigen sollte, wenn man aktuelle Geschehnisse verfolgt (8:59).

Dennoch wird der Begriff als „schwammig" (4:9) empfunden. Grundsätzlich handelt es sich hierbei um ein individuelles Verständnis, welches von Person zu Person variieren kann. Daher soll jede Person selbst prüfen, wie sie durch das eigene Verhalten zu einer nachhaltigeren Gesellschaft beitragen kann. Da es in der Gesellschaft ein zunehmend wichtigeres Thema ist, wird ein Trend zum klimafreundlicheren nachhaltigen Ernähren u. a. durch die Zunahme an Vegetariern gesehen (6:11).

Im schulischen Kontext wird jedoch vor allem der nachhaltige Konsum beschrieben (2:13). Ökologische Aspekte werden vor allem durch die Verknüpfung zur ökonomischen Dimension bei der Einsparung von Kosten thematisiert. In Verbindung mit der mehrfachen Nennung der Ressourceneinsparung wird der Erhalt der Ressourcen für die nächste Generation angebracht. Ebenfalls spielt der Ressourcenerhalt für die eigene Zukunft eine Rolle (4:68).

> Also ich denke da, wo man immer Leute irgendwie ernähren und versorgen muss, ist das ja eigentlich gang und gäbe das Thema (5:33).

Neben einem nachhaltigkeitsorientierteren Handeln im Alltag ist ebenfalls die Arbeit im Betrieb entsprechend auszurichten. Dies fängt bereits bei niederschwelligen Aufgaben an, wie der Erstellung der Einkaufsliste (5:21). Wichtig ist, dass niederschwellige Handlungsalternativen im Sinne einer BBNE aufgezeigt werden, um ein Gefühl der Selbstwirksamkeit bei den Schülerinnen und Schülern zu ermöglichen (2:19). Daher wird Nachhaltigkeit als ein wichtiger Faktor für das eigene Handeln beschrieben (3:5). Insbesondere im Berufsfeld Ernährung und Hauswirtschaft wird Nachhaltigkeit als wichtig angesehen, da die Thematik den gesamten Ernährungsbereich betrifft (3:5). Als Beispiele werden u. a. der Lebensmitteleinkauf, biologische Lebensmittel und die gesunde Ernährung genannt (3:11). Die Schülerinnen und Schüler sollen ein Bewusstsein entwickeln, um selbst nachhaltig zu handeln (3:7). Ebenfalls werden die Themen Klimaschutz und eine gesündere Ernährung als Schwerpunkte der Bildungsarbeit im Berufsfeld Ernährung und Hauswirtschaft gesehen. Daneben werden nachhaltigkeitsrelevante Aspekte in der Haltung von Tieren in konventionellen und biologisch ausgerichteten Bauernhöfen gesehen (6:71).

> Da haben es andere Bildungsgänge im technischen Bereich ja deutlich schwieriger, weil die Verknüpfung zwischen Praxis und Theorie deutlich sperriger ist. Da haben wir, glaube ich, einen sehr großen Vorteil in unserem Feld (2:166).

Ebenfalls wird die ökologische Nachhaltigkeit als besonders wichtig für den Ernährungsbereich beschrieben, da sie dort – angefangen beim Einkauf bis hin zum Verpackungsmaterial – allgegenwärtig sei. Zudem spiele die soziale Nachhaltigkeit im Unterricht des Bildungsgangs eine Rolle. Die ökonomischen Aspekte werden als weniger greifbar beschrieben (4:11). Bei der Nennung konkreter Beispiele aus dem Unterricht wird die Kosteneinsparungen als Motivation für nachhaltiges Verhalten angegeben. Ebenfalls wird vermutet, dass Betriebe Nachhaltigkeit vor allem unter der Perspektive der Einsparung von Kosten betrachten (4:13). Bei dem Lernfeld zur Lebensmittelproduktion gibt eine befragte Person an, dass sie hier wenige Ansatzpunkte für eine BBNE sieht, sondern diese eher bei den bereichsspezifischen Fächern Dienstleistung und Betriebsorganisation ansiedeln würde (4:19). Eine andere Person sieht die Relevanz von Nachhaltigkeit ebenfalls vor allem im Bereich der Betriebsorganisation, da hier der Umgang mit den Lebensmitteln vermittelt wird (7:19). Hierbei wird der Schwerpunkt bei der Müllvermeidung und bei der Verwendung regionaler sowie saisonaler Lebensmitteln gesehen. Im Bereich der Dienstleistung wird die umweltschonende Reinigung als nachhaltigkeitsrelevantes Thema angegeben (7:153). Darüber hinaus wird darauf hingewiesen, dass sich Nachhaltigkeit grundsätzlich leicht implementieren und sich für jeden Lernenden ein nachhaltigkeitsbezogenes Angebot gestalten lässt (8:85). Zudem wird bei zwei befragten Personen Nachhaltigkeit in Verbindung mit dem Lernverhalten der Schülerinnen und Schüler (7:87), einem auf Dauerhaftigkeit angelegtem Lernen (2:78) genannt.

Aus dem gesamten Datenmaterial wurden insgesamt 394 Begriffe der Segmente dieser Subkategorie mindestens einer zentralen Nachhaltigkeits-Kategorie (Dimensionen einer nachhaltigen Ernährung sowie die Wertebildung als Bestandteil einer BBNE (siehe Kapitel 4 und 5.2.2)) zugewiesen. Das Nachhaltigkeitsverständnis lässt sich daher wie in Abbildung 12.1 darstellen. Anschließend wurden die Worte der jeweiligen Kategorien (*Ökologie* mit 227, *Soziales* mit 24, *Ökonomie* mit 71, *Gesundheit* mit 16, *Werte* mit 40 und *Zukunft* mit 15) zu den in Tabelle 12.3 dargestellten Kernbegriffen gebündelt.

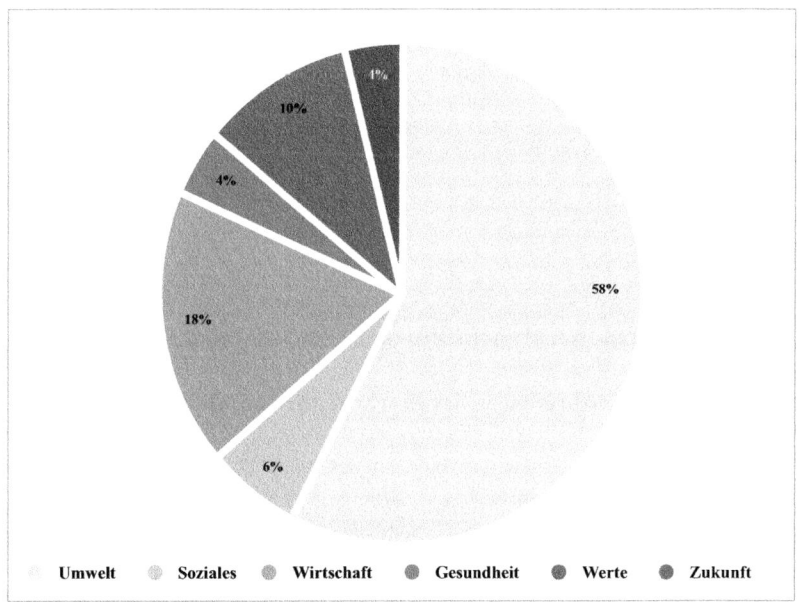

Abbildung 12.1 Die auf Schulebene genannten Nachhaltigkeitsdimensionen und Einflussgrößen einer BBNE. (Eigene Darstellung)

Tabelle 12.3 Kernbegriffe des Nachhaltigkeitsverständnisses auf Schulebene

Ökologie	Soziales	Ökonomie	Gesundheit	Werte	Zukunft
Lebensmittel-abfälle	Soziale Gerechtigkeit	Ressourcen-schonung	Erhaltung der Gesundheit	Konsum	nächste Generation
Müll	fair produzierte Lebensmittel	effizientes Wirtschaften	gesunde Ernährung	Mündigkeit	Gestaltung der eigenen Zukunft
Infrastruktur	Perspektive der Verbraucherinnen und Verbraucher	Zielgruppen-orientiertes Marketing	Hygiene	Selbst-verantwortung	nachhaltiges Lernen
regionale Lebensmittel	Umgang mit Mitmenschen	Müll	Ernährungs-physiologie	Bewusstsein	
saisonale Lebensmittel		finanzielle Einsparung		Selbst-wirksamkeit	
biologische Lebensmittel		Lebensmittel-abfälle		Tierwohl	
Ressourcen-schonung		Konsum		Artensterben verhindern	
Klima					
Umwelt					
Artenvielfalt					

(Eigene Darstellung)

12.2.3 Curriculumentwicklung auf Landes- und Schulebene

Beteiligung von Lehrkräften an der Erarbeitung des Bildungsplans durch das MSB NRW

Von den befragten Personen war eine an der Entwicklung des Bildungsplans zur Erprobung in der ministeriellen Arbeitsgruppe beteiligt. Zum Zeitpunkt der Beteiligung stand bereits die grundlegende Struktur des Bildungsplans, insbesondere Teil 1 und 2. Ebenfalls waren die Handlungsfelder sowie die dazu-gehörigen Arbeits- und Geschäftsbedingungen bereits festgelegt. Lediglich an der Gestaltung der Lernfelder wirkten Lehrende mit. Dabei waren die jeweili-gen Anforderungssituationen und Inhalte festzulegen (3:15). Die Schulen wurden angeschrieben und um Beteiligung an der Curriculumarbeit gebeten. Daher konnte die Schule entscheiden, welche Lehrperson mitwirken sollte (3:21). Für die Arbeit an dem Curriculum wurde sich über einen Zeitraum von einem halben

Jahr einmal pro Monat für ein bis zwei Tage getroffen (3:17). Die Zusammenarbeit fand in einer größeren Gruppe statt. In der Gruppe wurde sich darüber ausgetauscht, welche Inhalte gestrichen oder erweitert werden oder in welcher Form die Inhalte in den Lehrplan aufgenommen werden sollten. Kernaufgabe war die Festlegung von Formulierung von Anforderungssituationen und Zielformulierungen, denen später die jeweiligen Kompetenzen zugeordnet wurden (3:43). Zur Orientierung wurden einige Inhalte aus dem alten Bildungsplan übernommen, die sich in der Vergangenheit als geeignet bewährt hatten und neue Inhalte ergänzt.

> Wir hatten zum Beispiel Ideen, dass wir gesagt haben: Ist es denn wirklich notwendig, dass wir jetzt die Fächer wieder einführen? Oder sollte man es vielleicht so machen, dass man Lernfelder bewertet und beurteilt? Es war aber eigentlich nicht möglich, weil das alles vorgegeben war (3:15).

Für die Mitarbeit am Curriculum wurden den beteiligten Lehrkräften keine Materialien vorab zur Verfügung gestellt, sondern die notwendigen Materialien wurden am ersten Tag der Zusammenarbeit ausgeteilt. Eine Vorbereitung war daher nicht möglich (3:21). Ebenfalls wäre für die befragte Person die Klärung über die Vorgaben, die neue Struktur und die Aufgabe der Beteiligten als Vorbereitung hilfreich gewesen (3:21). Am Prozess der Erarbeitung des Bildungsplans waren eine Gruppe aus mehreren Kolleginnen und Kollegen mit unterschiedlichen Berufserfahrungen, Dezernentinnen und Dezernenten sowie Vertreterinnen und Vertreter einer Universität beteiligt (3:15, 17, 19). Eine formelle Schulung zur Vorbereitung auf die Mitarbeit am Curriculum fand nicht statt.

> Und das war auch eigentlich keine Vorbereitung, muss ich sagen. Also das ist schon so, ja, ein Sprung ins kalte Wasser. Man fährt da mal hin und dann sieht man, was da auf einen zukommt (3:21).

Curriculumentwicklung auf Schulebene
Bei der Einführung neuer Bildungspläne handelt es sich um einen sehr langen Prozess (2:45). Hierbei wird sich beispielsweise im Rahmen interner Fortbildungen und Bildungsgangkonferenzen an den Berufskollegs mit dem neuen Bildungsplan auseinandergesetzt, wobei vor allem Unterschiede zum vorherigen Lehrplan herausgestellt werden. Auf diese Weise wird geprüft, welche Aspekte in der bisherigen Umsetzung zu ändern sind.

Bei der Entwicklung neuer didaktischer Jahrespläne müssen zu den Lernfeldern mit den entsprechenden Anforderungssituationen, Zielformulierungen und Kompetenzen zunächst Lernsituationen formuliert werden. Anschließend werden die vorgegebenen Kompetenzen durch Inhalte und Methoden ergänzt und eine Reihenfolge festgelegt (7:53). Diese Erarbeitung findet meist in einem Team aus Lehrerinnen und Lehrern der bereichsspezifischen Fächer statt. Für die schulische Umsetzungsarbeit der Bildungspläne können digitale Programme eingesetzt werden. Danach wird geprüft, welche weiteren Fächer wie Deutsch oder Mathematik noch in die Lernsituation involviert werden.

> Haben wir geguckt, also welche Anforderungssituationen sind da? Welche Zielformulierungen, was für Kompetenzen sollen vermittelt werden? Und da haben dann eine Lernsituation dazu gemacht, haben geguckt: Welche Fächer arbeiten mit (3:31).

Insgesamt sind an der schulischen Curriculumarbeit nach Angaben der Befragten alle am Bildungsgang beteiligten Lehrenden – von den Referendarinnen und Referendaren bis zum Oberstudienrat – in verschiedenen Intensitäten beteiligt. Hierzu zählen:

- Fachlehrerinnen und Fachlehrer,
- Kernteam, bestehend aus den Lehrerinnen und Lehrer der berufsbezogenen Fächer,
- Referendarinnen und Referendare,
- Abteilungsleitung,
- Bildungsgangleitung,
- Oberstudienrat und
- Beteiligte an der Bildungsgangkonferenz.

Aufgrund ihrer Dauer und Komplexität werden für die schulinterne Curriculumentwicklung zeitliche Ressourcen benötigt, die jedoch von der Schulleitung eingeräumt werden müssen.

> Also wir haben diese Probleme schon registriert, haben aber irgendwie durch Corona und durch, ja, dadurch, dass keine Zeit zur Verfügung gestellt wurde extra noch einmal, hat das jetzt nicht so geklappt, das einfach zu bearbeiten. [...] aber jetzt ist das gerade irgendwie mehr so nach dem Prinzip, Hauptsache irgendwas steht in diesem didaktischen Jahresplan drin (5:85).

Der Stellenwert von Nachhaltigkeit in der schulinternen Curriculumentwicklung

Im aktuellen Bildungsplan wird mit der ‚nachhaltigkeitsorientierten Gestaltungskompetenz' ein neues Bildungsziel verfolgt, das seitens der Schulen umzusetzen ist. Eine systematische und explizit auf dieses Ziel ausgerichtete Planung erfolgt in den Berufskollegs nicht:

> Wenn man der mit guten Gründen sagen würde so: „Dieses Thema Nachhaltigkeit hat jetzt diesen besonderen Stellenwert. Warum machen wir nicht so einen pädagogischen Tag dazu?" Dann würde unsere Schulleitung auch nicht nein sagen, wenn man da eben, das noch mal die Relevanz des Themas rausstellt und vielleicht noch mal guckt, in welchen verschiedenen Bildungsgängen das alles irgendwie wichtig ist (5:109).

An nachhaltigkeitsbezogenen Inhalten wird im Rahmen der schulinternen Curriculumentwicklung eher „nebenbei" (4:43) gearbeitet.

> Genau, also ich glaube man könnte da noch deutlich, deutlich umfangreicher und schöner, sage ich jetzt mal, was planen. Hängt aber natürlich auch immer damit zusammen, wer da gerade als Kollege drinnen ist. Oder wie gut man zusammenarbeitet. Oder wie Kapazitäten einfach sind (4:51).

In einem Berufskolleg werden die Kompetenzen direkt aus dem Bildungsplan übernommen und mit den entsprechenden Inhalten in den didaktischen Wizard[4] übertragen. Hierzu können Vorschläge von allen beteiligten Lehrpersonen gemacht werden. Die Nutzung des Wizards ist jedoch unterschiedlich stark ausgeprägt. Manche Kolleginnen und Kollegen nutzen das Tool, andere jedoch nicht.

> [D]ann sieht das so aus, als hätte die Kollegin fünf Minuten Zeit gehabt, manchmal ist es dann auch in der Praxis so und dann würde ich die Situation niemals so einführen wie sie da steht (5:85).

Referendarinnen und Referendare können beispielsweise in diesem Tool neue Lernsituationen verfassen, die in Absprache mit der Schulleitung anschließend erprobt und verabschiedet werden.

Lediglich an einem Berufskolleg wurde Nachhaltigkeit bei der Entwicklung von Lernsituationen im Rahmen der didaktischen Jahresplanung gezielt berücksichtigt (6:39).

---

[4] Der didaktische Wizard ist ein Programm, welches die Erstellung didaktischer Jahresplanungen unterstützt, indem es insbesondere die Einheitlichkeit bezüglich der didaktischen Jahresplanungen in allen Bildungsgängen, des Layouts und der Formatierung der Planungen ermöglicht (MSB NRW, 2022).

Didaktischer Fokus der schulinternen Curriculumentwicklung
Bei der schulischen Umsetzung des Bildungsplans werden verschiedene Schwerpunkte genannt. Vor allem wird der Fokus auf die

- Schülerorientierung,
- Fächerstruktur,
- Theorie-Praxis-Verschränkung und
- Berufs- und Lebenswirklichkeit gelegt.

Auch bezüglich der Nachhaltigkeit wird bei der didaktischen Jahresplanung stets mit einer „bestimmten Brille" (5:99) geprüft, an welche Inhalte hier angeknüpft werden könnte.

Besonderheiten der Schülerinnen und Schüler des Bildungsgangs
Die Schülerinnen und Schüler der Assistentenausbildung werden als „buntes Völkchen" (2:59) bezeichnet, denn sie haben unterschiedliche, häufig negative schulische Erfahrungen gemacht. Da die Eingangsvoraussetzungen des Bildungsgangs niedrig sind, wird auch das Leistungsvermögen der Schülerinnen und Schüler allgemein als eher schwach beschrieben. Daher werden die vergleichsweise hohen Zielformulierungen als Diskrepanz zu den Lernvoraussetzungen der Lernenden wahrgenommen. Eine besondere Herausforderung sind „Sprachanfänger" (4:112) in den Klassen, die Probleme mit der Bildungs- und Fachsprache haben. Daher wird der Wunsch nach sprachlich und didaktisch reduzierten Materialien geäußert (5:43).

Nach dem Abschluss findet etwa die Hälfte der Absolventinnen und Absolventen einen Ausbildungsplatz in dem entsprechenden Arbeitsfeld z. B. als Koch oder Köchin oder als Hotelfachfrau oder -mann. Einige wechseln beispielsweise in die Pflegebranche, wenn sie während der schulischen Ausbildung merken, dass ihnen der Berufsbereich nicht zusagt. Andere Schülerinnen und Schüler brechen die Ausbildung ab (2:86). Dies wird durch die niedrige Einstiegsschwelle begründet, da viele Jugendliche primär einen schulischen Abschluss erhalten möchten und die berufliche Qualifikation nicht im Vordergrund steht. Die berufsspezifischen Fächer verhelfen ihnen in der Regel jedoch zu besseren Leistungen als die allgemeinbildenden Fächer. Von der befragten Person wird angegeben, dass einige Jugendliche die Berufsfachschule daher als „Notnagel" (2:86) betrachten und ihnen das Interesse an dem Beruf fehlt.

> Das ist, glaube ich, dass die Schüler aber eigentlich eine ganz andere Orientierung und Interesse haben und sich eigentlich weniger auf den Beruf und mehr auf den

Schulabschluss-. Nicht so sehr auf den Beruf selbst. Und die gehen natürlich häufig auch verloren dann (2:86).

Wenn sie jedoch im Anschluss beispielsweise eine Kochausbildung beginnen, sind sie durch die Inhalte und Praxiseinheiten der schulischen Ausbildung gut vorbereitet. Die Praktika bieten daher eine Art „Eintrittskarte" (8:77), die die Gewichtung der Noten auf dem Zeugnis relativieren kann. Der praxisnahe Anteil führt zudem dazu, dass die Schülerinnen und Schüler bei schulinternen Veranstaltungen in die Verpflegung einbezogen werden. Dennoch ist das mangelnde Interesse für den Ausbildungsberuf problematisch. Das Berufskolleg der Bezirksregierung Detmold beobachtet rückläufige Anmeldezahlen für die Ausbildung, weshalb das Berufskolleg den Bildungsgang zukünftig nur noch als einjährige Form anbieten möchte. Das mangelnde Interesse am Berufsfeld wird als grundlegendes Problem des Fachbereichs Ernährung und Versorgung beschrieben (6:77, 137). Als Gründe werden der geringe Mindestlohn, Überstunden und mangelnde Weiterbildungsmöglichkeiten benannt. Durch diese schlechten Rahmenbedingungen „[kann man] ja eigentlich keinem, der richtig was drauf hat, empfehlen, in diesem Bereich zu bleiben" (6:138).

Welche Kompetenzen und Inhalte konkret im Unterricht thematisiert werden, wird von der Klassenzusammensetzung beeinflusst (2:111). Insbesondere soll zunächst der alltägliche Umgang miteinander erlernt werden, da diese Kompetenz häufig noch nicht vorhanden ist. Der Unterricht wird zum Teil auch durch mangelnden Respekt gestört.

> Also muss ich leider sagen, sind echt so ein paar drin, die halt wirklich so auch Respekt nicht gelernt haben. Da gefühlt jede Stunde, weil man da jede Stunde den Kampf hat. Und drum-, also wirklich ganz häufig da klärt, okay wie gehen wir miteinander um (4:74).

Da die Schülerinnen und Schüler des Bildungsgangs selbst wenig Zukunftsperspektiven sehen, ist das Bewusstsein für ein nachhaltiges Verhalten wenig ausgeprägt (6: 124). Insgesamt wird nur einem kleinen Teil der Schülerschaft ein Denken in abstrakten politischen Dimensionen zugetraut, da die meisten aus bildungsfernen Elternhäusern kommen. Ob Jugendliche mit der unterrichtlichen Thematisierung von Nachhaltigkeit erreicht werden können, hängt u. a. davon ab, ob sie bereits durch ihre Familien dafür sensibilisiert wurden.

> Ich glaube, unsere Schüler sind noch nicht so weit, dass sie sich alle zwei Wochen beim Hofladen ein teures Bio-Steak direkt vom Hof kaufen wollen. Aber an sich lässt sich eigentlich mit den Schülern, die etwas mitnehmen, auch etwas umsetzen (6:75).

Kompetenzen der Schülerinnen und Schüler
Die fachlichen und sozialen Kompetenzen werden aus dem Bildungsplan aufgegriffen und ggf. noch verfeinert. Wichtig ist, dass die Inhalte der einzelnen Fächer ineinandergreifen.

[N]ehmen wir mal, weiß ich nicht, eine Lernsituation, die sich darin begründet sieht, dass man sagt, es soll ein kleines Unternehmen gegründet werden. Ob das jetzt ein Foodtruck ist oder eine Imbissbude oder ob das irgendwie ein Cateringunternehmen ist oder oder oder, gibt es tausend Möglichkeiten und dann bedienen die im Prinzip die einzelnen Fächer, die einzelnen Schwerpunkte, also ich unterrichte beispielsweise Wirtschaft. Dann guckt man sich die Aspekte der Wirtschaft, des wirtschaftlichen Handelns an. Was gehört dazu? Was ist für einen Businessplan wichtig? Und, und, und. Und dann geht es natürlich im Bereich Ernährung weiter. Wie wollen wir uns fokussieren? Was soll der Schwerpunkt sein? Was sind die Grundlagen dafür? Gibt es Dinge, die im Hygienebereich berücksichtigt werden müssen? Und, und, und (8:43).

Durch den Unterricht sollen die Schülerinnen und Schüler zum selbstständigen Lernen bewegt werden und unterschiedliche Lernmethoden kennenlernen. Wichtig ist, dass sie das Gelernte in Projekten umsetzen können. Bezüglich der Fachkompetenz sollen sie grundlegende Arbeitstechniken erlernen, die vom fachgerechten Händewaschen über die Lebensmittelverarbeitung bis hin zur Nachbereitung reichen. Bei der Verarbeitung von Lebensmitteln sind sowohl die Beschaffung, Verarbeitung und Zubereitung der Lebensmittel relevant, gleichzeitig spielen organisatorische Kompetenzen eine Rolle. Das Alltagswissen ist ebenfalls wichtig, u. a. das Nachdenken, ob der Kauf von neuen Gütern sinnvoll ist. Die Schülerinnen und Schüler sollen befähigt werden, eigenständig zu handeln und dieses Handeln zu hinterfragen. Dabei wird die Förderung der Selbsttätigkeit betont. Ebenfalls ist durch den Einsatz von verschiedenen Sozialformen die Sozialkompetenz zu fördern, die den Umgang mit den Mitmenschen prägt. In diesem Zusammenhang soll ein Bewusstsein dafür geschaffen werden, dass Menschen verschieden sind. Sie sollen lernen, wie eine Beziehung aufgebaut wird und eine Akzeptanz für andere Personen entwickeln. Zudem werden sie in ihrer Kommunikationsfähigkeit gefördert. Außerdem kann der Einsatz eines Lernkalenders zur Stärkung der organisatorischen Kompetenz führen.

Hinsichtlich der beruflichen Handlungskompetenz werden die Lebensmittellagerung und Abfallvermeidung als Beispiele genannt. Sie sollen selbstständig Handlungsbedarfe erkennen und sich entsprechend verhalten. Dies bezieht sich sowohl auf ihren persönlichen als auch beruflichen Alltag. Die Lernenden sollen motiviert ihren Aufgaben im Berufsalltag nachgehen und Freude an der Erbringung einer Dienstleistung für Kunden haben. Sie sollen Interesse an ihrem

Berufsfeld entwickeln und ihre Ausbildung erfolgreich abschließen. Die Vermittlung der Fachkompetenz wird durch die unterrichteten Inhalte von den Lehrerinnen und Lehrern verantwortet. Kompetenzen, die zum Umdenken führen, müssen jedoch von den Lernenden ausgehen (6:97). Die Schülerinnen und Schüler sollen beispielsweise beim Einkauf von Waren selbstreflektiert die Produkte auswählen und lernen diese Selbstreflexion auf ihr alltägliches Verhalten zu übertragen. Betont wird die Bedeutung der Selbstwirksamkeit der Lernenden, die in Verbindung mit der Persönlichkeitsentwicklung, Selbstkompetenz und der Selbsteinschätzung genannt wird (2:64, 66). Die Schülerinnen und Schüler sollen vor allem im Rahmen der beruflichen Bildung lernen, selbst tätig zu werden. Sie sollen die Verantwortung nicht auf die Gesellschaft übertragen, sondern erkennen, dass sie eigenständig die Möglichkeit ergreifen können, an Veränderungen mitzuwirken. Daher ist die Kompetenz zum eigenständigen Handeln zentral (3:81). Bei der Formulierung konkreter Kompetenzen in der didaktischen Jahresplanung wurde sich am DQR und am Curriculum orientiert. Dabei wurden bei der Übertragung die entsprechenden Niveaustufen überprüft. Diese Kompetenzen werden den Lernsituationen zugeordnet und gemeinsam mit den dazugehörigen Inhalten ergänzt, die zur Vermittlung der jeweiligen Kompetenz dienen. Ob die Schülerinnen und Schüler nach dem Abschluss über bestimmte Kompetenzen verfügen, lässt sich nach Aussage von drei befragten Personen nicht messen, allerdings kann ein entsprechendes Kompetenz-Niveau durch ihr beobachtbares Verhalten abgeleitet werden. Für die Förderung der Selbsteinschätzung werden an einem an der Erhebung beteiligten Berufskollegs Fragebögen eingesetzt, die die Selbstwahrnehmung abbilden. Um die Schülerinnen und Schüler zu fördern, wird sich mit Kolleginnen und Kollegen sowie mit beteiligten externen Partnern über die Stärken und Schwächen der Jugendlichen ausgetauscht (2:66). Darüber hinaus kann nach Aussagen einer weiteren Lehrkraft eine Rückmeldung über den Kompetenzerwerb der Schülerinnen und Schüler durch Gespräche mit Praktikumsbetrieben erzielt werden oder die Kompetenzentwicklung anhand der Bewertungsbögen der Praktikumsstellen besprochen werden. Daran lässt sich eine Entwicklung über die zwei Jahre Ausbildung erkennen.

Durch das Anwenden ihres Wissens u. a. in Projektarbeiten wird sichtbar, ob und in welchem Ausmaß der Kompetenzerwerb bei den Schülerinnen und Schüler stattgefunden hat. Diejenigen, die entsprechende Leistungen nachweisen können, werden zur Prüfung zugelassen. Die anderen nicht, da sie „noch nicht so weit sind" (7:99). Nach dem Abschluss bleibt jedoch offen, ob sie die erlernten Kompetenzen tatsächlich im beruflichen wie privaten Alltag anwenden, da nicht erfasst wird, ob und in welcher Weise ein Kompetenzerwerb stattgefunden hat. Das kompetenzkonforme Verhalten liegt dann in der Verantwortung der Jugendlichen, die als Teil der Gesellschaft agieren sollen (8:119).

12.2.4 Umsetzung des Bildungsplans am Berufskolleg

Im Rahmen der Hauptkategorie *K2: Schulische Umsetzung des Bildungsplans zur Erprobung* werden u. a das grundsätzliche Vorgehen bei der Umsetzung neuer Bildungspläne, die Erwartungen an die Verankerung von Nachhaltigkeit im Bildungsplan und die bisherigen Erfahrungen sowie die Kompetenzen, die Lehrerinnen und Lehrer bezogen auf die Umsetzung einer BBNE benötigen, thematisiert. Daher gliedert sich diese Hauptkategorie in die in Abbildung 12.2 dargestellten Subkategorien auf.

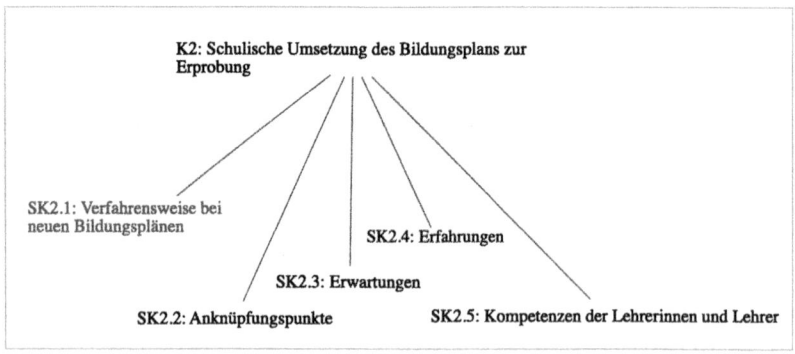

Abbildung 12.2 Subkategorien der Hauptkategorie K1: Schulische Umsetzung des Bildungsplans zur Erprobung. (Eigene Darstellung)

Die Subkategorie *SK2.1: Verfahrensweise bei neuen Bildungsgängen* wurde bereits in dem vorangegangenen Kapitel beschrieben, weshalb im Folgenden die Umsetzung des im Bildungsplan aufgestellten Ziels Förderung der nachhaltigkeitsorientierten Gestaltungskompetenz an den Berufskollegs fokussiert wird.

Anknüpfungspunkte
Im Rahmen dieser Kategorie soll geklärt werden, ob und in welcher Weise eine BBNE mit den aktuellen didaktischen Konzepten umgesetzt werden kann. Daher

werden Informationen zur Bedeutung der Handlungskompetenz der Schülerinnen und Schüler hinsichtlich der nachhaltigkeitsorientierten Gestaltungskompetenz, den zugehörigen Fähigkeiten und Kompetenzen sowie deren Überprüfung erfragt und der Zusammenhang der Wertebildung und der Nachhaltigkeit ermittelt. Darüber hinaus sollen (fach-)didaktische Ansätze zur Umsetzung einer BBNE und Möglichkeiten zur Förderung eines werteorientierten Verhaltens sowie konkrete Beispiele zur nachhaltigkeitsorientierten Akzentuierung der Fachinhalte geschildert werden.

Nachhaltigkeitsorientierter Gestaltungskompetenz

In Bezug auf Nachhaltigkeit werden von den Befragten folgende Ziele in Bezug auf die Umsetzung des Bildungsplans formuliert: Es soll ein nachhaltigkeitsorientiertes Bewusstsein aufgebaut und eine Motivation geschaffen werden, sich Gedanken über die Zukunft zu machen. Daher sollen die Schülerinnen und Schüler im Rahmen der beruflichen Bildung über die Möglichkeiten einer nachhaltigen Entwicklung aufgeklärt werden, um Alternativen für den Alltag zu erfahren. Sie sollen u. a. lernen, Lebensmittel richtig zu lagern, regionale und saisonale Lebensmittel zu verwenden, den Müll richtig zu trennen oder mit Abfällen umzugehen. Sie sollen sich ressourcenschonend verhalten, damit die Ressourcen für die nächsten Generationen erhalten bleiben (5:33, 35). Die Schülerinnen und Schüler sollen sich über Transportwege von Lebensmitteln Gedanken machen und das Wissen, welches sie in der Schule erlangen, im Alltag anwenden. Dabei spielt das Wissen über Konsequenzen des eigenen Konsums eine Rolle, denn sie sollen erkennen, dass durch ihr eigenes Handeln Veränderungen erzielt werden können. Sie sollen verstehen, dass sie Teil der Konsumgesellschaft sind, jedoch entscheiden können, wie sie Projekte planen und durchführen. Sie sollen selbstständig werden und sich durch individuelle Lernmethoden das notwendige Wissen aneignen, welches später für die Berufsausübung relevant ist.

> [D]ass die das dann eben mitnehmen, dieses Wissen, dass es eben alles eine Konsequenz u. a. für die Umwelt hat, wenn man sich so und so verhält und dass man bei jedem einzelnen ansetzen muss. Und nicht ich als Einzelner bewirke eh nichts, das ist halt einfach der falsche Ansatz (5:55).

Durch das Umsetzen der theoretischen Inhalte im Praxisunterricht sollen die Schülerinnen und Schüler lernen, das eigene Verhalten später in beruflichen und alltäglichen Handlungen zu übertragen. Sie sollen für die Nachhaltigkeitsthematik sensibilisiert werden. Bei der Verarbeitung von Lebensmitteln sollen die Schülerinnen und Schüler lernen, schadhafte Stellen zu entfernen, um den Rest des

Produktes weiter zu verarbeiten. Zudem sind u. a. durch bestimmte Schnitttechniken Lebensmittelabfälle zu reduzieren. Nachhaltigkeit soll auch beim Umgang mit Textilien thematisiert werden, z. B. durch die Verwendung von alternativen Reinigungsmitteln und deren Wirkungen auf den Wasserkreislauf. Diese Kompetenzen können nicht nur für den Berufsalltag nützlich sein, sondern lassen sich ebenfalls auf den privaten Haushalt übertragen. Sie sollen nachhaltigkeitsorientiert leben und arbeiten, indem sie ressourcenschonend agieren, um die Lebensgrundlage für die nachfolgende Generation zu erhalten. Ihnen soll die Verschwendung von Ressourcen auffallen und sie sollen diese auch anmerken bzw. zu ressourcen-schonendem Verhalten auffordern. Sie sollen eine nachhaltige Entwicklung mitgestalten und sich als „gesellschaftliche Player" (8:73) sehen. Die Lernenden sollen das Wissen, welches sie im Unterricht erlangen, auf ihr Handeln übertragen und es auf ihr eigenes Essverhalten beziehen.

> [B]eschäftige mich mit nachhaltigem Umgang mit Lebensmitteln im Produktionsbereich, sprich Küken schreddern und Co. Es werden durchaus grausige Bilder gezeigt und das Nächste, was gemacht wird, jetzt aber erst einmal einen McChicken essen (8:97).

Daneben sollen sie durch die unterrichtliche Vermittlung der Herstellungsprozesse und -kosten für Kleidungsstücke die Bedeutung ihres Konsumverhaltens erfahren. Daher können die Schülerinnen und Schüler erkennen, dass sie bereits durch ihr alltägliches Verhalten Einfluss nehmen können. Es handelt sich um die Entwicklung einer Selbstverständlichkeit, über das eigene Verhalten nachzudenken und dieses zu reflektieren (2:211). Dies fängt beim ressourcenschonenden Verhalten an und reicht bis zum Bewusstsein für nachhaltige Themen.

> Bestenfalls für die Stunde, noch besser für die nächste Stunde und im allerbesten Fall auch für das außerschulische Umfeld, sich bestimmte Dinge einprägen, die dann eben auch nachhaltig von den Schülern benutzt werden (2:118).

Am Ende der Ausbildung sollen die Schülerinnen und Schüler die drei Dimensionen des Nachhaltigkeitsdreiecks kennen und wissen, welche Aspekte diese umfassen. Sie sollen als Bewertungskriterien herangezogen werden (6:99). Zudem sollen sie erkennen, wie im Betrieb nachhaltiger gearbeitet werden kann, beispielsweise durch veränderte Einkaufslisten oder Kooperationen mit Bio-Bauernhöfen.

Werte im Bildungsplan

Wertebildung spielt nach Ansicht der Befragten in der Berufsbildung eine große Rolle und reicht über nachhaltigkeitsbezogene Aspekte hinaus. Denn neben der Wissensvermittlung wird auf das Erziehen als einen der Kompetenzbereiche der Lehrenden verwiesen. Die Vermittlung von Werten wird als besonders relevant (7:101) eingeschätzt. Vor allem der Umgang mit den Mitmenschen, der Aufbau zwischenmenschlicher Beziehungen und die Entwicklung von Akzeptanz für andere Lebensweisen werden als wichtig empfunden. Die Schülerinnen und Schüler sollen ein demokratisches Verständnis entwickeln und unterschiedliche Sicht- und Denkweisen kennenlernen. Die Wertebildung soll genutzt werden, um die „Basics" (4:74) des gemeinschaftlichen Miteinander zu lernen. Die Wertebildung wird in Verbindung mit der Selbstwirksamkeit, die den Schülerinnen und Schülern vermittelt werden soll, als besonders wichtig angesehen. (2:95).

Im Zusammenhang mit dem Erziehungsauftrag wird auch die Vorbildfunktion der Lehrperson als wichtige Einflussgröße benannt. Die Lehrerinnen und Lehrer sollen der Klasse entsprechende Verhaltensweisen vorleben und durch gezielte Angebote Entwicklungsmöglichkeiten bieten (8:79). Durch ihr authentisches Verhalten sollen sie den Schülerinnen und Schülern Möglichkeiten der nachhaltigen Ernährung und des nachhaltigen Konsums aufzeigen.

> Also, wenn ich mich selbst schlecht ernähre und irgendwelche Billig-Klamotten anziehe, dann habe ich da auch einen schlecht-, oder dann kann ich den Schülern so viel erzählen, wie ich will über nachhaltige Produkte (6:87).

Im Kontext der Wertebildung ist neben Nachhaltigkeit vor allem die individuelle Förderung relevant, denn diese ist durchgängig präsent.

> Ich meine, ein Schüler, der irgendwie inklusionsbedürftig ist oder der irgendwie integriert werden soll in eine Gruppe, der braucht automatisch individuelle Förderung. Da muss aber auch automatisch ein Bewusstsein geschaffen werden, dass wir halt nicht alle gleich sind [...] (2:106).

Der Großteil der befragten Lehrenden weist der individuellen Förderung als Wert im Bildungsplan daher die höchste Priorisierung zu und sieht die anderen Werte wie Inklusion und Gender Mainstreaming darin enthalten.

> Also, individuelle Förderung, finde ich, ist halt immer das A und O irgendwie von allem quasi. Wenn ich eine Priorisierung vornehmen müsste, wäre das so der Punkt, [aber] wenn jemand nicht nachhaltig ist, finde ich das auch schon irgendwie ganz schön schade (5:65).

Abgesehen von der individuellen Förderung werden alle weiteren Werte als nebeneinanderstehend betrachtet und sind je nach Unterrichtsinhalt im Fokus. Zwar ist durch die Heterogenität der Schülerinnen und Schüler die individuelle Förderung für jede Unterrichtsstunde prägend, allerdings werden bei vielen inhaltlichen Themen Anknüpfungs- bzw. Berührungspunkte zur Nachhaltigkeit gesehen.

Bei der Wertebildung handelt es sich um Haltungsfragen, da der tiefere Sinn eines nachhaltigen Verhaltens von den Schülerinnen und Schülern erkannt werden soll (2:137). Damit die Schülerinnen und Schüler die Werte verinnerlichen, ist eine wiederholte Thematisierung von „gutem" (4:80) Verhalten notwendig, wobei die Lehrenden als „gutes Beispiel vorangehen" (4:80). Ebenfalls sollen positive Verhaltensweisen – beispielsweise ein ökologisches und ressourcenschonendes Verhalten der Schülerinnen und Schüler – hervorgehoben werden.

Didaktische Umsetzung

Um Nachhaltigkeit den Schülerinnen und Schülern vermitteln zu können, werden sie danach gefragt, an welchen Stellen sie sich bereits nachhaltig verhalten. Dadurch wird ein direkter Bezug zu ihrem Alltag hergestellt, denn es soll zunächst im Kleinen geprüft werden, an welchen Stellen die Jugendlichen selbst nachhaltig handeln können, um dies später auf den Betrieb zu beziehen. Schülerinnen und Schüler sollen über die Wahrnehmung von Veränderungen in ihrer Umgebung die Endlichkeit von Ressourcen erkennen. Um die nachhaltigkeitsorientierte Gestaltungskompetenz zu fördern, werden konkrete, überschaubare Aufgaben bearbeitet, die durch die Lernsituationen aufgegriffen werden. Im Unterricht werden die Schülerinnen und Schüler zum Bewerten und zu Diskussionen angeregt, um sich u. a. Gedanken über die Zukunft zu machen. Ebenfalls werden Nachhaltigkeitsbezüge in Prüfungen hergestellt (8:61). Die Jugendlichen sollen die Vorteile für ihren Alltag erkennen, die Anreize schaffen.

> Also [...] was hat das für Vorteile, wenn ich so handle? So und wenn die Schüler sehen: Oh, da kann ich vielleicht sogar Geld einsparen [...], dann ist ja vielleicht schon mal ein super Anreiz, sich nachhaltiger generell zu verhalten. Wenn sie jetzt gleich noch mal das Thema Artensterben und so weiter auch [...] mitkriegen oder so, dass da vielleicht auch noch mal so ein bisschen was passiert ist in den Köpfen [...] (5:67).

Die Berücksichtigung von Nachhaltigkeit soll sich nicht auf einzelne Lernfelder beschränken, sondern sich als „grundsätzliches Paradigma" (2:33) und „pädagogische[r] Ansatz" (2:215) in allen Lernfeldern wiederfinden. Begründet wird dies damit, dass in allen Feldern des Bildungsplans Anknüpfungspunkte zum Thema existieren.

> Und ich finde es schöner, wenn sich Nachhaltigkeit – weil das ist ja etwas, was uns jeden Tag beschäftigt – jeden Tag in der einen Lernsituation begegnet und nicht irgendwie punktuell ausgeschert wird in einer Lernsituation (2:33).

Die partielle Einbindung einer BBNE wird als nicht nachhaltig bezeichnet, da BBNE als Querschnittsaufgabe betrachtet wird, die in jeder Lernsituation enthalten sein sollte. Obwohl Nachhaltigkeit nicht explizit in jeder der didaktischen Jahresplanungen aufgenommen wird, wird es daher als in jedem Bereich enthalten beschrieben. Dennoch gibt eine Lehrkraft an, dass Nachhaltigkeit in dem bereichsspezifischen Fach Produktion weniger eingebunden wird als bei Dienstleistung oder Betriebsorganisation. An einem Berufskolleg der Bezirksregierung Arnsberg wird Nachhaltigkeit eher den bereichsspezifischen Fächern Produktion und Dienstleistung zugewiesen, weniger dem Fach Betriebsorganisation. Dort wird es als übergeordnetes Thema beschrieben. Ebenfalls ist es im Umgang mit Müll oder bei der Mengenkalkulation enthalten. Bei Letzterem wird die Verbindung der ökologischen und ökonomischen Dimension angesprochen, da bei der Abfallvermeidung und Ressourcenschonung ebenfalls Geldersparnisse zum Tragen kommen (4:58). Zudem kann in einer weiteren Lernsituation die Erstellung eines nachhaltigen Leitbilds für ein Café entwickelt werden. Im Fachunterricht sollen sie sich beispielsweise mit fairem Handel auseinandersetzen, wenn der Lerninhalt ‚Kaffee' im Unterricht besprochen wird. Hier können verschiedene Bezugsquellen gegenübergestellt und verglichen werden, indem Plakate zu verschiedenen Kaffeesorten erstellt und präsentiert werden.

> So kann es sein, [...] dass die Kollegen verschiedene Kaffeesorten kaufen und jeder soll mal gucken, was steht da alles so drauf? Was ist denn da überhaupt drin? Wo kommt das denn her? Dass die dann einfach mal so eine Präsentation dazu machen (7:123).

Nachhaltigkeit ist jedoch nicht auf die fachspezifischen Fächer begrenzt, sondern findet sich ebenfalls im Politikunterricht wieder. Hier ist es ein wiederkehrendes Unterrichtsthema.

Wichtig ist, dass die Schülerinnen und Schüler einerseits die entsprechenden Inhalte im Rahmen des Unterrichts lernen und andererseits ihnen der direkte Bezug zum Alltag verdeutlicht wird. Im Sinne der individuellen Förderung ist ein enger Austausch mit den Kolleginnen und Kollegen wichtig, um die Stärken und Schwächen der Schülerinnen und Schüler zu identifizieren und ihre Potenziale – insbesondere bei komplexen Inhalten – einzuschätzen. Hilfreich ist dabei ebenfalls die Einbindung externer Partner, beispielsweise wenn Jugendliche in sozialen Einrichtungen wohnen. Auf diese Weise lässt sich u. a. ein zielgruppengerechter Unterrichtseinstieg planen, damit die Klasse sich auf den Verlauf der Stunde einstellen kann (2:118). Durch die Zusammenarbeit aller beteiligten Lehrerinnen und Lehrer sollen die jeweiligen Lernsituationen in jedem Unterricht mit verschiedenen Schwerpunkten bearbeitet werden. Da die Nachhaltigkeitsthematik sehr abstrakt und komplex ist, ist die Reduzierung auf die Handlungsebene der Schülerinnen und Schüler wichtig. Probleme mit dem alltäglichen Umgang von Lebensmitteln können dabei herangezogen werden, um der Klasse die Nachhaltigkeitsprinzipien „[w]irklich im ganz kleinen Stil" (2:76) näherzubringen. Dabei ist die Selbstwirksamkeit relevant, da viele Anknüpfungspunkte an die Lebenswirklichkeit der Schülerinnen und Schüler existieren.

> Wir hatten jetzt dann das Beispiel mit einem Sack Kartoffel von Discounter, der günstig erscheint. Ich habe zwei Kilo Kartoffel, ich koche für vier Personen. Da bleibt relativ viel Kartoffel übrig und die wird dann irgendwann schlecht und fault. Und ob es da nicht vielleicht irgendwie sinnvoller ist, nicht das zwei Kilo Paket zu kaufen, sondern auch für einen günstigeren Preis die Menge, die man auch selber verbraucht. Dann habe ich ja im Prinzip am Ende einen Gewinn gemacht, als wenn ich Kartoffel kaufe, die zwar günstig sind, weil es viele sind, aber die Hälfte wegwerfe, habe ich da ja nichts von (2:12).

Für die BBNE werden zielgruppenangemessene Materialien benötigt, wie Erklär-Videos, denn in den vorhandenen Schulbüchern sind einerseits die Texte zu anspruchsvoll für den Bildungsgang, andererseits wird Nachhaltigkeit nicht hinreichend berücksichtigt. Nur wenige Befragte benennen explizit Methoden zur Umsetzung von BBNE wie die Berechnung des ökologischen Fußabdrucks oder ein Quiz. Die Schülerinnen und Schüler lernen beispielsweise die Vor- und Nachteile der ökologischen und konventionellen landwirtschaftlichen Produktion abzuwägen und mögliche Kompromisse zu finden. Dies geschieht entlang der vollständigen Handlung, die beim Informieren beginnt und mit einem Handlungsprodukt wie Flyer oder Checklisten für Mitarbeiterinnen und Mitarbeiter endet. Während der Informationssammlung können die Dimensionen der Nachhaltigkeit integriert werden, z. B. durch die Überprüfung, welche Umweltbelastungen bei der Beschaffung von Lebensmitteln entstehen. Im Rahmen der Erarbeitungsphase sollen die Schülerinnen und Schüler sich Gedanken zu nachhaltigeren Alternativen machen und überlegen, auf welche Weise sich das Thema im Betrieb stärker einbinden lässt. Aus diesen Ergebnissen bildet sich zuletzt das Handlungsprodukt. Diese Ergebnisse lassen sich am Ende des Schuljahres noch einmal zu einer übergeordneten Bündelung aus den wichtigsten Inhalten zusammenfassen (5:53).

Häufig setzen sich die Lernenden in den verschiedenen Lernfeldern mit regionalen und saisonalen Lebensmitteln auseinander und sollen diese beurteilen. Anfangs wird ihnen das Modell der Nachhaltigkeit vorgestellt. Am Ende sollen die Schülerinnen und Schüler mithilfe nachhaltigkeitsorientierter Kriterien ihr Ergebnis bewerten.

Für die Vermittlung einer BBNE sind spürbare, praktische und griffige Beispiele wichtig, denn über die Praxisbezüge soll Nachhaltigkeit für die Lernenden ersichtlich und erlebbar werden. Daher wird in allen Interviews von den Befragten betont, dass der Handlungsbezug insbesondere durch den Praxisunterricht herausgestellt werden kann. Die Inhalte, die in der Theorie vermittelt werden, werden in der Praxis – angefangen beim Einkauf und der Mülltrennung bzw. -vermeidung – umgesetzt. Aus diesem Grund ist die Kooperation der Theorie- und Praxislehrerinnen und -lehrer wichtig.

Im Rahmen von Großveranstaltungen des Berufskollegs werden die Schülerinnen und Schüler eingesetzt, um die Planung und Umsetzung zu organisieren. Dabei sollen sie über die Planung des Einkaufs oder das Speisenangebot nachdenken und prüfen, an welchen Stellen nachhaltigkeitsorientiert gehandelt werden kann. Aspekte wie Recycling, Wiederverwendbarkeit oder Regionalität werden hierbei berücksichtigt. Ebenfalls dienen die im Rahmen der schulischen Ausbildung vorgesehenen Praktika als Übungsfelder. Auch können nachhaltigkeitsorientierte Ausflüge einen „guten Nachhall" erzielen (2:175), denn sie veranschaulichen beispielsweise eine nachhaltigkeitsorientierte Produktion, die in verschiedenen Projekten von den Schülerinnen und Schülern selbst angewandt werden kann. Im Rahmen des Projektes ‚Herbstmarkt' an einem der an der Erhebung beteiligten Berufskollegs sollen die Jugendlichen selbstständig regionale und saisonale Produkte herstellen und sich mit ihrer Verpackung und Vermarktung auseinandersetzen. Zur Verdeutlichung der Bedeutung von Projekten und Exkursionen wird darauf hingewiesen, dass bei vielen Schülerinnen und Schülern bereits ein Bewusstsein für Nachhaltigkeit besteht, sie allerdings an der Umsetzung scheitern. Daher wird das Berufskolleg als zentraler Lernort beschrieben, an welchem nicht nur das Wissen, sondern vor allem die Umsetzung fokussiert wird (6:11). Nur durch Projekte und konkrete Handlungsaufträge lässt sich demnach eine Haltung entwickeln. U. a. wurden ein regionaler Einkaufsführer entwickelt oder Fair-Trade-Tage am Berufskolleg durchgeführt. Als ein weiteres

Beispiel wird eine Lernsituation beschrieben, in der ein internationales Street-Food-Festival ausgerichtet werden soll. Es sollen verschiedene Speiseangebote geplant werden, die aus den verschiedenen Herkunftsländern aller Schülerinnen und Schüler stammen. Die Lehrperson beschreibt das Fest als Kulturfestival und Demokratie-Projekt (7:109), bei welchem verschiedene Sicht- und Denkweisen anderer Kulturen und Religionen kennengelernt werden. Dabei wird der Austausch nicht nur klassenintern, sondern zusätzlich zwischen verschiedenen Klassen angestrebt. Auch im Praxisunterricht kochen die Schülerinnen und Schüler Gerichte aus ihren Herkunftsländern, stellen diese der Klasse vor, verköstigen sie gemeinsam und kommen darüber in den Austausch.

> Da kommen halt richtig cooles Essen bei raus. Wo man dann sagt: Mensch, guck mal, sowas essen die. Was bei einigen vielleicht so eine Art Resteessen ist, ist für die aber dann vielleicht schon ein besonders tolles Essen. Oder die arbeiten mit viel Reis. Das wäre bei uns aber nur so eine Beilage und bei denen ist es das Hauptessen. Darüber einfach zu sprechen (7:111).

Neben den internationalen Gerichten können Speisen aus den noch vorhandenen Lebensmitteln im Vorrat zubereitet werden, um Lebensmittelabfälle zu vermeiden. Die Jugendlichen lernen dabei u. a. das Konservieren von Obst und den vielseitigen Einsatz der zur Verfügung stehenden Lebensmittel.

Ob bei den Jugendlichen eine nachhaltigkeitsorientierte Wertebildung stattgefunden hat, lässt sich nicht bestimmen. Die Lehrenden können lediglich das Fachwissen überprüfen. Bei der Vermittlung einer BBNE können die Lehrerinnen und Lehrer nachhaltigkeitsorientierte Werte vorleben und Entwicklungsangebote machen, allerdings liegt es an den Schülerinnen und Schülern, diese anzunehmen (8:93) bzw. umzudenken (6:97).

Akzentuierung der Lehrinhalte
Durch eine BBNE lassen sich nach Aussagen aller befragten Lehrpersonen fachwissenschaftliche Inhalte durch die entsprechende Gestaltung der Lernangebote akzentuieren.

> Also die Fachlichkeit wird dadurch ja nicht eingeschränkt, sondern höchstens erweitert, wenn nicht sogar verbessert (8:87).

Es lassen sich zahlreiche Anknüpfungspunkte zur BBNE in allen Bereichen des Bildungsgangs finden (6:61, 67), denn im Rahmen jedes Lernfelds kann auf einen explizit nachhaltigkeitsorientierten Gegenstand eingegangen werden (3:99, 101). Beim Lerninhalt ‚Wäschepflege‘ kann u. a. im Kontext der Beschaffung über faire, nachhaltige Wäsche gesprochen werden. Bei der Verpflegung von Personengruppen wird bewusst auf die Verwendung regionaler und saisonaler Lebensmittel geachtet. Bei der Besprechung der Warenlagerung können beispielsweise nachhaltigkeitsorientierte Akzentuierungen erfolgen, indem Kalkulation von Mengen oder die Haltbarkeit von Lebensmitteln zur Vermeidung von Abfällen thematisiert wird. Ferner wurde durch die unterrichtliche Vermittlung der Textilherstellung und den zugehörigen Produktionsschritten sowie den damit verbundenen Kosten über den westlichen Konsum gesprochen. Durch nachhaltige Beispiele können u. a. Wirtschaftsweisen verdeutlicht werden, die kostensparender sind und sich zugleich durch ihre Klimafreundlichkeit auszeichnen. Auch bei dem Mensaangebot können alternative Kostformen wie die vegetarische und vegane Ernährung thematisiert werden, für die entsprechende Speisen angeboten werden sollen. Ebenfalls lässt sich über den Mensaplan die Abfallproblematik nicht verkaufter Speisen ansprechen (4:84).

Als ein weiteres Beispiel wird das ‚Containern' beschrieben, bei dem die Personen noch verwendbare Lebensmittel der Supermärkte aus deren Containern stehlen. Hieran lassen die rechtlichen Vorgaben in Verbindung mit Nachhaltigkeitsaspekten besprechen. Im Rahmen des Lerninhalts Verpackung des bereichsspezifischen Faches Betriebsorganisation wird auf den Bezug zur BBNE verwiesen. Zudem kann beim Angebot von Heißgetränken die verschiedenen Kaffee- und Teesorten neben der Zubereitung das Nachhaltigkeitssiegel „Fair-Trade" thematisiert werden. Ebenfalls können aktuelle Anlässe, die im Unterricht besprochen werden, dazu verwendet werden, die nachhaltigkeitsorientierte Gestaltungskompetenz – unabhängig vom Bildungsgang – zu fördern. Beispielsweise eignen sich anstehende Wahlen dafür, zur Mitbestimmung zu motivieren oder über wirtschaftliche Interessen und Lobbyarbeiten aufzuklären.

> Und ich glaube, dass das ein Punkt ist, den man in der Schule, egal welchen Bildungsgang das betrifft, die Mitgestaltungsfähigkeit von jungen Menschen deutlich machen werden muss. Und ich hoffe, dass es dadurch einen Wandel geben kann (8:59).

12.2.5 Erwartungen an und Erfahrungen mit dem Bildungsplan

Erwartungen

Inwieweit Nachhaltigkeit im Unterricht umgesetzt wird, hängt nach Einschätzung der Befragten weniger von der Verankerung im Curriculum, sondern maßgeblich von der Motivation der Lehrperson ab. Grund ist, dass der neue Bildungsplan lediglich zu Beginn und kaum im Unterrichtsalltag gelesen wird (3:55).

> Und Teil eins und Teil zwei des Bildungsplans, den habe ich mir jetzt auch gerade noch mal angeschaut, gestern oder vorgestern. Den habe ich aber diese vier Jahre zwischendurch gar nicht mehr gelesen (3:105).

Gearbeitet wird vor allem mit der didaktischen Jahresplanung. Dennoch wird vermutet, dass Nachhaltigkeit mit dem neuen Bildungsplan etwas stärker berücksichtigt wird, da die Bedeutung der Nachhaltigkeit auf politischer Ebene sichtbar wird.

> Und dass das so auf dieser politischen Ebene beschlossen wurde von der Kultusministerkonferenz, ist ja dann noch mal so ein Zeichen, das ist wichtig. Das sollen wir so umsetzen (5:99).

An einem Berufskolleg spielte Nachhaltigkeit bereits vor dem neuen Bildungsplan eine große Rolle, weshalb der Bildungsgang im Grunde auf dieselbe Weise weitergeführt wird. Allerdings wird die Umsetzung einer BBNE, die bereits in der didaktischen Jahresplanung integriert wurde, vor allem durch das Interesse der Schülerinnen und Schüler mitbestimmt.

> Dieses Jahr hatten wir Glück, dass echt auch vier, fünf Schüler da waren, die an dem Thema richtig Interesse hatten und gern mitmachen wollten. Wir haben halt auch mal desinteressierte Klassen, da kriegt man auch in zwei Jahren, wenn die jeden zweiten Tag da sind, das Interesse nicht geweckt (6:45).

Erfahrungen

Als ein Ansatzpunkt zur Implementation einer BBNE wird die Mensa bzw. Cafeteria der Berufskollegs genannt z. B. durch den Einsatz von biologisch angebauten, saisonalen und regionalen Lebensmitteln oder durch die Vermeidung von Lebensmittelabfällen mittels eines veränderten Bestellvorgangs (6:53). Im Unterricht wird zum Teil über die Fridays for Future gesprochen, wobei die Schülerinnen und Schüler die Möglichkeit zur aktiven Beteiligung erhalten (4:104). Für viele Inhalte gilt auch, dass BBNE immer „mitschwingt" (5:111) und dieser Zustand durch Fortbildungen oder pädagogische Tage intensiviert werden kann. Ebenfalls können Aktivitäten der Schule zur BBNE beitragen, indem Vertretungsunterricht expliziert für Nachhaltigkeitsthemen genutzt oder ein entsprechender

Workshop angeboten wird. Gewünscht wird eine stärkere Betonung der sozialen Dimension und des Zukunftsgedankens (4:60, 68). Darüber hinaus werden sich durch die Bildungsverwaltung grundsätzlich Anregungen und Beispiele zur konkreten Umsetzung gewünscht.

> Ich glaube, dass man Beispiele braucht. Wenn doch die möchten, dass wir das umsetzen, dann wären halt so ein paar Beispiele nicht schlecht. Dass man daraus dann vielleicht ein Projekt oder so was startet (7:157).

Bewertung des Bildungsplans
Bei der Einführung neuer Bildungspläne handelt es sich um einen komplexen Prozess, der als anstrengend empfunden wird, weil durch die Summe der verschiedenen Bildungsgänge eine zeitintensive Arbeit anfällt. Der Stellenwert, den Nachhaltigkeit im Bildungsplan einnimmt, wird insgesamt als gering eingeschätzt (4:116). Nachhaltigkeit wird im Wesentlichen bei den Vorbemerkungen eingebunden, im berufsbezogenen Teil ist es lediglich an wenigen Stellen bei der kommunalen Abfallentsorgung, der ernährungsspezifischen Eigenschaften ausgewählter Rohstoffe und der fachgerechten Reinigung zu finden. Grundsätzlich ist BBNE jedoch nicht so umfassend abgebildet, wie es im Berufsfeld Ernährung und Versorgung sein sollte (2:32). Es sollte übergreifend in jedem Lernfeld präsent sein, da es in allen Bereichen Anknüpfungspunkte gibt (6:67). Problematisch dabei ist, dass die Vorbemerkungen meist überlesen werden und sich auf die berufsspezifischen Inhalte konzentriert wird.

> Also, ich sage mal so, dieses Vorgeplänkel überliest man eigentlich und man geht dann einfach auf die Inhalte, damit man das umsetzen kann (7:45).

Bei der Betrachtung der fachbereichsspezifischen Handlungsfelder im Bildungsplan zur Erprobung wird deutlich, dass es sich bei der curricularen Verankerung von Nachhaltigkeit um eine ökonomisch geprägte Ausrichtung handelt, weshalb diese Formulierungen im Berufsfeld Ernährung und Hauswirtschaft als weniger passend empfunden werden.

> Also, wenn ich eine reine Produktionsstätte habe und nicht gerade Lebensmittel produziere, dann kann ich das anders trennen. Und da sind diese Handlungsfelder sinnvoller umzusetzen, als es bei uns ist. Also bei uns fand ich, dass es-, diese Trennung manchmal nicht ganz harmonisch war (3:19).

Ferner wird bemängelt, dass die Zielformulierungen des Bildungsplans nicht dem Leistungsvermögen der Schülerinnen und Schüler entsprechen. Daher ist eine Anpassung seitens der Lehrerinnen und Lehrer erforderlich, die die abstrakten Formulierungen zielgruppengerecht abändern. Auch wird die Lebenswirklichkeit der Schülerinnen und Schüler nicht berücksichtigt, da die geforderte Tiefe und der Umfang nicht ihrem Leistungsniveau entsprechen. Ebenfalls sollen sie den Umgang mit digitalen Medien erlernen, verfügen jedoch nicht durchgängig über die hierfür notwendigen technischen Voraussetzungen. Als wenig nachvollziehbar werden zudem die Zeitrichtwerte empfunden, da für manche Lernfelder viel mehr Zeit eingeplant wird als für andere, die jedoch mehr Inhalte aufweisen (6:30). Als ein weiteres Problem wird beschrieben, dass der neue Lehrplan eine gemeinsame Benotung der theoretischen Fächer und der Fachpraxis vorgibt, obwohl diese getrennt stattfinden. Durch die Zusammenführung der Noten wird nicht ersichtlich, ob die Schülerinnen und Schüler beispielsweise trotz Problemen in der Theorie besondere Stärken in der Praxis haben. Durch eine separate Ausweisung der Noten könnten sich die Einstellungschancen für die Schülerinnen und Schüler erhöhen, da die Betriebe in der Regel ein größeres Augenmerk auf die praktischen Fähigkeiten legen.

> Okay, da ist ein Schüler, der ist in der Fachpraxis gut. Der ist vielleicht in der Theorie ein bisschen schwach, aber ist in der Praxis gut. Und das kann jemand hinterher gar nicht mehr sehen, weil das alles totale Mischnoten werden. Es kommt dann immer so eine Drei raus (3:15).

Insgesamt werden die inhaltliche Struktur sowie der Berufs- bzw. Praxisbezug im Bildungsplan überwiegend positiv bewertet. Durch die offene Gestaltung der Bildungspläne gibt es viele Freiräume für die Lehrenden bezüglich der Inhaltsauswahl. Die Kompetenzvermittlung ist spiralcurricular angelegt, weshalb das Niveau stetig gesteigert wird. Es wird bei den Grundlagen begonnen und fortlaufend werden weitere Inhalte ergänzt. Insgesamt wird bei der Entwicklung neuer Bildungspläne eine stärkere Beteiligung von Lehrenden gewünscht, damit die Inhalte den realen Lehrbedingungen entsprechen.

Wirkungen des Bildungsplans
Durch die Implementierung der Nachhaltigkeit im neuen Bildungsplan wird sie umfassender in der didaktischen Jahresplanung aufgeführt und bezieht sich nicht auf eine Situation, sondern wird viel mehr als Grundprinzip beschrieben (2:170). Die Verankerung unterstreicht die Bedeutung der Schule für die Stärkung einer

BBNE. Zwar werden Bildungspläne anfangs gelesen und dienen bei der Gestaltung der didaktischen Jahresplanung als „Grundgerüst" (8:33) zur Orientierung, allerdings treten sie im Berufsalltag in den Hintergrund. Die Einbindung einer BBNE in die didaktische Jahresplanung sichert zudem ihre personenunabhängige Umsetzung, denn die Vermittlung einer BBNE sollte eine gemeinsame Aufgabe von Theorie- und Praxislehrkräften sein.

> Mir fällt da ein eine Aufforderung von den Kollegen aus der Fachpraxis, der sagte, bring doch den Schülern mal bei, wie sie den Müll dann richtig trennen. Also ich sollte den Schülern das in der Theorie beibringen, was sie dann in der Fachpraxis machen. Habe ich gedacht, das ist irgendwie unsere gemeinsame Aufgabe (2:173).

Obwohl der Bildungsplan den Anreiz bietet, Nachhaltigkeit noch stärker im Unterricht einzubinden (6:61), fehlt es im Bildungsplan an inhaltlichen Aspekten, da sich die Formulierung lediglich auf die Überprüfung von ökologischen, ökonomischen und sozialen Kriterien beschränkt.

> Also ich habe da keine Veränderungen jetzt wahrgenommen. Es war immer schon irgendwie indirekt in den Lehrplänen mit drin (5:101).

> Ansonsten, es ist viel Aufwand für wenig Änderung, finde ich (7:39).

Auswirkungen durch Corona

Durch die Corona-Pandemie konnten einige Maßnahmen und Projekte nicht stattfinden – beispielsweise ist die Regionalkonferenz ausgefallen. Zudem konnten Exkursionen mit den Schulklassen nicht stattfinden, Fortbildungen wurden gestrichen oder fanden online statt. Auch wird geschildert, dass die Pandemie Einfluss auf die Qualität des Unterrichts und die Abschlussprüfungen genommen hat. So haben einige Schülerinnen und Schüler ihren Abschluss erhalten, obwohl ihnen grundlegende Kenntnisse in der deutschen Sprache fehlen. Die Lehrerinnen und Lehrer haben eine höhere Arbeitsbelastung, weshalb u. a. die Arbeit an der didaktischen Jahresplanung während der Pandemie ausgesetzt wurde. Der Praxisunterricht ist während des Homeschoolings ebenfalls ausgefallen. Insgesamt stieg die Bedeutung der Digitalisierung von Lehr-Lernprozessen vor allem durch den Distanzunterricht.

12.2.6 Kompetenzen der Lehrerinnen und Lehrer

Lehrerinnen und Lehrer bestimmen selbst, inwieweit sie einen Schwerpunkt auf BBNE legen. Wie intensiv BBNE im Unterricht stattfindet, ist von ihren Kompetenzen und ihrer Sensibilität abhängig.

> Also ich glaube, dass es wirklich viel von der Lehrkraft abhängig ist, die unterrichtet und wie sie selbst dazu steht und wie wichtig es ihr ist, dieses Thema umzusetzen. Was natürlich in ganz vielen Bereichen so ist. Manchmal steht und fällt der Unterricht mit der Lehrkraft (3:65).

Die Umsetzung einer BBNE ist von der fachlichen Kompetenz, den Kenntnissen über BBNE-fördernden Methoden (3:115) sowie der eigenen Begeisterung abhängig (2:179, 184).

> Wenn ich als totale Schnarchnase, sage ich jetzt einmal ganz doof, da jetzt in den Unterricht vor die Klasse marschiere und das Ganze nicht mit dem entsprechenden Esprit verkaufen kann [...] ohne den Showaspekt, ohne die gewisse Energie, ohne die gewisse Begeisterung, die persönliche auch, wird das alles nicht funktionieren (8:99).

Lehrkräfte müssen Einfühlungsvermögen haben und aufmerksam ihre Umgebung wahrnehmen. Zudem wird durch die Berücksichtigung von Nachhaltigkeit in der didaktischen Jahresplanung der Stellenwert hervorgehoben, wodurch der Abhängigkeit von den persönlichen Interessen der jeweiligen Kolleginnen und Kollegen entgegengewirkt wird.

> Und wenn hier jetzt wieder jemand sagt, es gibt einen neuen Lehrplan, da steht das jetzt drin. Gut, das ist der aktuelle Lehrplan, den ich jetzt umsetzten muss, da lege ich jetzt halt nicht so großen Wert drauf, dann funktioniert es halt leider nicht (2:180).

Durch den abstrakten Charakter der Nachhaltigkeitsthematik sind die Jugendlichen verunsichert und benötigen Unterstützung, um die Inhalte zu verstehen. Die Rolle der Lehrerinnen und Lehrer wird hierbei betont. Wichtig ist demnach, dass sie ein nachhaltigkeitsorientiertes Verhalten vorleben, ein entsprechendes Verhalten bei den Lernenden fördern und positive Verhaltensweisen hervorheben. Daher sollen die Lehrenden neben ihrem Wissen zu Nachhaltigkeitsaspekten ihr eigenes Leben nachhaltigkeitsorientierter gestalten und auf diese Weise den Schülerinnen und Schülern als Beispiel dienen. Die berufliche Bildung hat daher die zentrale Aufgabe, diese Themen über den Unterricht zu transportieren, ohne eine vorgegebene Meinung zu indoktrinieren (8:59).

Vorbereitung

Bezüglich der Vorbereitungen auf eine BBNE im Rahmen des Studiums und des Referendariats werden unterschiedliche Aussagen gemacht. Drei der befragten Personen wurden auf die unterrichtliche Thematisierung von Nachhaltigkeit im Studium vorbereitet. Es gab u. a. eine Dozentin, die die Bedeutsamkeit einer BBNE im Berufsfeld Ernährung und Versorgung betont hat, weshalb im Rahmen des Seminars Unterrichtsstunden mit einem entsprechenden Fokus geplant wurden (4:90). Auch im Referendariat wurden nachhaltigkeitsspezifische Inhalte besprochen, allerdings ist eine tiefere Auseinandersetzung erst durch eine spätere nachhaltigkeitorientierte Weiterbildung angeregt worden (5:71).

Die anderen vier befragten Personen wurden nicht im Rahmen der Lehrerausbildung auf die Vermittlung einer BBNE vorbereitet.

BBNE-Weiterbildung

Das Besuchen von nachhaltigkeitsspezifischen Weiterbildungen ist freiwillig, weshalb ein entsprechendes Interesse als Voraussetzung für die Teilnahme gilt. Drei der Befragten haben einschlägige Weiterbildungen zur BBNE absolviert, bei denen explizit die Vermittlung im Unterricht thematisiert wurde. Die Teilnahme wurde durch das Interesse am Thema begründet. Es wurde als ansprechend empfunden, wenn über die persönliche Bedeutung von Nachhaltigkeit und über Ansatzpunkte zum nachhaltigeren Verhalten gesprochen wurde. Ebenfalls wurde die Bedeutung der Nachhaltigkeitsthematik für den Alltag verdeutlicht. Insbesondere die Handlungsalternativen zur Stärkung eines nachhaltigeren Verhaltens waren interessant.

> Wo kann ich mich verbessern? Das spornt ja finde ich auch so ein bisschen an, man sieht so, das habe ich schon gemacht und an den Stellen kann ich mich verbessern [...] (5:73).

Inhaltlich wurden im Kontext zum Klimawandel verschiedene Methoden wie der ökologische Fußabdruck oder Quizze vorgestellt, die für den Unterricht verwendet werden können. Ein Umfang von drei bis vier Stunden wurde als geeignet bewertet, um erste Einblicke und viele Anregungen für die Unterrichtspraxis zu erhalten.

Die vier anderen Befragten haben bisher kein nachhaltigkeitsspezifisches Weiterbildungsangebot wahrgenommen. Als Gründe hierfür wurden aufgezählt, dass einerseits andere Themen als relevanter für den Unterricht in dem Bildungsgang empfunden werden (3:73). Andererseits fehlt es an einem Überblick zum Angebot sowie der erforderlichen Zeit, weshalb noch gar keine Weiterbildungsmaßnahme besucht wurde. Eine Freistellung ist zwar möglich, allerdings müsste auf spezielle Angebote stärker aufmerksam gemacht werden (4:130).

Im Rahmen von Weiterbildungen zur BBNE sollten Unterrichtsmethoden sowie Gestaltungsmöglichkeiten des eigenen Unterrichts im Fokus stehen, mit denen die Schülerinnen und Schüler motiviert und aktiviert werden können. Beispielsweise könnte aufgezeigt werden, wie ein Einstieg in das Thema gelingen kann, um die Klasse dafür zu sensibilisieren (5:35, 43, 75). Gewünscht wird konkretes Unterrichtsmaterial, welches zielgruppengerecht gestaltet ist und direkt im Unterricht verwendet werden kann. Außerdem wird mehrfach ein Austausch mit anderen Schulen vorgeschlagen, um über Erfahrungen zu berichten und hilfreiche Praxis-Tipps von Kolleginnen und Kollegen zu erhalten. Auch eine schulübergreifende didaktische Jahresplanung wird empfohlen:

> Wir hatten mal einen Schul-Dezernenten, der kam dann immer und sagte: „Ja, aber die Lernsituation, das ist aber falsch." So. Und wenn man dann fragt, „Und wie machen wir es richtig?", dann kriegt man auch keine Antwort. Also das ist-, das ist sehr schade [...]. Warum macht man nicht eine Projektphase an ein paar Schulen, die dann [...] Ermäßigungsstunden dafür bekommen, die didaktische Jahresplanung ausarbeiten? Und wenn das dann gut ist, dass sie das an andere Schulen geben können [...] (3:123).

Zum geeigneten zeitlichen Umfang von Weiterbildungen gibt es unterschiedliche Einschätzungen. Einerseits sollten Weiterbildungen sich über mehrere Tage erstrecken. Eine Einteilung in Input, Umsetzung und Nachbesprechung hat sich bei der schulinternen Maßnahme zur Kompetenzorientierung bewährt.

> Ich glaube, das ist meiner Meinung nach eigentlich fast das einzige-, oder die einzige Taktung, die wirklich zu Veränderungen führt. [...] Und ich glaube Tagesveranstaltungen sind halt richtig was für diese Einzelkämpfer (2:197).

Andererseits empfinden zwei andere Lehrpersonen einen Umfang von wenigen Stunden bzw. eine Dauer, die sich auf einen Tag beschränkt, als passend. Eine Weiterbildungsmaßnahme sollte demnach nicht zu viel Zeit in Anspruch nehmen, damit die Lehrenden die Weiterbildung nicht als zusätzliche Belastung empfinden. Außerdem ist es wichtig, dass eine Vertretung für die Zeit organisiert wird, damit es zu keinem Unterrichtsausfall kommt. Daher wird sich ein Angebot an Brückentagen oder Wochenenden gewünscht. Ebenfalls sollte der Titel der Weiterbildung das Interesse wecken und ansprechend sein.

> Mein Problem beim Thema Nachhaltigkeit ist der Begriff Nachhaltigkeit, weil der so ausgelutscht ist. Ich glaube, dass viele Leute keinen Bock mehr haben, sich damit

zu beschäftigen, wenn das Nachhaltigkeit heißt. Sondern wenn man halt tatsächlich konkrete Problemstellungen definiert oder beschreibt [...] (2:192).

Weiterbildung sollte von Personen durchgeführt werden, die schulnah sind, den Umgang mit schwierigen Schülerinnen und Schülern kennen und praxisnahe Beispiele u. a. für Projekte geben können. Im Ernährungsbereich bieten sich u. a. Unternehmen an, die sich auf eine nachhaltige Produktion spezialisiert haben, sich durch ihren Pioniergeist auszeichnen und Ideen zur Vereinbarung der verschiedenen Nachhaltigkeitsdimensionen präsentieren. Ihre Praxisnähe ist besonders im Kontext der beruflichen Bildung spannend. Eine der Befragten schlägt vor, dass Expertinnen und Experten Weiterbildungsmaßnahmen anbieten, da sie als geeigneter eingeschätzt werden als ehemalige Lehrpersonen und neue Blickwinkel eröffnen können.

> Ich glaube, manchmal finde ich einen Externen [...] gewinnbringender, als dass man da einen Lehrer sitzen hat. Der eigentlich mit Schule nichts mehr zu tun hat. Der hat wahrscheinlich kein Bock mehr auf seinen Job bei den Schülern, weshalb der diese Fortbildungen nur noch macht (4:134).

Auch die gegensätzliche Position wird vertreten: Bei einer schulinternen Weiterbildung war der Einsatz von Mediatorinnen und Mediatoren hilfreich, um die Kolleginnen und Kollegen bei der Einführung kompetenzorientierter Bildungsgänge zu unterstützen. Dabei handelt es sich um eine konkrete Unterstützung auf der Grundlage der Fragestellungen aus dem Kollegium. Es ging weniger um die Inhalte, sondern primär um die Schülerorientierung. Die Mediatorinnen und Mediatoren waren geschulte Lehrpersonen, mit denen der gemeinsame Austausch geschätzt wurde. Zuvor wurde eine Vortragsreihe von der Universität durchgeführt, die jedoch als nicht hilfreich empfunden wurde. Dies lag vor allem an der verwendeten Fachsprache. Daher eignen sich insbesondere Lehrerinnen und Lehrer als Multiplikatorinnen und Multiplikatoren, da sie das System kennen und die Sicht der Schülerinnen und Schüler einbeziehen. Sie kennen die Besonderheiten der Zielgruppe und die tatsächlichen Rahmenbedingungen der Praxis.

> Das wissen halt die Kolleginnen und Kollegen und das war ja bei der Fortbildung so, dass im Prinzip komplett ausgeblendet wurde von Seiten der Uni, als wenn Schulen perfekt ausgestattet wären, genügend Ressourcen hätten und wir hätten alle pädagogische Musterschüler aus einem guten Gymnasium aus den 60er-Jahren (2:204).

12.2.7 Wünsche und Ziele der Lehrkräfte

Im Rahmen der erfragten Wünsche und Ziele, die in der Zukunft durch eine BBNE erreicht werden sollen, wurde geäußert, dass die Schülerinnen und Schüler die Fähigkeit zur Mitgestaltung entwickeln sollen. Sie sollen sich nach der Ausbildung an die Inhalte zur Nachhaltigkeit erinnern und das Thema als wichtig ansehen. Sie sollen ihr Verhalten reflektieren und über Nachhaltigkeit sprechen. Im besten Fall spiegelt sich eine erfolgreiche BBNE im alltäglichen Verhalten der Jugendlichen wider. Die Schülerinnen und Schüler sollen für Nachhaltigkeit sensibilisiert werden und durch eine entsprechende Handlungskompetenz nachhaltigkeitsorientiert handeln. Die Lernenden sollen ein stärkeres Bewusstsein für Nachhaltigkeit entwickeln, sich Gedanken um ihre Zukunft machen und sich aktiv für eine nachhaltige Entwicklung einsetzen. Zudem sollte Nachhaltigkeit noch stärker, unabhängig von Bildungsplänen, an den Berufskollegs implementiert werden. Hierfür sollte das gesamte Kollegium künftig BBNE im Unterricht umsetzen, damit es bei den Schülerinnen und Schülern ankommt. BBNE sollte außerdem u. a. durch eine erhöhte Verankerung in der didaktischen Jahresplanung, Workshops oder Exkursionen implementiert werden. Bezüglich der Merkmale, die erkennen lassen, dass eine BBNE erfolgreich umgesetzt wurde, wird ein verändertes Ernährungs- und Konsumverhalten der Schülerinnen und Schüler genannt. Wahrgenommen werden kann ein Erfolg auch am Umgang mit Abfällen.

> Dass selbstverständlich [der] Müll [...] in den richtigen Müll geschmissen wird. [...] Daran würde ich sehen, dass das was gebracht hat. Das wäre so das, was ich mir wünschen würde (5:115).

Die Schülerinnen und Schüler würden bei einer erfolgreichen BBNE eigenständig auf ressourcenverbrauchendes Verhalten aufmerksam werden und dieses kritisieren.

12.2.8 Rückmeldung zur Erhebungsmethode

Die Hauptkategorie *K4: Evaluation* soll der kritischen Auswertung der verwendeten Erhebungsmethode dienen. Sie stellt daher keine inhaltliche Kategorie zur schulischen Umsetzung einer curricular verankerten BBNE da. Es handelt sich um bisherige Erfahrungen, positive wie negative Aspekte sowie die Beurteilung der Technik und des inhaltlichen Austausches über das eingesetzte Medium, die Bewertung der Gesprächsatmosphäre bei dem eingesetzten Medium im Gegensatz zu einem persönlichen Treffen und zuletzt um die Einschätzung zur Natürlichkeit der Gesprächssituation bei dem eingesetzten Medium.

Da es sich um keine inhaltlich umfangreichen Subkategorien handelt, werden in Tabelle 12.4 die Meinungen der befragten Personen hinsichtlich der Befragung via Zoom oder Telefon entsprechend zusammengefasst. Auf diese Weise soll im Rahmen der kritischen Ergebnisauswertung eine mögliche Verfälschung aufgrund des eingesetzten Mediums berücksichtigt bzw. ausgeschlossen werden.

Tabelle 12.4 Zusammengefasste Evaluation der Erhebungsmethode

Kategorie	Zusammenfassung des Genannten
Erfahrungen	Mit einer Ausnahme haben alle befragten Personen bereits mit Zoom und ähnlichen Online-Tools Erfahrungen gemacht, allerdings wurden sie mit Ausnahme einer Person bisher nicht über ein solches Medium oder via Telefon interviewt.
Positive Aspekte	Praktisch, weniger Aufwand, Möglichkeit trotz Distanz die Beteiligten zu sehen, Ton und Bild vereinfachen Kommunikation, Teilnahme von zu Hause aus möglich, niedrigere Hemmschwelle als Interview vor Ort, keine Fahrtzeit, keine große Vorbereitung nötig.
Störende Aspekte	Technische Störungen möglich, viele, verschiedene Tools, ggf. Datenschutzrichtlinien der Schule erlauben die ausschließliche Nutzung eines bestimmten Tools, das etwas hakt, Kamera hat bei einer befragten Person nicht funktioniert.
Technik	Die Technik hat bei allen während des Interviews gut funktioniert. Bei einem Interview hat die Verbindung anfangs einmal kurz gehakt und bei einer befragten Person ließ sich die Kamera nicht einschalten. Beide Personen empfanden diese Aspekte als nicht störend.
Inhaltlicher Austausch	Der inhaltliche Austausch wurde nach Angaben aller Befragten als nicht erschwert durch den Einsatz von Zoom oder Telefon beschrieben.
Gesprächsatomsphäre	Das Gemütliche fehlt, ein Kaffee/Tee fehlt, ungezwungen und nett, allerdings wäre ein persönliches Treffen schöner gewesen.
Gesprächssituation	Interviews mit Gesprächsfaden sind grundsätzlich etwas unnatürlich, da die Fragen vorformuliert werden, am Anfang zunächst durch die Fragen ungewohnt, dann immer natürlicher, durch das Aufgreifen der Antworten und das Überleiten zu weiteren Fragen, sonst wurde es von den anderen fünf befragten Personen als natürlich empfunden.

(Eigene Darstellung)

12.3   Ergebnisanalyse

12.3.1 Kategoriebildung

Im Rahmen der Untersuchung wurden sieben Interviews mit Berufskollegs geführt, wobei sichergestellt wurde, dass alle Regierungsbezirke berücksichtigt wurden.

Die Auswertung erfolgte durch eine induktiv-deduktive Kategorienbildung, die Aussagen der Interviewpartner wurden vier Hauptkategorien zugeordnet. Diese wurden jeweils in weitere Subkategorien unterteilt (siehe Anhang 29 im elektronischen Zusatzmaterial). Bei der Zuordnung der Codes zu den Kategorien zeigte sich, dass die Codes *Nachhaltigkeitsverständnis* mit 259 Zuordnungen (Hauptkategorie 1) und *Didaktische Umsetzung* mit 118 Zuordnungen (Hauptkategorie 2) am häufigsten codiert wurden.

12.3.2 Nachhaltigkeitsverständnis und -bedeutung

Übereinstimmend mit der interviewten Person aus dem MSB, bewerten die Lehrpersonen Nachhaltigkeit sowohl für die Gesellschaft als auch für die berufliche Bildung als bedeutsam. Dabei wird dem Unterricht im Berufskolleg eine besondere Bedeutung beigemessen und BBNE dem Bereich der Wertebildung zugeordnet (2:216). Landes- und Schulebene sind der gemeinsamen Auffassung, wenn dies im Rahmen der Familie oder des Freundeskreises nicht erfolgt, ist die schulische Förderung einer BBNE elementar. (1:56). Ziel ist, bei den Schülerinnen und Schülern eine nachhaltigkeitsorientierte Gestaltungskompetenz zu fördern und sie zu mündigen Mitgliedern der Gesellschaft zu entwickeln.

Mit dem Nachhaltigkeitsbegriff wird seitens der befragten Lehrerinnen und Lehrer ein ökologisch verantwortliches Handeln verbunden, welches auf einen gesamtgesellschaftlichen Umbruch abzielt (8:59). Dieses Verständnis entspricht der Gestaltungskompetenz einer nachhaltigen Entwicklung aus dem Bildungsplan zur Erprobung (MSB NRW, 2015, S. 6). Nachhaltigkeit gilt als wichtige Orientierungsgröße für das eigene Handeln, weshalb die Schülerinnen und Schüler im Rahmen ihrer Ausbildung niederschwellige Handlungsalternativen im Sinne einer BBNE kennenlernen sollen, um selbstwirksames Handeln zu ermöglichen. In diesem Zusammenhang wird erneut die Förderung der Handlungskompetenz am Berufskolleg (Terhart, 2007, S. 45) sichtbar, bei der gleichzeitig ein Bewusstsein für nachhaltigkeitsorientierte Werte gestärkt werden kann. Denn eine ethische Grundhaltung ist notwendig, „um Verantwortung für sich, die Umwelt und Mitwelt zu übernehmen" (Michelsen et al., 2012, S. 61).

Insbesondere im Berufsfeld Ernährung und Hauswirtschaft wird Nachhaltigkeit als wichtig angesehen, da die Thematik den gesamten Ernährungsbereich – z. B. bezüglich des Lebensmitteleinkaufs, biologischer Lebensmittel und der gesunden Ernährung – betrifft (3:5). Demzufolge gibt es zahlreiche Anknüpfungspunkte zur Nachhaltigkeitsthematik, insbesondere beim Umgang mit Lebensmitteln; vom Anbau und der Haltung von Tieren über die Verarbeitung bis hin zum Konsum. Ebenfalls gelten Klimaschutz und eine gesündere Ernährung als Schwerpunkt in dem Berufsfeld Ernährung und Hauswirtschaft, welches dem theoretischen Ansatz einer nachhaltigen Ernährung von Koerber (2014) entspricht. Darüber hinaus kann auf diese Weise das Interesse für das Berufsfeld geweckt werden (6:75), denn viele Schülerinnen und Schülern haben sich nicht aus persönlichem Interesse für diesen Bildungsgang entschieden. Zusätzlich wurde die prekäre Ausbildungs- und Beschäftigtensituation durch die Corona-Pandemie verschärft (Statistisches Bundesamt, 2022). Aus diesem Grund ist es besonders wichtig, Inhalte interessant zu gestalten und BBNE zu nutzen, um das Interesse am Berufsfeld zu erhöhen. Zudem soll dem schlechten Image – aufgrund der schlechten Ausbildungs- und Berufsbedingungen wie der geringen Bezahlung, den unattraktiven Arbeitszeiten und fehlenden Aufstiegschancen (6:138) – des Berufsfelds durch die Implementation einer BBNE entgegengewirkt werden (Kastrup & Kuhlmeier, 2013; Kettschau, 2014a).

Auf Schulebene – wie bei dem MSB NRW – wird vor allem die ökologische Ausrichtung von Nachhaltigkeit betont. Der häufige Bezug auf eine Wertebildung kann u. a. damit begründet werden, dass es einige Parallelen zum partizipativ ausgelegten Erziehungsauftrag (Statistisches Bundesamt, 2021a) der Lehrenden gibt, mit welchem sie sich im Rahmen ihres Studiums sowie bei der Ausübung ihrer beruflichen Aufgaben – beispielsweise beim schülerorientierten Unterricht (Weinberger et al., 2008, S. 31) – auseinandersetzen. Durch die häufige Nennung kann geschlussfolgert werden, dass die Lehrerinnen und Lehrer mit der Nachhaltigkeitsthematik entsprechende Werte verbinden, welches mit der Annahme, die Wertebildung sei ein Bestandteil einer BBNE (siehe Kapitel 4) übereinstimmt. Zudem entspricht das Nachhaltigkeitsdreieck, welches von der Mehrheit der Befragten erwähnt wird, der Formulierung des Bildungsplans. Durch die Inhalte des Berufsfelds Ernährung und Hauswirtschaft werden Verbindungen zur Gesundheit deutlich (siehe Kapitel 5), weshalb die Lehrenden diesen Bereich ebenfalls benennen. Die Schülerinnen und Schüler sollen ein Bewusstsein zur Mitgestaltung und Verantwortung entwickeln, indem sie sich mit den Wirkungsweisen ihres beruflichen und persönlichen Handelns auseinandersetzen und erkennen, dass sie

Tabelle 12.5 Zusammengeführte Kernbegriffe des Nachhaltigkeitsverständnisses auf Landes- und Schulebene

Ökologie	Soziales	Ökonomie	Gesundheit	Werte	Zukunft
Lebensmittel-abfälle	soziale Gerechtigkeit	Ressourcen-schonung	Erhaltung der Gesundheit	Konsum	nächste Generation
Verpackungs-müll	fair produzierte Lebensmittel	effizientes Wirtschaften	gesunde Ernährung	Mündigkeit	Gestaltung der eigenen Zukunft
Infrastruktur	Perspektive der Verbraucherinnen und Verbraucher	zielgruppen-orientiertes Marketing	Hygiene	Selbst-verantwortung	nachhaltiges Lernen
regionale Lebensmittel	Umgang mit Mitmenschen	Verpackungs-müll	Ernährungs-physiologie	Bewusstsein	
saisonale Lebensmittel		finanzielle Einsparung	Arbeits- und Gesundheits-schutz	Selbst-wirksamkeit	
biologische Lebensmittel		Lebensmittel-abfälle		Tierwohl	
Ressourcen-schonung		Konsum		Artensterben verhindern	
Klima					
Umwelt					
Artenvielfalt					
ökologische Landwirtschaft					

(Eigene Darstellung)

einen positiven Beitrag zur Lösung leisten können. „BBNE hat also das Ziel, den Lernenden bewusst zu machen, dass sie selbst in einen historischen Prozess eingebunden sind, daran mitwirken und sich dabei selbst verändern" (Vollmer & Kuhlmeier 2014, S. 212). Diese Idee findet sich bei der Befragung der Lehrenden wieder, denn in ihren Aussagen verweisen einige Lehrende auf die Konsequenzen heutiger Verhaltensweisen für die zukünftige Generation.

Einige Begriffe wurden mehreren Kategorien zugeordnet, da sie verschiedene Nachhaltigkeitsbereiche tangieren. So lässt sich die Vermeidung von Lebensmittelabfällen einerseits der ökologischen Kategorie im Sinne der Ressourcenschonung zuordnen. Gleichzeitig lassen sich dadurch Kosten für den Betrieb einsparen, weshalb der Begriff ebenfalls der ökonomischen Kategorie zugewiesen werden kann. Der Begriff Konsum ist ökonomisch geprägt, allerdings wird das Konsumverhalten durch die bestehenden Werte beeinflusst, die wiederum eng mit der sozialen Kategorie verbunden sind. Die Mehrzuweisung verdeutlicht die Interdependenz der verschiedenen Kategorien, wie sie u. a. im integrierenden Nachhaltigkeitsdreieck (Hauff & Kleine, 2005, S. 14) dargestellt wird (siehe Tabelle 12.5).

Eine hohe Übereinstimmung gibt es zudem zur Nachhaltigkeitsstrategie *Suffizienz* (Grunwald & Kopfmüller, 2006, S. 77), da die Lehrenden mehrfach die Müllvermeidung sowie ein nachhaltigkeitsorientiertes Konsumverhalten betonen. Ebenfalls wird die *Effizienz* (Freund, 2015, S. 27) u. a. mit dem effizienten Wirtschaften (4:19, 21) erwähnt. Zur *Konsistenz* (Grunwald & Kopfmüller, 2006, S. 77) gibt es zudem Bezüge, insbesondere bei der Beschreibung von schulischen Projekten, die den Einsatz von Mehrwegverpackungen in der Mensa beschreiben. Das Nachhaltigkeitsverständnis lässt sich daher mit den verschiedenen theoretischen Modellen aus Kapitel 5 in Verbindung bringen und weist eine ernährungsspezifische Ausrichtung auf. Zudem lassen sich einige Bezüge zur werteorientierten BBNE finden, die sich auf die Befähigung der Schülerinnen und Schüler richtet, selbst Verantwortung für ihr sowohl alltägliches als auch berufliches Handeln zu erkennen. Ebenfalls ist die Gestaltungskompetenz in diesem Zusammenhang bedeutend (siehe Kapitel 4).

12.3.3 Curriculumentwicklung auf Landes- und Schulebene

Beteiligung von Lehrkräften an der Erarbeitung des Bildungsplans durch das MSB NRW

Wie bereits erwähnt, wurde lediglich eine befragte Lehrperson am Prozess der Curriculumerarbeitung durch die Lehrplankommission eingebunden (s. o.). Allerdings kann durch die Einbindung der Lehrenden ein realistischer Praxisbezug ermöglicht und die Akzeptanz des Bildungsplans erhöht werden (siehe Abschnitt 3.6). Es wird daher kritisch gesehen, dass die für den Erarbeitungsprozess als relevant geltende Perspektive der Lehrenden (Sloane, 2003; Tramm & Casper, 2018) kaum berücksichtigt wird. Entsprechend der Rückmeldung seitens der involvierten Lehrperson ist die Einbindung zudem strukturell zu optimieren, zum Beispiel durch eine angemessene Vorbereitung auf diese Arbeit (3:21).

Der Erarbeitungsprozess verlief entsprechend den Beschreibungen auf Landesebene. In Gruppenarbeit wurden Inhalte zur Formulierung von Anforderungssituationen und Zielformulierungen festgelegt, denen später die jeweiligen

Kompetenzen zugeordnet wurden (3:43). Lediglich eine Lehrperson hat an einer Weiterbildungsmaßnahme, die sich explizit auf die Curriculumarbeit bezog, teilgenommen, die von QUA-LiS angeboten wurde.

Curriculumentwicklung auf Schulebene
Bezüglich der schulischen Curriculumarbeit wurde an einer schulinternen Konferenz zur Umsetzung von Bildungsplänen in didaktische Jahresplanungen teilgenommen. In Bildungsgangkonferenzen werden die Lernfelder in eine didaktische Jahresplanung überführt. Dabei werden die beruflichen Handlungssituationen analysiert, um eine Strukturierung und Gewichtung der Lehrinhalte vorzunehmen (Kuckeland & Schneider, 2016, S. 5). Bei dieser Prüfung wird der Bildungsgehalt von Inhalten der jeweiligen Handlungssituation herausgestellt. Mithilfe der Fragen „Wer, was, wie, wo, wann?" (7:53) werden zunächst grobe Überschriften gebildet, zu denen anschließend entsprechende Inhalte oder Kompetenzen beschrieben und diese in Theorie und Praxis eingeteilt werden. Die weitere Ausarbeitung der Lernfelder gemeinsam mit anderen Fachlehrerinnen und -lehrern umfasst die Entwicklung konkreter Lernsituationen sowie deren Vernetzung. Die bisherige didaktische Jahresplanung wird entsprechend den Veränderungen des neuen Bildungsplans geprüft und angepasst. Es wird ermittelt, wie diese Vorgaben an die Bedürfnisse des Berufskollegs angepasst werden können, um das schulinterne bestehende Konzept wenig überarbeiten zu müssen. Auf diese Weise können zeitliche Einsparungen erzielt werden. Dabei kann es zu Abweichungen von der vorgegebenen Struktur des Bildungsplans kommen, da die Lernsituationen meist mehrere Lernfelder tangieren und diese nicht – wie vorgegeben – isoliert, sondern verknüpft betrachtet werden (3:19, 7:53). Die bisherigen Lernsituationen werden kritisch geprüft und es wird überlegt, an welchen Stellen diese verändert werden müssen (8:41). An den meisten der befragten Berufskollegs erfolgt die Arbeit an den didaktischen Jahresplanungen nicht mit allen beteiligten Lehrpersonen der Bildungsgangkonferenz, sondern in sogenannten Kernteams, die aus Lehrerinnen und Lehrern der fachbezogenen Fächer bestehen. Dies scheint sinnvoll, da sich „mit zunehmender Gruppengröße die Leistung einzelner Gruppenmitglieder aufgrund von Motivations- und Koordinationsverlusten verringert" (Frey, 2017, S. 174).

Erst nach der Entwicklung konkreter Lernsituationen werden die anderen Lehrpersonen des Bildungsgangs beteiligt und die allgemeinbildenden Fächer – wie Deutsch oder Mathematik – bei entsprechenden Situationen ergänzt. Neben der Einbindung aller Fächer wird bei der Gestaltung von Lernsituationen zudem die Vollständigkeit von Inhalten und Kompetenzen sichergestellt (Abbildung 12.3). Ebenfalls relevant sind der Berufsalltag sowie der Theorie-Praxis-Bezug

Schulebene	Funktionen und Tätigkeiten	Ergebnisse
Bildungsgangsleitung und Abteilungsleitung	Die Umsetzung des Bildungsplans zur Erprobung	
Fachlehrerinnen und Fachlehrer		
Kernteam, bestehend aus den Lehrerinnen und Lehrer der berufsbezogenen Fächer		Didaktische Jahresplanung
Oberstudienrat, Beteiligte an der Bildungsgangkonferenz und Referendare	Geben bei Problemstellungen Rückmeldung an die Schulaufsichtsbeamten	

Zweite Entwicklungsphase

Bezirksebene	Funktionen und Tätigkeiten	Ergebnisse
Dezernentenkonferenz	Entwickeln Maßnahmen bei rückgemeldeten Problemen	z. B. Fortbildungen und Lehr-Lern-Materialien

Landesebene	Funktionen und Tätigkeiten	Ergebnisse
Vom Schulgesetz zu beteiligende Verbände	Geben Stellungnahme zu den Bildungsplänen zur Erprobung	Endgültiger Bildungsplan

Abbildung 12.3 Curriculumarbeit auf Schulebene. (Eigene Darstellung)

(siehe Abschnitt 7.2.2). Durch ihre stetige Überarbeitung wird eine fortlaufende Optimierung verfolgt (3:35; 5:83), welches Parallelen zur Curriculumarbeit als iterativen Prozess nach Tramm & Casper (2018) aufweist.

Die Arbeit erstreckte sich über ein Jahr, in welchem sich im Zwei-Wochen-Rhythmus getroffen wurde. Da bezüglich der Beschreibungen der Umsetzung von Curricula teilweise Probleme wie Zeitmangel (2:45; 3:35; 4:43; 5:85; 8:39) beschrieben wurden, kann davon ausgegangen werden, dass Weiterbildungsmaßnahmen und vor allem zeitliche Entlastungen den Umsetzungsprozess unterstützen können. Ebenfalls können die Prozesse durch die Schulleitung unterstützt werden (Rolff, 1993, S. 176), indem u. a. pädagogische Tage (3:35) für die Curriculumarbeit genutzt werden.

Die fertiggestellte didaktische Jahresplanung stellt einen relevanten Bezugsrahmen für die Unterrichtsgestaltung dar, denn sie gilt als Arbeitsgrundlage der Lehrerinnen und Lehrer. Der auf Schulebene erhobene Prozess entspricht den theoretischen Annahmen, dass die im Curriculum vorgegebenen Lernfelder durch

Bildungsgangkommissionen (Sloane, 2003, S. 7) schulspezifisch in Form von Lernsituationen präzisiert werden, um durch die Konstruktion unterrichtlicher Bedingungen (Embacher & Gravert, 2000, S. 140) eine Basis zu bilden, auf der die weitere Ausarbeitung der Lehrhandlungen erfolgt. Daher ist es wichtig, dass eine BBNE in die Jahresplanung aufgenommen wird, um ihre Umsetzung sicherzustellen. Doch trifft dies bisher kaum zu, da sechs der sieben Berufskollegs keine nachhaltigkeitsbezogenen Anpassungen vorgenommen haben. Meist fehlt es an zeitlichen Kapazitäten und der Motivation (4:51), die Jahresplanung grundlegend zu überarbeiten und BBNE umfassend einzubinden, obwohl nachhaltigkeitsspezifische Ansatzpunkte gesehen werden. Durch die Einbindung der nachhaltigkeitsorientierten Gestaltungskompetenz im Bildungsplan ist zwar ein politischer Rahmen geschaffen worden, der seitens der Schulen umzusetzen ist. Es werden jedoch keine zeitlichen Ressourcen geschaffen, um eine entsprechende Umsetzung der politischen Vorgaben gewährleisten zu können. Erschwert werden kann die Curriculumarbeit durch fehlendes Lehrpersonal, weshalb die Implementation einer BBNE an einem Berufskolleg bisher nicht im Fokus stand. Wichtig war zunächst die Sicherstellung des erfolgreichen Abschlusses der Schülerschaft, bevor über ergänzende Ziele nachgedacht werden konnte. An dem betroffenen Berufskolleg wurde zudem durch den Mangel an Lehrkräften eine fachfremde Lehrperson als Bildungsgangleitung eingesetzt. Daher wird angenommen, dass sich der Personalmangel sowie der Mangel an Lehrkräften, die über eine ernährungs- und hauswirtschaftsspezifische Fakultas verfügen, negativ auf die schulische Implementation einer BBNE in diesem Berufsfeld auswirken können.

BBNE wird lediglich vereinzelt (2:52; 4:43) aufgeführt, sollte sich jedoch – wie an einem der befragten Berufskollegs – als grundlegendes Handlungsprinzip in allen Lernsituationen wiederfinden (Kastrup & Kuhlmeier, 2013, S. 59–60, 63). Dieses Berufskolleg zeichnet sich durch ein nachhaltigkeitsgeprägtes Leitbild sowie nachhaltigkeitsspezifische Projekte aus und ist bereits als ‚Faire Schule' zertifiziert worden. Dies beeinflusst offenbar die Haltung und Arbeit ihrer Lehrenden, die im Interview die Relevanz einer BBNE betonen und diese in ihrem Unterricht umsetzen (Standop, 2005, S. 81).

Maßgaben der schulinternen Curriculumentwicklung
Bei der schulischen Umsetzung des Bildungsplans wird – neben der praxisnahen und berufsbezogenen Vermittlung der Inhalte – Wert auf die Schülerorientierung gelegt, da die Schülerinnen und Schüler in ihrer Persönlichkeitsentwicklung gefördert werden sollen. Dies ist den Lehrerinnen und Lehrern wichtiger als

die Vermittlung des Fachwissens, denn die Schülerinnen und Schüler des Bildungsgangs zeichnen sich durch bestimmte Besonderheiten aus. Bereits Ziller (1884, S. 100 f.) betonte den Vorrang allgemeiner Bildung vor der Vermittlung von Fachkenntnissen und von beruflich nützlichen Fertigkeiten. Die Klassen weisen eine hohe Heterogenität u. a. bezüglich ihrer sprachlichen Kenntnisse auf (4:112), wie sie bei Euler & Severing (2020) an Berufskollegs beschrieben wird. Zudem sind die Eingangsvoraussetzungen in Form eines Hauptschulabschlusses nach Klasse 9 oder 10 (MSB NRW, 2015, S. 9) niedrig, wodurch das schulische Leistungsniveau der Schülerschaft als im Durchschnitt gering eingeschätzt wird. Die niedrigen Zugangsvoraussetzungen können darüber hinaus eine mögliche Erklärung liefern, weshalb einige Schülerinnen und Schüler die Ausbildung nicht abschließen (2:86). Neben dem fehlenden Interesse für das Berufsfeld Ernährung und Hauswirtschaft (6:77, 137) ist die Quote der vorzeitigen Beendigung der Ausbildung laut dem Statistischen Bundesamt am höchsten, wenn die Jugendlichen einen Hauptschulabschluss als Vorbildung besitzen (Statistisches Bundesamt, 2021a). Die Inhalte des Bildungsplans sind daher an die Schülerschaft anzupassen, wodurch sich der notwendige Einsatz zeitlicher Ressourcen erhöhen kann. Dies bestärkt die Forderung, die Lehrerinnen und Lehrer bei der Entwicklung von Curricula in einem höheren Ausmaß als bisher zu beteiligen. Zudem lässt sich bei den Schülerinnen und Schülern ein gewisses Entwicklungspotenzial bezüglich ihrer Sozialkompetenzen verzeichnen (2:111; 4:74). Vor allem der Umgang mit den Mitmenschen und der Aufbau zwischenmenschlicher Beziehungen wird als besonders wichtig empfunden, da sie Bestandteile der Ausbildungsfähigkeit sind. Daher ist neben der Vermittlung von nachhaltigkeitsbezogenen Werten vor allem die individuelle Förderung (MSB NRW, 2015, S. 6) zentral (4:74). Die Schülerinnen und Schüler benötigen im Umgang miteinander eine entsprechende Personalkompetenz (2:95). Durch die Heterogenität der Schülerinnen und Schüler ist die individuelle Förderung in allen Lehr-Lernarrangements präsent (2:106; 5:65) und Voraussetzung für die Vermittlung aller weiteren im Bildungsgang aufgeführten Werte. Der Zusammenhang zwischen der Gleichberechtigung von Frauen und Mädchen und einer nachhaltigen Entwicklung wird von den befragten Lehrpersonen nicht erkannt, welches auf die in diesem Kontext bestehenden „blinden Flecken in bisherigen Debatten" (Prehm, 2018, S. 15) hinweist.

Kompetenzen der Schülerinnen und Schüler
Um die zu fördernden Kompetenzen für die Schülerinnen und Schüler zu bestimmen, werden die Vorgaben aus dem Bildungsplan weitestgehend unverändert übernommen und den jeweiligen Lernsituationen zugeordnet. Es wird geprüft, welche Kompetenzen für die jeweilige Situation benötigt werden, um die damit

einhergehenden Aufgaben zu bewältigen. Diese Kompetenzen werden auf der Grundlage von berufspädagogischen Modellen entwickelt, sind allgemein und übergreifend formuliert und zeichnen sich durch ein „hohes Abstraktionsniveau" (Kettschau, 2014a, S. 108) aus. Daher enthalten sie noch keine konkreten Bezüge zur nachhaltigen Entwicklung. Durch Schnittmengen wie die Förderung der Reflexionsfähigkeit, Verantwortungsübernahme für das eigene Handeln oder das Erkennen von (Prozess-)Zusammenhängen (Kettschau, 2014a, S. 107) wird jedoch eine nachhaltigkeitsorientierte Anpassung der Kompetenzen ermöglicht, die bei der schulischen Curriculumentwicklung erfolgen kann. Zudem werden die Kompetenzen an die schulintern definierten Bildungsziele angepasst (Kuckeland & Schneider, 2016, S. 8). Da die Lehrenden wiederholt die begrenzten zeitlichen Ressourcen betonen, wird hierin die Begründung der fehlenden Anpassung vermutet. Denn trotz des Fehlens einer nachhaltigkeitsorientierten Anpassung der Kompetenzen in der didaktischen Jahresplanung können die befragten Lehrerinnen und Lehrer nachhaltigkeitsspezifische Kompetenzen benennen, die die Schülerinnen und Schüler im Rahmen einer BBNE entwickeln sollen.

Im Rahmen der Interviews mit den Lehrenden wird die Anwendung des nachhaltigkeitsspezifischen Wissens als eine der notwendigen Voraussetzungen für das nachhaltigkeitsorientierte Handeln der Schülerinnen und Schüler bestimmt. Von der befragten Person aus dem MSB wird ebenfalls das anwendungsbezogene Wissen durch die Aussagen zur Förderung der beruflichen und privaten Handlungsfähigkeit betont (1:12). Dieses reicht vom fachgerechten Händewaschen über die Lebensmittelbeschaffung und -verarbeitung bis hin zur Nachbereitung des Produktionsprozesses. Dabei werden u. a. grundlegende Arbeitstechniken nachhaltigkeitsorientiert gestaltet, die Transportwege von Lebensmitteln kritisch reflektiert, Konsequenzen der Produktion und des Konsums einbezogen sowie über den Umgang mit (Lebensmittel-)Abfällen diskutiert. Die genannten Kompetenzen lassen sich in Fach-, Personal-, Sozial- und Methodenkompetenz gliedern (5:91). Daher werden die Ergebnisse der Erhebung auf Landes- und Schulebene entsprechend den Kompetenzkategorien im Bildungsplan zur Erprobung[5] in Tabelle 12.6 zusammengefasst. Aus den aufgeführten fachlichen und personellen Kompetenzen bildet sich die Handlungskompetenz, welche als pädagogisches Leitziel der Berufskollegs beschrieben wird (KMK, 2018, S. 7).

---

[5] Die Kategorien setzen sich aus dem DQR und dem Konzept der beruflichen Handlungsfähigkeit, welches für die berufliche Bildung im besonderen Maße relevant (siehe Abschnitt 3.4.1) und anschlussfähig an den DQR ist (BMBF, 2013, S. 14) zusammen.

Tabelle 12.6 Nachhaltigkeitsspezifische Kompetenzen der Schülerinnen und Schüler

Kompetenzkategorien im Bildungsplan zur Erprobung	Nachhaltigkeitsspezifische Kompetenzen der Schülerinnen und Schüler
Fachkompetenz (Wissen und Fertigkeiten)	Wissen über die nachhaltige Gestaltung des privaten Alltags
	Wissen über die nachhaltige Gestaltung von Arbeits- und Geschäftsprozessen
	Wissen über die drei Säulen der Nachhaltigkeit
	Umgang mit digitalen Medien
Personale Kompetenz (Sozialkompetenz und Selbstständigkeit)	Arbeiten in verschiedenen Sozialformen
	Umgang mit Mitmenschen
	Akzeptanz anderer Meinungen und Lebensweisen
	Kommunikations- und Diskussionsfähigkeit
	Selbsttätiges Lernen
	Selbstwirksamkeit
	Organisatorische Kompetenzen
	Reflexionsfähigkeit
	Verantwortungsbewusstsein
	Mündigkeit
	Partizipation
	Motivation
	Freunde an der Arbeit
Handlungskompetenz (als zentrales Ziel der beruflichen Bildung)	Selbstständiges Handeln
	Aktiv zur nachhaltigen Entwicklung in der Gesellschaft beitragen
	Verantwortung übernehmen
	Fachgerechtes Handeln unter Berücksichtigung nachhaltigkeitsspezifische Bewertungskriterien
	Berufliche wie private Handlungsbedarfe erkennen
	Reflexion des eigenen Konsumverhaltens
	Konsequenzen einbeziehen
	Bewertung von konventionellen Verfahrensweisen

(Eigene Darstellung)

Tabelle 12.7 Zuordnung ausgewählter Kompetenzen in die Kompetenzmatrix und Themenbereichen einer nachhaltigen Handlungskompetenz des Dienstleistungssektors des Berufsfelds Ernährung und Hauswirtschaft

		Nachhaltige Handlungskompetenz als Fähigkeit zu …		
… in den Handlungsfeldern …		… sachgerecht nachhaltigem Handeln	… sozial und ökologisch verantwortlichem Handeln	… sinn- und identitätsstiftendem Handeln
… unmittelbaren, berufsspezifischen Arbeitsprozesse	Beschaffung und Lagerung von Waren	Biologisch, regional, saisonal und fair produzierte Lebensmittel auswählen	Durch passende Kalkulation Lebensmittelabfälle vermeiden	Konsequenzen des eigenen Konsumverhaltens kritisch reflektieren
	Verpflegungs- und Dienstleistungsangebote herstellen	Lebensmittel zielgruppenspezifisch auswählen	Lebensmittel einlegen und -reste verwenden	Gesundheitliche Folgen der Ernährung berücksichtigen
	Nachfrage und bedarfsgerechte Angebote vermarkten	Für ein nachhaltiges Angebot werben	Andere zum nachhaltigen Handeln anregen	Kulturspezifische Gerichte präsentieren
	Betriebliches Management	Nachhaltigkeit in das Leitbild der Betriebe integrieren	Akzeptanz anderer Meinungen und Lebensweisen	Freude an der Arbeit
… gesellschaftliche Entwicklungen und politische Entscheidungen		Konventionelle Verfahrensweisen der Lebensmittelherstellung bewerten	Verantwortung übernehmen	Partizipation, z. B. durch die Beteiligung an Demonstrationen

(Eigene Darstellung in Anlehnung an Strotmann et al., 2021)

Durch die unterrichtliche Umsetzung einer BBNE soll ein nachhaltigkeitsorientiertes Bewusstsein bei den Schülerinnen und Schülern gefördert werden, bei welchem es sich um die Entwicklung einer kritischen Haltung und die Reflexion des eigenen Verhaltens (2:211) handelt. Es ist ihnen wichtig, dass sich die Lernenden Gedanken über die Zukunft machen und Nachhaltigkeit als Referenzkriterium für die eigene berufliche Handlung und ihr Konsumverhalten heranziehen. Durch dieses Bewusstsein gestalten sie eine nachhaltige Entwicklung mit und sehen sich als „gesellschaftliche Player" (8:73).

Die Schülerinnen und Schüler sollen in den Betrieben den Nachhaltigkeitsgedanken weiterverfolgen, um eine nachhaltigere Produktion und Dienstleistung zu stärken. Auf diese Weise kann langfristig auf eine nachhaltigkeitsorientiertere Entwicklung der Gesellschaft hingewirkt werden (Buddeberg, 2014, S. 56).

Daher verweisen die Lehrerinnen und Lehrer bei der Beschreibung von Aufgaben auf die Förderung der nachhaltigen Handlungskompetenz. Hierin stimmen Schul- und Landesebene überein, denn laut ihren Aussagen sollen die Schülerinnen und Schüler unter Berücksichtigung des Nachhaltigkeitsaspekts Zusammenhänge ihrer Handlungen und die damit einhergehenden Konsequenzen verstehen und reflektieren (1:16), wodurch das sach-, sozial- und werteinsichtige Verhalten der Lernenden (Freundlinger, 1992, S. 6) gestärkt wird. Es handelt sich um Haltungsfragen, da die Schülerinnen und Schüler die Sinnhaftigkeit des nachhaltigen Verhaltens erkennen sollen (2:137). Die Vermittlung von Werten steht vor dem Lernen von Wissensinhalten (7:101), da Probleme in der Entwicklung der Sozialkompetenzen der Schülerinnen und Schüler beschrieben werden. Auf diese machen bereits Bründel (2014) und Damm (2018) aufmerksam. Durch die Auseinandersetzung mit anderen Sichtweisen sollen die Schülerinnen und Schüler ihren Umgang mit Mitmenschen reflektieren lernen und in ihrer Toleranz gefördert werden. Dabei wird ihr demokratisches Verständnis gestärkt, welches die Grundlage für ihre gesellschaftliche Partizipation bildet (4:74). Gleichzeitig stärken die Lehrenden das Selbstwirksamkeitsgefühl der Schülerinnen und Schüler, welches ebenfalls für die Partizipation an gesellschaftlichen Entwicklungsprozessen benötigt wird. Wichtig ist, dass die Jugendlichen die Folgen ihres Handelns auf die Zukunft erkennen und bei Bedarf ihr Verhalten entsprechend ändern. Dabei können die Lehrenden lediglich durch die Vermittlung der unterrichteten Inhalte Anregungen schaffen, diese anzunehmen und ein Umdenken zuzulassen, verantworten die Lernenden (6:97). Diese Verantwortung wird ebenfalls im Interview auf Landesebene betont (1:60) und als *moralisch-praktische Kunst der Lehre* (Terhart, 2008, S. 15) bezeichnet. Ferner können die Lehrerinnen und Lehrer durch ihre Vorbildfunktion entsprechende Verhaltensweisen vorleben (8:79). Durch ihr authentisches Verhalten und das Hervorheben erwünschter Verhaltensweisen sollen sie den Schülerinnen und Schülern Möglichkeiten der nachhaltigen Ernährung und des nachhaltigen Konsums aufzeigen (Bauer, 2005; Hubrig, 2010; Krautz & Schieren, 2013; Reich, 2020; Schilling, 2016).

Ob die Schülerinnen und Schüler während ihres Abschlusses über die jeweiligen Kompetenzen verfügen, wird nicht direkt erfasst. Für die Förderung der Selbsteinschätzung werden an einem Berufskolleg Fragebögen eingesetzt.

Die identifizierten nachhaltigkeitsorientierten Kompetenzen der Schülerinnen und Schüler zeigen einige Übereinstimmungen zur in Abschnitt 3.4.2 aufgeführten Kompetenzmatrix und Themenbereichen einer nachhaltigen Handlungskompetenz der lebensmittelverarbeitenden Berufe von Strotmann et al. (siehe Abbildung 3.6). So lassen sich ausgewählte Aussagen der befragten Lehrpersonen zu den Kompetenzen der Schülerinnen und Schüler den jeweiligen Handlungsfeldern in der Kompetenzmatrix zuordnen (siehe Tabelle 12.7). Im Zuge dessen wurden die *Handlungsfelder der unmittelbaren, berufsspezifischen Arbeitsprozesse* entsprechend den Arbeits- und Geschäftsprozessen des Bildungsplans zur Erprobung abgeändert. Zudem wurde die *nachhaltige Handlungskompetenz als Fähigkeit zu sozial verantwortlichem Handeln* um die ökologische Dimension ergänzt, da diese in der ursprünglichen Kompetenzmatrix nicht explizit aufgeführt wird. Die ökonomische Komponente wird insbesondere durch das Handlungsfeld *unternehmerische und organisationale Entscheidungen* vertreten, jedoch wird die Bezeichnung aus dem Bildungsplan *Betriebliches Management* verwendet. Die gesundheitlichen Aspekte werden unter der nachhaltigen Handlungskompetenz als Fähigkeit zu sinn- und identitätsstiftendem Handeln gefasst, ebenso der Zukunftsgedanke, der hier vor allem durch die Reflexion der Konsequenzen des eigenen Konsumhandelns sichtbar wird. Die ausgefüllte Kompetenzmatrix bildet alle Kategorien einer BBNE im Berufsfeld Ernährung und Hauswirtschaft ab. Sie kann daher nicht nur zur Identifizierung relevanter Handlungsfelder und Arbeitsprozesse für die Domäne der lebensmittelproduzierenden Berufe, sondern ebenfalls für den Dienstleistungssektor des Berufsfelds Ernährung und Hauswirtschaft dienen, zu der der Bildungsgang der staatlich geprüften Assistentinnen und Assistenten für Ernährung und Versorgung, Schwerpunkt Service zählt.

12.3.4 Umsetzung des Bildungsplans am Berufskolleg

Anknüpfungspunkte und Akzentuierung von Lerninhalten
BBNE kann genutzt werden, um fachwissenschaftliche Inhalte durch ihre entsprechende Gestaltung zu akzentuieren (8:87). Insbesondere durch zahlreiche Anknüpfungspunkte einer BBNE an die Inhalte des Berufsfelds Ernährung und Hauswirtschaft (Kettschau & Mattausch, 2011; Stomporowski, 2011) ist dies möglich. Sie reichen von der Reinigung von Wäsche, dem fairen Handel, Kleidung, Kompost, dem fachgerechten Händewaschen und der Einhaltung von Hygienevorschriften bis zur Nacharbeit des Produktionsprozesses beim Einsatz von Spülmittel und Wasser (siehe Tabelle 12.8). Durch die Beschreibungen der Kompetenzen der Schülerinnen und Schüler, u. a. durch das Erkennen beruflicher Handlungsbedarfe oder das Einführen des Nachhaltigkeitsgedankens in die Betriebe, werden auch Überschneidungen zum Handlungsfeld *Betriebliches Management* sichtbar. Da sich folglich in allen Bereichen des Bildungsgangs Nachhaltigkeitsbezüge identifizieren lassen, die je nach Thema verschiedene Dimensionen und Umfänge aufweisen (3:99, 101), wird die Bedeutsamkeit der

Branche für eine BBNE erneut sichtbar. Ebenfalls kann BBNE für die Konzeption von Prüfungsaufgaben herangezogen werden.

Tabelle 12.8 Beispiele der BBNE-spezifischen Anknüpfungspunkte der Lerninhalte des Bildungsplans zur Erprobung

Bereichsspezifisches Fach	Handlungsfeld	Lerninhalt
Dienstleistung	Produktion	Produktion
		Reinigung: Verwendung von Reinigungsmitteln, Exkurs über Wasser als Lösungs- und Transportmittel, zur Wirkung von Reinigungsmitteln bezogen auf den Wasserkreislauf
		Textilherstellung: Kosten und westlicher Konsum
		Heißgetränke: faire Kaffee- und Teesorten
	Personenorientierung	Personenorientierung
Betriebsorganisation	Warenwirtschaft	Warenlagerung: Kalkulation von Mengen, Verpackung, Recycling und Haltbarkeit von Lebensmitteln zur Vermeidung von Abfällen
	Vermarktung	Gestalten und Bewerben eines Mensaangebotes mit alternativen Kostformen und veränderter Abfallproblematik
Produktion	Produktion	Konservieren von Obst und den vielseitigen Einsatz der zur Verfügung stehenden Lebensmittel
	Personenorientierung	Kulturelle Vielfalt, Wiederverwendbarkeit oder Regionalität bei Projektplanung
		Verpflegung von Personengruppen: Verwendung von regionalen und saisonalen Lebensmitteln

(Eigene Darstellung)

Obwohl BBNE in allen Lernfeldern enthalten sein sollte, sehen die befragten Lehrenden verschiedene Schwerpunkte. Die Erhebung zeigt, dass dies abhängig von den eigenen Fächern ist; teils wird in den eigenen Fächern eine hohe Überschneidung wahrgenommen, teils in den anderen berufsspezifischen Fächern. In der Gesamtheit der Daten werden jedoch alle drei fachspezifischen Fächer als geeignete Rahmung zur Vermittlung einer BBNE beschrieben. Um sicherzustellen, dass BBNE von allen Lehrerinnen und Lehrern unabhängig ihrer Fächer im Unterricht thematisiert wird, sollte sie daher in der didaktischen Jahresplanung – der konkreten Handlungsgrundlage der Lehrenden (s. o.) – explizit enthalten sein. Da jedoch durch die Fragen zur Curriculumarbeit auf Schulebene festgestellt werden konnte, dass dies noch nicht flächendeckend erfolgt, sollte an dieser Stelle angesetzt werden. Zudem hängt das Ausmaß, in dem nachhaltigkeitsrelevante Anknüpfungspunkte von den Befragten im Lehrplan gesehen werden, offenbar maßgeblich davon ab, inwieweit das Berufskolleg selbst bereits ein nachhaltigkeitsorientiertes Leitbild verfolgt. So zeichnen sich die Berufskollegs der Interviewpartnerinnen 2, 5 und 6 dadurch aus, dass u. a. eine Nachhaltigkeits-AG existiert sowie in SV-Sitzungen über nachhaltigkeitsspezifische Themen diskutiert werden (2:152, 153). Dem gegenüber nennt eine Person, an deren Berufskolleg nach eigenen Aussagen eine BBNE keine besondere Beachtung erfährt (7:139), wenige Akzentuierungsmöglichkeiten und Beispiele für ihre didaktische Umsetzung.

In- und außerunterrichtliche Umsetzung einer BBNE
Die beschriebene unterrichtliche Umsetzung einer BBNE weist viele Übereinstimmungen mit den theoretischen Grundlagen zu den didaktischen Ansätzen einer BBNE in Kapitel 7 auf, die in Tabelle 12.9 veranschaulicht werden. Damit zeigen die erhobenen Daten, dass kein neues didaktisches Modell für die Berufsbildung für eine nachhaltige Entwicklung benötigt wird, sondern bestehende „berufspädagogisch-didaktische Prinzipien" (Kastrup & Kuhlmeier, 2013, S. 62) um eine nachhaltige Perspektive erweitert und die bestehenden Lehrpläne inhaltlich ergänzt werden können. Damit Nachhaltigkeit sich als Richtwert für das künftige Handeln der Schülerinnen und Schüler etabliert, muss sie in der beruflichen Bildung operationalisiert und somit zu konkretem beruflichen Handeln werden (Kuhlmeier, 2014a, S. 5). Daher geht es den Lehrerinnen und Lehrern insbesondere um eine alltagsnahe Vermittlung nachhaltigkeitsspezifischer Inhalte, die niederschwellig ist und den persönlichen Nutzen der Schülerinnen und Schüler durch ein nachhaltiges Verhalten aufzeigt. Durch das Abwägen von Vor- und Nachteilen und der Suche nach möglichen Kompromissen, die den drei Nachhaltigkeitsdimensionen gerecht werden (5:51), sollen sie durch den Unterricht zum Bewerten und zu Diskussionen angeregt werden (Steinherr, 2017, S. 78 f.). Die daraus resultierenden möglichen Konflikte und Dilemmata ermöglichen den Lernenden die kritische Reflexion ihres eigenen Handelns sowie die Übernahme von Verantwortung (Vollmer & Kuhlmeier, 2014, S. 206). In diesem Rahmen werden

sie sich den Konsequenzen ihres Verhaltens und Konsums bewusst. Die Schülerinnen und Schüler sollen lernen, die Auswirkungen ihrer Entscheidungen auf die Zukunft, auf andere Menschen und auf das eigene Leben zu hinterfragen und bei negativen Folgen nach Handlungsalternativen zu suchen. Das Erkennen der persönlichen Betroffenheit ist wichtig bei der Vermittlung von Werten, wenn aus diesen entsprechende Verhaltensänderungen erzielt werden sollen (Hall & Hord, 2015). Aus den verschiedenen Lernfeldern werden hierzu berufsspezifische problemorientierte Lernsituationen konzipiert (5:53), zu denen verschiedene, teils unvereinbare Lösungsansätze existieren (Sloane, 2003, S. 8). Berufliches Handeln kann somit unter nachhaltigkeitsrelevanten Aspekten reflektiert und diskutiert werden. Ein solches Abwägen kann die Gestaltungskompetenz der Schülerinnen und Schüler fördern, weshalb BBNE als didaktisches Prinzip neben der Handlungs- und Kompetenzorientierung in der beruflichen Bildung verankert werden sollte (Kuhlmeier, 2014a, S. 6).

Die Schülerinnen und Schüler sollen durch die Bearbeitung entsprechender Aufgaben nachhaltigkeitsbezogene Aspekte auf den eigenen beruflichen wie privaten Alltag anwenden (8:61), da eine reine Wissensvermittlung für die Förderung eines nachhaltigkeitsorientierten Verhaltens nicht hinreichend ist. Im Sinne der vollständigen Handlung werden am Ende der Unterrichtseinheit Handlungsprodukte entwickelt, die im Plenum vorgestellt und diskutiert werden. Als mögliche Produkte werden beispielsweise Checklisten oder Flyer genannt, für deren Anfertigung sich die Schülerinnen und Schüler in unterschiedliche Perspektiven beteiligter Akteure – wie nach Vollmer & Kuhlmeier (2014) – hineinversetzen und die verschiedenen Sichtweisen akzeptieren lernen. Solche Arbeitsaufträge werden durch die Einführung einer problemorientierten Lernsituation vermittelt, die zur inhaltlichen Auseinandersetzung anregen soll und fächerübergreifend thematisiert wird. Dabei ist vor allem der Theorie-Praxis-Bezug bedeutend, denn die Schülerinnen und Schüler haben die Möglichkeit, die theoretischen Lerninhalte im fachpraktischen Unterricht anzuwenden, wodurch die Handlungsebene gestärkt wird. Daher wird das Berufskolleg als zentraler Lernort beschrieben, an welchem nicht nur das Wissen, sondern vor allem die Umsetzung fokussiert wird (6:11). Durch die teils sehr knapp bemessene zeitliche Rahmensetzung zur Vermittlung der jeweiligen Lehrinhalte können auch Vertretungsstunden oder zeitliche Freiräume, die sich durch weniger umfangreiche Themenfelder ergeben, zur Förderung einer BBNE genutzt werden. Hierbei ist wichtig, dass die Lehrenden solche Möglichkeiten erkennen und ergreifen.

Die Implementation von Nachhaltigkeit soll sich nicht auf einzelne Lernfelder beschränken, da sich in allen Feldern des Bildungsgangs Anknüpfungspunkte

Tabelle 12.9 Übereinstimmungen der unterrichtlichen Umsetzung mit den (fach-) didaktischen Prinzipien und Leitlinien einer BBNE

Überschneidung zu den didaktischen Leitlinien einer BBNE	Genannte didaktische Ansätze		
Konkrete berufliche Handlungsfelder und -situationen sowie Arbeitsprozesse sind Ausgangspunkt	Alltags- und Berufsorientierung		
Spezifische Perspektiven einer BBNE als didaktisches Analysekriterium	BBNE als Leitidee in allen Lernsituationen		
	Konsequenzen erkennen	Orientierung an der geschichtlichen Entwicklung	
	Verantwortungsübernahme	Orientierung an der Erziehungswissenschaft	
	Partizipationsorientierung		
Anbindung an bestehende berufspädagogisch-didaktische Prinzipien	Bei Kleinigkeiten anfangen		
	Wiederholung		
	Handlungsorientierung		
	Problemorientierung		
Schwerpunkte didaktisch begründen	Lerninhalte an das Niveau der Schülerinnen und Schüler anpassen		
Vollständigkeit als Ziel des Bildungsgangs	Vollständige Handlung		
	In jedem Lernfeld sind unterschiedliche Schwerpunkte der Dimensionen enthalten	Ganzheitlichkeit	
	Am Ende der Ausbildung sollen die Schülerinnen und Schüler ein Wissen über alle Dimensionen erlangt haben		

(Eigene Darstellung)

finden lassen. Daher soll sie als „grundsätzliches Paradigma" (2:33) und „pädagogischer Ansatz" (2:215) in jedem Lernfeld enthalten sein. Diese Aussage stimmt mit den Annahmen überein, dass BBNE sowohl als Leitidee verstanden werden soll (Vollmer & Kuhlmeier, 2014, S. 205) als auch – durch den pädagogischen Gedanken – die Vermittlung von Werten umfasst (siehe Kapitel 4). Zudem ist keine grundlegende Veränderung bisheriger unterrichtlicher Strukturen notwendig, sondern es kann direkt daran angesetzt werden (2:33, 8:91). Dennoch können nicht alle befragten Personen konkrete Ansätze und Beispiele zur unterrichtlichen Förderung einer BBNE nennen (3:97) und betonen, dass ihnen Ideen sowie nachhaltigkeitsorientierte, zielgruppengerechte Unterrichtsmaterialien fehlen (5:43). Dadurch wird ein gewisser Unterstützungsbedarf sichtbar, der vom MSB NRW bisher nicht wahrgenommen wird (1:58). Bei der Einführung des neuen Bildungsplans war nicht ersichtlich, worauf im Speziellen zu achten ist. Daher wird bei der Umsetzung einer BBNE Unterstützung gewünscht, damit das Kollegium nicht mit dieser Herausforderung auf sich selbst gestellt ist (3:123). Im Zusammenhang mit Exkursionen wird ebenfalls die Unterstützung der Bezirksregierungen gewünscht, da diese aufgrund der Kosten nur schwer zu realisieren sind (2:175, 177).

Außerhalb des Unterrichts werden verschiedene Bemühungen seitens der Berufskollegs zur Umsetzung einer BBNE benannt. Zwei an der Erhebung beteiligte Berufskollegs sind als ‚nachhaltige Schulen' zertifiziert worden, an einem weiteren Berufskolleg wird eine solche Auszeichnung verfolgt. An den nachhaltigkeitsorientierten Berufskollegs finden u. a. themenspezifische Projekttage statt, es wurden Fair-Trade-Teams eingeführt oder AGs gebildet, die sich u. a. mit der Verbesserung des Schulklimas beschäftigen. Darüber hinaus wurde an einem Berufskolleg ein Schulgarten angelegt. Bei schulischen Veranstaltungen werden Nachhaltigkeitsaspekte berücksichtigt, die u. a. faire Produkte und das Vermeiden von Verpackungsmüll umfassen. Zudem werden die Schulmaterialien oder das -gebäude hinsichtlich möglicher klimafreundlicher Optimierungen geprüft. Bei einer solchen Prüfung kann ebenfalls hinterfragt werden, wie die schulinterne Mülltrennung erfolgt, welcher Kaffee im Lehrerzimmer verwendet wird oder wie es sich beim Kopieren von Arbeitsmaterialien verhält (2:180). Die Berufskollegs können auf eine solche Weise ein nachhaltigkeitsorientiertes Leitbild entwickeln und eine authentische BBNE stärken (Steinherr, 2017, S. 70).

In Tabelle 12.10 werden die Methoden aufgeführt, die die befragten Lehrerinnen und Lehrer zur Vermittlung einer BBNE nennen und den Kategorien des Orientierungsrahmens einer BBNE nach Casper, Kastrup & Nölle-Krug (2023, S. 189) (siehe Tabelle 7.4) zugeordnet. Dabei lässt sich eine hohe Übereinstimmung der genannten Methoden und Kategorien erkennen, die durch die Zusammenführung aller Daten entstehen konnten. Die jeweiligen Interviewten konnten jedoch nur einzelne Methoden nennen, weshalb der beschriebene Unterstützungsbedarf weiterhin bestehen bleibt. Zudem kann geschlussfolgert werden, dass durch ein systematisches Angebot zum kollegialen Austausch der Berufskollegs ein breites Spektrum an Umsetzungsmethoden flächendeckend erzielt werden könnte.

Tabelle 12.10 Zuordnung genannter Methoden zu den Kategorien des Orientierungsrahmens für BBNE-Methoden

Unterrichtliche Umsetzung	Zuordnung zum Orientierungsrahmen für BBNE-Methoden
Projekte (Herbstmarkt, Food Truck, Fair-Trade-Tage, Sommerfest, internationales Street-Food-Festival	Gemeinschaftlich transformierend-gestaltend
Ausflüge (ökologisches Dorf, Bio-Bauer, Bio-Bäckerei)	Sinnlich journalistisch-erkundend
Praxis-Unterricht	Sinnlich spielerisch-erprobend
Lernkalender	Biographisch journalistisch-erkundend
Fachgespräche mit Expertinnen und Experten	Biographisch transformierend-gestaltend
Diskussionen	Gemeinschaftlich spielerisch-erprobend
Bewerten aufgrund Nachhaltigkeitskriterien	Gemeinschaftlich journalistisch-erkundend
Kritisch hinterfragen	Biographisch transformierend-gestaltend
Sichtweisen/Perspektiven vergleichen	Biographisch spielerisch-erprobend
Außerunterrichtliche Umsetzung	**Zuordnung zum Orientierungsrahmen für BBNE-Methoden**
Mensaangebote nachhaltig gestalten	Sinnlich transformierend-gestaltend
Friday for Future-Bewegung	Gemeinschaftlich transformierend-gestaltend
Kleidertausch-Börse	Gemeinschaftlich transformierend-gestaltend
Schulgarten	Gemeinschaftlich transformierend-gestaltend/ sinnlich spielerisch erprobend

(Eigene Darstellung)

Die Schülerinnen und Schüler sollen am Berufskolleg auf gesellschaftliche Problemsituationen bezüglich Nachhaltigkeit aufmerksam gemacht werden, auf die sie in ihrem privaten Umfeld nicht hingewiesen werden (2:149). Die Schulmensa stellt eine besonders geeignete Möglichkeit dar, eine BBNE an Berufskollegs stärker einzubinden (siehe Abschnitt 12.3.4). In diesem Zusammenhang werden die Verwendung von biologischen, saisonalen wie regionalen Lebensmitteln, die Vermeidung von Lebensmittelabfällen und Plastik als mögliche Beispiele beschrieben. Durch Projekte können die Schülerinnen und Schüler des Bildungsgangs aktiv an einer solchen Anpassung mitwirken. Darüber hinaus werden im Rahmen der Interviews einige Aspekte genannt, die das Berufskolleg als Bildungsinstitution hinsichtlich einer BBNE leisten kann. Demnach kann ein Berufskolleg zum Beispiel durch

- ein nachhaltigkeitsorientiertes Leitbild,
- ein Nachhaltigkeits-Siegel,
- stromsparende Maßnahmen,
- effizientes Heizen,
- die Reduzierung des Kopierpapiers,
- den Kauf von fairem Kaffee, den die Lehrerinnen und Lehrer verwenden,
- Nachhaltigkeit-AGs,
- die Thematisierung und Entwicklung nachhaltigkeitsorientierter Maßnahmen in SV-Sitzungen,
- Projekttage zu ausgewählten Nachhaltigkeitsthemen sowie durch
- eine fachgerechte Mülltrennung

einen Betrag zur Stärkung einer BBNE leisten. Das Berufskollegs als Institution kann mithilfe solcher Maßnahmen als „gerechte Schule" (Standop, 2005, S. 80) auftreten und ihren potenziellen Einfluss auf die Schülerinnen und Schüler nutzen.

12.3.5 Erwartungen an und Erfahrungen mit dem Bildungsplan

Durch die Einbindung einer BBNE im Bildungsplan zur Erprobung werden keine besonderen Veränderungen erwartet. Dennoch wird eingeräumt, dass vor der curricularen Verankerung eine geringere Thematisierung erfolgte und durch die Aufnahme einer BBNE in den Bildungsplan ihre politische Relevanz sichtbar wird (5:99). Die Vorgaben weisen die Lehrerinnen und Lehrer dazu an, dieser zu entsprechen und erhöhen ihre Sensibilität für das Thema (8:45). Daher wird der Aussage der befragten Person des MSB NRW teilweise zugestimmt, dass die bereits im Rahmen des vorangehenden Bildungsweges vermittelten Kompetenzen nachgebessert und ergänzt werden (1:56) und die curriculare Verankerung zu einer erhöhten Bedeutsamkeit von BBNE beiträgt (Schütt-Sayed, 2016, S. 16). Allerdings bedarf es noch weiterer Aspekte, um die Nachhaltigkeitsorientierung des Unterrichts zu erhöhen. Betont wird in diesem Zusammenhang die Bedeutung der Lehrkraft, die für die Umsetzung einer BBNE als verantwortliche Person beschrieben wird. Daher wird die Ansicht vertreten, dass durch das alleinige Aufführen einer BBNE keine direkte unterrichtliche Umsetzung erfolgt, sondern vielmehr die Sensibilisierung der Lehrperson vorausgesetzt wird. Als Grund der gering beigemessenen Bedeutung der curricularen Implementation wird aufgeführt, dass der Bildungsplan nur zu Beginn oder gar nicht gelesen wird. Im späteren Berufsalltag sind lediglich die Inhalte – im Gegensatz zu den Vorbemerkungen – von Interesse (3:105), da sie die Grundlage für die Konzeption der didaktischen Jahresplanung darstellen, mit der im Berufsalltag gearbeitet wird. Darüber hinaus wird den äußeren Reizen wie den Medien eine höhere Einflussnahme auf das Verhalten der Jugendlichen zugesprochen (3:115).

Bewertung des Bildungsplans
Der Berufs- bzw. Praxisbezug im Bildungsplan gilt als positiv. Ebenfalls wird der von der befragten Person aus dem MSB NRW beschriebene Freiraum, den die Lehrerinnen und Lehrer durch den neuen Bildungsplan zur Erprobung erhalten, durch die Aussagen der befragten Lehrenden bestätigt. Besonders positiv ist, dass der Fokus nicht auf die reine Wissensvermittlung, sondern verstärkt auf die berufsspezifische Kompetenzentwicklung gelegt wird. Die angestrebten Kompetenzen der Schülerinnen und Schüler sind an entsprechende Inhalte gebunden, weshalb der Freiraum nicht unbegrenzt bleibt. Bei der Konzeption der didaktischen Jahresplanung wird sich insbesondere bei der Identifizierung dieser Kompetenzen stark an den neuen Bildungsplan angelehnt (siehe Abschnitt 12.3.4). Die Inhalte des Bildungsplans werden ebenfalls positiv bewertet. Allerdings wird der nötige Aufwand für die schulische Umsetzung neuer Bildungspläne als unverhältnismäßig hoch empfunden, gleichzeitig fehlt es an zeitlichen Ressourcen. Deshalb sind weder umfassende Änderungen noch eine umfängliche Implementation einer BBNE zu verzeichnen. Es handelt sich demzufolge nicht – wie vom MSB NRW angestrebt (1:56) – um eine Curriculumrevision, da die entsprechende Umsetzung der politischen Vorgaben nicht gewährleistet werden kann. Dies wird sowohl durch die Curriculumanalyse in Tabelle 8.4 sowie durch die Aussagen der Lehrenden deutlich. Nachhaltigkeit wird im Wesentlichen in den Vorbemerkungen eingebunden, im berufsbezogenen Teil ist sie selten, u. a. bei der kommunalen

Abfallentsorgung, der ernährungsspezifischen Eigenschaften ausgewählter Rohstoffe oder der Warenlagerung zu finden (2:32; 4:116). Problematisch ist, dass die Vorbemerkungen überlesen und sich auf die berufsspezifischen Inhalte konzentriert wird (3:105; 7:45). Zudem wird bei den Formulierungen deutlich, dass es den Nachhaltigkeitsbezügen an einer fachspezifischen Passung fehlt. Durch die offene Gestaltung gibt es jedoch viele Möglichkeiten für die Lehrenden, darauf Einfluss zu nehmen, welche Inhalte im Unterricht thematisiert werden. Daher könnten sie die lückenhafte Verankerung einer BBNE ausgleichen.

Aufgrund der Besonderheiten der Schülerinnen und Schüler gelten die Ansprüche durch die Zielformulierungen des Bildungsplans (MSB NRW, 2015, S. 26–32) als unverhältnismäßig, denn sie übersteigen die Möglichkeiten von vielen Jugendlicher des Bildungsgangs. Die Vorgaben müssen seitens der Lehrerinnen und Lehrer zielgruppengerecht angepasst werden. Daher wird sich insgesamt eine stärkere Beteiligung von Lehrenden bei der Entwicklung neuer Bildungspläne gewünscht, damit die Inhalte den realen Lehrbedingungen entsprechen.

Strukturelle Probleme werden in der zugewiesenen zeitlichen Aufteilung der einzelnen Lernfelder und bei der Zusammenlegung der Benotung von theoretischen und praktischen Fächern beschrieben. Durch eine solche Durchschnittsnote können die Betriebe nicht mehr mögliche unterschiedliche Stärken und Schwächen der Schülerinnen und Schüler in Theorie und Praxis identifizieren. Auf diese Weise werden im Theorieunterricht schwache Jugendliche mit Stärken in der Fachpraxis benachteiligt. Insgesamt überwiegt die Anzahl der positiv bewerteten Aspekte des Bildungsplans gegenüber den negativen Äußerungen (siehe Tabelle 12.11), insbesondere auch hinsichtlich einer nachhaltigen Entwicklung in der beruflichen Bildung.

Wirkungen des Bildungsplans

Durch ihre curriculare Verankerung wird die Bedeutung der Berufskollegs für die Förderung einer BBNE sichtbar und bietet eine Begründungsgrundlage (Schütt-Sayed, 2016, S. 16) für die unterrichtliche Umsetzung (2:170; 6:61; 7:149). Aufgrund der Implementierung der Nachhaltigkeit im neuen Bildungsplan ist die Aufmerksamkeit an einigen der befragten Berufskollegs für die Thematik gestiegen und wird als Grundgedanke bei der Gestaltung von Lernsituationen mitgedacht (Kastrup & Kuhlmeier, 2013, S. 62). Daher wird eine BBNE teilweise stärker bei der Konzeption der didaktischen Jahresplanung berücksichtigt. Zudem wird durch die dortige Aufnahme einer BBNE eine personenunabhängige sowie fachübergreifende Umsetzung ermöglicht (2:173). An einem Berufskolleg hatte BBNE bereits vor dem neuen Bildungsplan einen hohen Stellenwert,

Tabelle 12.11 Bewertung des Bildungsplans auf Schulebene

Positive Aspekte	Negative Aspekte
Gestaltungsfreiraum	Zusammenlegung der Theorie- und Praxisnoten
Kompetenzorientierung	Nicht zielgruppengerecht
Inhalte	Ggf. fehlerhafte Niveaustufe auf dem Abschlusszeugnis
Orientierungsgrundlage für die Konzeption der didaktischen Jahresplanung	Geringfügige Veränderungen
Spiralcurriculare Kompetenzvermittlung	Unzureichende Implementation einer BBNE
Betrachtung des Lerngegenstands aus der Perspektive der jeweiligen Lernfelder	
Berufs- bzw. Praxisbezug im Bildungsplan	

(Eigene Darstellung)

wobei die Schülerinnen und Schüler im Unterricht für Nachhaltigkeit sensibilisiert werden sollten. Daher wird vermutet, dass an Berufskollegs, die in der Vergangenheit noch nicht besonders nachhaltigkeitsaffin waren, die curriculare Verankerung BBNE-stärkende Auswirkungen erzielen kann. Bei Berufskollegs, die bereits zuvor die Relevanz einer BBNE erkannt haben, werden kaum Veränderungen durch die curriculare Verankerung erwartet. Auch die mangelnde Bildungsplankenntnis beeinflusst die Meinung zur Wirkung des Bildungsplans. Wenn die befragten Lehrerinnen und Lehrer den neuen Bildungsplan nicht kennen oder einräumen, sich mit diesem nicht intensiv auseinandergesetzt zu haben, schätzen sie die Wirkung des neuen Bildungsplans niedrig ein. Für sie sind lediglich die berufsspezifischen Inhalte unterrichtsrelevant.

Neben der Wirkung des Bildungsplans wird der Unterricht zum Zeitpunkt der Erhebung durch die pandemische Lage beeinflusst (Bujard et al., 2021, S. 20). Im Rahmen der Interviews wurde häufig auf die damit in Verbindung stehenden Veränderungen des Unterrichtsalltags Bezug genommen, die sich ebenfalls auf die Vermittlung einer BBNE auswirken. Durch die verhängten Maßnahmen konnten keine Projekte stattfinden oder Exkursionen geplant werden, um nachhaltigkeitsbezogene Inhalte veranschaulichen zu können. Ferner waren die Lehrenden durch die in diesem Kontext entstandene höhere Arbeitsbelastung in der Weiterentwicklung der didaktischen Jahresplanung stark eingeschränkt. Daher können aktuelle Ereignisse in der Gesellschaft eine BBNE sowohl positiv – wie durch die Fridays for Future – als auch negativ – wie die Corona-Pandemie – beeinflussen, die zum Teil nicht vorhersehbar sind.

12.3.6 Kompetenzen der Lehrerinnen und Lehrer

Lehrerinnen und Lehrer verantworten die unterrichtliche Umsetzung einer BBNE, weshalb sie einen besonders hohen Stellenwert für die nachhaltige Entwicklung auf Schulebene einnehmen. Dies wird durch die theoretischen Überlegungen in Abschnitt 4.2 deutlich sowie durch die Aussagen der befragten Lehrpersonen bestätigt (2:179; 3:65; 8:99). Der Gestaltungsspielraum, der durch den neuen Bildungsplan zur Erprobung eröffnet wird, kann genutzt werden, um die noch fehlenden Bezüge zur Nachhaltigkeit in den Lernfeldern des Bildungsplans auszugleichen und entsprechende Lehr-Lernarrangements zu planen. Für die aktive Beteiligung an den Innovationsprozessen auf Schulebene ist neben den zeitlichen Ressourcen vor allem die Motivation der Lehrerinnen und Lehrer notwendig, weshalb eine gewisse Haltung zur eigenen Partizipation an schulischen Entwicklungsprozessen relevant erscheint. Dies wird bereits im Kerncurriculum des Vorbereitungsdienstes mitberücksichtigt. Hier heißt es u. a. im Handlungsfeld S *Im System Schule mit allen Beteiligten entwicklungsorientiert zusammenarbeiten,* dass Lehrerinnen und Lehrer sich selbstständig an der Schulentwicklung zu beteiligen haben, indem sie „[i]n schulischen Gremien sowie an der Planung und Umsetzung schulischer Entwicklungen und Vorhaben – auch mit Externen – in kollegialer Zusammenarbeit aktiv mitwirken" (MSB NRW, 2021, S. 11). Zudem benötigen die Lehrerinnen und Lehrer in ihrer Rolle als Innovatorinnen und Innovatoren (Rogers, 2003, S. 263) für die Umsetzung des Bildungsplans ein Verständnis für die Vorgaben. Hierfür gilt das Grundlagenwissen zur Funktionsweise (Karnowski & Kümpel, 2016, S. 99) der Innovation – hier BBNE – als förderlich. Da dies nach Angaben der Lehrkräfte jedoch nicht genügend ausgeprägt ist und sie sich Anregungen und Hilfestellungen zur schulischen Umsetzung wünschen (7:157), wird die Umsetzung der Innovation erschwert (siehe Abschnitt 2.4.2). Ob sie sich mit den Vorgaben intensiv auseinandersetzen, wird darüber hinaus durch ihr Interesse beeinflusst (Brunner et al., 2006, S. 524). Der rückständige Entwicklungsstand der didaktischen Jahresplanung eines der beteiligten Berufskollegs (4:43) kann daher mit dem fehlenden Interesse für die Arbeit an Curricula der befragten Bildungsgangleitung (4:29, 33) erklärt werden.

Für die befragten Lehrpersonen ist es ihre Aufgabe, die Schülerinnen und Schüler bei der Entwicklung eines Nachhaltigkeits-Verständnisses zu unterstützen, darüber hinaus regen sie zum nachhaltigkeitsorientierten Verhalten an. Für die Gestaltung eines nachhaltigkeitsorientierten Unterrichts benötigen sie jedoch spezifische Kompetenzen; u. a. müssen sie für die Thematik sensibilisiert sein, ihre Relevanz anerkennen sowie über das notwendige fachspezifische und fachdidaktische Wissen verfügen (2:179, 184; 3:115). Zudem nehmen sie – laut einhelliger Aussage der befragten Lehrpersonen – eine Vorbildfunktion ein (Bauer, 2005; Hubrig, 2010; Krautz & Schieren, 2013; Reich, 2020; Schilling, 2016). Tabelle 12.12 zeigt die genannten Fähigkeiten zur unterrichtlichen Umsetzung einer BBNE, die den Teilaspekten einer professionellen Handlungskompetenz nach Baumert & Kunter (2011) zugeordnet werden. Wie die befragte Person aus dem MSB NRW, betonen auch die befragten Lehrpersonen die Notwendigkeit eines nachhaltigkeitsspezifischen fachlichen und fachdidaktischen Wissens sowie die Fähigkeit zur didaktischen Reduzierung und unterrichtlichen Umsetzung der Vorgaben des Bildungsplans. Hierzu liefern die Lehrenden u. a. konkrete Umsetzungs- und Akzentuierungsbeispiele sowie Aspekte des pädagogisch-psychologischen Wissens. Eine Zuordnung zu den affektiv-motivationale Merkmalen erfolgt ebenfalls in Tabelle 12.12.

Um sicherzustellen, dass es BBNE-Multiplikatorinnen und Multiplikatoren an den Berufskollegs im Lehrenden-Team des Bildungsgangs gibt, die sich für die unterrichtlichen Umsetzungen einer BBNE einsetzen, können sowohl eine entsprechend gestaltete Lehrerausbildung sowie Weiterbildungsangebote genutzt werden. Die effektivere Nutzung von Weiterbildungen für eine BBNE ist daher wünschenswert (Schütt-Sayed, 2020, S. 19). Ebenfalls wird nach Lipowsky (2010) eine Weiterbildung, die zur Reflexion der eigenen Werte, Einstellungen und Überzeugung anregt, als Voraussetzung für die Akzeptanz von innovativen didaktisch-methodischen Ansätzen gesehen. Hier wirkt unterstützend, dass die Thematisierung von Nachhaltigkeit im Rahmen des Studiums oder des Vorbereitungsdienstes überwiegend in Veranstaltungen der beruflichen Fachrichtung erfolgt (4:90, 5:71, 6:110). Daher wird erneut die hohe Bedeutung einer BBNE im Berufsfeld Ernährung und Hauswirtschaft betont.

Die Lehrpersonen, die sich bereits im Studium mit Nachhaltigkeitsaspekten auseinandergesetzt haben (Interview-Nr. 4, 5 und 6 in Abbildung 12.4), können viele Beispiele ihrer Umsetzung nennen und empfinden BBNE als relevant. Daher wird entsprechend dem Modell nach Schütt-Sayed (2020) angenommen, dass eine nachhaltigkeitsorientierte Lehreraus- und -weiterbildung die unterrichtliche Umsetzung einer BBNE fördert, indem sie die Lehrerinnen und Lehrer hierzu

Tabelle 12.12   BBNE-Kompetenzen der Lehrerinnen und Lehrer

Beschriebene BBNE-Kompetenzen der Lehrerinnen und Lehrer	Zuordnung zur professionellen Handlungskompetenz von Lehrkräften		
Wissen über die Nachhaltigkeitsdimensionen	Fachwissen		
Nachhaltigkeitsorientierte Nutzung des Gestaltungsspielraums des Bildungsplans	Fachdidaktisches Wissen		
Entscheidungsfähigkeit bei der Auswahl der nachhaltigkeitsorientierten Lerninhalte			
Methoden zur Förderung einer BBNE	Pädagogisch-psychologisches Wissen		
Anpassung der Lerninhalte an das Lernniveau der Schülerinnen und Schüler			
Zielgruppenspezifische Unterrichtsgestaltung			
Beratungsangebote zur beruflichen Zukunftsperspektive	Beratungswissen		
Kooperation bei der Umsetzung einer BBNE	Selbstregulation		
Vorbildfunktion durch nachhaltigkeitsorientiertes Verhalten	Überzeugungen/ Werthaltungen/ Ziele	Affektiv-motivationale Merkmale	Werte, Normen sowie Einstellungen zur Nachhaltigkeit
Empathie und Respekt gegenüber der Klasse			
Sensibilität für Nachhaltigkeit			Überzeugungen zur Nachhaltigkeit
Nachhaltigkeitsspezifisches Bewusstsein			
Interesse für Nachhaltigkeit	Motivationale Orientierungen		Motivation und Interesse in Bezug auf Nachhaltigkeit
Motivation zur Umsetzung einer BBNE			
Engagement bei der Umsetzung einer BBNE			

(Eigene Darstellung in Anlehnung an Greiwe, 2020; Kunter et al., 2011)

Kategorie	Interview	2	3	4	5	6	7	8
K1: BBNE im Bildungsplan zur Erprobung								
SK 1.1: Nachhaltigkeitsverständnis und -bedeutung	■			■	■	■		
K2: Schulische Umsetzung des Bildungsplans zur Erprobung								
SK 2.2: Anknüpfungspunkte								
SK 2.2.1: nachhaltigkeitsbezogene Handlungskompetenz	■				■	■		
SK 2.2.2: nachhaltige Wertebildung	■					■		■
SK 2.2.3: didaktische Umsetzung	■				■	■		
SK 2.2.4: Akzentuierung	■					■	■	
SK 2.4: Erfahrungen								
SK 2.4.1: BBNE am Berufskolleg	■			■	■	■	■	
SK 2.4.3: Auswirkungen des Bildungsplans	■			■		■	■	
SK 2.5: LuL-Kompetenzen	■		■	■	■			■
SK 2.5.1: Vorbereitung	■			■		■	■	■
SK 2.5.2: BBNE-Weiterbildung					■			

Abbildung 12.4 Verteilung der Codehäufigkeit zur BBNE in der Lehreraus- und -weiterbildung auf die Interviews. (Eigene Darstellung)

sensibilisieren und befähigen. Da nur wenige Befragte auf die unterrichtliche Thematisierung von Nachhaltigkeit vor Beginn ihrer Lehrtätigkeit vorbereitet wurden, sollte es flächendeckend in die Lehreraus- und -weiterbildung implementiert werden.

Weniger als die Hälfte der befragten Personen haben bislang an Weiterbildungsangeboten zur Nachhaltigkeitsthematik teilgenommen, da andere Themen priorisiert werden, die Zeit fehlt oder andere Rahmenbedingungen als nicht ansprechend beschrieben werden (2:192, 3:73, 4:130). Durch den Mangel an BBNE-Weiterbildungsangeboten (Schütt-Sayed, 2020, S. 19) wird die Teilnahme zudem erschwert. Folgende Eigenschaften werden von den befragten Lehrpersonen als ansprechend beschrieben:

Eine BBNE-spezifische Weiterbildung wird besucht, wenn sie

- freiwillig,
- kostenfrei,
- mit anderen Themen verknüpft,
- mit unterschiedlichen zeitlichen Umfängen,
- unmittelbar auf die Unterrichtsgestaltung bezogen sowie
- schülerinnen- und schülerorientiert ist und
- mit konkreten Inhalten beworben wird,
- Anwendungsbeispiele bzw. -anregungen enthält sowie
- den Austausch mit anderen Schulen ermöglicht.

Vor diesem Hintergrund eignet sich für die Gestaltung eine BBNE-Weiterbildung das *nutzenorientierte Fortbildungsformat* nach Schütt-Sayed (2020) besonders, welches „die Kompetenzentwicklung mit konkreten adaptionswürdigen Demonstrationsbeispielen verbindet und kurzfristige Nutzenerwartungen befriedigt" (Schütt-Sayed, 2020, S. 390). Neben diesen Gestaltungsprinzipien eines nutzenorientierten Fortbildungsformats weisen die genannten Vorstellungen der Lehrenden Überschneidungen zu folgenden Kriterien zum Angebots-Nutzungs-Modell im Zuge von BBNE-Fortbildungen für Lehrkräfte nach Schütt-Sayed (2020) auf:

Das Weiterbildungsangebot soll zur

- Vermittlung eines didaktischen Konzepts zur Auswahl berufsbezogener nachhaltigkeitsorientierter Lernziele, Methoden und Themen,
- Verschränkung der abstrakten Nachhaltigkeitsidee mit konkreten Berufsbezügen,
- Verwendung von exemplarischen BBNE-Unterrichtsbeispielen sowie
- zum Dialog über BBNE zwischen den an der Ausbildung beteiligten Akuteren (Schütt-Sayed, 2020, S. 458 f.) beitragen.

Als Veranstalterinnen und Veranstalter der Weiterbildung können sich die befragten Lehrpersonen verschiedene Akteure vorstellen; von Vertreterinnen und Vertretern der Bezirksregierung, Expertinnen und Experten über noch im Schuldienst aktive Kolleginnen und Kollegen bis hin zu Unternehmen. Wichtig ist, dass es sich nicht um theoretisch-abstrakte Veranstaltungen handelt – wie sie bereits bei universitären Angeboten wahrgenommen wurden (2:204) – sondern sie praxisnah durchgeführt werden. Als besonders positiv werden Weiterbildungsmaßnahmen beschrieben, die durch Kolleginnen und Kollegen anderer Berufskollegs veranstaltet wurden und eine Vernetzung mit anderen Berufskolleg vorsahen.

12.3.7 Wünsche und Ziele der Lehrkräfte

Durch die schulische Umsetzung einer BBNE sollen die Schülerinnen und Schüler die Fähigkeit zur Mitgestaltung der Gesellschaft sowie ihrer Zukunft erlangen. Dieser Wunsch stimmt mit der Vorgabe der APO-BK überein, dass „die Schülerinnen und Schüler an zunehmend international geprägten Entwicklungen in Gesellschaft und Wirtschaft [teilnehmen] und diese aktiv [mitgestalten]" (Ministerium des Innern des Landes Nordrhein-Westfalen, 2022). Ebenfalls möchte das MSB NRW, dass die Menschen nicht nur über das Wissen zu dieser Thematik verfügen, sondern auch dementsprechend handeln (1:78). Durch eine langfristige, erfolgreiche Implementation wird erwartet, dass die Jugendlichen für Nachhaltigkeit sensibilisiert und in ihrer nachhaltigkeitsorientierten Handlungskompetenz gefördert werden. Ihre nachhaltige Haltung spiegelt sich in ihrem alltäglichen – u. a. durch ein verändertes Ernährungs- und Konsumverhalten – wie beruflichen Verhaltensweisen wider. Neben dem Wunsch, dass die unterrichtliche Vermittlung von dem gesamten Kollegium getragen wird, sollte BBNE ebenfalls stärker am Berufskolleg u. a. durch eine erhöhte Verankerung in der didaktischen Jahresplanung, Workshops oder Exkursionen implementiert und stärkere Unterstützungsangebote geschaffen werden. Eine erfolgreiche Implementation würde sich vor allem durch eine Veränderung in der gesamten Gesellschaft erkennen lassen (8:119).

12.4   Reflexion des Forschungsprozesses

Zur Sicherung der Qualität, zur Wahrung der Persönlichkeitsrechte sowie zur Nachvollziehbarkeit und Transparenz wurden in Abschnitt 10.1 ethische Standards formuliert. Durch die Erhebung individueller Einstellungen und Erfahrungen, die durch die Forschungsmethode der Experteninterviews erhoben wurden, lassen sich Objektivität, Reliabilität und Validität nicht ohne Weiteres realisieren. Daher sind diese Standards in der qualitativen Sozialforschung anders zu bewerten als bei quantitativen Forschungsansätzen. Für das analytische Forschungsdesign sind erweiterte Gütekriterien wie Relevanz, Angemessenheit,

Reflexion, Nachvollziehbarkeit, Offenheit oder Stimmigkeit expliziert worden. Um diese zu beachten, wurde für die Gewährleistung der Transparenz auf die stringente Offenlegung des Forschungsprozesses geachtet. Hierfür wurde jeder Verfahrensschritt beschrieben und durch Transkriptionen, Notizen, Protokolle oder Aufzeichnungen dokumentiert. Die entwickelten Leitfäden wurden kritisch mit Fachkolleginnen und Fachkollegen diskutiert, um zu prüfen, ob die Fragen angemessen sowie im Sinne des Forschungsinteresses formuliert wurden. Darüber hinaus wird – durch die Fragen zum Unterricht, der Weiterbildungspraxis und zu den persönlichen Anliegen und Wünschen – die Lebenswelt der Interviewten einbezogen. Während der Kommunikation wurde zudem darauf geachtet, die Wertschätzung, Kooperation und Gleichberechtigung zwischen den Interviewbeteiligten hervorzuheben. Daher wird sich zum Beginn und zum Abschluss der Interviews für die Teilnahme bedankt sowie einleitend betont, dass die Antworten nicht bewertet werden, eine Anonymisierung erfolgt sowie die Erfahrungen der befragten Personen zentral für das Forschungsinteresse sind. Um die Qualität des Auswertungsverfahrens zu prüfen, wurde die Intercoding-Übereinstimmung auf beiden Erhebungsebenen einbezogen. Die anschließende Analyse der Erhebungsergebnisse erfolgte auf der Grundlage der zuvor beschrieben theoretischen Überlegungen zu den jeweiligen Themenfeldern des Forschungsgegenstands wie Berufsbildung für einer nachhaltigen Entwicklung, Transfer, Curriculumarbeit oder die Schlüsselfunktion der Lehrkräfte. Durch eine Abschlussevaluation werden mögliche Verfälschungen durch das verwendete Erhebungsmedium kenntlich gemacht.

Grundsätzlich kann durch die beschränkte Datenmenge dieser Arbeit keine allgemeingültige Generalisierung der Ergebnisse erfolgen. Bei den Schlussfolgerungen der Datenanalyse handelt es sich daher um Annahmen, für deren Prüfung weitere Daten benötigt werden, die u. a. im Rahmen quantitativer Erhebungen gewonnen werden können. Einerseits war aufgrund der limitierten Anzahl an Berufskollegs, die mit dem Bildungsplan zur Erprobung arbeiten, mit einer geringen Rücklaufquote zu rechnen. Andererseits wurde diese durch die pandemische Lage weiter reduziert. Erschwerend kam hinzu, dass der Bildungsgang aufgrund geringer Schülerinnen- und Schülerzahlen an einigen Berufskollegs nicht weiter angeboten wurde, wodurch die Anzahl der potenziellen Teilnehmenden weiter sank. Um die Beteiligung aller fünf Bezirksregierungen des Landes Nordrhein-Westfalen sicherzustellen, waren die wiederholte Anfrage und die Nutzung von Alumni-Kontakten notwendig. Neben den Begrenzungen, die durch das Forschungsfeld bedingt werden, rechtfertigen praktische Erwägungen zur Realisierung des Forschungsvorhabens eine kleine Stichprobe. Trotz der geringen Interviewzahl konnte während des Erhebungsprozesses festgestellt werden, dass sich die Inhalte der Antworten zunehmend überschnitten. Durch das letzte Interview konnten keine neuen Erkenntnisse gewonnen, sondern die bestehenden Ergebnisse bestätigt werden. Aus diesem Grund kann davon ausgegangen werden, dass durch die durchgeführten Experteninterviews die Datengewinnung ausreichend erschöpft werden konnte und eine weitere Erhebung nicht zu signifikant neuen Erkenntnissen führen würde (Glaser & Strauss, 2010, S. 69 f.). Auf der Grundlage theoretischer Vorüberlegungen wurden die als gesättigt betrachteten Daten analysiert, wodurch eine kontextspezifische Generalisierung dennoch ermöglicht wird (Mayring, 2007, S. 5 f.).

Neben der fehlenden Empirie können Verfahrensfehler bei der Durchführung der Erhebung die Gültigkeit der Ergebnisse einschränken. Daher sollen an dieser Stelle mögliche Verfälschungen reflektiert und bewertet werden. Die Teilnehmenden haben bereits den Interviewleitfaden im Rahmen der Interviewanfrage erhalten. Durch die Aufklärung sollten mögliche Unsicherheiten der potenziellen Teilnehmenden vermieden werden. Die Interviewerin stand in keiner persönlichen Beziehung zu den befragten Lehrerinnen und Lehrern.

Bei der Durchführung der Erhebung ist vor allem die pandemische Lage als besondere Rahmenbedingungen der Erhebung zu berücksichtigen, denn ihretwegen fanden die Interviews auf Schulebene digital statt. Dies kann sich negativ auf die Ergebnisse auswirken, da für die Generierung qualitativ hochwertiger Antworten und zur Förderung einer angemessenen Atmosphäre der räumliche Rahmen von Bedeutung ist (Helfferich, 2019, S. 669). Daher sollen ein möglichst privater Ort für die Durchführung der Interviews gewählt sowie Störungen, Ablenkungen und Unterbrechungen vermieden werden. Digitale Medien können die wahrgenommene Atmosphäre jedoch beinträchtigen, zudem kann es zu technischen Störungen kommen. Aus diesem Grund wurde das Medium der Interviewdurchführung am Ende evaluiert (siehe Abschnitt 12.2.8). Auf dieser Basis lässt sich erkennen, dass es wenige technische Störungen gab, die den inhaltlichen Austausch nach Angaben aller Befragten nicht erschwerten. Zudem wurden viele positive Aspekte der digitalen Befragung genannt, die die Motivation zur Teilnahme erhöhen. Insgesamt wurde die Gesprächsatmosphäre als gut und natürlich empfunden. Dennoch wird angemerkt, dass die Gesprächssituation im Rahmen von Interviews durch den Einsatz des Gesprächsleitfadens grundsätzlich etwas unnatürlich wirkt, da die Fragen vorformuliert sind. Auf den Leitfaden kann jedoch nicht verzichtet werden, da er die entsprechenden Daten generiert, um die Forschungsfragen zu beantworten. Die Übersetzung eines Erkenntnisinteresses in einen Leitfaden ist kaum methodisch geregelt und somit von der forschenden Person abhängig. Ebenso fehlt es an allgemeinen Regeln zur Konstruktion des Leitfadens (Gläser & Laudel, 2010, S. 115). Durch die vorformulierten Fragen handelte es sich anfangs um eine ungewohnte Gesprächssituation, die im Laufe des Gesprächs an Natürlichkeit gewann, da – laut Aussagen einer befragten Lehrperson – die Antworten von der Interviewerin aufgegriffen wurden und zu weiteren Fragen übergeleitet wurde.

Ferner können mögliche Fehler während des Interviewverlaufs erfolgen, da es sich bei der Forschenden um keine ausgebildete Interviewerin handelt, die vor der Erhebung überschaubare Erfahrungen in der Interviewführung sammeln konnte. Eine weitere Gefahr besteht in dem Verlust der Professionalität und dem Übergehen in ein zwangloses Gespräch, bei welchem die Interviewerin zunehmend größere Redeanteile einnimmt. Durch die Dokumenten-Porträts, die mithilfe der QDA-Software erstellt werden konnten, wurden die Redeanteile der Interviewteilnehmenden sichtbar. Abbildung 12.5 verdeutlicht beispielhaft an drei Gesprächen, dass der Redeanteil der Interviewerin relativ gering ausfällt, weshalb es sich bei den Interviews nicht um zwanglose Gespräche handelte. Diese wurden ausgewählt, da sie den Anfang, die Mitte sowie das Ende des Erhebungsprozesses abbilden.

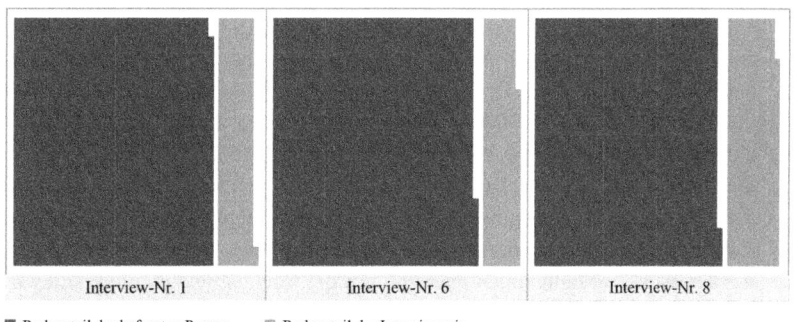

Interview-Nr. 1   Interview-Nr. 6   Interview-Nr. 8

■ Redeanteil der befragten Person   ▨ Redeanteil der Interviewerin

Abbildung 12.5 Verteilung des Redeanteils der befragten Person und der Interviewerin. (Eigene Darstellung)

Des Weiteren können Konzentrationseinbußen zu strategischen Fehlern führen, die u. a. die Art der Fragestellung, die Steuerung des Gesprächs oder das Stellen von Rückfragen beeinflussen (Gläser & Laudel, 2010, S. 187–190). So wurde bei einem Interview versäumt, nach der Inanspruchnahme von Weiterbildungsmaßnahmen für die Curriculumarbeit zu fragen. Bei der Anfertigung des entsprechenden Kontextprotokolls während des Abspielens der Aufzeichnung ist dieser Fehler aufgefallen, woraufhin die Frage nachträglich via E-Mail gestellt und beantwortet wurde. Auf diese Weise konnte trotz des Interviewfehlers die vollständige Ergebnisdarstellung und -analyse sichergestellt werden.

12.5 Schlussfolgerungen hinsichtlich der Forschungsfragen

Auf der Basis der Erhebung auf Schulebene lassen die Forschungsfragen *Wie verlief die curriculare Verankerung von Nachhaltigkeit im Bildungsplan aus Sicht der beteiligten Akteure?* und *Welche Veränderungen werden von den Lehrkräften wahrgenommen und wie wird Nachhaltigkeit in der Bildungspraxis umgesetzt?* (siehe Abschnitt 10.2) wie folgt beantworten:

1) Nachhaltigkeit zeichnet sich durch eine hohe gesellschaftliche Relevanz aus. Für die berufliche Bildung – vor allem im Berufsfeld Ernährung und Hauswirtschaft – ist sie durch zahlreiche Anknüpfungspunkte ebenfalls signifikant. Die Beteiligung von Lehrerinnen und Lehrern an der Curriculumarbeit erfolgt bisher in einem zu geringen Umfang, weshalb der Bildungsplan realitätsfern erscheint und zu einem hohen Ressourceneinsatz in der schulischen Umsetzung führt. Insgesamt wird der neue Bildungsplan zur Erprobung positiv bewertet, allerdings weist er wenige inhaltliche Veränderungen auf. Dies und die Tatsache, dass der Bildungsplan im schulischen Alltag nicht herangezogen wird, führt dazu, dass die befragten Personen keine Veränderungen durch die curriculare Verankerung erwarten. Durch die Interviews konnte jedoch festgestellt werden, dass durch die curriculare Verankerung eine gesteigerte unterrichtliche Thematisierung und Sensibilisierung erzielt wurde. Dennoch werden weitere Maßnahmen benötigt, um die Nachhaltigkeitsorientierung des Unterrichts weiter auszubauen. U. a. ist die didaktische Jahresplanung ein wichtiges Medium, mit welchem täglich gearbeitet wird, weshalb BBNE hier zu implementieren ist.

2) Für die unterrichtliche Vermittlung benötigen die Lehrenden spezielle Kompetenzen, die Bestandteil der Lehreraus- und -weiterbildung sein sollten. Neben dem fachwissenschaftlichen und -didaktischen Wissen sind zudem die affektiv-motivationalen Dispositionen von Bedeutung. Im Rahmen eines praxisnahen, schüler- und werteorientierten Unterrichts sollen die Schülerinnen und Schüler befähigt werden, im privaten wie beruflichen Alltag nachhaltigkeitsorientiert zu handeln. Da dies bisher nicht flächendeckend geschieht, fehlt

es einigen Lehrerinnen und Lehrern an nachhaltigkeitsspezifischen fachdidaktischen Konzepten, obwohl sich diese unter einer BBNE-Leitidee von den bestehenden fachdidaktischen Ansätzen ableiten lassen. Daher benötigen die Berufskollegs Unterstützungsangebote bei der Umsetzung einer BBNE. Als ein hilfreiches Angebot werden vor allem die Regionalkonferenzen genannt, da sich Berufskollegs hierbei untereinander austauschen können und ‚Best-Practice-Beispiele' einer schulischen BBNE erhalten. Es konnte festgestellt werden, dass sich insbesondere die Kombination aus der Nachhaltigkeitsorientierung des Berufskollegs sowie eine entsprechende Vorbereitung und Weiterbildung positiv auf die unterrichtliche Umsetzung auswirken. Ebenfalls kann bereits einer der beiden Aspekte eine BBNE stärken. Wenn jedoch beide Aspekte wegfallen, kann sich dies negativ auf eine BBNE auswirken. Um Lehrerinnen und Lehrer nach ihrer Ausbildung zur Teilnahme an nachhaltigkeitsspezifischen Weiterbildungen zu motivieren, sollte das Angebot entsprechend den Kriterien aus Abschnitt 12.3.6 ausgestaltet werden.

3) Für die unterrichtliche Umsetzung einer BBNE nehmen die Lehrenden eine Schlüsselfunktion ein. Darüber hinaus wird sie durch die Schulleitung, Unterstützungsangebote, Zusammenarbeit mit den Kolleginnen und Kollegen sowie durch die Schülerinnen und Schülern beeinflusst.

Schlussbetrachtung zu Implementationsstrategien einer BBNE 13

13.1 Zusammenführung gewonnener Erkenntnisse

Zur Vorbereitung und Planung der Erhebung wurde im ersten Teil der vorliegenden Arbeit die theoretische Herleitung einer Berufsbildung für nachhaltige Entwicklung verfolgt (siehe Kapitel 9). Auf dieser Basis können die Ergebnisse der Erhebung auf Landes- und Schulebene (Kapitel 11 und 12) hinsichtlich der Planung, Durchführung und Auswertung der schulischen Umsetzung einer BBNE als vertikale Implementationsstrategie formuliert und weitere Möglichkeiten zur Stärkung einer BBNE herausgestellt werden. Nach dem Abgleich der theoretischen Induktionen mit den gewonnenen Daten lassen sich folgende Schlussfolgerungen skizzieren:

1) BBNE hat für die Gesellschaft sowie für das Berufsfeld Ernährung und Hauswirtschaft eine hohe Relevanz, denn
   - BBNE befähigt zur Teilhabe an der modernen Gesellschaft und Arbeitswelt.
   - durch vielfältige Übereinstimmungen der Tätigkeiten im Berufsfeld mit Aufgaben des privaten Haushalts können die Schülerinnen und Schüler mithilfe nachhaltigkeitsorientierter Verhaltensweisen im beruflichen wie privaten Alltag zur nachhaltigen Entwicklung der Gesellschaft beitragen.
   - hierdurch lernen die Schülerinnen und Schüler an nachhaltigen Produktions- und Dienstleistungsprozessen in Bezug auf Lebensmittel mitzuwirken und Verantwortung für ihr (Konsum-)Verhalten zu übernehmen.
   - das Berufsfeld Ernährung und Hauswirtschaft zeichnet sich durch zahlreiche Anknüpfungspunkte zu nachhaltigkeitsrelevanten Lerninhalten aus.

2) Im Berufsfeld Ernährung und Hauswirtschaft lässt sich ein spezifisches Nachhaltigkeitsverständnis identifizieren, welches
   – die Dimensionen
     – *Ethik* zur Wahrung der Rechte von Mensch und Tier,
     – *Ökologie* zur Wahrung der Umwelt,
     – *Ökonomie* zur Wahrung der Wirtschaftlichkeit und
     – *Gesundheit* zur Wahrung der Lebensqualität und
     – die Einflussgrößen *Politik* und *Kultur* umfasst (siehe Abbildung 8.2).
   – gegenwarts- und zukunftsorientiert ist und
   – die Gestaltungsmöglichkeiten durch das berufliche und private Handeln verdeutlicht.
3) Die Wertebildung ist ein wichtiger Bestandteil einer BBNE, obwohl sie in den bisherigen Publikationen zur nachhaltigen Entwicklung zu wenig Präsenz erfährt, denn
   – durch sie wird den zentralen Zielen der beruflichen Bildung, die Mündigkeit der Schülerinnen und Schüler zu fördern und sie zur Partizipation zu bewegen, entsprochen.
   – es handelt sich bei der Umsetzung einer BBNE um das Bewerten, das kritische Hinterfragen, den Perspektivwechsel sowie die aktive Beteilung an nachhaltigkeitsorientierten Veränderungsprozessen.
4) Die Lehrerinnen und Lehrer benötigen zur Förderung einer BBNE ein spezifisches fachliches, fachdidaktisches und pädagogisch-psychologisches Wissen sowie affektiv-motivationale Merkmale (siehe Tabelle 12.12), um
   – den Schülerinnen und Schülern ein Vorbild zu sein.
   – unter der BBNE-Leitidee das nachhaltigkeitsspezifische Wissen fachdidaktisch nahezubringen.
   – nachhaltigkeitsspezifische Akzentuierungen der Lehrinhalte vorzunehmen und
   – sich aktiv in die Curriculumentwicklung einzubringen.

Die curriculare Verankerung einer BBNE im Bildungsplan zur Erprobung ist eine bedeutende Maßnahme, um eine nachhaltige Entwicklung im Fachbereich Ernährungs- und Versorgungsmanagement zu implementieren und ihre schulische Umsetzung zu stärken. Dennoch sind weitere Bemühungen notwendig, wenn es um eine langfristige Veränderung in der Gesellschaft gehen soll. Aus den Ergebnissen der Erhebung sollen im Folgenden verschiedene Implementationsstrategien abgeleitet werden, die zur Stärkung bisheriger Bestrebungen zur Verankerung von BBNE im Berufsfeld Ernährung und Hauswirtschaft dienen sollen. Diese werden erläutert sowie in Abbildung 13.1 abgebildet, um die vierte Forschungsfrage *Was wird (noch) benötigt, um die Implementierung einer BBNE in den Berufskollegs zu stärken?* (siehe Abschnitt 10.2) zu beantworten.

13.2 Implementierungsstrategien auf Landesebene

Durch die Verankerung einer BBNE im Bildungsplan zur Erprobung wird ihre bildungspolitische Relevanz sichtbar (MUNLV, 2006, S. 12). Die Umsetzung der Bildungspläne in der Praxis zeigt sich jedoch an den einzelnen Berufskollegs uneinheitlich. An einigen Berufskollegs werden viele Bemühungen hinsichtlich der Implementierung einer BBNE unternommen, anderen fehlte es hingegen an Akzentuierungsmöglichkeiten und Beispielen für ihre didaktische Umsetzung (siehe Abschnitt 12.3.4). Daher spielt die Evaluation von Innovationsmaßnahmen im Sinne einer responsiven Forschung (siehe Abschnitt 2.4.1) eine wichtige Rolle, wenn es um die Verbesserung der Praxis geht. Durch sie lässt sich der Erkenntnisgewinn mit der Praxisgestaltung verbinden und der Praxis zurückspiegeln (Euler, 2018, S. 41 f.). Zudem ermöglicht eine solche Evaluation die Weiterleitung von Problemen der Umsetzungsakteure an die Dezernentinnen und Dezernenten und von diesen an das MSB NRW (siehe Abbildung 11.1). Dies ist wichtig, da die Interpretation und der Umgang mit den curricularen Vorgaben seitens des Bildungspersonals nicht durch die Ordnungsmittel bestimmt werden können. Die Qualität eines Curriculums wird folglich von der Eignung der Rezipienten bedingt (Sloane, 2009b, S. 195).

Insbesondere durch die Möglichkeit des Austausches mit anderen Berufskollegs sowie anderen an der Ausbildung beteiligter Akteure wird eine BBNE gestärkt. Hierbei können Lehrerinnen und Lehrer über verschiedene Maßnahmen zur Stärkung einer BBNE sprechen und diskutieren. Durch Best-Practice-Beispiele erhalten sie Anregungen zur konkreten unterrichtlichen Umsetzung. Aus diesem Grund kann ein solcher Austausch als informelle Lerngelegenheit für Lehrerinnen und Lehrer (siehe Abschnitt 6.2.1) betrachtet werden, die zur Professionalisierung des Lehrerhandelns (Baumert & Kunter, 2011b) beiträgt. Auch Weiterbildungsmaßnahmen können die Lehrerinnen und Lehrer bei ihrer nachhaltigkeitsorientierten Unterrichtsgestaltung unterstützen. Im Rahmen der Organisationsentwicklung berufsbildender Schulen kann eine Weiterbildung die nachhaltigkeitsorientierte Unterrichtsentwicklung fördern. Da die Emotionen und Werthaltungen der Organisationsmitglieder als zentrale Voraussetzung für Innovationen gelten, kann eine an der moralischen Haltung anknüpfende Weiterbildung die intrinsische Motivation stärken. Einerseits kann es sich um Angebote zu aktuellen bildungsrelevanten Themen handeln, die unter der Nachhaltigkeitsperspektive akzentuiert werden, um zum Beispiel Lehrkräfte als Multiplikatorinnen und Multiplikatoren auszubilden. Diese setzen sich an den Berufskollegs für die Umsetzung einer BBNE ein, weshalb durch die (Weiter-)Entwicklung von Personal und Organisation eine strukturelle Implementation begünstigt werden kann (Mohoric, 2014a, S. 192). Für die Konzeption eines BBNE-spezifischen Weiterbildungsangebots lässt sich das Angebot-Nutzungsmodell von Schütt-Sayed et al. (2020) heranziehen, da es sowohl die Elemente des professionellen Lehrerhandelns nach Baumert und Kunter (2011) in den Zieldimensionen widerspiegelt, als auch die Aspekte einer BBNE-Didaktik sowie die kontextspezifischen und individuellen Bedingungen einbezieht.

Die Lehrerausbildung stellt eine weitere Möglichkeit dar, BBNE zu stärken. Durch diese sollen die angehenden Lehrpersonen zur Reflexion der eigenen Werte, Einstellungen und Überzeugung angeregt werden und auf diese Weise die Voraussetzung für die Mitgestaltung innovativer didaktisch-methodischer Ansätze erlangen. Für die Wertebildung im Rahmen der BBNE müssen die Lehrerinnen und Lehrer über das Wissen verfügen, wie die verschiedenen Fächer bzw. Lernfelder zur Wertebildung beitragen können. Auf dieser Basis lassen sich Überschneidungen von fachwissenschaftlichen Erkenntnissen mit moralischen Urteilen und Handlungsweisen erkennen und miteinander verknüpfen (Adam & Schweitzer, 1996, S. 35). Die Schülerinnen und Schüler sollen nachhaltigkeitsorientierte Handlungskompetenzen entwickeln, die den Anforderungen der modernen Berufswelt gerecht werden. Lehrerinnen und Lehrer sind aufgefordert, dabei zu unterstützen. Folglich ist BBNE nicht bloß in den Curricula der beruflichen Bildung zu verankern, sondern sie sollte ebenfalls in die rechtlichen Vorgaben der Lehrerausbildung einfließen. In diesem Zusammenhang ist auch auf den aktuellen Lehrkräftemangel hinzuweisen. Hier ist das Kultusministerium in der Pflicht, eine bedarfsdeckende Qualifizierung und Einstellung von fachbereichsspezifischen Lehrpersonen zu gewährleisten, um dem Lehrermangel an Berufskollegs in NRW (MSB NRW, 2022) entgegenzuwirken.

13.3   Implementierungsstrategien auf Schulebene

Schulentwicklung

Es konnte aufgezeigt werden, dass die wahrgenommene Bedeutung und die unterrichtliche Umsetzung einer BBNE von jenen befragten Personen vergleichsweise stark unterstützt werden, deren Berufskollegs durch ein entsprechendes Leitbild, Projekte oder Auszeichnungen besonders nachhaltigkeitsorientiert sind. Diese

Ausrichtung der Berufskollegs als institutionelle Einrichtung kann die Haltung aller Mitglieder sowie die Arbeit ihrer Lehrenden beeinflussen (Standop, 2005, S. 81). Hier lässt sich die Bedeutung der Schulentwicklung als Organisationsentwicklung hervorheben. Zur erfolgreichen Implementierung einer BBNE sind Veränderungen traditioneller Organisations- und Arbeitskulturen notwendig. Zur Unterstützung von Implementationsprozessen wird eine explizite Willensbekundung der gesamten Organisation – beispielsweise in Form eines Leitbilds an Berufskollegs – empfohlen (Petermann, 2014, S. 123).

Personalentwicklung
An den Berufskollegs werden die im Lehrplan vorgegebenen Lernfelder durch Bildungsgangkommissionen (Sloane, 2003, S. 7) schulspezifisch in Form von Lernsituationen präzisiert. Unter Bezugnahme auf die unterrichtlichen Bedingungen (Embacher & Gravert, 2000, S. 140) wird eine Basis gebildet, auf der die weitere Ausarbeitung der Lehrhandlungen erfolgt. Durch ihre stetige Überarbeitung wird eine fortlaufende Optimierung verfolgt. Damit BBNE in die entstehende didaktische Jahresplanung aufgenommen wird, sollte sie zum Prüfkriterium dieses iterativen Prozesses gemacht werden. Hierfür werden Multiplikatorinnen und Multiplikatoren benötigt, die die Nachhaltigkeitsorientierung in allen Fächern sicherstellen. Damit Lehrerinnen und Lehrer eine solche Funktion einnehmen und BBNE als Leitidee bei der Anwendung der curricularen Vorgaben verstehen, müssen sie über nachhaltigkeitsfördernde Kompetenzen (siehe Tabelle 12.12) verfügen. Diese können im Rahmen von Aus- und Weiterbildungsmaßnahmen entwickelt werden (s. o.). Zum einen besteht die Notwendigkeit eines nachhaltigkeitsspezifischen fachlichen und fachdidaktischen Wissens sowie die Fähigkeit zur didaktischen Reduzierung und unterrichtlichen Umsetzung der Vorgaben des Bildungsplans. Bezogen auf eine BBNE handelt es sich u. a. um das Wissen über die Nachhaltigkeitsdimensionen, die nachhaltigkeitsorientierte Nutzung des Gestaltungsspielraums des Bildungsplans, die Entscheidungsfähigkeit bei der Auswahl nachhaltigkeitsorientierter Lerninhalte sowie die Kenntnis über Methoden zur Förderung einer BBNE. Zum anderen werden Aspekte des pädagogisch-psychologischen Wissens beschrieben und die affektiv-motivationalen Merkmale betont. Zur Bestimmung der nachhaltigkeitsbezogenen Fachkompetenz kann der Ansatz zum Nachhaltigkeitsmanagement von Seeber et al. (2019) einbezogen werden, bei welchem der Zusammenhang eines nachhaltigkeitsbezogenen Wissens und den Kenntnissen zu deren Umsetzungsmöglichkeiten, insbesondere bei widersprüchlichen Anforderungen von verschiedenen Akteuren, berücksichtigt wird (Seeber et al., 2019, S. 149). Neben der Fachkompetenz wird die Bedeutung der affektiv-motivationalen Dispositionen

bezüglich des konstruktiven Umgangs mit der Komplexität und den Dilemmata-Situationen im Rahmen einer nachhaltigen Entwicklung deutlich (Michaelis et al., 2020, S. 343 f.). Auf der Basis der Erkenntnisse aus dem kaufmännischen Bereich und den Empfehlungen für die didaktisch-methodische Umsetzung einer BBNE (Kastrup et al., 2012; Kuhlmeier & Vollmer, 2018) können Möglichkeiten zur Förderung der nachhaltigkeitsbezogenen Fachkompetenzen von Lehrkräften abgeleitet werden (Risch et al., 2017, S. 12). Herauszustellen ist, dass – neben ihrer zentralen Funktion als Vorbild (Riemer, 2011, S. 106) – der empathische und respektvolle Umgang der Lehrerinnen und Lehrer mit den Schülerinnen und Schülern, die Sensibilität für Nachhaltigkeit sowie ein nachhaltigkeitsspezifisches Bewusstsein für die Stärkung einer BBNE von Bedeutung sind. Da Lehrerinnen und Lehrer bewusst und unbewusst eine Wirkung auf die Jugendlichen haben, sind die eigene Betroffenheit und das Eigeninteresse an einer BBNE besonders wichtig. Durch ihren Unterrichts- und Führungsstil wirken sie aktiv auf eine nachhaltigkeitsorientierte berufliche Bildung hin und können als Vorbilder der Schülerinnen und Schüler auftreten (Leitz, 2015, S. 72).

Ebenfalls kann eine BBNE durch die Schulleitung unterstützt werden, indem u. a. pädagogische Tage für die schulinterne Curriculumentwicklung genutzt werden. Schrader et al. (2020) konnten im Rahmen ihrer Implementationsstudien in Bildungskontexten die Unterstützung der Beteiligten durch die Organisationsleitung als positiven Einflussfaktor identifizieren. Für ihre Rolle als Leitung benötigt sie vor allem eine organisationsbezogene Handlungskompetenz. Zudem ist sie in die Personalentwicklung eingebunden, denn durch ihre Unterstützung können Lehrerinnen und Lehrer zur Teilnahme an (Weiter-)Qualifizierungen zur Verankerung einer BBNE am Berufskolleg sowie zur Umsetzung einer BBNE motiviert werden (Wissinger, 1996, S. 102). Durch ihre Position kann sie zur nachhaltigkeitsorientierten Schulentwicklung anregen, indem sie das Kollegium entsprechend anleitet (Buhren & Rolff, 2017, S. 14–16). Sie bewegt die Lehrerinnen und Lehrer zur Selbstführung, indem sie primär unterstützend-beratend agiert. Um diese unterstützende Rolle einzunehmen, werden ebenfalls kommunikative, didaktische sowie soziale Kompetenzen, Vertrauen in die Fähigkeiten des Lehrpersonals sowie Empathie benötigt (Arnold et al., 2016, S. 242). Zur Realisierung einer BBNE im Sinne der Schulentwicklung bietet es sich daher an, passende Weiterbildungsangebote für die Schulleitung als Hilfestellung anzubieten.

Unterrichtsentwicklung
Für die Gestaltung des Unterrichts im Sinne einer BBNE eignen sich die didaktischen Prinzipien der *Lernort-, Handlungs- und Kompetenzorientierung*. Daher ist kein grundlegend neues Konzept notwendig, sondern bestehende Ansätze werden

unter der Leitidee einer BBNE erweitert und gestärkt (Rost, 2002, S. 10). BBNE zeichnet sich zudem durch ihre Werteorientierung aus. Daher sind die Diskussion, das Bewerten aufgrund verschiedener Nachhaltigkeits-Kriterien, der Perspektivwechsel sowie das kritische Hinterfragen für einen nachhaltigkeitsorientieren Unterricht bedeutsam. Eine Dilemma-Diskussion über nachhaltigkeitsspezifische Themen des Berufsfelds Ernährung und Hauswirtschaft stellt eine besonders geeignete Methode für die nachhaltigkeitsorientierte Wertebildung dar. Sie kann dazu beitragen, die Lernenden zu mündigen Mitgliedern der Gesellschaft und für den Arbeitsmarkt zu qualifizieren. Im Rahmen einer BBNE werden im Kontext der Lernfelder problematische Entwicklungen identifiziert, Handlungsalternativen aufgezeigt und Konsequenzen des eigenen Handelns beleuchtet. Darüber hinaus werden Projekte, zum Beispiel zur Planung und Durchführung eines Street-Food-Festivals, Exkursionen zu Bio-Bauernhöfen und Praxiseinheiten zur Vorbeugung von Lebensmittelabfällen als erfahrungsorientierte Lernformen eingesetzt. Der Orientierungsrahmen für BBNE-Methoden von Casper, Kastrup & Nölle-Krug (2023) kann darüber hinaus zur Identifizierung möglicher Methoden für die Vermittlung nachhaltigkeitsorientierter Lerninhalte herangezogen werden.

Für die nachhaltigkeitsorientierte Akzentuierung der im Bildungsplan vorgegebenen Lerninhalte eignet sich das Berufsfeld Ernährung und Hauswirtschaft im besonderen Maße, da zahlreiche Anknüpfungspunkte identifiziert werden konnten. Diese sind u. a. bei der Kalkulation der Warenmenge, der Abfallproblematik oder der Verwendung von fair produzierten Lebensmitteln zu finden (siehe Abschnitt 12.3.4). Auf diese Weise lassen sich die verschiedenen Aspekte einer BBNE – als grundlegendes Handlungsprinzip (Kastrup & Kuhlmeier, 2013, S. 59–63) – in jedem Lernfeld ermitteln. Die Schülerinnen und Schüler erlangen daher am Ende der Ausbildung ein Wissen über vielfältige Nachhaltigkeits-Aspekte. Sie benötigen jedoch nicht allein das Wissen, sondern ebenfalls die Fertigkeiten zur nachhaltigen Gestaltung ihres privaten und beruflichen Alltags sowie eine nachhaltigkeitsorientierte Handlungskompetenz. Diese setzt sich u. a. aus der Fähigkeit zum selbstständigen Handeln, der Verantwortungsübernahme und der Reflexion des eigenen Konsumverhaltens zusammen (siehe Tabelle 12.6). Sowohl der Konsum in ihrem privaten Alltag als auch die Produktion in ihrem beruflichen Alltag beeinflussen die künftige Entwicklung der Branche und deren Rahmenbedingen. Deshalb kann bereits die tägliche Ernährung als ein politischer Akt gesehen werden, den die Verbraucherinnen und Verbraucher verantworten (von Koerber, 2015, S. 293) und an deren nachhaltigkeitsorientierter Veränderung sie unmittelbar partizipieren können.

Da das Berufsfeld Ernährung und Hauswirtschaft Tätigkeiten umfasst, die im privaten Haushalt zugleich wichtige Aufgaben abbilden, zeichnet sich dieses

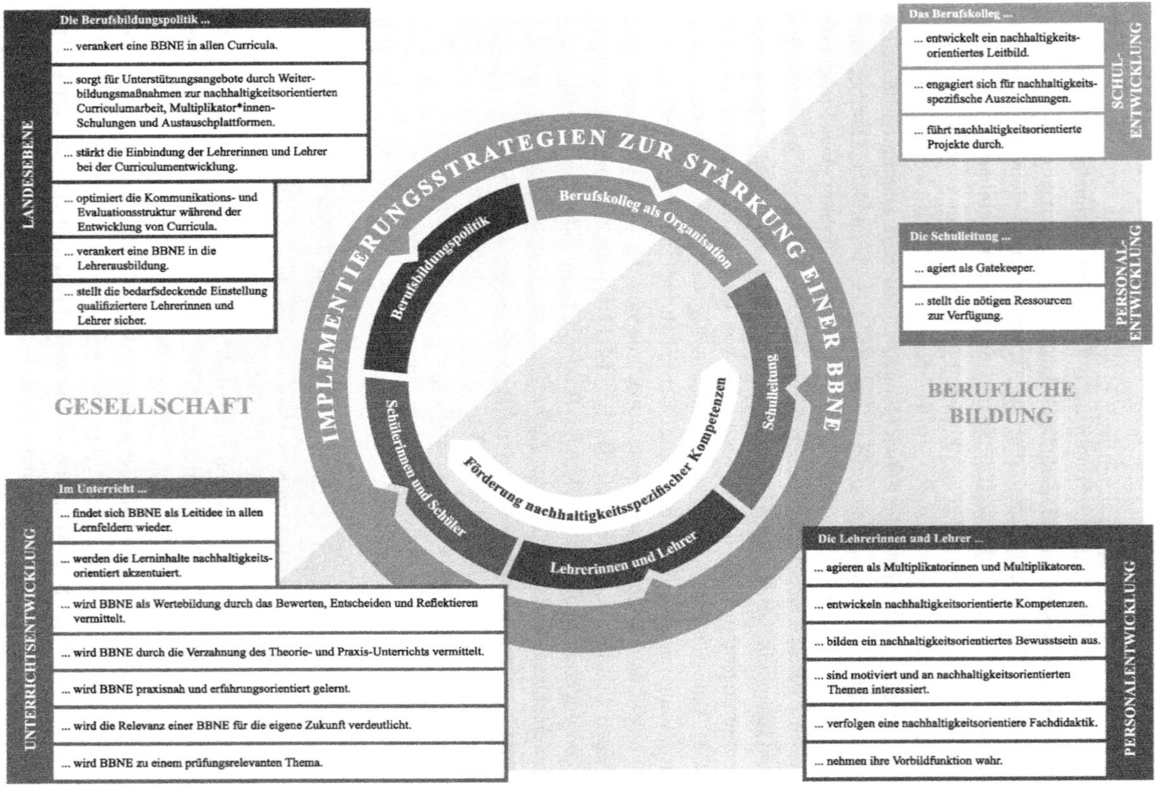

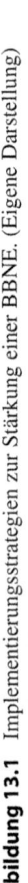

SCHUL-ENTWICKLUNG

Das Berufskolleg, ...

... entwickelt ein nachhaltigkeits- orientiertes Leitbild.

... engagiert sich für nachhaltigkeits- spezifische Auszeichnungen.

... führt nachhaltigkeitsorientierte Projekte durch.

PERSONAL-ENTWICKLUNG

Die Schulleitung ...

... agiert als Gatekeeper.

... stellt die nötigen Ressourcen zur Verfügung.

BERUFLICHE BILDUNG

PERSONALENTWICKLUNG

Die Lehrerinnen und Lehrer ...

... agieren als Multiplikatorinnen und Multiplikatoren.

... entwickeln nachhaltigkeitsorientierte Kompetenzen.

... bilden ein nachhaltigkeitsorientiertes Bewusstsein aus.

... sind motiviert und an nachhaltigkeitsorientierten Themen interessiert.

... verfolgen eine nachhaltigkeitsorientierte Fachdidaktik.

... nehmen ihre Vorbildfunktion wahr.

IMPLEMENTIERUNGSSTRATEGIEN ZUR STÄRKUNG EINER BBNE

- Schulleitung
- Lehrerinnen und Lehrer
- Förderung nachhaltigkeitsspezifischer Kompetenzen
- Schülerinnen und Schüler
- Berufsbildungspolitik
- Berufskolleg als Organisation

GESELLSCHAFT

LANDESEBENE

Die Berufsbildungspolitik ...

... verankert eine BBNE in allen Curricula.

... sorgt für Unterstützungsangebote durch Weiter- bildungsmaßnahmen zur nachhaltigkeitsorientierten Curriculumarbeit, Multiplikator*innen- Schulungen und Austauschplattformen.

... stärkt die Einbindung der Lehrerinnen und Lehrer bei der Curriculumentwicklung.

... optimiert die Kommunikations- und Evaluationsstruktur während der Entwicklung von Curricula.

... verankert eine BBNE in die Lehrerausbildung.

... stellt die bedarfsdeckende Einstellung qualifizierter Lehrerinnen und Lehrer sicher.

UNTERRICHTSENTWICKLUNG

Im Unterricht ...

... findet sich BBNE als Leitidee in allen Lernfeldern wieder.

... werden die Lerninhalte nachhaltigkeits- orientiert akzentuiert.

... wird BBNE als Wertebildung durch das Bewerten, Entscheiden und Reflektieren vermittelt.

... wird BBNE durch die Verzahnung des Theorie- und Praxis-Unterrichts vermittelt.

... wird BBNE praxisnah und erfahrungsorientiert gelernt.

... wird die Relevanz einer BBNE für die eigene Zukunft verdeutlicht.

... wird BBNE zu einem prüfungsrelevanten Thema.

Abbildung 13.1 Implementierungsstrategien zur Stärkung einer BBNE. (Eigene Darstellung)

Berufsfeld durch Parallelen zwischen einem nachhaltigen Handeln im beruflichen und privaten Alltag aus (Brutzer & Küster, 2015, S. 99). Daher ist der Wissens- und Kompetenzerwerb im Rahmen einer BBNE für die Schülerinnen und Schüler in zweifacher Weise relevant. Umweltschonende Reinigungsprozesse, die ressourcenschonende Lebensmittelzubereitung sowie das Wissen über die fachgerechte Abfallentsorgung sind Beispiele, die sich sowohl durch ihre Lebensweltorientierung als auch durch ihre Arbeitsweltorientierung auszeichnen. Durch die Veränderungen des Anforderungsprofils auf dem Arbeitsmarkt gilt das nachhaltigkeitsorientierte Denken und Handeln darüber hinaus als Schlüsselqualifikation, welche die Entscheidungsfähigkeit, Handlungskompetenzen und Partizipationsfähigkeit umfasst (BLK, 1998, S. 32). Der Zugang zu den Bildungsinhalten einer nachhaltigen Entwicklung ist daher für alle Schülerinnen und Schüler sicherzustellen (Grunenberg et al., 2012, S. 5). Folglich ist die unterrichtliche Vermittlung einer BBNE einerseits gegenwarts- und zukunftsbedeutsam für die Jugendlichen. Andererseits ist sie essenziell für die Gesellschaft, deren nachhaltige Entwicklung von ihren mündigen Bürgerinnen und Bürgern – in ihrer Funktion als Privatperson und Berufstätige – abhängt.

Die hier vorgestellten Strategien und die Rollen der daran beteiligten Akteure werden in Abbildung 13.1 zusammenfassend veranschaulicht. Sie verdeutlicht, dass nur durch die Verankerung einer BBNE auf allen Ebenen eine nachhaltigkeitsorientierte Schulentwicklung erzielt (siehe 8.1.3) und auf diese Weise ein Beitrag zur Qualitätsentwicklung der beruflichen Bildung (siehe 3.5) geleistet werden kann.

Literaturverzeichnis

Abraham, K. (1967). Gedanken zur gegenwärtigen Lage der Wirtschaftspädagogik. In H. Röhrs (Hrsg.), *Die Wirtschaftspädagogik, eine erziehungswissenschaftliche Disziplin?* (S. 329–337). Frankfurt am Main: Akademische Verlagsgesellschaft.

Achtenhagen, F. (1983). Eine konstruktive Wende in der Didaktik? Anmerkungen zu einigen Neuerscheinungen. *Zeitschrift für Pädagogik*, (29), 961–971.

Achtenhagen, F. (1984). *Didaktik des Wirtschaftslehreunterrichts*. Opladen: Leske + Budrich.

Achtenhagen, F. & Menck, P. (1971). Langfristige Curriculumentwicklung und mittelfristige Curriculumforschung. In F. Achtenhagen & H. Meyer (Hrsg.), *Curriculumrevision – Möglichkeiten und Grenzen* (4., unveränd. Auflage, S. 197–215). München: Kösel.

Achtziger, A. & Gollwitzer, P. M. (2018). Motivation und Volition im Handlungsverlauf. In J. Heckhausen & H. Heckhausen (Hrsg.), *Motivation und Handeln* (5., überarb. und erw. Auflage, S. 355–388). Berlin, Heidelberg: Springer.

Ackeren, I. van, Zlatkin-Troitschanskaia, O., Binnewies, C., Clausen, M., Dormann, C., Preisendoerfer, P. et al. (2011). Evidenzbasierte Schulentwicklung. Ein Forschungsüberblick aus interdisziplinärer Perspektive. *Die deutsche Schule 103* (2), 170–184.

Adam, G. & Schweitzer, F. (Hrsg.) (1996). *Ethisch erziehen in der Schule*. Göttingen: Vandenhoeck & Ruprecht.

Adorno, T. W. & Becker, H. (1971). *Erziehung zur Mündigkeit. Vorträge und Gespräche mit Hellmut Becker 1959–1969*. (G. Kadelbach, Hrsg.). Frankfurt: Suhrkamp.

Affolter, B., Hollenstein, L. & Brühwiler, C. (2017). Lerngelegenheiten in der Berufseinstiegsphase und der Zusammenhang mit pädagogisch-psychologischem Wissen von Lehrpersonen. *Beiträge zur Lehrerinnen- und Lehrerbildung, 35* (3), 506–523.

Albert-Schweizer-Stiftung (2017a). Das steckt hinter einem Kilogramm Rindfleisch. *Albert Schweitzer Stiftung für unsere Mitwelt*. Zugriff am 29.11.2021. Verfügbar unter: https://albert-schweitzer-stiftung.de/aktuell/1-kg-rindfleisch

Albert-Schweizer-Stiftung (2017b). Kontrolle toter Schweine belegt Verstöße. *Albert Schweitzer Stiftung für unsere Mitwelt*. Zugriff am 1.12.2021. Verfügbar unter: https://albert-schweitzer-stiftung.de/aktuell/kontrolle-toter-schweine-belegt-verstoesse

Altrichter, H. & Wiesinger, S. (2004). Der Beitrag der Innovationsforschung im Bildungswesen zum Implementierungsproblem. In G. Reinmann & H. Mandl (Hrsg.), *Psychologie des Wissensmanagements: Perspektiven, Theorien und Methoden* (S. 220–233). Göttingen: Hogrefe Verlag.

Anderson, S. E. (1997). Understanding Teacher Change: Revisiting the Concerns Based Adoption Model. *Curriculum Inquiry, 27* (3), 331–367.

Apel, H. (2006). Qualitätssicherung im Kontext einer Bildung für nachhaltige Entwicklung (BNE). In W. Rieß & H. Apel (Hrsg.), *Bildung für eine nachhaltige Entwicklung: Aktuelle Forschungsfelder und -ansätze* (S. 129–138). Wiesbaden: VS Verlag für Sozialwissenschaften.

Arbeitsgemeinschaft Berufsbildungsforschungsnetz (AG BFN). (2014). Aufgaben und Selbstverständnis. *Arbeitsgemeinschaft Berufsbildungsforschungsnetz.* Zugriff am 21.4.2021. Verfügbar unter: https://www.agbfn.de/de/

Arnold, R. (1992). Reflexive Lehrerbildung. Aktuelle Tendenzen und notwendige Ansätze der Gewerbelehrerausbildung. *Die berufsbildende Schule, 1* (44), 22–23.

Arnold, R. & Faber, K. (Hrsg.) (2000). *Qualitätssysteme und ihre Relevanz für Schule: Einführung und Überblick [im Rahmen des Bund-Länder-Kommission-Modellprojekts „Qualitätsverbesserung in Schulen und Schulsystemen" (QuiSS) erstellt].* Seelze-Velber: Kallmeyer.

Arnold, R., Gonon, P., Müller, H.-J. & Arnold, R. (2016). *Einführung in die Berufspädagogik* (2., überarb. Auflage). Opladen Toronto: Verlag Barbara Budrich.

Asendorpf, J. B. & Neyer, F. J. (2012). *Psychologie der Persönlichkeit.* Berlin, Heidelberg: Springer.

Bader, R. (2000). Konstruieren von Lernfeldern – Eine Handreichung für Rahmenlehrplanausschüsse und Bildungsgangkonferenzen in technischen Berufsfeldern. In R. Bader & P. F. E. Sloane (Hrsg.), *Lernen in Lernfeldern. Theoretische Analysen und Gestaltungsansätze zum Lernfeldkonzept. Beiträge aus den Modellversuchsverbünden NELE & SELUBA,* (S. 33–50). Detmold: Eusl.

Bähr, F. (2019). *Zum Einfluss der Handlungsbeobachtung auf das motorische Lernen.* Jena: Friedrich-Schiller-Universität.

Baethge, M., Solga, H. & Wieck, M. (2007). *Berufsbildung im Umbruch: Signale eines überfälligen Aufbruchs.* Berlin: Friedrich-Ebert-Stiftung.

Bambey, D., Reinhold, A. & Rittberger, M. (2012). Pädagogik und Erziehungswissenschaft. In H. Neuroth, S. Strathmann, A. Oßwald, R. Scheffel, J. Klump & J. Ludwig (Hrsg.), *Langzeitarchivierung von Forschungsdaten. Eine Bestandsaufnahme* (111–135). Boizenburg: Hülsbusch

Bandura, A. (1974). *Psychological modeling: conflicting theories.* New York: Lieber-Atherton.

Barth, M. (2013). Nachhaltigkeit in die Schule gebracht: Befunde aus einer empirischen Studie. In G. Michelsen & D. Fischer (Hrsg.), *Nachhaltig konsumieren lernen. Ergebnisse aus dem Projekt BINK („Bildungsinstitutionen und nachhaltiger Konsum")* (Innovation in den Hochschulen - Nachhaltige Entwicklung, Band 11, S. 105–129). Bad Homburg: Verlag für Akademische Schriften.

Barth, N. (2020). Umweltbundesamt: Immer mehr Verpackungsmüll. *tagesschau.de.* Zugriff am 27.11.2021. Verfügbar unter: https://www.tagesschau.de/wirtschaft/verpackungsmuell-109.html

Bauer, J. (2006). *Prinzip Menschlichkeit: Warum wir von Natur aus kooperieren.* Hamburg: HOFFMANN UND CAMPE VERLAG GmbH.

Bauer, J. (2007). *Lob der Schule: Sieben Perspektiven für Schüler, Lehrer und Eltern.* Hamburg: HOFFMANN UND CAMPE VERLAG GmbH.

Bauer, J. F. (2019). *Personale Gesundheitsressourcen in Studium und Arbeitsleben: Transaktionales Rahmenmodell und Anwendung auf das Lehramt* (Gesundheitspsychologie). Wiesbaden, Heidelberg: Springer.

Bauer, K.-O. (2000). Konzepte pädagogischer Professionalität und ihre Bedeutung für die Lehrerarbeit (Studien zur Schul- und Bildungsforschung. 12). In J. Bastian, W. Helsper, S. Reh, C. Schelle & A. Combe (Hrsg.), *Professionalisierung im Lehrerberuf. Von der Kritik der Lehrerrolle zur pädagogischen Professionalität* (55–72). Opladen: Leske + Budrich.

Bauer, K.-O. (2005). *Pädagogische Basiskompetenzen.* Weinheim: Beltz Juventa.

Bauer, W. & Przygodda, K. (2003). New Learning Concepts within the German System of Vocational Education and Training. *European Educational Research Journal 2* (1), 22–40.

Baumert, J. & Kunter, M. (2006). Stichwort: Professionelle Kompetenz von Lehrkräften. *Zeitschrift für Erziehungswissenschaft, 9* (4), 469–520.

Baumert, J., Kunter, M., Blum, W. et al. (2010). Teachers' Mathematical Knowledge, Cognitive Activation in the Classroom, and Student Progress. *American Educational Research Journal, 47* (1), 133–180.

Baumert, J. & Kunter, M. (2011a). Das COACTIV-Forschungsprogramm zur Untersuchung professioneller Kompetenz von Lehrkräften – Zusammenfassung und Diskussion. In M. Kunter, J. Baumert, W. Blum, U. Klusmann, S. Krauss & M. Neubrand (Hrsg.) *Professionelle Kompetenz von Lehrkräften. Ergebnisse des Forschungsprogramms COACTIV* (331–353). Münster: Waxmann.

Baumert, J. & Kunter, M. (2011b). Das Kompetenzmodell von COACTIV. In M. Kunter, J. Baumert, W. Blum, U. Klusmann, S. Krauss & M. Neubrand (Hrsg.), *Professionelle Kompetenz von Lehrkräften. Ergebnisse des Forschungsprogramms COACTIV* (26–50). Münster: Waxmann

Baumert, J. & Kunter, M. (2011c) Professionelle Kompetenz von Lehrkräften, kognitiv aktivierender Unterricht und die mathematische Kompetenz von Schülerinnen und Schülern (COACTIV) – Ein Forschungsprogramm. In M. Kunter, J. Baumert, W. Blum, U. Klusmann, S. Krauss & M. Neubrand (Hrsg.) *Professionelle Kompetenz von Lehrkräften. Ergebnisse des Forschungsprogramms COACTIV* (6–25). Münster: Waxmann.

Baur, N. & Blasius, J. (Hrsg.) (2014). *Handbuch Methoden der empirischen Sozialforschung.* Wiesbaden: VS Verlag für Sozialwissenschaften.

Bayerischer Unternehmensverband Metall und Elektro e. V., Verband der Bayerischen Metall- und Elektro-Industrie e. V. & Vereinigung der Bayerischen Wirtschaft e. V. (2022). *Zwischen Fachkräftemangel und struktureller Arbeitslosigkeit.* Zugriff am 18.01.2023. Verfügbar unter: https://www.vbw-bayern.de/Redaktion/Frei-zugaengliche-Medien/Abteilungen-GS/Bildung/2022/Downloads/Bi-0181-002_Position_Fachkräft emangel-und-Arbeitslosigkeit_03-2022.pdf

Beck, U., Brater, M. & Daheim, H. (1980). *Soziologie der Arbeit und der Berufe: Grundlagen, Problemfelder, Forschungsergebnisse.* Zugriff am 22.4.2021. Verfügbar unter: https://pub.uni-bielefeld.de/record/1904563

Becker, E., Jahn, T., Deffner, J. et al. (2006). *Soziale Ökologie: Grundzüge einer Wissenschaft von den gesellschaftlichen Naturverhältnissen.* Frankfurt am Main, New York: Campus Verlag.

Becker, G. (Hrsg.) (2001). Bildung für eine nachhaltige Entwicklung (Ökologie und Erziehungswissenschaft). *Urbane Umweltbildung im Kontext einer nachhaltigen Entwicklung: Theoretische Grundlagen und schulische Perspektiven* (S. 261–343). Wiesbaden: VS Verlag für Sozialwissenschaften.

Becker, M. (2013). Arbeitsprozessorientierte Didaktik. *bwp@ Berufs- und Wirtschaftspädagogik*, (24), 1–24.

Becker, M., Fischer, M. & Spöttl, G. (2010). *Von der Arbeitsanalyse zur Diagnose beruflicher Kompetenzen: Methoden und methodologische Beiträge aus der Berufsbildungsforschung.* Frankfurt am Main: Peter Lang.

Becker, M. & Spöttl, G. (2006). Berufswissenschaftliche Forschung und deren empirische Relevanz für die Curriculumentwicklung. *bwp@ Berufs- und Wirtschaftspädagogik*, (11), 1–23.

Becker, M. & Spöttl, G. (2008). *Berufswissenschaftliche Forschung: Ein Arbeitsbuch für Studium und Praxis.* Frankfurt am Main: Peter Lang.

Benner, D. (1986). *Johann Friedrich Herbart – Systematische Pädagogik* (2. Edition). Weinheim: Deutscher Studienverlag.

Benner, D. (2015). Erziehung und Bildung! Zur Konzeptualisierung eines erziehenden Unterrichts, der bildet. *Zeitschrift für Pädagogik, 61* (4), 481–496.

Benner, D. & Brüggen, F. (2000). Theorien der Erziehungswissenschaft im 20. Jahrhundert. Entwicklungsprobleme – Paradigmen – Aussichten. *Zeitschrift für Pädagogik, 42*, 240–263.

Beschluss der Kultusministerkonferenz (KMK) (1995). Rahmenvereinbarung über die Ausbildung und Prüfung für ein Lehramt der Sekundarstufe II (berufliche Fächer) oder für die beruflichen Schulen (Lehramtstyp 5). *Kultusministerkonferenz*. Zugriff am 10.4.2021. Verfügbar unter: https://www.kmk.org/fileadmin/Dateien/pdf/PresseUndAktuelles/Beschluesse_Veroeffentlichungen/allg_Schulwesen/071025-ausbildung-lehrer-sek2.pdf

Beschluss der Kultusministerkonferenz (KMK) (2004). Standards für die Lehrerbildung: Bildungswissenschaften. Kultusministerkonferenz. Zugriff am 10.4.2021. Verfügbar unter: https://www.kmk.org/fileadmin/veroeffentlichungen_beschluesse/2004/2004_12_16-Standards-Lehrerbildung-Bildungswissenschaften.pdf

Beschluss der Kultusministerkonferenz (KMK) (2017). Berufliche Schulen 4.0. Weiterentwicklung von Innovationskraft und Integrationsleistung der beruflichen Schulen in Deutschland in der kommenden Dekade. *Kultusministerkonferenz*. Zugriff am 31.3.2021. Verfügbar unter: https://www.kmk.org/fileadmin/user_upload/Erklaerung_Berufliche_Schulen_4.0_-_Endfassung.pdf

Betz, J. (2021). *Entwicklungspolitik: eine Einführung in Zielsetzungen und Ergebnisse.* Wiesbaden, Heidelberg: Springer VS.

Bielitza, M. (2021). Außer-Haus-Verpflegung. *Ernährungsrat Münster e.V.* Zugriff am 30.11.2021. Verfügbar unter: https://www.ernaehrungsrat-muenster.de/arbeitsgemeinschaften/ausser-haus-verpflegung/

Bildungskommission NRW (1995). *Zukunft der Bildung – Schule der Zukunft. Denkschrift der Kommission „Zukunft der Bildung – Schule der Zukunft" beim Ministerpräsidenten des Landes Nordrhein-Westfalen.* Neuwied: Luchterhand.

Bindel, R. (2015). Ab heute leben wir weltweit auf Pump. *Magazin für nachhaltiges Wirtschaften.* Zugriff am 27.7.2021. Verfügbar unter: https://www.factory-magazin.de/news/beitrag/artikel/ab-heute-leben-wir-weltweit-auf-pump.html

Birnbacher, D. (2003). *Analytische Einführung in die Ethik*. Berlin: De Gruyter.

Blankertz, H. (1977). Berufliche Bildung. In H. Rombach (Hrsg.), *Wörterbuch der Pädagogik* (Band 1, S. 90–91). Freiburg, Basel, Wien: Herder.

Blatt, M. M. & Kohlberg, L. (1975). The Effects of Classroom Moral Discussion Upon Children's Level of Moral Judgment. *Journal of Moral Education, 4* (2), 129–161.

Blömeke, S., Kaiser, G., Lehmann, R. et al. (2009). TEDS-M: Messung von Lehrerkompetenzen im internationalen Vergleich. In O. Zlatkin-Troitschanskaia, K. Beck, D. Sembill et al. (Hrsg.), *Lehrprofessionalität: Bedingungen, Genese, Wirkungen und ihre Messung* (S. 181–209). Weinheim: Beltz Juventa.

Bloom, B. S. (Hrsg.) (1976). *Taxonomie von Lernzielen im kognitiven Bereich* (5. Auflage). Weinheim: Beltz Juventa.

Blum, W., Krauss, S. & Neubrand, M. (2011). COACTIV – Ein mathematikdidaktisches Projekt? In M. Kunter, J. Baumert, W. Blum et al. (Hrsg.), *Professionelle Kompetenz von Lehrkräften: Ergebnisse des Forschungsprogramms COACTIV* (S. 329–343). Münster: Waxmann. Zugriff am 7.4.2021. Verfügbar unter: https://epub.uni-regensburg.de/34426/

Bohnsack, R. (2005). Standards nicht-standardisierter Forschung in den Erziehungs- und Sozialwissenschaften. *Zeitschrift für Erziehungswissenschaft, 8* (4), 63–81.

Bokelmann, H. (1964). Das Normproblem in der Pädagogik. *Zeitschrift für Pädagogik*, (5), 60–79.

Bollnow, O. F. (1986). Einige Bemerkungen zu Schleiermachers Pädagogik. *Zeitschrift für Pädagogik, 32* (5), 719–741.

Bolscho, D. & Seybold, H. (1996). *Umweltbildung und ökologisches Lernen: ein Studien- und Praxisbuch* (5. Nachdr.). Berlin: Cornelsen Scriptor.

Bolscho, D. & Seybold, H.-J. (2009). Umwelterziehung/Ökopädagogik. In J. Raithel, B. Dollinger & G. Hörmann (Hrsg.), *Einführung Pädagogik: Begriffe · Strömungen Klassiker · Fachrichtungen* (S. 311–323). Wiesbaden: VS Verlag für Sozialwissenschaften.

Bolten, M. & Bormann, I. (Hrsg.) (2013). *Innovationen im Bildungswesen: Analytische Zugänge und empirische Befunde*. Wiesbaden: Springer Fachmedien Wiesbaden.

Braukmann, U. (1993). *Makrodidaktische Bildungsplanung*. Köln: Botermann.

Breuer, F., Muckel, P., Dieris, B. & Allmers, A. (2019). *Reflexive Grounded Theory: Eine Einführung für die Forschungspraxis* (4., durchgesehene und aktualisierte Auflage). Wiesbaden, Heidelberg: Springer VS.

Bromme, R. (1997). Kompetenzen, Funktionen und unterrichtliches Handeln des Lehrers. In F. E. Weinert (Hrsg.), *Enzyklopädie der Psychologie. Themenbereich D: Praxisgebiete. Serie 1: Pädagogische Psychologie. Band 3: Psychologie des Unterrichts und der Schule* (S. 177–203). Göttingen: Hogrefe Verlag für Psychologie.

Brüggen, F. (1998). Bildsamkeit und Mündigkeit des Subjekts. Bildungsgeschichtliche und bildungstheoretische Überlegungen zu einer (nicht nur) pädagogischen Idee. *Franz-Fischer-Jahrbücher, 3*, 111–125.

Bründel, H., Grewe, N., Scheithauer, H. & Schubarth, W. (2014). *Schülersein heute: Herausforderungen für Lehrer und Eltern*. Stuttgart: Kohlhammer.

Brunner, M., Kunter, M. & Krauss, S. (2006). Die professionelle Kompetenz von Mathematiklehrkräften: Konzeptualisierung, Erfassen und Bedeutung für den Unterricht. Zwischenbilanz des COACTIV-Projekts. In M. Prenzel & L. Allolio-Näcke (Hrsg.) *Untersuchungen zur Bildungsqualität von Schule. Abschlussbericht des DFG-Schwerpunktprogramms*. Münster: Waxmann.

Brunner, M., Kunter, M., Krauss, S. et al. (2006). Welche Zusammenhänge bestehen zwischen dem fachspezifischen Professionswissen von Mathematiklehrkräften und ihrer Ausbildung sowie beruflichen Fortbildung? *Zeitschrift für Erziehungswissenschaft, 9* (4), 521–544.

Brutzer, A. & Kastrup, J. (2019). Wechselwirkungen der Fachdidaktik, Fachwissenschaft und Berufspädagogik in der beruflichen Fachrichtung Ernährung und Hauswirtschaft. *bwp@ Berufs- und Wirtschaftspädagogik*, (37), 1–22.

Brutzer, A., Küster, C. (2015). Lernbereich „Alltagskultur" im Berufsfeld Ernährung und Hauswirtschaft. Skizze für einen Orientierungsrahmen. *Haushalt in Bildung & Forschung*, (4), 97–107.

Büchter, K. (2008). Berufsbildung. In H. Faulstich-Wieland & P. Faulstich (Hrsg.), *Erziehungswissenschaft. Ein Grundkurs* (Orig.-Ausg., S. 490–510). Reinbek bei Hamburg: Rowohlt-Taschenbuch-Verlag.

Büchter, K. (2012). Berufs- und wirtschaftspädagogischer Diskurs vor und nach der kompetenzorientierten Wende. In G. Niedermair (Hrsg.), *Kompetenzen entwickeln, messen und bewerten* (S. 23–42). Linz: Trauner.

Büchter, K. & Tramm, T. (2004). Berufliche Praxis als Bezugspunkt beruflicher Curricula. In J. Rützel et al. (Hrsg.). *BerufsBildung in der globalen NetzWerkGesellschaft: Quantität – Qualität Verantwortung: Aspekte.* Bielefeld

Buddeberg, M. (2014). *Zur Implementation des Konzepts Bildung für nachhaltige Entwicklung: Eine Studie an weiterführenden Schulen in Nordrhein-Westfalen.* Münster: Waxmann.

Buhren, C. G. & Rolff, H.-G. (Hrsg.) (2017). *Handbuch Schulentwicklung und Schulentwicklungsberatung.* Zugriff am 16.6.2021. Verfügbar unter: https://content-select-com.ezp roxy.fh-muenster.de/de/portal/media/view/5b408743-c36c-4daf-bd79-7432b0dd2d03? forceauth=1

Bujard, M., von den Driesch, E., Kerstin, R. et al. (2021). Belastungen von Kindern, Jugendlichen und Eltern in der Corona-Pandemie. Bundesinstitut für Bevölkerungsforschung. Zugriff am 27.7.2022. Verfügbar unter: https://www.bib.bund.de/Publikation/2021/pdf/ Belastungen-von-Kindern-Jugendlichen-und-Eltern-in-der-Corona-Pandemie.pdf;jsessi onid=C80FB746594E740EAA4F06C8F73161F4.internet271?__blob=publicationFile &v=2

Bullinger, H.-J. (2013). *Erfolgsfaktor Mitarbeiter: Motivation — Kreativität — Innovation.* Berlin, Heidelberg: Springer.

Bund Ökologischer Landwirtschaft (BOLW) (2021). Umsatz Bio-Markt 2020. *Bund Ökologische Lebensmittelwirtschaft.* Zugriff am 30.11.2021. Verfügbar unter: https://www. boelw.de/themen/zahlen-fakten/handel/artikel/umsatz-bio-2020/

BIBB – Bundesinstitut für Berufsbildung (2013). Berufliche Bildung für eine nachhaltige Entwicklung. Infoblatt der sechs Modellversuche im Förderschwerpunkt. *Bundesinstitut für Berufsbildung.* Verfügbar unter: https://www.bibb.de/dokumente/pdf/Infoblatt_ BBnE_Web.pdf

BIBB – Bundesinstitut für Berufsbildung (2015). UN-Dekade „Bildung für eine nachhaltige Entwicklung". *Bundesinstitut für Berufsbildung.* Zugriff am 6.12.2021. Verfügbar unter: https://www.bibb.de/de/33728.php

BIBB – Bundesinstitut für Berufsbildung (2017). Förderrichtlinie zur Förderlinie III des Modellversuchsförderschwerpunkts „Berufsbildung für nachhaltige Entwicklung 2015–2019 (BBNE 2015–2019)". *Bundesinstitut für Berufsbildung.* Verfügbar unter: https:// www.bibb.de/dokumente/pdf/ab33_bibb_bbne_2015_2019_20170919.pdf

BIBB – Bundesinstitut für Berufsbildung (2019a). Modellversuche Berufsbildung für nachhaltige Entwicklung 2015–2019. *Bundesinstitut für Berufsbildung.* Zugriff am 6.12.2021. Verfügbar unter: https://www.bibb.de/de/42885.php

BIBB – Bundesinstitut für Berufsbildung (2019b). Entwicklung von domänenspezifischen Nachhaltigkeitskompetenzen in Berufen des Lebensmittelhandwerks und der Lebensmittelindustrie. Die Verbund-/Projekte der Förderlinie III. *Bundesinstitut für Berufsbildung.* Zugriff am 13.12.2021. Verfügbar unter: https://www.bibb.de/de/67226.php

BIBB – Bundesinstitut für Berufsbildung (2020a). BBNE-Transfer 2020–2022. *Bundesinstitut für Berufsbildung.* Zugriff am 12.12.2021. Verfügbar unter: https://www.bibb.de/de/ 121439.php

BIBB – Bundesinstitut für Berufsbildung (2020b). Standardberufsbildpositionen – Hintergründe, Inhalte, Perspektiven. *Bundesinstitut für Berufsbildung.* Zugriff am 13.12.2021. Verfügbar unter: https://www.bibb.de/de/134916.php

BIBB – Bundesinstitut für Berufsbildung (2021). Modernisierte Standardberufsbildpositionen in allen Ausbildungsberufen. *Bundesinstitut für Berufsbildung.* Zugriff am 12.11.2021. Verfügbar unter: https://www.bibb.de/de/134898.php

BIBB – Bundesinstitut für Berufsbildung (2022). Materialien und Produkte aus den Modellversuchen. *Bundesinstitut für Berufsbildung.* Zugriff am 03.04.2023. Verfügbar unter: https://www.bibb.de/de/85132.php.

BMBF – Bundesministerium für Bildung und Forschung (2002). Bericht der Bundesregierung zur Bildung für eine nachhaltige Entwicklung. *Bundesministerium für Bildung und Forschung.* Zugriff am 1.8.2022. Verfügbar unter: https://www.globaleslernen.de/sites/ default/files/files/link-elements/bundesregierung_20zur_20bildung_20f_c3_bcr_20eine_ 20nachhaltige_20entwicklung_2c_202002.pdf

BMBF – Bundesministerium für Bildung und Forschung (2007). Berufsbildungsbericht 2007. *Bundesministerium für Bildung und Forschung.* Zugriff am 1.8.2022. Verfügbar unter: https://www.bibb.de/dokumente/pdf/berufsbildungsbericht_2007.pdf

BMBF – Bundesministerium für Bildung und Forschung (2013). Handbuch zum Deutschen Qualifikationsrahmen. Struktur – Zuordnungen – Verfahren – Zuständigkeiten. *DQR.* Zugriff am: 13.04.2023. Verfügbar unter: https://www.kmk.org/fileadmin/pdf/PresseUnd Aktuelles/2013/131202_DQR-Handbuch__M3_.pdf

BMBF – Bundesministerium für Bildung und Forschung (2014). Bonner Erklärung 2014 zum Abschluss der UN-Dekade.

BMBF – Bundesministerium für Bildung und Forschung (2021). FONA Strategie. *Forschung für Nachhaltigkeit (FONA) – FONA.* Zugriff am 6.12.2021. Verfügbar unter: https://www. fona.de/de/ueber-fona/FONA-Strategie.php

Bundesministerium für Justiz. (2017). Verarbeitung personenbezogener Daten durch öffentliche Stellen. *Bundesdatenschutzgesetz (BDSG).* Zugriff am 4.8.2022. Verfügbar unter: https://www.gesetze-im-internet.de/bdsg_2018/

Bundesministerium für wirtschaftliche Zusammenarbeit und Entwicklung (2021). SDG 4: Hochwertige Bildung. *Bundesministerium für wirtschaftliche Zusammenarbeit und Entwicklung.* Zugriff am 10.8.2021. Verfügbar unter: https://www.bmz.de/de/agenda-2030/sdg-4

Bundesministerium für wirtschaftliche Zusammenarbeit und Entwicklung (1992). Agenda 21. *Bundesministerium für wirtschaftliche Zusammenarbeit und Entwicklung.* Zugriff am 19.5.2021. Verfügbar unter: https://www.un.org/Depts/german/conf/agenda21/agenda_21.pdf

Bundesministerium für wirtschaftliche Zusammenarbeit und Entwicklung (2022). Armut. *Bundesministerium für wirtschaftliche Zusammenarbeit und Entwicklung.* Zugriff am 13.7.2022. Verfügbar unter: https://www.bmz.de/de/service/lexikon/armut-14038

Bundesregierung (2021). Trend zu Bio-Produkten hält an. *Die Bundesregierung.* Zugriff am 6.12.2021. Verfügbar unter: https://www.bundesregierung.de/breg-de/suche/oekobarometer-2020-1839636

BMU – Bundesumweltministerium (2020). Mein Essen, die Umwelt und das Klima. *bmu.de.* Zugriff am 27.11.2021. Verfügbar unter: https://www.bmu.de/TW9

Bundeszentrale für politische Bildung (2017a). Ökologischer Fußabdruck und Biokapazität. *bpb.de.* Zugriff am 27.11.2021. Verfügbar unter: https://www.bpb.de/nachschlagen/zahlen-und-fakten/globalisierung/255298/oekologischer-fussabdruck-und-biokapazitaet

Bundeszentrale für politische Bildung (2017b). Verstädterung. *bpb.de.* Zugriff am 29.11.2021. Verfügbar unter: https://www.bpb.de/nachschlagen/zahlen-und-fakten/globalisierung/52705/verstaedterung

Bundeszentrale für politische Bildung (2021). Tierethik. *bpb.de.* Zugriff am 1.12.2021. Verfügbar unter: https://www.bpb.de/gesellschaft/umwelt/bioethik/175477/tierethik

Bund-Länder-Kommission für Bildungsplanung und Forschungsförderung (Hrsg.) (1998). *Bildung für eine nachhaltige Entwicklung: Orientierungsrahmen* (Materialien zur Bildungsplanung und zur Forschungsförderung. Heft 69). Bonn: Bund-Länder-Kommission für Bildungsplanung und Forschungsförderung. Zugriff am 1.8.2022. Verfügbar unter: http://www.blk-bonn.de/papers/heft69.pdf.

Bund-Länder-Kommission für Bildungsplanung und Forschungsförderung & Rode, H. (Hrsg.) (2005). *Bildung für eine nachhaltige Entwicklung („21"): Abschlussbericht des Programmträgers zum BLK-Programm* (Materialien zur Bildungsplanung und zur Forschungsförderung. Heft 123). Bonn: Bund-Länder-Kommission für Bildungsplanung und Forschungsförderung. Zugriff am 1.8.2022. Verfügbar unter: http://www.blk-bonn.de/papers/heft123.pdf

Buschfeld, D. (2003). Draußen vom Lernfeld komm' ich her ....? Plädoyer für einen alltäglichen Umgang mit Lernsituationen. *bwp@ Berufs- und Wirtschaftspädagogik*, (4), 1–21.

BVE – Bundeszentrale der Deutschen Ernährungsindustrie (2023). Die Ernährungsindustrie. *bve-online.de.* Zugriff am 24.01.2023. Verfügbar unter: https://www.bve-online.de/themen/die-ernaehrungsindustrie

Casper, M., Kastrup, J., Nölle-Krug, M. (2023). Lebendiges Lernen mit kreativen und erfahrungsbasierten Methoden zur didaktischen Umsetzung einer Berufsbildung für nachhaltige Entwicklung. In: M. Ansmann, J. Kastrup, W. Kuhlmeier (Hrsg.), *Berufliche Handlungskompetenz für nachhaltige Entwicklung – Die Modellversuche in Lebensmittelhandwerks und der Lebensmittelindustrie.* Bonn.

Cernavin, O., Schröder, S., Thiele, T. & Jooß, C. (2015). Ergebnistransfer nachhaltig gestalten – eine strukturelle Übersicht. In S. Jeschke, A. Richter, F. Hees & C. Jooß (Hrsg.), *Exploring Demographics. Transdisziplinäre Perspektiven zur Innovationsfähigkeit im demografischen Wandel* (S. 25–40). Wiesbaden: Springer Spektrum.

Chin, R. & Benne, K. (1975). Strategien zur Veränderung sozialer Systeme. In W.G. Bennis (Hrsg.), *Änderung des Sozialverhaltens* (S. 43–78). Stuttgart: Klett-Cotta.

Christian, M., Garza, A. & Slaughter, J. (2011). Work Engagement: A Quantitative Review and Test of Its Relations with Task and Contextual Performance. *Personnel Psychology, 64*, 89–136.

Christian-Albrechts-Universität zu Kiel. (2020). Was macht Lehrkräfte Kompetent. LeaP@CAU. Zugriff am 1.8.2022. Verfügbar unter: https://www.gute-lehre-lehramt. uni-kiel.de/wp-content/uploads/2017/06/LeaP_Zusammenfassung_Baumert__Kunter_ 2011_Das-Kompetenzmodell-von-COACTIV.pdf.

Chu, C.-H. (2002). Von der kategorialen zur politisch orientierten Bildung. Untersuchungen zur Theorie der Bildung von Wolfgang Klafki. Tübingen: Eberhard-Karls-Universität.

Coburn, C. E. (2003). Rethinking Scale: Moving Beyond Numbers to Deep and Lasting Change. *Educational Researcher, 32* (6), 3–12.

Cohen, J. (1960). A Coefficient of Agreement for Nominal Scales. *Educational and Psychological Measurement, 20* (1), 37–46.

Colby, A., Kohlberg, L., Gibbs, J. & Lieberman, M. (1983). A longitudinal study of moral judgment. *Monographs of the Society for Research in Child Development, 48* (1–2), 1–124.

Combe, A. & Helsper, W. (Hrsg.) (1996). *Pädagogische Professionalität: Untersuchungen zum Typus pädagogischen Handelns.* Frankfurt am Main: Suhrkamp.

Comenius, J. A., Flitner, A. & Schaller, K. (2018). *Große Didaktik.* Stuttgart: Klett-Cotta.

Conseil constitutionnel (1789). Erklärung der Menschen- und Bürgerrechte vom 26. August 1789. *Conseil constitutionnel.* Zugriff am 1.8.2022. Verfügbar unter: https://www.con seil-constitutionnel.fr/sites/default/files/2019-02/20190218Erkl%C3%A4rung_der_Men schen.pdf

Costa, P. & McCrae, R. (1992). Four ways five factors are basic. *Personality and Individual Differences, 13* (6), 653–665.

Czerwenka, K. (2004). Lehrerprofessionalität zwischen Theorie und Praxis. Kritische Anmerkungen zu Bildungsstandards. In U. Beckmann, H. Brandt & H. Wagner (Hrsg.), *Ein neues Bild vom Lehrerberuf? Pädagogische Professionalität nach PISA. Beiträge zur Reform der Lehrerbildung. Ludwig Eckinger zum 60. Geburtstag* (S. 56–71). Weinheim: Beltz Juventa.

Czycholl, R. & Ebner, H. G. (2006). Handlungsorientierung in der Berufsbildung. In R. Arnold & A. Lipsmeier (Hrsg.), *Handbuch der Berufsbildung* (S. 44–54). Wiesbaden: VS Verlag für Sozialwissenschaften.

Dahms, H.-J. (1994). *Positivismusstreit: die Auseinandersetzungen der Frankfurter Schule mit dem logischen Positivismus, dem amerikanischen Pragmatismus und dem kritischen Rationalismus.* Frankfurt am Main: Suhrkamp.

Damm, M. (2018). *Guter Unterricht braucht Beziehungen. Schemapädagogik – ein Ansatz zum Umgang mit verhaltensauffälligen Schülern.* Seelze: Klett Kallmeyer.

Darling-Hammond, L., Bransford, J., LePage, P., Hammerness, K. & Duffy, H. (Hrsg.) (2005). *Preparing teachers for a changing world. What teachers should learn and be able to do.* San Francisco, CA.: Jossey-Bass.

Darmann-Finck, I. & Foth, T. (2014). Bildungs-, Qualifikations- und Sozialisationsforschung in der Pflege. In D. Schaeffer (Hrsg.) *Handbuch Pflegewissenschaft* (S. 165–182). Weinheim: Beltz Juventa.

Deter, A. (2021). Verbraucher geben nur kleinen Teil ihres Einkommens für Nahrungsmittel aus. *top agrar.* Zugriff am 15.7.2022. Verfügbar unter: https://www.topagrar.com/man agement-und-politik/news/verbraucher-geben-nur-kleinen-teil-ihres-einkommens-fuer-nahrungsmittel-aus-12772125.html

DFG – Deutsche Forschungsgemeinschaft (Hrsg.) (1990). *Berufsbildungsforschung an den Hochschulen der Bundesrepublik Deutschland. Situation, Hauptaufgaben, Förderungsbedarf.* Weinheim: VCH, Acta Humaniora.

Deutsche Gesellschaft für die Vereinten Nationen e. V. (1948). *Die Allgemeine Erklärung der Menschenrechte.* Zugriff am 30.5.2022. Verfügbar unter: chrome-extension:/ /efaidnbmnnnibpcajpcglclefindmkaj/https://dgvn.de/publications/PDFs/Sonstiges/All gemeine_Erklaerung_der_Menschenrechte.pdf

DGfE – Deutsche Gesellschaft für Erziehungswissenschaft (Hrsg.) (2004). Forschungsprogramm „Bildung für eine nachhaltige Entwicklung". *Deutsche Gesellschaft für Erziehungswissenschaft.* Zugriff am 1. August 2022. Verfügbar unter: https://www.bne.uni-osn abrueck.de/pub/uploads/Dgfe-bne/bfn_forschungsprogramm2004.pdf

DGfE – Deutsche Gesellschaft für Erziehungswissenschaft (2013). Präambel. Deutsche Gesellschaft für Erziehungswissenschaft. Zugriff am 14.4.2021. Verfügbar unter: https:// www.dgfe.de/dgfe-wir-ueber-uns/praeambel

DGfE – Deutsche Gesellschaft für Erziehungswissenschaft (2014). Männer essen anders. *DGE aktuell.* Zugriff am 1.8.2022. Verfügbar unter: https://www.dge.de/uploads/media/ DGE-Pressemeldung-aktuell-01-2014-Maenner-essen-anders.pdf

Deutsche UNESCO-Kommission e.V. (2021). Bildung für nachhaltige Entwicklung. Eine Roadmap. *Deutsche UNESCO-Kommission e.V.* Zugriff am 28.12.2021. Verfügbar unter: https://www.unesco.de/sites/default/files/2021-10/BNE_2030_Roadmap_DE_ web-PDF_nicht-bf.pdf

Deutsche Welthungerhilfe e.V. (2020). Kinder und Hunger: Eine weltweite Tragödie. *Welthungerhilfe.de – Für eine Welt ohne Hunger und Armut.* Zugriff am 26.11.2021. Verfügbar unter: https://www.welthungerhilfe.de/hunger/kinder-und-hunger/

Deutsche Welthungerhilfe e.V. (2021a). Auf großem Fuß: Was hat der ökologische Fußabdruck mit Lebensmittelverschwendung zu tun? *Welthungerhilfe.de – Für eine Welt ohne Hunger und Armut.* Zugriff am 27.11.2021. Verfügbar unter: https://www.welthungerhi lfe.de/lebensmittelverschwendung/was-ist-der-oekologische-fussabdruck/

Deutsche Welthungerhilfe e.V. (2021b). Hunger: Ursachen, Fakten, Folgen – Welthungerhilfe. *Welthungerhilfe.de – Für eine Welt ohne Hunger und Armut.* Zugriff am 30.11.2021. Verfügbar unter: https://www.welthungerhilfe.de/hunger/

Deutscher Bundestag. (1994). Bericht der Enquete-Kommission „Schutz des Menschen und der Umwelt – Bewertungskriterien und Perspektiven für umweltverträgliche Stoffkreisläufe in der Industriegesellschaft". Die Industriegesellschaft gestalten – Perspektiven für einen nachhaltigen Umgang mit Stoff- und Materialströmen. *Deutscher Bundestag.*

Zugriff am 1.8.2022. Verfügbar unter: https://dserver.bundestag.de/btd/12/082/1208260. pdf

DGB-Bundesvorstand (Hrsg.) (2019). Ausbildungsreport 2019. Ausbildung 4.0. digital. lernen. gemeinsam. entwickeln. *DGB Jugend*, 1–40.

DIPF – Leibniz-Institut für Bildungsforschung und Bildungsinformation (2023). Lehrpläne der einzelnen Bundesländer. *Deutscher Bildungsserver*. Zugriff am 08.02.2023. Verfügbar unter: https://www.bildungsserver.de/lehrplaene-400-de.html

Di Giulio, A. (2004). *Die Idee der Nachhaltigkeit im Verständnis der Vereinten Nationen. Anspruch, Bedeutung und Schwierigkeiten.* Münster: LIT Verlag.

Die Bundesregierung (Hrsg.) (2020). Deutsche Nachhaltigkeitsstrategie. Weiterentwicklung 2021. *Die Bundesregierung.* Zugriff am 1.8.2022. Verfügbar unter: https://www.bundes regierung.de/resource/blob/998194/1875176/3d3b15cd92d0261e7a0bcdc8f43b7839/deu tsche-nachhaltigkeitsstrategie-2021-langfassung-download-bpa-data.pdf

Diehl, T. (2003). Überlegungen zur empirischen Erfassung pädagogischer Professionalität. *Empirische Pädagogik* (17), 236–255.

Diekmann, A. (2009). *Empirische Sozialforschung: Grundlagen, Methoden, Anwendungen* (Orig.-Ausg., vollst. überarb. und erw. Neuausg., 20. Auflage [3. Auflage der Neuausgabe]). Reinbek bei Hamburg: Rowohlt-Taschenbuch-Verlag.

Diettrich, A., Hahne, K. & Winzier, D. (2007). Berufsbildung für eine nachhaltige Entwicklung: Hintergründe, Aktivitäten, erste Ergebnisse. *bwp@ Berufs- und Wirtschaftspädagogik*, (5), 7–12.

Dobischat, R. & Düsseldorf, K. (2009). Berufliche Bildung und Berufsbildungsforschung. In R. Tippelt & B. Schmidt (Hrsg.), *Handbuch Bildungsforschung* (S. 383–404). Wiesbaden: VS Verlag für Sozialwissenschaften.

Döbler, M. (1994). Ökologische Dimensionen in der Erziehungswissenschaft. Rezeption ökologischer Konzepte und Paradigmen in der Erziehungswissenschaft. In K. Schleicher (Hrsg.), *Umweltbildung von Lehrern. Studien- und Fortbildungsaufgaben* (S. 45–60). Hamburg: Krämer, Reinhold.

Döring, N. & Bortz, J. (Hrsg.) (2016). Stichprobenziehung. *Forschungsmethoden und Evaluation in den Sozial- und Humanwissenschaften* (S. 291–319). Berlin, Heidelberg: Springer.

Dreyfus, H. L. & Dreyfus, S. E. (1987). *Künstliche Intelligenz. Von den Grenzen der Denkmaschine und dem Wert der Intuition.* Reinbek bei Hamburg: Rowohlt-Taschenbuch-Verlag.

Dühn, T. (2012). Womit werden Bio-Tiere gefüttert? *Bund Ökologische Lebensmittelwirtschaft.* Zugriff am 29.11.2021. Verfügbar unter: https://www.boelw.de/service/bio-faq/ landwirtschaft/artikel/womit-werden-bio-tiere-gefuettert/

Dumm, S. & Niekler, A. (2014). *Methoden und Gütekriterien. Computergestützte Diskurs- und Inhaltsanalysen zwischen Sozialwissenschaft und Automatischer Sprachverarbeitung. Schriftenreihe des Verbundprojekts Postdemokratie und Neoliberalismus.* Discussion Paper Nr. 4. Helmut-Schmidt-Universität Hamburg (UniBw) und Universität Leipzig, 1–35.

Dürbeck, G. (2018). Das Anthropozän erzählen: Fünf Narrative. *Aus Politik und Zeitgeschichte. Klima. Zeitschrift der Bundeszentrale für politische Bildung, 68* (21–23), 11–17.

EAT-Lancet Commission (2019). *Summary Report of the EAT-Lancet Commission. Healthy Diets From Sustainable Food Systems. Food Planet Health.* Zugriff am 28.09.2022. Verfügbar unter: https://eatforum.org/content/uploads/2019/07/EAT-Lancet_Commission_S ummary_Report.pdf

Ebner, H. G. (2002). Neue Aufgabenfelder für berufliche Schulen. In R. Bader & P. F. E. Sloane (Hrsg.), *Bildungsmanagement im Lernfeldkonzept. Curriculare und organisatorische Entwicklung. Beiträge aus den Modellversuchsverbünden NELE & SELUBA* (S. 77–88). Paderborn: Eusl-Verlagsgesellschaft mbH.

Eckert, M. & Sieland, B. (2017). Psychologie der Lehrerpersönlichkeit. In M.K.W. Schweer (Hrsg.), *Lehrer-Schüler-Interaktion. Inhaltsfelder, Forschungsperspektiven und methodische Zugänge* (S. 147–165). Wiesbaden: Springer Fachmedien.

Eggert, S. & Bögeholz, S. (2006). Göttinger Modell der Bewertungskompetenz – Teilkompetenz „Bewerten, Entscheiden und Reflektieren" für Gestaltungsaufgaben Nachhaltiger Entwicklung. *Zeitschrift für Didaktik der Naturwissenschaften* (12), 177–197.

Ehmke, E. (2019). Globale Ungleichheit ist dramatisch und nimmt weiter zu – Oxfam antwortet auf Methodenkritik. *Oxfam Deutschland.* Zugriff am 29.11.2021. Verfügbar unter: https://www.oxfam.de/blog/globale-ungleichheit-dramatisch-nimmt-antwort-methodenkritik

Elmadfa, I. & Leitzmann, C. (Hrsg.) (2019). *Ernährung des Menschen* (6. überarb. u. aktual. Auflage). Stuttgart: Eugen Ulmer Verlag. Zugriff am 7.6.2021. Verfügbar unter: https://elibrary.utb.de/doi/book/https://doi.org/10.36198/9783838587486

Embacher, E. & Gravert, H. (2000). Die Arbeit mit lernfeldorientierten Lehrplänen in Schule und Unterricht: Hinweise und Anregungen zur Umsetzung in Fachklassen des dualen Systems der Berufsausbildung. In A. Lipsmeier & G. Pätzold (Hrsg.), *Lernfeldorientierung in Theorie und Praxis* (S. 134–147). Stuttgart: Franz Steiner Verlag.

Emmermann, R. & Fastenrath, S. (2014). *Didaktische Jahresplanung.* Haan-Gruiten: Verlag Europa-Lehrmittel Nourney, Vollmer.

Engagement Global gGmbH (2023). Lehrplan- und Curriculumentwicklung. *Engagement Global. Service für Entwicklungsinitiativen.* Zugriff am 08.02.2023. Verfügbar unter: https://ges.engagement-global.de/lehrplan-und-curriculumentwicklung.html

Engelhard, K. (Hrsg.) (1998). *Umwelt und nachhaltige Entwicklung: ein Beitrag zur Lokalen Agenda 21. Gefälligkeitsübersetzung: The environment and sustainable development: an article on Local Agenda 21.* Münster: Waxmann.

Engelke, E., Borrmann, S. & Spatscheck, C. (2008). *Theorien der Sozialen Arbeit: eine Einführung* (4., überarb. und erw. Auflage). Freiburg im Breisgau: Lambertus.

Ercikan, K. & Roth, W.-M. (2006). What Good Is Polarizing Research Into Qualitative and Quantitative? *Educational Researcher, 35,* 14–23.

Erpenbeck, J. & Rosenstiel, L. von (Hrsg.) (2017). *Handbuch Kompetenzmessung. Erkennen, verstehen und bewerten von Kompetenzen in der betrieblichen, pädagogischen und psychologischen Praxis* (3., überarb. und erw. Auflage). Stuttgart: Schäffer-Poeschel.

Eulefeld, G., Bolscho, D., Rode, H., Rost, J. & Seybold, H. (Hrsg.) (1993). *Entwicklung der Praxis schulischer Umwelterziehung in Deutschland: Ergebnisse empirischer Studien.* Kiel: IPN, Institut für die Pädagogik der Naturwissenschaften an der Universität Kiel.

Euler, D. (2004). Förderung des Transfers in Modellversuchen. St. Gallen: Institut für Wirtschaftspädagogik der Universität St. Gallen 2004, 16 S. – (Dossier für das BLK-Modellversuchsprogramm SKOLA; 6). *(Bundesministerium für Bildung und Forschung*

(BMBF). Zugriff am 8.4.2021. Verfügbar unter: http://nbn-resolving.de/urn:nbn:de:0111-opus-18118

Euler, D. (2010). Paradigmata im Vergleich. In R. Nickolaus, G. Pätzold, H. Reinisch et al. (Hrsg.), *Handbuch Berufs- und Wirtschaftspädagogik* (S. 386–389). Bad Heilbrunn: Verlag Julius Klinkhardt.

Euler, D. (2011). Wirkungs- vs. Gestaltungsforschung – eine feindliche Koexistenz? *Zeitschrift für Berufs- und Wirtschaftspädagogik 107* (4), 520–542.

Euler, D. (2018). Gemessenes und Angemessenes – Berufsbildungsforschung auf der Suche nach einem Profil (AGBFN). In R. Weiß, E. Severing & Bundesinstitut für Berufsbildung (Hrsg.), *Multidisziplinär – praxisorientiert – evidenzbasiert: Berufsbildungsforschung im Kontext unterschiedlicher Anforderungen* (S. 30–53). Leverkusen: Verlag Barbara Budrich.

Euler, D. & Hahn, A. (2014). *Wirtschaftsdidaktik* (3., aktualisierte Auflage). Bern: Haupt.

Euler, D. (2020). Kompetenzorientierung in der beruflichen Bildung. In R. Arnold & A. Lipsmeier (Hrsg.), *Handbuch der Berufsbildung* (3., überarb. Auflage, S. 205–218). Wiesbaden: VS Verlag für Sozialwissenschaften.

Euler, D. & Severing, E. (2020). Heterogenität in der Berufsbildung – Vielfalt gestalten. *Bertelsmann Stiftung*. Zugriff am 1.8.2022. Verfügbar unter: https://www.bertelsmann-stiftung.de/fileadmin/files/user_upload/Heterogenitaet_Berufsbildg.pdf

Europäische Kommission (2010). Entwicklung kohärenter und systemweiter Einführungsprogramme für Junglehrer: ein Handbuch für politische Entscheidungsträger. *Generaldirektion Bildung und Kultur*. Zugriff am 5.8.2022. Verfügbar unter: http://comenius-regio-giessen-granada.com/wp-content/uploads/Berufseingangsphase-handbook0410_de.pdf

EU – European Union, G. (Hrsg.) (2021a). Bio-Landbau weist den Weg für nachhaltige Lebensmittelproduktion. *EU-Nachrichten*, (6), 6.

EU – European Union, G. (Hrsg.) (2021b). Klare EU-Standards für Investitionen in Klimaschutz. *EU-Nachrichten*, (7), 5.

Faulstich-Wieland, H. & Faulstich, P. (Hrsg.) (2008). *Erziehungswissenschaft: ein Grundkurs* (Orig.-Ausg.). Reinbek bei Hamburg: Rowohlt-Taschenbuch-Verlag.

Fauth, B. & Leuders, T. (2018). *Kognitive Aktivierung im Unterricht* (Wirksamer Unterricht, Band 2). Stuttgart: Landesinstitut für Schulentwicklung.

Fegebank, B. (2004). *Berufsfeldlehre: Ernährung und Hauswirtschaft* (Diskussion Berufsbildung, Band 5). Baltmannsweiler: Schneider Verlag Hohengehren GmbH.

Feil, H.-D. (1974). *Erziehungswissenschaft zwischen Empirie und Normativität*. Stuttgart: Kohlhammer.

Felten, M. (2020). *Unterricht ist Beziehungssache*. Ditzingen: Reclam.

Fend, H. (1998). *Qualität im Bildungswesen. Schulforschung zu Systembedingungen, Schulprofilen und Lehrerleistung*. Weinheim: Juventa.

Fend, H. (2006). *Neue Theorie der Schule: Einführung in das Verstehen von Bildungssystemen*. Wiesbaden: VS Verlag für Sozialwissenschaften.

Fend, H. (2008). Die Bedeutung von Bildungsstandards im Kontext von Educational Governance. *Beiträge zur Lehrerinnen- und Lehrerbildung*, (26), 292–303.

Fenstermacher, G. D. (1994). The Knower and the Known. The Nature of Knowledge in Research on Teaching. *Review of Research in Education, 20*, 3–56.

Fernández Caruncho, V., Kastrup, J. & Nölle-Krug, M. (2020). Berufsbildung für eine nachhaltige Entwicklung in Berufen des Lebensmittelhandwerks und der Lebensmittelindustrie – Beiträge des BIBB-Modellversuchsschwerpunkts zum nachhaltigen Wirtschaften. *bwp@ Berufs- und Wirtschaftspädagogik*, (17), 1–24.

FH Münster (2021). Ein Bananenbrot aus der ganzen Frucht. *Pressemitteilung*. Zugriff am 03.04.2022. Verfügbar unter: https://www.fh-muenster.de/hochschule/aktuelles/pressemitteilungen.php?pmid=8579.

Fischer, A. (2007). Welche Möglichkeiten haben berufsbildende Schulen, Nachhaltigkeit zu thematisieren? In A. Fischer & K. Hahne (Hrsg.), *Strategien und Umsetzungspotenziale einer Berufsbildung für nachhaltige Entwicklung: Forum 22 Nachhaltigkeit im Rahmen der 14. Hochschultage Berufliche Bildung 2006* (S. 41–53). Bielefeld: WBV Bertelsmann Verlag. Zugriff am 15.9.2021. Verfügbar unter: http://fox.leuphana.de/portal/de/public ations/strategien-und-umsetzungspotenziale-einer-berufsbildung-fur-nachhaltige-entwic klung(43688f66-5ea6-4fbd-b5e6-a5f73de4c6dc).html

Fischer, A. (2009). Nachhaltigkeit und fachdidaktische Herausforderungen. *JSSE – Journal of Social Science Education, 8* (3), 2–15.

Fischer A., Casper, M., Kiepe, K. et al. (2020). Theoretische Reflexionen zur Didaktik der Berufsbildung für nachhaltige Entwicklung (BBNE) aus der Perspektive der Modellversuchsforschung. In E. Wittmann, D. Frommberger & U. Weyland (Hrsg.), *Jahrbuch der berufs- und wirtschaftspädagogischen Forschung 2020* (S. 65–79). Leverkusen: Barbara Budrich.

Fischer, D. (2008). Nachhaltige Ernährungsbildung: Konturen eines Bildungskonzeptes für die Schule. In S. A. Kolfhaus & M.-E. Herrmann (Hrsg.), *Ernährungsbildung – Grundlagen und Praxismodelle* (S. 23–76). Aachen: Shaker Verlag.

Fischer, H.-M. (2000). *Von der Arbeitserfahrung zum Arbeitsprozeßwissen. Rechnergestützte Facharbeit Im Kontext Beruflichen Lernens*. Opladen: Leske + Budrich Verlag.

Fischer, M. (2012). Berufliche Handlungskompetenz im Bereich gewerblich-technischer Facharbeit. Welche Kompetenzen braucht man für deren Messung? In M. Pfadenhauer & A. M. Kunz (Hrsg.), *Kompetenzen in der Kompetenzerfassung: Ansätze und Auswirkungen der Vermessung von Bildung* (S. 87–104). Weinheim: Beltz Juventa.

Fischer, W. A. & Schratz, M. (1999). *Schule leiten und gestalten: mit einer neuen Führungskultur in die Zukunft* (2., aktualisierte Auflage). Innsbruck: Studien-Verlag.

Flick, U. (2014). Gütekriterien qualitativer Sozialforschung. In N. Baur & J. Blasius (Hrsg.), *Handbuch Methoden der empirischen Sozialforschung* (S. 411–423). Wiesbaden: Springer Fachmedien.

Flick, U., Kardorff, E. von, Keupp, H. et al. (1995). *Handbuch Qualitative Sozialforschung: Grundlagen, Konzepte, Methoden und Anwendungen* (2. Auflage). Weinheim: Beltz Juventa.

Flick, U., Kardorff, E. von & Steinke, I. (Hrsg.) (2019). *Qualitative Forschung. Ein Handbuch* (13. Auflage). Reinbek bei Hamburg: Rowohlt Taschenbuch Verlag.

Forum für AusbilderInnen. (2021). Handlungsorientiert ausbilden: Modell der vollständigen Handlung. *Bundesinstitut für Berufsbildung*. Zugriff am 28.7.2021. Verfügbar unter: https://www.foraus.de/de/themen/foraus_109495.php

Fraas, C., Meier, S. & Pentzold, C. (2012). *Online-Kommunikation: Grundlagen, Praxisfelder und Methoden*. München: Oldenbourg.

Frenzel, A. C., Goetz, T., Lüdtke, O. et al. (2009). Emotional transmission in the classroom: Exploring the relationship between teacher and student enjoyment. *Journal of Educational Psychology, 101* (3), 705–716.

Freund, M. (2015). *Förderung einer nachhaltigen Entwicklung? Konzepte und Medienberichterstattungsformen im europäischen Kontext.* Berlin: Logos Verlag.

Freundlinger, A. (1992). *Schlüsselqualifikationen – Der interaktionsorientierte Ansatz.* Wien: Institut für Bildungsforschung der Wirtschaft.

Frey, A. (2008). *Kompetenzstrukturen von Studierenden in der ersten und zweiten Phase der Lehrerbildung. Eine nationale und internationale Standortbestimmung.* Landau: Verlag Empirische Pädagogik.

Frey, D. (Hrsg.) (2017). *Psychologie der Sprichwörter. Weiß die Wissenschaft mehr als Oma?* Berlin, Heidelberg: Springer.

Friedeburg, L. von. (1989). *Bildungsreform in Deutschland. Geschichte und gesellschaftlicher Widerspruch.* Frankfurt: Suhrkamp.

Früh, W. (2011). *Inhaltsanalyse. Theorie und Praxis* (7. überarb.). Konstanz: UTB GmbH.

Fry, A.-C. (2021). Milchpreis: 9,51 Cent fehlen zur Kostendeckung. *top agrar.* Zugriff am 27.11.2021. Verfügbar unter: http://www.topagrar.com/rind/news/milchpreis-9-51-cent-fehlen-zur-kostendeckung-12715886.html

Fuchs, T. (2019). *No Way Out Über die normativen ,Grundstrukturen' der (Allgemeinen) Erziehungswissenschaft.* In W. Meseth, R. Casale, A. Tervooren et al. (Hrsg.), *Normativität in der Erziehungswissenschaft* (S. 49–70). Wiesbaden: Springer Fachmedien.

Fullan, M. (1999). *Die Schule als lernendes Unternehmen.* Stuttgart: Klett-Cotta.

Gagel, W. (1994). Untiefen der Katastrophendidaktik. Von der Ambivalenz des Begriffs „Schlüsselprobleme". *Politische Bildung, 27* (2), 44–57.

Garz, D. & Blömer, U. (2005). Qualitative Bildungsforschung. In R. Tippelt (Hrsg.), *Handbuch Bildungsforschung* (S. 441–457). Wiesbaden: VS Verlag für Sozialwissenschaften.

Gasser, L. & Althof, W. (2018). Moralische Erziehung und die Förderung moralischer Erziehungskompetenzen in der Lehrerinnen- und Lehrerbildung. In H.-R. Schärer & M. Zutavern (Hrsg.), *Das professionelle Ethos von Lehrerinnen und Lehrern. Perspektiven und Anwendungen* (S. 17–42). Münster: Waxmann.

Gassmann, C. (2013). *Erlebte Aufgabenschwierigkeit bei der Unterrichtsplanung. Eine qualitativ-inhaltsanalytische Studie zu den Praktikumsphasen der universitären Lehrerbildung.* Wiesbaden, Heidelberg: Springer VS.

Gemballa-Witych, K. (2014). Didaktisch intendierte Forschung im Berufsfeld Ernährung und Hauswirtschaft. *Haushalt in Bildung & Forschung, 3* (1), 3–21.

Generalversammlung der Vereinten Nationen. (2015). Transformation unserer Welt: die Agenda 2030 für nachhaltige Entwicklung. *Generalversammlung der Vereinten Nationen.* Zugriff am 2.8.2022. Verfügbar unter: https://www.un.org/depts/german/gv-70/band1/ar7 0001.pdf

GEW – Gewerkschaft Erziehung und Wissenschaft. (2020). Starke psychische Belastung und viele Überstunden. *GEW – Die Bildungsgewerkschaft.* Zugriff am 25.4.2022. Verfügbar unter: https://www.gew.de/aktuelles/detailseite/studie-lehrergesundheit-in-der-corona-pandemie-starke-psychische-belastung

Giese, J. & Wittpoth, Jürgen. (2009). Zur Repräsentation des Schulalltags an Berufskolleg. In U. Lange, K. Harney, S. Rahn et al. (Hrsg.), *Steuerungsprobleme im Bildungswesen.*

Festschrift für Klaus Harney (S. 283–302). Wiesbaden: VS Verlag für Sozialwissenschaften.

Glacza, H. (2016). Grundlagen einer kompetenzorientierten Curriculumentwicklung. *Unterricht Pflege*, (3), 17–25.

Gläser, A. & Wiegmann, H.-B. (2014). Meinungsbild zur strukturellen Verankerung – Kurzstatements der Sozialpartner, des BIBB und Vertreter der Modellversuche BBNE. *Bundesinstitut für Berufsbildung*. Zugriff am 2.8.2022. Verfügbar unter: https://www.bibb.de/dokumente/pdf/3_Meinungsbild_zur_strukturellen_Verankerung.pdf

Gläser, J. & Laudel, G. (2010). *Experteninterviews und qualitative Inhaltsanalyse: als Instrumente rekonstruierender Untersuchungen* (4. Auflage). Wiesbaden: VS Verlag für Sozialwissenschaften. Zugriff am 30.7.2021. Verfügbar unter: https://www.springer.com/de/book/9783531172385

Glaser, B. G. (1978). *Theoretical Sensitivity. Advances in the Methodology of Grounded Theory*. Mill Valley, CA: Sociology Press

Glaser, B. G. & Strauss, A. L. (2010). *Grounded theory. Strategien qualitativer Forschung* (3., unveränd. Auflage). Bern: Huber.

Glogowski, S. (2018). Nachhaltigkeit: Externe Kosten – Lebensmittel doppelt so teuer wie Ladenpreis. *Ernährungsumschau Forschung & Praxis*. Zugriff am 29.11.2021. Verfügbar unter: https://www.ernaehrungs-umschau.de/print-news/15-02-2018-nachhaltigkeit-externe-kosten-lebensmittel-doppelt-so-teuer-wie-ladenpreis/

Gnambs, T. & Batinic, B. (2011). Qualitative Online-Forschung. In G. Naderer & E. Balzer (Hrsg.), *Qualitative Marktforschung in Theorie und Praxis: Grundlagen – Methoden – Anwendungen* (2., überarb. Auflage, S. 385–404). Wiesbaden: Gabler Verlag / Springer Fachmedien Wiesbaden GmbH.

Goldenbaum, A. (2013). Implementation von Schulinnovationen. In M. Bolten & I. Bormann (Hrsg.), *Innovationen im Bildungswesen. Analytische Zugänge und empirische Befunde* (S. 149–172). Wiesbaden: Springer Fachmedien.

Göpel, M., Leitschuh, H., Brunnengräber, A. et al. (Hrsg.) (2018). *„Leitkultur" Ökologie? Was war, was ist, was kommt?* Stuttgart: S. Hirzel Verlag.

Gorden, Raymond L. (1975). *Interviewing: strategy, techniques, and tactics*. Homewood, Ill.: Dorsey Press.

Görtler, M. (2016). Zur kategorialen politischen Bildung. In M. Görtler (Hrsg.), *Politische Bildung und Zeit. Eine didaktische Untersuchung zur Bedeutung von Zeit für die politische Bildung* (S. 227–245). Wiesbaden: Springer Fachmedien.

Gräb, W. (1998). Bildung als Selbstbildung und lebenskundliche Deutungskompetenz. Über Schwierigkeiten und Unumgänglichkeiten religiöser Bildung in der pluralistischen Gesellschaft. In M. Faßler, M. Lohmann & E. Müller (Hrsg.), *Bildung, Welt, Verantwortung* (S. 145–157). Gießen: Focus-Verlag.

Gräsel, C. (2005). Umweltbildung. In R. Tippelt (Hrsg.), *Handbuch Bildungsforschung* (S. 675–687). Wiesbaden: VS Verlag für Sozialwissenschaften.

Gräsel, C. (2010). Stichwort: Transfer und Transferforschung im Bildungsbereich. *Zeitschrift für Erziehungswissenschaft, 13* (1), S. 7–20.

Gräsel, C. & Parchmann, I. (2004). Implementationsforschung – oder: der steinige Weg, Unterricht zu verändern. *Unterrichtswissenschaft, 32* (3), 196–214.

Grantz, T., Schulte, S. & Spöttl, G. (2013). Impulse für eine arbeitsprozessorientierte Didaktik – Eine Reflexion des didaktischen Gehaltes von Kernarbeitsprozessen an den Grundfragen KLAFKIS. *bwp@ Berufs- und Wirtschaftspädagogik*, (24), 1–21.

Greinert, W. D. (2007). *Erwerbsqualifizierung jenseits des Industrialismus. Zu Geschichte und Reform des deutschen Systems der Berufsbildung* (2. Auflage, Band 5). Frankfurt am Main: Verlag der Gesellschaft zur Förderung Arbeitsorientierter Forschung und Bildung.

Greiwe, C. (2020). *Kompetenzen im Nachhaltigkeitsmanagement. Eine Interventionsstudie mit angehenden kaufmännischen Lehrkräften*. Bielefeld: wbv Media.

Grunenberg, H., Küster, K. & Rode, H. (2012). Greenpeace Nachhaltigkeitsbarometer – Was bewegt die Jugend? *Greenpeace*. Zugriff am 2.8.2022. Verfügbar unter: https://www.leu phana.de/fileadmin/user_upload/Forschungseinrichtungen/infu/unescochair/pages/Pub likationen/nachhaltigkeitsbarometer_zusammenfassung.pdf

Grunwald, A. & Kopfmüller, J. (2006). *Nachhaltigkeit*. Frankfurt am Main: Campus Verlag.

Gugel, G. (2013). Didaktisches Handbuch. Werte vermitteln – Werte leben. Backnang: Kreisjugendring Rems-Murr.

de Haan, G. (2002). Die Kernthemen der Bildung für eine nachhaltige Entwicklung. *Zeitschrift für internationale Bildungsforschung und Entwicklungspädagogik*, 25 (1), 13–20.

de Haan, G. (2008). Gestaltungskompetenz als Kompetenzkonzept der Bildung für nachhaltige Entwicklung. In I. Bormann & G. de Haan (Hrsg.), *Kompetenzen der Bildung für nachhaltige Entwicklung. Operationalisierung, Messung, Rahmenbedingungen, Befunde* (S. 23–43). Wiesbaden: VS Verlag für Sozialwissenschaften.

de Haan, G. (2015). Die UN-Dekade BNE – Bilanz einer Bildungsreform. *UN-Dekade mit Wirkung – 10 Jahre „Bildung für nachhaltige Entwicklung" in Deutschland*, 10–17.

de Haan, G. & Harenberg, D. (1999). *Bildung für nachhaltige Entwicklung. Gutachten zum Programm von Gerhard de Haan und Dorothee Harenberg, Freie Universität Berlin. Materialien zur Bildungsplanung und zur Forschungsförderung (Heft 72)*. Bonn: Bund-Länder-Komm. für Bildungsplanung und Forschungsförderung.

de Haan, G. & Kuckartz, U. (Hrsg.) (1996). Die Vorgeschichte des Umweltbewußtseins. *Umweltbewußtsein. Denken und Handeln in Umweltkrisen* (S. 11–37). Wiesbaden: VS Verlag für Sozialwissenschaften.

Habermas, J. (1968). Technik und Wissenschaft als "Ideologie"? *Man and World, 1* (4), 483–523.

Hackel, M. (2014). Meinungsbild zur strukturellen Verankerung – Kurzstatements der Sozialpartner, des BIBB und Vertreter der Modellversuche BBNE. *Bundesinstitut für Berufsbildung*. Zugriff am 2.8.2022. Verfügbar unter: https://www.bibb.de/dokumente/pdf/3_M einungsbild_zur_strukturellen_Verankerung.pdf

Hacker, H. (2012). Lehrplan. In D. Lenzen & F. Rost (Hrsg.), *Pädagogische Grundbegriffe. 1: Aggression und Interdisziplinarität* (9. Auflage, S. 972–977). Reinbek bei Hamburg: Rowohlt-Taschenbuch-Verlag.

Häder, M. (2006). *Empirische Sozialforschung. Eine Einführung*. Wiesbaden: VS Verlag für Sozialwissenschaften.

Häder, M. & Häder, S. (2019). Stichprobenziehung in der quantitativen Sozialforschung. In N. Baur & J. Blasius (Hrsg.), *Handbuch Methoden der empirischen Sozialforschung* (S. 333–348). Wiesbaden: Springer Fachmedien.

Hahne, K. (2007). Wo stehen wir? Good Practice, Kompetenzentwicklung und Vernetzung. In A. Fischer & K. Hahne (Hrsg.), *Strategien und Umsetzungspotenziale einer*

Berufsbildung für nachhaltige Entwicklung: Forum 22 Nachhaltigkeit im Rahmen der 14. Hochschultage Berufliche Bildung 2006 (S. 29–40). Bielefeld: WBV Bertelsmann Verlag. Zugriff am 15.9.2021. Verfügbar unter: http://fox.leuphana.de/portal/de/public ations/strategien-und-umsetzungspotenziale-einer-berufsbildung-fur-nachhaltige-entwic klung(43688f66-5ea6-4fbd-b5e6-a5f73de4c6dc).html

Hall, G. E. & Hord, S. M. (2015). *Implementing change: patterns, principles, and potholes* (Fourth Edition). Boston: Pearson.

Haller, M. (2001). *Das Interview: Ein Handbuch für Journalisten* (4. Auflage). Konstanz: UVK.

Hamann, K., Baumann, A. & Löschinger, D. (2016). *Psychologie im Umweltschutz. Handbuch zur Förderung nachhaltigen Handelns.* Magdeburg: Initiative Psychologie im Umweltschutz e.V.

Hansmann, W. (2006). Vom Input zum Output: Anmerkungen zu einem Paradigmenwechsel im Unterricht des Faches ‚Politik & Wirtschaft'. *Uni Marburg Schulpädagogik.* Zugriff am 2.8.2022. Verfügbar unter: https://www.uni-marburg.de/de/fb21/schulpaedagogik/ins titut/emeriti/media/wilfried-hansmann/vom-input-zum-output.pdf

Hantke, H. & Pranger, J. (2019) Nachhaltigkeits-Werte ausbilden und kommunizieren. Lernmodule zu Corporate Social Responsibility im Bereich Transport und Logistik. *Berufsbildung in Wissenschaft und Praxis* (4), 29–31.

Harney, K. & Tenorth, H.-E. (Hrsg.) (1999). Beruf und Berufsbildung. Situation, Reformperspektiven, Gestaltungsmöglichkeiten. *Zeitschrift für Pädagogik, Beiheft 40*, 1–320.

Hasselhorn, M., Köller, O., Maaz, K. et al. & (2014). Implementation wirksamer Handlungskonzepte im Bildungsbereich als Forschungsaufgabe. *Psychologische Rundschau, 65* (3), 140–149.

Hattie, J. (2010). *Visible learning: a synthesis of over 800 meta-analyses relating to achievement* (Reprinted.). London: Routledge.

Hattie, J. & Zierer, K. (2017). *Kenne deinen Einfluss! „Visible Learning" für die Unterrichtspraxis* (2., 4farbig Edition.). Baltmannsweiler: Schneider Verlag Hohengehren GmbH.

Hatziliadis, M. (2016). Grundlagen der Curriculumentwicklung. *Unterricht Pflege*, (3), 28–31.

Hauenschild, K. (2006). Survey-Forschung. In W. Rieß & H. Apel (Hrsg.), *Bildung für eine nachhaltige Entwicklung: Aktuelle Forschungsfelder und -ansätze* (S. 163–169). Wiesbaden: VS Verlag für Sozialwissenschaften.

Hauenschild, K. & Bolscho, D. (2007). *Bildung für nachhaltige Entwicklung in der Schule. Ein Studienbuch* (2., durchges. Auflage). Frankfurt am Main: Peter Lang.

Hauenschild, K., Rode, H. & Bolscho, D. (2010). Bildung für Nachhaltige Entwicklung – eine Chance für die Grundschule? In K.-H. Arnold, K. Hauenschild, B. Schmidt et al. (Hrsg.), *Zwischen Fachdidaktik und Stufendidaktik: Perspektiven für die Grundschulpädagogik* (S. 173–176). Wiesbaden: VS Verlag für Sozialwissenschaften.

Hauff, M. von & Kleine, A. (2005). Methodischer Ansatz zur Systematisierung von Handlungsfeldern und Indikatoren einer Nachhaltigkeitsstrategie – Das Integrierende Nachhaltigkeits-Dreieck. *Technische Universität Kaiserslautern.* Zugriff am 3. August 2022. Verfügbar unter: https://d-nb.info/1026821851/34

Hauff, V. (1987). *Unsere gemeinsame Zukunft. Der Brundtland-Bericht der Weltkommission für Umwelt und Entwicklung.* Greven: Eggenkamp.

Hecker, K., Werner, M., Schütt-Sayed, S., Funk, N., Pfeiffer, I., Hemkes, B. et al. (2022). Indikatoren als Treiber für eine Berufsbildung für nachhaltige Entwicklung. In C. Michaelis & F. Berding (Hrsg.), *Berufsbildung für nachhaltige Entwicklung: Umsetzungsbarrieren und interdisziplinäre Forschungsfragen* (S. 133–152). Bielefeld: wbv Media.

Heckhausen, H. & Gollwitzer, P. M. (1987). Thought contents and cognitive functioning in motivational versus volitional states of mind. *Motivation and Emotion, 11* (2), 101–120.

Heiland, H. (1989). Wilhelm Flitner. Zum 100. Geburtstag am 20.8.1989. *Erziehen heute, 39*, 25–30.

Heinz, W. R. (1995). *Arbeit, Beruf und Lebenslauf. Eine Einführung in die berufliche Sozialisation.* Weinheim: Juventa

Heiser, P. (2018). *Meilensteine der qualitativen Sozialforschung: eine Einführung entlang klassischer Studien.* Wiesbaden, Heidelberg: Springer VS.

Helfferich, C. (2009). *Die Qualität qualitativer Daten: Manual für die Durchführung qualitativer Interviews* (3., überarb. Auflage). Wiesbaden: VS Verlag für Sozialwissenschaften.

Helfferich, C. (2019). Leitfaden- und Experteninterviews. In N. Baur & J. Blasius (Hrsg.), *Handbuch Methoden der empirischen Sozialforschung* (2., vollständig überarb. und erw. Auflage, S. 669–686). Wiesbaden, Heidelberg: Springer VS.

Hellberg-Rode, G. & Schrüfer, G. (2016). Welche spezifischen professionellen Handlungskompetenzen benötigen Lehrkräfte für die Umsetzung von Bildung für Nachhaltige Entwicklung (BNE)? *Zeitschrift für Didaktik der Biologie (ZDB) – Biologie Lehren und Lernen, 20,* 1–29.

Helmke, A. (2006). Was wissen wir über guten Unterricht? Über die Notwendigkeit einer Rückbesinnung auf den Unterricht als dem „Kerngeschäft" der Schule (II. Folge). *Pädagogik (Weinheim), 58* (2), 42–45.

Hemkes, B. (2014). Vom Projekt zur Struktur – Das Strategiepapier der AG „Berufliche Aus- und Weiterbildung". In W. Kuhlmeier, T. Vollmer, A. Mohoric (Hrsg.), *Berufsbildung für nachhaltige Entwicklung. Modellversuche 2010–2013: Erkenntnisse, Schlussfolgerungen und Ausblicke* (S. 225–229). Bielefeld: WBV Bertelsmann Verlag.

Hemkes, B. (2016). Bildungsinnovation durch Modellversuche. In Bundesinstitut für Berufsbildung (Hrsg.), *Berufsbildung für nachhaltige Entwicklung 2015–2019. Begleitung, Koordination und Transfer. Modellversuche. Wissenschaftliche Begleitung* (S. 3). Bonn: Bundesinstitut für Berufsbildung.

Hemkes, B. & Schemme, D. (2015). Forschung in Modellversuchen der beruflichen Bildung. *Bundesinstitut für Berufsbildung.* Zugriff am 3. August 2022. Verfügbar unter: https://www.bibb.de/dokumente/pdf/a42_20200206_mv_und_wb.pdf

Hemkes, B., Srbeny, C. & Gülkaya, Ü. (2016). Der Modellförderschwerpunkt „Berufsbildung für nachhaltige Entwicklung 2015–2019". In Bundesinstitut für Berufsbildung (Hrsg.), *Berufsbildung für nachhaltige Entwicklung 2015–2019. Begleitung, Koordination und Transfer. Modellversuche. Wissenschaftliche Begleitung* (S. 4–5). Bonn: Bundesinstitut für Berufsbildung.

Hemmer, I. & Reinke, V. (2017). Bildung für nachhaltige Entwicklung – über welche Kompetenzen verfügen Lehrkräfte und Akteur/-innen aus den außerschulischen Einrichtungen? *Zeitschrift ZLB.KU / Zentrum für Lehrerbildung und Bildungsforschung,* (1), 38–43.

Henz, H. (1971). *Lehrbuch der systematischen Pädagogik* (3., neubearb. Auflage). Freiburg, Basel, Wien: Herder.

Herbart, J. F. & Benner, D. (1986). *Systematische Pädagogik*. Stuttgart: Klett-Cotta.

Herbart, J. F. & Holstein, H. (1965). *Allgemeine Pädagogik aus dem Zweck der Erziehung abgeleitet*. Bochum: Kamp.

Härle, H. (2011). »Lebendiges Lernen« und »Kompetenz« – Gegensatz oder Bereicherung. *Themenzentriert Interaktion (TZI)* (2), 11–24.

Hermann, U. (1991). Pädagogisches Argumentieren und Erziehungswissenschaftliche Forschung: Zur Verhältnisbestimmung der beiden Wissens- und Diskursformen ‚Pädagogik' und ‚Erziehungswissenschaft'. In D. Hoffmann (Hrsg.), *Bilanz der Paradigmendiskussion in der Erziehungswissenschaft* (S. 185–199). Weinheim: Deutscher Studienverlag.

Herzberg, P. Y. & Roth, M. (Hrsg.) (2014). *Persönlichkeitspsychologie*. Wiesbaden: Springer Fachmedien.

Heseker, H., Schlegel-Matthies, K., Heindl, I. & Methfessel, B. (2005). Reform der Ernährungs- und Verbraucherbildung in Schulen 2003–2005. Schlussbericht für das Bundesministerium für Verbraucherschutz, Ernährung und Landwirtschaft. *Fachgruppe Ernährung und Verbraucherbildung*. Zugriff am 3. August 2022. Verfügbar unter: http://www.evb-online.de/docs/schlussbericht/REVIS-Schlussbericht-mit_Anhang-mit.pdf

Heyse, V., Erpenbeck, J. & Neumann, R. (1997). *Der Sprung über die Kompetenzbarriere: Kommunikation, selbstorganisiertes Lernen und Kompetenzentwicklung von und in Unternehmen*. Bielefeld: WBV Bertelsmann Verlag.

Hilbing, C. H. (2005). Rekonstruktion von Lehrer- und Schülervorstellungen in propositionalen Netzen : eine Methodenkombination aus systematisch zusammenfassender Inhaltsanalyse und Forschermap- Rekonstruktion zur Erforschung der Ursachen für alternative Vorstellungen innerhalb eines qualitativen Forschungsdesigns. *Zeitschrift für Didaktik der Biologie (ZDB) – Biologie Lehren und Lernen, 14*, 1–12.

Hilker, F. (1952). Leben und Werk Aloys Fischers. *Bildung und Erziehung, 5*, 202–204.

Hillmann, K. H. (1986). *Wertwandel. Zur Frage soziokultureller Voraussetzungen alternativer Lebensformen*. Darmstadt: Wissenschaftliche Buchgesellschaft.

Hoerster, N. (2003). *Ethik und Interesse*. Stuttgart: Reclam.

Hoff, E.-H. (1985). Datenerhebung als Kommunikation: Intensivbefragungen mit zwei Interviewern. In G. Jüttemann (Hrsg.), *Qualitative Forschung in der Psychologie. Grundfragen, Verfahrensweisen, Anwendungsfelder* (S. 161–186). Weinheim: Beltz Juventa.

Hofmann, F. & Patry, J.-L. (1999). Das Erziehungsziel Autonomie in der Unterrichtspraxis. Gründe für die Diskrepanz zwischen Ideal und Realität. *Psychologie in Erziehung und Unterricht, 46* (2), 126–135.

Holst, J. (2022). *Nachhaltigkeit & BNE in der Beruflichen Bildung: Dynamik in Ordnungsmitteln, Potentiale bei Berufen, Lernorten und in der Qualifizierung von Ausbildenden. Kurzbericht des Nationalen Monitorings zu Bildung für Nachhaltige Entwicklung (BNE)*. Institut Futur, Freie Universität Berlin.

Holst, J. & Singer-Brodowski, M. (2020). *Bildung für nachhaltige Entwicklung (BNE) in der Beruflichen Bildung. Strukturelle Verankerung zwischen Ordnungsmitteln und Nachhaltigkeitsprogrammatik*. Berlin: Institut Futur.

Homscheid, K. (2016). Lebensmittelverschwendung ist ein Schlag ins Gesicht der Hungernden. *Welthungerhilfe.de – Für eine Welt ohne Hunger und Armut*. Zugriff am

30.11.2021. Verfügbar unter: https://www.welthungerhilfe.de/aktuelles/blog/lebensmittel verschwendung/

Hopf, C. (2016a). Soziologie und qualitative Sozialforschung. In W. Hopf & U. Kuckartz (Hrsg.), *Schriften zu Methodologie und Methoden qualitativer Sozialforschung* (S. 13–45). Heidelberg: Springer VS.

Hopf, C. (2016b). Die Pseudo-Exploration – Überlegungen zur Technik qualitativer Interviews in der Sozialforschung. In W. Hopf & U. Kuckartz (Hrsg.), *Schriften zu Methodologie und Methoden qualitativer Sozialforschung* (S. 47–80). Heidelberg: Springer VS.

Hopf, W. (2010). *Freiheit – Leistung – Ungleichheit. Bildung und soziale Herkunft in Deutschland*. Weinheim, München: Juventa.

Horkheimer, M. & Adorno, T. W. (1944). *Dialektik der Aufklärung. Philosophische Fragmente*. Frankfurt am Main: Fischer Taschenbuch Verlag.

Hubrig, C. (2010). *Gehirn, Motivation, Beziehung – Ressourcen in der Schule. Systemisches Handeln in Unterricht und Beratung*. Heidelberg: Carl-Auer Verlag GmbH.

Huisinga, R. (2006). Curriculumforschung. In F. Rauner (Hrsg.) *Handbuch Berufsbildungsforschung* (2. aktual. Auflage, S. 350–356). Bielefeld: WBV Bertelsmann Verlag.

IJAB – Fachstelle für Internationale Jugendarbeit & der Bundesrepublik Deutschland e.V. (2010). Wertebildung in Jugendarbeit, Schule und Kommune. *Kinder- und Jugendarbeit*. Zugriff am 19.5.2022. Verfügbar unter: https://www.jugendhilfeportal.de/jugendarb eit/artikel/wertebildung-in-jugendarbeit-schule-und-kommune/

Information und Technik NRW (2017). Verzeichnis der beruflichen Schulen und der Schulen des Gesundheitswesens in Nordrhein-Westfalen.

Institut zur Qualitätsentwicklung im Bildungswesen – Wirtschaftliche Einrichtung der Länder an der Humboldt-Universität zu Berlin e.V. (2021). IQB – Bildungsstandards. *IQB-Institut zur Qualitätsentwicklung im Bildungswesen*. Zugriff am 10.4.2021. Verfügbar unter: https://www.iqb.hu-berlin.de/bista/

Jahberg, H. (2021). Der Hunger nach Fleisch steigt weltweit. *Der Tagesspiegel Online*. Zugriff am 3. August 2022. Verfügbar unter: https://www.tagesspiegel.de/wirtschaft/fle ischatlas-warnt-vor-den-folgen-der-hunger-nach-fleisch-steigt-weltweit/26772344.html

Jank, W. & Meyer, H. (2020). *Didaktische Modelle*. Berlin: Cornelsen.

Kahlert, J. (1990). *Alltagstheorien in der Umweltpädagogik*. Weinheim: Ludwig-Maximilians-Universität München.

Kahlert, J. (1991). „Ökopädagogik" – zur Kritik eines Programms. *Schweizer Schule*, (5), 23–28.

Kaiser, F.-J. & Pätzold, G. (Hrsg.) (1999). *Wörterbuch Berufs- und Wirtschaftspädagogik*. Bad Heilbrunn: Verlag Julius Klinkhardt.

Kant, I. (1785). *Kritik der praktischen Vernunft. Grundlegung zur Metaphysik der Sitten* (21. Auflage, Werksausgabe Band VII). Frankfurt am Main: Suhrkamp.

Kant, I. (1803). *Schriften zur Anthropologie, Geschichtsphilosophie, Politik und Pädagogik*. (15. Auflage, Band XII). Frankfurt am Main: Suhrkamp.

Karnowski, V. & Kümpel, A. S. (2016). Diffusion of Innovations. In M. Potthoff (Hrsg.), *Schlüsselwerke der Medienwirkungsforschung* (S. 97–107). Wiesbaden: Springer Fachmedien.

Kastrup, J. (2015). Transfer von Ergebnissen aus Projekten der Nachhaltigkeitsbildung – allgemein und fachspezifisch. *bwp@ Berufs- und Wirtschaftspädagogik*. Zugriff am

3. August 2022. Verfügbar unter: http://www.bwpat.de/spezial9/kastrup_ernaehrung-hau swirtschaft-2015.pdf

Kastrup, J. & Kettschau, I. (2016). Standortentwicklungen, Nachwuchssituation und Nachwuchsförderung in der beruflichen Fachdidaktik. *Haushalt in Bildung & Forschung, 5* (1), 3–15.

Kastrup, J. & Kuhlmeier, W. (2013). Leitlinien für die didaktische Gestaltung der Berufsbildung für eine nachhaltige Entwicklung an Beispielen aus Ernährung und Hauswirtschaft. *Haushalt in Bildung & Forschung, 2* (1), 55–65.

Kastrup, J., Kuhlmeier, W. & Reichwein, W. (2014). Der Transfer der Ergebnisse des Förderschwerpunkte „Berufsbildung für eine nachhaltige Entwicklung" (BBNE): Erfahrungen, Modelle und Empfehlungen. In W. Kuhlmeier, T. Vollmer, A. Mohoric (Hrsg.), *Berufsbildung für nachhaltige Entwicklung. Modellversuche 2010–2013: Erkenntnisse, Schlussfolgerungen und Ausblicke* (S. 171–182). Bielefeld: WBV Bertelsmann Verlag.

Kastrup, J., Kuhlmeier, W., Reichwein, W. et al. (2012). Mitwirkung an der Energiewende lernen – Leitlinien für die didaktische Gestaltung der Berufsbildung für eine nachhaltige Entwicklung. *lernen & lehren, 3* (107), 117–124.

Kastrup, J., Potocnik, A. & Tenfelde, W. (2008). Forschungsbericht. Nachhaltiges Wirtschaften und handwerkliche Ausbildung für Nachhaltigkeit. Empirische Befunde aus einer Expertenbefragung. *Universität Hamburg.* Zugriff am 3. August 2022. Verfügbar unter: https://docplayer.org/3324436-Forschungsbericht-nachhaltiges-wirtschaften-und-handwerkliche-ausbildung-fuer-nachhaltigkeit-empirische-befunde-aus-einer-expertenb efragung.html

Kegler, U. & Pant, H. A. (2018). *Lob den Lehrer*innen: Wer Beziehungen stärkt, macht Schule gut. Ein Weckruf.* Weinheim: Beltz Juventa.

Kell, A. (2006). Organisation, Recht und Finanzierung der Berufsbildung. In R. Arnold & A. Lipsmeier (Hrsg.), *Handbuch der Berufsbildung* (S. 453–484). Wiesbaden: VS Verlag für Sozialwissenschaften.

Kell, A. (2010). Berufsbildungsforschung: Gegenstand, Ziele, Forschungsperspektiven. In R. Nickolaus, G. Pätzold, H. Reinisch et al. (Hrsg.), *Handbuch Berufs- und Wirtschaftspädagogik* (S. 355–367). Bad Heilbrunn: Verlag Julius Klinkhardt.

Kell, A. & Nickolaus, R. (2010). Desiderata und Perspektiven im Problemfeld. In R. Nickolaus, G. Pätzold, H. Reinisch et al. (Hrsg.), *Handbuch Berufs- und Wirtschaftspädagogik* (S. 389–390). Bad Heilbrunn: Verlag Julius Klinkhardt.

Kempfert, G. & Rolff, H.-G. (2002). *Pädagogische Qualitätsentwicklung. Ein Arbeitsbuch für Schule und Unterricht* (3., unveränd. Auflage). Weinheim: Beltz Juventa.

Kennedy, M. M., Ahn, S. & Choi, J. (2008). The Value Added by Teacher Education. In M. Cochran-Smith, S. Feiman-Nemser & D. J. McIntyre et al. (Hrsg.), *Handbook of Research on Teacher Education. Enduring Issues in Changing Contexts* (3. Auflage, S. 1249–1273). New York: Routledge.

Kesselring, T. (2002). Ethik und Lehrerbildung. *Beiträge zur Lehrerbildung,* 20 (3), 329–338.

Kesselring, T. (2009). *Handbuch Ethik für Pädagogen. Grundlagen und Praxis.* Darmstadt: WGB.

Kettschau, I. (2014a). Meinungsbild zur strukturellen Verankerung – Kurzstatements der Sozialpartner, des BIBB und Vertreter der Modellversuche BBNE. *Bundesinstitut für Berufsbildung.* Zugriff am 2.8.2022. Verfügbar unter: https://www.bibb.de/dokumente/ pdf/3_Meinungsbild_zur_strukturellen_Verankerung.pdf

Kettschau, I. (2014b). Nachhaltigkeitsbildung in Ernährungs- und Hauswirtschaftsberufen – Grundlagen, Konzepte, Ergebnisse. In W. Kuhlmeier, T. Vollmer, A. Mohoric (Hrsg.), *Berufsbildung für nachhaltige Entwicklung. Modellversuche 2010–2013: Erkenntnisse, Schlussfolgerungen und Ausblicke* (S. 95–118). Bielefeld: WBV Bertelsmann Verlag.

Kettschau, I. & Mattausch, N. (2011). Berufliche Bildung für eine nachhaltige Entwicklung in der Ernährungsbranche. *bwp@ Spezial*, (5), 1–13.

Kettschau, I. & Mattausch, N. (Hrsg.) (2014). *Nachhaltigkeit im Berufsfeld Ernährung und Hauswirtschaft am Beispiel der Gemeinschaftsverpflegung: Arbeitsprozesse, Qualifikationsanforderungen und Anregungen zur Umsetzung in Unterricht und Ausbildung*. Hamburg: Büchner, Handwerk und Technik.

Kiel, E. (2012). *Unterricht sehen, analysieren, gestalten*. Bad Heilbrunn: Verlag Julius Klinkhardt.

Kim, M.-S. & Böhm, W. (1994). *Bildungsökonomie und Bildungsreform. Der Beitrag der OECD in den 60er und 70er Jahren*. Würzburg: Königshausen u. Neumann.

Kirk, J. & Miller, M. L. (1986). *Reliability and Validity in Qualitative Research*. Newbury Park, Calif.: SAGE Publications Inc.

Klafki, W. (1963). *Das pädagogische Problem des Elementaren und die Theorie der kategorialen Bildung*. Weinheim.: Beltz Juventa.

Klafki, W. (1983). Zur Frage nach der Pädagogischen Bedeutung des Sokratischen Gesprächs und neuer Diskurstheorien. Bemerkungen zur Problemgeschichte und zur sokratischen Gesprächsführung. In G. Heckmann, D. Krohn & D. Horster (Hrsg.), *Vernunft, Ethik, Politik. Gustav Heckmann zum 85. Geburtstag* (S. 285–287). Hannover: SOAK.

Klafki, W. (2007). Neue Studien zur Bildungstheorie und Didaktik. Zeitgemäße Allgemeinbildung und kritisch-konstruktive Didaktik (6., neu ausgestattete Auflage. Weinheim: Beltz Juventa.

Klanten, V.-A. (2014). Vorwort. In W. Kuhlmeier, T. Vollmer, A. Mohoric (Hrsg.), *Berufsbildung für nachhaltige Entwicklung. Modellversuche 2010–2013: Erkenntnisse, Schlussfolgerungen und Ausblicke* (S. 5–6). Bielefeld: WBV Bertelsmann Verlag.

Kleine, A. (2009). *Operationalisierung einer Nachhaltigkeitsstrategie. Ökologie, Ökonomie und Soziales integrieren*. Wiesbaden: Springer.

Kleining, G. (2019). Qualitative Heuristik. In G. Mey & K. Mruck (Hrsg.), *Handbuch Qualitative Forschung in der Psychologie* (S. 65–78). Wiesbaden: Springer Fachmedien.

Klika, D. & Schubert, V. (2013). *Einführung in die Allgemeine Erziehungswissenschaft. Erziehung und Bildung in einer globalisierten Welt*. Weinheim: Beltz Juventa.

Klippert, H. (1999). *Auf dem Weg zu einer neuen Lernkultur. Pädagogische Schulentwicklung in den Regionen Herford und Leverkusen*. Gütersloh: Bertelsmann Stiftung.

KMK – Kultusminister Konferenz (2002). PISA 2000 – Zentrale Handlungsfelder Zusammenfassende Darstellung der laufenden und geplanten Maßnahmen in den Ländern. *Kultusminister Konferenz*. Zugriff am 3. August 2022. Verfügbar unter: https://www.kmk.org/fileadmin/Dateien/veroeffentlichungen_beschluesse/2002/2002_10_07-Pisa-2000-Zentrale-Handlungsfelder.pdf

KMK – Kultusminister Konferenz (2015). Inklusion in der Lehrerbildung. Empfehlung für Lehrkräfte für eine Schule der Vielfalt. *Kultusminister Konferenz*. Zugriff am 4.5.2022. Verfügbar unter: https://www.kmk.org/de/aktuelles/artikelansicht/inklusion-in-der-lehrerbildung.html

KMK – Kulturminister Konferenz (2018). Rahmenvereinbarung über die Ausbildung und Prüfung für ein Lehramt der Sekundarstufe II (berufliche Fächer) oder für die beruflichen Schulen (Lehramtstyp 5). *Kulturminister Konferenz.* Zugriff am 4. August 2022. Verfügbar unter: https://www.kmk.org/fileadmin/Dateien/veroeffentlichungen_beschluesse/1995/1995_05_12-RV-Lehramtstyp-5.pdf

KMK – Kultusminister Konferenz (2021a). Berufliche Schulen. *Kultusminister Konferenz.* Zugriff am 28.7.2021. Verfügbar unter: https://www.kmk.org/themen/berufliche-schulen.html

KMK – Kulturminister Konferenz (2021b). Handreichung für die Erarbeitung von Rahmenlehrplänen der Kultusministerkonferenz für den berufsbezogenen Unterricht in der Berufsschule und ihre Abstimmung mit Ausbildungsordnungen des Bundes für anerkannte Ausbildungsberufe. *Kulturminister Konferenz.* Zugriff am 4. August 2022. Verfügbar unter: https://www.kmk.org/fileadmin/veroeffentlichungen_beschluesse/2021/2021_06_17-GEP-Handreichung.pdf

KMK – Kultusminister Konferenz (2021c). Rahmenvereinbarung über die Berufsfachschulen. *Kultusminister Konferenz.* Zugriff am 21.4.2022. Verfügbar unter: https://www.kmk.org/fileadmin/Dateien/veroeffentlichungen_beschluesse/2013/2013_10_17-RV-Berufsfachschulen.pdf

KMK – Kultusminister Konferenz & Bundesministerium für Bildung und Forschung (2013). Qualifikation: Assistent für Ernährung und Versorgung (Staatlich geprüfter)/Assistentin für Ernährung und Versorgung (Staatlich geprüfte). *Bundesministerium für Bildung und Forschung.* Zugriff am 4.5.2022. Verfügbar unter: https://www.dqr.de/dqr/shareddocs/qualifikationen/de/Assistent-fuer-Ernaehrung-und-Versorgung-Staatlich-gepruefter-Assistentin-fuer-Ernaehrung-und-Versorgung-Staatlich-gepruefte_4.html

Koerber, K. von. (2014). Fünf Dimensionen der Nachhaltigen Ernährung und weiterentwickelte Grundsätze – Ein Update. *Ernährung im Fokus*, (9–10), 260–266.

Koerber, K. von. (2015). Nachhaltige Ernährung und ihre fünf Dimensionen: Umwelt, Wirtschaft, Gesellschaft, Gesundheit und Kultur. In J. Schockemöhle, M. Stein, M. Becker-Kückens et al. (Hrsg.), *Nachhaltige Ernährung lernen in verschiedenen Ernährungssituationen. Handlungsmöglichkeiten in pädagogischen und sozialpädagogischen Einrichtungen* (S. 16–45). Bad Heilbrunn: Verlag Julius Klinkhardt.

Koerber, K. von. (2016). Nachhaltigkeit im Lebensmittelbereich. In Hochschule Niederrhein, J. Wetterau & V. Peinelt (Hrsg.), *Handbuch der Gemeinschaftsgastronomie. Band 2. Anforderungen – Umsetzungsprobleme – Lösungskonzepte* (2., überarb. und erw. Auflage, S. 261–299). Berlin: Rhombos Verlag.

Koerber, K. von. (2021). UN-Ziele für nachhaltige Entwicklung – Die globale Wirkung unserer Ernährung. *Slow Food Magazin*, (2), 73–77.

Koerber, K. von & Cartsburg, M. (2020a). Potenziale der „Grundsätze für eine Nachhaltige Ernährung" zur Unterstützung der SDGs. In S. de Schaetzen (Hrsg.), *Ökologische Landwirtschaft und die UN-Ziele für nachhaltige Entwicklung. Bio ist Teil der Lösung* (S. 50–100). Waddinxveen, Niederlande: Nature & More/Eosta BV.

Koerber, K. von & Cartsburg, M. (2020b). UN-Ziele für nachhaltige Entwicklung. Der Beitrag der Ernährung. *Ernährung im Fokus*, (1), 34–41.

Kohlberg, L. (2001). Moralstufen und Moralerwerb. Der kognitiv-entwicklungstheoretische Ansatz (1976). In W. Edelstein, F. Oser & P. Schuster (Hrsg.), *Moralische Erziehung in der Schule: Entwicklungspsychologie und pädagogische Praxis* (S. 35–61). Weinheim: Beltz Juventa.

Köller, O. & Baumert, J. (2008). Entwicklung schulischer Leistungen. In R. Oerter (Hrsg.), *Entwicklungspsychologie* (S. 735–768). Weinheim: Beltz Juventa.

Konferenz der Vereinten Nationen für Umwelt und Entwicklung. (1992). AGENDA 21. Rio de Janeiro. *Konferenz der Vereinten Nationen für Umwelt und Entwicklung.* Zugriff am 3. August 2022. Verfügbar unter: https://www.un.org/depts/german/conf/agenda21/agenda_21.pdf

König, E. & Volmer, G. (2000). *Systemische Organisationsberatung. Grundlagen und Methoden* (7. Auflage). Weinheim: Dt. Studien-Verlag.

König, E. & Volmer, G. (2005). Systemisch denken und handeln. Personale Systemtheorie in Erwachsenenbildung und Organisationsberatung. Weinheim: Beltz Juventa.

König, E. & Volmer, G. (2016). *Einführung in das systemische Denken und Handeln.* Weinheim: Beltz Juventa.

König, J. & Blömeke, S. (2009). Pädagogisches Wissen von angehenden Lehrkräften. *Zeitschrift für Erziehungswissenschaft, 12* (3), 499–527.

Koring, B. (1992). *Grundprobleme pädagogischer Berufstätigkeit. Eine Einführung für Studierende.* Bad Heilbrunn: Verlag Julius Klinkhardt.

Krapp, A. (2003). Die Bedeutung der Lernmotivation für die Optimierung des schulischen Bildungssystems. *Politische Studien. Zweimonatszeitschrift für Politik und Zeitgeschehen, Sonderheft 3,* 91–105.

Krauss, S. & Bruckmaier, G. (2014). Das Experten-Paradigma in der Forschung zum Lehrerberuf. In E. Terhart, H. Bennewitz & M. Rothland (Hrsg.), *Handbuch der Forschung zum Lehrerberuf* (2. überarb. und erw. Auflage, S. 241–261). Münster: Waxmann.

Krauss, S., Neubrand, M., Blum, W., Baumert, J., Brunner, M., Kunter, M. et al. (2008). Die Untersuchung des professionellen Wissens deutscher Mathematik-Lehrerinnen und -Lehrer im Rahmen der COACTIV-Studie. *Journal für Mathematik-Didaktik, 29* (3), 233–258.

Krautz, J. & Schieren, J. (2013). *Persönlichkeit und Beziehung als Grundlage der Pädagogik Beiträge zur Pädagogik der Person.* Weinheim: Beltz Juventa.

Krebs, D. & Menold, N. (2014). Gütekriterien quantitativer Sozialforschung. In N. Baur & J. Blasius (Hrsg.), *Handbuch Methoden der empirischen Sozialforschung* (S. 425–438). Wiesbaden: Springer Fachmedien.

Kreckel, R. (1975). Der „Positivismusstreit" als wissenschaftstheoretischer Hintergrund. In R. Kreckel (Hrsg.), *Soziologisches Denken: Eine kritische Einführung* (S. 63–115). Wiesbaden: VS Verlag für Sozialwissenschaften.

Krille, F. (2017). Technologisch-rekonstruktive Forschung als komparative Analyse innovativer pädagogischer Praxis aus wissenschaftstheoretischer und methodologischer Perspektive. *bwp@ Berufs- und Wirtschaftspädagogik,* (33), 1–26.

Krinninger, D. & Müller, H.-R. (2012). Hide and seek. Zur Sensibilisierung für den normativen Gehalt empirisch gestützter Bildungstheorie. In I. Miethe & H.-R. Müller (Hrsg.), *Qualitative Bildungsforschung und Bildungstheorie* (S. 57–76). Opladen: Leske + Budrich.

Kron, F. W. (2000). *Grundwissen Didaktik* (3. aktual. Auflage). München [u.a.]: Reinhardt.

Krumm, S., Mertin, I. & Dries, C. (2012). *Kompetenzmodelle. Praxis der Personalpsychologie.* Göttingen: Hogrefe Verlag.

Kruse, W. (1986). Von der Notwendigkeit des „Arbeitsprozess-Wissens". In J. Schweitzer (Hrsg.), *Bildung für eine menschliche Zukunft. Solidarität lernen, Technik beherrschen, Frieden sichern, Umwelt gestalten. Bildungspolitischer Kongress der GEW, 1986 in Hannover* (S. 188–193). Weinheim: Juventa.

Kuckartz, U. (2007). *Einführung in die computergestützte Analyse qualitativer Daten* (2. Auflage). Wiesbaden: VS Verlag für Sozialwissenschaften.

Kuckartz, U. (2018). *Qualitative Inhaltsanalyse: Methoden, Praxis, Computerunterstützung* (4. Auflage). Weinheim: Beltz Juventa.

Kuckeland, H. & Schneider, K. (2016). Schulnahe Curriculumentwicklung in der Pflegeausbildung. *Unterricht Pflege, 21* (3), 2–16.

Kuhlmeier, W. (2014a). Meinungsbild zur strukturellen Verankerung – Kurzstatements der Sozialpartner, des BIBB und Vertreter der Modellversuche BBNE. *Bundesinstitut für Berufsbildung.* Zugriff am 2.8.2022. Verfügbar unter: https://www.bibb.de/dokumente/ pdf/3_Meinungsbild_zur_strukturellen_Verankerung.pdf

Kuhlmeier, W. (2014b). Was gibt es schon? – Nachhaltigkeit in Ordnungsmitteln (Darstellung guter Beispiele. *Bundesinstitut für Berufsbildung.* Zugriff am 11.9.2017. Verfügbar unter: https://www.bibb.de/dokumente/pdf/4_Was_gibt_es_schon.pdf.

Kuhlmeier, W. & Vollmer, T. (2018). Ansatz einer Didaktik der Beruflichen Bildung für nachhaltige Entwicklung. In P. T. Tramm, M. Casper & T. Schlömer (Hrsg.), *Didaktik der beruflichen Bildung – Selbstverständnis, Zukunftsperspektiven und Innovationsschwerpunkte* (S. 131–151). Bielefeld: wbv Media.

Kühn, T. & Koschel, K.-V. (2018). *Gruppendiskussionen. Ein Praxis-Handbuch* (2. Auflage). Wiesbaden, Heidelberg: Springer VS.

Kunter, M., Kleickmann, T., Klusmann, U. et al. (2011). Die Entwicklung professioneller Kompetenz von Lehrkräften. In M. Kunter, J. Baumert, W. Blum et al. (Hrsg.), *Professionelle Kompetenz von Lehrkräften. Ergebnisse des Forschungsprogramms COACTIV* (S. 51–64). Münster: Waxmann.

Kunter, M. & Voss (Dubberke), T. (2011). Das Modell der Unterrichtsqualität in COACTIV: Eine multikriteriale Analyse. *Professionelle Kompetenz von Lehrkräften: Ergebnisse des Forschungsprogramms COACTIV, 85–113.*

Künzli David, C. (2007). *Zukunft mitgestalten. Bildung für eine nachhaltige Entwicklung – didaktisches Konzept und Umsetzung in der Grundschule.* Bern Stuttgart Wien: Haupt Verlag.

Kurtz, T. (2009). Professionalität aus soziologischer Perspektive. In O. Zlatkin-Troitschanskaia, K. Beck, D. Sembill et al. (Hrsg.), *Lehrprofessionalität. Bedingungen, Genese, Wirkungen und ihre Messung* (S. 45–58). Weinheim: Beltz Juventa.

Kutsch, T., Piorkowsky, M.-B. & Schätzke, M. (1997). *Einführung in die Haushaltswissenschaft: Haushaltsökonomie, Haushaltssoziologie, Haushaltstechnik.* Stuttgart: Ulmer.

Kutscha, G. (1997). Berufsbildungssystem. In D. Kahsnitz, G. Ropohl & A. Schmid (Hrsg.), *Handbuch zur Arbeitslehre* (S. 649–666). München, Wien: De Gruyter Oldenbourg.

Kutscha, G. (2010a). Ansatz und Einfluss der Kritischen Theorie in der Berufs- und Wirtschaftspädagogik. In R. Nickolaus, G. Pätzold, H. Reinisch et al. (Hrsg.), *Handbuch Berufs- und Wirtschaftspädagogik* (S. 379–382). Bad Heilbrunn: Verlag Julius Klinkhardt.

Kutscha, G. (2010b). Berufsbildungssysteme und Berufsschulpolitik. In R. Nickolaus, G. Pätzold, H. Reinisch et al. (Hrsg.), *Handbuch Berufs- und Wirtschaftspädagogik* (S. 311–323). Bad Heilbrunn: Verlag Julius Klinkhardt.

Kutscha, G. (2011). Bildung im Medium des Berufs? Ein kritisch-konstruktiver Beitrag zur Auseinandersetzung mit der bildungstheoretischen Grundlage der Berufs- und Wirtschaftspädagogik durch Herwig Blankertz unter besonderer Berücksichtigung neuerer Beiträge zur Theorie der beruflichen Bildung. *Pädagogische Korrespondenz*, (43), 65–83.

Kutt, K. (2001). Den Transfer gestalten. Aber wie? Für eine bessere Umsetzung von Modellversuchsergebnissen durch ein „Management des Transfers". *Berufsbildung in Wissenschaft und Praxis, 32* (2), 28–32.

Kutt, K. (2001). Von der beruflichen Umweltbildung zur „Berufsbildung für eine nachhaltige Entwicklung" Begründungen und denkbare Maßnahmen. *bwp@ Berufs- und Wirtschaftspädagogik*, (1), 50–53.

Lamnek, S. (2010). *Qualitative Sozialforschung* (5. Auflage). Weinheim: Beltz Juventa.

Landesbetrieb IT.NRW (2019). 1,6 Prozent weniger Schülerinnen und Schüler an NRW-Berufskollegs. *Landesbetrieb IT.NRW*. Zugriff am 25.4.2022. Verfügbar unter: https://www.it.nrw/16-prozent weniger-schuelerinnen-und-schueler-nrw-berufskollegs-96303

Landesbetrieb IT.NRW (2022). Auftrag und Geschäftsfelder des Landesbetriebs. *Landesbetrieb IT.NRW*. Zugriff am 17.2.2022. Verfügbar unter: https://www.it.nrw/aufgaben

Lange C. & Finger J. D. (2017). Gesundheitsverhalten in Europa – Vergleich ausgewählter Indikatoren für Deutschland und die Europäische Union. *Journal of Health Monitoring,* 2 (2), 1–18.

Lange, D., Onken, H. & Korn, T. (2013). *Politikunterricht im Fokus. Politische Bildung und Partizipation von Jugendlichen. Empirische Studie.* Berlin: Friedrich-Ebert-Stiftung, Forum Politik und Gesellschaft.

Lange, H. (Hrsg.) (2008). *Nachhaltigkeit als radikaler Wandel: Die Quadratur des Kreises?* Wiesbaden: VS Verlag für Sozialwissenschaften.

Lantermann, E.-D. (1980). *Interaktionen: Person, Situation und Handlung.* München: Urban & Schwarzenberg.

Lapp, J. & Räß, S.-U. (2014). Meinungsbild zur strukturellen Verankerung – Kurzstatements der Sozialpartner, des BIBB und Vertreter der Modellversuche BBNE. *Bundesinstitut für Berufsbildung.* Zugriff am 2.8.2022. Verfügbar unter: https://www.bibb.de/dokumente/pdf/3_Meinungsbild_zur_strukturellen_Verankerung.pdf

Lehberger, J. (2021). Personen- und Kompetenzorientierte Ausbildung von Lehrkräften in der Didaktik beruflicher Fachrichtungen – Ein Praxisbeispiel. *Bildung und Beruf Zeitschrift des Bundesverbandes der Lehrkräfte für Berufsbildung e.V.*, (4), 295–300.

Lehmann, M., Künzli, C. & Bertschy, F. (Hrsg.) (2013). Kompetenzen von Lehrpersonen für die Umsetzung von Bildungsangeboten im Bereich Bildung für Nachhaltige Entwicklung. *BNE-Konsortium COHEP. Didaktische Grundlagen zur Bildung für Nachhaltige Entwicklung in der Lehrerinnen- und Lehrerbildung.* Zugriff am 3. August 2022. Verfügbar unter: https://www.education21.ch/sites/default/files/uploads/pdf-d/campus/cohep/2.3.2_d_LP-Kompetenzen.pdf

Leitz, I. (2015). *Motivation durch Beziehung.* Wiesbaden: VS Verlag für Sozialwissenschaften.

Lempert, W. (1999). *Berufliche Sozialisation oder Was Berufe aus Menschen machen. Eine Einführung.* Baltmannsweiler: Schneider Verlag Hohengehren GmbH.

Lenzen, D. (1971). Eine „edukative" Strategie für Curriculum-Konstruktion. In H. Blankertz (Hrsg.), *Curriculumforschung – Strategien, Strukturierung, Konstruktion* (S. 118–170). Essen: Neue Deutsche Schule.

Lind, G. (2003). *Moral ist lehrbar. Handbuch zur Theorie und Praxis moralischer und demokratischer Bildung.* München: Oldenbourg.

Lipowsky, F. (2006). Auf den Lehrer kommt es an. Empirische Evidenzen für Zusammenhänge zwischen Lehrerkompetenzen, Lehrerhandeln und dem Lernen der Schüler. *Zeitschrift für Pädagogik,* (51), 47–70.

Lipowsky, F. (2010). Theoretische Perspektiven und empirische Befunde zur Wirksamkeit von Lehrerfort- und -weiterbildung. In E. Terhart, H. Bennewitz & M. Rothland (Hrsg.), *Handbuch der Forschung zum Lehrerberuf* (S. 398–417). Münster: Waxmann.

Lipowsky, F. & Lotz, M. (2015). Die Hattie-Studie und ihre Bedeutung für den Unterricht. Ein Blick auf ausgewählte Aspekte der Lehrer-Schüler-Interaktion. In G. Mehlhorn, K. Schöppe & F. Schulz (Hrsg.), *Begabungen entwickeln & Kreativität fördern* (S. 97–136). München: kopaed.

Lipsmeier, A. (2000). *Lernfeldorientierung in Theorie und Praxis.* Stuttgart: Franz Steiner Verlag.

Lisop, I. (2000). Blick zurück in die Zukunft – Was bleibt von den Gutachten der großen Bildungs-Reformkommissionen hinübernehmenswert in das 21. Jahrhundert? In R. Czycholl (Hrsg.), *Berufsbildung, Berufsbildungspolitik und Berufsbildungsforschung auf dem Wege in das dritte Jahrtausend* (S. 105–125). Oldenburg: BIS-Verlag.

Lohmann, V., Seidel, V. & Terhart, E. (2011). Bildungswissenschaften in der universitäreren Lehrerbildung: Curriculare Strukturen und Verbindlichkeiten. Eine Analyse aktueller Studienordnungen an nordrhein-westfälischen Universitäten. *Lehrerbildung auf dem Prüfstand, 4* (2), 271–302.

Loy, S. (2018). Curriculare Verankerung der Beruflichen Bildung für nachhaltige Entwicklung am Beispiel eines Bildungsplans in NRW. *Haushalt in Bildung & Forschung, 7* (1), 69–84.

Luchte, K. (2005). *Implementierung pädagogischer Konzepte in sozialen Systemen. Ein systemtheoretischer Beratungsansatz.* Weinheim: Beltz Juventa.

Luchte, K. (2007). Implementierung pädagogischer Konzepte in Organisationen im Spannungsfeld von Macht. In M. Göhlich, E. König & C. Schwarzer (Hrsg.), *Beratung, Macht und organisationales Lernen* (S. 147–159). Wiesbaden: VS Verlag für Sozialwissenschaften.

Luhmann, N. (1977). *Funktion der Religion.* Frankfurt am Main: Suhrkamp.

Luhmann, N. (1984). *Soziale Systeme. Grundriss einer allgemeinen Theorie.* Frankfurt am Main: Suhrkamp.

Maag Merki, K. & Altrichter, H. (2016). Educational Governance. In D. Fickermann & H.-W. Fuchs (Hrsg.), *Bildungsforschung – disziplinäre Zugänge. Fragestellungen, Methoden und Ergebnisse* (S. 175–189). Münster: Waxmann.

Maloney, M. P., & Ward, M. P. (1973). Ecology: Let's hear from the people: An objective scale for the measurement of ecological attitudes and knowledge. *American Psychologist, 28* (7), 583–586.

Matthes, E. (1992). *Von der geisteswissenschaftlichen zur kritisch-konstruktiven Pädagogik und Didaktik: der Beitrag Wolfgang Klafkis zur Entwicklung der Pädagogik als Wissenschaft.* Bad Heilbrunn: Verlag Julius Klinkhardt.

Matthies, E. (2005). Wie können PsychologInnen ihr Wissen besser an den/die PraktikerIn bringen? Vorschlag eines neuen integrativen Einflussschemas umweltgerechten Alltagshandelns. *Umweltpsychologie, 9* (1), 62–81.

May, M. (Hrsg.) (2010). Professionalisierungstheoretische Ansätze. *Aktuelle Theoriediskurse Sozialer Arbeit: Eine Einführung* (S. 69–106). Wiesbaden: VS Verlag für Sozialwissenschaften.

Mayer, H. O. (2009). *Interview und schriftliche Befragung. Entwicklung, Durchführung und Auswertung* (5., vollständig überarb. Auflage). München, Wien: Oldenbourg Wissenschaftsverlag.

Mayntz, R., Hübner, P. & Holm, K. (1978). *Einführung in die Methoden der empirischen Soziologie* (5. Auflage). Opladen: Westdeutscher Verlag.

Mayr, J. (2014). Der Persönlichkeitsansatz in der Forschung zum Lehrerberuf. In E. Terhart, H. Bennewitz & M. Rothland (Hrsg.), *Handbuch der Forschung zum Lehrerberuf* (2., überarb. und erw. Auflage, S. 189–215). Münster: Waxmann.

Mayring, P. (2007). On Generalization in Qualitatively Oriented Research. *Forum Qualitative Sozialforschung, 8* (3), 1–11.

Mayring, P. (2015). *Qualitative Inhaltsanalyse: Grundlagen und Techniken* (12., überarb. Auflage). Weinheim: Beltz Juventa.

Mayring, P. (2016). *Einführung in die qualitative Sozialforschung* (6., neu ausgestattete, überarb. Auflage). Weinheim: Beltz Juventa.

Mayring, P. (2019). Qualitative Inhaltsanalyse – Abgrenzungen, Spielarten, Weiterentwicklungen. *Forum Qualitative Sozialforschung, 20* (3), 1–13.

Mayring, P. & Gläser-Zikuda, M. (2008). *Die Praxis der Qualitativen Inhaltsanalyse* (2., neu ausgestattete Edition). Weinheim: Beltz Juventa.

Meadows, D., Meadows, D. H., Zahn, E. et al. (1972). *Die Grenzen des Wachstums. Bericht des Club of Rome zur Lage der Menschheit.* München: dva informativ.

Meinefeld, W. (1995). *Realität und Konstruktion. Erkenntnistheoretische Grundlagen einer Methodologie der empirischen Sozialforschung.* Berlin, Heidelberg: Springer.

Melichar, H. G. (2020). Was sind transzendentale Modalbegriffe? *Kant-Studien, 111* (2), 161–190.

Melzig, C., Hemkes, B. & Fernández, V. (2018). Wissenschafts-Politik-Praxis-Dialog zur Umsetzung einer politischen Leitidee. *bwp@ Berufs- und Wirtschaftspädagogik,* (6), 35–39.

Menck, P. (1987). Lehrplanentwicklung nach Robinsohn. *Zeitschrift für Pädagogik, 33* (3), 1–23.

Mertineit, K.-D., Nickolaus, R. & Schnurpel, U. (2002). Transfereffekte von Modellversuchen – Ausgewählte Ergebnisse einer Studie. *bwp@ Berufs- und Wirtschaftspädagogik,* (4), 43–47.

Mertineit, K.-D., Schnurpel, R. N. U. & Nickolaus, R. (2001). Berufsbildung für eine nachhaltige Entwicklung. Machbarkeitsstudie im Auftrag des Bundesministeriums für Bildung und Forschung. *Bundesministerium für Bildung und Forschung.* Zugriff am 4. August 2022. Verfügbar unter: https://edocs.tib.eu/files/e01fb02/359083749.pdf

Merton, R. K., Marjorie, F. & Kendall, P. (1956). *The focused interview. A manual of problems and procedures.* New York, NY: Free Press.

Meseth, W., Casale, R., Tervooren, A. et al. (Hrsg.) (2019). *Normativität in der Erziehungswissenschaft.* Wiesbaden: Springer Fachmedien.

Metschke, R. & Wellbrock, R. (2002). Datenschutz in Wissenschaft und Forschung. *Berliner Beauftragter für Datenschutz & und Informationsfreiheit, Hessischer Datenschutzbeauftragter.* Zugriff am 16.2.2022. Verfügbar unter: https://www.forschungsdaten-bildung.de/files/metschkewellbrock2002.pdf

Meuser, M. & Nagel, U. (1991). ExpertInneninterviews – vielfach erprobt, wenig bedacht. Ein Beitrag zur qualitativen Methodendiskussion. In D. Garz & K. Kraimer (Hrsg.), *Qualitativ-empirische Sozialforschung: Konzepte, Methoden, Analysen* (S. 441–471). Opladen: Westdeutscher Verlag.

Meuser, M. & Nagel, U. (2009). Das Experteninterview – konzeptionelle Grundlagen und methodische Anlage. In S. Pickel, G. Pickel, H.-J. Lauth et al. (Hrsg.), *Methoden der vergleichenden Politik- und Sozialwissenschaft. Neue Entwicklungen und Anwendungen* (S. 465–479). Wiesbaden: VS Verlag für Sozialwissenschaften.

Meyer, H. (2014). *Was ist guter Unterricht?* Berlin: Cornelsen Scriptor.

Meyer, M. A. & Meyer, H. L. (2007). *Wolfgang Klafki. Eine Didaktik für das 21. Jahrhundert?* Weinheim: Beltz Juventa.

Meyermann, A. & Porzelt, M. (2014). Hinweise zur Anonymisierung von qualitativen Daten. *Forschungsdatenzentrum (FDZ) Bildung am DIPF. Deutsches Institut für Internationale Pädagogische Forschung.* Zugriff am 24.1.2022. Verfügbar unter: https://www.forschungsdaten-bildung.de/files/fdb-informiert-nr-1.pdf

Michaelis, C., Aichele, C., Hartig, J. et al. (2020). Impact of Affective-Motivational Dispositions on Competence in Sustainability Management. In O. Zlatkin-Troitschanskaia, H. A. Pant, M. Toepper et al. (Hrsg.), *Student Learning in German Higher Education. Innovative Measurement Approaches and Research Results* (S. 333–349). Wiesbaden: Springer Fachmedien.

Michelsen, G. (1998). Umweltbildung im nationalen Rahmen. In M. Beyersdorf, G. Michelsen & H. Siebert (Hrsg.), *Umweltbildung. Theoretische Konzepte – empirische Erkenntnisse – praktische Erfahrungen* (S. 48–60). Neuwied: Luchterhand.

Michelsen, G., Adomßent, M., Barth, M. et al. (2012). Grundlagen einer nachhaltigen Entwicklung. *Leuphana Universität Lüneburg.* Zugriff am 4. August 2022. Verfügbar unter: https://www.dbu.de/OPAC/ab/DBU-Abschlussbericht-AZ-30564-Studienbrief1.pdf

Michelsen, G. & Godemann, J. (2005). *Handbuch Nachhaltigkeitskommunikation. Grundlagen und Praxis.* München: Oekom Verlag.

Michelsen, G. & Overwien, B. (2008). Nachhaltige Entwicklung. In T. Coelen & H.-U. Otto (Hrsg.), *Grundbegriffe Ganztagsbildung. Das Handbuch* (S. 299–307). Wiesbaden: VS Verlag für Sozialwissenschaften.

Mikeski, H. (1988). Ökologische Bildung als Neugestaltung des Verhältnisses der Menschen zur Natur im Erleben, Erkennen und Handeln. In F. von Cube & M. Amelang (Hrsg.), *Umweltpädagogik: Ansätze, Analysen, Ausblicke* (S. 108–119). Heidelberg: Ed. Schindele.

Miller, R. (2011). *Beziehungsdidaktik* (5., vollst. überarb. Auflage). Weinheim: Beltz Juventa.

Ministerium des Innern des Landes Nordrhein-Westfalen (2001). SGV Artikel 7. *Ministerium des Innern des Landes Nordrhein-Westfalen.* Zugriff am 14.7.2021. Verfügbar unter: https://recht.nrw.de/lmi/owa/br_bes_detail?sg=0&menu=0&bes_id=3321&anw_nr=2&aufgehoben=N&det_id=462329

Ministerium des Innern des Landes Nordrhein-Westfalen (2015). Schulgesetz NRW § 2. *Ministerium des Innern des Landes Nordrhein-Westfalen.* Zugriff am 14.7.2021. Verfügbar unter: https://recht.nrw.de/lmi/owa/br_bes_detail?sg=0&menu=0&bes_id=7345& anw_nr=2&aufgehoben=N&det_id=492378

Ministerium des Innern des Landes Nordrhein-Westfalen (2016). Verordnung über den Zugang zum nordrhein-westfälischen Vorbereitungsdienst für Lehrämter an Schulen und Voraussetzungen bundesweiter Mobilität (Lehramtszugangsverordnung – LZV) § 5 (6). *Ministerium des Innern des Landes Nordrhein-Westfalen.* Zugriff am 4.11.2021. Verfügbar unter: https://recht.nrw.de/lmi/owa/br_bes_dtail?sg=0&menu=1& bes_id=34604&anw_nr=2&aufgehoben=N&det_id=510111

Ministerium des Innern des Landes Nordrhein-Westfalen (2022). Verordnung über die Ausbildung und Prüfung in den Bildungsgängen des Berufskollegs (Ausbildungs- und Prüfungsordnung Berufskolleg – APO-BK). *Ministerium des Innern des Landes Nordrhein-Westfalen.* Zugriff am 21.4.2022. Verfügbar unter: https://recht.nrw.de/lmi/owa/br_bes_detail?sg=0&menu=0&bes_id=4634&anw_nr=2&aufgehoben=N&det_id=575100

Ministerium für Schule und Weiterbildung, Wissenschaft und Forschung des Landes Nordrhein-Westfalen (2013). Fachpraktische Tätigkeit im Rahmen der Ausbildung für das Lehramt an Berufskollegs nach dem Lehrerausbildungsgesetz 2009. *Ministerium für Schule und Weiterbildung, Wissenschaft und Forschung des Landes Nordrhein-Westfalen.* Zugriff am 4. August 2022. Verfügbar unter: https://www.pruefungsamt.nrw.de/system/files/media/document/file/Erlass%20Fachpraktische%20T%C3%A4tigkeit.pdf

Ministerium für Schule und Weiterbildung, Wissenschaft und Forschung des Landes Nordrhein-Westfalen (2021). Verordnung über die Ausbildung und Prüfung in den Bildungsgängen des Berufskollegs (Ausbildungs- und Prüfungsordnung Berufskolleg – APO-BK). *Ministerium für Schule und Weiterbildung, Wissenschaft und Forschung.* Zugriff am 4. August 2022. Verfügbar unter: https://bass.schul-welt.de/3129.htm

Ministerium für Umwelt und Naturschutz, Landwirtschaft und Verbraucherschutz des Landes Nordrhein-Westfalen (2006). Zukunft Lernen. Aktionsplan für die UN-Dekade „Bildung für nachhaltige Entwicklung 2005 bis 2014" in Nordrhein-Westfalen. *Ministerium für Umwelt und Naturschutz, Landwirtschaft und Verbraucherschutz des Landes Nordrhein-Westfalen.* Zugriff am 4. August 2022. Verfügbar unter: https://www.yumpu.com/de/document/read/26141418/nrw-aktionsplan-naturgut-ophoven

Mittelstraß, J. (2013). *Wie wollen wir leben? Wissenschaftlich-technische Innovationen und gesellschaftlicher Fortschritt.* Sankt Augustin: Konrad-Adenauer-Stiftung.

Mohoric, A. (2014a). Berufsbildung für nachhaltige Entwicklung – Das Bundesinstitut für Berufsbildung als Akteur und Moderator bei der Gestaltung des Transfers der Modellversuchsergebnisse. In W. Kuhlmeier, T. Vollmer, A. Mohoric (Hrsg.), *Berufsbildung für nachhaltige Entwicklung. Modellversuche 2010–2013: Erkenntnisse, Schlussfolgerungen und Ausblicke* (S. 183–196). Bielefeld: WBV Bertelsmann Verlag.

Mohoric, A. (2014b). Der Modellversuchsförderschwerpunkt „Berufliche Bildung für eine nachhaltige Entwicklung" (BBNE) am Bundesinstitut für Berufsbildung (BIBB). In W. Kuhlmeier, T. Vollmer, A. Mohoric (Hrsg.), *Berufsbildung für nachhaltige Entwicklung. Modellversuche 2010–2013: Erkenntnisse, Schlussfolgerungen und Ausblicke* (S. 7–12). Bielefeld: WBV Bertelsmann Verlag.

Mollenhauer, K. & Rittelmeyer, C. (1977). *Methoden der Erziehungswissenschaft.* München: Juventa.

Möller, C. (2000). *Umweltlernprozesse in Unternehmen. Herausforderungen, Bedingungen und Gestaltungsschritte im Schnittfeld zwischen Umweltbildung und Umweltmanagement.* Münster: Waxmann.

MSB NRW – Ministerium für Schule und Bildung des Landes Nordrhein-Westfalen (2013). Lehrplan zur Erprobung für das Berufskolleg in Nordrhein-Westfalen. Zweijährige Berufsfachschule im Berufsfeld Ernährung und Hauswirtschaft. Staatlich geprüfte Servicekraft und mittlerer Schulabschluss (Fachoberschulreife). *Ministerium für Schule und Bildung des Landes Nordrhein-Westfalen.* Zugriff am 24.6.2013. Verfügbar unter https://www.berufsbildung.nrw.de/lehrplaene-bfs/

MSB NRW – Ministerium für Schule und Bildung des Landes Nordrhein-Westfalen (2015). *Bildungsplan zur Erprobung der Bildungsgänge der Berufsfachschule, die zu dem Berufsabschluss nach Landesrecht „Staatlich geprüfte Assistentin/Staatlich geprüfter Assistent für Ernährung und Versorgung, Schwerpunkt Service" und zum mittleren Schulabschluss (Fachoberschulreife) führen.* Zugriff am 4. August 2022. Verfügbar unter: https://www.berufsbildun Og.nrw.de/cms/upload/_lehrplaene/b/ernaehrung_vm/bfs_B_ern-vm_bereichsspez-faecher.pdf

MSB NRW – Ministerium für Schule und Bildung des Landes Nordrhein-Westfalen (2016). Kerncurriculum für die Ausbildung im Vorbereitungsdienst für Lehrämter in den Zentren für schulpraktische Lehrerausbildung und in den Ausbildungsschulen. *Ministerium für Schule und Weiterbildung des Landes Nordrhein-Westfalen.* Zugriff am 6.11.2021. Verfügbar unter: https://www.zfsl.nrw.de/DET/Ausbildungsrahmen/Kerncurriculum-2016.pdf

MSB NRW – Ministerium für Schule und Bildung des Landes Nordrhein-Westfalen (2019). Leitlinie Bildung für nachhaltige Entwicklung. *Schule in NRW, 9052* (1), 1–42.

MSB NRW – Ministerium für Schule und Bildung des Landes Nordrhein-Westfalen (2021). DigitalPakt. *Ministerium für Schule und Bildung des Landes Nordrhein-Westfalen.* Zugriff am 4.5.2022. Verfügbar unter: https://www.schulministerium.nrw/digitalpakt

MSB NRW – Ministerium für Schule und Bildung des Landes Nordrhein-Westfalen (2022). Berufsbildung NRW – Bildungsgangübergreifende Themen – Der neue Didaktische Wizard Online DWO 3.0. *Ministerium für Schule und Bildung des Landes Nordrhein-Westfalen.* Zugriff am 3.4.2022. Verfügbar unter: https://www.berufsbildung.nrw.de/cms/bildungsganguebergreifende-themen/didaktischer-wizard-online/index.html

MSB NRW – Ministerium für Schule und Bildung des Landes Nordrhein-Westfalen (2022). Bildungsportal NRW. *Einstellungschancen.* Zugriff am 05.10.2022. Verfügbar unter: https://www.schulministerium.nrw/einstiegschancen

Mühlenfeld, H.-U. (2002). Computergestützte Face-to-Face Interviews über das Internet mit Hilfe von MS NetMeeting. *ZA-Information / Zentralarchiv für Empirische Sozialforschung,* (51), 67–81.

Müller, A. (1999). *Nachhaltiges Lernen.* Bern: hep Verlag.

Müller, S., Höllinger, S. & Baldt, B. (Hrsg.) (2020). *Werte im Beruf. Ethik und Praxis im Gespräch.* Münster: Aschendorff Verlag.

Müller, S., Oldenburg, U. & Paechter, M. (2008). Aktuelle Befunde zur Lehr-Lernforschung: Epistemologische Überzeugungen zu Wissen und Wissenserwerb. *bwp@ Berufs- und Wirtschaftspädagogik,* (14), 1–19.

Münch, J. (1977). Berufliches Bildungswesen. In H. Rombach & Willmann-Institut (Hrsg.), *Wörterbuch der Pädagogik* (S. 94–99). Freiburg, Basel, Wien: Herder.

NABU (2015). Fair gehandelt – für Mensch und Umwelt. Fair ist nicht automatisch bio, aber immer mehr Produkte sind beides. NABU – Naturschutzbund Deutschland e.V. Zugriff am 3.8.2022. Verfügbar unter: https://www.nabu.de/umwelt-und-ressourcen/oek ologisch-leben/essen-und-trinken/bio-fair-regional/labels/15587.html

Nationale Plattform Bildung für nachhaltige Entwicklung c/o Bundesministerium für Bildung und Forschung (2017). Nationaler Aktionsplan. Bildung für nachhaltige Entwicklung. Der deutsche Beitrag zum UNESCO-Weltaktionsprogramm. *Bundesministerium für Bildung und Forschung.* Zugriff am 4 August 2022. Verfügbar unter: https://www.bne-portal.de/bne/shareddocs/downloads/files/nationaler_aktionsplan_bild ung-er_nachhaltige_entwicklung_neu.pdf?__blob=publicationFile&v=1

Neuweg, G. H. (2005). Emergenzbedingungen pädagogischer Könnerschaft. In H. Heid & C. Harteis (Hrasg.), *Verwertbarkeit. Ein Qualitätskriterium (erziehungs-)wissenschaftlichen Wissens?* (S. 205–228). Wiesbaden: Springer Fachmedien.

Nickolaus, R., Pätzold, G., Reinisch, H. et al. (Hrsg.) (2010). Berufs- und Wirtschaftspädagogik – Grundlagen und Erkenntnisse der Disziplin. Einleitung und Überblick zum vorliegenden Handbuch. *Handbuch Berufs- und Wirtschaftspädagogik* (S. 11–18). Bad Heilbrunn: Verlag Julius Klinkhardt.

Nikel, J. & Reid, A. (2006). The role of responsibility in making sense of 'Education for Sustainable Development': notes from a tri-country study of student teachers' understanding(s) of education, sustainable development and ESD. In W. Rieß & H. Apel (Hrsg.), *Bildung für eine nachhaltige Entwicklung: Aktuelle Forschungsfelder und -ansätze* (S. 51–67). Wiesbaden: VS Verlag für Sozialwissenschaften.

Nolle, A. (2004). *Evaluation der universitären Lehrerinnen- und Lehrerausbildung. Erhebung zur pädagogischen Kompetenz von Studierenden der Lehramtsstudiengänge.* München: Meidenbauer.

Oelkers, J. (1989). Das Ende des Herbartianismus. Überlegungen zu einem Fallbeispiel der pädagogischen Wissenschaftsgeschichte. In P. Zedler & E. König (Hrsg.), *Rekonstruktion pädagogischer Wissenschaftsgeschichte* (S. 77–116). Weinheim: Deutscher Studienverlag.

Oevermann, U. (1996). Theoretische Skizze einer revidierten Theorie professionalisierten Handelns. In W. Helsper & A. Combe (Hrsg.), *Pädagogische Professionalität: Untersuchungen zum Typus pädagogischen Handelns* (S. 70–182). Frankfurt am Main: Suhrkamp.

Offe, J. (2007). Kulturelle Konzepte von Zukunft und der Begriff der „Nachhaltigkeit". Zugriff am 8.4.2016. Verfügbar unter: http://www.zeit-und-entwicklung.de/pdf/gtz_zuk unft_und_nachhaltigkeit.pdf

Oser, F. (2001). Acht Strategien der Wert- und Moralerziehung. In W. Edelstein, F. Oser & P. Schuster (Hrsg.), *Moralische Erziehung in der Schule: Entwicklungspsychologie und pädagogische Praxis* (S. 63–89). Weinheim: Beltz Juventa.

Oser, F. & Althof, W. (2001). *Moralische Selbstbestimmung.* Stuttgart: Klett-Cotta.

Oxfam Deutschland e.V. (2021a). 10 Gründe für Hunger. *Oxfam Deutschland.* Zugriff am 30.11.2021. Verfügbar unter: https://www.oxfam.de/unsere-arbeit/themen/10-gruende-fuer-hunger

Oxfam Deutschland e.V. (Hrsg.) (2021b). Oxfam Deutschland Jahresbericht 2020/2021. *Oxfam Deutschland e.V.* Zugriff am 4. August 2022. Verfügbar unter: https://shops.oxfam.de/system/files/jahresbericht_2020-21.pdf

Pahl, J.-P. & Herkner, V. (2013). *Handbuch Berufsforschung*. Bielefeld: WBV Bertelsmann Verlag.

Parsons, T. (1949). *The structure of social action: a study in social theory with special reference to a group of recent European writers* (Second Edition). Glencoe, Ill: Free Press.

Parsons, T. (1951). *The social system*. Glencoe, Ill.: Free Press.

Parsons, T. (1966). *Societies: evolutionary and comparative perspectives* (Foundations of modern sociology series). Englewood Cliffs, N.J.: Prentice-Hall.

Parsons, T. (2016). *Gesellschaften. Evolutionäre und komparative Perspektiven* (3. Auflage). Frankfurt am Main: Suhrkamp.

Patton, M. Q. (1990). *Qualitative evaluation and research methods* (Second Edition). Newbury Park, Calif: Sage Publications.

Pätzold, G. (2000). Lernfeldorientierung – Berufliches Lernen und Lernen zwischen Handlungs- und Fachsystematik. In R. Bader & P. F. E. Sloane (Hrsg.) *Lernen in Lernfeldern. Theoretische Analysen und Gestaltungsansätze zum Lernfeldkonzept. Beiträge aus den Modellversuchsverbünden NELE & SELUBA*, (S. 123–140). Markt Schwaben: Eusl.

Pätzold, G., Busian, A. & Burg, J. von der (2007). *Europäische Herausforderungen und Potenziale der Qualifikationsforschung in der beruflichen Bildung*. Paderborn: Eusl.

Pätzold, G. (2012). Lehrerbildung für berufsbildende Schulen als herausfordernde Gestaltungsaufgabe. In M. Becker, G. Spöttl & T. Vollmer (Hrsg.), *Lehrerbildung in Gewerblich-Technischen Fachrichtungen*. (S. 11–33). Bielefeld.

Pawlik, A. & Westhoff, G. (2007). Transfer von Modellversuchen in der beruflichen Bildung. *bwp@ Berufs- und Wirtschaftspädagogik*, (1), 15–18.

Peter, W. (2003). Bildung als Problem berufsbildender Schulen. In U. Reitemeyer (Hrsg.), *Ist Bildung lehrbar?* (S. 165–192) Münster: Waxmann.

Petermann, F. (2014). Implementationsforschung: Grundbegriffe und Konzepte. *Psychologische Rundschau, 65* (3), 122–128.

Pfadenhauer, M. (2002). Auf gleicher Augenhöhe reden. In A. Bogner, B. Littig & W. Menz (Hrsg.), *Das Experteninterview. Theorie, Methode, Anwendung* (S. 113–130). Wiesbaden: VS Verlag für Sozialwissenschaften.

Pfeiffer, D. K. & Püttmann, C. (2006). *Methoden empirischer Forschung in der Erziehungswissenschaft. Ein einführendes Lehrbuch*. Baltmannsweiler: Schneider Verlag Hohengehren GmbH.

Philipp, T. (2015). Bildung und Menschenbild. *Stimmen der Zeit, 140* (6), 275–384.

Piaget, J. (1976). *Das moralische Urteil beim Kinde*. Frankfurt am Main: Suhrkamp.

Picot, A. (1991). Ökonomische Theorien der Organisation. Ein Überblick über neuere Ansätze und deren betriebswirtschaftliches Anwendungspotenzial. In D. Ordelheide, B. Rudolph & E. Büsselmann (Hrsg.), *Betriebswirtschaftslehre und ökonomische Theorie* (S. 143–170). Stuttgart: Poeschel.

Prehm, N. (2018). Gender und Nachhaltigkeit zusammendenken: Warum wir eine feministische Perspektive brauchen. Einführung in das Schwerpunktthema. *Ökologisches Wirtschaften*, (3), 14–15.

Presse- und Informationsamt der Bundesregierung (2020). Ernährung weltweit sichern. *Bundesregierung*. Zugriff am 23.11.2021. Verfügbar unter: https://www.bundesregierung.de/breg-de/themen/nachhaltigkeitspolitik/ernaehrung-weltweit-sichern-319080

Programm Transfer-21 (2004, 2009). Bildung für eine nachhaltige Entwicklung (BNE). *transfer-21*. Zugriff am 4.8.2022. Verfügbar unter: http://www.transfer-21.de/index156c. html?p=220

OECD – Organisation for Economic Co-operation and Development (2016). *Die OECD in Zahlen und Fakten 2015–2016: Wirtschaft, Umwelt, Gesellschaft*. Zugriff am 12.05.2021. Verfügbar unter https://www.oecd-ilibrary.org/economics/die-oecd-in-zah len-und-fakten-2015-2016-de

QUA-LIS – Qualitäts- und UnterstützungsAgentur – Landesinstitut für Schule (2021). Das Berufskolleg in Nordrhein-Westfalen im Überblick. *QUA-LIS NRW – Berufsbildung*. Zugriff am 10.4.2021. Verfügbar unter: https://www.berufsbildung.nrw.de/cms/bildungsg aenge-bildungsplaene/uebersicht/index.html

QUA-LIS – Qualitäts- und UnterstützungsAgentur – Landesinstitut für Schule (2022a). Aufgabenfelder. *QUA-LIS NRW – Berufsbildung*. Zugriff am 21.4.2022. Verfügbar unter: https://www.qua-lis.nrw.de/qualis/aufgabenfelder/index.html

QUA-LIS – Qualitäts- und UnterstützungsAgentur – Landesinstitut für Schule (2022b). Didaktische Jahresplanung. *QUA-LIS NRW – Berufsbildung*. Zugriff am 4.1.2022. Verfügbar unter: https://www.berufsbildung.nrw.de/cms/bildungsganguebergreifende-the men/bildungs gangarbeit/didaktische-jahresplanung/index.html

Rabast, U. (2018). *Gesunde Ernährung, gesunder Lebensstil. Was schadet uns, was tut uns gut?* (2., neu bearbeitete Auflage). Berlin, Heidelberg: Springer.

Raithel, J., Dollinger, B. & Hörmann, G. (2009). *Einführung Pädagogik. Begriffe, Strömungen, Klassiker, Fachrichtungen* (3. Auflage). Wiesbaden: VS Verlag für Sozialwissenschaften.

Raters, M.-L. (2013). *Das moralische Dilemma*. Freiburg: Alber.

Rauner, F. (1995). Gestaltung von Arbeit und Technik. In R. Arnold & A. Lipsmeier (Hrsg.), *Handbuch der Berufsbildung* (S. 50–64). Wiesbaden: VS Verlag für Sozialwissenschaften.

Rauner, F. (2002). Modellversuche in der beruflichen Bildung: Zum Transfer ihrer Ergebnisse. *Institut Technik und Bildung (ITB-Forschungsberichte Bremen, 3)*, 1–53.

Rauner, F. (2004). Praktisches Wissen und berufliche Handlungskompetenz. *(ITB-Forschungsberichte, 14)*. *Universität Bremen, Institut Technik und Bildung (ITB)*. Zugriff am 4.8.2022. Verfügbar unter: https://www.ssoar.info/ssoar/bitstream/handle/ document/36604/ssoar-2004-rauner-Praktisches_Wissen_und_berufliche_Handlungsk ompetenz.pdf?sequence=1&isAllowed=y&lnkname=ssoar-2004-rauner-Praktisches_ Wissen_und_berufliche_Handlungskompetenz.pdf

Rebmann, K. & Schlömer, T. (2012). Ermittlung und Beschreibung beruflicher Kompetenzen und Kompetenzentwicklung aus systemisch-konstruktivistischer Perspektive am Beispiel der Handelslehrer/-innen-Bildung. In G. Niedermair (Hrsg.), *Kompetenzen entwickeln, messen und bewerten* (S. 135–160). Linz: Trauner.

Rebmann, K., Tenfelde, W. & Schlömer, T. (Hrsg.) (2011). Didaktik beruflichen Lernens und Lehrens. *Berufs- und Wirtschaftspädagogik. Eine Einführung in Strukturbegriffe* (S. 197–226). Wiesbaden: Gabler.

Rebmann, K., Tenfelde, W. & Uhe, E. (Hrsg.) (2005). Einleitung. *Berufs- und Wirtschaftspädagogik. Eine Einführung in Strukturbegriffe* (3., überarb. Auflage, S. 1–5). Wiesbaden: Gabler.

Reetz, L. (1984). *Wirtschaftsdidaktik. Eine Einführung in Theorie und Praxis wirtschaftsbe-ruflicher Curriculumentwicklung und Unterrichtsgestaltung.* Bad Heilbrunn/Obb.: Klink-hardt.

Reetz, L. (1990). Zur Bedeutung der Schlüsselqualifikationen in der Berufsbildung. In L. Reetz, T. Reitmann, Berufsförderungswerk Hamburg et al. (Hrsg.), *Schlüsselqualifikatio-nen. Dokumentation des Symposions in Hamburg, „Schlüsselqualifikationen – Fachwissen in der Krise?"* (S. 16–35). Hamburg: Feldhaus.

Reetz, L. (2003). Prinzipien der Ermittlung, Auswahl und Begründung relevanter Lernziele und Inhalte. In F.-J. Kaiser & H. Kaminski (Hrsg.), *Wirtschaftsdidaktik* (S. 99–124). Bad Heilbrunn/Obb.: Klinkhardt.

Reich, K. (2012). *Konstruktivistische Didaktik.* Weinheim: Beltz Juventa.

Reich, K. (2020). Inhalte oder Beziehungen? – Überlegungen zu einer inhaltsdominanten deutschen Schulkultur. *Zeitschrift für Inklusion*, (1). Zugriff am 4.8.2022. Verfügbar unter: https://www.inklusion-online.net/index.php/inklusion-online/article/view/557/405

Reichertz, J. (2014). Empirische Sozialforschung und soziologische Theorie. In N. Baur & J. Blasius (Hrsg.), *Handbuch Methoden der empirischen Sozialforschung* (S. 65–80). Wiesbaden: Springer Fachmedien.

Reinisch, H. (2009). „Lehrerprofessionalität" als theoretischer Term – Ein begriffssystema-tische Analyse. In O. Zlatkin-Troitschanskaia, K. Beck, D. Sembill, R. Nickolaus & R.H. Mulder (Hrsg.), *Lehrprofessionalität. Bedingungen, Genese, Wirkungen und ihre Messung* (S. 33–44). Weinheim: Beltz Juventa.

Reinmann, G. (2005). Innovation ohne Forschung? Ein Plädoyer für den Design-Based Research-Ansatz in der Lehr-Lernforschung. *Unterrichtswissenschaft, 33* (1), 52–69.

Reinmann-Rothmeier, G. & Mandl, H. (2001). Unterrichten und Lernumgebungen gestal-ten. In A. Krapp (Hrsg.), *Pädagogische Psychologie* (4. Auflage, S. 601–646). Weinheim: Beltz Juventa.

Renkl, A. (1996). Träges Wissen: Wenn Erlerntes nicht genutzt wird. *Psychologische Rund-schau, 47* (2), 78–92.

Renkl, A. (2005). Lehren und Lernen. In R. Tippelt (Hrsg.), *Handbuch Bildungsforschung* (S. 589–602). Wiesbaden: VS Verlag für Sozialwissenschaften.

Renn, O. (Hrsg.) (2007). *Leitbild Nachhaltigkeit. Eine normativ-funktionale Konzeption und ihre Umsetzung.* Wiesbaden: VS Verlag für Sozialwissenschaften.

Reuter, L. R. (2005). Politik- und rechtswissenschaftliche Bildungsforschung. In R. Tippelt (Hrsg.), *Handbuch Bildungsforschung* (S. 185–198). Wiesbaden: VS Verlag für Sozial-wissenschaften.

Rieckmann, M. & Stoltenberg, U. (2011). Partizipation als zentrales Element von Bildung für eine nachhaltige Entwicklung. In H. Heinrichs, K. Kuhn & J. Newig (Hrsg.), *Nachhaltige Gesellschaft. Welche Rolle für Partizipation und Kooperation?* (S. 117–131). Wiesbaden: VS Verlag für Sozialwissenschaften.

Riemer, H.-L. (2011). *Vorbilder und Vorbildhandeln. Über den Wandel der Werte und die Chancen ihrer Neuentdeckung.* Berlin: Verlag Dr. Köster.

Riesmeyer, C. (2011). Das Leitfadeninterview. Königsweg der qualitativen Journalismusfor-schung? In O. Jandura, T. Quandt & J. Vogelgesang (Hrsg.), *Methoden der Journalismus-forschung* (S. 223–236). Wiesbaden: VS Verlag für Sozialwissenschaften.

Rieß, W. & Mischo, C. (2008). Evaluationsbericht „Bildung für nachhaltige Entwicklung (BNE) an weiterführenden Schulen in Baden-Württemberg". Maßnahme Lfd. 15 im

Aktionsplan Baden-Württemberg. *ResearchGate*. Zugriff am 4. August 2022. Verfügbar unter: https://www.researchgate.net/publication/278619237_Evaluationsbericht_Bildung_fur_nachhaltige_Entwicklung_BNE_an_weiterfuhrenden_Schulen_in_Baden-Wurttemberg_Massnahme_Lfd_15_im_Aktionsplan_Baden-Wurttemberg

Rieß, W., Schuler, S. & Hörsch, C. (2015). Wie lässt sich systemisches Denken vermitteln und fördern? Theoretische Grundlagen und praktische Umsetzung am Beispiel eines Seminars für Lehramtsstudierende. *Geographie aktuell & Schule, 37* (215), 16–29.

Rieß, W. & Seybold, H.-J. (2005). Von der Umweltbildung zu einer Bildung für nachhaltige Entwicklung? Erhebung des Ist-Standes an baden-württembergischen Grundschulen. In W. Holl-Giese & M. Schrenk (Hrsg.), *Bildung für nachhaltige Entwicklung – Ergebnisse empirischer Untersuchungen.* (S. 215–234). Hamburg: Verlag Dr. Kovač.

Riester, R. (2016). Der Markt für Milch und Milchprodukte nach dem Fall der Milchquote. *DGE-Fachtagung, Universität Hohenheim.* Zugriff am 4. August 2022. Verfügbar unter: https://dge-bw.de/files/dge-bw/uploads-files/PDFs-DGE/Forum%20Milch%20-%20Freigabe%20-%20Der%20Milchmarkt%20nach%20der%20Quote%20komprimiert.pdf

Risch, B., Blöcher, K., Holfelder, A.-K. et al. (2017). Konzept und Praxis des Zertifikats „Bildung – Transformation – Nachhaltigkeit (BTN)“. BNE in der Lehrerbildung. *ZEP: Zeitschrift für internationale Bildungsforschung und Entwicklungspädagogik, 40* (3), 11–17.

Ritter, G. A. (2013). *Soziale Frage und Sozialpolitik in Deutschland seit Beginn des 19. Jahrhunderts.* Opladen: Leske + Budrich.

Roberts, B. W. & DelVecchio, W. F. (2000). The rank-order consistency of personality traits from childhood to old age: A quantitative review of longitudinal studies. *Psychological Bulletin, 126* (1), 3–25.

Robinsohn, S. B. (1967). *Bildungsreform als Revision des Curriculum* (Unveränd. Nachdr. der 5. Auflage). Berlin-Spandau: Luchterhand.

Rode, H. (2005). *Motivation, Transfer und Gestaltungskompetenz. Ergebnisse der Abschlussevaluation des BLK-Programms „21" 1999–2004.* Berlin: Verein zur Förderung der Ökologie im Bildungsbereich e.V.

Roeder, P. M. (1961). Bemerkungen zu Wolfgang Klafkis Untersuchungen über „Das pädagogische Problem des Elementaren und die Theorie der kategorialen Bildung". *Die Deutsche Schule, 53* (12), 573–581.

Roeder, P. M. (1962). Zur Problematik der historisch-systematischen Methode (zugleich eine Fortsetzung des Gesprächs mit Wolfgang Klafki). *Die Deutsche Schule, 54* (1), 39–44.

Roehl, R. & Strassner, C. (2012). Inhalte und Umsetzung einer nachhaltigen Verpflegung. Schriftenreihe des Projektes Nachhaltigkeitsorientiertes Rahmencurriculum für die Ernährungs- und Hauswirtschaftsberufe, 1. *Institut für Berufliche Lehrerbildung.* Zugriff am 4.8.2022. Verfügbar unter: https://www.researchgate.net/publication/282102092_Inhalte_und_Umsetzung_einer_nachhaltigen_Verpflegung

Rogers, E. M. (2003). *Diffusion of Innovations* (5th Edition). New York: Free Press.

Röhrs, H. (1988). Zum Gedenken an Aloys Fischer. *Bildung und Erziehung, 41* (1), 123–126.

Rolff, H.-G. (1993). *Wandel durch Selbstorganisation: theoretische Grundlagen und praktische Hinweise für eine bessere Schule.* Weinheim, München: Juventa.

Rolff, H.-G. (2018). *Schulentwicklung kompakt. Modelle, Instrumente, Perspektiven* (Neu ausgestattete Sonderausgabe, 3., vollständig überarb. und erw. Auflage). Weinheim: Beltz Juventa.

Rost, F. (Hrsg.) (2018). *Lern- und Arbeitstechniken für das Studium* (8. Auflage). Wiesbaden: VS Verlag für Sozialwissenschaften.

Rost, J. (2002). Umweltbildung – Bildung für nachhaltige Entwicklung. Was macht den Unterschied? *Zeitschrift für internationale Bildungsforschung und Entwicklungspädagogik, 1* (25), 7–12.

Roters, B., König, J., Tachtsoglou, S. et al. (2018). Fachdidaktisches Wissen angehender Englischlehrkräfte. Theoretischer Rahmen und empirische Ergebnisse zur Struktur eines Testinstruments. *Lehrerbildung auf dem Prüfstand, 6* (2), 155–177.

Roth, H. (1967). *Erziehungswissenschaft. Erziehungsfeld und Lehrerbildung. Gesammelte Abhandlungen 1957–1967.* Hannover [u.a.] : Schroedel Verlag.

Roth, H. (1971). *Pädagogische Psychologie des Lehrens und Lernens* (13. Auflage). Hannover [u.a.]: Schroedel Verlag.

Roth, H. (1976). *Pädagogische Anthropologie. Entwicklung und Erziehung. Grundlagen einer Entwicklungspädagogik.* Hannover [u.a.]: Schroedel Verlag.

Rothbard, N. (2001). Enriching or Depleting? The Dynamics of Engagement in Work and Family Roles. *Administrative Science Quarterly – ADMIN SCI QUART, 46,* 655–684.

Rubin, H. J. & Rubin, I. S. (1995). *Qualitative Interviewing: The Art of Hearing Data.* Thousand Oaks, CA.: SAGE Publications Inc.

Ruhloff, J. (1998). Versuch über das Neue in der Bildungstheorie. *Zeitschrift für Pädagogik,* (44), 411–423.

Rychen, D. S. (2008). OECD Referenzrahmen für Schlüsselkompetenzen – ein Überblick. In I. Bormann & G. de Haan (Hrsg.), *Kompetenzen der Bildung für nachhaltige Entwicklung: Operationalisierung, Messung, Rahmenbedingungen, Befunde* (S. 15–22). Wiesbaden: VS Verlag für Sozialwissenschaften.

Sachverständigenrat für Umweltfragen (1994). Umweltgutachten 1994 des Rates von Sachverständigen für Umweltfragen. Für eine dauerhaft-weltgerechte Entwicklung. *Deutscher Bundestag.* Zugriff am 22.5.2022. Verfügbar unter: https://www.umweltrat. de/SharedDocs/Downloads/DE/01_Umweltgutachten/1994_2000/1994_Umweltguta chten_Bundestagsdrucksache.pdf;jsessionid=CB3FAEB74D283A27A31B9EC29AF A4CB8.intranet222?__blob=publicationFile&v=2

SATT e.V. (2021). *WELT MACHT HUNGER. Das praxisorientierte Bildungsprogramm mit Planspiel.* München: SATT e.V.

Schallenbach-Zell, J. & Gräsel, C. (2010). Strategien überdauernden Engagements von Lehrkräften in Schulinnovationsprojekten. In F. H. Müller, A. Eichenberger, M. Lüders et al. (Hrsg.), *Lehrerinnen und Lehrer lernen. Konzepte und Befunde zur Lehrerfortbildung* (S. 463–479). Münster: Waxmann.

Schäfers, B. (2006). Die soziale Gruppe. In H. Korte (Hrsg.), *Einführung in Hauptbegriffe der Soziologie* (6. Auflage, Nachdr., S. 127–142). Wiesbaden: VS Verlag für Sozialwissenschaften.

Schärer, H.-R. & Zutavern, M. (Hrsg.) (2018). *Das professionelle Ethos von Lehrerinnen und Lehrern. Perspektiven und Anwendungen.* Münster: Waxmann.

Schemme, D. (2014). Modellversuche zur Innovation beruflicher Bildung und ihre wissenschaftliche Begleitung. In M. Jostmeier, A. Georg & H. Jacobsen (Hrsg.), *Sozialen Wandel gestalten. Zum gesellschaftlichen Innovationspotenzial von Arbeits- und Organisationsforschung* (S. 251–268). Wiesbaden: Springer Fachmedien.

Schieren, J. (2013). Was sollen Lehrer können? Kompetenzantinomien im Lehrerberuf. In J. Krautz & J. Schieren (Hrsg.), *Persönlichkeit und Beziehung als Grundlage der Pädagogik* (S. 195–209). Weinheim: Beltz Juventa.

Schilling, J. (2016). *Didaktik/Methodik Sozialer Arbeit: Grundlagen und Konzepte: mit 40 Abbildungen, 5 Tabellen und 177 Lernfragen: mit Online-Material* (7., vollständig überarb. Auflage). München, Basel: Ernst Reinhardt Verlag.

Schmid, P. D. J. & Klenk, D. J. (2021). Berufs- und Wirtschaftspädagogik. *Gabler Wirtschaftslexikon*. Zugriff am 16.6.2021. Verfügbar unter: https://wirtschaftslexikon.gabler. de/definition/berufs-und-wirtschaftspaedagogik-29590/version-253192

Schmidt, C. (1993a). Konkretisierung und Offenheit in den Frage- und Nachfragestrategien. In C. Hopf & C. Schmidt (Hrsg.), *Zum Verhältnis von innerfamilialen sozialen Erfahrungen, Persönlichkeitsentwicklung und politischen Orientierungen: Dokumentation und Erörterung des methodischen Vorgehens in einer Studie zu diesem Thema* (S. 27–30). Hildesheim.

Schmidt, C. (1993b). Einige technische und methodische Aspekte der Auswertung. In C. Hopf & C. Schmidt (Hrsg.), *Zum Verhältnis von innerfamilialen sozialen Erfahrungen, Persönlichkeitsentwicklung und politischen Orientierungen: Dokumentation und Erörterung des methodischen Vorgehens in einer Studie zu diesem Thema* (S. 57–64). Hildesheim.

Schmidt-Hertha, B. & Tippelt, R. (2014). Erziehungswissenschaft und das Verhältnis zu ihren Bezugsdisziplinen vor dem Hintergrund der Stellen- und Besetzungspraxis (1995 bis 2012). *Zeitschrift für Pädagogik*, (60. Beiheft), 172–183.

Schmitt, C. (2016). *Die Moral ist tot. Es lebe die Ethik.* Weinheim: Beltz Juventa.

Schmitz, B. (2000). Werte und Emotionen. In J. H. Otto, H. A. Euler & H. Mandl (Hrsg.), *Emotionspsychologie* (S. 349–359). Weinheim: Beltz Juventa.

Schmitz, F. (Hrsg.) (2017). *Tierethik. Grundlagentexte.* (3. Auflage). Berlin: Suhrkamp.

Schmitz, G. S. (2001). Kann Selbstwirksamkeitserwartung Lehrer von Burnout schützen? Eine Längsschnittstudie in zehn Bundesländern. *Psychologie in Erziehung und Unterricht, 48* (1), 49–67.

Schnädelbach, H. (2016). *Erkenntnistheorie zur Einführung.* Hamburg: Junius.

Schnurr, S. (2003). Vignetten in quantitativen und qualitativen Forschungsdesigns. In H.-U. Otto, G. Oelerich & H.-G. Micheel (Hrsg.), *Empirische Forschung und Soziale Arbeit. Ein Lehr- und Arbeitsbuch* (S.327–348). Neuwied: Luchterhand.

Schrader, J., Hasselhorn, M., Hetfleisch, P. et al. (2020). Stichwortbeitrag Implementationsforschung: Wie Wissenschaft zu Verbesserungen im Bildungssystem beitragen kann. *Zeitschrift für Erziehungswissenschaft, 23* (1), 9–59.

Schreiber, J.-R., Siege, H., Ständige Konferenz der Kultusminister der Länder in der Bundesrepublik Deutschland & Deutschland (Hrsg.) (2016). *Orientierungsrahmen für den Lernbereich globale Entwicklung im Rahmen einer Bildung für nachhaltige Entwicklung. Ein Beitrag zum Weltaktionsprogramm „Bildung für nachhaltige Entwicklung".* (2. aktualisierte und erw. Auflage). Berlin: Cornelsen.

Schultz, T. W. (1963). *The economic value of education.* New York [u.a.] : Columbia Univ. Pr.

Schütt-Sayed, S. (2016). Entwicklungsperspektiven des beruflichen Schulwesens. Institutionen, Steuerung und Innovationen in der beruflichen Bildung. *bwp@ Berufs- und Wirtschaftspädagogik*, (31), 1–21.

Schütt-Sayed, S. (2019). Welche Kompetenzen sind im Kontext „Berufsbildung für eine nachhaltige Entwicklung (BBnE)" bei Lehrkräften zu fördern? In T. Vollmer, S. Jaschke, M. Hartmann et al. (Hrsg.), *Gewerblich-technische Berufsbildung und Digitalisierung. Praxiszugänge – Unterricht und Beruflichkeit* (S. 233–252). Bielefeld: wbv Media.

Schütt-Sayed, S. (2020). *Nachhaltigkeit im Unterricht berufsbildender Schulen. Analyse, Modellierung und Evaluation eines Fort- und Weiterbildungskonzepts für Lehrkräfte.* Bielefeld: wbv Media.

Schütt-Sayed, S., Casper, M. & Vollmer, T. (2020). Mitgestaltung lernbar machen – Didaktik der Berufsbildung für nachhaltige Entwicklung. In C. Melzig, W. Kuhlmeiser & s. Kretschmer (Hrsg.), *Berufsbildung für nachhaltige Entwicklung. Die Modellversuche 2015–2019 auf dem Weg vom Projekt zur Struktur* (S. 200–227). Leverkusen: Verlag Barbara Budrich.

Schützenmeister, J. (2014). Kategoriale Bildung mit einer „Erweiterten pädagogischen Perspektive" im berufspropädeutischen Pädagogikunterricht. In R. Bolle & J. Schützenmeister (Hrsg.), *Die pädagogische Perspektive. Anstöße zur Bestimmung pädagogischer Bildung und zur Profilierung des Pädagogikunterrichts* (S. 197–228). Baltmannsweiler: Schneider Verlag Hohengehren GmbH.

Schützenmeister, J. & Wortmann, E. (2014). Die pädagogische Perspektive und die pädagogische Profilierung des Pädagogikunterrichts. In R. Bolle & J. Schützenmeister (Hrsg.), *Die pädagogische Perspektive. Anstöße zur Bestimmung pädagogischer Bildung und zur Profilierung des Pädagogikunterrichts* (S. 1–44). Baltmannsweiler: Schneider Verlag Hohengehren GmbH.

Seeber, S., Hartig, J., Dierkes, S. et al. (2016). Ko-NaMa – Simulationsbasierte Messung und Validierung eines Kompetenzmodells für das Nachhaltigkeitsmanagement. *KoKoHs Working Paper*, (10), 61–65.

Seeber, S., Michaelis, C., Repp, A. et al. (2019). Assessment of Competences in Sustainability Management: Analyses to the Construct Dimensionality. *Zeitschrift für Pädagogische Psychologie, 33* (2), 148–158.

Seidman, I. E. (1991). *Interviewing as qualitative research. A guide for researchers in education and the social sciences.* New York, NY: Teachers College Press.

KMK – Sekretariat der Ständigen Konferenz der Kultusminister der Länder in der Bundesrepublik Deutschland (1975). Bezeichnungen zur Gliederung des beruflichen Schulwesens. Zugriff am 4.8.2022. Verfügbar unter: https://www.kmk.org/fileadmin/Dateien/veroef fentlichungen_beschlesse/1975/1975_12_08-Bezeichnungen-Gliederung-berufl-Schulw esen.pdf

KMK – Sekretariat der Ständigen Konferenz der Kultusminister der Länder in der Bundesrepublik Deutschland (1998). Standards für die Berufsoberschule in den Fächern Deutsch, fortgeführte Pflichtfremdsprache, Mathematik. *Sekretariat der Ständigen Konferenz der Kultusminister der Länder in der Bundesrepublik Deutschlang (KMK).* Zugriff am 4. August 2022. Verfügbar unter: https://www.kmk.org/fileadmin/Dateien/veroeffentlichu ngen_beschluesse/1998/1998_06_26-Standards-Berufsoberschule-D-M-Fremdsprchen. pdf

KMK – Ständige Konferenz der Kultusminister der Länder in der Bundesrepublik Deutschlang (2007). Empfehlung der Ständigen Konferenz der Kultusminister der Länder in der Bundesrepublik Deutschland und der Deutschen UNESCO-Kommission (DUK) vom 15.06.2007 zur „Bildung für nachhaltige Entwicklung in der Schule".

Ständige Konferenz der Kultusminister der Länder. Zugriff am 13.12.2021. Verfügbar unter: https://www.kmk.org/fileadmin/veroeffentlichungen_beschluesse/2007/2007_06_15_Bildung_f_nachh_Entwicklung.pdf

KMK – Sekretariat der Ständigen Konferenz der Kultusminister der Länder in der Bundesrepublik Deutschland (2005). *Bildungsstandards der Kultusministerkonferenz. Erläuterungen zur Konzeption und Entwicklung.* Neuwied: Luchterhand.

KMK – Sekretariat der Ständigen Konferenz der Kultusminister der Länder in der Bundesrepublik Deutschlang (2010). Konzeption der Kultusministerkonferenz zur Nutzung der Bildungsstandards für die Unterrichtsentwicklung. *Kultusminister Konferenz.* Zugriff am 10.4.2018. Verfügbar unter: https://www.kmk.org/fileadmin/veroeffentlichungen_beschluesse/2010/2010_00_00-Konzeption-Bildungsstandards.pdf

Senge, P. M. (2021). *Die fünfte Disziplin. Kunst und Praxis der lernenden Organisation* (11. Auflage). Stuttgart: Schäffer-Poeschel.

Seyd, W. (2006). *Berufsbildung – handelnd lernen, lernend handeln. Handlungsorientierte Gestaltung von Lernsituationen* (2., vollst. neu überarb.). Hamburg: Feldhaus.

Shulman, L. S. (1987). Knowledge and teaching. Foundations of the new reform. *Harvard educational review, 57* (1), 1–23.

Siebertz-Reckzeh, K. & Hofmann, H. (2017). Sozialisationsinstanz Schule. In M.K.W. Schweer (Hrsg.), *Lehrer-Schüler-Interaktion. Inhaltsfelder, Forschungsperspektiven und methodische Zugänge* (S. 3–26). Wiesbaden: Springer Fachmedien.

Sleurs, W. (2008). Competencies for ESD (Education for Sustainable Development) teachers. A framework to integrate ESD in the curriculum of teacher training institutes. *Competencies for ESD (Education for Sustainable Development) teachers.* Zugriff am 22.11.2021. Verfügbar unter: https://unece.org/fileadmin/DAM/env/esd/inf.meeting.docs/EGonInd/8mtg/CSCT%20Handbook_Extract.pdf

Sloane, P. F. E. (2002). Schulorganisation und schulische Curriculumarbeit. In R. Bader & P. F. E. Sloane (Hrsg.), *Bildungsmanagement im Lernfeldkonzept. Curriculare und organisatorische Gestaltung* (S. 9–28). Paderborn: Eusl.

Sloane, P. F. E. (2003). Schulnahe Curriculumentwicklung. *bwp@ Berufs- und Wirtschaftspädagogik*, (4), 1–23.

Sloane, P. F. E. (2006). Berufsbildungsforschung. In R. Arnold & A. Lipsmeier (Hrsg.), *Handbuch der Berufsbildung* (2. Auflage, S. 610–627). Wiesbaden: VS Verlag für Sozialwissenschaften.

Sloane, P. F. E. (2009a). Pädagogische Arbeit in sich verändernden Lebenswelten – Über die Anforderungen an die betriebliche Bildung in einer post- modernen Industriegesellschaft. *bwp@ Berufs- und Wirtschaftspädagogik*, (17), 1–17.

Sloane, P. F. E. (2009b). Didaktische Analyse und Planung im Lernfeldkonzept. In B. Bonz (Hrsg.), *Didaktik und Methodik der Berufsbildung* (195–216). Baltmannsweiler: Schneider Verlag Hohengehren.

Sloane, P. F. E. (2020). Berufsbildungsforschung. In R. Arnold, A. Lipsmeier & M. Rohs (Hrsg.), *Handbuch Berufsbildung* (3. Auflage, S. 667–682). Wiesbaden: Springer Fachmedien.

Spektrum der Wissenschaft Verlagsgesellschaft mbH. (2021). Lexikon der Ernährung. Ökotrophologie. *spektrum.de* Zugriff am 1.6.2021. Verfügbar unter: https://www.spektrum.de/lexikon/ernaehrung/oekotrophologie/6512

Spinner, H. F. (2002). Das modulare Wissenskonzept des Karlsruher Ansatzes der integrierten Wissensforschung – Zur Grundlegung der allgemeinen Wissenstheorie für ‚Wissen aller Arten, in jeder Menge und Güte'. In K. Weber, M. Nagenborg & H.F. Spinner (Hrsg.), *Wissensarten, Wissensordnungen, Wissensregime. Beiträge zum Karlsruher Ansatz der integrierten Wissensforschung* (S. 13–46). Opladen: Leske + Budrich.

Spörhase-Eichmann, U. (Hrsg.) (2008). *Biologie-Didaktik. Praxishandbuch für die Sekundarstufe I und II*. Berlin: Cornelsen Scriptor.

Sprondel, W. M. (1979). „Experte" und „Laie": Zur Entwicklung von Typenbegriffen in der Wissenssoziologie. In W.M. Sprondel & R. Grathoff (Hrsg.), *Alfred Schütz und die Idee des Alltags in den Sozialwissenschaften* (S. 140–154). Stuttgart: Enke.

Staatsinstitut für Schulqualität und Bildungsforschung München (2020). Elternarbeit. Ideen zur Umsetzung in der Berufsvorbereitung. *Staatsinstitut für Schulqualität und Bildungsforschung München*. Zugriff am 4.8.2022. Verfügbar unter: https://www.berufsvorbereit ung.bayern.de/fileadmin/user_upload/BSD/Uploads/BV_BERUFSVORBEREITUNG/ BV_Materialien/Elternarbeit/ISB_Elternarbeit_interaktiv.pdf

Standop, J. (2005). *Werte-Erziehung. Einführung in die wichtigsten Konzepte der Werteerziehung*. Weinheim: Beltz Juventa.

Statistisches Bundesamt (2021a). Bildung in Zahlen 2020/2021- das Digitale Magazin. Berufliche Bildung. *Statistisches Bundesamt*. Zugriff am 4.5.2022. Verfügbar unter: https://www.destatis.de/DE/Mediathek/Digitales-Magazin/Bildung/_inhalt.html

Statistisches Bundesamt (2021b). Fleischerzeugung 2020 um 1,6 % gegenüber dem Vorjahr gesunken. *Statistisches Bundesamt*. Zugriff am 1.12.2021. Verfügbar unter: https://www. destatis.de/DE/Presse/Pressemitteilungen/2021/02/PD21_052_413.html

Statistisches Bundesamt (2022). Corona-Krise: Zahl der Beschäftigten in der Gastronomie geht deutlich zurück. *Statistisches Bundesamt*. Zugriff am 3.5.2022. Verfügbar unter: https://www.destatis.de/DE/Presse/Pressemitteilungen/2022/01/PD22_N001_45.html

Steffens, U. & Höfer, D. (2016). *Lernen nach Hattie. Wie gelingt guter Unterricht?* Weinheim: Beltz Juventa.

Steiner, G. & Steiner, H. (2007). *Der Kick zum effizienten Lernen. Erfolgreich und nachhaltig ausbilden dank lernpsychologischer Kompetenz – vermittelt an 30 Beispielen*. Bern: hep Verlag.

Steinherr, E. (2017). *Werte Im Unterricht. Empathie, Gerechtigkeit und Toleranz leben*. Stuttgart: Kohlhammer.

Steinke, I. (2019). Gütekriterien Qualitativer Forschung. In U. Flick, E. von Kardorff & I. Steinke (Hrsg.), *Qualitative Forschung: ein Handbuch* (13. Auflage, Originalausgabe, S. 319–331). Reinbek bei Hamburg: Rowohlt-Taschenbuch-Verlag.

Stoll, J. (2021a). Lachgas und Methan. *Umweltbundesamt*. Zugriff am 27.11.2021. Verfügbar unter: https://www.umweltbundesamt.de/themen/boden-landwirtschaft/umweltbelast ungen-der-landwirtschaft/lachgas-methan

Stoll, J. (2021b). IPCC-Bericht: Klimawandel verläuft schneller und folgenschwerer. *Umweltbundesamt*. Zugriff am 27.11.2021. Verfügbar unter: https://www.umweltbundes amt.de/themen/ipcc-bericht-klimawandel-verlaeuft-schneller

Stollberg, D. & Schneider-Landolf, M. (2014). Lebendiges Lernen. In M. Schneider-Landolf, J. Spielmann & W. Zitterbarth (Hrsg.), *Handbuch themenzentrierte Interaktion (TZI). Mit 19 Abbildungen und 3 Tabellen* (3. Auflage, S. 147–153). Göttingen: Vandenhoeck & Ruprecht.

Stomporowski, S. (2011). Didaktische Markierungspunkte einer Beruflichen Bildung für eine nachhaltige Entwicklung. *bwp@ Berufs- und Wirtschaftspädagogik*, (5), 1–27.

Stracke, S., Drews, U. & Drews, J. G. (2016). Mitarbeiter und betriebliche Experten einbeziehen. In F. W. Nerdinger, P. Wilke, S. Stracke et al. (Hrsg.), *Innovation und Personalarbeit im demografischen Wandel. Ein Handbuch für Unternehmen* (S. 135–147). Wiesbaden: Springer Fachmedien.

Straka, G. (2010). Lernen als Zusammenspiel von Handeln, Information, Motivation und Emotion. In R. Nickolaus, G. Pätzold, H. Reinisch et al. (Hrsg.), *Handbuch Berufs- und Wirtschaftspädagogik* (S. 53–64). Bad Heilbrunn: Verlag Julius Klinkhardt.

Stratmann, K. (1999). *Berufserziehung und sozialer Wandel*. Frankfurt am Main: Verlag der Gesellschaft zur Förderung Arbeitsorientierter Forschung und Bildung.

Strauss, A. L. (1991). *Grundlagen qualitativer Sozialforschung. Datenanalyse und Theoriebildung in der empirischen soziologischen Forschung*. München: Fink.

Strotmann, C., Kastrup, J., Casper, M. et al. (2021). Kompetenzmodell für BBNE in Lebensmittelhandwerk und Lebensmittelindustrie. *Bundesinstitut für Berufsbildung*. Zugriff am 4. August 2022. Verfügbar unter: https://www.bibb.de/system/external_service_provider/Kompetenzmodell_BBNE_Lebensmittelverarbe.pdf

Strotmann, C., Telieps, J., Kuhlmeier, W. et al. (2020). Curriculare Verankerung einer Berufsbildung für nachhaltige Entwicklung in Berufen des Lebensmittelhandwerks und der Lebensmittelindustrie. *Haushalt in Bildung & Forschung, 9* (3).

Stübig, F. & Stübig, H. (2018). Kategoriale Bildung und Kompetenzorientierung. In R. Laging & P. Kuhn (Hrsg.), *Bildungstheorie und Sportdidaktik. Ein Diskurs zwischen kategorialer und transformatorischer Bildung* (S. 29–48). Wiesbaden: Springer Fachmedien.

Teerling, A., Bernholt, A., Asseburg, R. et al. (2019). Affektiv-kognitive Auseinandersetzung mit einer Innovation im Implementationsprozess – Eine modellbasierte Erfassung. *Psychologie in Erziehung und Unterricht, 66* (1), 33–50.

Tenberg, R. (2010). Organisationsentwicklung an beruflichen Schulen. Konzeptionelle Zusammenhänge und wissenschaftliche Bestandsaufnahme. In R. Nickolaus, G. Pätzold, H. Reinisch et al. (Hrsg.), *Handbuch Berufs- und Wirtschaftspädagogik* (S. 291–300). Bad Heilbrunn: Verlag Julius Klinkhardt.

Tenorth, H.-E. (2006). Professionalität im Lehrerberuf. *Zeitschrift für Erziehungswissenschaft, 9* (4), 580–597.

Terhart, E. (2001). *Lehrerberuf und Lehrerbildung*. Weinheim: Beltz Juventa.

Terhart, E. (2002). Standards für die Lehrerbildung: eine Expertise für die Kultusministerkonferenz. *ZKL-Texte*, (24), 300–323.

Terhart, E. (2007). Erfassung und Beurteilung der beruflichen Kompetenzen von Lehrkräften. In M. Lüders (Hrsg.), *Forschung zur Lehrerbildung. Kompetenzentwicklung und Programmevaluation* (S. 37–62). Münster: Waxmann.

Terhart, E. (2008). Allgemeine Didaktik: Traditionen, Neuanfänge, Herausforderungen. In M. A. Meyer, M. Prenzel & S. Hellekamps (Hrsg.), *Perspektiven der Didaktik* (S. 13–14). Wiesbaden: VS Verlag für Sozialwissenschaften.

Terhart, E. (2011). Lehrerberuf und Professionalität. Gewandeltes Begriffsverständnis – neue Herausforderungen. In W. Helsper & R. Tippelt (Hrsg.), *Pädagogische Professionalität* (S. 202–224). Weinheim: Beltz Juventa.

Tesch-Römer, C. (2019). Theorien der sozial- und verhaltenswissenschaftlichen Alternsforschung. In K. Hank, F. Schulz-Nieswandt, S. Zank et al. (Hrsg.), *Alterforschung* (S. 49–82). Nomos Verlagsgesellschaft mbH & Co. KG.

Thron, C. (2002). Nachhaltigkeit hat (k)ein Geschlecht. Perspektiven einer gendersensiblen zukunftsfähigen Entwicklung. *Aus Politik und Zeitgeschickte*, (33–34), 38–46.

Tietz, S. (2005). Zwischen Recht und Moral. Eine philosophische Betrachtung des Status von Menschenrechten. *MRM – MenschenRechtsMagazin*, (2), 136–145.

Tillmann, K.-J. (2014). Konzepte der Forschung zum Lehrerberuf. In E. Terhart, M. Rothland & H. Bennewitz (Hrsg.), *Handbuch der Forschung zum Lehrerberuf* (2., überarb. und erw. Auflage, S. 308–318). Münster: Waxmann.

Tippelt, R. (Hrsg.) (2005). *Handbuch Bildungsforschung*. Wiesbaden: VS Verlag für Sozialwissenschaften.

Tracy, S. J. (2010). Qualitative Quality: Eight "Big-Tent" Criteria for Excellent Qualitative Research. *Qualitative Inquiry, 16*, 837–851.

Tracy, S. J. & Hinrichs, M. M. (2017). Big Tent Criteria for Qualitative Quality. *The International Encyclopedia of Communication Research Methods*. Zugriff am 4.8.2022. Verfügbar unter: https://www.sarahjtracy.com/wp-content/uploads/2020/08/Tracy-Hinrichs_Big_Tent-Criteria-Encyc-17.pdf

Tramm, P. T. (1992). Entwicklungslinien einer evaluativ-konstruktiven und handlungsorientierten Curriculumstrategie (Berichte/Seminar für Wirtschaftspädagogik der Georg-August-Universität Göttingen). *Unterrichtswissenschaft*, (3), 233–260.

Tramm, P. T. & Krille, F. (2013). Planung des Lernfeldunterrichtes im Spannungsfeld von Geschäftsprozessorientierung und lernfeldübergreifender Kompetenzentwicklung – Das Hamburger Konzept kooperativer curricularer Entwicklungsarbeit. *bwp@ Berufs- und Wirtschaftspädagogik*, (24), 1–27.

Tramm, P. T. & Naeve, N. (2007). Auf dem Weg zum selbstorganisierten Lernen – Die systematische Förderung der Selbstorganisationsfähigkeit über die curriculare Gestaltung komplexer Lehr-Lern-Arrangements. *bwp@ Berufs- und Wirtschaftspädagogik*, (13), 1–19.

Tramm, T. (2003). Prozess, System und Systematik als Schlüsselkategorien lernfeld- orientierter Curriculumentwicklung. *bwp@ Berufs- und Wirtschaftspädagogik*, (4), 1–28.

Tramm, T. (2011). Ist das Glas nun halbvoll oder halbleer? Ein Beitrag zur berufs- und wirtschaftspädagogischen Diskussion des Lernfeldkonzepts als (späte) Antwort auf eine Fundamentalkritik von Holger Reinisch. *bwp@ Berufs- und Wirtschaftspädagogik*, (20), 1–20.

Tramm, T. & Casper, M. (2018). Lernfeldübergreifende Kompetenzdimensionen als gemeinsamer Gegenstand curricularer Entwicklungsarbeit von Praxis und Wissenschaft. In: T. Tramm, M. Casper und T. Schlömer (Hrsg.), *Didaktik der beruflichen Bildung. Selbstverständnis, Zukunftsperspektiven und Innovationsschwerpunkte* (S. 89–113). Bielefeld: WBV Bertelsmann Verlag.

Tramm, T., Hofmeister, W. & Derner, M. (2009). EvaNet-EH. Evaluation des Innovationsnetzwerks Einzelhandel in Hamburg. *Universität Hamburg*. Zugriff am 4.8.2022. Verfügbar unter: https://www.ew.uni-hamburg.de/ueber-die-fakultaet/personen/tramm/files/evanetabschlussbericht.pdf

Trapp, R. (2012). *Konvergenz des Rechnungswesens*. Wiesbaden: Gabler Verlag,.

Treffenstädt, A. & Springer, A. AG (2011). Gesunder Markt: Ernährung. März 2011 –
Genuss vs. gesunde Ernährung. *VA aktuell* (12), S. 1–4.

Treiber, B. & Groeben, N. (1981). Handlungsforschung und epistemologisches Subjektmo-
dell. *Zeitschrift für Sozialforschung und Erziehungssoziologie*, (1), 117–138.

Trinczek, R. (2002). Wie befrage ich Manager? In A. Bogner, B. Littig & W. Menz (Hrsg.),
Das Experteninterview. Theorie, Methode, Anwendung (S. 209–222). Wiesbaden: VS
Verlag für Sozialwissenschaften.

Tschamler, H. (1996). *Wissenschaftstheorie: eine Einführung für Pädagogen*. Julius Klinkhardt.

Tschannen-Moran, M., Hoy, A. W. & Hoy, W. K. (1998). Teacher Efficacy: Its Meaning and
Measure. *Review of Educational Research, 68* (2), 202–248.

Twardella, J. (2018). Pädagogische Unterrichtsforschung und die Professionalisierung des
Unterrichtens. In S. Müller-Hermann, R. Becker-Lenz, S. Busse et al. (Hrsg.), *Profes-
sionskulturen – Charakteristika unterschiedlicher professioneller Praxen* (S. 85–106).
Wiesbaden: Springer Fachmedien.

Ullrich, C. G. (1999). Deutungsmusteranalyse und diskursives Interview. *Zeitschrift für
Soziologie, 28* (6), 429–447.

Ulrich, M. (2003). Mit Planspielen Nachhaltige Entwicklung erleben! Der Beitrag der Plan-
spielmethodik zur Bildung über Nachhaltigkeit. *DGU Nachrichten* (27), 1–7.

Umweltbundesamt (2012). Globale Landflächen und Biomasse nachhaltig und ressourcenschonend nutzen. *Umweltbundesamt*. Zugriff am 04.04.2023. Verfügbar unter https://
www.umweltbundesamt.de/sites/default/files/medien/479/publikationen/globale_landfla
echen_biomasse_bf_klein.pdf

Umweltbundesamt (2021a). Umweltzustand 2020: Umweltbundesamt zieht gemischte
Bilanz. Nur wenige Indikatoren werden positiv bewertet. *Umweltbundesamt*. Zugriff am
4.8.2022. Verfügbar unter: https://www.umweltbundesamt.de/presse/pressemitteilungen/
umweltzustand-2020-umweltbundesamt-zieht-gemischte

Umweltbundesamt (2021b). Wider die Verschwendung. *Umweltbundesamt*. Zugriff am
30.11.2021. Verfügbar unter: https://www.umweltbundesamt.de/themen/wider-die-ver
schwendung

Umweltinstitut München e.V. (2021). Mit Bio auf der sicheren Seite. www.umweltinstit
ut.org. Zugriff am 30.11.2021. Verfügbar unter: http://www.umweltinstitut.org/aktuelle-
meldungen/meldungen/2021/pestizide/mit-bio-lebensmitteln-auf-der-sicheren-seite.html

UNICEF (2020). UN-Report: Weltweit leiden rund 690 Millionen Menschen an Hunger.
Unicef. Zugriff am 26.11.2021. Verfügbar unter: https://www.unicef.de/informieren/akt
uelles/pres
se/2020/un-report-nahrungssicherheit-hunger/221914

UNICEF (2021). Kinderarbeit weltweit: Die 8 wichtigsten Fragen und Antworten. *Unicef* .
Zugriff am 4.8.2022. Verfügbar unter: https://www.unicef.de/informieren/aktuelles/blog/
kinderarbeit-fragen-und-antworten/166982

Universität Hamburg (2020). Mit Zoom Interviews für die Forschung aufnehmen. *eScience-
Büro | Digitale Forschung*. Zugriff am 25.2.2022. Verfügbar unter: https://escience-ew.
blogs.uni-hamburg.de/mit-zoom-interviews-fuer-die-forschung-aufnehmen/262/

University of Leeds (Hrsg.) (2008). Timescapes Anonymisation Guidelines. *Timescapes
Anonymisation Guidelines*. Zugriff am 24.1.2022. Verfügbar unter: https://timescapes-
archive.leeds.ac.uk/wp-content/uploads/sites/47/2018/04/Timescapes-Anonymisation-
Guidelines-18Aug08-inuse.pdf

VERBI GmbH (2022). Die Idee hinter dem Summary-Grid. *MAXQDA*. Zugriff am 24.2.2022. Verfügbar unter: https://www.maxqda.de/hilfe-mx20/summary-grid/die-idee-hinter-dem-summary-grid

Verbraucherzentrale NRW e.V. (2021). Convenience Food: Bequem, aber auch gesund? *Verbraucherzentrale.de*. Zugriff am 29.11.2021. Verfügbar unter: https://www.verbra ucherzentrale.de/wissen/lebensmittel/auswaehlen-zubereiten-aufbewahren/convenience-food-bequem-aber-auch-gesund-30403

Vey, C. & DUK (Hrsg.) (2015). Bonner Erklärung 2014. *UN-Dekade mit Wirkung: 10 Jahre „Bildung für nachhaltige Entwicklung" in Deutschland*, 22–26

Vinz, D. (2005). Nachhaltigkeit und Gender – Ansätze und Perspektiven der Umwelt- und Geschlechterforschung. *Gender-politik-online*. Zugriff am 4.8.2022. Verfügbar unter: https://www.fu-berlin.de/sites/gpo/int_bez/globalisierung/Nachhaltigkeit_und_Gender/ vinz.pdf

Vogel, P. (2016). Die Erziehungswissenschaft und ihr Wissen. Selbstkritik, Thematisierungs-formen, Analytik. *Zeitschrift für Pädagogik, 62* (4), 452–473.

Vollmer, T. & Kuhlmeier, W. (2014). Strukturelle und curriculare Verankerung der Berufli-chen Bildung für eine nachhaltige Entwicklung. In W. Kuhlmeier, T. Vollmer, A. Moho-ric (Hrsg.), *Berufsbildung für nachhaltige Entwicklung. Modellversuche 2010–2013. Erkenntnisse, Schlussfolgerungen und Ausblicke* (S. 197–224). Bielefeld: WBV Bertels-mann Verlag.

Volpert, W. (1979). Der Zusammenhang von Arbeit und Persönlichkeit aus handlungspsy-chologischer Sicht. In P. Groskurth (Hrsg.), *Arbeit und Persönlichkeit: berufliche Situa-tion in der arbeitsteiligen Gesellschaft. Ergebnisse der Arbeitswissenschaft für Bildung, psychosoziale und gewerkschaftliche Praxis* (S. 21–46). Reinbek bei Hamburg: Rowohlt-Taschenbuch-Verlag.

Voss, T. & Kunter, M. (2011). Pädagogisch-psychologisches Wissen von Lehrkräften. In M. Kunter, J. Baumert, W. Blum et al (Hrsg.), *Professionelle Kompetenz von Lehrkräften. Ergebnisse des Forschungsprogramms COACTIV* (S. 186–207). Münster: Waxmann.

Voss, T., Kunter, M., Seiz, J. et al. (2014). Die Bedeutung des pädagogisch-psychologischen Wissens von angehenden Lehrkräften für die Unterrichtsqualität. *Zeitschrift für Pädago-gik*, (60), 184–201.

Wagner, E. (2010). *Wie erfolgreiche Veränderungskommunikation wirklich funktioniert?! Das change Factory Prinzip: Erprobt. Erfolgreich. Einfach.* Berlin: Pro Business

Walden, G. (1998). Zum Stellenwert von Modellversuchen für einen Ausbau der Lernort-kooperation. In H. Holz (Hrsg.), *Ansätze und Beispiele der Lernortkooperation* (S. 115–134). Bielefeld: WBV Bertelsmann Verlag.

Walper, S. (2011). Perspektiven der Entwicklungspsychologie. In R. Köhnen (Hrsg.), *Ein-führung in die Deutschdidaktik* (S. 1–36). Stuttgart: J.B. Metzler.

Waschulewski, U. (2002). *Die Wertpsychologie Eduard Sprangers*. Münster: Waxmann.

WBGU – Wissenschaftlicher Beirat der Bundesregierung Globale Umweltveränderungen (2011). *Welt im Wandel. Gesellschaftsvertrag für eine Große Transformation* (2. Auflage). Berlin: WBGU.

Weichbold, M. (2014). Pretest. In N. Baur & J. Blasius (Hrsg.), *Handbuch Methoden der empirischen Sozialforschung* (S. 299–304). Wiesbaden: Springer Fachmedien.

Weinberger, A., Patry, J.-L. & Weyringer, S. (2008). Das Unterrichtsmodell VaKE (Values and Knowledge Education). Ein Handbuch für Lehrerinnen und Lehrer. Innsbruck: Studien-Verlag.

Weinert, F. (1996). „Der gute Lehrer", „die gute Lehrerin" im Spiegel der Wissenschaft. Was macht Lehrende wirksam und was führt zu ihrer Wirksamkeit? *Beiträge zur Lehrerinnen-und Lehrerbildung, 14* (2), 141–151.

Weinert, F. E. (2001). *Leistungsmessungen in Schulen* (2. Auflage). Weinheim: Beltz Juventa.

Weishaupt, H. (2005). Bildung und Region. In R. Tippelt & B. Schmidt (Hrsg.), *Handbuch Bildungsforschung* (S. 217–231). Wiesbaden: VS Verlag für Sozialwissenschaften.

Weiss, M. & Weishaupt, H. (Hrsg.) (2000). *Bildungsökonomie und neue Steuerung*. Frankfurt am Main: Peter Lang.

Weniger, E. (1952). *Die Eigenständigkeit der Erziehung in Theorie und Praxis. Probleme der akademischen Lehrerbildung*. Weinheim: Beltz Juventa.

Weniger, E. (1953). Der Erzieher und die gesellschaftlichen Mächte. *Pädagogische Beiträge*, (4), 1–6.

Werner, M. (2020). BBNE-Indikatoren als Beitrag zur Nachhaltigkeitstransformation. Zugriff am 5.8.2022. Verfügbar unter: https://www.bibb.de/dokumente/pdf/Praesenta tion.pdf

Wiater, W. (2013). Bildung und Erziehung als Aufgabe der Schule. In J. Apel, W. Sacher, L. Haag et al. (Hrsg.), *Studienbuch Schulpädagogik* (5. Auflage, S. 301–326). Bad Heilbrunn: Klinkhardt.

Wicke, C., Kiepe, K. & Schlömer, T. (2018). Geschäftsmodelle und Wertschöpfungsprozesse für nachhaltiges Wirtschaften – Lerngegenstände einer wirtschaftsberuflichen Bildung im Spannungsfeld von Betriebswirtschaftslehre und Wirtschaftsdidaktik. *bwp@ Berufs- und Wirtschaftspädagogik*, (35), 1–26.

Wilbers, K. (2019). *Wirtschaftsunterricht gestalten* (4. Auflage). Berlin: epubli.

Wilke, S. (2021). Beitrag der Landwirtschaft zu den Treibhausgas-Emissionen. *Umweltbundesamt*. Zugriff am 27.11.2021. Verfügbar unter: https://www.umweltbundesamt.de/daten/land-forstwirtschaft/beitrag-der-landwirtschaft-zu-den-treibhausgas

Winkelmann, H.-P. (2005). Hochschulen und nachhaltige Entwicklung. In G. Michelsen & J. Godemann (Hrsg.), *Handbuch Nachhaltigkeitskommunikation. Grundlagen und Praxis* (S. 809–818). München: Oekom Verlag.

WIRTSCHAFT.NRW (2020). Kabinett beschließt verschärftes Klimaschutzgesetz und bundesweit erstes Klimaanpassungsgesetz | WIRTSCHAFT.NRW. *Ministerium für Wirtschaft, Industrie, Klimaschutz und Energie des Landes Nordrhein-Westfalen*. Zugriff am 18.5.2021. Verfügbar unter: https:// https://www.wirtschaft.nrw/pressemitteilung/klimas chutzgesetz

WBAE – Wissenschaftlicher Beirat für Agrarpolitik, Ernährung und gesundheitlichen Verbraucherschutz (Hrsg.) (2020). Politik für eine nachhaltigere Ernährung. Eine integrierte Ernährungspolitik entwickeln und faire Ernährungsumgebungen gestalten – WBAE-Gutachten Juni 2020. *Wissenschaftlicher Beirat für Agrarpolitik, Ernährung und gesundheitlichen Verbraucherschutz (WBAE)*. Zugriff am 5.8.2022. Verfügbar unter: https://www.bmel.de/SharedDocs/Downloads/DE/_Ministerium/Beiraete/agrarpolitik/wbae-gutachten-nachhaltige-ernaehrung.pdf?__blob=publicationFile&v=3

Wissinger, J. (1996). Perspektiven schulischen Führungshandelns. Eine Untersuchung über das Selbstverständnis von SchulleiterInnen. Weinheim: Juventa.

Wollersheim, H.-W. (1993). *Kompetenzerziehung. Befähigung zur Bewältigung.* Frankfurt am Main: Peter Lang.

Wolter, S. C. (2002). Bildungsökonomie – Eine Standortbestimmung. *Swiss Journal of Educational Research, 25* (1), 149–170.

Wößmann, L. (2002). *Schooling and the Quality of Human Capital.* Berlin, Heidelberg: Springer.

Wulf, C. (1977). *Theorien und Konzepte der Erziehungswissenschaft.* Weinheim, München: Juventa.

Wunder, S., Antoni-Komar, I., Claupein, E. et al. (2018). Handlungsansätze zur Förderung nachhaltiger Ernährungssysteme. Ergebnispapier von BMBF-Forschungsprojekten zur Thema Ernährung. *Nachhaltiges Wirtschaften – NaWiKO Synthese Working Paper No. 3.* Zugriff am 25.5.2022. Verfügbar unter: https://nachhaltigeswirtschaften-soef.de/sites/default/files/NaWiKo%20Synthese%20Working%20Paper%20No%203.pdf

WWF Deutschland (2012). Klimawandel auf dem Teller. *WWF Deutschland.* Zugriff am 27.11.2021. Verfügbar unter: www.wwf.de/fileadmin/fm-wwf/Publikationen-PDF/Klimawandel_auf_den_Teller.pdf

Wysujack, V. (2021). *Interaktive Handlungsweisen von Lehrpersonen unter anerkennungstheoretischer Perspektive.* Wiesbaden, Heidelberg: Springer VS.

Yanik, M. (2020). *Born to be a teacher – zum Lehrer geboren. Warum nicht jeder Lehrer*in sein kann und was gute Lehrer*innen ausmacht.* Baltmannsweiler: Schneider Verlag Hohengehren GmbH.

Zabeck, J. (2009). Über die Chancen einer Weiterbelebung des methodologischen Diskurses in der Berufs- und Wirtschaftspädagogik. In I. Lisop & A. Schlüter (Hrsg.), *Bildung im Medium des Berufs? Diskurslinien der Berufs- und Wirtschaftspädagogik* (S. 121–147). Frankfurt am Main: Verlag der Gesellschaft zur Förderung Arbeitsorientierter Forschung und Bildung.

Zierer, K. (2019). Bildung nachhaltig gestalten – was wir dafür tun müssen. *Konrad Adenauer Stiftung.* Zugriff am 5.8.2022. Verfügbar unter: https://www.kas.de/documents/252038/4521287/AA367+Bildung+nachhaltig+gestalten.pdf/5b57f857-86ee-199f-27c0-bbaf5a7e0cc3?version=1.0&t=1568785720547

Ziller, T. (1884). *Grundlegung zur Lehre vom erziehenden Unterricht* (2. Auflage). Leipzig: Veit.

Zoch, B. (2010). Determinanten der Adoption von Informations- und Kommunikationstechnologien im Handwerk. Modell und empirische Analyse. *Deutsches Handwerksinstitut.* Zugriff am 5.8.2022. Verfügbar unter: https://lfi-muenchen.de/wp-content/uploads/2017/08/2010_gesamtes_Dokument_Informations-und-Kommunikations%C2%ADtechnologien.pdf

Printed by Printforce, the Netherlands